다문화사회전문가 필수과목

Korean Immigration Policy

한국이민정책론

정명주

김경환 · 김규찬 · 김옥녀 · 김태환 · 김희주 · 문병기

우영옥 · 이성순 · 이향수 · 임동진 · 장주영 · 황민철

도서출판 대영문화사

Preface 머리말

바야흐로 한국에서 이민정책을 본격적으로 논의할 때가 되었다. 그런데 아직은 한국어로 된 이민정책에 대한 책이 드물다. 그래서 이 책을 발간하게 되었다.

한국정부가 외국인의 유입을 주목하고 이를 정책으로 담아내는 노력을 본격화한 것은 2000년대 중반 이후이다. 정부 수립 이후 지속적으로 대외개방정책을 견지해왔으나 1990년대에 들어서면서 외국인 유입이 증가했고, 그 수가 100만 명을 넘어선 것이 2007년이다. 수적 증가뿐만 아니라 그 유형과 요인도 다양해졌다. 이에 정부는 이를 '다문화적 상황'으로 규정하고 정책적 대응을 서둘렀다.

한국에서는 다문화라고 할 때 그 문화적 다양성의 원천을 오직 국적의 차이에 집중함으로써 그 용어의 중심에는 외국, 외국인, 외국문화가 자리잡고 있다. 그리하여 한동안 한국정부는 이민정책 대신 외국인정책으로 대용하였는데, 2024년부터는 외국인정책이라는 용어의 한계를 직시하고 국제사회에서 통용되는 이민정책으로 정책 명칭을 전환하게 되었다.

이민정책에는 국경 및 출입국관리, 체류관리 및 국적관리, 그리고 이민자와의 사회통합을 위한 정치, 경제, 사회, 문화 각 측면에서의 다양한 정책 등이 포함된다. 전형적인 학제적 연구와 협업이 필요한 분야이다. 이것이 실제 책 발간을 위해 준비한 시기에 비해 출판이 늦어진 이유이기도 하다. 여러 부문별 전문가의 협업이 필요했기 때문이다.

다수의 저자가 참여하는 책이 갖는 장점도 많지만 단점 중의 하나는 일관성을 확보하기 어렵다는 것이다. 일관성이라 함은 작게는 용어 간의 일관성을 비롯해서 크게는 논점의 일관성에 이르기까지 다양한데, 이를 확보하는 것이 공저의 단점을 극복하는 데에 관건이 된다

그러한 단점을 극복하기 위해서 저자들 간에 책에 포함된 세부 주제는 다르지만 책을 관통하는 일관된 이민정책의 정치철학을 공유하고, 각각의 세부주제가 전체 이민정책에서 차지하는 의의와 주제 간 연관성을 공유하고자 하였다.

제1장에서는 먼저, 오늘날 대표적인 이민국가들이 밀집해있는 미주 대륙과

유럽 대륙을 중심으로 인류의 이동과 그러한 이동이 만들어 낸 다문화사회라는 관점에서 역사의 흐름을 살펴보았다. 그리고 그와 비교하면서 대한민국이 고대부터 오늘날에 이르기까지 다문화사회로 이행하게 된 과정과 그에 대한 대응과정으로서의 이민정책이 본격적으로 등장하기까지의 과정을 살펴보았다.

제2장은 왜 인류는 이민을 선택하는가를 설명하는 이론부분이다. 전통적인 관점부터 비교적 최근 논의되고 있는 다양한 관점에 이르기까지 포괄적이고 상세하게 다루었다. 변화하는 정책과 제도와는 달리 이민정책을 이해하는 데 가장 기초가 되는 이론적 토대로서의 중요성을 갖는다.

제3장부터 제5장까지는 전 세계적으로 공통적인 요인이기도 한데, 특히 대한민국에 있어서 왜 이민에 대해 적극적이고 능동적으로 정책적 대응을 해야 하는가와 관련된 이민정책추진의 정당성과 타당성의 근거가 되는 부분에 해당하는 내용이다.

그 첫 번째로 제3장에서는 인구문제를 다루고 있는데, 전 세계적인 문제가 되고 있는 저출산으로 인한 인구감소, 그리고 그로 인한 경제활동인구의 감소와 인구고령화라는 요인이 더해져 이민정책을 적극적으로 추진해야 하는 이유로 설명되고 있다.

제4장에서는 이민을 촉발시키는 가장 전통적인 요인으로 경제적 요인을 들어 설명한다. 이민의 가장 대표적인 형태가 경제이민이다. 한국에서 이러한 경제이민을 허용하는 제도로서의 고용허가제는 대한민국에 1990년대부터 본격적으로 외국인근로자와 중국동포가 유입되고 산업구조조정과 대외개방정책 기조가 부합하면서 확립된 제도이다. 오늘날 인구문제로 멀지 않은 미래에 경제활동인구의 부족문제를 겪게 될 대한민국이 고용허가제와 같은 외국인근로자 제도를 어떤 방향으로 발전시켜 나가야 할 것인가에 대한 고찰이 이루어졌다.

제5장은 대한민국이 처한 특별한 환경과 관련된 내용이다. 제1장에서 다문화의 역사를 고찰하였는데 대한민국도 통상적으로 언급되는 순혈주의나 단일민족

이 아니라 고대부터 다문화의 경험이 있었다. 그러나 북미 대륙이나 유럽과 비교할 때 그 경험은 미약하고, 오랫동안 비교적 동질적인 사회를 유지해왔다. 그러나 그러한 동질성은 발전의 개념에서 볼 때 반드시 바람직하지는 않고 오히려 다양성이 인정되고 고무되는 사회가 발전적이다. 글로벌라이제이션이 일차적으로 그러한 다양성으로 나아가는 단초였다면 이제는 우리 안으로 들어온 외국인을 통해서, 내재적 국제화를 통해 다양성을 추구하는 것이 필요하다는 견지에서 서술되었다.

제6장과 제7장은 전통적인 이민정책의 영역인 체류관리정책과 국적관리정책에 대한 내용이다. 제6장에서 논의되는 체류자격과 각 체류자격별 체류기간은 한 나라의 이민정책의 기조를 보여주는 중요한 지표이다. 이러한 체류자격 외에도 사증과 다양한 출국관리시스템에 대한 논의가 제6장에 포함되었다. 제7장에서 논의하고 있는 국적제도는 시민권제도와 비교하여 설명하였고, 쟁점이 되고 있는 선천적 복수국적제도, 동포의 복수국적허용 문제 등에 대한 논의가 포함되었다.

제8장에는 대한민국 이민정책에서 가장 쟁점이 많은 영역이기도 한 이민정책 거버넌스에 대한 논의가 포함되었다. 이민정책의 특성에 따른 관련 조직의 복잡성, 이로 인해 요청되는 거버넌스 확립을 통한 협력과 조정기제의 확립에 대한 내용이 포함되었다.

제9장, 제10장, 제11장은 주요 이민정책의 대상인 난민, 이주배경 자녀, 해외동포에 대한 정책이 포함되었다. 제9장에는 1992년에 국제난민협약에 가입을 하고, 2013년부터 난민법이 시행되고 있는 대한민국이 여전히 난민인정률은 저조한 수준이다. 난민정책은 인본주의적 차원에서뿐만 아니라 국익 차원에서도 전향적으로 검토되어야 할 주요 영역이다.

제10장에서 논의한 이주배경 자녀는 그 유형도 다양하다. 외국인 결혼이민자가 1990년대부터 본격적으로 유입해 들어왔다고 할 때 국민과 외국인배우자 간의 자녀가 한국 사회 전면에 등장하기 시작했고, 이들 외에도 중도 입국 자녀 등

다양한 유형의 이주배경 자녀에 대한 논의가 포함되었다.

제11장은 해외동포에 대한 내용이 포함되었다. 재외국민과 외국국적동포로 구성되는 해외동포정책은 브레인 백(Brain Back) 차원에서도 점점 그 정책적 중요성이 더해가고 있다. 동포정책은 외교부, 교육부, 법무부 등 여러 부처에서 각기 다른 관점에서 관할하고 있어 이에 대한 고찰이 이루어졌다.

제12장은 지방이민정책에 대한 내용으로 구성되었다. 전통 이민국가인 캐나다와 호주 등에서는 이미 활발하게 추진 중인 지방이민정책이지만, 대한민국은 이민정책 초기 단계로서 중앙정부 주도적인 이민정책이 주류를 이루고 있는 가운데 점차 인구소멸문제와 맞물려 지방이민정책에 대한 필요성과 중요성이 더해가고 있다는 점을 강조하였다.

제13장은 이민정책의 궁극적인 목표라 할 수 있는 원주민인 한국인과 이민자가 분열하지 않고 공존하도록 하게 하기 위한 사회통합정책에 대한 내용이 포함되었다.

한국의 이민정책은 지금 태동기를 맞고 있다. 그런 만큼 정책과 관련된 환경과 여건이 역동적으로 변화하고 있다. 따라서 책을 쓰면서 현행 데이터와 현재의 시책들을 자세히 소개하는 것은 가급적 지양하고, 이론과 원칙 등에 충실하고자 하였다. 그러나 그렇다 하더라도 시간이 가면서 바뀌는 것에 대해서는 적시에 갱신하고, 내용의 질적 고도화를 꾀하는 노력은 지속적으로 해나가고자 한다.

끝으로, 책 발간에 참여하신 모든 저자들과, 흔쾌히 책 출판을 맡아주신 대영문화사의 임춘환 사장님께 사의를 표한다.

2024년 8월
주 저자 정명주 씀

Contents 차례

Contents 차례

Contents 차례

Contents 차례

Contents 차례

CHAPTER 01

한국 다문화사회의 전개와 이민정책의 등장

정명주

제1절 서론

이 장에서는 이 책의 전반적인 내용에 걸쳐 기본이 되는 개념과 범위에 대해 정립한다. 그리고 다문화사회와 이민정책에 대한 이해의 토대를 위해 오늘날 가장 다문화 사회적 특성이 강하게 나타나면서 이민국가로 인식되는 국가들이 자리잡고 있는 미주 대륙과 유럽을 중심으로 인구의 이동 관점에서 다문화사회의 전개 과정 역사를 살펴본다. 그리고 마지막으로, 한국이 다문화사회로 이행되는 과정과 이에 따라 정부가 정책적 대응을 하는 과정에서 이민정책이 정립되는 양상에 대해 살펴본다.

먼저, 제2절에서는 다문화와 이민의 개념에 대해 살펴본다. 다문화는 외국에서 도입된 개념으로 서구사회에서는 문화의 다양성이라는 일반적인 개념으로 통용되는 것에 비해, 우리 사회에서는 다문화에 대해 다소 편협한 인식이 자리잡고 있다. 즉, 다문화를 인종, 국적, 그리고 국가의 차이에 따라 나타나는 문화적 다양성에 초점을 맞추고 있어 한국에서 다문화를 일컬을 때는 외국, 외국인, 외국문화가 그 핵심에 있다.

다음은 그러한 다문화사회를 초래하게 된 직접적인 원인으로서 인류의 이동을 들 수 있다. 이를 이주 혹은 이민이라 일컫는다. 우리는 일상생활에서 이주와 이민을 혼용하고 있는데, 이의 개념에 대해 명확히 한다.

제3절에서는 세계 인구 이동과 그에 따른 다문화사회의 전개 역사를 살펴본다. 오늘날 다문화적 속성이 뚜렷하게 나타나면서 이민국가로 인식되는 대부분의 국가들이 미주 대륙과 유럽 대륙에 자리잡고 있다. 한국은 이들 나라들에 비해 이민족과의 교류와 공존을 통한 경험이 얕고 짧아서 다문화적 특성이 미약하다. 따라서 한국사회에서의 다문화사회로의 이행에 따른 변화를 이해하고 그에 따른 정책적 대응을 올바르게 하기 위해서는 선발 다문화사회이자 이민국가이기도 한 서구사회의 다문화사회로의 이행 과정과 그에 따른 이민정책의 등장 과정에 대한 고찰과 이해가 필요하다.

이를 위해 고찰 시기를 고대, 중세, 근대, 현대 이후로 구분하여 각각의 시기별로 인구의 이동이 어떤 이유에서 어떤 양상으로 이루어졌고, 이에 따라 어떻게 오늘날의 다문화사회를 형성하게 되었는가를 살펴본다. 그리고 그러한 과정에서 근대 이후 국민국가가 성립되고, 본격적인 이민과 이민정책이 나타나게 되는데, 역사적 전개과정에서의 특성이 어떻게 오늘날의 이민현상 및 이민정책에 연관되는가에 대해 살펴본다.

이 과정에서 한국도 고대, 그리고 중세에 해당하는 대한제국 전까지의 시기도 포함하여 살펴본다. 한국의 고대사와 중세사를 인구 이동 관점에서 고찰하는 의미는 일반적으로 한국이 단일민족으로서 순수혈통주의를 견지한다는 것을 강조하는 경우가 종종 있는데, 그러한 통념이 역사적 사실에서는 어떻게 나타나고 있는가를 살펴보는 것에 있다.

마지막으로, 한국이 근대 이후 정부 수립 직후부터 현재까지 다문화사회로 이행하는 과정을, 정부 수립부터 1980년대 중반에 해당하는 제5공화국까지를 출입국행정 정비기로, 다음은 1980년대 후반부터 2000년대 초 김영삼 정부 시기까지는 본격적 대외 개방의 시기로, 그리고 2003년부터 현재까지를 다문화사회의 태동과 이민정책의 등장 시기로 구분하여 살펴보기로 한다.

한국의 다문화역사를 위와 같이 세 개의 시기로 구분하는 이유는 1980년대 후반부터 1990년대 초에 이르는 시기에 여성결혼이민자와 외국인근로자가 본격적으로 유입해 들어왔고, 이들이 오늘날의 한국 다문화사회를 형성하게 된 주요 집단이 되었기 때문에 그 시기를 기준으로 구분하는 것이 합당하다. 그리고 2003년을 기준으로 구분한 이유는 새로운 정부가 들어섰고, 2004년에 외국인근로자의 합법적인 취업을 허용하게 된 고용허가제가 본격적으로 도입되었고, 이는 한국 다문화사회에서의 주요 제도로 자리잡게 되었기 때문이다.

따라서 정부 수립 시기부터 다문화사회를 주도하게 된 외국인들이 본격적으로 유입해 들어오기 직전 시기까지를 이민행정이 정비되는 시기로 제1기로 보았고, 이후 그들이 본격적으로 한국에 들어오기 시작한 시기부터 고용허가제가 정착되기 직전까지의 시기를 대외개방이 본격적으로 이루어지는 제2기로, 그리고 고용허가제 등이 도입되고 이민 관련 정책이나 제도가 본격적으로 추진되는 시기인 현재까지를 제3기로 설정하여 살펴보고자 한다.

제2절 다문화사회와 이민의 개념

1 다문화 개념과 범위

'다문화'라는 용어는 외국어 'multiculture'에서 유래된 외래어이다. 따라서 어휘 그대로 풀이하면 '다양한 문화'가 된다. 그렇다면 '문화'란 무엇인가? 문화라는 용어는 우리가 일상생활에서 매우 빈번하게 사용하는데, 그 개념을 한마디로 표현하는 것은 쉽지 않다. 그럼에도 불구하고 문화에 대해 대체로 공감하는 사전적 정의는 '구성원 간에 공유하는 공통의 생활양식 또는 행동양식'이다.

킴리카(Will Kymlicka, 1995)는 문화의 개념을 설명하는 데 있어 한 가지 기준을 제시하였다. 해당 문화의 속성이 민족, 인종, 국적의 차이에서 비롯되는 것이냐 아니면 그것이 아닌 다른 차원, 즉 지역, 성별, 계층, 종교 및 정치적 성향의 차이 등의 요인에서 비롯되는 것이냐에 따라 문화의 유형을 두 가지로 구분하고 있다. 전자를 민족(인종, 국적)기반 문화(ethnic sense of culture)라고 하였고, 후자는 비민족기반 문화(non ethnic sense of culture)라 칭하였다.

1) 민족기반 문화

이에 해당하는 문화란 인종이나 국적, 민족에 따라 고유하게 나타나는 생활양식이 된다. 이러한 문화의 유형을 보면, 먼저 언어적 차이에 따른 문화로서 우리가 흔히 영어권 문화라고 할 때 영어를 사용하는 집단들에서 나타나는 공통적 생활양식이나 행동양식 등이 그 예에 해당한다. 또 다른 예는 특정 국가에서 특정 종교에 대한 자율성을 제한하면서 종교와 관련된 특정일을 공휴일로 하거나 기념주간으로 정하여 특정 행동을 취하는 등 공통적 행동양식이 나타나는 것 등이 그 사례가 될 수 있다. 이슬람 문화 등이 그 예가 될 것이다.

그 외에도 킴리카(Will Kymlicka, 1995)는 민족기반 문화의 유형으로는 첫째, 정치적 대표성을 확보하는 방법의 차이에 따른 문화, 둘째, 교육내용 및 시스템의 차이에 따른 문화, 셋째, 관할영토(land)와 관련해서 나타나는 분쟁 양상의 차이에 따른 문화, 넷째, 이민이나 국적과 관련된 정책 기조의 차이에 따른 문화, 다섯째, 어떤 날을 공휴일로 정할 것인가의 차이에 따른 문화 등이 민족 혹은 인종이나 국적의 차이에 따른, 즉 근대 국민국가(Nation State) 성립 이후로 본다면 국가의 차이에 따른 문화의 유형에 속한다고 보았다.

2) 비민족기반 문화

다음은 특정 국가이기 때문에 혹은 특정 인종이기 때문에 나타나는 문화적 차이가 아닌, 같은 국민 내 집단에서도 지역별, 성별, 계층별, 정치적 성향별로 나타나는 문화적 차이의 유형이 이에 해당한다.[1] 여가문화, 청년문화, 도서・해양문화 등이 이에 해당한다. 이와 같이 문화적 다양성, 즉 다문화를 초래하게 되는 원인은 문화의 개념에서 출발해서 보면 매우 다차원적이고 다양한 관점의 유형이 있다는 것을 알 수

1) 이 문화에 대해서도 다시 그 유형을 분류하기도 한다. 그러나 여기서는 킴리카의 견해에 따라 문화의 유형을 크게 민족기반 문화와 비민족기반 문화로 분류하여 소개한다.

있다.

3) 한국에서의 다문화 용어의 사용

한국의 다문화사회 이행 역사에서 볼 때 한국사회에서의 다문화라는 개념은 그 문화적 다양성의 원천을 오직 국적의 차이에만 집중함으로써 원주민인 한국인과 외국인 간의 문화적 차이 혹은 문화적 다양성의 의미로 사용하고 있다. 즉, 킴리카의 민족기반 문화의 차이에 따른 문화적 다양성에 초점을 맞추고 있는 것이다. 그렇게 된 이유는 한국사회는 역사적으로 서구 여러 국가들에 비해 상대적으로 외국인과의 교류범위가 넓지 않고 그 빈도도 약하며, 교류기간이 길지 않음으로써 비교적 오랜 시간동안 민족 동일성을 유지해왔다. 그러는 중에 외국인이 유입해 들어옴으로써 그들과 한국인과의 다른 문화적 차이를 주목하면서 비로소 다문화라는 용어가 전면적으로 등장한 것이라 볼 수 있다.

따라서 한국에서 사용하는 '다문화사회'는 외국인과 원주민인 한국인이 같이 사는 사회, '다문화가족'은 외국인과 한국인으로 구성되는 가족, '다문화정책'은 외국인 유입으로 인해 그 외국인을 대상으로 하는 다양한 정책의 유형 등을 가리키는 용어가 되었다. 즉, 다문화의 중심에는 외국, 외국인, 외국문화가 있다.

2 이주와 이민의 개념

오늘날 지구상의 모든 국가는 다양한 인구의 이동을 경험하고 있다. 국가 간 국경을 넘는 이동도 있고, 국내 지역 간 이동도 발생한다. 국내 이동이건 국가 간 이동이건 포괄적인 의미에서 인구의 이동을 '이주'라 하고, 그 중에서도 국가 간 국경을 넘는 이동이 국제이주이고 이를 '이민'이라 지칭한다.

국가 간 국경을 넘는 이동을 이민이라 본다면 국경의 개념이 중요하게 된다. 국경은 국가의 개념과 범위가 명확히 설정되어야 성립되는 개념이다. 고대사회에서의 도시국가, 중세사회에서의 왕조 국가 등에서는 영역이나 영토의 구획이 지금의 국민국가만큼 명확하지 않았다. 따라서 당시의 상황에서 인구의 이동을 이민이라는 용어로 설명하기는 애매하다. 반면, 현대사회에서는 필요한 법제도적 요건과 근거를 토대로 명확한 영토범주를 기반으로 국경을 넘는 행위로서의 이민의 개념이 보다 명확해진다.

우리가 고대사회나 중세시대 때의 인구 이동을 이주와 이민을 혼용하는 이유가 그 때문이다. 따라서 이민이란 용어는 명확한 영토의 경계를 보유하면서 통치권이 정립되고, 국민이라는 구성원을 확보한 국가에 대해 사용하는 것이 보다 적절하다 할 것이다. 중세 말기에는 유럽에서도 이러한 국가의 위상 간에 차이가 커서 이미 상당한 정도의 국가 요건을 갖추고 있었던 국가도 있었으나 대체로 근대 국민국가 이후 이민이라는 개념을 사용하는 것이 보다 적절하다고 하겠다.

인류의 출현 이래 인간은 끊임없이 이동해 왔다. 지금 이 순간에도 지구상의 전체 인구 중 일정 수에 해당하는 인구가 국경을 넘는다. 즉, 그만큼의 인구가 자신이 태어나지 않은 곳에서 살아가고 있다는 것이다. 뒤에서 상술하겠지만 유럽이 본격적으로 이민자를 받아들이는 기간에 대한민국은 이민자를 송출하는 입장이었고, 역사적으로도 다문화에 대한 경험이 미약하다. 그러나 미국이나 캐나다, 그리고 호주와 같은 나라는 국가를 이민자가 건설하였고, 유럽사회 또한 고대사회 때부터 광범위하고 오랫동안 다문화사회를 경험하면서 근대 이후 본격적으로 이민자를 받아들였다. 따라서 현재의 이주자의 분포와 비율을 보면 우리나라에 비해서 서구사회가 훨씬 높다.

그러나 최근 세계 각 지역별 이주자의 유입 양태의 추이를 보면 아시아 대륙으로의 이주는 점차 증가하고 있는 것으로 나타나고 있다. 뿐만 아니라 1990년대에 비해 2000년대에 들어서 급격하게 증가하고 있다. 그리고 2010년대 이후에는 전체 이주 유입 규모가 북미 대륙과 유럽 대륙 각각에 비해 아시아 대륙으로의 이주가 더 많이 차지하고 있다는 특징이 나타나고 있다.

제3절 세계 인구 이동과 다문화사회의 전개[2)]

한국의 다문화사회 전개 과정을 살펴보기 전에 한국을 포함한 북미 대륙과 유럽 대륙을 중심으로 어떤 경로를 통해 어떤 이유에서 그들이 다문화사회를 이루게 되었

2) 이 절에서의 역사적 사실에 대해서는 William & Jackson(2011a; 2011b)과 Sarah, Ines, Mark, & Charles(2005)를 참고로 하여 이 책의 취지에 따른 인구 이동의 관점에서 재구성하였다.

는가에 대해 먼저 살펴볼 필요가 있다. 왜냐하면 현대사회에서 대표적으로 북미 대륙과 유럽 국가들이 다문화사회를 이루고 있고 이민국가로 대표되기 때문이다. 따라서 이들 북미 대륙을 대표하는 미국이나 유럽 국가들에서의 다문화사회로의 이행 과정을 살펴봄으로써 이들 다문화사회의 역사가 현재의 이민과 이민정책에 어떻게 연계되고 영향을 미쳤는가를 이해할 수 있는 토대가 될 수 있다.

1 고대와 중세

1) 그리스(마케도니아 왕국)와 로마제국-세계시민주의의 태동

우리에게 가장 잘 알려진 고대 시대의 다문화사회는 그리스의 도시국가(city-state)들과 로마제국을 들 수 있다.[3)]

먼저, 그리스는 가장 번성기(기원전 1~2세기)에는 지중해 지역을 중심으로 유럽뿐만 아니라 아시아, 아프리카에 이르는 대륙을 정복하면서 대제국을 형성하게 되고, 이에 대륙 간, 지역 간 교류와 교역을 통한 문화의 교류가 이루어진다. 이렇게 구성된 고대 그리스 다문화사회에서는 피정복민의 전통과 관습을 존중하였고, 그리스인과 정복지인 페르시아인과의 혼인을 장려하는 등 동서 화합을 꾀한 것으로 기록된다. 또한 그리스 문화와 동방국가(페르시아)의 문화 간 교류를 통해 독특한 헬레니즘 문화가 나타나게 된다. 헬레니즘 문화는 당시 폴리스(polis)를 중심으로 하는 그리스의 다소 배타적인 문화에 정복지의 고유문화를 융합함으로써 새로운 개방적이고 세계적인 문화의 성격을 갖게 된다.[4)]

3) 그리스는 그리스인, 로마는 라틴족으로서 각기 다른 민족으로 구성된 국가이다.

4) 이것은 오늘날 이주민과 원주민이 같이 살아가야 하는 지구상의 많은 이민국가들의 공통적인 숙제인 사회통합 전략에 대한 하나의 방향을 제시하는 것이기도 하다. 동화주의 전략, 차별적 배제주의 전략, 다문화주의 전략을 넘어 최근에는 상호문화주의(interculturalism)에 대한 논의가 활발히 이루어지고 있다. 상호문화주의는 다문화주의가 갖는 소극적 개념으로서의 '타자 문화에 대한 방관'을 넘어서 보다 적극적 교류, 문화의 융합, 나아가 새로운 제3의 문화의 창조에까지 이어지는 개념으로 이해된다. 이러한 상호문화주의는 기존의 동화주의가 한계를 드러내면서 동화와 조절(accommodation)에 의한 문화적 융합 혹은 문화적 변용에까지 이르는 개념으로서 헬레니즘 문화가 바로 이러한 상호문화주의의 사례로 볼 수 있다. 이렇게 탄생된 헬레니즘 시기는 알렉산더 원정기부터 로마에 멸망하기까지 약 200여 년 간의 번성기를 누리게 된다. 동화주의, 차별배제주의, 다문화주의, 그리고 상호문화주의에 대한 내용은 이 책 제5장과 제13장에서 다루고 있다.

그리고 이때 헬레니즘 문화의 특성을 반영한 스토아학파(Stoicism) 사조가 나타나게 되는데, 이는 유물론에 입각하여 '실재하는 모든 것은 물질적이다'라고 주장한다. 즉, 세계에 존재하는 모든 물체는 어떤 물질로 구성되어 있고, 우주 만물은 동질이며 상호 밀접하게 관련되어 있다고 본다. 이러한 관점은 스토아학파가 '만인은 같은 우주라는 큰 도시의 시민(cosmopolitics)이다'라고 주장함으로써 세계시민주의(cosmopolitanism)와 연결된다는 것을 입증한다.[5)]

또 하나의 고대사회의 대표적인 다문화사회는 로마제국을 들 수 있다. 로마 도시국가 역시 이탈리아반도에 있는 도시국가들을 통일하여, 그리스를 정복하고 서쪽으로는 이베리아반도, 동쪽으로는 소아시아 반도, 그리고 지중해를 건너 북아프리카에까지 정복하여 대제국을 형성하게 되면서 다문화사회의 꽃을 피우게 된다. 당시 로마는 다신교 국가였는데 속주국의 다양한 종교를 차별 없이 수용하였고, 그들 여러 종교들 중 하나인 크리스트교를 발달시켜 이후 지금까지 서양문명을 구성하는 큰 토대가 된다.[6)]

당시 기록에 의하면 로마는 여러 속주국가들을 정복한 결과, 시민권자와 비시민권자인 외국인으로 구분하고 인구관리를 한 것으로 나타나는데, 정확한 로마인구의 숫자는 알 수 없지만 여러 추정에 의하면 로마가 가장 번성했던 서기 2세기경의 로마 시민권자 숫자 대비 시민권을 가지지 않은 외국인의 숫자를 약 10배 가까운 숫자로 추정하는 견해도 있다.[7)] 오늘날 유럽의 많은 다문화국가에서의 외국인의 숫자를 고

5) 세계시민주의는 보편주의 관점에서 인권과 같은 보편적인 기본 권리에 대한 존중을 강조한다. 그리고 개별 국가를 넘어서 인류공동체의 일원으로서의 정체성을 인식할 것을 주장하는 이념으로서 이러한 세계시민주의의 근원을 고대 철학의 한 사조인 스토아학파에서 찾는다(사무엘 이 스텀프, 이광래 역, 1983: 155-162). 이주를 통한 인간의 이동이 초래한 현대사회에서 보편적 정치철학으로 언급되는 세계시민주의가 여기서 등장하게 된다. 그리고 이러한 세계시민주의는 근대 칸트(Immanuel Kant)의 철학을 거쳐 이민이 일상화되는 현대사회에서 우리 각자가 한 국가의 국민으로서뿐만 아니라 우리가 거주하고 있는 곳 어디에서 한 시민으로서의 권리와 의무를 실행하는 존재라는 의미로 연결된다.

6) 그리고 이후 7세기경에 발생한 이슬람교의 확산 및 전파로 오늘날 이슬람 국가라고 표명한 국가는 10개 국가에 이르고, 이슬람교가 공식 종교인 국가도 17개에 이른다(https://namu.wiki/w/이슬람%20국가). 이후 크리스트교 세계와 이슬람 세계는 '세기의 충돌'이라는 말이 나올 정도로 첨예하게 대립하면서 오늘날 다문화사회에서는 다양한 종교적 신념체계와 관련된 갈등이나 분쟁 또한 사회통합을 위한 주요 대상이 되기도 한다.

7) 로마의 인구가 얼마였는가에 대해서는 다양한 고고학적 증거, 인구조사 등의 문헌자료, 세금관리기록, 그리고 이들 자료 등을 활용한 통계 모델링 등을 토대로 추정할 수 있는데, 그 중에 한 가지

려하면 당시의 로마는 엄청난 규모의 다문화사회를 구성했던 것으로 추정할 수 있다.

2) 중세유럽

중세유럽 국가들의 출현은 다양한 민족 집단의 이동이 촉발시키게 된다. 게르만족, 노르만족, 슬라브족 등 다양한 민족의 이동을 통해 각 민족들은 각각의 피정복지의 문화와 전통을 융합하면서 고유의 중세문화를 형성해나가게 된다.

먼저, 게르만족은 고대사회 때부터 기후와 기근으로 남쪽으로 이동이 이루어지고 있었고, 그 과정에서 로마와 교류가 이루어지기도 한다.[8] 5세기경에는 본격적으로 남쪽으로 이동하면서 게르만족의 이동이라는 민족 대 이동이 이루어진다. 게르만족에 속하는 여러 부족들이 있는데, (동, 서)고트족, 노르드족, 반달족, 부르군트족, 앵글족, 프랑크족, 색슨족, 롬바르드족 등이 주요 게르만족에 속하는 부족들이다. 이들 부족들이 남하하여 당시 동, 서로 나눠져 있던 로마제국 중 지금의 주로 서유럽지역에 속하는 서로마제국 곳곳에 각각의 정복왕국을 건설하게 되면서 476년 서로마는 멸망하게 된다. 그러나 이후에도 지금의 소아시아반도의 동쪽 지역을 포함한 동로마제국(비잔티움제국)은 1,000여 년 간 더 지속된다.

이후 종교적으로는 로마 크리스트교가 분리되어 하나는 로마 가톨릭 교회를 중심으로 하는 서유럽 세계와 그리스 정교회를 중심으로 하는 동유럽 세계가 명확하게 구분된다.[9] 그 중 서유럽의 게르만족이 세운 프랑크왕국(481~870년)은 다양한 왕국들

가설은 당시 로마를 구성하고 있는 사람들을 로마시민권을 가진 사람과 가지지 못한 외국인으로 구분하고, 시민권을 가진 사람들을 대상으로 실시한 인구센서스 기록을 토대로 가장 번성했던 시기인 서기 2세기경의 로마 시민권자를 최대한 800만 명 이상 1,000만 명 정도로 보고, 시민권자가 외국인을 포함한 전체의 10% 정도를 차지할 것이라고 보는 설이 있다. 로마시대 외국인이 거의 90%를 차지한다고 예측하는 데에서도 나타나는 바와 같이 로마는 당시 엄청난 정도의 다문화사회를 구성한 대표적인 고대국가로 볼 수 있을 것이다(아시아경제, 2018년 9월 8일자: https://www.asiae.co.kr/article/2018090714482058510).

8) 게르만족은 오늘날의 미국 백인, 영국인, 호주인, 뉴질랜드인, 캐나다인, 덴마크인, 스웨덴인, 노르웨이인, 아이슬란드인, 네덜란드인, 독일인, 오스트리아인, 스인스인 일부 등이 이에 속하는 것으로 알려져 있다(https://namu.wiki/w/게르만족).

9) 서구사회에서의 이러한 종교적 요인은 이후 민족주의와 함께 매우 중요한 문화적 요소로 작용하게 되는데, 특히 당시 동서로마의 분기점에 위치하고 있던 발칸반도에서의 여러 유럽 국가들이 현재까지도 민족적 · 종교적 분쟁 양상을 보이고 있는 이유가 이때의 종교와 민족 분포 형성에서 비롯된 것이다.

중 가장 넓은 영토를 차지하고 오랫동안 번영을 누린 국가인데 카롤루스(라틴어로 Carolus, 영어로 Charlemagne) 황제 때는 과거 서로마제국에 맞먹는 영토로 확장하였는데 카롤루스는 분열되어 있던 유럽을 통합하려는 노력을 기울인 상징으로 지금까지도 기념되고 있다.[10] 프랑크 왕국은 이후 오늘날의 독일, 프랑스, 이탈리아 3국의 기본적인 틀을 구성하게 된다.

이후 스칸디나비아 반도에 살고 있던 노르만 족의 이동이 시작되어 또 다시 유럽은 대단위 인구의 이동을 경험하게 된다. 이들 또한 남하하여 해안지방과 내륙지방에 이르기까지 지금의 영국, 프랑스, 러시아 등지에 여러 왕조를 건설하게 되고 남아있던 노르만족은 지금의 북유럽 국가인 스웨덴, 덴마크, 노르웨이 등을 세웠다.

한편 로마가 동서로 분리된 이후 서로마가 멸망한 이후에도 동로마제국은 비잔티움제국이라 불리면서 1,000년 이상 지속된다. 비잔티움제국은 로마에서 분리된 국가이기는 하나 서로마와는 달리 그리스정교를 바탕으로 그리스 문화와 헬레니즘 문화를 융합하여 독특한 비잔티움 문화를 형성하게 되고, 이는 서유럽과는 또 다른 지금의 동유럽 형성에 영향을 미치게 된다.

한편, 유럽의 동북부지역에 있던 슬라브족 또한 이동하게 되는데, 이들은 서슬라브족, 남슬라브족, 동슬라브족 등으로 나뉘어진다. 서슬라브족과 남슬라브족은 오늘날의 동유럽 국가로 이동하여 폴란드, 체코, 크로아티아, 슬로베니아 등은 로마 가톨릭교를, 세르비아는 그리스 정교를 받아들이게 된다. 그리고 동슬라브족은 오늘날의 러시아로 이동하여 한때 몽골의 지배를 받기는 하나 모스크바 대공국의 전성기를 지나 소비에트 사회주의 공화국 연방체제를 거쳐 오늘날의 러시아가 된다.

이와 같이 중세 유럽에는 여러 다양한 민족들이 이동하면서 왕조의 형태로 침략과 정복전쟁 등을 통해 분열과 통합을 반복하면서, 민족과 인종, 그리고 종교의 영향하에 다양한 정치적, 사회적, 문화적 혼용이 발생하게 되는 다문화사회로서의 중세 국가를 이어나갔다.

중세에서의 인류의 이동을 촉발시킨 또 하나의 요인으로 종교전쟁의 성격을 띤

---

10) 1950년부터 매년 유럽 국가의 단합과 문화적, 정치적 의식의 일치에 공헌한 정치지도자에게는 그의 이름을 딴 '카롤루스 대제 상(Charlemagne Prize)'이 수여되고 있으며 독일에서 주관한다(김형종 외, 2012: 122). 현재 브뤼셀에 있는 EU 집행위원회의 일부가 입주한 건물도 '카롤루스 빌딩'이라 불린다. 이와 같이 지금까지도 유럽에서는 여러 민족, 다양한 종교적 결합체로서 그들 간의 통합과 융합은 중요한 정치사회적 이슈가 되고 있다는 것을 알 수 있다.

십자군전쟁을 들 수 있다. 약 200년이 넘는 장기간에 걸친 전쟁으로 기록에 따라 8차에 걸친 이동경로는 지금의 서유럽지역에서부터 남부 유럽 쪽으로, 그리고 동쪽으로는 지금의 터키를 지나 이집트의 카이로와 서아시아의 예루살렘에까지 이르는 대장정의 이동이 이루어진다. 이로 인해 전쟁에 직접 참여한 봉건영주의 세력은 약화되고 종교적 분쟁으로 인한 교황권의 약화로 왕권이 강화되는 전기를 맞는다.

오랜 십자군전쟁과 14세기 중엽 유럽 전역에 퍼진 흑사병의 영향으로 유럽사회는 물리적 팽창과 함께 사회문화적 변모를 경험하게 된다.[11] 교황권 대신 왕권이 강화되면서 영국과 프랑스, 그리고 스페인 등이 왕권을 기반으로 하는 강력한 통일국가로서의 모습을 갖추어나가게 된다. 왕권의 강화와 함께 봉건영주의 권한은 약화되고, 봉신들의 상대적 지위가 향상되어 비교적 이주가 자유로워지면서 농업뿐만 아니라 다양한 상업 활동에 종사하게 된다. 그리하여 시장을 중심으로 하는 중세도시(medieval town)의 발달을 주도하게 된다. 이와 같이 10세기에서 14세기에 이르는 시기는 각 지역의 경제성장이 교역의 발달로 이어지고, 교통이 발달하면서 지역세계가 매우 역동적으로 영향을 주고받게 된다.[12]

3) 이슬람 문화권

이 시기에 우리가 주목해야 하는 지역은 이슬람국가의 발전이다. 고대 로마가 동서로 분리되고 난 뒤 동로마를 계승하면서 지금의 터키지역에는 비잔티움제국이, 지금의 이란지역에는 페르시아제국이 대치하게 된다. 이때 아라비아지역의 메카를 중심으로 이슬람교가 성립된다. 이후 이슬람교를 기본으로 하는 이슬람국가는 지금의 유럽 스페인지역까지, 그리고 아프리카는 북아프리카부터 시작해서 서아프리카와 중남아프리카에까지 이슬람화가 진행되게 된다.[13]

---

11) 흑사병의 영향으로 당시 유럽 인구의 3분의 1에 해당하는 인구가 사망하였다(김형종 외, 2012: 178).

12) 영국인 세익스피어(William Shakespeare)의 작 〈베니스의 상인(The Merchant of Venice, 1596)〉이 당시 이탈리아를 배경으로 하는 상인들의 시대상을 그리고 있고, 우리에게 탐험가로 잘 알려져 있는 『동방견문록(1298)』의 작가 마르코 폴로(Marco Polo) 역시도 베니스의 상인이었던 것으로 알려져 있다(김형종 외, 2012: 188-189).

13) 현재 아프리카의 양대 종교는 이슬람과 기독교이다. 특히, 이집트. 리비아. 모로코, 수단 등은 90% 이상이 무슬림이다.

서아시아와 중앙아시아지역에서 성립된 이슬람교는 이 지역으로 진입한 투르크족이 세운 셀주크투르크를 이슬람화하게 되고, 이를 멸망시킨 몽골은 다시 오스만투르크에 그 패권을 넘겨주게 된다. 이어 오스만투르크는 앞서 동로마를 계승하던 지금의 터키지역에 있던 비잔티움제국까지 멸망시키고 이란, 이집트, 북아프리카 지역까지 정복하여 세 대륙에 걸친 대제국으로 발전하게 된다. 오스만투르크 제국은 지역적으로 동서양을 통합하여 이슬람문화의 번성기를 이루게 된다.

뿐만 아니라 일찍이 불교를 탄생시키고 이후 힌두교를 발전시킨 인도에도 왕국의 분열 시기를 틈타 이슬람세력이 인도에 들어오게 된다. 이후 인도에 이슬람왕조가 성립되기도 하면서 인도인들 중에는 이슬람교로 개종하는 사람도 생겨나게 된다. 이후 인도에는 대외 교역을 활발하게 발전시킨 무굴제국이 성립하면서 힌두문화와 이슬람문화를 융합하여 힌두·이슬람 문화를 발전시키는 등 이슬람문화의 확대, 계승의 형태로 이루어지는 다문화사회로 이어지게 된다.

또한 동남아시아의 경우에도 이슬람 상인들이 왕래하게 되면서 이슬람교가 확산되게 된다. 지금의 말레이시아와 인도네시아 지역을 중심으로 이슬람인들이 정착하게 되고, 이후 중세에는 필리핀 일부지역까지 이슬람교로 개종한 왕조가 지배하기도 한다.[14]

이와 같이 이슬람국가와 문화는 이슬람교가 창시된 고대, 중세를 거치면서 지역적으로도 확장되어 나갔고, 이후 지금까지 이슬람문화는 서방의 크리스트교 문화권과 함께 전 세계적으로 매우 광범위하고 지속적으로 영향을 미치게 된다.

이슬람문화권의 특징은 이슬람교를 믿는 사람, 즉 무슬림으로서의 결속력과 종교적 유대감이 다양한 인종, 국가적 배경을 초월하여 고유의 문화적 정체성을 유지하게 하는 특성이 강하게 나타난다는 것이다. 서방의 크리스트교 국가들의 경우는 민족주의, 애국심 등이 종교적 특성보다는 민족, 국가라는 정체성을 토대로 한다는 점과 비교된다 하겠다.

---

14) 현재 말레이시아는 인구의 60% 이상이 이슬람교를 믿으며, 인도네시아는 80% 이상이 이슬람교를 믿는다.

4) 한국의 고대, 중세사회에서의 다문화적 상황

우리나라의 고대사회 고조선 때의 분포 지역을 보면, 한반도 북방의 중국 만주지방[15]과 러시아 연해주[16]지역에까지 걸쳐있다. 따라서 이들 지역의 원주민과의 교류와 인종 간 결혼 등이 이루어진 것으로 보는 것이 합당하다. 뿐만 아니라 삼국시대에는 4~6세기에 걸쳐 유럽과의 교류와 교역을 통한 인구의 이동이 중국을 거쳐 우리나라 삼국시대에까지 영향을 미쳤다. 1965년 충북 제천군 고인돌에서 발굴된 남자의 유골이 오랜 연구와 논의 끝에 기원전 410년경에 살았던 백인(caucasian)이라는 결론을 얻기도 하였다(김중순, 2013: 63-70).

또한 한국에 외국인이 유입되어 한국인으로 귀화가 시작된 시기는 삼국시대 초기로 기록되어 있기도 하다. 삼국시대부터 조선에 이르기까지 한국에 귀화한 성씨에 비추어 얼마나 외국인 유입이 이루어졌는가 하는 것을 살펴보면 다음과 같다. 먼저, 삼국시대에는 한반도로 귀화한 사람들은 대부분 중국에서 들어왔다. 그리고 삼국시대를 지나 통일신라시대에는 교류가 더욱 활발해져 당시 당나라에서 한반도로의 귀화한 성씨만 25개에 달한다. 고려시대에 있어서의 다문화의 특징은 왕실 통혼이라는 형태로 나타나게 된다. 당시 몽골족이 세운 원나라와의 왕족 결혼이 200년 가까이 이어졌고, 귀화도 성행하였다. 이외에도 고려시대에는 아랍인이나 베트남, 중앙아시아 투르크족의 한 부족인 위구르인 등 다양한 민족이 귀화한 것으로 나타나고 있다. 조선시대로 넘어가면, 동남아시아인, 무슬림뿐만 아니라 중국인, 일본인, 만주지역의 여진족과 다양한 부족들이 귀화한 것으로 기록되어 있다. 이외에도 많은 외국인들이 들어와 상주한 것으로 나타나고 있다. 일본, 태국, 자바, 수마트라, 보르네오, 몽골, 위구르 등에서 한반도로 들어왔고, 네덜란드인, 흑인까지 한반도에 있었던 것으로 기록이 남아 있다.[17]

대한민국을 흔히 단일민족으로 구성된 국가라고 하고, 그래서 순혈주의를 주장하면서 다문화사회의 경험이 없는 것으로 생각하는 경우가 많다. 그러나 역사적으로 볼

---

15) 만주는 오늘날의 중국 동북3성(지린성, 랴오닝성, 헤이룽장성)과 내몽골 자치구의 3시 1맹을 일컫는 지명이다. 오늘날 중국에서는 사용하지 않는 명칭이다.

16) 연해주는 러시아 극동 연방관구의 지방이다. 주도는 블라디보스토크이다. 러시아식 발음으로 '프리모리예'이다.

17) 귀화 성씨에 비추어 본 다문화의 역사에 대해서는 황미혜 · 손기섭(2018)의 『한국의 다문화 역사 이야기』 참고.

때 고조선사회 때부터 이미 다문화사회를 경험한 것을 알 수 있다. 다만, 한국의 경우는 고대부터 중세 조선시대까지는 유럽사회의 고대부터 중세까지 시기의 다문화적 상황과 비교할 때 대규모의 영토 확장을 위한 정복전쟁이나 다양한 민족 단위의 집단적 이주, 그리고 종교전쟁의 성격을 띤 대규모 종교집단의 이주 등의 경험은 미약하여 한민족의 전통과 속성을 대체로 유지하고 있다는 점이 차이가 있다 할 것이다.

이와 같이 다문화사회는 고대 시기부터 중세까지 전 세계적인 현상으로 인류가 경험하였다는 것을 알 수 있다. 그러나 이때의 다문화사회는 앞서 이주와 이민의 개념 설명에 비추어 이민의 개념보다 이주에 의해 형성된 다문화사회로 볼 수 있다. 이민의 정의에 따라 근대 이후 나타난 국민국가(nation state)에서 국경이 생겨나고, 이렇게 명확해진 국가 간 경계로서의 국경을 넘는 이민의 개념과 그 확장성은 근대 이후 본격적으로 나타나기 시작한다.

2 지리상의 발견, 근대 국민국가의 등장, 그리고 산업화와 식민지 개척 시기

1) 근대 유럽과 미국

근대로 넘어오게 되면 신대륙의 발견, 국민국가의 등장, 그리고 산업혁명이 촉발시킨 식민지 개척 등으로 다양한 형태의 인구 이동과 문화적 혼용 및 교류가 일어나게 된다.

고대 그리스, 로마가 멸망한 뒤 약 1000년 가까이 신, 종교, 교황 중심으로 지속된 중세시대는 십자군의 이동과 새로운 중산계층(middle class)의 출현, 종교개혁 등으로 새로운 문화운동으로서의 르네상스를 맞이하면서 새로운 세기를 맞이하게 된다.

이러한 사회적 분위기를 전후해서 이미 유럽사회는 아시아지역과의 교류와 교역이 활발하게 이루어지고 있었고, 15세기에 들어서면서 포르투갈과 스페인이 주도하면서 보다 본격적으로 동양으로의 항해를 시작하게 되었다. 대서양을 따라 아프리카를 거쳐, 인도양을 따라 인도에까지 이르게 되기도 하고, 또 한편에서는 대서양을 건너 계속 서쪽으로 이동하면서 중남미지역의 서인도제도에 도달하기도 하고, 다른 한편 대서양을 건너 남미 대륙을 거치고 태평양을 지나 필리핀에까지 이르는 등 대항해 시대가 열리면서 지중해 중심의 중세에서 훨씬 확장된 인류의 이동과 교류, 교역의 세기가 열리게 되었다.

이와 같은 유럽인의 새로운 이동은 필연적으로 아프리카와 중남미지역에서의 문화적 충돌로 이어지게 되었고, 이는 곧 제국주의(imperialism)의 시작을 알리게 되었으며 아프리카를 대상으로 하는 노예무역이 전개되게 되기도 한다.

중세 말기에 나타난 새로운 중산계층의 출현, 신교의 출현과 종교적 갈등, 왕권과 의회의 대립 등이 확산되는 가운데 17세기와 18세기에 걸쳐 영국은 입헌 군주제의 정착, 미국은 연방주의와 삼권분립을 표방한 독립, 프랑스는 공화주의 체제가 각각 확립되면서 근대 국민국가로서의 형태를 갖추어나가게 된다.

한편, 17세기는 과학과 발명의 세기라 불릴 만큼 왕성한 과학 활동이 이루어지고, 이어서 18세기에는 영국을 중심으로 산업혁명(industrial revolution)이 일어난다. 기계 발명과 공장제 운영으로 대량생산이 이루어지고 영국의 산업혁명은 유럽 각 국가와 미국의 산업화를 견인하게 된다.

비슷한 시기에 나폴레옹(Napoléon Bonaparte)의 등장과 몰락으로 등장한 유럽사회의 정치적 혼란 속에서 자유주의와 민족주의가 유럽과 라틴아메리카를 중심으로 확산되게 된다. 그리하여 16세기 대항해시대 때 스페인과 포르투갈, 프랑스의 식민지였던 라틴아메리카 각 국가들의 독립운동이 고취되면서 라틴아메리카 대부분의 국가가 19세기에 독립하게 된다.[18]

유럽에서 스페인, 네덜란드, 영국, 프랑스 등이 비교적 일찍 강력한 통일왕국을 확립한 것에 비해서 독일과 이탈리아는 크고 작은 왕국과 공국들로 오랫동안 분열되어 있었는데, 프랑스의 혁명 등의 영향으로 이탈리아와 독일도 각각 1861년, 1871년 통일을 이루면서 국민국가의 대열에 서게 되면서 뒤늦은 산업화에 뛰어들게 된다.

미국 역시 앞서 본 바와 같이 영국으로부터 독립하여 신대륙에서 연방 체제를 도입하고, 서부개척을 통한 영토 확장을 꾀하면서 전 세계로부터 이민자를 받아들이면서 국가를 건설하고 산업화를 통한 강력한 자본주의를 발전시켜나가게 된다.[19]

유럽을 중심으로 시작된 산업화는 값싼 원료 공급지와 공장제품의 판매 시장, 나

18) 스페인령이었던 멕시코, 쿠바, 도미니카공화국, 과테말라, 엘살바도르, 니카라과, 코스타리카, 파나마, 베네수엘라, 콜롬비아, 에콰도르, 페루, 볼리비아, 파라과이, 칠레, 우구과이, 아르헨티나 등이 독립하고, 포르투갈령 브라질이, 영국령 기아나, 온두라스가, 프랑스령 기아나, 아이티가, 네덜란드령 기아나가 각각 독립하였다.

19) 이때 미국은 이민자들에 대해 멜팅 폿(melting pot) 전략으로 동화주의를 꾀하게 된다.

아가 국내 잉여 자본을 투자할 수익성 있는 투자처를 확보하기 위해 지하자원과 노동력이 풍부한 아시아와 아프리카를 식민지화하게 된다.[20)]

신항로 개척 시기에 이미 아프리카에는 유럽 열강들이 진출하였고, 흑인 노예무역이 성행하고 있었으나 19세기에 들어서는 아프리카 내륙지방에까지 진출하여 에디오피아와 라이베리아를 제외한 모든 국가들이 서양 열강에 의해 분열, 점령되었다. 이 때 모로코, 알제리, 튀니지 등 북아프리카 국가들이 프랑스 식민지령으로 들어가게 되는데, 이들이 1960년대에 독립한 후 프랑스로 본격적인 이민이 이루어지는 시기에 이들 북아프리카 국가들의 대거 이민이 이루어지게 되는 배경이 되기도 한다.

이렇게 서양의 강국들이 식민지를 개척하는 데에는 당시 공통적으로 나타난 현상이지만 피식민지국가에 대한 통치방식에 있어서는 각기 다른 방식으로 접근하였다.[21)] 그리고 이러한 식민지통치방식은 이후 제1, 2차 양대 세계대전을 치루고 대부분의 국가들이 독립을 한 뒤, 본격적인 이민이 시작되면서 이민자를 받아들이는 국가에서 이민자에 대한 통합 정책적 차원에서의 전략선택에까지 영향을 미치게 된다.[22)]

근대 이후 나타난 유럽의 다문화사회의 특징은 고대 지중해를 중심으로 한 교역권과 문화권에서 지리적 확장으로 인한 문화적 확장을 들 수 있다. 지리상의 발견이 이루어지고 대항해시대에 접어들면서 1차 식민지 개척이 이루어지는데, 이때 식민지 국가의 필요에 의해 피식민지국가와의 관계에서 비자발적으로 상당한 규모의 이민자 집단이 이미 존재하게 된 것으로 추정된다(윤경훈 · 강정인, 2019: 94). 나아가 산업화

20) 16세기부터 시작해 19세기까지 이어진 유럽의 식민지개척이 이루어지게 되는데, 먼저 동남아시아 지역을 보면 영국은 부르마(Burma, 현 미얀마), 브루나이(Brunei), 말라야(Malaya, 현 말레이시아)를, 그리고 프랑스는 베트남, 캄보디아, 라오스를, 네덜란드는 지금의 인도네시아지역을, 포르투갈은 파푸아뉴기니를, 그리고 스페인과 미국은 필리핀을 각각 식민지로 삼았다. 그리고 인도의 대부분 지역은 1805년부터 1931년까지 영국의 식민 지배를 받게 되었다.

21) 영국은 시기별로 다소간의 차이가 있기는 하지만, 원주민 중에서 협력자를 양성하여 식민지 통치를 위임하는 간접 지배방식을, 프랑스는 공화주의 전통과 문명을 원주민에게 전파하여 프랑스의 시민으로 만드는 동화정책을 펼쳤고, 미국은 푸에르토리코와 버진아일랜드 등의 식민지를 거느렸으나 이들을 식민지로 부르지 않고 자국 영토의 일부로 간주하였다(김형종 외, 2012: 294)

22) 예컨대, 프랑스의 경우 제2차 세계대전 이후 부족한 노동력을 보충하기 위해 북아프리카 등지의 프랑스 식민지였던 나라들로부터 대량의 인력을 받아들이면서 본격적인 이민정책을 펴게 되는데, 프랑스 정부는 이민자와 원주민과의 사회통합을 위한 전략으로 프랑스 공화주의에 입각한 동화주의 정책을 고수하였다. 그러나 이후 이러한 동화주의가 한계를 나타내면서 다문화주의, 상호문화주의 등으로 통합 전략에 대한 변화를 모색하게 된다. 동화주의, 다문화주의, 상호문화주의에 대해서는 이 책 제5장과 제13장 참고.

의 영향으로 유럽의 열강들은 식민지 개척에 본격적으로 나서면서 이때 또 한 번의 식민지-피식민지 국가 간 관계에서 자발적, 비자발적 이민이 이루어지기도 한다. 그 후 제2차 세계대전 이후 대부분의 식민지국가가 독립을 하게 되고, 이민이 본격화되면서 식민지국가가 피식민지국가의 국민을 이민자로 받아들이게 되는 역사적 인과관계가 형성되고 있다는 것을 알 수 있다.

한편, 이러한 일반적인 유럽 국가와는 달리 미국의 경우 영국으로부터 독립하여 이미 이 시기부터 신대륙에서 세계 각국으로부터 이민자를 받아들이며 국가를 건설하게 된다. 따라서 미국은 신대륙에서 뿌리내리고 있던 원주민과의 관계 형성과, 세계 각국에서 모여든 이민자들과의 관계 형성이라는 두 가지 각기 다른 형태의 국가건설에 있어서의 국민 형성 과제를 안게 된다. 여기서 미국은 원주민에 대해서는 자치권을 허용하는 등 비교적 강력한 다문화주의에 해당하는 정책을 펼쳤으나 초기에는 폭력, 탄압, 강제이주 등의 정책적 오점을 남기기도 하는 등 이중적인 모습을 보이기도 하였다. 그리고 이민자집단에 대해서는 미국 역시 국가건설 단계에 있음으로써 이민자와 미국인을 포함한 모두 같은 출발점에서 강력한 동화주의(melting pot) 전략을 펴게 된다. 그러나 이는 시간이 가면서 미국 국가 건설이 완성되고, 이후 유입되는 이민자들에 대해서는 국가 건설 당시의 논리와 명분이 약화되면서 점차 다문화주의(salad-bowl) 전략으로 변모하게 된다.

2) 조선의 개항과 근대화[23)]

유럽과 미국에서 산업화와 신항로개척, 그리고 근대 국민국가를 수립해나가던 시기에 대한민국은 당시 후기 조선사회로서 서양의 여러 강국들과 주변의 청나라, 러시아, 일본 등과의 관계에서 초기에는 개방에 저항하기도 하였다. 그러나 근대화를 추진하는 과정에서 발생한 갑신정변 이후 강화도조약을 체결하면서 조선후기사회도 본격적인 개방에 들어서게 되어 이들 각 국가들이 대한민국에 유입하게 된다.

근대 이후 대한민국 정부 수립 이전까지는 우리나라 사람들이 해외로 이주하는 현상이 나타나게 된다. 대량 이주는 1860년대에 시작되었다. 특히, 1869년의 흉년으로 농민들이 지금의 러시아지역인 연해주와 중국의 만주로 이주하였다. 이후 일본의 통

23) 이에 대해서는 인천공항출입국관리사무소(2014)의 『대한민국 출입국심사 60년사: 1954~2014』 참고.

치권이 확대되던 1905년을 거쳐 본격적인 식민통치기가 시작된 1910년과 독립운동이 활발하게 진행되던 1919년을 지나면서 독립 운동가들을 중심으로 하는 해외이주가 한반도 북방으로 이루어졌다. 이들이 이후 현재 중국 연변지역이나 독립국가연합(Commonwealth of Independent States: CIS)지역에 거주하고 있는 한국인 동포사회를 구성하게 된다.[24)]

이후 우리나라에서 공식적으로 정부의 보호 하에 해외이주가 시작된 것은 대한제국 시기인 1902년에 하와이로 출발하여 1903년에 도착한 이주가 최초이다. 19세기말 미국에 대량의 이민자가 유입되면서 일자리경쟁과 문화적 갈등 등의 문제로 내국인과 이민자 간 갈등이 심화되면서 1882년 미연방의회에서 중국인 배척법(Chinese Exclusion Act)을 제정하였다. 이 법의 제정은 한인 이민에까지 영향을 미치게 되었다. 즉, 이 법의 영향으로 노동력이 부족하게 된 미국 농장주들의 염원으로 당시 주한 선교사 알렌(H. N. Allen)이 한인 이민을 주선하게 되었던 것이다.

이리하여 1903년부터 일본이 대한제국의 외교권을 박탈하여 집단 이민을 중지시킨 1905년까지 하와이로 이민 간 한인의 수는 총 6,747명으로 전해진다.[25)] 이민은 미국 하와이뿐만 아니라 중남미지역으로도 이어지는 데 1905년 멕시코에 계약근로자로 1,000여 명이 건너가게 되는데, 이들의 후손이 멕시코와 쿠바 등지에서 이후 교포사회를 형성하게 된다. 그리고 1919년 3・1운동 이후 한인들이 일본으로 이주하기 시작했는데, 1919년 제1차 세계대전 종전 후 일본이 승전국으로서 호황기를 맞으면서 한인들을 대거 유인하는 정책을 펴기도 하였다. 이후 태평양전쟁이 발발하면서 일본이 한인들을 징집해가기도 하여 해방을 맞이하던 1945년 8월에 일부는 한국으로 귀국하

---

24) 이후 중국이나 CIS 지역에 거주하고 있는 동포들에 대해 지속적으로 방문이나 취업활동을 확대해 나가는 방향으로 정책이 추진되어 왔는데, 2000년대 초반 고용허가제가 도입될 무렵 고용허가제의 특례고용 절차에 따라 방문취업 체류자격(H-2)을 부여하여 자유왕래 및 취업활동이 허용되도록 하고, 또 하나는 그들을 대상으로 단순노무 종사 가능성이 적은 국내・외 대학졸업자, 법인기업대표, 자격증 소지자, 60세 이상 동포, 사회통합프로그램 4단계 이상 이수자, 국내 고등학교 졸업자, 국내 초중고 재학자 등에 대해 재외동포 체류자격(F-4)을 부여하고 있으며, 또 다른 하나는 방문취업 체류자격 동포가 제조업, 농축산업, 어업 분야에서 장기근속 및 일정한 요건을 갖춘 경우에는 영주 체류자격(F-5)을 부여하고 있다(법무부, 2023.2: 1-2).

25) 당시 이민을 간 사유로는 다양한 것으로 알려지고 있는데, 돈을 벌기 위해, 첩의 자식이라는 소리가 듣기 싫어서, 기독교신자라는 소리가 듣기 싫어서, 남자들의 횡포를 참을 수 없어서, 시부모를 안 모실 것 같아서, 일본인의 압박을 참기 어려워, 자손들의 교육을 위해서, 모험심에서 등등 다양했다.

게 되나, 또 일부는 일본에 남게 되어 그들이 이후 재일교포사회를 형성하게 된다.

3 제1, 2차 세계대전 이후 현대사회에서의 다양한 이민, 난민정책의 등장

유럽사회가 형성되어가는 과정에서 근대국가가 성립되기까지 각 국가별 국력과 정치체제의 차이가 생기면서 유럽사회에서의 긴장이 생겨나고 이는 곧 제1차 세계대전으로 이어지게 된다. 제1차 세계대전이 발발하고 전개되는 시기에는 각 국가별로 연합을 형성하면서 상대적으로 소수 혹은 약화된 민족을 병합하거나, 크고 작은 전쟁을 통해 영토를 확장해나가기도 하였다.

제1차 세계대전이 종결된 후 전쟁처리를 위한 새로운 체제가 형성되게 되었고, 이는 이후 닥쳐온 세계적인 대공황과 전체주의의 등장으로 새로운 전쟁의 불씨를 낳게 되어 결국 제2차 세계대전이 발생하게 된다. 제2차 세계대전이 종결되고 난 후 대부분의 아시아 국가들은 1950년대에, 아프리카 국가들은 1960년대에야 독립을 하게 된다.

미국은 유럽으로부터 독립하면서 건국 초기부터 이민자를 받아들여 국가를 건설하게 되고, 유럽은 고대, 중세 시기에 다양한 연유로 다문화사회를 경험하고, 두 번에 걸친 세계대전 이후 본격적인 이민이 이루어진다. 제2차 세계대전 이후 유럽 각국은 막중한 전쟁채무와 인플레이션으로 위험에 처한 상황에서, 제1차 세계대전 이후 새로운 강자로 부상하면서 국제 질서를 주도하기 시작한 미국의 마샬 계획으로 경제재건에 본격적으로 나설 수 있게 된다. 그리고 이 과정에서 전후 노동력을 상실한 유럽 각국들이 국가재건을 위한 노동력 유입을 위해 대거 이민을 받아들이게 된다.[26)]

그리고 1980년대 후반과 1990년대 초반에 걸쳐 소련연방의 해체, 동유럽 사회주의권의 와해, 독일 통일 등을 거치면서 세계는 냉전체제를 벗어난 새로운 다각체제로 들어서게 된다. 전쟁이 끝나고 개방체제로 들어서면서 전 세계적으로 갈등 또한 다양한 이유에서 발발하게 되는데, 종족 간의 분규, 종교적 갈등, 인종 차별 등의 문제와[27)] 새로운 양상의 국지전 형태의 전쟁과 테러리즘이 발생하면서[28)] 세계는 이민자

26) 이후 30여 년 간 이어진 서유럽사회에서의 경제성장을 두고 '경제 기적'이라고 불렀고, 이 시기는 1973년 '오일 쇼크'가 시작되기까지 지속되었고 이 시기 동안에 이민이 급증하게 된다(William & Jackson, 2011b: 697).

27) 옛 유고슬라비아지역인 보스니아 헤르체고비나와 코소보 등지에서 세르비아 인들과 이슬람교도들

뿐만 아니라 전 세계에서 난민이 나타나게 된다.[29]

또한 최근에는 인구문제와 더불어 에너지원의 고갈과 식량 부족 사태에 대한 경종을 울리고 있고, 전 지구적으로 에너지 사용량이 급증하게 됨으로써 환경오염과 생태계의 불균형이 심각해지고 있다. 지구온난화와 사막화 등으로 각종 자연재해가 빈발하고 신종 질병이 출현하고 있다. 최근에는 이와 관련하여 좀 더 폭넓게 환경이주라는 관점에서 연구가 진행되고 있다. '환경이주'란 '본인의 삶 및 생활 수준에 부정적인 영향을 미치는 주변 환경의 갑작스러운 또는 점진적인 변화로 인해 거주지를 떠나기를 강요받거나 스스로 이주를 선택한 개인 또는 단체의 이동을 의미한다. 이 이동은 일시적 또는 영구적일 수 있으며, 출신국 내부에서의 이동과 해외로의 이동을 모두 포괄한다'(장영욱 외, 2022: 22). 여기서 환경은 자연환경을 일컫는 것이고, 갑작스러운 재난 또는 기상이변 혹은 점진적인 기후변화 모두를 포함하는 포괄적인 개념이다. 이 중 지구온난화 등 기후변화에 의해 발생하는 이주는 '기후이주(climate migration)'로 따로 분류하면서 환경이주의 하위 개념으로 보기도 한다. 이러한 상황에서 기후이주 현상에 대한 관심이 높아지고 있는데, 기후변화로 인해 발생하는 해수면 상승, 가뭄과 홍수, 자연재해, 환경파괴, 기온증가 등의 부작용으로 인해 사람들이 안전하지 않은 지역에서 안전한 장소로 이주하는 현상이 발생하고 있다는 것이다. 이러한 기후악화는 분쟁과 폭력으로 발생하는 것보다 더 큰 난민 발생의 원인이 되고 있기도 하

이 충돌하는 한편, 세르비아 인, 크로아티아 인, 슬로베니아 인이 갈등을 빚으며 난민을 발생시키기도 하였다. 오늘날에는 아프가니스탄에 아프간 남부를 중심으로 거주하는 파슈툰족에 바탕을 둔 부족 단체인 반군단체 '탈레반'이 점령하면서 아프간을 떠난 난민들도 대거 나타나고 있다. 또한 종교 갈등에 있어서는 이슬람 세계와 크리스트교 세계, 그리고 유대교까지 '세기의 충돌'이라는 말이 나올 정도로 종교적 문제에서 출발, 정치적 이슈로 확대되기도 하면서 첨예하게 대립하고 있고, 인종차별 또한 끊이지 않고 있는데, 이러한 이유로 소수 종족, 소수 종파, 소수 인종의 분리주의 운동으로 이어지기도 한다.

28) 미국에서의 2001년 9・11테러를 비롯해 현대사회에서도 끊임없이 테러가 발생하고 있는데, 이러한 테러에는 종족, 종교, 정치적 이데올로기 등 복합적인 요인이 작용한다. 최근에는 이러한 테러의 요인을 분석하는 과정에서 이민자와의 연관성을 주목하고자 하는 국제뉴스가 자주 등장하고 있어 서구사회에서의 테러리즘으로 나타나는 극단주의와 이민 혹은 이민자와의 인과성에 대한 보다 정교한 분석 및 비판이 요구된다 하겠다.

29) 난민은 이민자와는 구별되는 개념으로 국제난민협약에 의하면, 난민이란 '인종, 종교, 국적, 특정 사회집단의 구성원인 신분 또는 정치적 견해를 이유로 박해를 받을 수 있다고 인정할 충분한 근거가 있는 공포로 인하여 국적국의 보호를 받을 수 없거나 보호받기를 원하지 아니하는 자'라고 규정하고 있다(https://www.unhcr.or.kr). 난민정책에 대해서는 이 책 제9장에서 다루고 있다.

다(https://www.migrationpolicy.org/programs/migration-information-source/top-10-migration-issues-2022#climate).

제4절 정부 수립 이후 한국 다문화사회의 전개와 이민정책의 등장

이하에서는 해방 이후 대한민국 정부가 수립되고 난 이후부터 지금까지 한국에 외국인이 유입되어 다문화사회를 형성해가는 과정과 이민정책이 제도화되어 가는 과정에 대해 살펴보기로 한다.

1 정부 수립 이후 제5공화국까지의 시기 – 출입국행정 정비기

1) 출입국행정 및 체류관리 행정 및 제도 정비

이 시기는 대한민국 정부가 수립되고 행정부 전반이 정비되면서 외국인출입국관련 업무와 체류관리업무 등을 수행하는 행정조직 및 다양한 제도가 정비되는 시기에 해당한다.

대한민국 정부 수립 직후에는 외국인의 입국과 출국에 관한 업무를 외무부가 관장하였으나 1961년에 법무부로 이관되었다. 외국인의 출입국업무는 출입국심사, 체류관리, 강제퇴거 등의 업무와 외국인 등록 및 국적업무 등의 업무를 포함하였다. 그리고 1948년에는 국적법이, 1949년에는 '외국인의 입국 · 출국과 등록에 관한 법률'이 공포되었다.

1963년에는 출입국관리법이 제정되면서 외국인의 출입국에 대한 절차 규정뿐만 아니라 국민의 출입국절차에 대한 내용을 포함하는 근거법령을 마련하였다. 그리고 1970년에는 법무부 내 출입국정책을 담당하는 부서로서 기존의 과 단위 부서가 출입국관리국으로 격상하게 된다.

1965년 한일국교정상화에 따라 출입국자가 증가하고 이어서 사증발급제도의 확립, 외국인관광객 유치를 위한 무사증입국제도의 도입 및 사증면제협정의 체결 확대, 한미행정협정 대상자에 대한 출입국절차가 정립되었고, 1973년에는 대통령의 문호개방선언이 이어졌다. 또한 제5공화국 들어 '민족화합민주통일방안'을 천명하면서 이념을 초월하여 동포들에게 우리 사회를 개방함과 동시에 모든 나라에 문호를 개방할 것임을 대외적으로 표명하게 된다(정명주, 2012: 91).[30]

1960년대와 1970년대의 외국인 입국정책의 기조는 당시 한국의 정치적 상황에서 경제개발, 수출진흥, 투자 및 기술유치 시책을 적극적으로 추진하였다. 사증면제협정을 광범위하게 체결하고 외국인 투자자 및 기술자들에게 장기체류허가를 부여하는 등 이들의 투자활동과기술지도 등에 상당히 무게 중심이 두어진 것으로 판단된다. 그리고 이 시기까지의 외국인 입국자 국적은 대부분이 미국, 일본, 대만이 다수를 차지하고 있다(법무부, 2003).

2) 사증면제협정체결

사증면제협정체결은 당시 우리나라 정부의 적극적인 경제개발 정책과 문호개방 정책에 따라 국제 간 교류가 활발해지고, 이들 외국과의 교류를 통하여 외국인투자자, 기술자, 외국인관광객 등의 입국을 적극적으로 권장하기 위하여 추진되었다. 해당 협정의 적용 대상은 외교와 관용여권에 국한하는 경우와 일반여권까지 포함하는 경우가 있는데, 일반여권의 경우 그 사증면제로 입국하는 자에 대해 영리활동이나 기타 직무에 종사하는 것을 불허하고, 체류기간도 30일, 60일 등 비교적 짧은 기간으로 제한하였다. 1962년 1월 서독과 최초로 체결한 것을 시작으로 1970년대 말까지는 24개 국가로 확대되었다. 제5공화국에 들어서도 사증면제협정체결은 계속 확대되었는데, 특히 이 기간 중에는 미주지역에서의 협정실적을 보면 제4공화국 때까지는 수리남과 멕시코 2개 국가에 그친 반면, 이 기간 중에는 코스타리카, 콜럼비아, 도미니카공화국, 페루, 바베이도스와 외교, 관용, 일반여권소지자에 대해, 그리고 파라과이, 에콰도르와 외교, 관용여권 소지자에 대해 사증면제협정을 체결하는 성과를 내기도 하면서 해당 기간까지 협정을 체결한 국가는 34개국에 이르렀다(법무부, 2003).

30) 당시 이러한 일련의 과정에서 경제발전과 국제적 교류증대에 따라 출입국자의 수가 급증하여 출입국업무를 효율적으로 처리하고 국내체류외국인의 활동이 복잡·다양해진 실정에 비추어 이를 적절히 규율하려는 법 개정 노력의 일환으로 출입국관리법이 1977년 12월 전부 개정되기도 한다.

이 과정에서 출입국자도 급격하게 증가하게 되고 더불어 장기체류외국인도 1960년 34,951명, 1970년 37,929명이었다가 1987년에는 42,810명으로 증가하였다.[31)]

2 1980년대 후반부터 2000년대 초반(2002년)까지의 시기 – 본격적 대외개방의 시기

이 시기에는 88올림픽 개최 등으로 외국인 입국자 수가 급증할 뿐만 아니라 외국인의 양적 증가와 질적인 다양화가 동시에 나타나기도 하였다. 특히, 외국인 전문인력 체류자격자가 증가하고, 1991년에 도입된 산업연수생제도로 연수 체류자격자가 지속적으로 증가하였다.

1) 외국인인력의 유입

1980년대 후반으로 들어서면서 세계화 과정에 따른 세계경제질서의 재편이라는 명분하에 국내에서도 산업구조 고도화 전략에 따라 무게 중심이 제조업에서 서비스 산업으로 전환하게 된다. 이와 함께 1980년대 말 노동자 임금이 상승하고, 소위 3D업종[32)]에서의 취업 기피현상이 나타나면서 중소 제조업체의 인력난이 극에 달하게 되었다(김현숙 · 이진석, 2011: 46-47).

한편, 1980년대까지 이어져오던 대외개방정책의 기치와 서울올림픽의 개최 등으로 1980년대 말과 1990년대 초에 이르는 이 시기에는 외국의 단순기능인력이 국내에 입국하여 장기적으로 체류하면서 기술 연수를 받으려는 사례가 빈번히 발생하게 된다(김원숙, 2010: 11). 이에 1991년 '외국인산업기술연수사증 발급 등에 관한 업무처리지침' 및 '외국인산업기술연수사증발급 등에 관한 업무처리지침 시행 세칙'이 제정 · 시행되면서 취업대신 연수의 형태로 입국하는 것을 허용함으로써 1991년에 외국인산업연수생제도를 도입하게 된다(정명주, 2012: 92).

31) 2024년 현재는 90일 이상 체류를 장기체류로, 이하는 단기체류로 보고 있으나 기록에 의하면 1960년대, 1970년대에는 60일 이상을 장기체류로 보고 있다.

32) 3D는 위험하고(Dangerous), 어렵고(Difficult), 더러운(Dirty)이라는 용어의 앞 글자를 따서 만든 조어로, 이러한 이유로 기피되는 업종을 일컫는다.

표 1-1 외국인인력 유입 현황(1990년대)

	취업인력*	연수인력	불법체류자	불법취업자
1993	13,980	9,014	39,811	3,117
1994	5,265	31,830	48,231	4,776
1995	25,498	40,435	83,103	7,074
1996	36,745	50,314	129,054	7,479
1997	4,655	90,369	148,048	11,285
1998	11,112	64,214	99,537	11,864
1999	12,592	78,945	135,338	3,452
2000	38,463	104,847	188,995	4,304
2001	44,036	100,344	255,206	9,236
2002	49,127	96,857	289,239	3,568

* 단기취업(C-4), 교수(E-1), 회화지도(E-2), 연구(E-3), 기술지도(E-4), 전문직업(E-5), 예술흥행(E-6), 특정직업(E-7) 체류자격자를 합한 숫자.

자료: 법무부(2003).

또한 1980년대 말부터 한국에 들어오기 시작한 중국동포는 중국과의 관계 변화로 보다 적극적으로 한국유입 양상을 드러내었고, 이들이 한국의 제조업체에서 취업의 기회를 얻으면서 한국의 다문화적 상황전개에 일조하게 된다(이혜경, 2007: 226).

당시 외국인근로자는 합법취업자, 산업연수생, 불법취업자 등이 혼재되어 있었다. 합법취업자는 출입국관리법에 의해 취업이 허용된 외국인이고, 불법취업자는 취업활동이 허가되지 않은 체류자격자가 입국하여 취업하거나, 산업연수생 가운데 연수업체를 이탈하여 취업한 외국인이 이에 해당한다. 당시 상황을 보면 합법취업자에 비해 연수생이 더 많고, 불법취업자 역시 꾸준히 증가추세를 보이고 있고, 불법체류자는 취업인력보다 더 많은 수를 차지하면서 지속적으로 증가한 것으로 나타나고 있다.

김영삼 정부 이후 외국인산업연수제도를 보다 확대하게 되고, 이에 장기체류외국인도 1994년 84,905명에서 1997년 176,890명으로 크게 증가하게 되는데, 이 중 산업연수생이 1994년 31,830명에서 1997년에는 90,369명으로 대폭 증가하게 된다.

그러는 가운데 산업연수생제도의 제도적 보완을 위한 논의는 계속 진행되었는데, 주로 당시 노동부와 법무부 간 정책적 지향성의 차이로 인한 논쟁이 계속 이어졌다. 이후 김대중 정부가 들어서면서 외환위기 체제 극복의 일환으로 국내 노동시장을 우선적으로 고려한 외국인 인력정책을 표명하게 되면서 불법취업외국인을 내국인으로 대체하는 등의 조치로 당시 불법체류자를 감소하는 현상이 나타나기는 하였으나 근본적인 제도개선에 대한 논의는 중단하게 된다(이혜경, 2008: 116).

2) 결혼이민자의 유입

앞서 1980년대 말 대외개방정책과 함께 국내 산업구조조정으로 3차 서비스업으로 무게 중심이 옮겨오게 되었다는 것을 보았다. 이로 인해 농촌지역의 여성 인력들이 서비스업에 종사하기 위해 대거 도시로 진입하게 된다. 이에 농촌지역에 있는 결혼시기에 달한 남성인력들이 배우자를 구하기 어려워진다. 이러한 문제를 해결하기 위해 '농촌총각 장가보내기'라는 캠페인성 사업의 일환으로 외국인 여성들이 한국에 유입하게 된다.

이러한 '농촌총각 장가보내기'사업은 한국사회에 저출산 문제가 나타나기 시작한 1980년대부터 지속적으로 증가하게 되었고, 1990년대에 들어서면서는 한중수교의 영향으로 재중동포여성과의 결혼이 급격하게 늘어나기 시작하였다. 결혼이민자의 이주는 점차 필리핀, 태국, 몽골, 베트남 등 주로 동남아시아 등지로 확산되면서 더욱 증가하기 시작하였다. 이와 같이 외국인 결혼이민자가 증가하게 된 데는 한국보다 먼저 여성결혼이민자가 많이 유입되었던 일본이나 대만이 국제결혼에 대한 규제를 강화하면서 대만이나 일본으로 유입되던 이민자들이 한국으로 목적지를 전환한 것도 그 이유가 있었다(김태환, 2013: 55).

3) 사증면제협정체결국가의 확대

제6공화국에 들어서도 사증면제협정체결은 계속 확대되었는데, 이 시기에는 특히 사회주의 국가에 대한 개방정책의 결과 헝가리, 루마니아, 폴란드 등과도 협정을 체결하여 1993년 말 우리나라와 사증면제협정을 체결한 국가는 모두 55개국이었다.

그리고 김영삼 정부에 들어서는 협정을 체결하는 방법 외에도 더 다양한 형태로 대한민국에 사증 없이 입국할 수 있는 문호를 개방하게 된다.[33]

33) 대한민국 정부는 2024년 현재 외국인이 사증 없이 입국할 수 있는 방법을 다양하게 운영하고 있는데, 사증면제협정체결국가 국민, 지정에 의한 무사증입국허가 국가 국민, 제3국 통과여객, 인천공항 일반 환승객, 제주 단체 환승객, 중국인 청소년 수학여행단, 일본 단체사증 소지 중국인 단체관

1994년에는 슬로베니아, 캐나다에 무사증입국을 허가하였고, 1998년에는 당시 무사증입국불허 31개국 중 쿠바와 마케도니아를 제외하고 29개국 국민에 대해 미국사증을 소지하고 우리나라를 경유하는 경우 15일 간의 무사증입국을 허용하였고, 이어서 일본, 캐나다, 뉴질랜드, 호주 사증 소지자에게까지 범위를 확대시키기도 하였다.

그리고 제주지역에 한해서 지정여행사 초청의 10인 이상 중국인 단체관광객 및 외교공무여권소지자에 대해서 무사증입국을 허용하였고, 이어서 러시아 등 15개국에 대해 제주지역 무사증입국을 허용하였다. 또한 무사증입국허가기간을 연장하는 방법도 적극 활용하기도 하였다. 2002년부터는 종전의 '무사증입국불허 대상 국가'를 지정하는 방식에서 국제관계, 상호주의, 국가이익 등을 고려하여 '무사증입국허가 대상 국가'로 변경시키기도 하였다. 그리고 2002년까지 사증면제협정을 체결한 국가는 75개국에 달하였다(법무부, 2003).

3 2003년 이후 현재까지 – 다문화사회의 태동과 이민정책의 등장

1) 고용허가제의 도입 및 운영

산업연수생제도가 도입된 후에도 외국인 인력의 불법취업과 그로 인한 사회문제 등이 해결되지 못하고 있다는 제도의 한계와 비판이 이어지게 된다. 이에 노동부와 법무부 간의 지난한 논의 결과 노동부의 고용허가와 법무부의 체류허가로 이원화하면서 2000년에는 연수와 취업을 병행하는 연수취업제도를 채택하기도 하였다(전윤구, 2014: 386).

외국인의 국내 고용이라는 주제가 이민정책적 관점에서 정치사회적으로 민감한 내용이어서 정권교체기마다 이해당사자 집단을 둘러싼 논쟁이 이어지기도 하고, 정부부처 간에도 정책목표가 충돌되기도 하는 등의 문제가 상존하였다. 그리고 국내 외국인근로자 중 미등록외국인 비율이 증가하는 등의 문제로 국제사회에서 한국정부에

광객, 제주무사증 입국자, 국제연합기구나 국제연합전문기관에서 발급한 여권 소지자, APEC 기업인여행카드 소지자 등이 있다. 여기서 지정에 의한 무사증입국제도는 국제관계, 상호주의, 국가이익 등을 종합적으로 고려하여 무사증입국허가 대상 국가를 따로 지정하는데 2023년 1월 현재 45개 국가가 있다(하이코리아/출입국 체류안내/외국인출입국심사/외국인무사증입국).

대해 대책수립을 촉구하는 등 외국인고용문제를 둘러싼 논쟁은 10년이 넘게 이어지기도 하였다(송용진, 2010: 79; 유정호 · 김민길 · 조민효, 2017: 275).

이러한 과정을 거쳐 2003년 '외국인근로자 고용 등에 관한 법률'이 제정되어 2004년 8월 17일부터 '고용허가제'라는 이름으로 한국에서는 최초로 단순기능직을 대상으로 외국인 고용에 대한 제도가 시작되었다(정명주 · 김소윤, 2020; 이혜경, 2008; 전윤구, 2014). 2004년에는 산업연수생제도와 병행하여 추진하는 것으로 시작하여 2007년부터는 산업연수생제도는 폐지하고 지금까지 고용허가제로 존치하게 되었다.[34] 고용허가제의 대상이 되는 외국인근로자는 '외국인근로자 고용 등에 관한 법률'에 의거, 비전문취업(E-9) 체류자격과 방문취업(H-2) 체류자격자를 일컫는다.[35]

2) 외국인정책 추진과 이민정책으로의 발전

노무현 정부 시기로 넘어오면서 대통령 산하 '빈부 격차 차별 시정 위원회'를 설치하여 2006년에는 '혼혈자와 결혼이민자에 대한 사회통합 지원 대책'을 제시하게 된다. 이는 결혼이민자들이 1980년대 말, 1990년대 초부터 유입되기 시작하여 한국인과 외국인배우자 간 출생한 혼혈아동이 그 시기 즈음 가정 밖으로 나오게 되는 시기로서 이민 배경을 가진 아동을 위한 대책 마련의 일환으로 이루어진 것으로 볼 수 있다.

또한 2006년에는 외국인정책위원회를 설치하고,[36] 제1차 회의결과를 반영하여 2007년에는 법무부 관할의 '재한외국인 처우 기본법'이 제정되었고, 법무부 내 출입국관리국을 확대 개편하여 출입국외국인정책본부를 발족하였다. 재한외국인 처우 기본법은 제4장 국민과 재한외국인이 더불어 살아가는 환경조성을 위해 제18조에서 다문화에 대한 이해 증진 내용을 규정하였다. 재한외국인 처우 기본법에 의거하여 2008년에 제1차 외국인정책 기본계획을 수립하였고, 지금까지 2013년 제2차 기본계획을, 2018년에는 제3차 기본계획을, 그리고 2023년에는 제4차 기본계획을 수립하면서 법무부가 총괄하는, 재한외국인, 즉 한국에 체류하는 전체 외국인을 대상으로 하는 '외국인정책'을 정립하게 되었다.

34) 고용허가제에 대한 상세한 내용은 이 책 제4장 참고.
35) 체류자격에 대해서는 이 책 제 6장 참고.
36) 외국인정책위원회 위원장은 국무총리가 되고 위원회의 사무를 처리하기 위한 간사는 법무부 출입국외국인정책본부장이 된다(재한외국인 처우 기본법 시행령 제9조). 그리고 위원회 안건을 처리하기 위한 실무위원회의 위원장은 법무부 차관이 된다(재한외국인 처우 기본법 시행령 제11조).

외국인정책이라는 명칭으로 정립된 후 제3차 기본계획까지 수립되어 추진되던 중 정책 제도화 초기의 정책환경의 변화, 정책 자체의 성숙 등의 요인으로 2023년 제4차 기본계획을 수립하면서 정책명칭을 '이민정책'으로 변경하게 된다.[37)]

이민정책의 정책목표는 첫째, 이민을 활용한 경제와 지역발전 촉진, 둘째, 안전하고 질서 있는 이민사회 구현, 셋째, 국민과 이민자가 함께하는 사회통합, 넷째, 이민자의 인권 가치를 존중하는 사회 실현, 다섯째, 글로벌 스탠더드에 부합하는 이민행정기반 구축 등이다. 이민정책의 주된 정책대상은 외국인이지만 외국인과 함께 하는 원주민인 한국인도 포함하는 정책이다(법무부, 2023).

그리고 2013년에는 난민법을 제정 · 시행하면서 난민정책이 본격적으로 추진되었다. 1991년에 난민국제협약에 가입한 이래 2001년에 최초 난민인정자가 출현한 이후 난민법 제정과 관련된 협의를 진행오던 중 2013년에 법이 제정 · 시행되면서 난민정책 또한 이민정책의 중요한 영역이 되었다.

3) 다문화가족정책 추진

앞서 살펴본 바와 같이 1980년대 말, 1990년대 초에 한국에 유입되기 시작한 결혼이민자는 시간이 갈수록 점차 증가하여 1995년을 기점으로 크게 증가하다가 2010년 현재 전체 혼인건수의 약 10%에 이르러 우리나라 혼인 10쌍 중 1쌍이 국제결혼을 하는 것으로 나타나기도 하였다.

그리고 우리 사회 내 결혼이민자의 규모가 계속 증가하고 또 그에 따른 다문화가족 자녀 또한 증가하게 되면서 2008년에는 다문화가족지원법이 제정되었고 다문화가족정책위원회가 구성되었다. 2010년에는 실무위원회 위원장이 여성가족부장관으로 이관되면서 다문화가족지원정책의 실질적인 총괄은 여성가족부가 맡게 되었다. 그리고 2011년에 다시 법 개정이 이루어지면서 다문화가족정책에 대한 기본계획 및 시행계획 수립 내용이 포함되었고, 현재까지 여성가족부를 총괄기관으로 하는 다문화가족정책이 시행되게 되었다.

---

37) 2023년에 수립된 제4차 외국인정책 기본계획에서 이와 같이 밝히고 있으나 기본계획의 명칭은 '외국인정책 기본계획'으로 명기되어 있다(법무부, 제4차 외국인정책 기본계획, 2023).

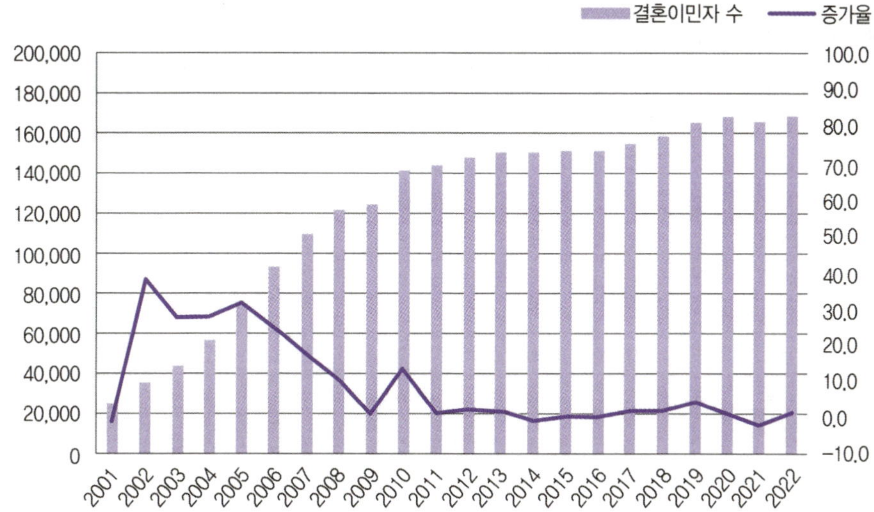

자료: 통계청, 인구동향조사 1993~2023.

그림 1-1 결혼이민자 현황(2001~2024)[38]

다문화가족정책의 정책대상은 다문화가족으로서 외국인과 한국인으로 구성된 가족이 그 대상이 되고,[39] 다문화가족정책의 내용은 다문화가족 관련 다양한 조사와 연구, 다문화가족의 자녀 양육 지원 사업, 다문화 이해교육 사업, 결혼이민자 인권보호 사업, 다문화가족지원센터 운영 등을 포함하고 있다.

---

38) 2001년 이전에는 배우자 체류자격이 따로 없어 집계가 어렵고, 2001년에는 F-1체류자격으로, 이후 F-2체류자격으로 2009년까지 관리하다가, 2009년 이후에는 다시 F-5로, 그리고 최종적으로 F-6로 외국인배우자 체류자격이 변경되었다(법무부, 외국인통계연보, 2001~2022).

39) 다문화가족지원법에서 규정하고 있는 다문화가족의 상세내용은 첫째, 「재한외국인 처우 기본법」 제2조 제3호의 결혼이민자와 「국적법」 제2조부터 제4조까지의 규정에 따라 대한민국 국적을 취득한 자로 이루어진 가족, 둘째, 「국적법」 제3조 및 제4조에 따라 대한민국 국적을 취득한 자와 같은 법 제2조부터 제4조까지의 규정에 따라 대한민국 국적을 취득한 자로 이루어진 가족을 일컫는다.

표 1-2 국제결혼자녀 규모(2007~2022)

연도	국제결혼가정 자녀[명]	증가율(%)
2007	44,258	–
2008	58,007	31.1
2009	107,689	85.6
2010	121,935	13.2
2011	151,154	24.0
2012	168,583	11.5
2013	191,328	13.5
2014	204,204	6.7
2015	197,550	–3.3
2016	201,333	1.9
2017	222,455	10.5
2018	237,506	6.8
2019	264,626	11.4
2020	275,990	4.3
2021	289,529	4.9
2022	299,440	3.4

자료: 행정안전부, 지방자치단체 외국인주민 현황 2007~2022.

4) 문화다양성정책 시행

문화다양성정책은 문화체육관광부에서 총괄하는 정책이다. 여기서 문화다양성은 비단 외국인과 원주민 간 문화적 차이에 기반한 다양성에만 초점을 맞춘 것이 아니라 이주민, 장애인, 노인, 청소년 등 문화적 소외계층을 대상으로 하는 폭넓은 개념이다. 이 정책은 문화다양성정책이라는 명칭으로 추진하기 전 2009년 '다문화사회 문화환경 조성사업'에서 시작하였다. 당시 이 사업의 목적은 이주민 풀뿌리단체와 지역문화재단 간 문화예술 네트워크를 구축함으로써 문화다양성을 확산시키고 이주민들이 능동적 문화적 주체로 설 수 있도록 하는 데 있었다. 그러던 중 2012년부터는 무지개다리 사업이라는 명칭으로 시범사업의 형태로 문화체육관광부가 직접 주최하면서 사업을 확대・발전시켜나갔고, 2014년에는 문화체육관광부 소관의 '문화다양성의 보호와 증진에 관한 법률'이 제정되면서 법적 근거를 마련하게 되었다.

무지개다리사업은 2022년부터는 다시 문화다양성 확산 사업으로 확대되었는데,

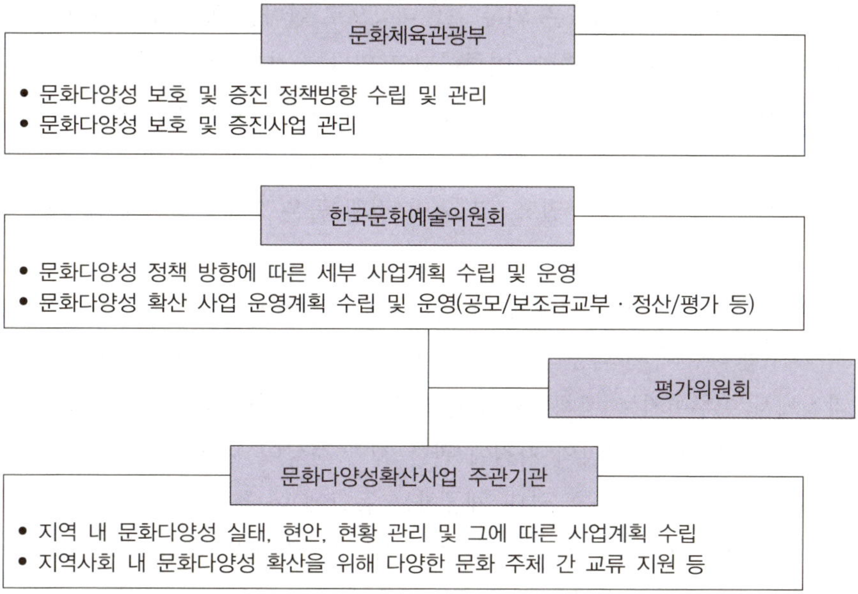

자료: 문화체육관광부(2023).

그림 1-2 문화다양성 확산 사업 추진체계

위에서 설명한 바와 같이 이주민을 포함한 다양한 소수계층의 문화적 표현 기회 확대 및 문화 간 소통교류를 지원하는 것을 목적으로 전국 지역문화 공공기관을 대상으로 공모를 통해 지역 주관기관을 선정하여 추진한다.

이 사업은 앞서 소개한 정책과는 달리 정책대상집단으로서 외국인 소수자만 포함되는 것이 아니라 한국인을 포함하여 다양한 문화적 소수자를 포함하는 개념이다.

5) 한국이민정책의 내용과 범위

위에서 대한민국 정부가 수립된 이후 한국에서 다문화사회가 진행되는 과정과 그에 따라 다양한 정책이 제도화되는 과정을 살펴보았다. 종합하면 현재 다문화사회로 이행하는 대한민국에서 외국인을 대상으로 추진되고 있는 주요 정책에는 외국인정책, 다문화가족정책, 외국인근로자정책, 문화다양성정책 등이 있다는 것을 보았다. 이들이 모두 이민정책에 포함된다. 외국인을 대상으로 하는 모든 정책이 이에 해당한다 할 수 있다.

이들 다양한 이민정책들은 외국인을 대상으로 한다는 공통점을 가지면서 각 부처의 고유 기능에 따라 그 관할이 이루어지고 있다는 것을 알 수 있다. 그러나 이들 정책이 온전히 배타적 영역을 취하고 있는 것은 아니고 부분적으로 교차되는 영역이 존재하기도 한다. 그 가운데서도 법무부 소관의 '외국인정책'이 우리나라 이민정책의 내용을 대표하면서 포괄하고 있고, 그 외의 정책 들은 외국인정책에 대부분 포함되는 형태로 존재한다.

한편, 일반적으로 이민정책의 내용을 외국인의 입국 및 체류 단계에 따라 출입국정책, 체류관리정책, 사회통합정책으로 구분할 수 있다. 출입국정책은 외국인의 입출국과정에서 이루어지는 정책으로서 출입국심사를 포함한 각종 출입국규제업무와 안전관리를 위한 출입국관리의 지원에 관한 제반 사항이 포함된다. 그리고 체류관리정책은 외국인이 입국한 이후 국내 체류하는 동안에 이루어지는 정책으로서 체류자격부여, 사증발급, 체류기간 동안의 활동범위에 대한 관리 및 국적 관리 업무 등이 포함된다. 그리고 사회통합정책은 외국인과 원주민 간에 공존하면서 상호 갈등하거나 분열하지 않도록 하기 위한 정책이 이에 해당한다.[40] 출입국정책과 체류관리정책은 입국해 들어온 모든 외국인에 해당이 되고, 사회통합정책은 입국한 국가에 비교적 장기적으로 체류하는 외국인을 대상으로 하는 정책이다.

이러한 외국인의 입국 단계에 따른 이민정책의 내용 중에서 출입국정책과 체류관리정책 등은 법무부에서 관할하는 영역이다. 그리고 사회통합정책은 어느 한 정책영역에 그치는 것은 아니고 정치, 경제, 사회, 문화 각 영역에서 사회통합을 위한 다양한 시책들이 마련되는 것이 필요하다. 따라서 이들 사회통합정책은 각 영역을 관할하는 부처별로 기획 · 집행된다. 그러나 이들 사회통합정책들도 위에서 설명한 외국인정책의 일환으로 수립되는 외국인정책 기본계획에 포함된다. 따라서 외국인정책 기본계획에는 앞서 설명한 정책목표에 따라 출입국정책과 체류관리정책, 그리고 사회통합정책이 종합적으로 포함되어 있고 계획에 포함된 각 시책들은 주관부처와 협조부처를 설정하여 집행된다. 따라서 한국의 이민정책의 특징은 첫째, 정책내용이 매우 종합적이고 포괄적이며, 둘째, 관련되는 정부부처가 범부처적이라고 볼 수 있다.[41]

그리고 이민정책 관련 법률도 대한민국에는 통합된 이민법은 존재하지 않고, 출

---

40) 사회통합정책에 대해서는 이 책 제13장 참고.

41) 이민정책 추진 정부조직에 대해서는 이 책 제8장 참고.

입국관리법, 국적법, 재한외국인 처우 기본법, 다문화가족지원법, 재외동포의 출입국과 법적 지위에 관한 법률, 문화다양성의 보호와 증진에 관한 법률, 외국인근로자의 고용 등에 관한 법률 등 다양한 법률이 이민정책에 관련된 내용을 규정하고 있고, 이들 법에서 외국인의 활동과 관련하여 규정하고 있지 않은 사안에 대해서는 각기 다른 개별법령에서 외국인 관련 특례조항으로 규정하고 있다.

제5절 결론

한국에서 사용하는 '다문화' 개념의 핵심에는 외국, 외국인, 외국문화가 있다. 즉, 문화적 다양성이라 함은 한국문화와 외국문화 간의 차이에서 비롯되는 문화적 다양성을 일컫는 것으로 통용된다.

일반적으로 한국이 단일민족의 전통과 순혈주의를 유지하고 있는 것으로 생각하지만, 우리의 역사를 돌이켜볼 때 고대사회 때부터 외국인과의 교류가 있었고, 외국인의 한국으로의 귀화와 혼인 등을 통해 다문화사회를 경험했다라고 하는 것이 올바른 인식이라는 것을 보았다.

그러나 현재 다문화사회의 특성을 강하게 가지고 있으면서 이민국가로 인식되고 있는 많은 서구국가들의 역사를 보면, 한국사회에서보다 훨씬 다문화적 양상이 역동적이고 다차원적으로 이어지고 있다는 것을 알 수 있다.

고대 도시국가부터 영토 확장 등을 위한 전쟁과 점령으로 아시아, 아프리카, 유럽대륙 등에 걸쳐 제국을 형성하기도 하면서 다른 지역 간 교류와 문화적 융합이 이루어지기도 하였다. 이미 이 시기에 상호문화주의적 결과로서의 헬레니즘 문화 등이 등장하기도 하고, 만인은 모두 같이 우주라는 큰 도시의 시민이라는 스토이즘은 이후 현대사회 국경을 넘어 자신이 태어나지 않은 곳에서 살아가는 이민의 시대에 보편주의 관점에서 인류공동체의 일원으로서의 정체성을 강조하는 세계시민주의로 연결되기도 한다.

중세 왕조국가 시대에는 고대사회에 비해 훨씬 더 빈번하게 인류의 이동과 그로 인한 종족 혹은 민족 단위의 왕국들이 나타나게 된다. 그리고 그러한 민족 단위의 왕국들은 또 다른 차원의 종교 문화 등과 혼합되면서 각 왕국들은 다층적 문화구조의 단위로서 매우 복합적인 다문화사회를 이루게 된다.

근대 국민국가가 자리잡게 되고, 과학화, 산업화가 진행되면서 각 서구 열강들은 새로운 지형의 발견으로 식민지 개척에 나서게 된다. 고대 중세시대에 있어서의 점령지에 대한 지배방식과는 또 다른 차원의 식민지 통치가 이루어지게 된다. 이러한 식민지 개척과 통치는 이후 현대 서구사회에 본격적인 이민이 진행되는 과정에서 수용국과 이민자 간의 관계 형성 및 원주민과 이민자 간의 관계 형성을 위한 각 국가의 전략에까지 연관되게 된다. 그리고 미국이 유럽으로부터 독립하여 국가를 형성하면서 본격적으로 이민자를 받아들이게 되는 시기도 이 즈음이다.

제1, 2차 세계대전 이후 19세기부터 본격적으로 개척한 식민지 국가들이 독립을 하게 되고, 중세, 근대를 거치면서 열강으로 등장한 영국, 프랑스, 네덜란드, 독일 등이 전쟁 이후 국가재건을 위해 다른 유럽 국가들로부터 이민자를 받아들이기도 하고, 독립은 하였으나 저개발상태에 머물러 있던 아시아, 아프리카 지역으로부터 유럽으로 이민자들이 몰려오게 된다.

현대사회에서는 보다 다양한 형태의 인구 이동이 나타나게 되는데, 기후변화로 인한 인류의 이동이 그 중 하나이다. 또한 역사의 전개 과정에서 민족, 종교, 인종 간의 분포와 그 역학관계로 오늘날에도 끊임없이 분쟁이 일어나면서 난민의 규모도 확대되고 발생빈도 또한 빈번해지고 있다.

한국사회는 언급한 바와 같이 오랫동안 비교적 동질적인 사회를 유지해옴으로써 서구사회에 비해 뒤늦게 다문화사회, 이민국가의 대열에 들어서고 있다. 정부 수립 이후 지속적으로 대외 개방 정책적 견지를 유지하였으나 외국인의 유입은 미미한 수준에 그쳤다. 이후 1980년 후반에 들어서면서 외국인근로자와 결혼이민자로 대표되는 외국인들의 유입이 급격하게 증가하게 된다. 이러한 다문화적 현상에 대처하기 위한 정부의 정책과 제도는 2000년대에 들어서면서 본격화하게 된다. 출입국정책과 체류관리정책, 그리고 국적관리 등이 정비되고, 나아가 사회통합을 위한 시책들까지 포함한 광범위한 외국인정책들이 추진되게 되었다.

한국사회가 미약한 다문화경험을 토대로 새로운 정책 분야로서의 이민정책을 준비하여 성공적인 이민국가로서 연착륙하기 위해서는 선발 이민국가들의 역사와 사례를 천착하여 한국사회에 고유한 이민정책모델을 정립하는 것 또한 새로운 과제이다.

참고문헌

김원숙(2010). 『우리나라 외국인정책의 역사적 전개에 관한 소고』. 외교안보연구원 글로벌리더십과정 교재.

김중순(2013). 『한국에서 다문화주의의 역사적인 뿌리와 발전』. 서울: 집현재.

김태환(2013). 한국 이민정책의 이중성: 이주노동자와 여성결혼이민자정책을 중심으로. 강원대학교 대학원 박사학위논문.

김현숙 · 이진석(2011). 『부산의 다문화공간과 외국 이주민의 삶과 정체성』. 부산발전연구원 부산학연구센터.

김형종 외(2012). 『세계사』. 서울: 금성출판사.

문화체육관광부(2023). 2023년 문화다양성 확산 사업 개요.

법무부(2003). 『출입국관리 40년사』.

법무부(2023). 제4차 외국인정책 기본계획.

법무부(2023.2). 『알기 쉬운 외국국적동포 업무 매뉴얼』. 법무부 출입국외국인정책본부.

법무부. 외국인통계연보 2001~2022.

송용진(2010). 한국의 외국인근로자 정책 변동에 관한 연구. 서울대학교 행정대학원 석사논문.

아시아경제 2018년 9월 8일자: https://www.asiae.co.kr/article/2018090714482058510

유정호 · 김민길 · 조민효(2017). 한국적 맥락에서 옹호연합모형의 적합성에 관한 연구: 외국인 고용허가제 도입과정을 중심으로. 『한국정책학회보』, 26(2): 259-293.

윤경훈 · 강정인(2019). 한국 다문화주의 연구의 다문화 정책 인식에 대한 비판적 검토: 맥락 없는 다문화주의? 『한국정치연구』, 28(2): 89-116.

이혜경(2007). 제6장 이민정책과 다문화주의. 『한국사회학회 동북아시대위원회 용역과제』. 한국사회학회. 219-295.

이혜경(2008). 한국이민정책의 수렴현상: 확대와 포섭의 방향으로. 『한국사회학』, 42(2): 104-137.

인천공항출입국관리사무소(2014). 『대한민국 출입국심사 60년사: 1954~2014』. 서울: 인천공항출입국관리사무소.

장영욱 · 이승호 · 송지혜 · 김제국 · 정민지(2022). 『기후환경변화가 이주 및 노동시장에 미치는 영향 연구』. 대외경제정책연구원 연구보고서.

전윤구(2014). 한국의 외국인력정책에서 일본제도의 변용과 문제점: 산업연수생제도의 도입과 운영을 중심으로. 『강원법학』, 42: 381-416.

정명주(2012). 한국의 지방자치단체 다문화 정책 실태 분석: 2012 지방자치단체 외국인 정책 시행계획을 중심으로. 『한국학연구』, 41: 87-135.

정명주 · 김소윤(2020). 외국인근로자 고용정책변동에 따른 사회통합정책대상으로의 포용 가능성 탐색: 단기순환원칙의 고용정책을 중심으로. 『한국거버넌스학회보』, 27(1): 57-92.
하이코리아/출입국 체류안내/외국인출입국심사/외국인무사증입국.
황미혜 · 손기섭(2018). 『한국의 다문화 역사 이야기』. 서울: 한국학술정보.

국적법.
재한외국인 처우 기본법.
재한외국인 처우 기본법 시행령.

Kymlicka, Will(1995). *Multicultural Citizenship*. Oxford: Clarendon Press.
William, J. Duiker & Jackson, J. Spielvogel(2011a). *World History-Volume one: to 1800*. Austrailia · Canada · Mexico · Singapore · Spain · UK · US: Wadsworth Thompson Learning.
William, J. Duiker & Jackson, J. Spielvogel(2011b). *The Essential World History-Volume II, since 1500*. Austrailia · Brazil · Japan · Korea · Mexico · Singapore · Spain · UK · US: Wadsworth Thompson Learning.
Sarah, Witham Bednarz, Ines, M. Miyares, Mark C. Schug, & Charles S. White(2005). *World Cultures and Geography*. US: McDOUGAL LITTEL.
https://namu.wiki/w/이슬람%20국가
https://namu.wiki/w/게르만족
https://www.migrationpolicy.org/programs/migration-information-source/top-10-migration-issues-2022#climate
https://www.unhcr.or.kr

CHAPTER 02

국제이주이론

김경환

제1절 서론

이 장에서는 현대 국제이주를 설명하는 여러 이론과 논의들에 대해 살펴보고자 한다. 국제이주이론은 국제이주흐름의 발생과 지속에 영향을 미치는 요인들의 특성에 따라 크게 경제적 설명, 체제 · 구조적 설명, 사회 · 문화적 설명 등 세 가지로 구분할 수 있다.

우선 경제적 설명 중심의 제2절은 신고전주의 경제학과 국제이론의 신경제 이론 등을 포함하며, 국제이주자 개인 또는 이들이 소속된 가구의 자발적 선택을 강조한다. 제3절은 체제 · 구조적 설명으로, 분절적 노동시장 이론과 세계체제론을 포함한 역사-구조 이론 등을 소개하며, 국제이주흐름을 둘러싼 수용국의 경제구조 또는 세계체계가 미치는 영향에 주목한다. 사회 · 문화적 설명에 관한 제4절은 네트워크 이론을 포함한 사회적 자본론과 인구학적 접근, 그리고 누적적 원인 이론 등을 설명하며, 왜 국제이주가 발생하는가에 관한 질문보다 어떻게 국제이주가 지속되고 변화하는가에 관한 질문에 대한 답을 제공한다. 마지막으로, 제5절에서는 이상의 이론들에 대한 요약과 종합적 평가를 살펴보고자 한다.

국제이주에 관한 현대 이론과 논의를 설명하기에 앞서, 전통적 국제이주이론인 배출-흡인(push and pull) 이론을 살펴볼 필요가 있다(Massey et al., 1998). 배출-흡인 이론에 따르면, 국제이주는 이주 송출국과 수용국 간의 불균형(disequilibrium)에 의해 발생하며, 균형 상태를 달성할 때까지 국제이주가 계속된다. 두 국가 간의 대표적인 불균형 상태는 경제적 후진국인 송출국과 선진국인 수용국 간의 경제적 격차로 인한 상대적 이익에 기인할 것으로 볼 수 있다.

배출-흡인 이론의 관점에서 저숙련-저임금 노동은 송출국(저임금 국가)에서 수용국(고임금 국가)으로 이동하는 반면에, 자본과 인적 자본(human capital), 즉 고숙련 · 고임금 노동 등은 그 반대 방향으로 이동한다. 그러나 많은 학자들이 전통적 이론, 즉 미시경제학적 전제에 기초한 배출-흡인 이론만으로 설명할 수 없는 현대 국제이주의 다양한 양상과 흐름이 존재한다는 점을 지적하였다(Massey et al., 1998). 현대 국제이주 현상 이면에는 경제적 요인 외에도 구조적, 인구학적, 사회 · 문화적 요인들이 존재할 뿐 아니라, 이주흐름의 규모와 방향성은 단일 요인의 영향이 아닌 여러 요인 간의 상호작용에 의해 결정되기 때문이다.[1)]

1) 이러한 이유에서 국제이주를 포괄적으로 설명하는 단일 이론은 존재하지 않으며, 오히려 국제이주의 양상과 흐름이 다양화됨에 따라 이를 개별적 · 부분적으로 설명할 수 있는 다수의 이론이 존재하는 것으로 이해할 수 있다.

제2절 경제적 설명

1 신고전주의 거시경제학

1) 이론적 배경

국제이주흐름의 발생, 즉 왜 사람들이 국경을 넘어 이주하는가에 대해 설명하는 가장 일반적인 접근법은 경제학적 개념과 가정에 기초한다. 이는 앞서 설명했던 국제이주의 전통적 이론인 배출-흡인 이론에 개념적·이론적 뿌리를 두고 있다고 할 수 있다.

그러나 단순히 이주 송출국과 수용국 간의 시장임금 차이를 강조하는 배출-흡인 이론과 달리, 신고전주의 경제학(Neoclassical Economics)의 거시 이론(Macro Theory)은 이들 국가 간의 노동력과 자본력 차이라는 거시 경제구조에 기반을 두고 국제이주의 발생을 설명하고자 하였다.

신고전주의 거시경제학에 따르면, 국제이주는 노동의 공급과 수요의 지리적 차이에 의해 발생하게 된다. 노동 공급과 수요의 상호작용을 고려했을 때, 자본에 비해 노동력이 많은 국가(이주 송출국)는 균형시장임금이 낮게 형성되는 반면에, 자본에 비해 노동력이 부족한 국가(이주 수용국)는 균형시장임금이 높게 형성될 것이다. 이의 결과로 발생하는 임금 차이는 저임금 또는 노동과잉 국가 출신의 노동자들로 하여금 고임금 또는 노동부족 국가로 이동하도록 만든다는 것이다.

이러한 노동력의 국제적 이동 결과로, 상대적으로 자본이 부족한 국가에서 노동력 공급이 감소함에 따라 시장임금은 상승하게 되는 반면에, 자본이 풍부한 국가의 노동력 공급은 증가함에 따라 시장임금은 감소하게 된다. 이는 궁극적으로 노동과 자본의 균형 상태로 이어진다고 주장한다.

2) 주요 특징

신고전주의 거시경제학들에 의해 제시된 국제이주의 발생에 관한 설명은 명료하면서도 설득력이 높다. 이 때문에, 국제이주흐름에 대한 일반 대중의 인식 형성에 많은 영향을 미쳤으며, 이후에 등장하는 다양한 이민정책들의 이론적 근거를 제공하였다. 국제이주에 관한 신고전주의 거시경제학기반 이론은 다음과 같은 몇 가지 명제와 가정이 포함하는 것으로 이해할 수 있다(Massey et al., 1998).

첫째, 노동자의 국제적 이동은 국가 간의 임금(률) 차이에 의해 발생한다.

둘째, 국가 간 임금 격차가 없어지면, 국경을 넘는 노동력 이동은 더 이상 발생하지 않을 것이다.

셋째, 노동자들의 국제이주흐름은 일차적으로 노동시장 메커니즘에 의해 영향을 받는다. 그 외에 다른 종류의 시장(예: 보험, 선물, 자본, 신용 시장 등)은 국제이주에 큰 영향을 미치지 않는다.

넷째, 이주 송출국과 수용국의 정부가 노동시장을 규제하거나 이에 영향을 미치는 방식으로 국제이주흐름을 통제할 수 있다.

3) 이론의 실증분석 사례: 미국과 멕시코 간 불법이민 사례

국제이주흐름에 관한 신고전주의 거시경제학기반 실증분석의 예로는 미국과 멕시코 간 불법이민에 관한 토다로와 마르츠코(Todaro & Maruszko, 1987)의 연구를 들 수 있다. 토다로와 마르츠코는 미국의 이민법 개정(The Simpson-Rodino Immigration Reform and Control Act of 1986)이 멕시코 불법이민자들의 이주흐름에 어떤 영향을 줄 것인가에 대한 실증분석을 실시하였다.[2] 특히, 멕시코의 실업률 수준에 따라 미국의 국경통제와 불법이민자 고용주 처벌 등의 요인들이 미국과 멕시코 간의 불법이민 흐름에 미치는 영향을 분석하였다.

분석 결과에 따르면, 미국의 국경통제를 강화할수록, 불법이민자를 고용하는 고용주에 대한 처벌을 강화할수록, 그리고 멕시코의 실업률이 낮을수록 불법이민 흐름은 줄어드는 것으로 추정되었다. 이러한 결과에 근거하여, 미국 정부가 멕시코로부터의 불법이민 흐름을 효과적으로 통제하기 위해서 개정된 이민법의 강력한 집행을 강조했다. 또한 이의 대안으로 멕시코에 대한 경제적 지원을 통해 멕시코 현지의 소득 수준을 증가시키거나 실업률을 감소시키는 방법을 제안하기도 하였다.

2) 당시 멕시코의 실업률은 매우 높은 수준(20~30%)인 반면에, 미국의 평균 소득 수준은 멕시코의 5~7배에 달했다. 미국으로의 합법적 이민 기회가 제한되어 있는 상황에서 이러한 경제적 조건은 멕시코 사람들에게 불법이민에 대한 강한 유인으로 작용하였다.

2 신고전주의 미시경제학

1) 이론적 배경

신고전주의 거시경제학적 설명과 마찬가지로, 신고전주의 미시경제학에 기반을 둔 설명 역시 국제노동시장을 노동의 공급과 수요 원칙에 입각하여 이의 균형 상태를 이루기 위해 움직이는 일종의 자연적 과정으로 전제한다(이충훈, 2007). 그러나 국제이주를 설명하는 핵심적 요소는 거시 경제구조가 아니라 개인의 이주 결정임을 강조한다.

신고전주의 미시경제학에서 개인은 합리적 존재로서 자신의 '효용(utility)'과 복리를 극대화하기 위한 거주지를 선택하는 것으로 전제한다. 다시 말해, 한 개인이 국경을 넘어 이동하기로 결정했다는 것은 비용편익계산(cost-benefit calculation)에 따라 국제이주를 통해 얻을 수 있는 기대 순수익이 긍정적이라고 판단했기 때문이라는 것이다.

국제이주는 인적 자본에 대한 일종의 투자로 개념화될 수 있다(Massey et al., 1998). 국제이주 또는 국제노동시장에서 개인은 국제이주와 여러 이주 목적지에 관한 정보를 기반으로 한 편익계산을 통해 자신의 현재 거주지에 계속 거주할 것인지, 더 좋은 환경을 가진 다른 곳으로 이주할 것인지, 그리고 이주한다면 어느 국가로 가야 할 것인지 등을 결정하게 된다(김용찬, 2006).

잠재적 이주자들은 자신의 기술 수준을 고려하여 가장 생산적일 수 있는 곳으로의 이주를 선택하고자 한다. 그러나 더 높은 수준의 노동 생산성과 임금에 관한 정보를 수집하기 전에, 새로운 곳으로의 이주를 위한 물질적 비용, 새로운 곳으로의 이동과 새로운 곳에서의 직업을 찾는 기간 동안의 유지비용, 새로운 언어와 문화를 배우기 위한 노력, 새로운 노동시장에의 적응을 위한 어려움, 그리고 기존의 관계를 끊고 새로운 관계를 형성하기 위한 심리적 비용 등과 같은 투자가 선행되어야 한다는 점을 지적한다. 이러한 관점에서 국제이주(노동)시장은 잠재적 이주자 개인의 결정을 위한 공간이자 동시에 실제적 이주자를 가려내는 공간이기도 하다.

신고전주의 미시경제학적 설명에 따르면, 노동력의 국제이주는 이주자 개인의 비용편익계산과 선택에 기초하여 발생하며, 국제노동시장이 균형에 도달할 때까지 지속된다. 또한 노동의 공급과 수요 간의 균형 상태는 시장의 보이지 않는 손에 의하여 결정·달성되는 성질의 것이기 때문에, 국제이주흐름 또는 시장임금 등에 대한 국가의 인위적 개입은 불필요할 뿐 아니라 국제노동시장 자체의 왜곡을 가져올 수 있다는 점을 강조한다.

정리하자면, 국제노동시장 메커니즘은 국가의 개입 없이도 시장임금이 낮은 국가(지역)와 높은 국가(지역) 간의 차이를 줄임으로써, 궁극적으로 노동력과 자본의 국제적 균형을 달성할 수 있다는 것을 주장하고 있다(이충훈, 2007).

2) 주요 특징

신고전주의 미시경제학적 관점에서 잠재적 이주자는 국제이주에 대한 기대 순이익이 가장 큰 곳이면 그곳이 어느 곳이든지에 관계없이 해당 국가(지역)로 이주할 것으로 가정한다. 이러한 가정은 앞서 살펴본 신고전주의 거시경제학적 관점과는 몇 가지 측면에서 다른 명제의 도출로 이어질 수 있다.

첫째, 노동력의 국제적 이동은 국가 간의 소득 수준과 실업률(또는 고용률) 차이에 기인하는데, 이는 이러한 국가 간 차이가 잠재적 이주자의 기대 수익을 결정하기 때문이다. 그러나 거시경제학적 관점의 경우 이주 송출국의 실업률에 초점을 두고 있을 뿐 수용국의 실업률이 국제이주흐름에 미치는 영향력에 대해 과소평가하는 경향이 있다는 점을 지적한다.

둘째, 잠재적 이주자의 인적 자본으로서의 개별 특성(예: 교육 수준, 경험, 훈련, 언어능력 등)은 이주 수용국, 즉 국제이주 목적지에서의 임금 수준이나 고용 가능성에 영향을 미칠 수 있기 때문에, 이들의 국제이주 가능성을 높일 수 있다.

셋째, 개인적 특성과 사회적 조건, 그리고 기술 수준 등은 국제이주의 비용을 감소시킬 수 있다는 측면에서 국제이주의 순이익을 증가시킬 수 있다. 따라서 이러한 요인들 역시 국제적 이동의 가능성을 높이는 데 영향을 미칠 수 있다고 본다.

넷째, 동일한 국가(송출국) 내의 개인들이라고 하더라도 개인적 특성(인적 자본으로서의 특성 포함), 사회적 조건, 그리고 기술 수준 등의 차이로 인해 전혀 다른 국제이주 양상을 보일 수 있다.

다섯째, 전체 국제이주흐름은 개인의 비용편익계산에 기초하여 발생하는 개별 국제이동의 총합으로 이해할 수 있다.

여섯째, 국가 간의 소득 수준과 고용률의 차이가 없는 경우 국제이주는 발생하지 않을 것이다. 다시 말해, 국제이주는 소득과 고용률의 계산에 기초한 기대 순수익이 국제적으로 동일해질 때까지 지속될 것으로 가정한다.

일곱째, 이주 송출국과 수용국 간의 이주 규모는 국제이주에 의한 기대 수익률 차이의 크기에 따라 달라질 수 있다.

여덟째, 국제이주에 대한 개인의 결정은 송출국과 수용국의 노동시장들 간의 불균형이나 불연속에 기인하며, 다른 시장들(예: 보험, 선물, 자본, 신용 시장 등)은 이에 직접적인 영향을 미치지 않는다.

아홉째, 잠재적 이주자의 심리적 차원에서 국제이주 목적지의 사회경제적 여건이 매력적으로 인식된다면, 이주비용은 오히려 마이너스로 인식될 수 있다는 점을 지적한다.

열 번째, 국제이주 송출국과 수용국의 정부는 잠재적 이주자의 기대소득 수준에 영향을 미치는 정책들을 통해 국제이주흐름을 통제할 수 있다고 주장한다. 여기에는 수용국에서의 고용가능성을 낮추거나 불안전고용(underemployment)의 위험을 높이는 정책들, 송출국의 소득 수준을 높이는 장기간의 개발 정책 및 프로그램들, 그리고 국제이주의 심리적·물리적 비용을 높이기 위한 정책들 등이 포함될 수 있다.

3) 이론의 실증분석 사례(1): 송출국의 두뇌 유출

국제이주 현상을 연구하는 신고전학파 경제학자들은 노동력의 국제적 이동을 긍정적인 관점에서만 바라보는 것은 아니다. 예를 들어, 보하스(Borjas, 1990)는 국제노동이주가 경제적 선진국과 후진국 사이의 임금 수준과 노동 조건 등을 동질화하는 효과가 있다고 주장한다. 그러나 이와 동시에 이주 송출국인 후진국의 기술 수준을 하락시키는 부정적 영향이 있을 수 있다는 점을 명확히 한다.

비슷한 맥락에서, 국제이주 송출국이 흔히 겪을 수 있는 사회적 문제로서 두뇌유출(brain drain) 문제를 지적할 수 있다. 후진국의 고숙련·고임금 노동력은 인적 자본으로서의 특성과 사회적 자본을 기반으로 하여 선진국에서 보다 높은 수준의 수익을 기대할 수 있기 때문에, 이들이 선진국으로 이주할 가능성이 상대적으로 훨씬 높다는 것이다.

비록 후진국에서 고급 인력의 규모는 작지만, 고도로 숙련되고 교육받은 이들의 선별적 이탈은 해당 국가의 사회경제적 발전에 심각한 타격을 줄 수 있다(Beine et al., 2001; Haque & Kim, 1995). 보통 국가 차원의 재정적 지원을 통해 집중적으로 육성되기 때문에, 이들이 선진국으로 이주하는 것은 국가적으로 큰 손실이라는 지적이다. 또한 결국 이주 송출국에는 저숙련-저임금 노동력만이 남게 됨에 따라 이들 국가의 성장 동력을 잃어버리게 되는 등의 부정적 영향이 있을 수 있다.

4) 이론의 실증분석 사례(2): 사회적 · 심리적 측면에서의 국제이주 비용편익계산

신고전주의 미시경제학적 설명에서 국제이주의 사회적 · 심리적 측면이 조명되었다는 점은 주목할 만하다. 이는 잠재적 또는 실제적 이주자 개인의 비용과 편익을 계산하는 데 사회적 · 심리적 요인을 고려하는 것으로 이해할 수 있다. 선진국으로의 국제이주를 통한 기대 임금과 편익이 기대 비용보다 높아야 할 뿐만 아니라 국제이주의 사회적 편익이 본국에 머무르는 경우의 심리적 비용보다 높아야 한다는 것을 지적한다.

이러한 사회적 · 심리적 요인은 수용국에서의 이민자 집단의 성별 구성에 영향을 줄 수 있다. 특히, 여성 이주자의 경우 본국(송출국)과 비교하여 선진국(수용국)에서 그들의 사회적 지위가 상대적으로 더 높다는 사실을 경험하게 된다(Hagan, 1994; Hondagneu-Sotelo, 1994).

또한 그라스무크와 페사르(Grasmuck & Pessar, 1991)에 따르면, 이주 수용국에서 남성 이주자의 상대적 지위가 본국과 비교하여 하락했기 때문에 이들이 여성 이주자에 대한 심리적 비용을 발생시킬 수 있으며, 이러한 경우 여성 이주자들은 본국으로 돌아갈 가능성이 더 높을 수 있다. 이와 동시에, 수용국에서 여성 이주자들이 상대적으로 더 큰 사회적 편익을 누리고 있는 경우 이들은 본국에 돌아가기보다는 장기거주자나 영주권자가 되기 위해 노력할 것이라고 주장한다.

3 국제이주의 신경제론

1) 이론적 배경

1980년대에 등장한 국제이주의 신경제론(New Economics of International Migration)은 신고전주의 경제학의 핵심 가정인 개인의 합리적 선택이라는 관점에 대해 비판적인 입장을 견지하고 있다. 특히, 신고전주의 경제학적 관점과 다음의 두 가지 측면에서 차이점을 보이는 것으로 이해할 수 있다(Massey et al., 1998).

첫째, 신경제론은 국제이주를 결정하는 주체 단위를 개인이 아닌 가족 또는 가구, 그리고 중소 규모의 공동체로 가정한다. 둘째, 국제이주 결정의 동기가 개인의 기대소득 극대화라기보다 가구나 공동체가 마주한 경제적 위험의 최소화임을 강조한다. 다시 말해, 한 가구나 공동체에서 특정 구성원의 국제적 이동에 대한 결정의 이면에는 해당 가구나 공동체의 전체 (기대)소득 수준을 높이기 위한 의도뿐 아니라 소득의 원천을 다양화함으로써 다양한 시장실패 상황들에 따른 경제적·재정적 위험을 줄이기 위한 의도도 있다는 것이다.

국제이주의 신경제론에 따르면, 국제이주는 신고전주의 경제학이 주장하는 것과 같이 국가 간의 임금 격차가 해소되거나 이주자 개인의 효용이 줄어드는 것만으로 중단되지 않는다고 본다. 오히려 국제이주 송출국가에서 시장실패로 인한 경제적 불안정과 불균형 상태가 지속되는 경우 가구나 공동체의 경제적 위험을 줄이기 위한 방편으로 국제이주는 계속될 것이라고 주장한다(김용찬, 2006).

이주 수용국인 선진국에서 가구 소득에 대한 경제적 위험의 관리나 최소화는 주로 사적 보험시장과 신용시장, 그리고 정부의 복지정책 등을 통해 이루어진다. 그러나 이주 송출국인 후진국의 경우 보통 이러한 경제적 위험을 제도적으로 관리할 수 있는 메커니즘이 불완전하거나 부재하기 때문에, 가구나 공동체 차원에서 국제이주를 통한 경제적 위험도의 분산이 중요한 수단이 될 수 있다.

국제이주 송출국의 시장실패 상황에서 소득원을 다양화하지 못한 가구나 공동체는 국제이주 노동자를 가진 가구나 공동체에 비해 소득 수준이 낮은 동시에 상대적 박탈감을 느낄 가능성이 높다는 점을 지적한다. 다양한 소득원(국제이주 포함)을 가진 특정 가구나 공동체의 상대적 소득 수준이 증가할수록, 그리고 이들의 상대적 박탈감이 감소할수록 송출국에서의 다른 가구나 공동체가 그들의 구성원의 국제이주 결정을 내릴 가능성이 증가한다고 볼 수 있으며, 이러한 국제이주 결정(의 열풍)은 송출국가 내에서 빠르게 확산될 수 있다. 따라서 국제이주의 신경제론적 설명은 국제이주의 핵심 요인으로 송출국의 가구나 공동체의 상대적 소득 수준이나 상대적 박탈감, 그리고 송출국의 시장실패 상황 등을 고려한다(Stark & Bloom, 1985; Stark, 1991).

국제이주의 원인을 개인의 선택으로 환원하는 신고전주의 경제학과 비교하여, 신경제론은 가족이나 가구, 또는 공동체의 집단적 결정과정이라는 관점과 더불어 국제이주 현상을 둘러싼 송출국의 경제적 상황을 고려함으로써 국제이주의 발생 메커니즘을 구조적 차원에서 설명하고자 하는 가능성을 제시하였다. 그럼에도 불구하고, 이 이론은 국제이주에 대한 분석 단위를 개인에서 집단으로 변화시켰다는 점에서 경제적 행위이론을 집단 차원으로 확대한 것으로 이해할 수 있다(이충훈, 2007).

2) 주요 특징

국제이주의 신경제론에 기초한 국제이주에 관한 설명은 신고전주의 경제학과 상당히 다른 명제와 가설을 만들어 냈으며, 이에 따라 매우 다른 정책적 처방을 내리고 있다.

첫째, 국제이주 연구의 적절한 분석 단위는 자율적 개인이 아니라 가족이나 가구 또는 문화적으로 정의된 생산과 소비 단위(예: 공동체)라고 가정한다.

둘째, 국가 간의 임금 격차는 국제이주의 발생을 위한 충분조건이 아니라는 점을 분명히 한다. 국제이주 목적지와 본국 간의 임금 격차가 없는 경우에도 송출국의 가구들은 일부 구성원의 국제적 이동을 통해 경제적 위험을 분산시키거나 자본을 축적하고자 하는 강한 유인을 가질 수 있다.

셋째, 이주 수용국(선진국)으로의 국제이주 결정과 송출국(후진국) 현지에서의 경제활동 참여는 상호 배타적이지 않을 수 있으며, 오히려 이 둘을 병행하고자 하는 강한 유인이 있다. 심지어 송출국 현지에서의 경제활동을 통한 가구 수익의 증가가 송출국에서의 자본투자의 위험과 제약을 극복하기 위한 수단으로서 국제이동의 매력을 증가시킬 수 있다. 다시 말해, 이주 송출국인 후진국의 경제발전이 국제이주에 대한 압력을 줄이기보다 반대로 강화할 수 있다는 점을 주장한다.

넷째, 이주 송출국과 수용국의 노동시장 간의 임금 격차가 없어진다고 하더라도 노동력의 국제적 이동은 지속될 수 있다. 특히, 송출국의 다른 시장들(예: 보험, 선물, 자본, 신용 시장 등)이 부재하거나 불완전 · 불안정한 경우 국제이주의 유인은 계속해서 존재할 수 있다.

다섯째, 정부는 노동시장뿐 아니라 보험시장, 자본시장, 신용시장, 선물시장 등에 영향을 미치는 정책들을 통해 국제이주에 영향을 미칠 수 있다고 주장한다. 송출국의 공적 보험제도, 특히 공적 연금, 실업보험, 대출 프로그램 등은 국제이주에 대한 가구의 유인에 큰 영향을 미칠 수 있다.

여섯째, 송출국의 소득분배에 영향을 미치는 정부정책 역시 일부 가구의 상대적 박탈감에 영향을 줌으로써 국제이주 유인을 변화시킬 수 있다는 점을 지적한다.

3) 이론의 실증분석 사례: 본국으로의 송금

신고전주의 경제학적 관점과 비교하여, 신경제론의 정책적 함의가 상대적으로 더 크다고 볼 수 있다. 왜냐하면 신고전주의 경제학이 국제이주에 대한 국가의 개입을 불필요한 것으로 바라보는 반면에, 신경제론은 국제이주 현상에 의해 발생하는 문제들에 대한 국가의 개입 필요성을 인정하고 있기 때문이다.

그러나 국가개입은 노동력의 국제적 이동 자체를 막거나 물리적 국경통제를 강화하는 등의 직접적인 방식이 아니라 국제이주 송출국(후진국)의 불완전한 시장을 복구하거나 원조하는 등의 간접적인 방식으로 이루어질 필요가 있음을 강조한다. 이는 국제이주에 관한 가구나 공동체의 집합적 결정에 영향을 미치는 선호의 변화를 통해 국제이주흐름의 규모를 통제할 수 있다는 가정에 기초한 것으로 볼 수 있다.

이러한 관점에서 국제이주노동자들이 본국(송출국)으로 보내는 송금(remittance)에 대한 연구가 이루어지기도 한다. 이의 핵심적인 가정은 이주노동자들이 보내는 송금이 본국에 남아 있는 그들의 가족이나 공동체의 경제활동 참여(직업이나 투자 등)나 사회적 관계 등에 장기적인 영향을 미칠 수 있으며, 이는 결국 국제노동이주의 산출 메커니즘의 변화로 이어진다는 것이다(Taylor, 1999; 2004).

본국으로의 송금은 이주 송출국의 직접적 · 간접적 개발동력으로 활용될 수 있다(Massey & Taylor, 2004). 국제노동이주를 통해 송금을 받는 가구의 소득 증가에 직접적으로 기여할 수 있으며, 이들 가구가 송출국 현지에서 생산된 재화와 서비스를 구매함으로써 다른 가구의 소득에 간접적으로 영향을 줄 수 있다.

제3절 구조 · 제도적 설명

1 분절적 노동시장론

1) 이론적 배경

앞서 살펴본 신고전주의 경제학과 신경제론은 기본적으로 국제이주 발생의 근본적 원인과 이의 특성을 설명하는 데 미시적 차원의 의사결정에 초점을 두고 있다는 공통점이 있다. 국제이주라는 의사결정을 내리는 주체가 이주자 개인인지 또는 가구(공동체)인지, 즉 국제이주를 통해 추구하는 바가 소득의 최대화인지 또는 경제적 위험의 최소화인지, 의사결정의 경제적 맥락이 완전경쟁시장인지 또는 이주 송출국의 불완전한 시장인지, 그리고 개인이나 가구의 소득 수준이 절대적 차원에서 평가되는지 또는 상대적 차원에서 평가되는지 등의 차이가 있지만, 이들 경제적 설명은 모두 의사결정의 주체를 중심으로 국제이주의 발생을 설명하고 있다(Massey et al., 1998).

그러나 이러한 접근과 비교하여, 분절적 노동시장론(Segmented Labor Market)은 국제이주의 원인을 설명하는 데 이주 수용국의 노동시장 구조에 초점을 둔다는 점에서 큰 차이를 보인다고 할 수 있다. 분절적 노동시장론에 따르면, 국제이주흐름은 후진국(송출국) 경제의 낮은 임금 수준이나 높은 실업률 등과 같은 경제적 맥락에서 이주자 개인이나 가구(공동체)의 선택에 의해 이루어지기보다 이주노동자를 필요로 하는 선진국(수용국) 경제의 구조적 요인에 의해 형성 · 지속된다. 즉, 선진국 경제구조 내에 존재하는 저임금 노동력에 대한 만성적 수요 때문에 이주노동자의 국제이주가 가능한 것일 뿐, 이주노동자 개인의 선택에 따라 가능한 것이 아니라는 점을 강조한다(Piore, 1979).

분절적 노동시장론은 크게 두 가지 핵심 가정에 기반하고 있다고 볼 수 있다

(Massey et al., 1998; Piore, 1979). 첫째, 노동시장에서의 임금은 단순히 노동의 공급과 수요에 의해서만 결정되지 않으며, 오히려 사회적 지위·위신과 밀접하게 관계되어 있다는 것이다. 일반적으로 사람들은 임금 수준이 사회적 지위(위신)를 반영한다고 믿기 때문에, 직업적 위계구조의 하위에 속해 있는 단순노무 또는 저숙련 노동에 대한 임금 수준은 낮게 책정되기 마련이다. 또한 이러한 직종에의 노동 공급 역시 상대적으로 낮을 수밖에 없는데, 이는 임금 수준이 낮을 뿐 아니라 이와 관련한 사회적 편견이 수반되기 때문으로 보았다.

이러한 배경에서 사회적 지위가 낮은 단순노무 또는 저숙련 노동의 임금 수준을 높임으로써 관련 직종에 대한 노동 공급을 늘리고자 하는 시도는 한 사회의 직업적 위계구조 속에서 시장임금의 구조적 인플레이션(structural inflation)을 야기할 가능성이 높다(김용찬, 2006; 이충훈, 2007). 다시 말해, 한 사회에서 개인의 임금 수준이 그 사람의 사회적 지위를 반영한다는 인식이 보편적일 때, 직업적 위계구조의 하위에 속한 직업의 임금 상승은 같은 위계구조에서 보다 상위에 속한 직업의 임금 상승으로 이어질 수밖에 없다. 따라서 이러한 구조적 인플레이션에 의한 경제적 비용과 위험에 대한 압력은 기업(고용주)들로 하여금 국내 노동시장에서 저숙련 직업의 임금 수준을 높이려는 시도보다 이주노동자의 유입이라는 더 손쉽고 저렴한 방식을 선택할 강한 유인이 존재한다고 할 수 있다.

둘째, 국제이주의 핵심적 요인인 이주 수용국(선진국)의 노동시장은 단일한 형태가 아니라 분화된 형태로 존재한다(이충훈, 2007). 선진국의 노동시장 구조는 고숙련-고임금 노동자들을 위한 일차노동시장(primary labor market)과 저숙련-저임금 노동자들을 위한 이차노동시장(secondary labor market)으로 분화되어 있다는 점을 지적한다.

자본집약적인 일차노동시장에서 고숙련 노동력은 비교적 장기간의 교육과 지식, 그리고 경험 등의 집약을 통해 형성되기 때문에, 노동현장(과정)에서의 권한도 상대적으로 강할 뿐 아니라 노동조합으로 조직될 가능성도 높은 편이다. 반면에, 노동집약적인 이차노동시장에서의 저숙련 노동력은 높은 수준의 기술이나 지식이 필요하지 않기 때문에, 대체로 직업적 안정성이 낮은 편이다.

이러한 이유에서 선진국의 노동시장 구조에서 이차노동시장으로의 노동 공급은 점차 감소하게 된다. 이러한 저숙련 노동력의 공급 부족을 해결하기 위해 기업들은 이주노동자의 유입을 선택하게 된다는 것이다.

2) 주요 특징

분절적 노동시장론은 앞서 살펴본 경제적 접근의 가정, 즉 잠재적 또는 실제적 이주자들이 국제이주에 대한 비용편익계산을 통해 합리적 결정을 내린다는 점에 대해 확실하게 부정하지 않는다. 오히려 이를 뒷받침할 수 있는 설명을 제공하는 것으로 볼 수 있는 여지가 있다.

예를 들어, 이주 수용국(선진국) 사람들이 가진 저숙련-저임금 직업에 대한 사회적 편견은 송출국(후진국)의 잠재적 이주자들에게 이주노동자로서의 고용 기회를 제공한다. 이는 이주자 개인 또는 가구(공동체) 차원에서 국제이주를 통한 기대 수익의 향상이나 경제적 위험의 다각적 관리가 가능하도록 한다. 또한 선진국 기업들에의 고용 기회는 국제이주가 가진 사회경제적·정보적 불확실성을 완화·극복하는 데 도움을 줄 수 있기 때문에, 국제이주가 기대 소득의 최대화 또는 경제적 위험의 최소화를 위한 송출국가 내의 가구(공동체)들의 실제적 전략으로서 기능할 수 있도록 한다.

그럼에도 불구하고, 분절적 노동시장론은 다음과 같은 측면에서 신고전주의 경제학과 국제이주의 신경제론 등과는 다른 이론적·실천적 함축과 관점을 가진 것으로 이해할 수 있다(Massey et al., 1998).

첫째, 국제(노동)이주는 대부분 노동의 공급이 아닌 수요에 기반하며, 이주 수용국인 선진국의 정부나 기업(고용주)들에 의해 시작된다는 점을 지적한다.

둘째, 이주노동자에 대한 수요는 선진국의 경제구조적 필요에 의해 발생하며, 이들에 대한 실제 채용 과정에서 구체화하는 것으로 본다. 따라서 이주 수용국에서 저숙련 노동력에 대한 수요가 계속해서 존재하더라도, 기업에는 저숙련 직업의 임금 수준을 계속 낮게 유지한 채 저숙련 이주노동자들을 채용하고자 하는 유인이 존재한다고 주장한다. 이러한 관점에서 국가 간의 임금 격차는 국제(노동)이주 발생의 필요조건도, 충분조건도 아니다.

셋째, 이주노동자의 공급이 감소한다고 하더라도, 수용국에서 이들에 대한 낮은 임금 수준은 이에 대응하여 증가하지 않는다. 다시 말해, 저숙련 노동의 임금 수준은 노동의 공급과 수요 변화에 대응하여 변화되지 않으며, 오히려 사회적·제도적 메커니즘에 의해 억제된다. 그러나 이러한 사회적·제도적 메커니즘이 저숙련 노동에 대한 임금 수준의 추가적인 하락을 억제하는 방향으로는 작동하지 않기 때문에, 이주노동자의 공급이 증가하는 경우 낮은 수준의 임금이 더욱 하락할 수 있다는 점을 지적한다.

넷째, 정부가 경제정책이나 노동시장정책 등의 시행을 통해 국제이주흐름에 영향을 미칠 가능성은 높지 않다고 보았다. 저숙련-저임금 이주노동자에 대한 수요는 후기산업사회(post-industrial societies)의 구조적 필요에 의해 생겨난 것이기 때문에, 이러한 수요에 영향을 미치기 위해서는 사회적·경제적 구조의 중대한 변화가 요구된다는 것이다.

3) 이론의 실증분석 사례: 한국의 이주노동자정책

한국의 이민정책은 사실상 1991년 시행된 '외국인 산업기술연수제도'를 기점으로 시작된 것으로 볼 수 있으며, 이후 2004년 '고용허가제'의 도입, 2007년 「재한외국인 처우 기본법」의 제정, 그리고 2008년 「다문화가족지원법」의 제정 등을 통해 양적·질적 정책변화가 이루어지고 있다. 그런데 이러한 이민정책의 발전 이면에 한국 노동시장의 분화(labor market segmentation) 현상이 존재한다는 점을 지적할 필요가 있다(Lee, 1997).

1980년대와 1990년대에 국제시장에서의 경쟁이 점차 심화함에 따라, 대기업과 중소기업 간의 하도급 구조가 심화되었다. 이 과정에서 대기업과 중소기업 간의 임금 격차는 더욱 벌어지게 되었다. 한국사회의 인구학적 변화와 함께 이러한 분화 현상은 노동집약적 산업분야에서의 노동력 부족 문제를 발생·악화시켰다.

이러한 배경에서 정부는 1991년 외국인 산업기술연수제도를 시행하였다. 분절적 노동시장론에 비추어 보았을 때, 외국인 산업기술연수제도는 외국인 이주노동자의 이차노동시장으로의 진입을 허용한 것으로 이해할 수 있다(김종일 외, 1995). 왜냐하면 특정 저숙련-저임금 산업 분야에 속한 기업들만이 외국인 이주노동자(당시 산업연수생)를 고용할 수 있었기 때문이다.[3]

3) 2004년 외국인 산업기술연수제도가 고용허가제에 의해 대체된 이후에도, 한국 이주노동자정책의 이러한 특성은 여전히 유지되는 것으로 이해할 수 있다.

2 역사-구조 이론: 세계체제론

1) 이론적 배경

국제이주에 대한 역사-구조 이론은 1970년대 경제이론들에 대한 대안적 설명으로 등장하였다. 역사-구조 이론가들에 따르면, 기존의 경제적 설명들은 후기자본주의의 발전 이면에 존재하는 역사성과 맥락성, 그리고 다면성 등의 측면을 간과함으로써 국제이주 현상을 설명하는 데 한계가 있다. 다시 말해, 후기자본주의의 구조적 문제와 세계자본주의체계 내에서의 선진국과 후진국 간 차이에 대한 현실을 간과하고 있다는 것이다.

따라서 개인 또는 가구(공동체) 차원의 설명에 기초한 경제적 접근법들과 달리, 역사-구조 이론(Historical-Structural Theory)은 주로 거시적이고 장기적인 변화들에 초점을 둔다(김용찬, 2006). 특히, 세계경제체제 또는 세계자본주의체계의 발전 과정에서 노동력의 국제적 이동의 기원과 역할을 설명하고자 하였다.

분절적 노동시장론이 이주 수용국(선진국)의 노동시장구조에 주목한 반면에, 역사-구조 이론은 국제적인 경제구조에 집중하여 국제(노동)이주를 설명하고자 하였다(이충훈, 2007). 대표적인 역사-구조 이론인 세계체제론(World Systems Theory)은 국제이주의 발생을 역사적으로 형성된 자본주의 세계경제체계의 구조적 맥락 차원에서 이해한다.

세계체제론에 따르면, 자본주의 세계경제체계는 선진국을 중심으로 한 주류시장과 주변국을 중심으로 한 비주류시장으로 구분된다. 자본과 기술력은 중심국들에 집중되어 있는 반면에, 주변국들은 노동력이 풍부하기 때문에 노동력의 국제이주흐름은 주변국에서 중심국으로 형성된다고 보았다(Massey et al., 1998).

이러한 중심부-주변부 관계 속에서 국제이주는 세계경제체계 내의 위계관계를 심화·유지함과 동시에 경제적으로 빈곤한 국가(주변국)들의 노동력을 착취함으로써, 불공평한 발전을 지속하는 수단으로 이해된다. 다시 말해, 국제이주는 세계자본주의체계에서 저발전된 주변부를 중심부에 종속시키는 여러 연결고리 중 하나임을 강조한다.

세계체제론에서 국제이주는 개인이나 가구(공동체)의 결정에 의해 이루어지는 것이 아니라 자본주의 경제체제의 전 세계적인 확산의 결과로 이해한다(Sassen, 1991; 2007). 본래 비자본주의(non-capitalist) 또는 전자본주의(pre-capitalist) 사회의 전통적인 농업경제구조와 관계 속에서 토지와 노동자는 서로 밀접하게 결합되어 있다. 그러나 이러한 사회로 자본주의 경제관계가 침투(penetration)함에 따라 기존의 핵심 생산수단인 토지로부터 노동자들이 분리되게 되고, 이를 통해 국제노동이주의 토대가 형성되었다고 보았다.

국제노동이주를 통한 주변부의 종속 현상을 심화・유지시키는 방식에는 전통적인 농업경제구조와 관계의 해체뿐 아니라 직접 투자를 통한 외국계 공장의 설립과 운영 등도 포함될 수 있다. 이러한 과정들을 통해 국제이주의 흐름은 주변부에서 중심부로, 그리고 자본과 재화의 국제적 흐름은 중심부에서 주변부로 형성된다고 주장한다.

세계체제론 이론가들은 이의 실례로서 1960년대와 1970년대 제3세계 국가들의 저숙련 노동력이 서유럽 국가들로 대규모 유입된 현상을 제시하고 있다. 다시 말해, 당시의 대규모 국제노동이주는 자본주의의 '순환적 발전'에 의해 발생한 서유럽 경제체제의 구조적 문제들을 해결하기 위한 수단으로 시작되었다는 것이다. 이주노동자들은 서유럽 국가들의 저숙련 노동력 부족과 임금 상승 등의 사회경제적 압박을 해소할 수 있는 '잠재적 잉여인구'이자 '산업예비군(industrial reserve army)'으로서의 역할을 담당한 것으로 이해할 수 있다(김용찬, 2006).[4)]

2) 주요 특징

세계체제론은 국제이주가 세계자본주의체계의 정치경제적 구조에 의해 발생된다는 관점을 가지고 있으며, 이에 따라 다음의 가설들을 주장한다.

첫째, 국제이주는 개발도상국에서 자본주의 시장이 형성됨에 따라 나타나는 자연스러운 결과물이라는 점을 지적한다. 즉, 자본주의 경제관계의 주변부 지역으로의 침투는 국제노동이주의 촉매로 작용한다는 것이다.

둘째, 노동의 국제적 흐름은 재화와 자본의 국제적 흐름에 뒤따르지만, 흐름의 방향은 반대로 형성된다. 자본주의적 투자는 주변국들 내에 잠재적 국제이주인구를 창

4) 한편, 경제발전도의 차이가 현저한 과거 식민제국 국가(선진국)와 식민국(후진국) 사이의 이주흐름 역시 세계체제론의 관점에서 설명되곤 한다.

출하는 사회경제적 변화를 촉진하는 동시에 중심국들과의 강한 물리적 · 문화적 연계를 형성함으로써, 국경을 넘는 인구의 이동으로 이어진다.

셋째, 과거 식민제국 국가(선진국)와 식민국(후진국) 사이에 국제이주가 발생할 가능성은 특히 높다고 할 수 있다. 과거 식민지 시대부터 확립된 문화 · 언어 · 행정 · 투자 · 교통 · 통신의 국가 간 연계가 외부적 경쟁과 무관하게 발전함에 따라 이들 국가만의 고유한 시장과 문화체계가 형성될 수 있기 때문이다.

넷째, 국제이주는 시장경제의 세계화에서 비롯되는 것이기 때문에, 정부는 기업의 해외투자활동을 규제하고 자본과 상품의 국제적 흐름을 통제하는 방식으로 국제이주 흐름에 영향을 미칠 수 있다. 그러나 이의 실행 가능성은 그리 높지 않은 것으로 이해된다. 왜냐하면 이러한 정책들은 국제적 무역 분쟁과 세계 경제불황의 위험을 증가시킬 수 있고, 세계화 시대에 실질적인 정치적 자원(영향력)을 가진 다국적 기업의 적대감을 불러일으킬 수 있기 때문이다.

다섯째, 국제이주흐름은 궁극적으로 국가 간의 임금 수준이나 실업률(고용률) 차이와는 거의 관계가 없으며, 자본주의시장 형성의 역학관계와 세계경제의 정치적 구조에서 비롯된다는 점을 지적한다.

3) 이론의 실증분석 사례: 글로벌 도시

세계체제론 이론가들은 세계체제 내의 중심도시(core cities)라는 측면에서 국제이주의 영향력을 분석하였다(Castells, 1989; Sassen, 1988; 1991). 글로벌 도시(global city)에 관한 연구들에 따르면, 세계시장 경제체제에서 뉴욕, 로스앤젤레스, 도쿄, 런던, 프랑크푸르트, 홍콩 등과 같이 소수의 글로벌 도시는 금융, 노동, 재화의 전 세계적인 연결망을 통해 중심 국가들의 다른 지역 또는 주변 국가들에 대한 영향력을 행사하고 있다. 이들 도시에는 고숙련 · 고임금 노동력과 막대한 자본력이 집중되는 동시에, 저숙련 · 저임금 노동력에 의한 재화와 서비스의 생산과 관련한 수요 역시 집중되는 것으로 보았다.

특히, 자본주의 세계경제체계의 발전 과정에서 중공업 생산설비의 해외 이전, 전자와 전기통신 분야 첨단 제조업의 성장, 그리고 보건과 교육 서비스 분야의 확장 등은 고숙련 노동력과 저숙련 노동력에 대한 강한 수요를 발생시키는 반면에, 오히려 중간 수준의 기술을 가진 노동력에 대한 수요를 약화시키고 있다. 이에 따라 기술 수준의 양극단에 치우쳐진 노동시장구조가 형성되고 있다는 점을 지적한다.

제4절 사회 · 문화적 설명

1 사회자본론: 연결망 이론

1) 이론적 배경

국제이주의 발생은 다양한 요인들에 기인할 수 있다. 여기에는 앞서 살펴본 바와 같이 잠재적 이주자의 기대 소득 극대화에 대한 욕구, 가구 소득에 대한 경제적 위험의 다각적 관리 시도, 저숙련-저임금 노동력에 대한 기업들의 수요를 충족시키기 위한 정책프로그램, 자본주의 경제관계의 주변국으로의 침투에 의한 농업 노동자들의 국제적 이동 등이 포함될 수 있다.

그러나 마세이 외(Massey et al., 1998)는 국제이주를 발생시키는 요인들과 이를 지속시키는 요인들은 서로 일치하지 않을 수 있음을 지적한다. 비록 국가 간의 임금 격차, 경제적 위험의 상대적 차이, 저숙련-저임금 노동력에 대한 만성적 수요, 시장경제체제의 확장 및 유지 등이 지속적으로 사람들이 국경을 넘도록 만드는 요인이 될 수 있지만, 국제이주 과정에서 새롭게 형성 · 발전하는 요인들이 국제이주의 독립적 원인으로서 기능하게 될 수도 있다는 것이다.

예를 들어, 국제이주 네트워크가 형성 · 확산된다든지, 노동력의 국가 간 이동을 지원하는 제도나 기관이 발전한다든지, 그리고 이주 수용국에서의 노동의 사회적 의미가 변화한다든지 등과 같이 새로운 요인들을 상정할 수 있다. 이러한 변화들은 기존의 국제이주흐름에 영향을 주어 사람들의 국제적 이동을 영속화하는 데 영향을 미칠 수 있다.

국제이주의 지속성 · 영속성을 설명하는 대표적 접근법 중 하나로 사회적 연결망(network)에 초점을 둔 사회자본 논의가 있다. 사회자본의 핵심 특성으로 흔히 전환

가능성(convertibility)을 제시하는데, 이는 사회자본이 다른 형태의 자본, 특히 금융자본으로 전환될 수 있음을 의미한다.

사회자본론(Social Capital Theory)에 따르면, 사람들은 사회적 제도나 연결망을 통해 사회자본에 접근할 수 있으며, 그들의 사회적 위치와 위상을 유지 또는 향상시키기 위해 사회자본을 다른 형태의 자본으로 전환할 수 있다. 이러한 관점에서 이주자 연결망(migrant networks)에의 연결은 해외 취업, 높은 수준의 임금, 저축 및 송금의 가능성 등 다양한 종류의 금융자본(financial capital)을 얻을 수 있는 통로가 될 수 있다.

이주자 연결망은 이주 송출국과 수용국에 있는 현재의 이주자들, 과거의 이주자들, 그리고 비이주자들을 연결하는 사람과 사람 간의 관계의 집합을 의미하며, 친족관계, 친구관계, 공통의 출신 지역 등을 통해 형성·지속되곤 한다. 송출국과 수용국 사이에 형성된 다양한 이주자 연결망들은 새로운 또는 잠재적 이주자들에게 국제이주 관련 정보와 서비스를 제공함으로써, 새로운 지역으로의 이동과 적응에 따른 비용과 위험 부담을 감소시키는 동시에 국제이주의 기대 순이익을 증가시킬 수 있다.

다시 말해, 이주자 연결망을 비롯한 사회자본이 형성된 이후에는 국제이주의 잠재적 비용이 대폭 감소하기 때문에, 잠재적 이주자들에게 국제이주는 경제적 위험 관리의 다변화 또는 효용의 극대화를 위한 전략으로서 상당히 매력적인 선택지가 될 수 있다는 것이다. 특히, 국제이주에 관한 사회자본론은 수용국의 경제적 여건이 악화하는 경우 이주에 따른 단기적 이득이 더 이상 없다고 하더라도 이미 형성된 사회적 연결망을 통해 이민자들이 지속적으로 유입될 수 있다는 점을 지적한다.

2) 주요 특징

사회자본론에 기초한 설명은 국제이주를 개인이나 가구의 의사결정이라는 관점을 가지고 있다. 그러나 어느 한 시점에 이루어진 한 개인이나 가구의 국제이주 결정은 향후 다른 이들이 국제이주 결정이 이루어지는 맥락을 변화시킴으로써, 잠재적 이주자들이 국제이주를 선택할 가능성을 크게 증가시킬 수 있다고 주장한다. 자생적 확산과정(self-sustaining diffusion process)으로서의 국제이주에 대한 개념화는 국제이주를 노동의 수요와 임금 등의 평형상태 차원에서 분석한 기존의 접근법(특히, 경제적 설명들)들과는 다른 함의와 결론을 가진다.

첫째, 국제이주흐름이 일단 시작되면, 시간이 지남에 따라 사회적 연결망이 이주 송출국에 매우 광범위하게 확산되어 국제이주를 원하는 모든 사람이 어려움 없이 이주할 수 있게 될 때까지 확장되는 경향이 있으며, 그런 후에야 국제이주흐름은 감소하기 시작한다고 보았다.

둘째, 송출국과 수용국 사이의 이주 규모는 이들 국가 간의 임금 격차나 고용률(실업률)과 크게 관계없다고 주장한다. 왜냐하면 이러한 요인들이 국제이주의 촉진 또는 억제에 미치는 영향력은 결국 이주자 연결망의 성장에 따른 이주 비용과 위험도의 감소에 점차 상쇄되는 것으로 이해하기 때문이다.

셋째, 이주자 연결망의 형성과 정교화를 통해 국제이주가 제도화되면, 국제이주흐름은 본래 이를 발생시켰던 요인들로부터(그것이 구조적 차원인지 또는 개인적 차원인지와 관계없이) 점차 독립적으로 유지·지속된다.

넷째, 국제이주흐름이 일단 시작되면, 정부는 이러한 흐름을 통제하는 데 큰 어려움을 겪을 수밖에 없다. 이는 정부가 대개 이주자 연결망의 형성 과정을 통제할 수 없을뿐더러 어떠한 정책체계를 추구하는지와 관계없이 발생·확장되기 때문이다. 또한 일반적으로 국제이주의 제도화 과정은 규제하기 어렵다는 사실 역시 정부 통제의 어려움을 야기할 수 있다고 지적한다.5)

3) 이론의 실증분석 사례: 한국 결혼이민자들의 사회적 연결망

2000년대부터 한국사회에 국제결혼을 통한 이민자들, 특히 결혼이주여성들의 유입이 빠르게 증가하고 있다. 이에 따라 한국의 결혼이민자들에 관한 연구는 다양한 관점에서 이루어지고 있으며, 이들의 사회적 연결망에 관한 연구 역시 하나의 주요 연구흐름이 되고 있다(설진배 외, 2013, 전형권·이소영, 2013).6)

---

5) 다만, 특정 이민정책, 예를 들어 이민자와 그들의 가족 간의 재결합(reunification)을 촉진하기 위한 정책 등의 경우 국제이주흐름을 통제한다는 목적을 달성할 수 있다고 보았는데, 이는 친족관계 중심의 연결망에 속해 있는 구성원들에 한해 특별한 입국 권리를 부여함에 따라 이주자 연결망을 강화하기 때문이라는 것이다.

6) 설진배 외(2013)에 따르면, 결혼이주여성의 사회적 연결망은 한국사회로의 이주 이전의 연결망과 이후의 연결망으로 구분하였다. 전자의 경우 결혼중개업체나 다른 결혼이주여성, 그리고 모국과의 연결망을 포함하는 반면에, 후자의 경우 한국사회 내에서 지역사회나 다른 주민들과의 연결망을

특히, 전형권·이소영(2013)의 연구는 결혼이주여성의 이주자 연결망, 즉 한국사회로의 이주 이전의 사회적 연결망은 한국으로의 국제이주를 촉진하는 핵심 요인이며, 한국사회로의 이들의 적응에도 긍정적으로 작용함과 동시에 다른(잠재적) 결혼이주여성들의 이주 결정에 영향을 준다는 점을 지적하였다. 이들의 국제이주와 적응 과정에서 형성·확장되는 사회적 연결망은 가족, 친족 네트워크, 국제결혼중개업체, 민족문화 네트워크 등과 같이 다층적 차원에서 존재한다고 보았다.

2 누적적 원인론

1) 이론적 배경

누적적 원인론(Cumulative Causation)에 따르면, 국제이주흐름은 스스로 지속·유지되는 경향을 보이며, 이는 시간이 지남에 따라 국제이주의 추가적인 원인을 형성하는 방식으로 이루어진다는 점을 강조한다(전형권, 2008). 국제이주의 '원인(causation)'은 개별적인 이주 행위가 국제이주에 대한 후속 의사결정이 이루어지는 사회적 맥락을 변화시킨다는 점에서 누적적(cumulative)이라 할 수 있다.

사회적 맥락의 변화는 일반적으로 국제이주의 또 다른(또는 추가적인) 원인을 만드는 방식으로 이루어진다. 여기에는 이주자 연결망의 확장, 이주 송출국에서의 소득분배나 토지분배의 변화(주로, 송금을 통한 변화), 농업생산에서 과거 노동집약적인 방식에서 자본집약적인 방식으로의 변화, 국제이주 관련 문화(또는 수용국 문화)의 확산, 인적 자본의 지역적 분배(예: 송출국에서의 두뇌 유출), 수용국에서의 노동의 사회적 의미 변화(예: 특정 직업은 소위 '이민자 직업(immigrant job)'이라는 사회적 인식의 형성) 등이 포함될 수 있다(Massey et al., 1998).

2) 주요 특징

누적적 원인론은 누적적 사회과정(cumulative social process)이라는 관점에서 국

포함하는 것으로 이해할 수 있다. 그러나 이론의 실증분석 사례에서는 전자의 경우를 중심으로 논하고자 한다. 이는 국제이주의 연결망 이론(Network Theory)에서 다루는 이주자 연결망 개념은 주로 이주 송출국(모국)과 수용국 간의 연결망을 의미하기 때문이다.

제이주의 동적인 측면을 강조하고 있다. 이의 가정과 명제들은 앞서 살펴본 사회자본론에 기초한 주장들과 상당 부분 일치하는 것으로 보인다.

첫째, 국제이주에 의해 발생한 이주 송출국과 수용국의 사회적, 경제적, 문화적 변화들은 정부가 사람들의 이동(이주)을 쉽게 통제하거나 규제할 수 없도록 하는 강한 내부적 추진력을 부여한다. 왜냐하면 누적적 원인의 피드백 메커니즘은 대체로 정부의 영향력 밖에 있기 때문이다.

둘째, 이주 수용국에서 실업률이 증가하거나 장기화되더라도 수용국 정부가 국제노동이주의 규모를 줄이거나 이전에 이주노동자들이 담당했던 일자리에 국내 노동자들을 다시 고용하기는 매우 어렵다고 지적한다. 국내 노동자들의 사회적 가치가 변화하면서 이들이 '이민자 직업'의 선택을 거부하게 되고, 이는 곧 더 많은 수의 이주노동자를 보유하거나 채용해야 하는 필요성을 증가시킨다.

셋째, 어떤 직업(군)에 이민자들이 집중되는 경우 '이민자 직업'이라는 사회적 꼬리표(social labelling)가 붙게 된다. 이러한 직업의 특성이 무엇이든지 간에 일단 해당 직업에 상당한 수의 이민자들이 고용되게 되면, 같은 직업적 범주에 국내 노동자들을 다시 고용하는 것은 어렵게 된다는 것이다.

3) 이론의 실증분석 사례: 멕시코 이주자들의 미국으로의 이주 양상

멕시코 이민자들의 미국으로의 이주는 주로 경제적 관점에 의해 분석·해석되고 있다. 예를 들어, 에쉬바흐 외(Eschbach et al., 1999)의 연구는 미국과 멕시코 사이의 국경을 넘을 때 발생할 수 있는 죽음의 위험이 불법이주자들의 국경을 넘는 행위를 얼마만큼 억제하는지를 평가하였다. 또한 혼다뉴-소텔로(Hondagneu-Sotelo, 1994)의 연구는 멕시코 이주자들이 국제이주의 비용을 추정하는데 이주의 비용(과 위험)뿐 아니라 미국에서의 생활비용(예: 주거, 식료품, 의료, 교통 등)까지 고려한다고 주장한다.

그러나 바흐마이어(Bachmeier, 2013)의 연구에 따르면, 멕시코 이주자들의 국제이주 양상을 설명하는데 이주자 연결망과 이의 성숙도(maturity) 역시 중요한 기준일 수 있다. 다시 말해, 이주의 역동성은 이주 목적지 내의 멕시코 공동체의 성숙도에 크게 영향을 받는다는 것이다.

예를 들어, 1990년대 후반 멕시코 이주자들의 미국으로의 이주 양상을 살펴보면, 멕시코 이주자들이 새롭게 정착하게 된 지역과 오래전부터 정착하고 있던 지역 등 두 가지 흐름으로 구분되었다. 전자의 경우, 국제이주에 관한 경제적 설명들과 같이, 해당 지역의 노동시장과 주택시장 조건이 이주지역 선정의 핵심 기준으로 작용하였다. 그러나 후자의 경우 지역 노동시장과 주택시장이 이미 포화상태에 이르렀음에도 불구하고, 해당 지역에 형성된 멕시코 공동체의 성숙이 멕시코 이주자들의 지속적인 유입을 발생시키는 요인으로 작용하였다.

3 인구학적 접근법

1) 이론적 배경 및 주요 특징

최근 인구학자들은 어떤 인구학적 변수들의 변화가 다른 인구학적 변수들의 변화에 어떠한 영향을 미치는지를 설명하기 위한 이론적 관점을 개발하였다(Bean & Brown, 2015). 예를 들어, 소위 첫 번째 인구학적 이행(first demographic transition)에 관한 이론은 사망률의 감소가 출산율의 감소로 이어진다는 사실을 설명하기 위해 제시되었다. 이는 한 가족 내 아이들의 수가 많을수록 상속에 대한 압박이 더 커지기 때문에 더 작은 수의 아이들을 선호한다는 것이다.

이와 유사하게, 두 번째 인구학적 전환(second demographic transition)에 관한 이론은 출산율의 감소가 결혼 결정과 성적 행동의 변화를 야기하는 사실에 주목하는데, 이는 앞선 첫 번째 인구학적 이행과 연관된다. 출산율의 감소로 인해 가족 규모가 작아지고, 작아진 규모의 가족들에서 개인주의 문화적 성향이 강해진다는 것을 강조한다.

국제이주에 관한 최근의 인구학적 설명 중 하나는 인구대체 출산율(replacement fertility rate) 이하의 출산율이 저출산 국가(주로, 경제적 선진국)로의 이주 증가를 야기할 수 있다는 주장이다(Coleman, 2006). 많은 인구학자가 미국의 사례를 통해 인구대체 출생율과 베이비붐 세대(baby boomers)의 고령화, 그리고 사회 전반의 교육 수준 향상 등과 같은 요인들의 복합적인 결과로 저숙련 생산가능인구(working-age population)가 감소하고 저숙련 노동력의 공백 현상이 나타나게 되었고, 이는 곧 이민자의 증가로 이어지게 되었다는 점을 주장한다.

요약하자면, 인구학적 접근법은 후기산업사회에서의 인구학적, 경제적 양상의 변화에 주목한다. 이러한 변화들이 저숙련 직업들을 선택하는 국내 노동자들의 감소로 이어지고, 그러한 직업군들은 저숙련 이주노동자들에 의해 채워지고, 이는 결국 이주 수용국의 인종 및 연령 구성을 변화시키게 된다는 점을 강조한다.

2) 이론의 실증분석 사례: 미국의 저숙련 노동자 수요에 따른 국제이주

전 세계의 많은 선진국이 인구대체 출산율 이하로의 출산율 감소를 겪고 있으며, 이들 국가의 베이비붐 세대 상당수가 은퇴하기 시작하였다. 이에 따라 최근의 많은 연구가 이러한 인구학적 변화의 함의를 본국 태생 인구의 교육 수준 향상, 본토 태생 저숙련 생산가능인구의 공백 등의 맥락에서 살펴보고 있다.

예를 들어, 빈 외(Bean et al., 2014)의 연구에 따르면, 미국은 2010년에 비해 2030년까지 본토 태생의 저숙련 생산인구가 1,200만 명 이상 줄어들 것으로 예측된다. 초기 이민자 출신 아이들이 성장해서 미국의 저숙련 생산가능인구에 포함되지 않았다면, 해당 수치는 더욱 커질 수 있을 것이다. 향후 예상되는 저숙련 노동력 수요가 최소한 현재 수준 혹은 그 이상이 될 것이라는 점과 저숙련 일자리의 대부분이 기계로 대체하기 어려운 서비스직이라는 점을 고려했을 때, 미국을 비롯한 서구 선진국들에서 더 많은 수의 저학력 이주민에 대한 '흡인(pull)'이 지속될 가능성이 매우 높아 보인다.

제5절 국제이주이론 평가

1 경제적 설명의 한계

왜 국제이주가 발생 · 지속하는가에 대한 가장 보편적 · 대중적 설명은 바로 경제학적 관점에 기초한 접근법이라고 할 수 있다.[7] 즉, 이주자들이 그들의 효용을 극대

7) 국제이주에 관한 구조 · 제도적 설명들이나 사회 · 문화적 설명들 역시 이러한 경제적 관점에 대한 비판에서 비롯된 측면이 있다(이충훈, 2007).

화하거나 그들의 가족 또는 공동체의 경제적 위험을 최소화하기 위해 스스로 국제이주를 선택했다는 주장이다. 그러나 신고전주의 거시·미시경제학이나 국제이주의 신경제론 등과 같은 경제적 설명은 다음의 네 가지 측면에서 한계점을 가지고 있다(김용찬, 2006; 이충훈, 2007; Massey et al., 1998).

첫째, 국제이주에 대한 경제적 설명은 완전경쟁시장을 가정하기 때문에, 현실의 국제이주 현상을 적실성 있게 분석하는 데 어려움이 있을 수밖에 없다. 국제이주에 관한 최근 연구들은 이주자 개인의 경제적, 사회적, 지적 자본의 수준과 국제이주의 능력, 기회, 가능성이 정비례함을 주장한다. 이러한 주장은 이주자 대부분에게 국제이주 노동시장은 완전경쟁시장이 아닌 불완전시장 또는 제한적인 시장이라는 점을 보여주는 것이라 할 수 있다.

둘째, 국제이주에 대한 경제적 설명은 서구 선진국(주로, 미국이나 서구 유럽 국가들)의 시각에서 이주노동자들의 이동 현상을 분석한 사례들이 많기 때문에, 여타 국제이주 사례들을 설명하는 데 한계가 있을 수 있다. 특히, 개인 또는 가족(공동체)의 국제이주 의사결정 이면에 존재하는 국제(노동)이주와 관련한 구조·제도적 요인들과 역사적 맥락들에 대한 고려가 부족하다는 점을 지적할 수 있다.

예를 들어, 경제적으로 낙후된 모든 국가가 아닌 특정 개발도상국들에서만 선진국으로의 이주 현상이 두드러지게 발생하고 있는 사실과 국제이주흐름이 특정 선진국들에 집중되고 있다는 사실, 그리고 여전히 사회경제적 저성장과 불평등이 지속되고 있는 본국(송출국)으로 다시 귀환하고자 하는 이주자들의 사례 등은 경제적 관점에서 쉽게 설명될 수 없다. 보다 구체적으로, 왜 알제리계 이주자들은 프랑스에 집중되어 있는 반면에, 터키계 이주자들은 독일에 집중되어 있는가? 반대로 말하면, 왜 알제리계 이주자들은 독일로 이주하지 않고, 터키계 이주자들은 프랑스로 이주하지 않는가? 경제적 가정만으로 이에 대한 설득력 있는 설명을 제시하기란 쉽지 않다.

셋째, 경제적 설명은 국제이주의 지속성을 설명하는 데 분명한 한계를 보인다. 특히, 국제이주의 초기 단계에서 존재하는 경제적 유인이나 저숙련-저임금 노동력의 수요가 현저히 감소하거나 부재한 상황에도 여전히 국제이주가 지속되는 현상에 대해서도 충분한 설명을 발견하기 어렵다. 여기에는 사회·문화적 차원에서의 이주자 연결망의 역할과 중요성 등이 함께 논의되어야 할 측면이 있다.

넷째, 국제이주흐름을 통제·제한하는 국가나 정부의 역할을 간과한 측면이 있다.

경제적 설명은 이주자 개인이나 가족(공동체)을 합리적 행위자로 전제하고, 이들의 의사결정에 따라 국제이주흐름이 발생하는 것으로 가정한다. 그러나 실제 국제이주 과정에서 이주자의 선택과 결정은 이주 수용국 정부의 정책변화에 좌우되는 모습을 쉽게 발견할 수 있다.

예를 들어, 1970년대 중반 독일의 이민정책 변화를 살펴보면, 이주노동자에 대한 고용제한 조치는 이주노동자들의 감소로 이어진 반면에, 가족 재결합(family reunification)의 허용 조치는 이주노동자 가족들의 이주가 증가하는 결과로 나타났다. 따라서 국제이주흐름에 영향을 미치는 또 다른 행위자로서의 국가와 정부, 그리고 정책의 영향력 등도 고려되어야 할 것이다.

2 구조 · 제도적 설명의 한계

분절적 노동시장론이나 세계체제론 등과 같은 구조 · 제도적 설명은 국제이주 현상을 이주자 개인이나 가족(공동체)의 선택이 아닌 이주 수용국의 경제적 맥락 또는 세계 자본주의 경제체계 등과 같은 구조적, 제도적 요인들 차원에서 설명하고자 하였다. 국제이주의 역사를 살펴보면, 제2차 세계대전 이후 서구 유럽 국가들 또는 중동 국가들, 그리고 신흥경제국들(일본, 한국 등)로의 국제이주는 국내 저숙련 노동력의 수요를 충족하기 위한 일종의 초청노동자제도(guest worker program)에 의해 시작되었다. 이러한 사실을 고려했을 때, 국제이주에 대한 구조 · 제도적 접근법은 상당히 설득력 있는 것으로 보임에도 불구하고, 다음의 세 가지 측면에서 한계점을 가지고 있다(김용찬, 2006; 이충훈, 2007; Massey et al., 1998).

첫째, 세계경제의 구조적 맥락에 대한 강조 속에서 소위 중심부 국가들, 즉 이주 수용국 간의 변이(variation)를 설명하는 데 한계를 보인다. 국제이주의 기원(원인)이 무엇인지와 관계없이 대부분의 중심부 국가는 현재 다인종 · 다민족 사회를 구성하고 있다. 그러나 이들 국가 내에 거주하는 이주배경 인구를 살펴보면, 국가 간의 인종적 · 문화적 구성에 편차가 있음을 발견할 수 있다.

앞서 살펴본 경제적 설명과 마찬가지로, 구조 · 제도적 설명 역시 프랑스의 알제리계 이주자들, 독일의 터키계 이주자들 등과 같이 특정 선진국에 특정 이주집단이 집중되어 있는 현상이나 이주 수용국의 특정 직업(군)이 특정 이주집단으로 채워져 있는 현상(예: 필리핀 출신 돌봄 노동자들) 등을 설명하기에는 어려움이 있다. 이에 더해, 중심부 국가들뿐 아니라 주변부 국가들의 변이(예: 왜 일부 개발도상국들은 자국민의 국제이주에 소극적 또는 부정적이었는지 등)에 대해서도 설명할 수 있는 바가 거의 없다.

둘째, 구조 · 제도적 설명, 특히 세계체제론에 따르면, 국가는 자본의 대리인으로 가정된다. 따라서 국가의 역할은 자본주의체제의 세계적 확산을 위해 자본과 상품의 자유로운 이동을 보장하거나 산업예비군을 확보하기 위해 이주노동자를 모집 · 충원하는 등과 같이 다소 제한적으로 규정된다. 그러나 국제이주의 역사를 살펴보면, 국가와 정부가 반드시 자본을 위해 국제노동이주를 촉진한 것으로 보기 어렵다.

예를 들어, 1970년대 독일을 비롯한 서유럽 국가들의 이주노동자 고용에 관한 제한 정책은 구조 · 제도적 차원에서 설명하기 어렵다. 이 때문에, 오히려 국가와 정부, 그리고 이를 둘러싼 정치적 상황에 대한 추가적인 고려가 필요한 것으로 이해할 수 있다.

셋째, 이주 수용국의 노동시장구조나 세계경제의 구조적 맥락에 초점을 주는 접근법만으로 최근 급증하는 개인과 소규모 집단의 이주 현상을 포함한 국제이주의 복잡성을 설명하기에 어려움이 있다. 앞선 경제적 설명들과 마찬가지로, 국제이주의 일부 현상 또는 일부 유형만을 설명할 수 있을 뿐이다.

구조 · 제도적 설명에서 이주자들의 영향력과 중요성은 거의 다루어지지 않았는데, 이주자 개인 또는 이들 간의 연결망이 수용국의 이민정책과 사회경제적 상황 등에 대한 정보를 공유함으로써 송출국과 수용국 간의 국제이주흐름 지속에 중요한 역할을 담당하고 있다는 사실을 부인할 수 없다. 이는 국제이주 과정의 행위자 요인 또한 간과해서는 안 되는 부분임을 실증한다.

3 사회 · 문화적 설명의 한계

이주자 연결망의 영향력에 주목하는 사회자본론이나 국제이주에 의해 발생하는 경제적 · 사회적 · 문화적 변화의 누적을 강조하는 누적적 원인론 등은 앞서 언급한 경제적 접근법이나 구조·제도적 접근법이 설명하지 못하는 국제이주의 지속과 변이 현상을 설명하는 데 적실성을 가지고 있다. 그러나 사회·문화적 설명은 다음의 두 가지 측면에서 한계를 지니고 있다(전형권, 2008; Massey et al., 1998).

첫째, 사회·문화적 설명의 핵심 요소들은 국제이주의 근본적인 또는 일차적인 원인이라기보다 이를 촉진하고 지속시키는 이차적인 원인으로 작용하고 있다는 점에서 국제이주 현상에 대한 설명이 제한적일 수밖에 없다. 또한 실제 이주자 개인이나 이주 수용국의 차원에서 국제이주의 단절이나 축소 결정이 종종 나타남에도 불구하고, 사회·문화적 접근법이 설명하고 있는 국제이주 현상은 대체로 국제이주흐름의 지속이나 확대라는 점을 지적할 필요가 있다. 사회적 자본이나 누적적 원인, 그리고 인구학적 변화 등과 같은 요인들만으로는 이에 대한 충분한 설명이 제시되기 어려운 측면이 있다.

둘째, 사회적 자본론, 누적적 원인론, 인구학적 접근법 모두 앞선 경제적 설명이나 구조·제도적 설명에 비해 이론적 완결성과 간결성이 상당히 부족하다. 국제이주에 관한 하나의 단일한 이론이라기보다 다양한 사회·문화적 요인들의 집합으로 간주되고 있다는 점에서 이들 요인의 형성과 관계, 그리고 국제이주의 발생과 지속에의 작동 메커니즘 등을 규명하는 연구들이 더욱 축적될 필요가 있다.

제6절 결론

이 장은 국제이주의 발생과 지속을 설명하는 다양한 이론들과 관련 실증분석 사례들을 살펴보았다. 그러나 현대 국제이주의 다양한 양상과 흐름 속에서 이들 이론이 결코 상호배타적이지 않다는 점을 강조할 필요가 있다(Massey et al., 1998).

예를 들어, 이주자 개인은 국제이주의 비용편익계산을 시도할 것이며, 가구 또는 공동체는 자신들의 자본과 신용의 한계를 극복하고 경제적 위험을 최소화하고자 할 것이다. 또한 국제이주에 관한 개인이나 가구의 의사결정이 이루어지는 사회경제적 맥락은 이주 송출국과 수용국, 또는 국제적 수준의 구조적 요인들에 의해 결정될 것이다.

이러한 관점에서 캐슬 외(Castles et al., 2014) 역시 국제이주의 전 과정을 종합적·총체적으로 파악하기 위해서 국제이주의 거시구조와 미시구조를 함께 고려해야 한다고 주장한다. 국제이주의 거시구조로는 세계시장의 경제관계, 국제(정치)관계, 그리고 이주 송출국과 수용국 차원의 정치경제적 맥락 등을 고려할 수 있으며, 미시구조에는 이주자 개인의 선호와 선택, 인종적·문화적 공동체, 이주자 연결망 등이 포함된다.

따라서 국제이주 현상을 이해·설명하는 데 이분법적 접근법은 지양하는 것이 바람직할 것이다. 다시 말해, 개인의 선택에 대한 구조적 제약의 영향력을 부정하는 원자론적(atomistic) 이론이나 개인과 가구 차원의 의사결정의 중요성을 간과하는 구조 중심의 이론 모두 지양할 필요가 있다.

참고문헌

김용찬(2006). 국제이주분석과 이주체계접근법의 적용에 관한 연구. 『국제지역연구』, 10(3): 81-107.

김종일 · 이상철 · 이종구 · 설동훈(1995). 한국의 외국인 노동자 정책과 지원운동. 『경제와사회』, 28: 77-100.

설진배 · 김소희 · 송은희(2013). 결혼이주여성의 사회적 연결망과 초국가적 정체성: 한국생활 적응과정을 중심으로. 『아태연구』, 20(3): 229-260.

이충훈(2007). 국제 이주 노동의 정치경제학: 미국을 중심으로. 『시민사회와 NGO』, 5(1): 91-141.

전형권(2008). 국제이주에 대한 이론적 재검토: 디아스포라 현상의 통합모형 접근. 『한국동북아논총』, (49): 259-284.

전형권 · 이소영(2013). 국제결혼이주자들의 사회적 연결망과 초국가성: 광주 · 전남지역 여성 결혼이민자 사례를 중심으로. 『한국동북아논총』, (68): 205-232.

Bachmeier, J. D.(2013). Cumulative Causation, Coethnic Settlement Maturity and Mexican Immigration to US Metropolitan Areas, 1995~2000. *Social Forces*, 91(4): 1293-1317.

Bean, F. D., & Brown, S. K.(2015). Demographic analyses of immigration. In C. B. Brettell & J. F. Hollifield(Eds.), *Migration Theory: Taking Across Disciplines*, 67-89. New York: Routledge.

Bean, F. D., Brown, S. K., Bachmeier, J. D., Van Hook, J. L., & Leach, M. A.(2014). Unauthorized Mexican migration and the socioeconomic integration of Mexican Americans. In *Diversity and Disparities: America Enters A New Century*, 341-374. Russell Sage Foundation.

Beine, M., Docquier, F., & Rapoport, H.(2001). Brain drain and economic growth: theory and evidence. *Journal of Development Economics*, 64(1): 275-289.

Borjas, G. J.(1990). *Friends or strangers: The impact of immigrants on the US economy*: Basic Books.

Castells, M.(1989). *The informational city: Information technology, economic restructuring, and the urban-regional process*. Blackwell Oxford.

Castles, S., de Haas, H., & Miller, M. J.(2014). *The Age of Migration: International Population Movements in the Modern World*(5th ed.). New York: The Guilford Press, A Division of Guilford Publication, Inc.

Coleman, D.(2006). Immigration and ethnic change in low-fertility countries: A third demographic transition. *Population and Development Review*, 401-446.

Eschbach, K., Hagan, J., Rodriguez, N., Hernandez-Leon, R., & Bailey, S.(1999). Death at the Border. *International Migration Review*, 33(2): 430-454.

Grasmuck, S., & Pessar, P. R.(1991). *Between two islands: Dominican international migration*: Univ of California Press.

Hagan, J. M.(1994). *Deciding to be legal: A Maya community in Houston*. Temple University Press.

Haque, N. U., & Kim, S. J.(1995). "Human capital flight": Impact of migration on income and growth. *IMF Staff Papers*, 42(3): 577-607.

Hondagneu-Sotelo, P.(1994). *Gendered transitions: Mexican experiences of immigration*. Univ of California Press.

Lee, H. K.(1997). The employment of foreign workers in Korea: Issues and policy suggestion. *International Sociology*, 12(3): 353-371.

Massey, D. S.(1999). Why does immigration occur?: a theoretical synthesis. In D. Hirschman, P. Kasinitz, & J. DeWind(Eds.), *The Handbook of International Migration: The American Experience*, 34-52. New York: Russell Saga Foundation.

Massey, D. S., Arango, J., Hugo, G., Kouaouci, A., Peregrino, A., & Taylor, J. E.(1998). *Worlds in Motion: Understanding International Migration at the End of the Millenium*. Oxford: Clarendon Press.

Massey, D. S., & Taylor, J. E.(2004). *International migration: Prospects and policies in a global market*. OUP Oxford.

Piore, M. J.(1979). *Birds of passage: Migrant labor and industrial societies*. New York: Cambridge University Press.

Sassen, S.(1988). *The mobility of labor and capital: a study in international investment and labor flow*. Cambridge: Cambridge University.

Sassen, S.(1991). *The Global City: New York, London, and Tokyo*. Princeton, NJ: Princeton University Press.

Sassen, S.(2007). Reading the city in a global digital age: The limits of topographic representation. In P. Taylor, B. Derudder, P. Saey, & F. Witlox(Eds.), *Cities in Globalization: Practices, Policies and Theories*, 231-248. New York: Routledge.

Stark, O.(1991). *The migration of labour*. Cambridge: Basil Blackwell.

Stark, O., & Bloom, D. E.(1985). The new economics of labor migration. *The Dmerican Economic Review*, 75(2): 173-178.

Taylor, J. E.(1999). The new economics of labour migration and the role of remittances in the migration process, *International Migration*, 37(1): 63-88.

Taylor, J. E.(2004). Remittances, savings, and development in migrant-sending areas. In D. S. Massey & J. E. Taylor(Eds.), *International migration: Prospects and policies in a global market*, 157-173. Oxford: Oxford University.

Todaro, M. P., & Maruszko, L.(1987). Illegal migration and US immigration reform: A conceptual framework. *Population and Development Review*, 101-114.

CHAPTER 03

인구문제와 이민

이향수

제1절 서론

통계청의 2024년 1월 고용동향을 보면, 70세 이상 경제활동참가율은 28.3%로서 거의 30%에 육박하는 수치를 보이고 있다. 10명 중 3명은 일을 하고 있다는 것이다. 한국은 고령화의 충격이 가속화되고있다. 1955년부터 1963년 사이에 태어난 1차 베이비부머는 지난해 모두 60세를 넘겼다. 이들이 줄줄이 70세가 된다. 이들 상당수는 그 후에도 일자리를 드나들 가능성이 크다(중앙일보, 2024년 2월 20일). 반면, 출산율은 계속 떨어지고 있다. 이제는 출산율을 늘리기 위한 논의는 의미없으니 '축소사회' 혹은 '축소경제'에 적응해야 하는 것이 아니냐는 논쟁을 하기에 이르렀다.

고령화 · 저출산 문제가 심화하면서 노동력의 고령화 역시 빠르게 진행되고 있다. 노동자의 연령이 노동의 한계생산과 상관관계가 높다고 볼 때 노동력 고령화는 노동력의 저하와 노동의 질이 하향하는 결과를 가지고 오게 될 것이다. 또한 노동력 고령화는, 특히 지역소멸 이슈와 맞물려 지역경제의 성장과 산업구조의 변화에도 큰 영향을 미칠 수 있다.

인구감소 문제를 해결하기 위한 대안으로서 이민은 현대사회에서 중요한 사회경제적 이슈로 부상하고 있다. 전 세계적으로 저출산과 고령화로 인구구조가 변화하고 있으며, 이러한 변화는 다양한 사회적, 경제적 영역에 영향을 미치고 있다. 특히, 경제활동인구의 감소로 인한 생산성 저하, 사회복지 부담 증가, 그리고 인력난 등의 문제가 대두되고 있다.

이민은 인구구조의 변화와 함께 다양한 형태로 나타나고 있다. 글로벌 경제화와 정보화의 발전으로 인해 이민은 더욱 증가하는 추세를 보이며, 이민자들은 각기 다른 이유와 목적을 갖고 다양한 국가로 이동하고 있다. 이민은 종종 "인재유출" 또는 "인재유입"이라는 용어와 함께 사용되며, 이는 인재와 능력이 국가 간 이동으로 인한 혜택이나 손실을 의미한다. 이러한 맥락에서, 이 장은 인구문제와 이민의 상호작용에 주목하여, 현대사회의 인구구조 변화가 경제와 사회에 미치는 영향을 살펴보고자 한다. 이를 통해 인구문제와 이민 현상의 본질을 이해하고, 정책적 대응책을 모색함으로써 미래 한국사회의 지속가능한 발전을 모색하고자 한다.

제2절 저출산, 고령화, 그리고 인구감소

최근 들어 우리 사회는 세 가지 딜레마에 직면해 있다. 바로 저출산, 고령화, 그리고 이로 인한 인구감소 문제이다. 인구감소로 인한 파급효과도 커서 이러한 현상들은 다양한 측면에서 사회와 경제에 영향을 미치며, 장기적으로 국가적인 경쟁력에도 영향을 미치게 된다.

인구감소는 주로 출생률의 감소와 사망률의 상승에 기인한다. 출산율의 하락은 여러 요인에 기인할 수 있는데, 이는 사회 · 경제적 변화, 여성의 사회적 역할 변화, 고용과 가족 계획에 대한 태도 변화 등 다양한 요인에 의해 영향을 받고 있다. 인구감소는 경제적으로 생산력의 감소, 소비의 감소, 사회복지 부담 증가 등의 문제를 야기할 수 있다. 또한 인구감소는 사회구조에도 영향을 미칠 수 있으며, 이는 경제활동인구의 감소와 노동시장의 변화를 초래할 수 있다. 즉, 사회적 생산성의 저하를 초대할 수 있다는 점에서 저출산 및 고령화로 인한 인구감소가 시사하는 바가 크다 할 것이다.

1 저출산과 고령화 현황

우리나라의 합계출산율은 1984년 인구대체 수준(2.0) 미만(1.74)으로 떨어진 후 지속적인 하락세를 보여 2005년에는 1.08까지 하락하였다. 그 이후 다소 증가추세를 보였으나 2015년 현재 1.24에 그친 상황이고, 2024년 현재 합계출산율은 0.72명을 기록하고 있다.

고령화는 인구의 연령구조에서 고령인구비율의 증가를 의미하며, 평균수명이 증가하면서 고령화가 진행되게 된다. 우리나라에서는 65세 이상을 고령인구로 정의하고 있다. 고령화는 경제적으로 노동력의 감소와 함께 노동시장과 사회보장체계에 부담을

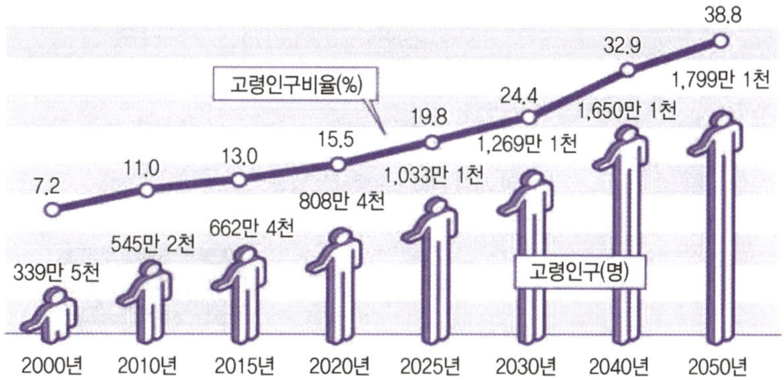

자료: 통계청(2023.9).

그림 3-1 우리나라 인구고령화 추이 및 전망

가할 수 있으며, 의료 및 복지 서비스의 수요 증가와 함께 사회적 연대의 변화를 초래할 수 있다.

[그림 3-1]에서 보듯이 통계청 자료에 의하면, 노인가구가 2025년에는 1,000만 명을 넘고 2050년에는 1,800만여 명에 육박할 것으로 예상된다. 전남(25.5%), 경북(23.9%), 전북(23.4%), 강원(23.3%), 부산(22.2%), 충남(20.4%) 등 6개 광역시·도는 2023년 기준으로 초고령사회에 이미 진입했다고 할 수 있으며, 2028년에는 세종(13.4%)을 제외한 전국 모든 지역이 초고령사회가 될 전망이다(한국경제, 2023.9.26).

인구가 감소하고 고령화 속도가 빨라지면서 지역의 경제, 특히 지역의 상권이 붕괴되고 있다. 또한 복지와 공공서비스 제공의 어려움으로 인한 지방재정의 부담으로 지역 공동체의 존립이 어려워지고 있으며, 이는 다시 지역의 인구유출로 이어지고 있다. 특히, 청년인구의 유출은 지방의 소멸 가능성을 높이고 있다. 이러한 상황에서 정부는 기업유치를 위한 종합적인 대책을 마련하고, 비수도권 지역 내 사회적 인구유출 완화를 위한 청년 유입 및 정착을 지원할 방안을 모색하고는 있으나 그동안의 지역의 인구유치 전략은 대부분 성공적이지 못했다. 지방소멸 위기에 대비하기 위해서는 장기적 관점에서 지방자치단체가 자족성과 경쟁력을 확보할 수 있도록 하는 대안이 필요하며, 광역뿐만 아니라 기초자치단체 수준에서도 인구유입에 대한 새로운 접근이 필요한 시점이라고 할 수 있다. 특히, 외국에서의 이주민 유입은 인구유출에 대한 새

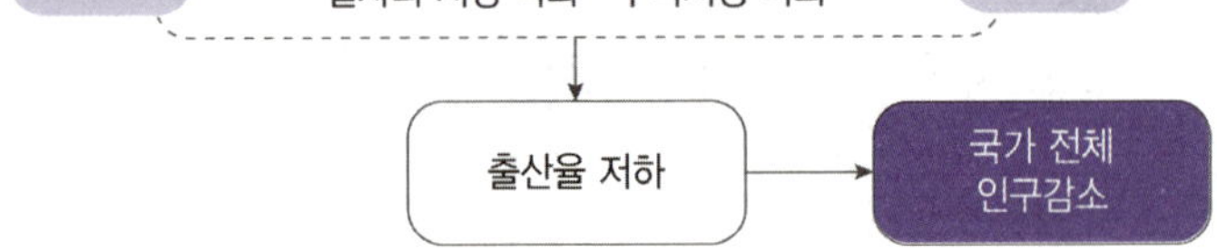

자료: 지방행정연구원(2021.11: 4).

그림 3-2 지방소멸과 국가인구와 지역경제 악화모형

로운 대안이 될 수 있다.

[그림 3-2]에서 보듯이 수도권의 경우 지방에서 빠져나간 인구들이 유입되어 수도권 집중현상이 가속화되고 있다. 이로 인한 지방의 인구유출과 지방 노동력의 고령화 문제는 일자리, 문화, 복지 등 다양한 분야에 영향을 미치게 된다.

2 저출산, 고령화와 지역경제

저출산과 고령화는 인구구조의 변화를 불러오며, 이는 생산가능인구 감소로 이어진다. 경제학적 관점에서 인구와 자본은 경제성장을 위한 기본적인 요소이다. 인구는 노동력을 공급하고 생산된 제품을 소비하는 수요를 조절하므로, 인구의 양과 질이 경제성장에 큰 영향을 미친다(국회예산정책처, 2018). 반대로 저출산과 고령화로 인해 인구가 급격히 감소하면, 노동력 공급과 소비 수요가 함께 줄어들어 경제성장에 부정적인 영향을 미칠 가능성이 높아진다(김범수 외, 2018). 생산가능인구 감소로 인한 가장 큰 문제는 노동력의 부족이다. 노동력이 줄면 상대적으로 자본의 비중이 높아지고 한계생산성이 낮아지기 때문에 투자도 감소하게 된다. 또한 노동시장 참여자 수가 줄어들면 노동소득이 직접적으로 감소하고, 이는 소득 감소와 저축률 감소로 이어진다. 소득 감소는 소비에 큰 영향을 미치며, 미래 소득이 현재 소비에 영향을 미치는 '생애주기가설(Life Cycle Hypothesis)'에서도 이를 확인할 수 있다(Modigliani, 1986). 이러한 소비와 투자 감소, 자본 축적의 저하는 국내 총생산의 감소와 대외 경쟁력 약화 등 국가의 성장 둔화 가능성을 높인다. 이는 중장기적으로 경제에 부정적인 영향을 미치며 경제 운용 패러다임을 크게 변화시킬 수 있다(김원규・황원식, 2021). 또한 사회적 측면에서는 연령 간 세대 갈등, 대학 의존도 위기, 병력자원 감소, 지방 도시의 인구감소, 부동산 가격 변동, 인력 부족으로 인한 산업구조 조정 등이 발생할 가능성이 크다. 이러한 결과는 후속 세대에게 비관적인 전망을 제공하여 악순환을 반복할 수 있다. 생산가능인구 감소로 인한 사회 및 경제적 문제는 즉각적으로 대응해야 할 중요한 과제이다. 이를 선제적으로 대비하기 위한 체계적인 준비가 필요한 시점이다(박준우・여찬구, 2021).

맘버그(Malmberg, 2005)는 산업별 데이터를 활용하여 노동연령과 노동생산성과의 관계에 대한 연구를 진행하였으며, 그 결과 노동연령과 경제성장 간 상관관계가 있음을 밝혀냈다. 해외연구들에 의하면 고령화된 노동력이 경제성장을 둔화시킨다는 결과를 도출하고 있다. 탕 외(Tang et al., 2006)의 연구에서는 캐나다 10개 지역의 패널 통계를 활용하여 고령화된 노동력과 노동생산성 간에는 부정적 상관관계가 있음을 보여주고 있다. 아시아지역을 대상으로 한 연구에서도 유사한 결론을 도출하고 있다. 중국을 대상으로 한 펭(Peng, 2008)의 연구에서도 고령화는 노동생산성을 감소시킨다는 실증적인 분석결과를 도출하였다. 우리나라를 대상으로 한 연구에서도 비슷한 결과들을 도출하고 있다. 수도권과 비수도권 지역으로 구분하여 노동력 고령화가 지역의 경제성장에 부정적인(−) 영향을 미치고 있음을 밝혀낸 연구(김의준, 2011; 이영성, 2008)들이 있다. 또한 정용훈 외(2020)는 1995~2017년의 지역별 패널통계를 이용하여 노동력 고령화가 지역경제성과에 미치는 영향을 분석하였는데, 지방도시 노동력의 고령화가 지역의 인적 지본 취업비중과 1인당 지역총생산에 미치는 효과를 분석하였다. 그 결과 노동력 고령화가 노동생산성에 부정적인 영향을 미친다는 기존 연구들과 비슷한 결과를 도출하였다.

위와 같이 다수의 연구들의 결과를 보면, 저출산 및 고령화로 인해 지역경제에 대단히 부정적인 영향을 주고 있음을 알 수 있다. 따라서 우리는 고령화된 노동력의 생산성이 저하되지 않도록 하는 대책이 절실하다.

2024년 현재 대한민국의 총 인구는 51,751,065명이다. 이 중 남성과 여성의 비율은 거의 균등하며, 중위 연령은 46.1세이다. 유소년인구(0~14세)는 10.6%, 생산연령인구(15~64세)는 70.2%, 고령인구(65세 이상)는 19.2%의 구조를 보이고 있다. 또한 총부양비는 생산연령인구 100명당 유소년 15.1명과 노년 27.4명으로 전체 인구의 42.5%를 차지하며, 노령화지수는 118.5이다.

한편, 현재의 인구구조로 볼 때, 2036년에는 인구가 36,222,293명으로 줄어들 것으로 예상되며, 2026년의 인구분포는 유소년인구(0~14세)는 6.6%, 생산연령인구(15~64세)는 45.8%, 고령인구(65세 이상)는 47.7%의 분포를 보일 것으로 예상된다. 총부양비는 생산연령인구 100명당 유소년 14.3명과 노년 104.2명으로 전체 인구의 118.5%를 차지하며, 노령화지수는 726.8로 기대된다(https://kosis.kr/visual/populationKorea). 이처럼 한국은 생산가능인구인 15세부터 64세 사이의 인구보다 65세 이상 인구 비율이 더 커짐으로써 초고령화 사회로 점점 변화해 갈 것이 예상된다.

제3절 한국의 인구유입과 이민정책

1 인구유입과 인구유출

한국의 인구 변동은 여러 가지 측면에서 유례없는 양상을 띠고 있다. 이에 정부는 2006년부터 범부처 종합 대응 5개년 계획인 저출산·고령사회기본계획을 수립하였고, 2024년 현재는 제4차 저출산·고령사회기본계획이 추진되고 있다. 2024년에는 이러한 정책 추진 방향을 토대로 제4차 저출산·고령사회기본계획 수정본이 제시될 예정이다. 이를 통해 결혼, 출산, 양육이 행복한 선택이 될 수 있도록 하는 저출산 대응 정책과 지속가능한 사회 기반을 구축하여 세대가 공존하며 초고령화 사회에 적응할 수 있는 정책을 체계적으로 마련해야 할 것이다. 또한 인구피라미드를 통해 성별과 연령별 인구구조를 파악하고, 인구구조 변화에 대한 정책분야별 대응방안을 마련하는 노력이 필요하다.

인구유입과 유출은 '이민'과 '이주'의 형태로 나타날 수 있는데, 이민은 외국에서 영구적이거나 오랜 기간 살 의도로 국가의 경계를 넘는 인구 이동을 말한다. 이민은 경제적 선진국들이 노동력을 확보하기 위한 일환으로 시작했으며, 우리나라도 경제성장과 함께 1980년대 후반을 기점으로 이민자들을 유출하는 국가에서 이민을 수용하는 국가로 변화했다. 특히, 결혼이민자 비중이 크게 늘었으며, 2022년 현재 외국인 거주자가 전체 인구의 4.3%를 차지하고 있다. 외국인주민 중 80.2%는 외국 국적을 보유한 사람이며, 8.4%는 혼인 및 귀화 등으로 한국 국적을 취득한 사람이고, 11.4%는 출생과 동시에 한국 국적을 가진 외국인주민의 자녀이다.

'이민'과 '이주'는 종종 혼용되는데 둘 사이에는 의미상 차이가 있다. 이민이 국가의 경계를 넘는 인구 이동인 국제이주인 반면, 이주는 이민보다 포괄적인 의미로 국외뿐만 아니라 국내에서 단기체류나 영구 정착을 위해 거주지를 변경하는 모든 형태의 이동을 가리킨다. 국제연합(United Nations)은 3개월 이상 삶의 근거지를 다른 나라로 옮기는 것을 이민으로 정의한다(https://encykorea.aks.ac.kr/Article). 1960년대에 시작된 현대적 이주는 과거의 이주와는 확연히 다른 양상을 보였다. 이때부터 국제이주는 소수의 유럽 국가들에 제한되지 않고 아시아, 아프리카, 남미 등 전 지구적 현상이 되었다. 그리고 과거에는 유럽 국가들이 주요 송출국이었으나 이때부터는 아시아, 아프리카, 남미의 개발도상국들이 대다수의 이민자들을 송출했다. 그리고 전통적인 이민 수용국이었던 미국, 캐나다, 호주, 뉴질랜드, 아르헨티나뿐만 아니라 독일, 프랑스, 벨기에, 스위스, 스웨덴, 네덜란드 등의 유럽 국가들이 이민자를 받아들이기 시작했다. 1970년부터는 전통적인 이민자 유출국이었던 이탈리아, 스페인, 포르투갈이 이민 유입국으로 변화했다. 그리고 1973년 오일 쇼크 이후 고유가로 고속의 경제성장을 시작한 중동 산유국들이 건설 및 가사노동자들을 대량 유입하기 시작했다. 1980년대에 들어서는 아시아 국가들로 국제이주가 확대되어 일본 외에도 한국, 대만, 홍콩, 싱가포르 등이 경제성장을 이루면서 부족해진 노동력을 외국인 이주노동자로 충원하기 시작하면서 이민 유입국으로 변모했다. 1990년대에 들어서면 중동으로 향했던 노동이주가 아시아로 방향을 바꾼다. 그 주된 이유는 1991년에 발발한 걸프전쟁, 중동 인프라 건설사업의 종료, 동아시아와 동남아시아의 경제성장이었다. 그 결과 1997년에 해외로 유출된 인도네시아 노동자들의 75%는 아시아·태평양 지역으로 이주했고 나머지 25%가 중동으로 향했다. 1996년에 태국은 18만 5,436명의 노동자들을 해외로 유출했는데, 이들 중 87%가 아시아로, 12%는 중동으로 향했다. 이 시기에 한국은 낮은 인구성장률과 높은 경제성장률로 내국인들이 해외로 이주하기보다 외국인들이 일자리를 찾아 한국으로 이주하는 노동 유입국으로 변모했다.

반면, 한국을 떠나 외국으로 이동하는 재외동포 인구도 지속적으로 증가하고 있다. 그만큼 한국의 인구유출이 증가하고 있다는 의미이다. 국가통계포털(KOSIS)의 통계에 의하면, 1993년 4,943,590명에서 2021년에는 7,325,143명으로 거의 두 배에 육박하는 인구가 해외로 유출되고 있다. 최근의 통계에 따르면, 한국인들이 가장 많이 이민하는 국가 중 하나는 미국이다. 2024년 현재 몇 년 동안은 코로나 시국과 경제적 침체로 인해 한국인, 재외동포의 수가 줄었지만 미국은 여전히 인기 있는 이민지이다.

2 한국의 인구유입과 인구유출

현대적 의미의 한국의 이민은 1962년 한국정부가 이민정책을 수립하고 정착을 목적으로 이민을 국가 차원에서 장려하면서 시작되었다. 1962년에 한국정부는 남미, 서유럽, 중동, 북미 국가들과 계약을 맺고 집단이민을 시작했다. 이 당시 이민정책의 주요 목표는 잉여인구를 외국으로 내보냄으로써 인구압력을 줄이고 해외에서 일하고 사는 동포들이 송금하는 외화를 벌기 위한 것이었다.

한국인의 해외이주는 1965년 미국이 이민법을 개정하면서 성장기를 맞이하였다. 미국은 그 이전까지는 유럽계 이민자들을 선호하고 아시아, 아프리카, 중남미 이민자들은 배척하였으나, 냉전 시기에 인종적으로 배타적인 이민정책을 유지하기 어렵게 되었고, 경제성장을 위해 비유럽계 이민자들도 받아들이기 시작하였다. 미국의 이민법 개정을 따라서 캐나다, 호주 등도 이민법을 개정하여 비유럽계 이민자들에게 문호를 개방하기 시작하였다. 당시 한국은 높은 인구밀도 이외에도 고실업과 저소득 때문에 밖으로 인구를 배출하려는 힘이 강했었다. 그리고 당시 미국은 팽창하는 의료 분야와 과학기술 분야에서 외국의 고학력 · 전문직 노동력을 필요로 하였기 때문에 한인이민은 급속도로 증가하였다. 이민의 전성기라고 할 수 있는 1970~1980년대에는 연 3만 명 이상이 미국으로 이민을 가기도 하였다. 그러다가 1988년 서울 올림픽을 계기로 해서 한국의 국제적 위상이 높아지고 모국에서 재외동포의 전문직 · 기술직 노동력에 대한 수요가 커지면서 해외이민이 줄고 오히려 역이민이 증가하기도 하였다. 그 이후로 해외이주는 계속해서 감소추세로 흐르다가 1997년 외환위기를 맞이하게 되면서 새로운 전기를 맞이하게 되었다.

외환위기 이후 구조조정, 정리해고, 명예퇴직 등의 형태로 직장을 잃거나 고용이 불안정하게 되자 보다 안정된 일자리와 높은 삶의 질을 추구해서 해외로 떠나는 사람들의 수가 증가하기 시작하였다. 1990년에는 2만 3,314명이 해외이주를 떠났지만 1995년에는 1만 5,917명으로 줄고, 1997년에는 1만 2,484명으로 더욱 줄어들었다. 그러나 1998년에는 해외이주자가 1만 3,974명으로 증가했고, 1999년에는 1만 2,655명으로 약간 감소했다가, 2000년에는 1만 5,307명으로 다시 증가하였다. 또한 미국으로의 이민기회가 제한되거나 이민수속이 장기화되자 캐나다, 호주, 뉴질랜드와 같이 이주자를 적극적으로 수용하는 국가로 목적지가 변경되고 있다. 또한 캐나다와 멕시코를 경유하여 미국으로 밀입국하거나 단기방문비자를 가지고 입국한 후 장기체류하는 등의 불법체류자들이 증가하였다. 이와 같이 한국인의 해외이주는 아직 끝나지 않은 진행형의 현상이며, 국내 · 외의 사회경제적 변화에 의해 계속해서 영향을 받으면서 그 규모와 특성이 변해갈 것이다.

1998년 이후 해외이주의 유형에는 적지 않은 변화가 일어났다. 우선 이주하는 국가가 바뀌고 있다. 1998년까지는 미국이 해외이주국가로서 1위의 지위를 지켰지만 1999년부터 2003년까지 캐나다에게 밀리고 말았다. 2000년에 미국으로 이주한 사람은 5,244명으로 전체 이주자의 34.4%를 차지하였지만 캐나다로 이주한 사람은 9,295명으로 전체 이주자의 60.6%였다. 이렇게 미국과 캐나다로의 이주자 수가 역전된 것은 캐나다가 자국의 경제발전과 인구성장을 위해서 이민자를 적극적으로 수용하려고 하였기 때문이다. 캐나다 정부는 영주권자나 시민권자의 연고 없이도 본인의 학력, 직업경험, 영어능력 등에 기초해서 이민갈 수 있는 독립이민이나 캐나다에 사업이나 투자를 하려는 사람에게는 사업이민, 투자이민 비자를 미국에 비교해서 보다 자유롭게 발급하였다. 캐나다 말고도 호주, 뉴질랜드 등도 독립이민, 사업 및 투자이민 등의 형태로 한인 이민자들을 유인하고 있어서 영연방 국가들로의 한국인 해외이주가 증가하였다. 그러나 2004년을 시작으로 다시 미국이 해외이주 1순위 국가로 다시 부상하여 여전히 미국으로의 한인 이민은 계속될 전망이다.

또 한 가지의 중요한 변화는 이주형태가 바뀌고 있다. 종전에는 가족 초청 이주가 주된 형태였지만 최근 몇 년 사이 국내 경제의 불안정과 교육 여건에 대한 불만으로 30대 중산층의 이민이 활발해지면서 사업 또는 취업을 목적으로 하는 이주가 증가하고 있다. 이들은 한국사회에서 전문직, 관리직 등에 종사하면서 중산층을 형성하던 사람들이다. 이들이 캐나다, 호주 등지로 이주하는 주된 이유는 단지 한국에서 못살아서라기보다는 고용불안정, 지나친 경쟁, 자녀 교육, 사회복지 등 소위 '보다 높은 삶의 질'을 추구하여 이주하는 것이다. 이러한 변화로 인해 1997년에 총 1만 2,484명의 해외이주자 중 46%가 초청이주자였던 것이 1999년에는 총 1만 2,655명의 해외이주자 중 26%로 비율이 감소하였다. 이와 대조적으로 사업 또는 취업이주자는 1997년에 전체 이주자의 44%였던 것이 1999년에는 62%로 증가하였다.

캐나다, 호주, 뉴질랜드 등에서는 자국의 경제발전을 위해서 사업 또는 취업이민자를 계속해서 받아들이려고 하기 때문에 이런 형태의 이민자는 앞으로도 증가할 것으로 예상된다. 또한 고학력, 전문직·관리직 종사자, 중산층의 이민은 한국의 입장에서는 단기적으로 자원유출 또는 두뇌유출이라고 볼 수 있다.

2023년 외교부의 재외동포 현황 통계에 따르면 전 세계 181개국에 재외동포의 규모는 7,081,510명의 재외동포가 체류하거나 거주하고 있다. 이는 2020년 재외동포 인구가 7,325,143명이던 규모와 비교할 때 3.3%(243,633명) 감소한 수치이다. 2023년 말 현재 지역적으로 재외동포는 중국(2,109,727명), 미국(2,615,419명), 일본(802,118명), 캐나다(247,362명), 러시아(124,811명), 우즈베키스탄(174,490명), 호주(167,331명), 카자흐스탄(109,923명), 필리핀(85,125명), 베트남(156,330명), 브라질(36,540명), 영국(36,690명) 등에 집중되어 있다. 특히, 재외동포는 미국, 중국, 일본, 캐나다 등에 집중하여 거주하고 있어서 한국과 이들 국가들과의 무역, 외교, 학술, 과학기술, 문화예술 등의 분야에서 중개인 역할을 할 것으로 기대된다.

3 외국인의 증가와 다문화사회

1980년대 후반을 기점으로 해서 한국은 이민 유출국에서 이민 유입국으로 변화하기 시작했다. 1980년대 말 외국인근로자들의 유입을 시작으로 1990년대 중반부터는 결혼이민자들이 증가하면서 한국 내 외국인의 규모는 빠르게 증가했다. 출입국 통계에 따르면 2023년 12월 국내에 체류하는 외국인(단기체류자 포함)의 수는 250만 7천584명으로, 전체 인구의 4.89%에 달한다. 이와 같은 추세로 외국인이 증가하면 2050년에는 인구의 7%가 외국인이 될 것으로 예측할 수 있다.

외국인의 증가에는 무엇보다 외국인근로자와 결혼이민자의 몫이 컸다. 외국인근로자의 유입은 앞서 설명했듯이 1987년 이후 국내 노동시장에서 발생한 인력난 부족 때문에 발생했다. 외국인근로자가 국내에 본격적으로 진출한 1991년에는 4만 5,449명이 국내에서 취업하였고, 1995년에는 14만 명으로 증가하였다. 1992년 초반에 국제결혼은 새로운 전환점을 맞게 되었다. 1992년 한국과 중국이 국교를 수립하면서 한국의 농촌 총각들이 중국 조선족 여성들과 혼인을 하게 되자 여성결혼이민자들이 증가하기 시작했다. 그리고 통일교가 신앙을 목적으로 일본, 필리핀 여성들과 한국 남성들의 혼인을 주선하면서 비한인 아시아여성들이 결혼이민자로 입국하게 되었다.

1997년 말의 외환위기 직후에는 그 수가 감소하였지만 경기가 회복되면서 다시 급증하기 시작하였고, 2009년 말 외국인근로자는 약 70만 명으로 추정되며, 이는 총 취업자의 약 3%, 임금 근로자의 4.4%에 해당한다.

2000년대에 들어서자 국제결혼 중개업자들이 개입하면서 국제결혼은 큰 폭으로 증가하게 되었고 송출국도 다양하게 늘어났다. 이때부터 필리핀, 베트남, 태국, 몽골, 러시아, 우즈베키스탄 출신의 여성결혼이민자들이 증가하게 되었고, 특히 2003년 이후에는 베트남 여성과의 결혼이 급격히 늘고 있다. 이로 인해 외국인과의 결혼은 1990년 4,710건에 불과하였으나 2005년에는 4만 3,121건으로 9배가 늘어났다. 이에 따라 전체 결혼에서 국제결혼의 비율이 1990년 1.2%에서 2005년에는 13.6%를 차지할 만큼 증가했다가 그 이후 다소 감소하는 추세이다. 결혼이민자의 국적 분포를 살펴보면 2010년 12월 현재 중국 47.1%(한국계 중국인 22.4%+기타 중국인 24.7%), 베트남 25%, 일본 7.4%, 필리핀 5.3%의 순으로 되어 있다. 성별로는 여성이 86.6%로 남성 13.1%에 비교해서 절대적 우위를 차지하고 있다.

국제결혼이 증가하면서 결혼이민자의 증가도 외국인의 증가에 큰 몫을 했다. 통계청 자료에 따르면 2006년부터 2023년까지 국제결혼 건수는 총 22만 2,414건이고, 이중 한국 남성과 외국인 여성의 국제결혼은 16만 8,543건, 한국 여성과 외국인 남성의 국제결혼은 5만 3,871건이다.

2023년 기준으로 국제결혼은 총 2만 건으로 나타났는데, 이는 전체 결혼 건수의 10%를 차지한다(http://www.mhdata.or.kr/mailing). 외국인과의 혼인은 전년보다 18.3% 증가했다. 성별을 나눠 보면 여자 외국인과의 혼인은 74.6%, 남자 외국인과의 혼인은 25.4%였다. 아내의 국적 중에서는 '베트남'이 34%로 가장 많았고, 남편의 경우 '미국'이 28%로 가장 많았다(세계일보, 2024.3.19).

국제결혼이 증가하면서 다문화가정 내 자녀들도 증가하였다. 2022년 기준으로 초·중·고등학교에 재학 중인 국제결혼가정 자녀는 168,645명이며, 외국인근로자 가정 자녀는 1,402명으로 나타났다. 아직까지 다문화가정의 문제는 주로 학습과 관련한 문제에 국한되어 있지만 앞으로 10년 후 이들이 성인이 되어 사회로 진출하게 되면 경제적, 정치적, 사회적 문제로 확대될 가능성이 크다.

4 해외 우수인재 유치를 통한 인구유입

법무부는 국내에서 수학한 외국 과학·기술 우수인재가 학위취득 이후 한국사회에서 영주와 국적을 신속하게 취득하여 성공적으로 정착할 수 있도록 과학·기술 우수인재 영주 · 귀화 패스트트랙을 2023년부터 추진했다. 「과학 · 기술 우수인재 영주 · 귀화 패스트트랙」은 카이스트 등 이공계 특성화기관(KAIST, DGIST, GIST, UNIST, UST)에서 석 · 박사 학위를 취득한 외국인의 경우 총장 추천 시 '거주자격'을, 연구경

표 3-1 법무부 우수인재 패스트트랙 단계별 절차

1단계		2단계		3단계		
		예비 우수인재 '거주'(F-2-7S)		예비 우수인재 '영주'(F-5-16S)		'우수인재 특별귀화' (패스트트랙)
4개 과기원 및 UST 석 · 박사	→	총장추천서, 취업 불요, 5년 체류 보장 ※ 2021.12 신설	→	3년 체류 + 점수제 충족(90/200) ※ 2022.12 신설	or	연구실적(논문 등) 우수 + 국적심의위원회 심의 · 의결 ※ 2022.12 신설

연구실적 우수 시 2단계에서 즉시 특별귀화 가능(외국국적불행사서약으로 복수국적 유지)

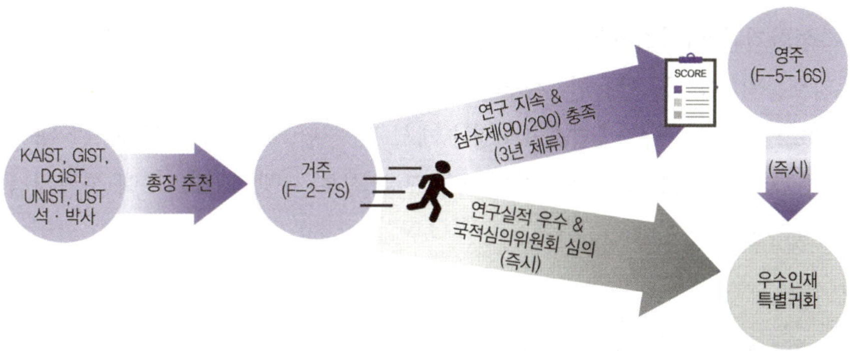

구분	도입 전(前)	도입 후(後)
진행 단계	4~5단계 • 이공계특성화기관 석 · 박사 → 전문직 → 거주 → 영주 → 일반귀화	3단계 • 5개 이공계특성화기관 석 · 박사 → 거주 → 영주 또는 특별귀화
거주자격 (F-2-7S)	• 전문직(최소 3년) + 거주(취업 필수) ※ 최소 6년 소요	• 학위취득 즉시 거주(총장 추천, 취업 불요) ※ 최소 3년 소요
영주자격 (F-5-16S)	• 거주(3년) + GNI 2배 소득요건 충족	• 거주(3년) + 점수제 충족 ※ 지방 거주, 봉사 등 가점 추가 부여
귀화	• 일반귀화(외국 국적 포기 필요) ※ 5년, 영주자격 소지, 성년, 기본소양, 생계능력, 품행단정 등 요건 충족	• 우수인재 특별귀화(복수국적 유지) ※ 연구실적 우수자는 국적심의위원회 심의를 거쳐 특별귀화

자료: 법무부 보도자료(2023.1.1).

력, 실적 등이 일정기준을 충족하면 '영주권'을 부여하고, 연구실적이 우수하면 국적심의위원회를 거쳐 대한민국 국적을 부여받을 수 있는 제도로서 우수인재 특별귀화 제도라고 할 수 있다.

기존에는 국내에서 석·박사 학위를 취득한 우수 외국인재도 영주권·국적 취득까지 4~5단계(석·박사→전문직→거주→영주→일반귀화)의 복잡한 절차를 거쳐 6년 이상 소요되었으나, 이번 패스트트랙의 본격 시행을 통해 카이스트 등 이공계 특성화기관 석·박사 학위 취득자는 3단계(석·박사→거주→영주·특별귀화) 절차로 3년 만에 영주권·국적을 취득할 수 있도록 한 것이다. 패스트트랙은 과학·기술 우수 외국인재의 안정적 국내 정착 기회를 제공해달라는 카이스트 등 학계의 요구로 도입된 제도로, 2021년 12월 시범 시행을 통해 카이스트 등 이공계 특성화기관 석·박사 학위 취득자는 취업조건 없이 거주자격을 취득하도록 하였고, 2023년 본격 시행을 통해 거주·영주·특별귀화의 트랙을 완성한 것이다. 시범 시행기간 동안 이공계 특성화기관 담당자 핫라인 구축, 찾아가는 간담회 등을 통한 현장 요구사항 청취, 누리소통망(SNS)를 활용한 온라인 소통공간[Fast-track program for Talents in Sci & Tec(2022년 12월 기준 가입자 170명)] 개설 및 상담, 이공계 특성화기관 대상 온·오프라인 제도 설명회 및 영주·시민 통합교육 최초 시행, 패스트트랙 통합지침 제정 등을 진행하였다.

5 인구유입을 위한 난민정책

한국의 난민정책은 OECD 국가 수준으로 난민인정률을 제고하고, 난민신청 절차 등을 개선해야 한다는 지적이 꾸준히 제기되어 왔다. 그러나 난민제도는 국가마다 처한 실정에 따라 상이하고 복잡하기 때문에 어떤 특정 국가의 사례를 그대로 한국 상황에 적용하기란 한계가 있다(김예경 외, 2018). 그럼에도 불구하고 인구유입을 위한 대안으로서 난민정책은 심각하게 고려해야 할 중요한 정책대안으로 등장하고 있다.

국내 난민신청자는 2013년 1,574명, 2014년 2,896명, 2015년 5,711명, 2016년 7,541명, 2017년 9,942명, 2018년 16,173명, 2019년 15,452명, 2020년 6,684명, 2021년 2,341명, 2022년 11,539명으로 매년 급증하고 있다. 2023년 기준으로 국내 난민신청자

수는 총 18,838명으로 매년 증가하는 추세를 보이고 있다. 난민신청자 중 108명이 심사와 소송을 통해 난민인정을 받았으며, 이 가운데 48명은 가족결합을 사유로 인정받았다. 또한 유엔난민기구가 인정한 재정착난민이 10명 있었다(법무부 난민과, 2023).

한국은 2012년 「난민법」을 제정하고 국제적 보호가 필요한 이들을 난민과 인도적 체류자로 구분하고 있다. 난민법에서는 난민협약에 근거해 난민을 "인종, 종교, 국적, 특정 사회집단의 구성원 신분 또는 정치적 의견을 이유로 박해를 받을 우려가 있다는 합리적인 근거가 있는 공포로 인하여, 자신의 국적국밖에 있는 자로서, 국적국의 보호를 받을 수 없거나, 또는 그러한 공포로 인하여 국적국의 보호를 받는 것을 원하지 아니하는 자"로 명시하고 있다. 인도적 체류자는 위의 다섯 가지 사유에는 해당하지 않지만 본국 귀환 시 고문 등 비인도적 처우로 생명이나 신체의 자유를 침해당할 가능성이 있는 자에게 법무부장관이 체류 허가를 내어주는 경우이다. 우리나라의 경우 2021년까지 총 7만 3천 383명이 난민지위를 신청했고 총 1천 163명이 난민 지위를, 2천 412명이 인도적 체류허가를 받았다. 난민과 유사한 상황에 놓인 '유사난민'들에게 제공되는 국제적 보호 제도 가운데 대표적인 것은 보충적 보호제도이다. 보충적 보호제도는 강제송환 금지 원칙에 따라 본국 귀환 시 고문과 같은 비인도적 처우를 받을 위험이 있다고 믿을 만한 상당한 근거가 있는 이들에게 보호를 제공하는 제도이다. 한국은 2008년 출입국관리법에 '인도적 체류자격' 관련 조항을 신설하면서 보충적 보호제도를 일부 도입했다. 그러나 한국의 인도적 체류제도는 실제적으로는 난민을 인정해주기 애매할 때 엄정한 기준 없이 시혜적으로 허가해주는 경우가 많다. 또한 난민법상 인도적 체류자에게 주어지는 권리는 취업에 불과해 지나치게 제한적이다. 한국은 유사난민 제도를 재정비해 보충적 보호지위 인정자에게 난민에 준하는 수준의 지원을 제공해야 한다(김수경, 2023).

한국은 1992년 12월 3일에 난민협약과 난민의정서에 대한 비준서를 기탁하여 난민협약이 1993년 3월 3일, 난민의정서가 1992년 12월 3일에 각각 발효되면서 협약상의 난민보호 의무를 부담하게 되었다. 이로써 한국은 난민문제에 대한 국제적 책임을 지게 되었다. 그러나 난민법 제정과 시행에 있어서 여전히 몇 가지 문제점이 존재하고 있다.

첫째, 한국의 난민인정률은 OECD 36개국 중 34위 수준으로 상당히 낮다는 지적이 있으므로, 한국의 국제적 위상에 부응하여 난민인정률을 제고하는 방향을 검토해

보아야 한다. 다만, 난민을 위해 지불해야 하는 비용 증가, 일자리 문제, 최근 유럽에서 난민으로 인해 발생한 안보문제나 경제문제 등에 대한 논란이 부각되고 있는 점 등을 종합적으로 검토함으로써 난민인정률 제고로 인해 발생할 수 있는 부정적 효과를 최소화하고 국민적 공감대를 확보할 수 있는 방안을 마련해야 할 것이다(김예경 외, 2018). 둘째, 난민심사 절차의 신속성과 전문성을 강화할 필요가 있다. 난민으로 인정할 외국인의 경우 신속하게 인정해서 아닌 사람은 빠르게 출국 조치할 수 있도록 제도를 개선할 필요가 있다. 프랑스의 경우 난민심사 절차를 빠르게 진행함으로서 신청서가 접수된 때부터 15일 이내로, 구금된 경우에는 96시간 이내에 마치도록 하고 있다. 또한 난민심사관 교육 프로그램을 강화하여 난민심사 업무 역량을 제고할 수 있도록 해야 할 필요가 있다. 셋째, 난민으로 받아들여진 외국인에 대해 배려가 미흡한 상태이다. 난민인정자가 국민에 준해 기초생활을 보장받고 교육과 사회 적응 프로그램을 받고, 최소한의 생계를 유지할 수 있도록 지원할 필요가 있다. 또한 난민인정자에 대한 교육 및 처우를 개선하여 불안정한 지위를 해소할 수 있도록 지원할 필요가 있다.

6 지역기반의 이민정책

정부는 신생아 수의 감소, 청년인구의 이탈, 고령화 등으로 인한 지방의 인구감소 및 지방소멸의 위기를 해결하고자 2019년부터 범부처 인구정책TF를 통해 외국인(이민)정책을 포함한 종합적인 인구정책을 추진하고, 「인구감소지역 지원 특별법」 시행으로 출입국관리법에 대한 특례를 규정하여 지방자치단체의 이민정책을 추진할 수 있도록 하였다(정다연, 2023).

인구정책의 일환으로서 이민정책은 주로 중앙정부 차원에서 적극적으로 추진되고 있으며, 정부는 그간 인구정책으로서 출산율 제고 정책에 집중하였으나 급격한 인구감소 및 고령화 진행속도에 따라 비교적 최근에 와서야 이민정책을 인구문제의 주요 대안으로 검토하기 시작하였다(정다연, 2023).

지방자치단체의 경우 특히 농어촌을 중심으로 오래전부터 인구문제에 직면했기 때문에 이민정책에 관심을 가져왔다. 그러나 지자체 정책 또한 중앙정부의 정책 기조에 따라 결혼이민자 및 다문화가정 대상의 사회통합 및 복지 중심 정책이 주로 운영되어 왔다. 지자체 특성과 환경에 따른 이민정책은 앞으로 점점 더 필요성이 증대되고 이를 주도하는 지자체 또한 증가할 것으로 보인다. 특히, 최근에는 농어촌 인력수급을 위한 계절근로자 정책과 장기체류와 정착을 지원하기 위한 지역특화형 비자관련 정책에 대하여 많은 지역에서 관심을 보이고 있다.

우선, 외국인 계절근로자 정책은 농촌 및 어촌에서 급격한 고령화 및 농번기 인력부족의 대안으로 충북 괴산군 등 지자체의 제안에 따라 2015년 처음 시범사업이 실시되었다. 2년 간의 시범사업 끝에 2017년 전국적으로 도입되었다(이성순, 2023). 외국인 계절근로자 정책의 가장 큰 특징은 지방자치단체가 주도하는 정책이라는 점이며, 지방자치단체가 외국인 계절근로자 프로그램에 신청하면, 법무부 · 행안부 · 농림부 · 해양수산부 등 유관부처로 구성된 배정심사협의회가 지자체별로 배정인원을 확정한다는 점이다. 지자체는 배정인원 내에서 해외 지방자치단체를 통해 외국인 계절근로자를 모집할 수 있다. 외국인 계절근로자는 해외 지방자치단체의 주민, 국내체류외국인 또는 결혼이주민의 친인척 등이 할 수 있으나 대부분의 지방자치단체는 이러한 방식으로 계절근로자를 모집하기 어려운 탓에 해외 지방자치단체와 MOU를 체결하는 방식으로 해외 지방자치단체가 직접 선발한 주민들을 외국인 계절근로자로 모집한다. 지방자치단체는 관할 지역 내 농가의 계절근로자 수요 검토 및 고용주 선발, 해외 지방자치단체와 직접 MOU 체결, 계절근로자 대상 사전 교육, 계절근로자의 입출국과 체류관리 등 외국인 계절근로자 정책의 대부분을 지자체에서 자체적으로 추진한다.

외국인 계절근로자 정책에 참여하는 지자체의 수는 2017년에 24개 시 · 군이었지만 2018년 44개, 2019년 54개, 2020년 60개, 2021년 58개 등으로 꾸준히 증가하여 2022년에는 114개 시 · 군으로 늘어났으며, 농어촌의 급격한 인구구조 변화는 앞으로도 외국인 계절근로자에 대한 수요를 증가시킬 것으로 보인다.

한편, 인구감소지역을 중심으로 지역특화형 비자사업도 도입하여 운영하고 있다. 지역특화형 비자란 인구가 감소하는 지역에서 필요로 하는 직종의 인력 및 인원 등을 기반으로 장기체류 및 정착을 유도하기 위해 신설된 비자특례제도이다. 지역별 산업의 특성에 따라 필요한 인재가 다르고, 이에 적합한 인재에게 체류 특례 및 정착 지원을 제공하는 것이다. 지역특화형 비자 신설은 2020년 2기 인구정책TF에서 '경제활동 참여 확대' 전략의 일환으로 지방의 고령화 및 인구감소 대응 정책으로 포함되었다. 지역특화형 비자 시범사업의 대상이 되는 외국인은 전문인력과 유학생, 외국국적동포 및 가족이다. 국내 총 체류외국인 중 외국국적동포의 비중이 높고 유학생, 전문인력 순으로 많으며, 이는 국내에서 지역특화형 비자로 외국인을 모집할 때 외국국적동포와 유학생을 대상으로 하는 편이 지역사회의 정착에 유용할 수 있다는 점을 시사하는 것이다. 하지만 장기적으로는 해외에 있는 다양한 전문인력을 국내로 유치하는 정책 또한 강구되어야 할 것이다.

제4절 인구감소 대응을 위한 이민정책 해외사례

1 일본

일본은 1990년에 생산가능인구가 70%에 육박하였으나 점점 인구가 감소하며 생산가능인구 역시 감소하기 시작하였으며, 1990년대 초부터 인구절벽이 시작되었다(한국산업인력공단, 2017). 일본은 패전 이전(Pre-War Era)인 1930년대까지는 전형적인 다산 다사 구도를 보였다. 또한 1930년대 기준으로 일본인들의 평균 수명은 한국인들보다 10살 정도 높았으며, 출산율은 5명을 넘기는 수준이었다. 1차 베이비붐과 산아제한 정책 시기(Post-War Era)인 1950년대에는 베이비붐이 시작되었으며, 1957년에 합계출산율이 2.04명까지 떨어졌다. 이후로 2.0~2.1명대 정도의 출산율을 유지했다. 이후 2차 베이비붐 시기에 저출산이 시작(1970년대)되었다고 볼 수 있다. 1981년에 1.74명으로 최저치를 기록했으며, 1989년에 1.57명으로 사상 최저치를 기록했다. 2021년에는 1.26명으로 역대 최저치를 기록했다.

일본은 인구감소 문제에 대응하기 위해 다양한 정책을 추진하여왔다. 또한 이민정책을 통해 인구감소로 인한 노동력 감소 및 지역경제를 성장시키기 위해 노력하였다. 일본정부의 이민정책 기본방향은 전문기술 분야의 외국인노동자는 적극적으로 받아들이되, 비숙련 단순노동자는 수용하지 않는다는 원칙을 고수하고 있었다(이규용 외, 2014). 이 때문에 이민자 유입정책에는 소극적이라는 평가를 받았던 일본은 2009년 '주민기본대장법'을 통해 합법적으로 거주하는 중·장기체류자의 경우 일본인과 동등한 권리를 보장하게 되었다. 현재 '주민기본대장법'과 '출입국관리및 난민인정법' 등의 체류관리제도를 법무성에서 일원화하여 효율적으로 관리하고 있고 이러한 정책을 통해 외국인 유입이 확대되었고, 노동력 감소문제가 일부 해결되었다(박준구 외, 2021)고 평가된다.

또한 개발도상국의 비숙련 노동인구의 유입을 통해 노동력 부족 문제를 해결하기 위해 기능실습제도, 특정기능제도 등을 운영하고 있다. 기능실습제도(Technical Intern Training Program)는 개발도상국의 노동자들이 일정 수준의 기술 연수를 받고 취업할 수 있도록 하는 기능실습제도로서, 이 제도는 일정 기간 동안 일본에서 기술을 배우고 경험하며 근로할 수 있는 기회를 제공한다. 또한 2019년부터 일본은 '특정 기능' 분야에서 일하는 외국인노동자를 지원하기 위해 특정 기능제도(Specified Skilled Worker Visa)를 도입했다. 이 제도는 일정 기간 동안 특정 기능 분야에서 일하는 외국인에게 일자리를 제공하고, 이후 영주권 신청 기회를 제공하게 된다. 2020년 10월 기준으로 약 172만 명의 외국인노동자가 이 제도를 통해 일하고 있다. 또한 외국인노동자지원센터(FRESC)를 운영하여 외국인노동자를 지원하고 있는데, FRESC는 외국인노동자에게 상담, 법률 지원, 직업 매칭 등 다양한 지원 서비스를 제공한다.

2 독일

1950년 독일의 총 인구는 약 5,432만 명이었으며, 1950년부터 2020년까지 독일의 출생아와 사망자 수를 보면, 출생아 수가 사망자 수를 밑돌며 인구가 자연적으로 감소하고 있다. 1980년대 초반, 독일의 합계출산율은 1.56명이었으며, 1994년까지 점차 감소하여 1.24명으로 기록되었다. 이로 인해 독일은 초저출산 국가로 분류되었다. 그 후 합계출산율은 반등하여 초저출산 수준인 1.3명을 벗어나게 되었다. 2016년에는 1.59명, 2019년에는 1.53명의 수준을 유지하고 있다. 이러한 변화는 다양한 사회, 경제적 요인과 정책변화에 영향을 받았을 것으로 보인다(https://overseas.mofa.go.kr/de-frankfurt-ko/brd/통계청, 2021.8.11). 인구감소에 대한 대응을 위해 이민정책 등을 통해 독일 정부 역시 다양한 노력을 기울여왔다.

독일은 1955년부터 이탈리아와 스페인, 그리스, 터키 등지에서 '손님 노동자'를 모집해 힘들고 어려운 노동 분야의 수요를 충당했다. 1960년대는 건설업과 광산부문으로 확대했고, 1990년대 경제 침체로 '유럽의 병자'라는 비판을 받으면 다소 주춤했으나 독일 통일에 이어 2000년대 대거 받은 외국의 난민을 국민으로 삼아 생산인구를 채웠다(연합뉴스, 2021.1.26 기사인용). 또한 독일은 한때 연간 100만 명에 이르는 난민을 수용한 결과, 매년 외국 태생 산모의 아이가 폭발적으로 증가(2016년 독일 출산율은 1.59명이며 독일 태생만 보면 1.46명임)하는 추세를 보였다. 특히, 독일 내 시리아계 신생아 수의 경우 2014년 2,300명에서 2017년 20,100명으로 이라크와 아프간계 신생아 수는 매년 5,000명씩 증가하고 있는 추세에 있다. 2019년 전체 신생아 수 77.8만 명 중 외국태생 산모 아이는 20.0만 명으로 전체 출생의 약 25%를 차지(독일태생 산모 아이 58.8만 명으로 전체 약 75%)하고 있다.

이처럼 독일의 경우 자연적 인구감소를 상쇄하기 위해 대규모 이민을 받아들이고 있으며, 그 결과 2019년 기준으로 외국계 주민은 전체 인구의 26%를 차지하고 있다. 독일에서 가장 많은 이민자 국적은 루마니아, 폴란드, 시리아 등이다. 그 중에서도 루마니아 출신 이민자가 독일에서 가장 많으며, 2022년 기준으로 약 883,670명이 독일에 거주하고 있다. 그 다음으로는 폴란드 출신 이민자도 많다. 2022년 기준으로 약 880,780명이 독일에 거주하고 있다. 시리아는 세 번째로 많은 이민자 그룹으로 내전으로 인해 많이 독일로 이민했다. 2022년 기준으로 약 923,805명이 독일에 거주한다. 그 외에도 크로아티아, 불가리아, 그리스, 터키, 우크라이나, 중국, 인도, 아프가니스탄, 이라크, 러시아, 코소보, 보스니아 헤르체고비나, 미국, 네덜란드, 스페인, 이탈리아 등 다양한 국적의 이민자들이 독일에서 생활하고 있다.

독일이 이처럼 외국인 이주민에 대하여 우호적인 것은 인구감소로 인해 외국인 노동력의 수요가 급증했으며 이에 대한 반응이라고도 볼 수 있을 것이다. 독일은 2005년부터 통합이민법을 제정하여 시행하고 있으며, 이 법으로 인해 가장 보수적인 이민정책기조를 수정하고 다민족 사회로의 변화를 의미한 것이라고 볼 수 있다. 통합이민법에서는 종전의 외국인 및 망명자 관련 모든 법을 망라하고 있으며, 2020년부터 전체 인구의 40%가 60세 이상이 됨에 따라 초고령화된 사회에서의 사회적 노동력 생산성을 높이기 위한 고육지책이라고도 볼 수 있다. 특히, 독일의 경우 교육받은 우수한 외국인 두뇌집단을 독일에서 활용을 하지 못하는 현실을 개선하기 위해 법의 제정이 필요함을 인식하였다. 수학, 정보, 자연과학, 기술 분야의 고급 노동력뿐 아니라 농업 등의 저임금 산업의 인력 수요도 증가하였다. 이러한 필요에 따라 통합이민법 제정을 통해 외국인근로자에 대한 관리를 체계적으로 추진 중에 있다. 한편, 이민자들의 언어교육과 문화 공민교육 등을 통한 사회적응에 초점을 두고, 통합의 의지와 성과를 입국 및 체류 영주 허가 등과 연계하였다. 이는 이민자들의 자발적 참여를 유도하고 책임 의식을 부여한 것으로 독일 입장에서도 원하는 이민자와 원하지 않는 이민자를 구분할 수 있는 기준이 되었다(박명선, 2007).

최근 독일정부는 시민권 획득에 필요한 자격요건을 완화하는 법안을 논의하고 있다. 이로 인해 시민권 신청을 위한 독일 내 거주 기간이 기존 '8년 이상'에서 '5년 이상'으로 줄어들며, 학업 성과나 직업 전문성을 인정받은 경우에는 거주 기간이 3년까지 단축된다. 또한 독일은 이중국적을 허용하고 있어 이민자들이 독일과 본국을 동시에 유지할 수 있다. 한편으로 이민자들에게 직업 교육을 제공하여 취업 기회를 확대하고 있기도 하다. 이민자들은 다양한 직업 분야에서 교육을 받을 수 있으며, 이를 통해 기술을 습득하고 경력을 쌓을 수 있으며, 이민자들을 위한 문화 예술 프로그램, 언어 교육, 상담 서비스 등을 제공하여 정착을 돕고 있다.

3 프랑스

프랑스의 인구 및 출산율 추이도 시대에 따라 크게 변화했다. 1950년대에는 프랑스의 인구 규모가 매우 컸던 시기로서 이 시기에는 약 4,164만 명 정도의 인구대국이었다. 이 시기는 출산율이 매우 높았던 시기로서 3.04명 정도의 출산율을 보이고 있다. 이러한 기조는 1960년대까지는 유지되었으나 1970년대부터 출산율이 감소하기 시작하였다. 1980년대에 이미 1.95명으로 출생아 수가 줄어들었으며, 1990년대에서는 1.66명으로 출산율이 하락하였다.

이민정책과 관련하여 프랑스는 2014년 기준 총인구 6,590만 명 중 이민자는 600만 명 정도로 전체 인구의 9.1%를 차지하고 있다. 이는 다른 국가의 이민자 비율에 비해 매우 높은 수준이다(세계한인언론인협회, 2018). 또한 프랑스 사회는 이민자에 대한 차별이 이민자 통합에 중요한 장애물로 작용하고 있다고 판단하였다. 또한 이민자에 대한 차별을 해소하기 위해서 어느 정도 조치가 도입되어야 한다고 프랑스 사회는 판단하고 있었다. OECD의 해외출생 인구통계에서 프랑스는 미국, 독일, 영국 다음으로 해외출생 인구 규모가 큰 국가이다. 프랑스는 과거 노동력 확보를 위해 이민자들에게 개방적이고 수용적인 정책을 펼쳤으나, 1970년대 이후 오일쇼크로 인한 경기 위축으로 선별적 이민정책을 추진하고 있다. 또한 이민자 2세들의 낮은 교육 수준과 높은 실업률로 인해 사회문제가 커지면서 이민자 사회통합이 주요 사회문제로 급부상하고 있다. 이를 해결하기 위해 2011년 이민법을 개정하고, 고급인력의 외국인들에게는 체류 조건을 완화하는 정책을 추진하고 있다(이향수 · 이성훈, 2017).

프랑스 이민정책의 가장 큰 특징은 "인종별 통계"를 산출하지 않는다는 것인데, 그 이유는 ① 역사적으로 프랑스인들이 이미 많은 인종이 혼합된 국민이라는 점, ② 16세기 이후부터 속지주의가 정착하여 이미 외국인이 정착하여 생활하는 것이 일반화된 사회 풍토, ③ 제2차 세계대전 당시 나치즘이 표방한 인종우월주의 등에 대한 기부감 등에 기인하고 있다. 따라서 프랑스는 부모 국적, 출생지, 성(family name) 등으로 이민자들을 구별한다(주프랑스 대한민국 대사관, 2012.6.1).

프랑스는 이민 종류별로 보면 가족결합의 형태가 가장 많으며, 노동목적의 이민자 수는 매해 감소하고 있는 추세이다. 이는 프랑스 여성 1인당 출산율이 2.1명으로 프랑스는 인구부족에 따른 이민 수요는 줄고 있는 상황이 반영된 결과라고 할 수 있다. 이민정책은 크게 ① 신규 이민자, ② 이민자의 자녀, ③ 프랑스 사회 등 세 가지로 대상을 구별하여 실시하고 있다.

첫째, 신규 이민자정책은 퀘백 모델을 차용하여 새로운 이민자들을 전담하는 기구를 설치하고, 새로운 이민자와는 계약(Contrat d'accueil et integration)을 체결(동 계약은 2년 간 유효)하고 있다. 동 계약 체결에 따른 비용은 무료이지만 강제(obligation)사항이며, 신규 이민자에 대해서는 ① 프랑스 국가 정체성과 프랑스에서의 생활에 대해 교육하고, ② 이민자의 사회적 역량을 평가하며(직업능력이나 사회경제적 수준 등), ③ 가족결합에 따른 이민인지 구별하고, ④ 건강검진을 실시하며, ⑤ 언어교육(총 교육시간은 400시간), ⑥ 민법 교육을 실시(계약을 체결하고 교육하는 데 소요되는 총비용은 연간 7,000만 유로)하고 있다.

둘째, 이민자녀정책은 크게 ① 지원(soutien), ② 제재(sanction) 측면이 있는데, 사회통합을 위해 차별을 방지하는 제재의 측면이 있고, 이민자녀의 어려움을 지원하는 측면이 있다. 승진상 불이익, 주택입주 시 거부 등의 차별을 방지하기 위해 "차별

방지 고등위원회" 및 "인권옹호관(defenseur des droits)"을 설치 · 운영하고 있으며, 프랑스는 인종통계가 없기 때문에 역차별(affirmative action)정책이 없는 바, 다만 경제사회적 기준에 미달하는 지역에 대한 지원을 실시하고 있다. 프랑스 정부는 저개발지역 751개 지구(해당 인구 4백만 명)를 선정하여 지자체의 특별한 지원을 받는 바, 동 지역들은 대체로 이민자들이 다수 거주하는 지역에 해당(단, 동 지역이 이민자지역이기 때문에 선정된 것은 아님)한다. 한편, 프랑스는 미국식 게토(ghetto)화 방지에 역점을 주고 있으며, 이를 위해 교육, 주택, 직업교육등을 실시 중이다. 특히, 프랑스 사회 발전의 주된 제도로 "학교(ecole)"를 중심으로 한 지원이 많다. 저개발지역의 주요 특징은 이민자 자녀 수가 많다는 것인데, 예로 센생드니(Seine Saint Denis) 지역의 경우 거주자가 60%가 이민자이며, 프랑스인이 없는 학교도 있어 이민자들이 다수를 차지하는 지역의 학교에서 프랑스식 모델을 적용하여 통합을 강화하는 것이 주된 과제가 되고 있다. 또한 이민 부모의 상당수가 노동자 출신으로 아이들의 교육에 대한 의지가 매우 약하다는 것이 문제가 될 수 있어 유년(6~7세), 초등학교 등 어린 학생들에 대한 읽기 및 쓰기 훈련 강화 등이 중시되고 있다. 이민자 자녀의 35%가 직업학교로 진학하는 경우가 많은데, 경제적 불균형이 사회적 불균형으로 이어지지 않도록 하고 있다.

셋째, 프랑스 사회 전반을 대상으로 한 정책은 모든 이민자는 프랑스 국민이 된다는 전제 하에 이민정책을 실시하고 있다. 이를 위해 ① 문화 다양성 인정, ② 프랑스 공화국 가치(남녀평등과 세속주의)를 중시하고 있다. 이민자들의 문화적 다양성을 인정하고, 이민의 역사를 대중에게 알리는 작업을 하고 있으며, 이를 위해 이민사 박물관이 설립되었고, 2006년부터는 방송심의위원회가 미디어별로 다양성을 존중하는 프로그램이 일정비율 배정되도록 배려하고 있다. 또한 2010년부터 노예제도, 식민주의 등 사회적 논쟁에 대한 전문가 및 교수들의 의견을 교과서에 게재하고 있으며, 최근에는 "이민사회"에 대한 내용을 12~13세 대상 학습과목으로 반영하고 있다.

또한 최근 프랑스는 이민정책을 조정하여 우수인재를 유입하고자 노력하고 있으며, 이민자들을 통합하면서도 경제적 이익을 추구하는 방향으로 정책을 전환하고 있다. 프랑스의 우수인재제도로는 재능여권제도가 대표적이다. 재능 여권(passport talent)이란 고도 숙련 노동자, 창업자, 투자자, 전문 면허 소지자, 예술가 등 외국인이 3개월 이상 프랑스에서 활동할 수 있는 재능 여권을 발급하는 것을 말한다. 이 여권은 최대

4년 간 유효하며 갱신이 가능하며, 취업 허가증이 필요하지 않다. 현재 다양한 분야의 인재들이 이 여권을 통해 프랑스에서 활동하고 있다. 재능 여권 취득 가능 대상으로는 전문 면허나 인정받는 석사 학위를 취득한 자, 경제적 혁신을 추구하는 기업의 연구 개발 분야에서 종사하는 자, 고도 기술이 필요한 직업에서 최소 3년 이상의 고등 교육 또는 5년 이상의 경력을 보유한 자, 프랑스 이전을 계획하는 기업 내 직원, 학술연구자, 기타 분야의 인재 등이 해당된다. 프랑스는 이러한 제도를 통해 우수 인재를 유입하고 있으며, 이를 통해 경제적 성장과 사회적 통합을 추구하고 있다.

4 스웨덴

스웨덴의 인구 역시 다양한 변화과정을 경험하고 있다. 1950년대에는 스웨덴의 인구 규모가 대략 5,117,000명이었으며, 1960년대에도 인구는 계속해서 증가하여 약 5,156,000명으로 기록되었다. 1970년대까지 약 5,187,000명, 1980년대에는 약 10,185,720명, 1990년대까지도 인구는 증가하여 약 10,185,720명으로 기록되었다. 2000년대 이후에도 스웨덴의 인구는 지속적으로 성장했으며, 2021년 4월 기준으로 약 10,395,160명으로 추정되며, 유럽에서 16번째로, 전 세계에서 88번째로 인구가 많은 국가이다.

인구 규모와는 달리 스웨덴의 경우에도 출산율이 지속적으로 하회하여 왔다. 1950년대에는 스웨덴의 출산율이 상당히 높았으며, 약 2.9명으로 출생아 수가 많았다. 그러나 1960년대부터 출산율이 점차 감소하여 약 2.4명으로 줄었으며, 1970년대까지 약 2.0명으로 하락하였다. 1980년대에도 출산율은 계속해서 감소하여 1.7명, 1990년대에는 1.7명으로, 2020년에는 약 1.66명으로 기록하였다(중앙일보, 2022.8.19).

스웨덴은 출산율을 높이기 위해 다양한 정책을 시행하고 있으며, 여전히 출산·보육·교육을 국가가 지원하는 모델을 유지하고 있다(조선일보, 2023.7.22). 그러나 출산율을 높이기 위한 정책보다도 스웨덴은 이민정책을 적극적으로 확대하였으며, 이로 인해 인구 규모가 성장하고 있는 것을 알 수 있다. 이민을 적극적으로 받아들인 결과라고 볼 수 있다.

스웨덴은 2021년 4월 기준으로 총 인구가 약 10,395,160명으로 추정되며, 유럽에서 16번째로 인구가 많다. 연령별 비율을 보면, 15세 미만 인구가 17.6%, 15~24세 인구가 10.9%, 25~64세 인구가 51.3%, 65세 이상 인구는 20.2%를 차지하고 있다. 따라서 스웨덴도 유럽의 많은 국가들처럼 고령화 문제를 겪고 있다. 이런 상황에도 불구하고 2023년 스웨덴 통계청 조사에 따르면 스웨덴 내 외국 출생자는 총 214만 명으로, 스웨덴 인구 천 만 명 중 약 20%를 차지하고 있다. 스웨덴은 제2차 세계대전 이후 경제성장을 위해 노동력 공급 부족을 해소하기 위해 이주·난민을 본격적으로 받아들이기 시작했으며, 다문화정책과 더불어 자국민과 이민자를 구별하지 않는 강력한 복지 시스템을 제공하여 전 세계에서 이주·난민을 환영하는 국가 중 하나로 성장했다.

스웨덴의 이민정책은 외국노동자와 난민에 대해 전향적이라는 평가를 받는다(연합뉴스, 2021.10.18). 스웨덴은 2008년 노동이민법을 개정해 유럽연합 이외 지역 노동자를 고용할 수 있도록 허용하고, 이주노동자에게 가장 유연하고 개방된 국가로 탈바꿈했다. 스웨덴은 이어 2009년 새로운 차별방지법, 2010년 사회통합법을 차례로 발효, 노동이민자를 받아들여 사회구성원으로 삼는 '스웨덴식 모델'을 운용하고 있다. 정부와 고용주, 노동조합 등이 협력해 이민정책을 추진하는 점이 스웨덴식 모델의 가장 큰 특징이다(김연홍, 2021). 물론 스웨덴은 2015년 대규모 난민 유입으로 소위 '난민 위기'를 겪은 후 2016년부터 난민, 이민의 거주허가를 제한하는 임시법을 시행하기는 하였으나 전반적으로 이민자에 대해 우호적이라고 할 수 있으며, 이를 반영하듯 스웨덴의 명목 GDP 성장률은 2023년 12월에 3.373%로 보고되었으며, 유럽연합(EU) 27개국 전체의 경제성장률 평균이 1.1%라는 점을 감안할 때 나쁘지 않은 성장세라고 할 수 있다. 또한 이민을 통해 인구감소 문제에 적절히 대응하고 있다고 판단된다.

5 해외사례에 대한 함의

앞서 살펴보았듯이 우리와 마찬가지로 급격한 인구감소를 경험하고 있는 독일, 프랑스 등 OECD 주요 국가들의 경우 인구감소 문제를 해결하기 위해 적극적인 인구유입정책을 시행하였다. 물론, 대다수 국가들에서 출산장려정책, 고령층의 정년연장이나 여성인력의 활용도 제고 등의 노력도 하고 있으나 스웨덴의 사례에서도 보듯이 출산율을 높이는 것만으로 생산가능인구 규모를 확대하는 것은 쉽지 않다. 이민정책이 인구감소를 해결하기 위한 필수 전략이라는 것이다. 앞서 살펴본 이민정책 사례를 통해 우리나라에 적용할 수 있는 시사점을 도출하면 다음과 같다.

첫째, 이민을 통한 인구감소를 해결하고 있는 많은 국가들의 공통점은 바로 포용적 이민정책을 시행하고 있다는 점이다. 출산율을 높일 수 없다면 외국인력으로 채우는게 현실적인 대안이라는 것이다. 특히, 저숙련 외국인노동자의 영구 체류에 대비하지 않으면 정치, 경제, 사회 부문에서 큰 비용을 치르게 되며, 이민자 통합정책, 이민자 인식개선, 이민정책 등에 대한 다양한 노력이 필요하다(연합뉴스, 2021.1.26). 앞서 살펴본 대로 독일을 비롯한 유럽 국가들은 인구감소가 시작되기 이전에 이미 자국민이 힘들고 어려운 노동 분야의 수요를 충당하기 위해 이민자를 적극적으로 유치했다. 특히, 유럽의 많은 국가들이 2000년대 들어 큰 규모로 외국난민들을 생산가능인구로 대체하고 있다.

둘째, 전문기술인력 유치 및 관리를 강화해야 할 것이다. 이민을 통한 인구유입에 우호적인 국가들에서는 저급인력에 대한 유입뿐 아니라 고급지식을 보유한 인사에 대한 유입에 많은 관심을 가지고 있음을 알 수 있었다. 우리나라에서도 2023년부터 외국에서 유입된 우수인력의 유출을 막고자 패스트트랙과 같은 제도를 운영하는 것은 매우 의미있어 보인다. 특히, 전문기술인력은 산업 혁신과 경제성장에 중요한 역할을 하고 있으며, 이들에 대한 우호적인 이민정책을 통해 전문기술자를 유치하고, 그들의 교육, 적응, 관리를 체계적으로 지원해 줄 수 있어야 한다. 그렇게 할 때, 숙련된 인력을 유치하고 그들의 능력을 최대한 활용할 수 있을 것이다.

셋째, 다문화교육 및 취업기회의 확대를 위한 지원을 강화해야 할 것이다. 다문화가족과 다문화학생은 국내에서 다양한 배경과 문화를 가지고 살고 있다. 이민정책을 통해 다문화가족을 지원하고, 다문화교육을 강화하여 그들의 사회적 적응을 돕는 방안을 모색해야 할 것이다. 아울러 이민자들이 적극적으로 경제활동에 참여할 수 있도록 취업 기회를 확대해야 한다. 창업을 지원하고, 이민자들이 사업을 시작하고 성장할 수 있도록 환경을 조성해야 한다. 이민자들이 우리나라에서 소외감을 느끼지 않고 취업이나 창업에 있어서 성공신화를 만들어 이러한 것들이 회자되는 사회를 만들 필요가 있다.

제5절 결론

저출산, 고령화와 인구감소 문제를 해결하기 위해 우리 정부는 다양한 방법을 모색하고 있다. 다만, 인구감소는 사회·경제적 변화, 여성의 사회적 역할 변화, 고용과 가족 계획에 대한 태도 변화 등 다양한 요인에 의해 영향을 받고 있어 해결하기 쉬운 문제가 아니다. 또한 인구감소는 경제적으로 생산력의 감소, 소비의 감소, 사회복지 부담 증가 등의 문제를 야기할 수 있으며, 특히 사회적 생산성의 저하를 초대할 수 있다는 점에서 인구감소 문제는 시급한 정부 어젠다라고 할 수 있다. 이에 정부는 2006년부터 범부처 종합 대응 5개년 계획인 저출산·고령사회기본계획을 수립하였고, 출산율을 높이기 위해 현재는 제4차 저출산·고령사회기본계획이 추진되고 있다. 다만, 이러한 정책의 효과는 단기간에 측정하기 어렵고, 다양한 요인들이 복잡하게 얽혀 있어서 평가가 어려운 것이 사실이다. 인구감소 문제는 다각적인 접근으로 해결해야 한다. 현재 한국은 출산율을 높이기 위해 근본적인 사회적 변화를 유도해야 함은 물론이며, 이민을 중요한 대안으로 삼아야 할 만큼 절실하다.

물론, 인구감소 문제를 이민만으로 해결할 수는 없지만 중요한 대안 중 하나인 것은 틀림없는 사실이다. 출산율을 높이기 위한 정책 못지않게 이민정책도 균형 있게 추진되어야 하며, 사회적 통합과 경제적 발전을 동시에 추구하는 방향으로 나아가야 한다. 스웨덴의 사례에서도 보듯이 출산장려정책만으로는 인구감소 문제를 해결할 수 없을 뿐 아니라 단기적인 대안이 될 수 없다. 반면, 이민을 통한 인구유입은 출산율 제고보다 훨씬 더 작은 비용으로 큰 인구효과를 기대할 수 있는 현실적인 대안이라고 할 수 있다. 앞서 살펴본 대로 우수인력유입이나 난민유입에 있어서도 심사제도를 강화하여 한국 국민으로 유입할 가치가 있는 인적 자원에 대해서는 적극적으로 유입할 수 있도록 포용적인 접근이 필요해 보인다.

이민정책은 외국에서 이주해온 이민자에게 우리 국민으로의 안정된 삶을 인정해 주는 동시에 원주민인 우리 국민에게도 이주민들과의 융합이 우리에게 성장을 가져다 줄 수 있는 기회라고 받아들여야 할 것이다. 뿐만 아니라 이민으로 인한 소득은 극대화하고 이민으로 인한 비용은 최소화해 내국민과 이주민 간의 융화와 통합을 독려할 수 있어야 할 것이다.

이민은 현대사회에서 국가의 경제적 발전과 사회적 다양성을 증진하는 데 큰 역할을 할 뿐 아니라, 이민자들은 새로운 문화와 경험을 공유하고, 특히 한 국가의 인구구조와 노동력을 보완할 수 있다고 보여진다. 결론적으로, 이민정책은 국가의 지속가능한 발전을 위해 중요한 정책대안이 될 수 있다. 이민자들을 환영하고 그들의 권리와 의무를 적절하게 보호하는 정책을 수립해야 한다. 이를 위해 정부의 역할이 중요함은 물론이다. 외국에서 이주한 이민자들에 대한 불신이 유독 큰 우리나라에서 이주민이나 이민정책에 대한 신뢰를 가질 수 있도록 사회적 분위기를 조성할 필요가 있다. 이민자에 관한 왜곡된 이미지를 바꾸는 것부터가 시급한 과제다. 특히, 난민 등과 관련된 왜곡된 언론 보도나 정보가 유포되어 난민 유입에 대한 일반 국민들의 정서가 부정적이라는 것을 직시할 필요가 있다. 또한 적극적 이민을 통해 경제성장을 제고한 국가들의 사례를 국민들에게도 확산하여 인식을 변화시킬 수 있도록 하는 노력이 필요하다. 인구감소를 해결하기 위한 이민정책은 사회 전반적인 인식과 문화를 바꾸는 작업이라고 할 수 있으며, 이를 위한 일반 국민들의 참여와 협력이 매우 중요하다.

참고문헌

강동관 외(2017). 『주요국가의 이민정책 추진체계 및 이민법』. IOM이민정책연구원.

강란혜(2008). 탈북아동과 부모를 위한 남한사회에서의 심리사회적 적응프로그램 효과. 『한국지역사회복지학』, 27: 173-193.

강순희(2016). 중고령자 재취업의 결정요인, 일자리 만족도 및 고용안정성. 『취업진로연구』. 한국취업진로학회.

국회예산정책처(2018). 인구구조 변화가경제성장에 미치는 영향 분석: OECD국을 중심으로. 『NABO 브리핑』. 국회예산정책처.

김대근 · 강태경 · 이일(2017). 『난민심사제도의 개선 방안에 관한 연구』. KIC한국형사정책연구원.

김명중(2020). 『일본 70세 고용, 기업 신규채용에 미치는 영향』. Global HR.

김범수 외(2018). 『경제학의 관점에서 본 한국의 저출산 고령화 문제』. 고려대학교 출판사.

김수경(2023). 한국의 난민제도 현황과 개선방안 탐구. 『글로벌이슈브리프』. 국회뉴스ON.

김연홍(2021). 외국 인력정책방향 수립을 위한 스웨덴 사례연구. 『한국이민정책학회 학술지』, 여름호.

김예경 · 백상준 · 정민정(2018). 난민유입대응 관련 정책 현황과 개선방향. 『NARS현안분석』, 20: 1-11.

김의준(2011). 『고령화 및 저출산의 인구 구조 변화가 지역 경제에 미치는 영향 분석(2차 년도)』. 한국연구재단.

김원규 · 황원식(2017). 저출산 · 고령화의 경제적 영향 분석. 『산업연구』. 산업연구원.

김현호(2023). 지방소멸 어떻게 방지할 것인가? 『지방자치브리프』, 131. 지방행정연구원.

김환학 외(2016). 『난민법 시행 3년에 대한 평가 및 향후 법 개정 방향: 합리적 난민인정절차 구축방안을 중심으로』. 2016 법무부 용역보고서, 2016.12.

박명선(2007). 독일이민법과 통합정책의 외국인 차별에 관한 연구. 『한국사회학』, 41(2): 271-303.

박준구 · 여찬구(2021). 저출산 고령화로 인한 인구절벽의 경제적 영향 및 대응방안에 관한 연구: 해외 주요사례를 중심으로. 『기업과혁신연구』, 44(4): 261-280.

법무부(2015). 『주요 선진국 난민심사 사례분석을 통한 난민심사 전문성 제고 방안 연구』. 2015.12.

법무부(2018). 제주도 예멘인 난민신청 관련 조치 상황 및 향후 계획. 법무부 보도자료, 2018. 6.29.

법무부(2023a). 『2022 출입국 · 외국인정책 통계연보』. 2023.12.31.

법무부(2023b). 법무부, 과학·기술 우수인재 영주·귀화 패스트트랙 본격 시행. 보도자료.
법무부 난민과(2023). 국내난민현황. 난민인권센터.
법무부 출입국·외국인정책본부 난민과(2015). 『난민인정자, 인도적 체류자, 난민신청자를 위한 난민인정절차 가이드북』. 2015.4.
세계일보(2024.3.19). 2023년 혼인 건수 12년 만에 늘어 … 내국인 간 결혼은 줄었다.
세계한인언론인협회(2018). [월드뉴스] 프랑스의 이민 현황 그것이 궁금하다.
신윤정(2018). 보육교육비 부담이 출산 의향에 미치는 영향분석. 『보건사회연구』, 28(2): 103-134.
신종국·정용훈·이성훈(2022). 우리나라의 지속가능한 경제성장을 위한 생산 자동화의 역할. *Journal of the Korean Data Analysis Society*(June 2022), 24(3): 1099-1111. https://doi.org/10.37727/jkdas, 2022.3.24.
안상욱(2021). 프랑스 내 이민현황과 이주민에 대한 인식. 『민족연구』, 77: 27-48.
연합뉴스(2021.1.26). '첫 인구감소' 우리나라, 인구절벽 극복한 독일이 해법될까.
연합뉴스(2021.10.18). 유연하고 개방적인 스웨덴식 이주노동자 정책 검토해야.
오병훈(2015). 한국 난민정책의 문제점과 개선방안. 『정책개발연구』, 15(1): 69-95.
이성순(2023). 법무부 지역특화형 비자제도 개선방안 연구. 『한국이민정책학보』, 6(2): 51-73.
이성훈·이향수·정용훈(2020). 노동력 고령화가 인적자본 취업비중과 1인당 지역총생산에 미치는 효과: 우리나라 광역시와 도를 중심으로. 『디지털융복합연구』, 18(5): 25-31.
이영성(2008). 고령화가 지역경제에 미치는 영향, 『국토계획』, 43(7): 7-16.
정다연(2023). 지방자치단체 주도 외국인 정책분석. 『나라살림리포트』, 제328호.
정용훈·이성훈(2019). 노동력 고령화가 노동 생산성에 미치는 영향 분석: 우리나라 지역별 패널통계 활용. 『디지털융복합연구』, 17(11): 1-7.
주프랑스 대한민국 대사관(2012.6.1). 프랑스 다문화정책.
중앙일보(2022.8.19). [오영환 지방시대] 출산율 대반전 이룬 스웨덴의 백년대계.
조선일보(2023.7.22). 세계 최저 출산율 스웨덴은 어떻게 '아이 낳고 싶은 나라'가 됐나.
지방행정연구원(2021.11). 『지방자치브리프』, 131: 4.
한국경제(2023.9.26). 네 집 중 한 집은 고령자 가구 … 1년새 고령자 50만 명 급증.
한국산업인력공단(2017). 『인구절벽에 대비한 해외정책 및 사례연구』. (주)휴먼컬처아리랑.
한국학중앙연구원. 『한국민족문화대백과 사전』.

https://kosis.kr/visual/populationKorea
https://encykorea.aks.ac.kr/Article
http://www.mhdata.or.kr/mailing
https://overseas.mofa.go.kr/de-frankfurt-ko/brd/통계청, 독일 출산율 동향 및 대응, 2021.8.11

Acemoglu, D., & P. Restrepo(2017). Secular Stagnation? The Effect of Aging on Economic Growth in the Age of Automation, Am.

Aiyar, S., Ebeke, C., & X. Shao(2016). The impact of workforce ageing on European productivity. IMF Working Paper 238.

Andora, Bruno(2017). U.S. Policy on Cuban Migrant: In Brief, CRS Report, Dec. 16, 2017.

Autor, D., Levy, F., & R. J. Murnane(2003). The Skill Content Of Recent Technological Change: An Empirical Exploration. *Quarterly Journal of Economics*, 118(Nov), DOI: 10.1162/003355303322552801

Bloom, D. E., D. Canning & G. Fink(2010). Implications of population ageing for economic growth. *Oxford Review of Economic Policy*, 26(4): 583-612, DOI: 10.1093/oxrep/grq038

Bongaarts, J.(2004). Population aging and the rising cost of public pensions. *Population and Development Review*, 30(1): 1-23.

Dauth, W., Findeisen, S., Suedekum, J., & N. Woessner(2021). The Adjustment of Labor Markets to Robots. *Journal of the European Economic Association*, 19(6): 3104-3153(December 2021). https://doi.org/10.1093/jeea/jvab012

Elmeskov, J.(2004). Aging, public budgets, and the need for policy reform. *Review of International Economics*, 12(2): 233-242.

Gronqvist, C.(2009). The effect of labor force ageing on productivity in Finland. BoF Online 7/2009

Gomez, R., & Hernandez de Cos, P.(2008). Does population ageing promote faster economic growth? *Review of Income and Wealth*, 54(3): 350-372. DOI: 10.1111/j.1475-4991.2008.00279.x

Kim, U. J., Geoffrey, J. D., Hweings, H. D. Cho & C. G. Lee(2011). Analysis of Regional Economic Impacts of Population Aging: an Application of Interregional CGE Model for Korea. *Journal of the KRSA*, 27(1): 19-36.

Lee, H. S., & Lee, S. H.(2019). The impact of Workforce Aging on Labor Productivity: Using the Regional Panel Dataset in Korea. *Journal of Digital Convergence*, 17(11): 1-7. DOI: 10.14400/JDC.2019.17.11.00

Lee, S., & A. Mason(2007). Who gains from the demographic dividend? Forecasting income by age. *International Journal of Forecasting*, 23(4): 603-619.

Malmberg, B.(2005). Productivity Consequences of Workforce Aging: Stagnation or Horndal Effect? *Population and Development Review*, 34(2005: 17).

Modigliani, F.(1986). Life Cycle, Individual Thrift, and the Wealth of Nations. *The American Economic Review*, 76(3): 297-313. American Economic Association.

Peng, X.(2008). Demographic shift, population ageing and economic growth in China: A computable general equilibrium analysis. *Pacific Economic Review*, 13(5): 680-697.

Tang, J., & Macleod, C.(2006). Labor force ageing and productivity performance in Canada. *Canadian Journal of Economics*, 39(2): 582-603. DOI: 10.1111/j.0008-4085.2006.00361

CHAPTER 04

경제활동과 이민: 고용허가제를 중심으로

황민철

제1절 서론

고용허가제는 한국 노동시장에서 비숙련(E-9) 외국인근로자를 합법적으로 선발, 도입 및 관리하기 위해 수립된 제도이다. 또한 고용허가제는 국내의 노동력 부족을 해소하고, 산업별 인력 수급의 균형을 맞추기 위해 고안되었다. 현재 한국사회에서 저출산과 고령화로 인한 노동인구 감소가 지속적으로 심화되고 있어 고용허가제의 중요성은 점점 더 부각되고 있다. 고용허가제는 산업현장에서의 외국인 인력 수급과 동시에 외국인근로자의 권리 보호를 종합적으로 고려하는 제도이다. 즉, 외국인근로자가 합법적인 절차를 통해 입국하고, 내국인과 동등한 근로조건 아래 공정한 노동을 보장하는 역할을 수행하고 있다. 이와 더불어 고용허가제는 한국 노동시장의 인력 수급을 통한 안정을 꾀하고, 외국인근로자의 불법체류를 방지하는 데 기여하고 있다.

이 장에서는 먼저 경제활동이 가능한 체류자격 조건들을 살펴보고, 고용허가제와 유사한 비숙련 외국인력 제도들을 비교・분석하려 한다. 비숙련 외국인력 제도의 비교・분석 이후 고용허가제의 법적 근거, 운영방식, 현황, 그리고 제도의 성과와 한계에 대해 다루려 한다. 이를 통해 고용허가제가 국내 노동시장에서 어떤 역할을 하고 있으며, 향후 개선방안이 무엇인지에 대해 심도 있게 살펴보려 한다. 또한 고용허가제의 중요성과 필요성을 이해하고, 더 나아가 비숙련 외국인력 정책 전반에 대한 포괄적인 지식 습득에 도움을 제공하려 한다.

제2절 비숙련 외국인력 제도

1 체류자격과 취업활동

「출입국관리법 시행령」 제23조에 의하면, 취업자격 체류외국인을 "전문인력", "단순기능인력", "기타"로 구분하고 있다. 즉, 한국에 거주하면서 취업이 가능한 체류자격을 소지한 외국인을 취업자격 체류외국인으로 본다. "전문인력"은 교수(E-1), 회화지도(E-2), 연구(E-3), 기술지도(F-4), 전문직업(E-5), 예술흥행(E-6), 특정활동자(E-7)를 포함한다. "단순기능인력"은 비숙련 외국인력으로 볼 수 있는데, 비전문취업(E-9), 방문취업(H-2), 계절근로자(E-8), 선원취업자(E-10)를 말한다. 마지막으로 "기타"에 포함되는 체류자격은 거주(F-2), 재외동포(F-4), 영주(F-5), 결혼이민(F-6), 단기취업(C-4), 관광취업자(H-1)를 포함한다. 이러한 세 가지 체류자격 범주에 포함된 체류외국인만이 한국에서 취업활동이 가능하다.

2 비숙련 외국인력 제도의 분절성

앞서 살펴본 취업자격 체류외국인 분류 중 "단순기능인력"을 비숙련 외국인력으로, 특정활동(E-7) 체류자격 중 숙련기능인력(E-7-4)[1] 체류자격을 준숙련 외국인력

표 4-1 취업활동이 허용되는 체류자격 및 활동범위

체류자격(기호)			체류기간	체류자격 해당자 또는 활동범위
전문인력	교수	(E-1)	5년	전문대 이상의 교육기관 등에서 교육·연구 활동에 종사
	회화지도	(E-2)	2년	외국어학원, 학교 등에서 외국어 회화지도에 종사
	연구	(E-3)	5년	자연과학이나 산업상의 고도 기술 연구·개발에 종사
	기술지도	(E-4)	5년	자연과학 분야의 전문지식 또는 산업상 특수 기술 제공
	전문직업	(E-5)	5년	외국 변호사, CPA, 의사 등 법률, 회계, 의료분야 등에 종사
	예술흥행	(E-6)	1년	예술활동, 연예, 연주, 운동경기, 광고·모델 등에 종사
	특정활동	(E-7)	2년	공·사 기관과 계약에 따라 법무부장관이 지정한 활동에 종사
단순기능인력	비전문취업	(E-9)	3년	제조, 농축산, 어업, 건설, 일부 서비스업 등에 종사
	방문취업	(H-2)	3년	만 25세 이상의 중국·구소련 국적의 동포에게 부여하며, E-9과 같은 분야 취업허용(단, 서비스 분야 넓게 허용)
	선원취업	(E-10)	1년	선원근로계약을 체결하고 선원법상 부원(部員)에 해당하는 자
기타	거주	(F-2)	3년	국민·영주(F-5) 자격자의 미성년 자녀, 고액투자자, 전문인력·비전문인력으로 일정기간 이상 체류자 등(취업활동에 제한 없음)
	재외동포	(F-4)	3년	본인·부모·조부모 일방이 대한민국 국민이었거나, 방문취업으로 2년 이상 동일사업장 근속자 등(단순노무 외에 취업활동 허용)
	영주	(F-5)	없음	특정활동·거주 등으로 5년 이상 체류하고 일정요건 충족자, 국민이나 영주 자격자의 배우자·미성년 자녀로서 2년 이상 체류자, 재외동포 2년 이상 체류 및 일정요건 충족자 등
	결혼이민	(F-6)	3년	국민의 배우자 등
	단기취업	(C-4)	90일	일시 흥행, 광고·모델, 강의·강연 등 단기 취업활동에 종사
	관광취업	(H-1)	협정	협정이나 양해각서 체결 국가의 국민으로 관광을 주된 목적으로 하면서 경비충당을 위해 단기 취업활동 종사자

자료: 한국산업인력공단(2022: 173).

1) 숙련기능인력(E-7-4) 체류자격은 국내에서 비전문취업(E-9), 선원취업(E-10), 방문취업(H-2) 비

으로 고려할 수 있다.

이러한 체류자격을 취득하기 위해서는 여러 가지 조건들이 필요하다. 또한 이러한 조건들을 관리하는 중앙정부는 단일화가 되어 있지 않다. 사실상 E-9, E-10, E-8, E-7-4 체류자격 소지자를 비숙련과 준숙련 외국인력이라 부를 수 있으며, 이들의 도입과 선발, 관리는 한국의 여러 중앙정부 부처에서 각각 중복적으로 이루어지고 있다. 각 비숙련 및 준숙련 체류자격별 도입과 선발 관리의 구체적인 내용은 〈표 4-2〉와 같다.

표 4-2 비숙련 외국인력 도입·선발과 관리 비교

	고용허가제 (E-9, H-2)	외국인선원제도 (E-10)	계절근로자제도 (C-4/E-8): 결혼이민자 가족 제외	숙련기능인력 (E-7-4)
법적 근거	외국인근로자 고용 등에 관한 법률	외국인선원관리지침, 선원법	출입국관리법(체류자격 외 활동 허가)	출입국관리법
총괄기관/주무부처	고용노동부	해양수산부	법무부	법무부
관리주체	한국산업인력공단	수협중앙회	지자체	출입국관서
도입정원 결정	외국인력정책위원회 심의·의결	노사합의 이후 해수부 승인, 법무부 최종 결정	배정심사 협의회/법무부 주재로 고용노동부, 농림축산식품부, 해양수산부, 행정안전부로 구성됨	법무부
도입국가	16개국/어업특화국가-인도네시아, 동티모르, 스리랑카, 베트남/건설업-태국, 베트남, 캄보디아, 미얀마, 스리랑카, 중국/농축산업-네팔, 베트남, 태국, 캄보디아, 미얀마, 중국/서비스업-몽골, 우즈베키스탄, 중국	인도네시아, 베트남, 중국, 미얀마	대한민국 지자체와 송출국 지자체 MOU가 이루어진 경우	E-9, E-10, H-2 도입국가 출신 인력 중 선발

자로 4년 이상 근무 중인 외국인이 자격요건(한국어, 연간 소득, 나이, 1년 이상 근무지의 추천, 숙련도)을 충족할 경우 장기 체류할 수 있는 비자(E-7-4)로 전환 신청할 수 있는 제도이다(법무부, 2023).

계약/ 인력선발	정부 간 MOU(16개국)/ 송출국 공공기관/점수제에 의해 선발 (한국어+기능시험)	민간 기관 간(수협중앙회) 계약/송출국 민간송출기관	대한민국 지자체와 MOU가 이루어진 송출국 지자체	국내에서 단순기능외국인력(E-9)으로 4년 이상 근무 자가 숙련기능 외국인력(E-7-4)으로 취업 자격을 전환하는 방식/점수제(한국어, 나이, 소득, 현재 1년 이상 근무 중인 기업의 추천을 받은 자 등)
외국인 인력업종	제조업, 건설업, 서비스업, 어업, 농축산업	어업	농작물, 수산물 관련 업종	조선업, 뿌리산업, 농림축산어업, 일반제조업 및 건설업
입국 전 교육	송출국 정부부처 산하의 직업훈련기관에서 교육/45시간(한국어 38시간, 한국문화 이해 7시간)+실습 교육 시간	송출국 민간송출기관에서 교육/기본교육 30일 120시간 이상+주 40시간 이상 승선 실습	국내 지자체와 MOU를 체결한 송출국 지자체에서 자체 교육	–
입국	한국산업인력공단 각 국내대행업체로 인솔(중소기업중앙회, 농협중앙회, 수협중앙회, 대한건설협회)	국내관리업체(인솔)/수협중앙회가 민간 국내관리업체와 계약 위탁	지자체 인솔	–
국내 직무교육	중소기업중앙회, 농협중앙회, 수협중앙회, 대한건설협회	수협중앙회	지자체	–
배치	고용주가 직접 인솔/20톤 미만 어선주(직접 인솔 및 관리)/수협이 통역 및 민원 등 행정지원	국내관리업체(인솔)/수협중앙회가 민간 국내관리업체와 계약 위탁/20톤 이상 어선(수협, 관리업체 주도)	지자체	2년 이상 원 근무지 근무(E-9처럼 원 근무처 사업주 동의 없이는 이직 불가)
사후관리	한국산업인력공단	수협중앙회 → 국내관리업체, 수협 회원조합	지자체	법무부, 고용노동부

자료: 황민철 외(2023: 107-109). 일부 수정.

지금까지 살펴본 비숙련, 준숙련 외국인력의 도입·선발 관리의 분절성, 중복성은 다음과 같은 문제점을 유발할 수 있다(황민철 외, 2023: 110-111). 첫째, 질적인 외국인력 도입과 공급의 어려움이 나타날 수 있다. 즉, 객관적이며 명확한 선발, 도입 방안의 부재로 인하여 한국의 현장 수요에 적합한 외국인력 공급에 있어 난항에 직면할 수 있다. 좀 더 구체적으로 살펴보면, 고용허가제(E-9)의 경우 외국인력 선발에 있어 한국어 시험, 기능시험을 통해 도입과 선발, 공급이 이루어진다. 그러나 외국인선원(E-10)의 경우 선원취업경험 유무, 계절근로자(E-8)의 경우 농축산업경험 유무 등을 통한 선발, 공급 방식으로 객관성이 담보될 수 없는 문제점이 드러나고 있다. 또한 특정활동(E-7) 중 E-7-4 체류자격은 전문성을 통해 체류자격을 부여하고 있다. 여기서 전문성이란 직업 기술의 숙련 정도로 볼 수 있는데, 직업 기술의 숙련 정도를 측정할 수 있는 객관적인 기준이 현재 부재한 상황이다. 이러한 분절적 선발, 공급은 체류자격별 비객관적인 선발, 도입이라는 문제점을 노출하고 있으며, 이러한 문제점은 한국 산업현장의 적합한 외국인력 확보에 어려움을 직면하게 만들 수 있다.

둘째, 행정적 비효율성이 초래될 수 있다. 관리주체의 상이한 도입과 선발, 관리 정책으로 인하여 외국인 선발과 계약체결, 기업 배치의 중복성과 분절성이 유발될 수 있다. 예를 들어, 외국인력 도입을 위해 E-9은 송출국의 정부기관과 MOU, E-10은 수협중앙회가 송출국의 민간기관과 MOU, 지자체는 송출국의 지자체와 MOU가 이루어지고 있어 행정적 비효율성이 발생할 수 있다. 이는 각 대상별 외국인력 도입과 선발에 있어 중복적인 행정 비용이 발생하며, 송출국 현지의 잠재적 외국인력 지원과 선발 과정에서 혼동을 유발할 수 있다.

셋째, 불법적인 외국인력 도입과 선발이 이루어질 수 있다. 예를 들어, 정부 부처 주도의 도입과 선발 이외의 민간이 주도하는 도입과 선발 과정에서 브로커 개입의 소지가 있을 수 있다. E-8의 경우 지자체가 도입과 선발의 주체가 될 수 있는데, 지자체의 경우 송출국 지자체의 정보 부족으로 인하여 민간 소개 회사에 의존할 가능성이 농후하며, 그로 인하여 브로커 개입의 문제점 발생 가능성이 높다.

결국 중앙정부 차원에서 외국인력 도입과 선발 관리 기능의 통합에 대한 고민이 필요해 보인다. 즉, 합법적인 절차를 통한 산업현장 수요에 적합한 질적인 인력 확보, 행정적 효율성 확보를 위해서는 입국 전후 비숙련 외국인력의 중앙정부 차원의 체계적이며, 통합적인 운영과 관리가 필요하다.

제3절 고용허가제의 이해

1 고용허가제 개요

고용허가제란 내국인을 구하지 못한 중소기업이 정부로부터 고용허가서를 발급받아 합법적으로 비전문 외국인력을 고용할 수 있도록 하는 제도이다. 사실상 외국인근로자의 도입과 관리를 정부에서 관장함을 의미한다. 고용허가제는 외국인근로자를 체계적으로 도입·관리함으로써 원활한 인력수급 및 국민 경제의 균형 있는 발전을 도모하는 것이 주요 목적이라 할 수 있다. 고용허가제의 기본원칙은 크게 다섯 가지로 볼 수 있다(한국산업인력공단, 2022; 2023). 첫째, 보충성이다. 국내 노동시장 잠식을 방지하기 위해 내국인 근로자를 고용하지 못한 기업에 외국인근로자 고용을 허용한다. 둘째, 투명성이다. 외국인력 도입, 알선 등의 과정에서 각종 비리와 브로커 개입 등의 문제를 차단하기 위해 공공부문인 고용센터와 한국산업인력공단이 직접 관리한다. 즉, 고용센터를 통하지 않는 채용과 취업이 불가하다. 셋째, 시장수요 존중이다. 인력수급 동향과 연계하여 적정 수준의 외국인력 도입 규모, 업종 결정이 이루어진다. 또한 시장 수요에 맞는 외국인력 선발과 도입을 지향하고 있다. 넷째, 차별금지이다. 최저임금법, 산업안전보건법 등 노동관계법을 내국인과 동등하게 적용하고 있으며, 외국인근로자의 기본적 인권을 보장하고 있다. 다섯째, 비전문인력에 대한 정주화 방지이다. 3년 또는 5년(재고용 시) 미만의 취업활동기간을 부여하여 이들의 정주화를 원천적으로 제한하고 있다.[2] 또한 취업활동기간 만료 이후 모국 귀국이라는 세부 원칙기반으로 제도를 운영하고 있다.

고용허가제의 도입배경은 고용허가제 전신인 산업연수생제도의 문제점에 기인한다(한국산업인력공단, 2022). 산업연수생제도는 1993년부터 중소기업의 인력난 해소를 위해 도입된 제도이다. 산업연수생제도는 먼저 송출국의 민간영리송출기관이 할당

2) 한국정부는 고용허가제의 개편방안으로 장기근속 특례 제도를 검토하고 있고, 이러한 장기근속 특례 제도는 기존의 E-9 체류자격의 외국인근로자가 10년 이상 한국에서 체류할 수 있는 여건을 조성하려고 하고 있다. 결국, 고용허가제 개편을 통해 거주기간 제한 완화를 고려하고 있다(관계부처 합동, 2022).

된 정원 내에서 산업연수생을 선발한다. 그 이후 국내 연수 추천 단체로 지정된 중소기업중앙회, 건설협회, 수협, 농협에 선발된 산업연수생을 보내면, 이들 단체가 최종적으로 연수생을 선정하는 시스템이다. 그러나 산업연수생제도는 다음과 같은 문제점을 유발하였다. 첫째, 인력수요에 대한 탄력적 대응이 곤란하였다. 둘째, 연수생 선발 과정에서 많은 비리가 발생하였다. 셋째, 연수생을 근로자로 편법 활용하는 사례가 급증하였다. 넷째, 임금 체불 등의 문제로 인해 불법체류자가 대규모로 발생하는 현상이 나타났다. 즉, 외국인력이 확대될수록 불법체류자가 증가하는 역효과가 발생하였다. 보다 구체적으로 2002년에는 전체 외국인력(363,000명) 중 불법체류자(290,000명)가 80%에 육박하였고, 이들에 대한 인권과 공공재 무임승차라는 문제점이 부각되면서 산업연수생 폐지에 대한 여론이 나타나게 되었다. 이러한 문제점들의 대안으로 고용허가제가 제정 및 시행되었다.3)

2 고용허가제 전달체계

고용허가제를 통한 비전문취업 외국인근로자의 취업절차는 [그림 4-1]의 전달체계를 거치게 된다. 고용노동부는 고용허가제를 담당하는 주무부처이며, 고용노동부 산하 한국산업인력공단에서 고용허가제의 주요 실무를 담당하고 있다. 여기서는 전달체계 중 외국인력정책위원회, 외국인구직자(외국인근로자), 송출국가, 한국산업인력공단 중심으로 살펴보고, 다음에서는 도입과 선발 관련 내용들을 기술하려 한다.

「외국인근로자의 고용 등에 관한 법률」에 따라 설치된 외국인력정책위원회에서 외국인근로자 관련 기본계획 수립, 외국인근로자 도입 업종 및 규모 결정, 외국인근로자 송출 가능 국가의 지정 및 취소, 사업 및 사업장별 외국인근로자 고용 관련 사항과 권익보호에 관한 내용을 심의 · 의결한다. 외국인력정책위원회의 심의와 의결 이후 고용노동부장관은 외국인근로자 도입계획을 수립하고 공표한다. 도입계획은 외국인력 도입 규모, 고용허용 업종, 사업장별 고용허용 인원 등의 내용을 포함한다.

「외국인근로자의 고용 등에 관한 법률」의 적용 대상인 외국인근로자는 비전문취업(E-9)이나 방문취업(H-2)의 사증을 소지하고 한국에서 체류하고 있는 외국인을 말

3) 고용허가제의 발달 과정에 대해서는 이 책 제1장 참고.

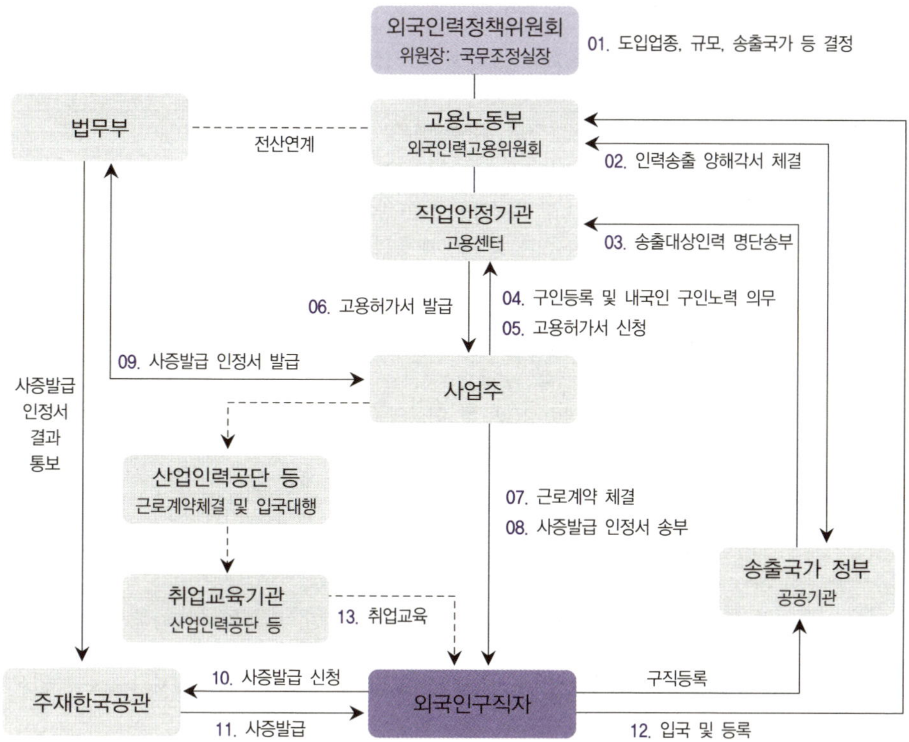

주: 서울외국인근로자센터,
http://cafe.naver.com/seoulokok.cafe?iframe_url=/MyCafeIntro.nhn%3Fclubid=22707576, 일부수정.

그림 4-1 외국인근로자 도입 · 선발 체계

한다. 비전문취업(E-9) 외국인근로자를 일반고용허가제 외국인근로자로, 방문취업(H-2) 외국인근로자를 특별고용허가제 외국인근로자로 지칭하고 있다([별첨] 참조).

표 4-3 2024년 일반 외국인근로자(E-9) 고용허용 업종

구분	일반고용허가제(E-9)
제조업	– 상시근로자 300인 미만 또는 자본금 80억 원 이하 ※ 단, 상기 기준에 충족하지 않더라도 아래 증빙서류 제출 시 인정 • 중소기업(지방중소기업청에서 발급한 '중소기업확인서') • 비수도권 소재 뿌리산업 중견기업(한국생산기술연구원에서 발급한 '뿌리기업 확인서' 및 한국중견기업연합회에서 발급한 '중견기업 확인서')

건설업	– 모든 건설공사 ※ 발전소 · 제철소 · 석유화학 건설현장의 건설업체 중 건설면허가 산업환경설비인 경우에는 적용 제외
농축산업	– 작물재배업(011), 축산업(012), 작물재배 및 축산 관련 서비스업(014)
어업	– 연근해어업(03112), 양식어업(0321), 천일염 생산 및 암염 채취업(07220)
임업	– 임업 종묘 생산업(02011), 육림업(02012), 벌목업(02020), 임업 관련 서비스업(02040) ※ 위 업종 중 「산림기술 진흥 및 관리에 관한 법률」 제2조 제7호에 따른 '산림사업시행업자' 중 법인 및 「산림자원의 조성 및 관리에 관한 법률」 제16조에 따른 '종묘생산업자' 중 법인에 한함 ※ 표준직업분류상 '임업 단순 종사원(99102)' 고용에 한함
광업	– 금속 광업(06), 비금속광물 광업(07) ※ 위 업종 중 연간 생산량 15만 톤 이상의 「광업법」 제3조 제3 · 4호에 따른 '채굴권' 또는 '조광권'이 설정된 업체에 한함 ※ 표준직업분류상 '광업 단순 종사원(91002)' 고용에 한함
서비스업	– 건설 폐기물 처리업(3823) – 재생용 재료수집 및 판매업(46791) – 냉장 · 냉동 창고업(52102)(내륙에 위치한 업체) 호텔업(55101), 휴양콘도 운영업(55103), 기타 일반 및 생활 숙박시설 운영업(55109) 중 호스텔업 ※ 위 업종 중 서울특별시 · 부산광역시 · 강원특별자치도 · 제주특별자치도 소재 업체에 한함 ※ 표준직업분류상 '건물 청소원(94111)', '주방 보조원(95220)' 고용에 한함 한식 음식점업(5611) ※ 음식점업 외국인력 허용 시범 지역에 소재한 '내국인 피보험자 수 5인 이상 사업장 중 5년 이상 영업을 유지하고 있는 사업체' 또는 '내국인 피보험자 수 5인 미만 사업장 중 7년 이상 영업을 유지하고 있는 사업체'에 한함 ※ 표준직업분류상 '주방 보조원(95220)' 고용에 한함 – 서적, 잡지 및 기타 인쇄물 출판업(581) – 음악 및 기타 오디오물 출판업(59201) – 건축물 일반 청소업(74211) ※ 위 업종 중 서울특별시 · 부산광역시 · 강원특별자치도 · 제주특별자치도에 소재한 '호텔업(55101), 휴양콘도 운영업(55103), 기타 일반 및 생활 숙박시설 운영업(55109) 중 호스텔업' 등과 1:1 전속계약(청소 등 위탁)을 체결한 경우만 해당 ※ 표준직업분류상 '건물 청소원(94111)' 고용에 한함 ⊙ 아래 업종의 표준직업분류상 하역 및 적재 단순종사자(92101) – 폐기물 수집, 운반, 처리 및 원료 재생업(38) ※ 단, 「폐기물 수집, 운반, 처리 및 원료 재생업」의 경우는 폐기물 분류 업무도 포함 – 음식료품 및 담배 중개업(46102) – 기타 신선 식품 및 단순 가공식품 도매업(46319) – 택배업(49401)

- 기타 항공 운송지원 서비스업(52939)
  ※「항공사업법」 시행규칙 제5조 제2호에 따른 항공기하역업체
- 항공 및 육상화물취급업(52941)
  ※「축산물 위생관리법」 제2조 제3호에 따른 식육을 운반하는 업체 및「생활물류서비스 산업발전법」 제2조 제3호 가목에 따른 택배서비스업체

자료: 고용노동부(2023). 제41차 외국인력정책위원회 결정사항 공고.

외국인근로자는 입국한 날부터 3년의 범위에서 취업활동을 할 수 있다. 그러고「외국인근로자의 고용 등에 관한 법률」에 따라 취업을 마친 후 출국한 외국인은 출국한 날부터 1개월이 지나지 아니하면 재입국하여 취업할 수 없다. 다만, 3년의 취업활동기간이 만료하는 외국인근로자는 1회에 한정하여 2년 미만의 범위에서 취업활동기간을 연장받을 수 있다. 그러나 연장을 위해서는 취업활동기간 3년이 만료되어 출국하기 전에 사용자가 고용노동부장관에게 재고용 허가를 요청하여 받아야 한다.

외국인근로자에게 4대 사회보험(국민건강보험, 산재보험, 고용보험, 국민연금)이 당연적용되고 있으며, 4대 보험과 별개로 외국인근로자 전용보험이 운영되고 있다. 이러한 법적 권리에도 불구하고, 외국인근로자는 사업장을 변경하기 위한 제약조건들이 있으며, 사업장 변경 횟수 역시 제한된다. 또한 사업장 변경 시 외국인근로자는 의무적으로 고용센터의 알선을 통해서만 취업할 수 있다.

표 4-4 외국인근로자에 대한 4대 보험(2023년 기준)

구분	국민건강보험	산재보험	고용보험	국민연금
근거	국민건강보험법	산업재해보상보험법	고용보험법	국민연금법
피보험자	외국인근로자			
가입대상	외국인근로자를 고용하고 있는 사업장 및 외국인근로자	근로자를 고용하는 모든 사업장	1인 이상의 근로자를 고용하는 사업장	상호주의에 따라 외국인에 대해 당연적용하는 국가의 외국인근로자 고용사업장 및 외국인근로자
가입 강제 여부	당연적용(2019년 7월 16일부터 당연적용 직장가입자를 제외한 미가입자도 당연 지역가입	당연적용	당연적용(실업급여 사업을 적용받고자 하는 경우 별도 신청: 임의가입)	당연적용(상호주의)

당연적용 적용 제외		법인이 아닌 5인 미만 농업, 임업(벌목업 제외), 어업, 수렵업	법인이 아닌 5인 미만 농업, 임업, 어업	네팔, 동티모르, 미얀마, 방글라데시, 파키스탄(2023년 3월 기준)
산출내역	표준보수월액×국민건강보험료율	보험요율은 업종별로 상이	표준보수월액×고용보험료율	표준보수월액×9%
보험료 부담자	직장가입자(근로자 50%, 사업주 50%), 지역가입자(근로자 100%)	사업주 100%	사업주 전액부담(0.25%~0.85% 규모 기준 차등 적용), 실업급여(근로자 0.9%, 사업주 0.9%)	근로자 50%, 사업주 50%
보험금 지급 및 혜택	외국인근로자 질병발생 시 진단, 치료, 재활지원	업무상 재해 발생 시 보상, 요양, 재활지원	실업예방, 고용촉진, 재취업지원	출국 시 반환
담당기관	국민건강보험공단	근로복지공단	지방관서(고용센터)	국민연금공단

자료: 한국산업인력공단(2023: 15).

표 4-5 고용허가제 전용보험(2023년 기준)

구분	출국만기보험	귀국비용보험	보증보험	상해보험
근거	외국인근로자의 고용 등에 관한 법률 제13조, 동법 시행령 제21조	외국인근로자의 고용 등에 관한 법률 제15조, 동법 시행령 제22조	외국인근로자의 고용 등에 관한 법률 제23조, 동법 시행령 제27조	외국인근로자의 고용 등에 관한 법률 제23조, 동법 시행령 제28조
도입목적	불법체류 예방 및 사업주의 퇴직금 일시 지급에 따른 부담 완화	귀국 시 필요한 비용 충당	외국인근로자의 임금 체불에 대비	업무상재해 이외의 사망, 질병에 대비
가입대상	사업주	외국인근로자	사업주	외국인근로자
적용 사업장	1년 이상 취업활동 기간이 남은 외국인 근로자를 고용한 사업주		각 호 중 하나(임금채권보장법이 적용되지 아니하는 사업장, 상시 300인 미만 근로자 사용 사업장)	
피보험자 또는 수익자	외국인근로자			
가입 시기	근로계약체결 효력 발생일로부터 15일 이내	근로계약체결 효력 발생일로부터 3개월 이내	근로계약체계 효력 발생일로부터 15일 이내	근로계약체결 효력 발생일로부터 15일 이내

벌칙규정	미가입 시 500만 원 이하 벌금	미가입 시 500만 원 이하 과태료	미가입 시 500만 원 이하 벌금	미가입 시 500만 원 이하 벌금
보험금 납부방법	월통상임금의 8.3% 매월 적립	일시금 또는 3회 이내 분할납부 국가별 40~60만 원	일시금 근로자 1인당 1년/15,000원)	일시금 3년/20,000여 원(성별, 연령에 따라 차등)
보험금 지급사유	사업장에서 1년 이상 근무한 외국인근로자의 출국(일시 출국 제외), 체류자격 변경	외국인근로자 출국 (일시 출국 제외)	사업주의 체불임금 발생 시 지급 원칙	외국인근로자의 업무상 재해 이외의 사망 또는 후유장애 발생
지급금액	1년 이상 근무하고 최초 납입일로부터 12개월 이상 경과 시 원금의 100%~102.4% 지급	최초 납입일로부터 12개월 이상 경과 시 원금의 100%~107.6% 지급	고용노동부장관 고시 금액 400만 원 한도 (근로자 1인당)	상해사망, 후유장애: 최대 3천만 원/ 질병사망, 고도장해: 1천 5백만 원
담당기관	삼성화재	삼성화재	서울보증보험	삼성화재

자료: 한국산업인력공단(2023: 14).

송출국가의 선정은 외국인력정책위원회가 권한을 가지고 있으며, 이를 기반으로 외국인근로자를 송출할 수 있는 국가를 지정하거나 지정을 취소할 수 있다(한국산업인력공단, 2022). 외국인력정책위원회는 송출국의 고용허가제 운영 능력, 송출 과정의 투명성 확보 여부, 경제 및 외교적 관계 등을 종합적으로 고려하고 있으며, 최종적으로 송출 후보국의 현지조사를 통해 최종 송출국을 결정하고 있다. 송출국가는 2023년 16개국에서 2024년 17개국으로 확대되었는데, 타지키스탄이 추가되었다.[4] 이들 송출국가는 소수업종 특화국가로 분류하여 운영되고 있다. 제조업을 제외한 건설업, 어업,

표 4-6 소수업종 특화국가

업종	특화국가명	업종	특화국가명
건설업	태국, 베트남, 캄보디아, 미얀마, 스리랑카, 중국	어업	인도네시아, 베트남, 동티모르, 스리랑카, 중국
농축산업	네팔, 베트남, 태국, 캄보디아, 미얀마, 중국	서비스업	몽골, 우즈베키스탄, 중국

자료: 한국산업인력공단(2022: 177).

4) 타지키스탄의 외국인력 도입은 정부 간 고용허가제 양해각서(MOU) 체결 및 현지 EPS센터 설치 등의 절차를 거친 후, 2025년부터 추진될 예정이다.

농축산업, 서비스 업종 등의 경우 도입 규모가 적고, 업종 특성상 특정 국가에서의 도입이 어려운 경우가 있으며, 국가별 사업주 선호도 차이가 크기 때문이다.

한국정부와 송출국가 정부는 송출국가로 선정된 후 고용허가제 양해각서(MOU)를 체결하게 된다(한국산업인력공단, 2022). 이 양해각서는 인력송출에 관한 구체적인 내용을 규정하여 투명성을 확보하고 양국 정부의 책임을 강화하게 된다. MOU에는 고용허가제에 따른 인력송출에 대한 전반적인 사항이 포함되며, 2년 간 유효하다. 매년 외국인력도입계획이 확정되면, 전체 구직자 명부 규모의 약 2~3배수를 확정하고, 이를 송출국가별로 배분하게 된다. 각 국가의 도입 인원 상한은 2012년 이후 결정되어 왔으며, 결국 국가별 도입 규모의 상이함을 말한다. 국가별 구직자 명부 할당 규모와 도입 인원 상한은 차등 적용되고 있는데 사업주의 선호도, 불법체류율, 사업장 이탈률 등을 종합적으로 고려하여 차등 적용하고 있다. 한국산업인력공단은 고용노동부 산하 기관으로 고용허가제의 실질적인 업무를 담당하고 있다. 고용허가제의 실질 업무는 공단 본부, 지역본부 및 지사, 그리고 해외 EPS(Employment Permit System) 센터에서 담당한다. EPS센터는 송출국가와의 협력을 위해 해외 EPS센터를 송출국가(16개국)에서 운영하고 있으며, 이는 외국인근로자의 도입을 지원하는 역할을 수행하고 있다.

3 도입과 선발

1) 외국인근로자의 취업절차: 외국인근로자 관점에서

외국인근로자가 어떻게 E-9 체류자격을 통해 한국 입국과 한국의 사업장에 배치될 수 있는지에 대한 전반적인 과정을 살펴본다. 즉, 외국인근로자 관점에서의 취업절차로 볼 수 있다. 외국인근로자의 송출국가에서 한국으로 입국과 한국 사업장 초기 배치까지의 과정인데, 이러한 과정은 입국 전/후 14단계를 거쳐 이루어진다(〈표 4-7〉 참조). 외국인근로자로 선발되어 한국으로 입국하기 위해서는 먼저 선발포인트제 시험에 응시하고 합격해야 한다. 합격 이후 건강검진에서 이상이 없을 시 구직등록을 해야 한다. 구직등록 이후 한국산업인력공단에 구직자 명단과 정보(선발포인트제 점수, 인적사항 등)를 보내면, 한국의 사업주가 적합한 구직자를 선택하게 된다. 한국의 사업주가 구직자를 선택하였을 때 매칭이 이루어지게 된 것으로 볼 수 있으며, 고용센터는 사업주에게 고용허가서를 발급해 준다. 고용허가서 발급 이후 사업주는 근로계약서를 공단에 송부하고, 공단은 다시 송출국가의 외국인근로자에게 근로계약서를 송부하고, 외국인근로자가 근로의사와 더불어 계약서를 체결하면 송출국가에서 사전교육과 사증(E-9)을 발급받는다. 사증 발급 이후 한국으로 입국하게 되며, 입국 직후 외국인근로자는 근로자 취업교육을 이수하고 사업주에게 인도되어 사업장에 배치된다.

표 4-7 비전문취업 외국인근로자(E-9) 취업절차(2023년 기준)

절차	주요 방법 및 절차
① 선발포인트제 준비 (자율학습, 학원 수강 등)	▪ 한국 취업 희망하는 구직자는 선발포인트제 응시를 위해 자율 혹은 한국어학원 수강
② 선발포인트제 공고 및 신청・접수 (응시희망자 → 공단・송출기관)	▪ 송출기관을 통해 선발포인트제 시행날짜가 공고되면 시험접수 ※ 단, 한국어능력시험 응시자격을 반드시 확인 후 준비
③ 선발포인트제 실시 (공단・송출기관)	▪ 선발포인트제 응시
④ 선발포인트제 합격자 통보 및 건강검진・구직신청 안내 (송출기관 → 합격자)	▪ 송출기관은 선발포인트제 합격자를 게시판, 인터넷 등을 통해 공고 및 합격증 배부 ▪ 시험 합격자는 송출기관이 지정한 건강검진 기관에서 건강검진 실시 ※ 입국 전 건강검진에 통과한 근로자라도 입국 후 건강검진에서 불합격할 경우 본국으로 강제송환
⑤ 구직 등록 (합격자 → 송출기관)	▪ 선발포인트제 합격자 중 건강검진을 통과한 구직자는 구직 신청 기간에 맞추어 구직등록
⑥ 구직자 명부 전송 (송출기관 → 공단)	▪ 송출기관은 완성된 구직자 명부를 한국산업인력공단에 송부 ※ 공단은 구직자 정보(한국어시험 성적, 인적사항 등) 확인 후 구직요건 충족자 명부 인증
⑦ 한국 사용자의 구직자 선택 및 고용허가서 발급 (사업주 ↔ 고용센터)	▪ 고용센터는 내국인 구인노력의무(7일 또는 14일) 이행 등 일정 요건을 갖춘 사용자에게 외국인 구직자 명부 중에서 적격자를 추천(3배수 내외) ▪ 사용자는 고용센터에서 알선한 근로자들의 구직조건(키, 몸무게, 성별, 한국어시험 성적 등)을 검토하여 근로자 선택 ▪ 적격자를 선장한 사용자에게 고용허가서를 발급
⑧ 근로계약서 송부 (사업주 → 공단)	▪ 외국인근로자를 선택한 사용자는 공단을 통해 근로계약서를 송출국가 해당 근로자에게 송부

⑨ 근로계약 체결 (송출기관 ↔ 근로자)	▪ 근로자는 송출기관을 통해 근로계약서를 확인 후 근로계약 체결 의사 전달
⑩ 사전교육 실시 [근로자 ↔ 송출(사전교육)기관]	▪ 근로계약이 체결된 근로자는 현지 사전교육기관에 입소하여 한국 취업에 필요한 기본교육 이수(45시간 이상)
⑪ 사증신청 · 발급 (송출기관 → 재외공관)	▪ 송출기관은 한국산업인력공단에서 송부한 사증발급인정서를 수령하여 사전교육을 이수한 근로자에 대한 비자(E-9) 신청 ▪ 비자신청 시 재외공관 지정병원 결핵진단서 제출 ※ 건강검진 실시 후 장기간(3개월 이상)이 소요된 경우 건강검진 재실시 후 입국하는 것이 바람직
⑫ 입국가능 여부 통보 및 입국자 확정 (송출기관 ↔ 공단)	▪ 송출기관은 공단에서 수립 · 통보한 입국계획에 따라 근로자의 입국을 준비하고, 대상 근로자의 입국가능 여부를 입국예정일 최소 7일 전에 공단에 통보 ▪ 근로자는 송출기관의 안내에 따라 입국에 필요한 사항을 준비하는 등 수립된 입국계획이 차질 없이 진행될 있도록 적극 협조
⑬ 근로자 입국 (송출기관 → 공단)	▪ '최종 입국확정자'는 송출기관의 안내 하에 지정된 입국일에 입국
⑭ 근로자 취업교육 및 인도 (취업교육기관 → 사업주)	▪ 근로자는 인천공항 입국 후 취업교육기관으로 이동하여 취업교육 이수(16시간) ▪ 취업교육기관에서 건강검진 재실시 ※ 건강검진에 불합격할 경우 본국으로 강제송환 ▪ 취업교육 이수한 근로자는 근로계약을 체결한 사업장으로 배치

자료: 한국산업인력공단(2022: 180-181).

2) 선발포인트제

외국인근로자 취업절차 중 1단계가 선발이라 할 수 있다. 고용허가제는 외국인력 선발포인트제에 의해 외국인근로자를 선발하게 된다. 이는 선발의 객관성을 확보하기 위해 점수제에 의해 선발이 이루어지고 있다. 사실상 한국어능력시험, 기능시험, 직무능력평가 등을 통해 개인의 역량을 종합 평가하는 복합선발제도이다(한국산업인력공단, 2023).

1차 평가는 한국어능력시험으로, 한국어능력과 문화이해에 대한 총 40문항(읽기, 듣기 각 20문항)으로 구성되어 있으며, 객관식 4지선다형 100점 만점으로 채점된다. 그러나 제조업을 제외한 업종 선발자의 경우 90점 만점으로 배점된다. 최저 점수 이상을 획득해야 하며, 고득점자 순으로 선발하게 된다. 2차 평가는 한국어시험 1차 합격자만 응시 가능하며, 기능시험과 직무능력평가로 이루어진다. 기능은 체력, 면접,

기초 기능을 평가하며, 직무평가는 차등적인 가점이 부여되는 방식이다. 제조업은 100점, 그 이외 업종은 110점 만점으로 배점된다. 1, 2차 평가의 점수를 합산하여 고득점자를 선발한다.

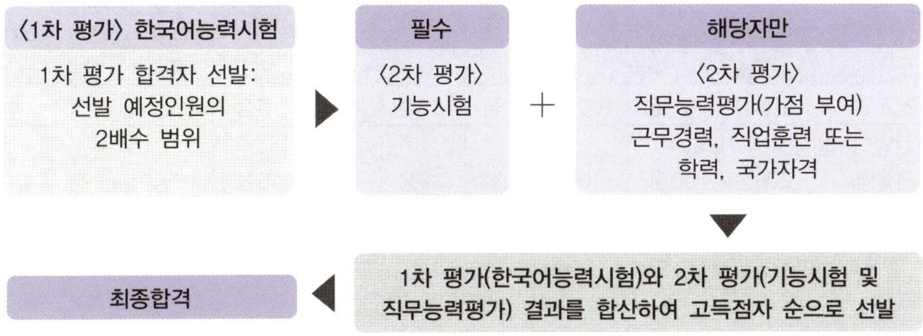

주: 한국산업인력공단(2023: 8).

그림 4-2 비전문취업 외국인근로자 선발포인트제

표 4-8 선발포인트제의 2차 평가(기능시험 및 직무능력평가) 구성

	체력	면접
전업 공통	악력, 배근력, 체중, 신장, 색각검사(신체 특이사항)	자기소개 및 태도(동영상 촬영), 한국어 기초대화 및 행동지시, 업종별 명칭 맞추기, 기초직업능력
	공통	**선택**
제조업(기초기능)	핀꽂기, 링걸기	볼트너트 조립, 계량계측, 이음접합
농축산업(기초기능)	핀꽂기, 일륜차 운전	모형 맞추기, 작업물 운반
건설업(기초기능)	핀꽂기	패널제작, 철근조립결속
어업(기초기능)	핀꽂기, 중량물 적재	일륜차 운전, 로프정리 매듭

자료: 한국산업인력공단(2023: 9).

표 4-9 선발포인트제의 2차 평가(기능시험 및 직무능력평가) 배점

<table>
<tr><th rowspan="3">업종</th><th rowspan="3">총점</th><th rowspan="3">한국어 능력 시험 (1차 평가)</th><th colspan="8">기능시험 및 직무능력평가(2차 평가)</th></tr>
<tr><th rowspan="2">총점</th><th colspan="3">기능시험</th><th colspan="4">직무능력평가(가점부여)</th></tr>
<tr><th>체력</th><th>면접</th><th>기초 기능</th><th>계</th><th>근무 경력</th><th>직업 훈련 또는 학력</th><th>국가 자격</th></tr>
<tr><td>제조업</td><td>200점</td><td>100점</td><td>100점</td><td>30점</td><td>30점</td><td>40점</td><td>5점</td><td>3점</td><td>1점</td><td>1점</td></tr>
<tr><td>농축산업, 어업, 건설업, 서비스업</td><td>200점</td><td>90점</td><td>110점</td><td>30점</td><td>30점</td><td>50점</td><td>5점</td><td>3점</td><td>1점</td><td>1점</td></tr>
</table>

자료: 한국산업인력공단(2023: 9).

3) 사업장 신규 외국인근로자 배정방식

외국인근로자의 신규인력 배정 시 장시간 사전대기하는 등의 불편을 예방하고, 외국인력이 필요한 정도와 모범적인 외국인 고용의 징표 등을 점수 항목으로 함으로

표 4-10 신규인력 배정계획 및 동점자 우선 선발 기준(2024년 기준)

구분	항목
기본항목 (4개)	• 외국인고용 허용인원 대비 실제 고용하고 있는 외국인이 적을수록 점수 높음 • 외국인 고용인원 대비 재고용 만료자(접수 마감 익월부터 6개월 간)가 많을수록 점수 높음 • 신규 고용 신청 인원이 적을수록 점수 높음 • 내국인 구인노력 기간 중 고용센터 알선자(내국인)를 많이 고용할수록 점수 높음
가점항목 (7개)	• 농축산업・어업 분야 표준근로계약서 가이드라인 준수 사업장 • 우수 기숙사 설치・운영 사업장(고용센터 지도점검 결과 우수기숙사로 인정된 경우) 등
감점항목 (9개)	• 안전보건상 조치 의무 위반으로 사망재해 발생사업장, 성폭행, 폭행, 폭언, 성희롱, 임금체불 등 노동관계법 위반 사업장 등
동점 사업장 중 우선 배정 사업장 선정 기준	① 내국인 구인노력 점수가 높은 사업장 ② 외국인 고용허용인원 대비 실제 고용인원이 적은 사업장 ③ 감점항목에 감점이 없는 사업장 ④ 외국인 고용인원 대비 재고용만료자가 많은 사업장 ⑤ 전산추첨

자료: 고용노동부(2024).

써 외국인력이 꼭 필요한 사업장에 점수제 방식으로 우선 배정하고 있다(한국산업인력공단, 2023). 즉, 점수가 높은 사업장에 신규인력을 우선 배정하는 방식이다. 점수 구성은 기본(4개), 가점(7개), 감점(9개) 항목으로 구성된다. 점수가 동일한 경우 내국인 구인노력, 외국인 고용인원이 적은 사업장, 감점 항목이 적은 사업장, 재고용 만료자가 많은 사업장, 전산 추첨 순으로 배정하고 있다. 그러나 사업주가 사업장 변경자 채용 시에는 상시 고용허가 신청이 가능하며 점수제 적용을 받지 않고 있다(한국산업인력공단, 2022).

4) 사업주의 외국인근로자 도입 절차: 사업주 관점에서

한국의 사업주가 어떤 과정을 거쳐 외국인근로자(E-9)를 사업장에 채용할 수 있는지에 대한 전반적인 과정을 한국의 사업주 관점에서 살펴본다. 즉, 한국의 사업주에 의한 외국인근로자 도입 절차로 볼 수 있다. 각 단계별 주요 방법 및 절차는 〈표 4-11〉과 같다. 사업주가 외국인근로자를 도입하기 위해 9단계를 거치게 된다. 사업주는 관할 지방관서나 워크넷에 내국인 구인노력을 반드시 해야 하고, 내국인 인력을 선발하지 못했을 때 외국인근로자를 배치받을 수 있다. 사업주는 내국인 근로자 구인노력을 고용노동부에 증명하고, 외국인근로자 배치를 위한 고용허가서를 신청하고 발급받아야 한다. 이때 사업장 신규 인력 외국인근로자 배정 점수에 따라 고용노동부에 의해 사업장이 확정된다. 고용허가서를 발급받은 사업주는 한국산업인력공단 또는 대행기관(중소기업중앙회, 농협중앙회, 수협중앙회, 대한건설협회)에 외국인근로자 도입 위탁을 신청하게 된다. 한국산업인력공단의 위탁업무를 통해 사업주는 외국인근로자와 근로계약을 체결하게 된다. 근로계약 체결 이후 사업주는 사증발급을 신청하게 된다. 사증발급 신청 이후 외국인근로자는 비자신청 및 취득, 입국 전 사전교육, 입국 후 취업교육을 수행해야 한다. 이러한 외국인근로자의 비자 취득, 입국 전·후 교육이 완료되면 사업주의 사업장에 배치되게 된다.

표 4-11 사업주 외국인근로자 도입 절차(2023년 기준)

<table>
<tr><th>절차</th><th>주요 방법 및 절차</th></tr>
<tr><td>① 내국인 구인노력
(사업주 → 고용노동부)</td><td>• 관할 지방관서(고용센터) 또는 워크넷(www.work.go.kr)사이트에 내국인 구인신청(7일 동안 내국인 구인노력 증명 필요)</td></tr>
<tr><td>② 고용허가서 신청
(사업주 → 고용노동부)</td><td>• 내국인 구인노력에도 인력을 채용하지 못한 경우, 사업장 소재지 관할 지방관서(고용센터)에 외국인고용허가 신청
• 기한: 내국인 구인노력기간 경과 후 3개월 이내, 배정공고에 따른 신청시기 내
• 구비서류: 외국인근로자 고용허가서 발급신청서, 기숙사시설표, 발급요건 입증서류(사업자등록증 사본 등)</td></tr>
<tr><td>③ 고용허가서 발급
(고용노동부 → 사업주)</td><td>• 점수제에 따라 고용허가 대상 사업장 확정
• 지방관서(고용센터)는 외국인근로자를 고용허가 가능인원의 3배수로 추천
• 지정된 날짜, 시간에 맞춰 지방관서(고용센터)에 방문하거나, 외국인고용관리시스템(www.eps.go.kr)에서 고용허가서 발급</td></tr>
<tr><td>④ 근로자 도입위탁 신청
(사업주 → 한국산업인력공단 및 대행기관)</td><td>
<table>
<tr><th colspan="2">구분</th><th>업무내용</th><th>수수료</th></tr>
<tr><td rowspan="3">필수</td><td rowspan="2">도입 위탁</td><td>근로계약 체계 및 출입국 지원(신규 및 특별한국어 재입국자)</td><td>수수료 있음</td></tr>
<tr><td>재입국특례자 재입국지원(구, 성실 재입국자)</td><td>수수료 있음</td></tr>
<tr><td>취업 교육</td><td>외국인근로자 취업교육</td><td>제조업, 서비스업, 농축산업, 어업, 건설업에 따른 상이한 수수료 발생</td></tr>
</table>
• 필수 항목에 대해서는 한국산업인력공단에 수수료 납부
<table>
<tr><th></th><th>구분</th><th>업무내용</th><th colspan="3">수수료</th></tr>
<tr><td rowspan="5">선택</td><td rowspan="4">각종 신청 대행</td><td>고용허가서 발급 신청, 수령 사증발급인정서 신청, 수령</td><td rowspan="2">신규 및 재입국자</td><td>입국 전 수수료 있음</td><td rowspan="2">입국 전/후 수수료 있음</td></tr>
<tr><td rowspan="3">고용변동신고, 고용허가기간 연장신청 안내 외국인근로자 업무상 재해 시 산재, 사망신고 각종 정보 제공 등</td><td>입국 후 수수료 있음 (3년 이내 수수료 납부)</td></tr>
<tr><td>재고용자</td><td colspan="2">2년 미만 수수료 있음</td></tr>
<tr><td>사업장 변경자</td><td colspan="2">12,000원× 잔여체류기간(월)</td></tr>
<tr><td>편의 제공</td><td>외국인근로자 통역지원 등</td><td>신규 및 재입국자</td><td colspan="2">수수료 있음</td></tr>
</table>
</td></tr>
</table>

<table>
<tr><td></td><td>
<table>
<tr><td></td><td></td><td></td><td>재고용자</td><td>2년 미만 수수료 있음</td></tr>
<tr><td></td><td></td><td></td><td>사업장
변경자</td><td>21,000원×
잔여체류기간(월)</td></tr>
</table>
• 선택항목은 아래 대행기관에 위탁하거나 사업주가 직접 수행할 수도 있음

〈대행기관〉
<table>
<tr><th>대행기관</th><th>업종</th></tr>
<tr><td>중소기업중앙회</td><td>제조업, 서비스업
(냉장 · 냉동창고업 제외)</td></tr>
<tr><td>농협중앙회</td><td>농축산업</td></tr>
<tr><td>수협중앙회</td><td>어업, 냉장 · 냉동창고업</td></tr>
<tr><td>대한건설협회</td><td>건설업</td></tr>
</table>
</td></tr>
<tr><td>⑤ 근로계약 체결
(사업주 ↔ 한국산업인력공단 ↔ 외국인근로자)</td><td>• 한국산업인력공단에서 근로자의 출신국 송출기관에 근로계약서 전송, 근로계약 체결 확인</td></tr>
<tr><td>⑥ 사업발급인정서 발급신청 및 발급
(사업주 또는 대행기관 ↔ 법무부)</td><td>• 대행없이 직접 수행 시 사업주가, 대행시 대행기관에서 사업장 소재지 관할 출입국외국인청(사무소, 출장소)에 사증발급인정서 발급 신청[비자포털(www.visa.go.kr)로 온라인 신청 가능]
• 법무부에서 심사 후 사증발급인정서 발급</td></tr>
<tr><td>⑦ 비자신청 및 발급
(외국인근로자 ↔ 주 송출국 대한민국 대사관)</td><td>• 외국인근로자는 재외공관(대사관)으로 취업사증(비자, E-9)을 신청
• 재외공관(대사관)에서 심사 후 취업사증(비자, E-9) 발급</td></tr>
<tr><td>⑧ 외국인근로자 입국 및 취업교육
(취업교육기관 ↔ 외국인근로자)</td><td>• 근로자 입국 7～10일 전 한국산업인력공단에서 사업주에게 안내
• 외국인근로자 취업교육 종료일에 근로자 인도(취업교육기관에서 인도 일시 등 안내)</td></tr>
<tr><td>⑨ 사업장 배치</td><td>• 신규 외국인근로자 사업장 배치</td></tr>
</table>

자료: 한국산업인력공단(2023: 12-13).

5) 재고용 · 재입국 제도

재고용 · 재입국 제도는 재고용 허가, 재입국 취업 특례, 특별한국어 시험 합격자 재입국으로 구분할 수 있으며, 이들 제도의 비교는 〈표 4-12〉를 통해 확인할 수 있다(한국산업인력공단, 2023).

첫째, 한국에서의 취업 연장은 재고용 허가 제도를 통해 이루어진다. 외국인근로자의 취업활동기간은 「외국인근로자의 고용 등에 관한 법률」 제18조에 따라 입국한 날로부터 3년으로 한정되어 있다. 그러나 동법 제18조의2에 따르면, 특정 조건을 갖춘 외국인근로자는 2년 미만의 취업활동기간을 한 번 더 연장할 수 있다. 이는 사업주의 재고용허가 요청이 있을 경우에만 적용되며, 취업활동기간 만료 90일 전부터 7일 전까지 신청할 수 있다. 또한 해당 외국인근로자와의 근로계약기간이 취업활동기간 만료일까지 1개월 이상 유지되어야 한다.

둘째, 재입국 취업 특례 제도를 통해 출국 후 다시 한국으로 입국하여 재고용이 가능하다. 고용허가제로 입국 이후 취업활동기간인 4년 10개월이 만료된 외국인근로자(E-9)는 적용조건 충족 시 출국 후 1개월 후에 종전 사업장으로 재입국이 가능하다. 신청 대상(사업장)의 조건은 취업활동기간 만료일자까지 사업장에서 종사하고 있는 외국인근로자가 사업장과의 근로계약 기간이 1개월 이상 유지될 경우만이 신청조건이 된다. 또한 취업활동기간 만료일 90일 전부터 7일 전까지만 신청이 가능하다. 재입국 특례외국인근로자 대상자와 고용사업장 적용조건은 다음과 같다. 첫 번째, 고용허가제로 입국한 외국인근로자가 취업이 가능한 활동기간 중에 사업장을 변경하지 않았거나 또는 사업장 변경을 한 경우라도 조건이 충족될 때 가능하다. 즉, 자율합의 계약 해지 등 사업장변경 횟수에 포함되는 사유로 사업장 변경을 하였으나, 동일 업종 내에서 이동한 경우로 마지막 사업주와 근로계약기간이 1년 이상이고, 최초 근무한 업종에서 4년 10개월 간 근속한 경우(구직활동기간도 근속기간에 포함) 가능하다. 다른 사업장 변경조건은 외국인근로자의 귀책사유가 아닌 휴업・폐업 등의 고용노동부장관이 고시한 사유일 경우 사업장 변경이 가능하고, 이때 근로계약기간이 1년 이상이어야 한다. 그러나 1년 미만의 계약 기간인 경우 권익보호협의회에서 인정할 경우 가능하다. 두 번째, E-9(비전문취업) 또는 E-10(선원취업) 비자로 국내 총 체류기간이 5년(외국인근로자의 고용 등에 관한 법률 제18조의2 제2항에 따라 취업활동기간이 연장된 경우에는 6년) 미만일 때만 가능하다. 세 번째, 농축산업, 어업, 제조업, 서비스업, 건설업(2023년 5월 15일부터)일 경우만 해당된다. 네 번째, 재입국하여 근로를 시작하는 날부터 효력이 발생하는 1년 이상의 근로계약을 체결하고 있어야만 한다. 다섯 번째, 사업장에 따라서 외국인 고용한도 등을 고려한 고용허가서 발급 요건에 충족해야 한다.

셋째, 특별한국어 시험 재입국 제도로 인해 한국에서 재고용이 가능하다. 재고용이 허용되어 근무하다가 체류기간 만료일 이전에 자진하여 출국한 외국인근로자는 특별한국어 시험을 통해 재입국이 허용된다. 특별한국어 시험 응시 자격은 다음과 같다. ① 만 18세 이상 39세 이하이어야 하는데, 필리핀의 경우는 만 18세 이상 38세 이하로 규정하고 있다. ② 재고용 허용 이후 근무하다가 체류기간 만료일 이전에 자진 귀국한 외국인근로자로써, 2010년 1월 1일 이후 출국한 자만 해당된다. ③ E-9(비전

표 4-12 재고용, 재입국특례, 특별한국어시험 재입국 제도 비교

구분	재고용	재입국특례제도	특별한국어시험 재입국제도
적용 대상	취업활동기간 3년 만료자	취업활동기간 중에 사업장을 변경하지 아니하거나, 사업장 변경을 할 경우라도 고용부 지정 요건을 충족한 자	재고용되어 근무하다가 체류기간 내 자발적으로 귀국한 자
대상 사업장	3년의 취업활동기간이 만료되는 외국인근로자 고용 사업장	농축산업, 어업, 서비스업, 제조업, 건설업(2023.5.15부터)	제한없음
한국어시험	–	면제	특별한국어시험 합격 필수
취업교육	–	입국 전/후 취업교육 면제	입국 전 취업교육 면제
재입국 제한기간	–	출국일로부터 1개월(2021.10.14부터)	출국일로부터 6개월
종전 사업장 재근무 여부	필수	반드시 출국 전 근무 사업장에서 다시 근무	출국 전 최종근무 사업장 근무기간이 1년 이상일 경우 최종근무 사업장 근무 가능
사업주의 사전신청	필요	필요	필요
신청기간	취업활동기간 만료일 90일 전부터 7일 전까지	취업활동기간 만료일 90일 전부터 7일 전까지	재입국자 지정알선 희망 시 안내를 받은 날로부터 25일 이내
사업주의 내국인 구인노력	불필요	불필요	필요
법적근거	외국인근로자의 고용 등에 관한 법률 제18조(취업활동 기간의 제한)/동법 제18조의2(취업활동기간 제한에 관한 특례)	외국인근로자의 고용 등에 관한 법률 제18조의4(재입국 취업 제한의 특례)	외국인근로자의 고용 등에 관한 법률 제18조의3(재입국 취업의 제한)

자료: 한국산업인력공단(2023: 19).

문취업) 또는 E-10(선원취업) 체류자격으로 한국 체류기간을 합산하여 5년 미만인 자(외국인근로자의 고용 등에 관한 법률 제18조의2 제2항에 따라 취업활동기간이 연장된 경우 6년 미만)만 특별한국어 시험을 응시할 수 있다. 특별한국어 시험에 합격한 경우 마지막 사업장에서 1년 이상 근무한 경력이 있고, 마지막 사업장의 업종과 동일한 업종으로 응시하였을 경우 마지막 사업장으로 지정 알선될 수 있다. 지방관서(고용센터)는 근로자의 최종 근무 사업장에 FAX와 SMS(단문 메시지) 등을 통해 해당 사실을 안내해야 한다. 사업주는 안내를 받은 날로부터 25일 이내에 내국인 구인 노력을 거친 후 해당 근로자를 지정하고 고용허가서를 발급받을 수 있다.

4 체류지원

외국인근로자를 위한 체류지원은 입국 시 취업교육, 외국인고용사업장 체류지원, 사업장 변경 제도, 귀국준비지원, 사업주 대상의 외국인근로자 고용에 필요한 교육으로 구분할 수 있다(한국산업인력공단, 2023).

1) 외국인근로자 입국 시 취업교육

송출기관 관계자의 인솔 아래 비전문취업(E-9) 사증을 취득한 외국인근로자는 한국에 입국하게 된다. 이때 입국장(인천공항)에서 한국산업인력공단 관계자에게 인계되어 확인 절차를 거치고, 각 국가별·업종별 취업교육기관 인솔자에게 재인계된 후 취업교육기관으로 이동하여 2박3일(16시간) 간의 취업교육을 받게 된다(한국산업인력공단, 2022). 교과과정은 한국어 및 한국문화 이해, 고용허가제, 근로기준법 등 노동관계법령, 기초기능 등 한국생활 적응을 위해 필요한 사항이 포함되며, 고용허가제 관련 각종 보험가입 안내가 이루어진다(한국산업인력공단, 2022). 사용자는 외국인근로자가 입국 후 15일 이내에 외국인취업교육기관(노사발전재단, 농업협동조합중앙회, 수산업협동조합중앙회, 대한건설협회)에서 국내활동에 필요한 취업교육을 받도록 하여야 하며, 취업교육기간은 근로기준법상의 근로를 제공한 기간으로 본다(한국산업인력공단, 2022).

표 4-13 외국인근로자 입국 시 취업교육 주체

업종	취업교육 주체
제조업 분야(몽골, 베트남, 태국 이외의 국가), 재생용 재료수집 및 판매업, 건설 폐기물 처리업	중소기업중앙회
제조업 분야(몽골, 베트남, 태국), 재생용 재료수집 및 판매업, 건설 폐기물 처리업	노사발전재단
농축산업	농업협동조합중앙회
어업, 냉장, 냉동창고업	수산업협동조합중앙회
건설업	대한건설협회

자료: 한국산업인력공단. https://www.hrdkorea.or.kr/1/3/2/1

2) 외국인고용사업장 체류지원

(1) 입국 초기 취업적응 지원

입국 3개월 이내 외국인근로자 및 고용사업주를 대상으로 입국 초기 취업적응 지원이 한국산업인력공단 주도로 사업장을 방문하거나 전화를 통해 이루어진다(한국산업인력공단, 2023). 사업장의 근로조건, 사업장 적응력, 근무환경 등에 대한 확인 및 개선지도, 근로계약 준수 여부, 기숙사 등 근무환경, 외국인근로자 취업적응 여부 확인 및 개선 지도에 대한 지원을 하고 있다.

(2) 농축산 · 어업 사업장 특화 서비스

농축산 · 어업 종사 외국인근로자 및 고용 사업주 대상으로 유관 기관과 연계하여 종합 체류지원 서비스가 제공되고 있다(한국산업인력공단, 2023). 좀 더 구체적으로 한국산업인력공단은 통역상담, 애로해소 지원, 지방관서(고용센터)는 근로기준법 안내, 출입국외국인청은 출입국관리법 안내, 한국산업안전보건공단은 산업재해예방교육, 농수협중소기업중앙회는 업종별 전문지식 안내, 전용보험사는 전용보험 안내, 경찰서는 기초 법 질서 안내, 결핵협회 및 협약병원은 무료 진료 서비스를 제공하고 있다.

(3) 외국인근로자 대상 무료 직업훈련

외국인근로자 대상 무료 직업훈련은 한국산업인력공단 지부/지사 및 외국인력상담센터 주도로 재직자와 귀국예정자로 분류하여 이루어지고 있다(한국산업인력공단, 2023). 첫째, 재직 외국인근로자 직업능력개발훈련은 재직 중인 비전문취업 외국인근로자(E-9)만 해당되는 직업훈련이다. 중장비운전(지게차, 굴삭기 운전, 특수), 자동차정비, 용접(전기, CO_2, 특수), 전기전자, 기계절삭가공이 교육내용으로 포함된다. 1일 4~8시간, 총 48시간의 교육을 받을 수 있으며, 한국산업인력공단 지정 전국 훈련기관에 신청을 해야 직업훈련을 받을 수 있다. 둘째, 귀국예정자 재정착지원 교육훈련은 3년 이상 재고용 및 재입국특례, 특별 재입국 외국인근로자만 해당된다. 교육내용은 본국 귀국 후 취·창업 역량 배양을 위한 내용으로 한국어 자격취득 과정, 취·창업 직업훈련과정을 이수할 수 있다. 1일 3~8시간, 총 60시간 이내에서, 한국산업인력공단 지정 전국 훈련기관에 신청을 해야 직업훈련을 받을 수 있다.

(4) 통역 및 정보 제공 체류지원

통역 및 중재 지원에 대해 한국산업인력공단 지부/지사에 신청할 수 있으며, 외국인고용 관련 문의 및 3자 통화를 외국인력상담센터에 신청할 수 있다(한국산업인력공단, 2023). 또한 농어촌 외국인근로자 밀집지역에서 고용허가제 등을 몰라 못하는 상황, 궁금해 하는 상황, 하고 싶다고 요청하는 사항에 대하여 지원하고, 소속기관에 연계시켜 주는 역할을 EPS 기업지원단 현장매니저가 방문하여 수행하고 있다.

3) 사업장 변경 제도

비전문취업 외국인근로자(E-9)는 원칙적으로 사업장 변경이 허용되지 않으나, 다음과 같은 사유에서는 가능하다(한국산업인력공단, 2023). ① 사용자가 정당한 사유로 근로계약기간 중 근로계약을 해지하려고 하거나 근로계약이 만료된 후 갱신을 거절하려는 경우(변경 횟수 포함), ② 휴업, 폐업, 고용허가의 취소, 고용의 제한, 근로기준법 등을 위반한 기숙사 제공, 사용자의 근로조건 위반 또는 부당한 처우 등 외국인근로자의 책임이 아닌 사유(변경 횟수 미포함), ③ 상해 등으로 외국인근로자가 해당 사업 또는 사업장에서 계속 근무하기는 부적합하나 다른 사업 또는 사업장에서 근무하는 것은 가능하다고 인정되는 경우(변경 횟수 포함)에는 사업장 변경이 가능하다. 최초 3년 간 최대 3회, 재고용으로 취업활동기간이 연장된 경우는 최대 2회까지만 연장기간 내에서 사업장 변경을 할 수 있다. 사업장 변경에 있어 최초 고용허가에 명시된 업종 내에서만 이동이 가능하다. 즉, 타 업종으로의 사업장 변경을 제한하고 있다. 그러나 제조업 입국자의 경우만 사업장 변경에서 예외 조항이 있다. 제조업으로 입국하였다가 사업장 변경 시 농축산업, 어업 및 건설업으로도 업종 변경 신청이 가능하다. 또한 제조업 이외의 농축산업, 어업 및 건설업에서 정상적으로 근무하다가 사업장 변경 사유가 발생하였을 경우 제조업으로 변경을 허용하고 있다.

4) 귀국준비지원

(1) 취업완료 외국인근로자 귀국준비

외국인근로자는 취업활동 만료 후 7단계를 거쳐 귀국준비를 하게 된다(한국산업인력공단, 2023). 먼저, 외국인근로자 취업활동기간 만료 6개월 이전부터 출국하는 외국인근로자의 대체 인력이 필요할 경우 사업주가 관할 지방관서에 신청하게 된다. 다음으로 사업주는 외국인근로자에게 급여 및 퇴직금을 정산한다. 사업주는 외국인근로자와 출국예정일자 협의 후 외국인근로자는 항공권을 예매한다. 이때 외국인근로자는 관할 지방관서에 출국예정일자를 신고해야 한다. 이와 더불어 외국인근로자는 전용보험을 신청하고, 4대 보험 상실신고를 해야 한다. 마지막으로 국민연금 반환일시금 청구를 하면 귀국준비를 마치게 된다.

(2) 귀국지원 서비스

법적 제한조치들로 인하여 비전문취업(E-9) 외국인근로자에게 귀국지원 서비스가 이루어지고 있다(한국산업인력공단, 2022). 출입국관리법 시행규칙 제17조의3 제3항에 의거 비전문취업(E-9) 체류자격으로 국내에 5년(외국인근로자의 고용 등에 관한 법률 제18조의2 제2항에 따라 취업활동기간이 연장된 경우에는 6년) 이상 체류한 사실이 있는 경우, 비전문취업(E-9)으로 국내에 재입국할 수 없다. 불법체류 외국인근로자를 고용한 사업주는 3년 이내 외국인근로자 고용에 제한이 있다(외국인근로자의 고용 등에 관한 법률 제20조). 불법체류 외국인근로자는 3년 이하의 징역 또는 3천만 원 이하의 벌금(출입국관리법 제94조)과 입국규제(출입국관리법 제11조)가 이루어진다. 또한 불법체류 외국인근로자의 송출국가는 도입쿼터 축소 또는 중단이 나타날 수 있다.

표 4-14 외국인근로자 귀국준비 단계

단계	구분	해당 기관	내용
1	출국외국인근로자 대체인력 신청(희망 사업장에 한해)	관할 지방관서(고용센터)	• 외국인근로자 취업활동기간 만료 6개월 이전부터 신청 가능 • 제출서류: 출국예정신고서, 고용허가신청서
2	급여 및 퇴직금 정산	–	• 퇴직금은 출국만기보험금과의 차액만 지급 • 퇴직금 모의 계산(www.eps.or.kr 또는 외국인고용관리 앱)
3	근로자와 출국일자 협의(항공권 예매)	–	• 외국인근로자와 출국예정일자 협의 후 항공권 예매
4	외국인근로자 출국예정신고	관할 지방관서(고용센터)	• 신고기간: 외국인근로자, 출국예정일 1개월 전부터(대체인력을 신청할 경우에는 6개월 전부터 가능) • 제출서류: 출국예정신고서, 항공권 사본, 여권 및 외국인 등록증 • 신고방법: 방문, FAX, 온라인(www.eps.or.kr)
5	외국인근로자 전용보험금 신청	삼성화재	• 신청자격 – (출국만기보험) 사업장을 이탈하지 않고 1년 이상 근무하고 출국하는 외국인근로자 – (귀국비용보험) 체류기간만료, 자진출국 등 출국사유가 발생한 외국인근로자 • 신청기간: 출국예정일 1개월 전부터 최소 7일 전까지 • 신청방법: 삼성화재 외국인보험 콜센터(FAX) • 보험금 수령 – (출국만기보험) 출국 당일 공항수령 또는 출국 후 계좌 수령 – (귀국비용보험) 출국 당일 공항수령 또는 출국 전/후 계좌 수령
6	4대 보험 상실신고	–	• 4대 보험 정보연계센터(www.4insure.or.kr) • 국민연금: 국민연금공단 • 건강보험: 건강보험공단 • 산재보험 및 고용보험: 근로복지공단, 지방관서(고용센터)
7	국민연금 반환일시금 청구	국민연금공단	• 신청자격: 국민연금 적용국가 외국인근로자[적용 제외 국가: 네팔, 동티모르, 미얀마, 방글라데시, 파키스탄(2023.3.29 기준)] • 신청기간: 수급권이 발생한 날로부터 5년 이내 • 신청방법: 국민연금공단 신청

자료: 한국산업인력공단(2023: 28).

한국산업인력공단에서는 취업활동 만료 3개월 전부터 취업 만료와 귀국 준비에 대한 안내 및 모니터링을 실시하고 있다(한국산업인력공단, 2023). 이와는 별도로 귀국 전/후 취업 만료자들에게 경력증명서 발급, 해외 진출 한국기업에 취업알선과 같은 귀국지원 서비스를 제공하고 있다.

표 4-15 취업만료 안내 및 모니터링

기간	근로자 취업활동 기간 만료 3개월 전	근로자 취업활동 기간 만료 2개월 전	근로자 취업활동 기간 만료 1개월 전	근로자 취업활동 기간 만료 2주 전
내용	출국준비 및 재고용 재입국제도 안내(우편)	귀국 컨설팅(방문 또는 전화) → 취업기간 만료일 안내, 출국 예정신고 등 출국 준비 안내 등	취업기간 만료 안내(문자)	귀국 모니터링 (전화)

자료: 한국산업인력공단(2023: 29).

표 4-16 취업만료자 귀국 전/후 귀국지원 서비스 세부내용

프로그램		귀국지원 서비스 내용
귀국 전	송출국 연계 귀국설명회	• 귀국 후 안정적인 생활정착에 도움이 되도록 귀환성공사례 소개, 귀국 후 애로사항 극복방법 등을 컨설팅(연중 상시)
	경력증명서 발급	• 고용허가제 외국인근로자에게 귀국 후 한국기업 및 다국적기업 취업에 도움이 될 수 있도록 한국 근무 경력증명서를 발급 – 본인: ① 인터넷 회원가입 후 발급(www.eps.go.kr) 또는 ② 한국산업인력공단 지부/지사 방문(신분증 지참)
본국 기업 취업 지원	해외진출 한국기업 취업알선	• 모국에 진출한 한국기업으로 온라인 취업알선사이트 "리턴잡"(https://eps.hrdkorea.or.kr/e9)을 통한 취업알선 • 취업희망자: ① 리턴잡 홈페이지에 개인회원 가입 → 구직표 등록 또는 ② 구직표 작성 후 한국산업인력공단 지부/지사, 현지 EPS센터 송부 • 리턴잡–공지사항에서 신청서 다운로드 가능
	귀국자 네트워크 운영	• 한국산업인력공단 해외사무소 EPS센터를 통한 귀국자 간담회 참석 및 온라인 네트워크를 통하여 한국기업 취업 등 본국 재정착 정보 파악 • 신청: ① 리턴잡(https://eps.hrdkorea.or.kr/e9) 홈페이지에 개인회원 가입 → 귀국자 네트워크 신청 또는 ② 귀국자 네트워크 참여 신청서 작성 후 한국산업인력공단 지부/지사, EPS센터 송부

자료: 한국산업인력공단(2023: 29).

5) 외국인근로자 고용에 필요한 교육: 사업주 대상

최초로 외국인근로자 고용허가를 받은 사업주는 고용허가서 최초 발급일로부터 6개월 이내에 한국산업인력공단의 사업주 교육을 이수하여야 하며, 미이수 시 사업주에게 과태료(300만 원)가 부과된다(한국산업인력공단, 2023). 의무교육 대상은 2021년 10월 14일 이후 최초로 고용허가서를 발급받은 사업주에 해당되며, 의무교육 대상이 아닌 사업장이 사업주 교육을 수료할 경우, 기존과 동일하게 차년도 외국인력 도입 시 점수제(2점)가 가점 반영된다. 주요 교육내용은 고용허가제의 이해, 외국인근로자 노무관리, 출입국관리업무, 외국인근로자 산업재해예방, 외국인근로자 보건위생관리, 외국인근로자 인권보호 교육이 포함된다. 교육은 집체교육과 E-러닝을 통해 이수할 수 있다. E-러닝의 경우 학습기간(수강신청 월) 동안 진도 100% 이상 및 시험 60점 이상 모두 충족해야만 수료가 가능하다.

제4절 고용허가제의 현황과 성과

1 고용허가제 현황

고용허가제 시행 이후 비전문취업 외국인근로자(E-9)의 도입 규모는 코로나19 시기를 제외하고 지속적으로 증가하고 있다. 제도가 시행된 2004년 약 3,000명의 비전문취업 외국인근로자(E-9)의 도입이 이루어졌다. 2005년부터 2007년까지 3,000명대를 유지하다 2008년 약 77,000명까지 도입 규모가 반등하였다. 2010년 다시 3,000명대로 축소되었지만, 2012년부터 5,000명대까지 확장되었고, 2020년에는 약 67,000명까지 도입 규모가 확대되었다. 코로나19 시기인 2021년 11,000명으로 축소되었지만, 코로나19 시기 이후 2023년 도입 규모는 10만 명을 돌파하였다. 고용허가제 시행 이후 20년이 지난 2023년 기준으로 비전문취업 외국인근로자(E-9)의 도입 규모는 약 30배 이상 증가하였다.

업종별 비전문취업 외국인근로자 도입 현황을 살펴보면, 제조업 중심으로 제도가

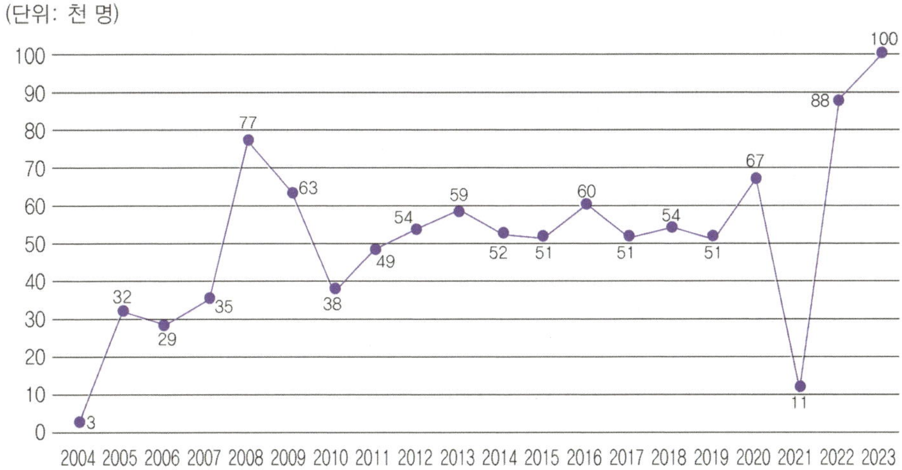

주: KOSIS 일반고용허가제 외국인근로자(E-9) 도입 현황.

그림 4-3 비전문취업 외국인근로자(E-9) 도입 현황(2004~2023년)

운영되고 있음을 알 수 있다. 좀 더 구체적으로 코로나19 시기를 제외하고 2004년부터 2023년까지 전체 외국인근로자 중에서 약 78% 이상이 제조업에서 외국인근로자를 도입하고 있다. 다음으로 높은 비율을 차지하고 있는 업종은 농축산업이다. 2014년 이후 전체 외국인근로자 도입 중 약 10%를 초과하였고, 2023년까지 10% 초반대에서 외국인근로자를 도입하고 있다. 어업의 경우 2015년 이후 전체 외국인근로자 중 약 5~6%의 외국인근로자를 도입하고 있다. 건설업의 경우 2009~2010년 약 6%의 외국인근로자를 도입하였으나 2021년을 제외하고 5% 미만대의 외국인근로자를 도입하고 있다.

송출국가별 비전문취업 외국인근로자 도입 현황을 살펴보면, 도입 초반 소수의 송출국가로 인하여 전체 도입된 외국인근로자 중 베트남과 필리핀, 태국 출신 외국인근로자의 비율이 높았다. 그러나 점차 송출국가의 수가 증가하면서 베트남과 필리핀, 태국 출신 외국인근로자의 비율이 감소하고, 다양한 국가 출신의 외국인근로자가 도입되고 있다. 최근의 통계에 의하면 캄보디아, 네팔, 인도네시아 출신의 외국인근로자 도입비율이 타 송출국가에 비해 높은 수준이다.

표 4-17 업종별 비전문취업(E-9) 외국인근로자 도입 현황(2004~2023년)

(단위: N=명, %=비율)

	제조업		건설업		농축산업		서비스업		어업		합계
	N	%	N	%	N	%	N	%	N	%	
2004	3,124	98.6	0	0.0	43	1.4	0	0.0	0	0.0	3,167
2005	31,114	98.3	84	0.3	419	1.3	41	0.1	0	0.0	31,658
2006	28,180	97.3	42	0.1	699	2.4	52	0.2	0	0.0	28,973
2007	31,242	89.8	740	2.1	2,333	6.7	48	0.1	425	1.2	34,788
2008	67,259	87.9	3,364	4.4	4,515	5.9	53	0.1	1,314	1.7	76,505
2009	54,596	87.1	4,345	6.9	2,332	3.7	65	0.1	1,355	2.2	62,693
2010	31,804	82.6	2,412	6.3	3,079	8.0	56	0.1	1,130	2.9	38,481
2011	40,396	82.2	2,207	4.5	4,557	9.3	124	0.3	1,846	3.8	49,130
2012	45,632	85.1	1,269	2.4	4,931	9.2	107	0.2	1,699	3.2	53,638
2013	48,967	83.7	1,606	2.7	5,641	9.6	70	0.1	2,227	3.8	58,511
2014	40,874	79.3	2,299	4.5	6,047	11.7	91	0.2	2,245	4.4	51,556
2015	40,223	78.8	2,228	4.4	5,949	11.7	71	0.1	2,548	5.0	51,019
2016	47,425	79.3	2,593	4.3	7,018	11.7	68	0.1	2,718	4.5	59,822
2017	39,415	77.5	1,846	3.6	6,855	13.5	100	0.2	2,621	5.2	50,837
2018	43,695	81.1	1,405	2.6	5,820	10.8	90	0.2	2,845	5.3	53,855
2019	40,208	78.3	1,651	3.2	5,887	11.5	99	0.2	3,520	6.9	51,365
2020	4,806	71.9	207	3.1	1,388	20.8	1	0.0	286	4.3	6,688
2021	7,455	71.0	595	5.7	1,841	17.5	18	0.2	592	5.6	10,501
2022	68,350	77.7	1,657	1.9	11,664	13.3	125	0.1	6,216	7.1	88,012
2023	79,108	79.0	2,323	2.3	11,979	12.0	265	0.3	6,473	6.5	100,148

자료: KOSIS 업종별 일반고용허가제 외국인근로자(E-9) 도입 현황.

2 고용허가제 성과 및 한계[5)]

비전문취업 외국인근로자의 도입, 선발, 체류에 대한 일련의 과정에 고용허가제의 평가는 긍정적인 측면과 부정적인 측면이 동시에 논의되고 있다. 긍정적인 측면은 크

5) 관계부처합동(2022: 6-8)에서 발표한 『산업현장과 인구구조 변화에 대응하는 고용허가제 개편방안』의 내용을 요약 정리하였다.

게 두 가지로 요약될 수 있다. 첫째, 고용허가제는 이전의 산업연수생제도에 비해 투명한 운영을 통해 중소기업의 인력난 해소에 기여하였다. 이는 송출 비리와 불법체류율의 감소라는 구체적인 성과로 나타났다. 둘째, 내국인과 외국인근로자에게 동일한 노동관계법을 적용하고, 체류지원을 강화함으로써 외국인근로자의 권익 보호에 크게 기여하였다.

그러나 이러한 긍정적인 성과에도 불구하고, 고용허가제는 부정적인 측면에서도 논의되고 있다. 즉, 제도 설계 당시의 기본 틀이 큰 변화 없이 유지됨에 따라, 산업현장의 변화에 효과적으로 대응을 하지 못하고 있다는 것이다. 기존 고용허가제의 문제점들을 좀 더 살펴보면 다음과 같다. 첫째, 숙련 인력을 산업현장에 공급하지 못하는 문제점이 나타나고 있다. 숙련 인력 양성은 E-9 체류자격 소지자에게 직업훈련의 기회를 부여하는 방식과 체류자격 전환으로 볼 수 있는데, 직업훈련과 체류자격 전환의 성과가 높지 않은 실정이다. 예를 들어, E-9 체류자격 소지자에게 체류기간 동안 직업훈련의 기회를 제공하고 있으나 참여 유인이 없으며, 실제 참여 인원의 수는 많지 않음이 나타나고 있다. 또한 최근 정부에서는 E-7-4 체류자격을 신설 및 개선하여 E-9, E-10 체류자격 소지자가 E-7-4 체류자격을 획득하여 숙련 인력 전환을 모색하고 있으나, 그 효과는 미비하다. E-7-4 체류자격으로 전환하기 위해서는 소득 수준, 연령, 학력, 한국어 실력, 경력, 전문성 등의 평가항목이 있으며, 이러한 평가항목의 엄격성으로 인하여 전환의 어려움이 따라오고 있다. 이와 더불어 비정주화, 단기순환 원칙을 고수하고 있어, 산업현장에서는 5년 이상 근무하여 숙련 인력으로 성장한 외국인근로자를 채용할 수 없다. 또한 장기간 한국에서 근무를 원하는 외국인력에게는 제도를 위반해서라도 한국에 체류할 가능성이 있고, 이는 제도의 한계로 불법체류자를 양산하는 문제점에 직면할 수 있다.

둘째, 업종 중심의 운영으로 산업현장에 적합하고 유연한 인력 운영의 어려움이 나타나고 있다. 고용허가제는 산업 대분류인 제조업, 건설업, 농축산업 등의 업종으로 외국인력을 도입하고 있다. 그러나 동일한 업종 내에서 직무의 복잡성과 다양성이 증가하고 있어 업종만으로 현장에 필요한 인력을 공급하지 못하고 있다. 또한 업종 기준에 의해 내국인이 희망하거나 기피하는 직무를 발견하기 쉽지 않은 상황이다. 즉, 기존 고용허가제의 업종 중심 운영으로는 내국인이 피해를 보지 않으며, 기피하는 직무에서 외국인력 도입을 고려하기는 쉽지 않은 실정이다. 이와 더불어 제조업을 중심

표 4-18 국가별 비전문취업 외국인근로자(E-9) 도입 현황

(단위: N=명, %=비율)

	2004		2005		2006		2007		2008	
	N	%	N	%	N	%	N	%	N	%
베트남	704	22.2	8,619	27.2	5,710	19.7	11,752	33.8	20,075	26.2
필리핀	832	26.3	5,308	16.8	8,433	29.1	6,093	17.5	6,545	8.6
태국	558	17.6	5,963	18.8	6,746	23.3	5,917	17.0	9,573	12.5
몽골	500	15.8	4,433	14.0	4,703	16.2	2,693	7.7	4,889	6.4
인도네시아	359	11.3	4,361	13.8	1,215	4.2	4,445	12.8	12,442	16.3
스리랑카	214	6.8	2,974	9.4	2,166	7.5	2,275	6.5	7,350	9.6
중국	0	0.0	0	0.0	0	0.0	502	1.4	1,897	2.5
우즈베키스탄	0	0.0	0	0.0	0	0.0	322	0.9	4,513	5.9
파키스탄	0	0.0	0	0.0	0	0.0	483	1.4	2,417	3.2
캄보디아	0	0.0	0	0.0	0	0.0	249	0.7	2,753	3.6
네팔	0	0.0	0	0.0	0	0.0	57	0.2	2,009	2.6
미얀마	0	0.0	0	0.0	0	0.0	0	0.0	87	0.1
키르기스스탄	0	0.0	0	0.0	0	0.0	0	0.0	452	0.6
방글라데시	0	0.0	0	0.0	0	0.0	0	0.0	1,503	2.0
동티모르	0	0.0	0	0.0	0	0.0	0	0.0	0	0.0
라오스	–		–		–		–		–	
합계	3,167	100.0	31,658	100.0	28,973	100	34,788	100	76,505	100

	2009		2010		2011		2012		2013	
	N	%	N	%	N	%	N	%	N	%
베트남	13,199	21.1	8,970	23.3	12,570	25.6	7,309	13.6	2,738	4.7
필리핀	9,183	14.6	2,841	7.4	3,131	6.4	3,281	6.1	6,087	10.4
태국	9,839	15.7	2,696	7.0	4,073	8.3	5,533	10.3	8,010	13.7
몽골	3,990	6.4	2,034	5.3	1,075	2.2	2,549	4.8	2,061	3.5
인도네시아	4,872	7.8	4,255	11.1	6,271	12.8	6,253	11.7	9,387	16.0
스리랑카	4,118	6.6	4,359	11.3	5,337	10.9	4,176	7.8	4,838	8.3
중국	4,380	7.0	447	1.2	752	1.5	141	0.3	335	0.6
우즈베키스탄	2,788	4.4	3,968	10.3	2,700	5.5	3,997	7.5	3,278	5.6
파키스탄	1,510	2.4	952	2.5	441	0.9	724	1.3	1,090	1.9
캄보디아	2,581	4.1	2,235	5.8	4,953	10.1	8,095	15.1	8,802	15.0
네팔	2,463	3.9	2,227	5.8	3,713	7.6	5,891	11.0	5,234	8.9
미얀마	2,081	3.3	154	0.4	1,956	4.0	3,606	6.7	3,994	6.8
키르기스스탄	181	0.3	312	0.8	295	0.6	245	0.5	260	0.4
방글라데시	1,414	2.3	2,691	7.0	1,678	3.4	1,353	2.5	2,118	3.6
동티모르	94	0.1	340	0.9	185	0.4	485	0.9	279	0.5
라오스	–		–		–		–		–	
합계	62,693	100	38,481	100	49,130	100	53,638	100	58,511	100

	2014		2015		2016		2017		2018	
	N	%	N	%	N	%	N	%	N	%
베트남	5,495	10.7	4,906	9.6	7,100	11.9	5,864	11.5	3,774	7.0
필리핀	4,989	9.7	4,590	9.0	4,820	8.1	4,299	8.5	4,766	8.8
태국	4,119	8.0	5,122	10.0	6,212	10.4	5,776	11.4	6,195	11.5
몽골	1,306	2.5	1,151	2.3	1,015	1.7	1,398	2.7	793	1.5
인도네시아	7,354	14.3	5,482	10.7	5,664	9.5	3,717	7.3	6,923	12.9
스리랑카	4,303	8.3	5,000	9.8	6,619	11.1	3,435	6.8	3,414	6.3
중국	373	0.7	279	0.5	527	0.9	265	0.5	347	0.6
우즈베키스탄	2,660	5.2	2,714	5.3	2,445	4.1	2,632	5.2	2,250	4.2
파키스탄	700	1.4	679	1.3	609	1.0	620	1.2	759	1.4
캄보디아	7,656	14.8	7,820	15.3	8,288	13.9	7,647	15.0	6,626	12.3
네팔	5,935	11.5	5,808	11.4	8,019	13.4	7,476	14.7	8,404	15.6
미얀마	4,482	8.7	4,469	8.8	5,721	9.6	5,388	10.6	6,378	11.8
키르기스스탄	211	0.4	299	0.6	228	0.4	201	0.4	384	0.7
방글라데시	1,727	3.3	2,261	4.4	2,027	3.4	1,782	3.5	2,354	4.4
동티모르	246	0.5	439	0.9	528	0.9	337	0.7	352	0.7
라오스	–		–		–		–		136	0.3
합계	51,556	100	51,019	100	59,822	100	50,837	100.0	53,855	100.0

	2019		2020		2021		2022		2023	
	N	%	N	%	N	%	N	%	N	%
베트남	6,471	12.6	260	3.9	957	9.1	8,909	10.1	10,901	10.9
필리핀	4,575	8.9	409	6.1	251	2.4	7,307	8.3	6,563	6.6
태국	5,236	10.2	627	9.4	2,928	27.9	5,158	5.9	7,280	7.3
몽골	785	1.5	63	0.9	176	1.7	914	1.0	851	0.8
인도네시아	6,202	12.1	641	9.6	173	1.6	11,545	13.1	11,570	11.6
스리랑카	3,579	7.0	500	7.5	1,108	10.6	6,639	7.5	6,412	6.4
중국	171	0.3	24	0.4	148	1.4	168	0.2	291	0.3
우즈베키스탄	1,715	3.3	94	1.4	312	3.0	4,238	4.8	4,879	4.9
파키스탄	507	1.0	44	0.7	63	0.6	1,941	2.2	1,593	1.6
캄보디아	7,773	15.1	2,172	32.5	3,477	33.1	10,438	11.9	12,453	12.4
네팔	7,088	13.8	955	14.3	387	3.7	14,495	16.5	19,738	19.7
미얀마	4,736	9.2	700	10.5	25	0.2	7,621	8.7	10,611	10.6
키르기스스탄	153	0.3	13	0.2	11	0.1	888	1.0	453	0.5
방글라데시	1,646	3.2	141	2.1	111	1.1	5,891	6.7	4,803	4.8
동티모르	561	1.1	28	0.4	278	2.6	1,249	1.4	885	0.9
라오스	167	0.3	17	0.3	96	0.9	611	0.7	865	0.9
합계	51,365	100.0	6,688	100.0	10,501	100.0	88,012	100.0	100,148	100

자료: KOSIS 국가별 일반고용허가제 외국인근로자(E-9) 도입 현황.

으로 외국인력을 직접 고용하는 방식으로 설계된 고용허가제를 그동안 운영하고 있는데, 제조업 이외의 업종에서 적용하기에는 무리가 따르고 있다. 예를 들어, 농축산업의 경우 계절별 인력수요가 상이하지만 계절의 특수성에 영향을 받지 않는 제조업 중심으로 인력을 선발하고 공급하는 방식은 한계가 있을 수 있다. 사실상 고용허가제는 다양한 업종에서 탄력적 인력 도입 및 공급의 어려움이 나타나고 있다.

셋째, 외국인력에 대한 체계적인 체류지원의 확대가 필요하다. 고용허가제를 실질적으로 주관하고 있는 고용노동부는 2023년 외국인노동자지원센터가 폐쇄하고 이를 지방자치단체에 위임하는 정책을 수립하였다. 그 결과 지방자치단체는 인력 및 예산의 제약으로 폭넓은 지원에 한계가 있을 수 있다. 사실상 외국인력 도입에 따른 사회적 비용이 발생할 수 있고, 이를 최소화하기 위해 제도의 대상자인 비전문취업 외국인근로자와 사업주를 포괄하는 적극적인 체류지원 강화가 필요하다.

넷째, 인프라 부족으로 인해 외국인력의 실제 수요를 정확하게 파악하는 데 한계가 있다. 현재 외국인력 수급 및 노동시장 분석을 전담하는 부서 및 자문기구가 없으며, 이로 인해 업종별로 정밀한 수급 분석에 한계가 존재한다. 또한 전체 노동시장의 중장기 수급 분석에도 한계가 드러나고 있다. 산업현장에서 필요한 적정 규모의 외국인력을 운용하기 위해서는 내 · 외국인의 노동시장 활동 전반을 고려한 종합적인 분석이 필요하지만 그렇지 못하고 있다. 직업훈련을 통한 내 · 외국 인력 양성 규모, 산업 및 지역별 인력 수급 현황, 실업 대책, 고용 서비스를 통한 내국인력 노동시장 진입 규모 등을 고려한 고용정책 전반에 걸친 연계 및 분석이 요구되지만, 현재 그러한 상황이 충족되지 못하고 있다.

이러한 고용허가제의 한계는 제도 시행 후 큰 변화 없이 원형을 유지하면서 산업현장과 인구구조 변화에 대응하는 데 한계에 직면했음을 보여주는 결과이다.

제5절 결론

고용허가제는 국내 노동시장의 균형을 유지하고 외국인근로자의 합법적인 고용을 촉진하기 위해 도입된 핵심적인 제도이다. 이 제도는 국내 노동력 부족을 완화하고 외국인근로자의 권익을 보호하는 동시에, 불법체류를 줄이는 역할을 수행하고 있다.

고용허가제의 법적 규제와 행정적 지원을 바탕으로 그동안 체계적 운영이 되었다. 그로 인하여 과거 고용허가제 전신인 산업연수생제도로 인한 불법체류를 억제하고 중소기업의 인력난을 해결하는 성과를 도출하였다. 그러나 이러한 성과에도 불구하고 여전히 개선점들이 노출되고 있다. 즉, 노동시장의 빠른 변화와 산업별 인력 수요에 맞추어 더 유연하고 신속하게 대응을 하지 못하고 있다. 또한 외국인근로자의 체류지원 강화가 필요하며, 숙련인력으로 전환시키는 방안이 부족한 실정이며, 이들의 근로 환경을 지속적으로 개선해야 하는 문제점들이 드러나고 있다.

향후 고용허가제의 발전을 위해서는 국내 노동시장의 내・외국인 인력 수급에 대한 보다 세밀하고 과학적인 조사가 필요하며, 외국인근로자를 위한 교육과 직업훈련 프로그램을 확대하고, 숙련인력으로 전환을 위한 법적 장치를 강화해야 한다. 또한 외국인근로자의 권익을 보호하기 위한 법률 개선과 고용주들은 외국인근로자들의 공정한 대우를 보장하고, 이들이 지역사회에 원활히 적응할 수 있도록 지원하는 정책들의 수립과 집행이 필요하다.

고용허가제는 현재 한국사회가 직면한 저출산과 고령화 문제를 극복하고 현대 글로벌 사회에서 경쟁력 확보를 위해 필수적인 제도로써, 지속적인 개선과 혁신을 통해 더욱 효과적으로 운영될 필요가 있다. 이를 통해 국내 노동시장의 안정성과 경쟁력을 높이고, 외국인근로자들이 공정하게 일하고 생활할 수 있는 환경을 조성해야 한다. 이러한 노력이 한국사회의 지속가능한 발전에 기여할 수 있을 것이다.

참고문헌

고용노동부(2023). 제41차 외국인력정책위원회 결정사항 공고.

고용노동부(2024). 『'24년 2회차 신규 고용허가 신청 안내』.

관계부처합동(2022). 『산업현장과 인구구조 변화에 대응하는 고용허가제 개편방안』.

법무부(2023). 보도자료. '숙련기능인력 3만 5천 명 혁신적 확대 방안(K-point E74)'.

서울외국인근로자센터, http://cafe.naver.com/seoulokok.cafe?iframe_url=/MyCafeIntro.nhn%3Fclubid=22707576

한국산업인력공단(2022). 『EPS센터 주재원 업무매뉴얼』.

한국산업인력공단(2023). 『외국인근로자 고용지원 업무 종합안내』.

한국산업인력공단. 외국국적동포(H-2) 취업교육, https://eps.hrdkorea.or.kr/h2/h2empl/empPermComp.do

한국산업인력공단. 외국인 취업교육기관, https://www.hrdkorea.or.kr/1/3/2/1

황민철 · 장익현 · 이용희 · 이은채(2023). 『외국인력 100만 시대 대비 외국인고용지원사업 발전방안』. 한국산업인력공단.

KOSIS 국가별 일반고용허가제 외국인근로자(E-9) 도입 현황.

KOSIS 업종별 일반고용허가제 외국인근로자(E-9) 도입 현황.

KOSIS 일반고용허가제 외국인근로자(E-9) 도입 현황.

별첨 일반고용허가제와 특별고용허가제의 차이

일반고용허가제와 특례고용허가제의 차이는 대상자, 취업절차, 취업활동에 있다. 방문취업 외국인근로자는 주로 중국, 구소련 동포로써 외국국적동포이며, 한국 입국 후 구직활동을 시작하고 사업장 선택 후 근로계약서를 작성하게 된다. 비전문취업 외국인근로자는 한국정부와 MOU를 체결한 16개 송출국가의 근로자로 제한되며, 입국 전 선발 평가를 거쳐 입국 전 근로계약이 이루어진다. 방문취업 외국인근로자는 취업허용 업종의 범위가 넓고, 사업장 이동이 허용되지만, 비전문취업 외국인근로자는 취업허용 업종이 제한적이며, 사업장 이동이 불가능하다.

구분	일반고용허가제	특례고용허가제
① 체류(취업기간)	3년 * 비전문취업비자(E-9)로 입국 후 입국일로부터 3년 간 취업 (사업주 요청 시 재고용 가능)	3년 * 방문취업비자(H-2)로 입국 후 3년 간 취업 (사업주 요청 시 재고용 가능)
② 대상 요건	한국어시험 및 건강검진 등 절차를 거쳐 구직등록한 자	중국, 구소련 지역에 거주하는 외국국적동포
③ 취업허용업종	제조업, 건설업, 서비스업, 농축산업, 어업으로서 외국인력정책위원회에서 정하는 업종	일반고용허가제 허용업종에 일부 서비스업종 추가
④ 취업절차	한국어시험 → 근로계약 → 비전문취업비자(E-9)로 입국 → 취업 교육 → 사업장배치 * 사업장변경 제한	방문취업비자로 입국 → 취업 교육 → 구직등록 → 고용지원 센터의 알선 또는 자유 구직 선택 → 근로계약 후 취업 * 사업장변경 무제한
⑤ 사용자의 고용절차	내국인구인노력 → 고용지원 센터에 고용허가 신청 → 고용허가서 발급 → 근로계약 후 고용 * 근로개시 신고의무 불필요	내국인구인노력 → 고용센터에 특례고용 가능 확인서 발급 → 근로계약 → 근무 시작 및 근로개시 신고 * 근로개시 신고 필요

자료: 한국산업인력공단. 외국국적동포(H-2) 취업교육, https://eps.hrdkorea.or.kr/h2/h2empl/empPermComp.do

CHAPTER 05

다양성과 이민

김규찬

제1절 서론

문화적 다양성의 증가는 최근 한국사회의 가장 중요한 사회변동의 하나이다. 무엇보다 이주민의 국내 유입과 정착으로 인해 촉발된 인종적·민족적 다양성의 심화는 오랜 기간 단일 민족·문화적 전통을 유지해 온 한국으로서 상당히 새롭고 중대한 사회적 도전이다. 이민을 받아들이는 국가로서의 경험이 일천한 상황에서, 정부는 이민 및 다양성을 관리하기 위한 법·제도의 마련과 함께 다양성 증가에 대한 사회 구성원들의 인식을 개선해야 할 과제를 안게 되었다.

이주민 유입으로 인한 다양성의 증가를 어떻게 바라보고 대응할 것인가는 사회 전반의 인식, 가치 및 문화를 강하게 반영하는 문제이다. 따라서 다양성 관련 정책은 사회구성원 간의 의사소통과 합의의 과정이 중요한 정책 영역이라 할 수 있다. 이민 및 다양성 관리의 역사가 긴 서구 국가들의 사례와 이론을 참조할 수 있겠지만, 문화적 다양성의 증가를 효과적으로 관리하여 긍정적 사회변화의 원동력으로 만들 수 있는 방안을 찾는 것은 개별 국가의 몫이다.

이 장은 국제이주을 통해 국가 내 문화적(특히, 인종적·민족적) 다양성이 증가하는 현상과 쟁점을 다각적으로 분석하고, 이러한 다양성의 증가에 관련된 국가의 정책적 대응에 대해 논의한다. 먼저, 다양성의 개념 및 인종적·민족적 다양성의 중요성을 살펴본다. 다음으로 다양성을 글로벌화 경향과 국가 역할 및 국민 정체성의 문제를 연결지어 논의한다. 이어 다문화주의의 개념과 다문화주의 정책의 다양한 유형에 대해 토론한다. 끝으로, 이민국가로서 한국의 다양성 실태 및 다문화수용성 수준, 그리고 다문화수용성 제고 정책을 살펴본다.

제2절 다양성

1 다양성의 개념

한 국가 내에 존재하는 개인 및 집단들은 결코 동질적이지 않다. 이들 간에는 인종, 민족, 언어, 종교, 관습, 행동양식, 가치, 신념, 세계관 등에서 상당한 수준의 차이가 존재하는 데, 이를 다양성(diversity)이라고 부른다(최영민 외, 2015; Banks, 2016). 여기서 열거된 여러 차이의 범주들은 우리가 소위 '문화(culture)'라고 통칭하는 것들임을 고려하면, 사회 내의 이러한 편차는 '문화적 다양성(cultural diversity)'으로도 명명할 수 있겠다(김혜미 외, 2023).

한 국가 내에서 관찰되는 문화적 다양성의 요소는 산업화, 민주화, 글로벌화 등의 사회변동 과정에서 계속 상호작용하고 변화된다(Banks, 2016). 모든 사회는 유기체와 마찬가지로 끊임없이 분화가 발생하며, 이에 따라 문화다양성의 수준도 확장되는 경향이 있다. 한때 한국사회에서 유의미한 문화적 다양성 요소로 간주하지 않았던 인종이나 민족, 성적지향이 중요한 다양성의 차원으로 새롭게 주목받게 된 것을 예로 들 수 있다.

한편, 다양성의 분화는 인종, 민족과 같은 가시적 차원에서도 발생하지만, 가치관이나 신념 등 내면적이고 비가시적 차원에서도 관찰된다(원숙연, 2018). 가시적 측면의 다양성은 주로 성별, 연령, 계층, 출신국, 국적 보유 여부 등 관찰 및 측정가능한 인구학적 특성과 관련되며, 분화된 집단의 특징 및 집단 간의 경계가 뚜렷해 통계적 처리와 기술이 용이하다. 이에 반해 가시적인 범주화를 넘어서는 신념, 가치, 세계관의 차이와 같은 심층적 다양성은 개인과 집단의 정체성 형성에 장기적으로 관여하기 때문에 역사적, 사회적, 정치적 함의가 크고 인위적 개입이 까다롭다(원숙연, 2018).

국제적으로 완전히 고립되거나 고도로 통제적인 사회가 아니라면 사회 내 다양성의 증가는 자연스럽고 필연적인 현상이다. 그러나 다양성에 대해서는 역사적으로 긍정적인 시각과 부정적인 시각이 존재해 왔다. 생물학적 다양성이 생명체의 환경 적응과 진화에 필수적 요건으로 본 다윈(Charles R. Darwin, 1809~1882)의 관점은 종의 다양성뿐만 아니라, 문화적 다양성을 더욱 긍정적으로 볼 수 있는 관점을 제공한다. 자연 세계의 생물다양성이 생명체의 존속과 진화의 필수적 조건이 되듯이 인간사회의 다양성은 사회적 분화와 진보의 원동력이 될 수 있다(한국국제이해교육학회, 2015).

2 인종 · 민족적 다양성의 중요성

한 사회의 내적 다양성을 증가시키는 여러 요인 중 가장 빈번하게 언급되는 개념은 인종과 민족이라 할 수 있다. 이는 특별히 국제 이주민 유입을 통해 다문화사회가 된 국가들에서 중요성이 큰 개념들이다. 얼핏 인종과 민족은 개인의 출신 배경을 분류하는 객관적인 범주로 여길 수 있지만, 두 개념 모두 오랜 시간에 걸쳐 사회적으로 구성된(socially constructed) 개념으로서 한 사회의 '문화'의 일부로서 인식하는 것이 타당하다(Miles & Malcom, 2003).

먼저, 인종(race)은 외형적 표지(피부색, 골격, 머리 색, 홍채 색 등)에 근거해 인류를 여러 집단으로 구분하는 개념이다. 과거에는 뚜렷한 신체적 특징에 주목하는 인종이라는 구분법이 사회적으로 수용되었지만, 현재 대부분의 과학자들은 이러한 분류법의 과학적 타당성에 대해 회의적 견해를 보이는데, 그 이유는 동일한 인종 내의 유전적 격차가 소위 인종 간의 유전적 격차보다 더 크기 때문이다(De Haas et al., 2020). 그럼에도 불구하고 인종이라는 개념이 여전히 사회적, 정치적 의미를 가지는 이유는 인종 개념이 다양한 방식과 수준의 인종주의(racism)적 관행과 연결되기 때문이다. 유색 인종들에 대한 가치 절하, 차별, 배제, 폭력 등을 정당화하는 기제로서 인종의 개념이 동원되어 왔다는 것은 역사적 사실이다(김혜미 외, 2023).

한편, 민족 혹은 민족성(ethnicity)은 공동의 조상, 영토, 언어를 포함한 문화적 관습에 기초해 세대를 거쳐 전수되는 집단 정체성이다(De Haas et al., 2020). 가시적인 인종과 달리 민족성은 집단이 공유하는 내재적 동질감, 신념, 혹은 의식으로 볼 수 있다. 몇몇 학자들은 민족(성)은 역사적 실체라기보다는 상상의 공동체 혹은 신화(myth)로 간주한다(Steinberg, 1981). 하지만 민족(성)에 대한 신념, 혹은 민족의식은 국가 정체성을 형성하고 구성원을 결속시키는 강력한 힘을 지닌 도구임이 틀림없다.

민족적 정체성을 공유하는 모든 민족은 정도의 차이는 있지만 자기 민족이 보유한 문화와 유산에 대한 자부심을 가지고 있다. 때로는 여타 민족에 비해 자신들을 우월하게 여기는 태도를 신념화하고 정치적 자원으로 사용하기도 한다. 이러한 민족우월주의는 종종 역사상 최악의 잔학행위(식민지배, 타민족 말살, 소수집단에 대한 탄압 등)로 이어졌으며, 국제관계에서 민족우월주의적 신념은 전쟁을 벌이거나 외국인에 대한 강압적 통제를 정당화하는 도구로 활용되기도 했다. 실제 지난 수 세기에 걸쳐 발생한 상당수 전쟁은 특정 민족의 문화를 여타 민족들에게 강제하거나 상대 민족의 문화를 말살하려는 의도에서 발생하였다(Zastrow, 2018).

한국을 포함해 비교적 최근에 이민국가로 변모하고 있는 나라들도 인종차별주의나 자민족중심주의의 가능성으로부터 자유롭지 못하다. 인종과 민족은 상이한 분류의 기준을 사용하는 별개의 범주이다. 그러나 신체적 특징에 근거해 타인종에 대해 부정적인 고정관념을 형성하는 인종차별주의(racism)와 마찬가지로, 자민족중심주의(ethnocentrism) 역시 비합리적 우월의식에 근거해 타민족을 차별하는 행태를 보일 수 있다. 한국처럼 인종과 민족의 범주가 일치하는 상태로 오랫동안 유지되어 온 국가들은 타인종, 타민족에 대해 배타적 태도를 내면화해 왔을 가능성이 높다. 국제사회와 깊이 연결된 민주적 다문화사회로 변모하려는 국가라면 배타적 단일민족의식의 극복은 불가피한 과제이다.

다양성에 대해 부가적으로 강조할 부분은 모든 사람이 다문화적 다양성(multicultural diversity)을 지니고 있다는 점이다. 그 어떤 개인도 한두 가지 정체성의 범주에 의해 규정되지 않는다. 인종과 민족(성)이 개인과 집단의 정체성을 구성하는 주요 요소임이 틀림없다. 하지만 같은 인종이나 같은 민족적 배경을 가진 집단 안에서도 성별, 연령, 국적, 사회경제적 지위, 학력, 가족형태, 종교, 성적 취향, 정치적 견해, 신체 능력, 생활방식의 차이에 의해 개인의 정체성 형성 및 삶의 경험(수용이나 차별 등)에 상당한 편차가 생겨난다. 개인의 정체성과 삶은 이러한 다양한 집단(범주)들의 교집합(intersections) 속에서 형성되는 것으로서, 여러 범주들 간의 상호관련성에 주목할 때에만 비로소 감추어진 내적 다양성, 불평등 및 차별의 역학이 충분히 분석될 수 있다(Collins et al., 2021; Lutz & Amelina, 2021).

제3절 글로벌화, 국제이주, 그리고 다양성

1 글로벌화와 다양성

글로벌화(globalization)는 20세기 중반 이후 거의 모든 사회변동의 배경으로 지목되는 개념이다. 글로벌화라는 개념이 현대의 다양한 사회현상을 설명하기 위해 빈번히 사용되고 있긴 하지만, 사실 글로벌화는 모호한 개념으로서, 그 역사적 실체에 대해 폭넓은 관점이 존재한다(Hirst et al., 2015). 개념적 모호성에도 불구하고 글로벌화는 일반적으로 "현대의 사회적 삶의 모든 부문에서 세계적 연결성(worldwide interconnectedness)이 넓어지고, 깊어지고, 빨라지는 현상"으로서 이해할 수 있다(Held et al., 1999: 2).

글로벌화는 이 장에서 주목하는 국제이주와 (문화)다양성과 밀접한 연관성을 가진다. 우선 글로벌화는 국제이주를 촉진하고, 국제이주는 글로벌화를 심화시킨다. 교통 및 통신의 발달로 장거리 이동이 용이해지고, 타국의 임금 수준, 고용기회, 생활환경 등에 대한 정보가 널리 공유되면서 국제이주의 열망과 가능성이 확대된다. 거의 대부분의 나라가 규모의 상대적 차이는 있지만 이주(민)를 보내는 나라이자 받아들이는 나라이며, 국제이주의 영향으로부터 완전히 자유로운 나라는 없다(De Haas et al., 2020). 활발해진 국제적 인구 이동은 다양한 초국가적 연결망을 통해 상품, 자본, 문화, 관념, 그리고 심지어 질병까지 세계 곳곳으로 확산시킨다. 달리 말해, 글로벌화와 국제이주는 서로의 원인이자 결과라고 볼 수 있다.

그렇다면 글로벌화와 국제이주는 문화다양성을 증가시키는가, 질식시키는가? 글로벌화는 상호연결성을 특징으로 하는 거대한 힘이다. 사람의 이동과 함께 문화라고 일컬을 수 있는 거의 모든 것들이 전 세계로 빠르게 확산된다. 이러한 과정에서 국가 내의 민족적·문화적 다양성을 심화시킬 수 있다.

인터넷기반 통신기술의 비약적 발전과 항공 여행의 용이성으로 인해 글로벌 연결성 및 상호작용이 날로 심화되고 있으며, 이에 힘입어 국제이주의 경로와 유형도 다변화되고 있다. 이주 연구자들이 최근 주목하는 현상은 이주민들의 초국적 이주(transnational migration) 행태의 확산이다(Vertovec, 1999). 과거에는 다른 나라로 이민을 가면 그 사회에서 영구적으로 정착을 하고, 가정을 꾸려 그곳에서 후세대를 정착국의 시민으로 키우면서 살아가는 것이 보편적이었다. 하지만 이제 상당수 이주민들은 출신국과 이주대상국을 빈번히 왕래하면서 초국가적 활동 영역, 소속감, 정체성을 유지한다. 그 결과 이민 과정에 관여된 모든 사회의 문화적 다양성 수준을 증가시킨다.

한편, 글로벌화가 문화적 다양성을 위협한다는 관점도 존재한다(이진석 외, 2016). 글로벌화의 비판적 측면에 주목하는 사람들은 글로벌화는 본질적으로 획일화하는 경향으로서, 몇몇 표준화된 상품이 전 세계로 팔려 나가듯이 특정(서구)문화가 패권적으로 확산되면서 문화적 다양성에 부정적인 영향을 끼친다고 주장한다(한국국제이해교육학회, 2015). 그러나 글로벌화 과정에서 지역, 국가 및 개인은 전파되는 문화를 수동적으로 수용하기만 하는 것이 아니라 수용국의 문화적 특성을 반영하여 창의적인 번안과 융합의 과정을 거치게 되는 경우가 많다.

때로는 비주류로 여겨지는 지역과 국가의 문화가 인터넷으로 대표되는 글로벌 네트워크를 통해 주류(서구) 문화로 침투하여 변화를 야기하는 경우가 드물지 않다. 이렇듯 전 지구적 문화의 확산은 일방향적이라기보다는 다(多)방향적인 것이므로, 글로벌화가 다양성을 축소시키는 힘으로만 결론지을 수 없다. 관건은 글로벌화와 자본주의의 막강한 동질화의 힘(homogenizing force)에 대해 개별 국가, 공동체, 개인이 어떠한 태도를 갖고 대응하느냐 일 것이다.

2 글로벌화와 국가

글로벌화와 관련하여 제기되는 또 다른 중요한 이슈는 개별 국가의 위상과 정책적 자율성의 수준에 관한 것이다. 이에 관해서도 다양한 입장이 존재한다. 강한 세계화주의자나 탈국가주의(post-nationalism)자들은 글로벌화를 국가의 정책 자율성을 제약하는 강력한 힘으로 인식한다. 현실적으로 국경을 넘나드는 자본, 상품 및 정보의 흐름을 개별 국가가 완벽히 통제하는 것이 쉽지 않다는 것이다. 실제로 글로벌 경제위기, 난민위기, 국제범죄, 기후재난 등과 같은 국제사회 문제에 직면하여 개별 국가의 정책 능력과 효과가 상당히 제한되는 경우를 자주 목격하게 된다.

더불어 국제기구, 지역협력기구의 압력과 국가(들) 간의 양자 및 다자간 합의는 국가의 정책 선택의 폭을 상당 수준 제한할 수 있다. 예컨대, 유럽연합(the European Union, 이하 EU) 회원국의 경우 자신의 사회, 경제정책뿐만 아니라 국경통제나 체류외국인 관리와 같은 핵심 국가 기능의 일부도 제한받는다. 이런 이유로 학문적 차원에서도 국가를 사회현상 분석의 단위로 당연시하는 국가중심주의, 혹은 방법론적 국가주의(methodological nationalism)가 도전받고 있다(Wimmer & Glick Schiller, 2002).

그럼에도 불구하고 글로벌화 경향이 국가와 국민의 개념을 무용지물로 만든 것은 아니라는 점 또한 분명하다. 실제 세계화로 인해 국가의 위상이 약화하기는커녕 세계시장의 출현과 신자유주의적 글로벌화는 실상 몇몇 중심부 국가들의 프로젝트로 볼 수 있는 측면이 있다(Weiss, 1997). 글로벌화 추세 속 제약조건이 있더라도 국가는 국익 실현을 위한 정책 추구를 결코 포기하지 않는다.

예컨대, 글로벌화의 힘이 가장 강하게 작용되는 국제이주의 영역에서도 각 국가는 여전히 자국 사회와 시장의 조건을 종합적으로 고려하여 국익을 극대화하는 방향으로 이민정책을 수립하고 있다(김규찬, 2022). 물론 설동훈(2016)이 지적하듯이, 세계체제(world system)를 구성하는 행위자들(국가, 시장, 사회, 국제기구 등) 간의 역학에 의해 개별 국가들의 이민정책의 자율성이 어느 정도 제약을 받을 수 있다. 하지만 많은 이민 수용국가들이 다양한 정책수단을 동원하여 주변부 국가들로부터 필요한 인적 자원을 조달하고 있을 뿐만 아니라, 유입된 이주자들의 권리에 차등을 두는 계층화(stratification) 전략을 통해 이들의 체류, 정착 및 통합 과정에 효과적으로 관여하고 있다(김규찬, 2020a; Glick Schiller & Salazar, 2013; Morris, 2003).

3 국제이주와 다양성 시대의 초국가적 시민성

이주민이 국경을 넘어 새로운 나라에서 살아가는 과정은 사회적 프로세스로서, 그 규모와 유형에 따라 다양한 사회, 문화, 경제, 정치적 함의를 가지게 된다. 이주민 정착의 장기적 결과는 여러 인종, 민족, 문화가 공존하는 다문화사회의 형성이다. 어떤 나라에서는 이주민들이 주류사회와 원만히 조화되며 수 세대에 걸쳐 자연스럽게 통합된다. 하지만 어떤 경우에는 그들이 새로운 사회적 구성원으로서 실질적으로 정착해서 살고 있는 현실을 문화적, 제도적으로 부정당하면서 인종주의적 차별과 폭력의 대상이 되기도 한다(De Haas et al., 2020).

다양한 문화적 배경을 가진 사람들의 유입은 긍정적 영향과 부정적 영향을 함께 내포하기 때문에 국가에게 딜레마를 안긴다. 이주민의 유입으로 인한 다양성의 증가를 경계하는 입장은 이질적 문화 유입으로 인해 주류 문화의 동질성(homogeneity)과 이에 기반한 국가·국민정체성의 약화를 우려한다. 이주민들의 언어, 종교, 문화는 다름(otherness)의 상징이나 표지(markers)로 인식되고, 자신의 문화적 정체성과 관습을 유지하려는 경우는 분리주의(separatism)의 의도가 있는 것으로 의심하게 된다(De Haas et al., 2020). 이런 관점은 이주민의 문화를 열등하거나 부정적인 것으로 여기기 때문에 주류 문화로의 일방적이고 완전한 동화를 요구하게 된다.

한편, 이주는 본질적으로 정치적 현상으로서, 이주민의 유입과 정착은 국가와 국민의 개념, 국경관리, 주권의 내용과 범위 등 정치적 차원에서 새로운 변화가 시도되거나 긴장을 조성하기도 한다. 소위 '국민국가(nation state)'는 문화적 정체성과 정치적 소속감의 일치를 전제하기 때문이다(Castles & Davidson, 2000). 특히, 대규모의 이주민 유입과 정착은 상당한 정치적 함의를 지니기 때문에 종종 정부와 정치가들의 경계심을 불러일으킨다. 이주민의 유입은 국경관리 상의 긴장을 야기하고 내국인과의 갈등관계를 형성할 수 있으며, 이들에게 어떤 종류와 수준의 권리를 부여할 것인지는 정치적 파급력에 의해 상당 부분 결정된다. 이런 이유로 국가는 이주민들에게 국적과 같이 완전한 수준의 성원권(membership)을 부여하기 전에 이들이 정치적으로 수용국 사회에 충성심(loyalty)을 가지고 있는지 검증하고 싶어한다.

그러나 높은 수준의 다양성이 국민국가의 건설과 번영을 방해하는 것으로만 볼 수 없다. 민족의 개념과 달리 국가는 정치적 존재로서 통치권이 미치는 범위 내에서 그 구성원의 자격, 권리, 의무를 헌법과 법률에 의해 규정함으로써 인종적·민족적 배경이 다른 이주민도 얼마든지 국민국가의 구성원으로 온전히 수용될 수 있다.

이주민을 새로운 국민으로 수용하는 것이 문화적 동질성의 신화를 약화시킬 수는 있겠지만, 이들을 적극적으로 통합하는 편이 인종·민족 간 차별과 갈등이 심화되어 분리된 사회(divided society)로 귀결되는 것보다는 더 나은 선택이다. 민족주의 정서를 업고 극도로 통제적인 이민정책을 형성하고, 외국인과 소수자들의 시민권을 부정하는 선택은 정치적 역풍(backlash)을 맞게 마련이다. 왜냐하면 그것이 다원적 민주주의의 원리와 이상에 근본적으로 부합하지 않기 때문이다. 실제로 민족주의가 강한 서유럽 국가들에서도 1960년대 이후 국민됨(national belonging)의 정의가 보다 수용적인 방식으로 변화되었다.

국제이주로 인한 국가구성원의 다양성 증가는 필연적으로 기존의 국민됨 혹은 시민성의 재정의 요구로 귀결된다. 세계 전 지역과 문화권에 걸친 인간과 문화의 이동 및 상호 교류가 갈수록 폭넓고 강도높게 진행되면서 국민의 귀속의식과 정체성의 차원이 복잡해지고 있다(이진석 외, 2016). 더 이상 특정 인종과 민족, 심지어 어떤 국가의 국적을 보유하고 있다는 것이 모든 집단구성원을 아우르는 정체성의 범주가 될 수 없음은 자명하다. 대부분의 개방된 국민국가에는 국적자(nationals)만 거주하는 것이 아니다. 국가 내에는 비록 국적을 보유하지 않았더라도 적법한 체류자격을 부여받고 다양한 수준의 권리와 의무를 부여받고 살아가는 상당한 규모의 비시민(non-citizen)이 존재한다. 참정권과 사회보장권의 일부를 제외하고는 국적자와 거의 동일한 수준의 권리를 누리는 준시민 집단, 소위 '데니즌(denizen)'을 예로 들 수 있다(Altman, 2022; Cohen, 2023).

이러한 관점에서 글로벌화 시대에 부합하는 새로운 시민성, 즉 초국가적이고 다문화적인 시민성을 모색해야 한다는 주장이 제기된다. 국민국가의 구성원이 살아가는 생활세계는 이미 상당한 수준으로 다문화적이 되었다(김영순 외, 2019). 우리는 모든 사회구성원의 국가적 정체성과 문화적 정체성이 동일하다고 전제할 수 없는 시대를 살게 된 것이다. 더불어 이제 개인은 국가적 성원권 외에도 지역이나 글로벌 사회의 구성원으로서 지위, 즉 초국가적 시민성을 갖고 그에 따른 권리와 의무를 부여받고 있다(이진석 외, 2016). 코로나19 팬데믹을 통해 경험했듯이 세계는 높은 수준으로 상호의존적으로 연결되어 있다. 이제 우리는 개별 국가와 민족에 국한된 귀속감과 충성심을 넘어, 지구촌의 시민으로서의 정체성과 문화적 다양성의 인정을 근간으로 하는 초국가적 협력과 시민적 덕성이 요구되는 시대를 살고 있다(Chien, 2022).

제4절 다양성과 다문화주의

1 다문화주의의 개념

다문화주의(multiculturalism)는 1960년대 후반부터 서구사회에서 급증하는 문화적 다양성을 다루기 위해 등장한 것으로, 이제 한국에서도 미디어와 일상에서 빈번히 접하게 되는 표현이 되었다. 이런 현상은 2000년대 초반부터 급증하기 시작한 국내 체류외국인, 특별히 결혼이주민의 유입 및 정착과 깊이 관련되어 있다. 정부가 2008년 「다문화가족지원법」을 제정하면서 '다문화'라는 용어가 법적・제도적 용어로 공식화되었고, '다문화주의'가 연구의 대상이자 사회적 담론의 화두로 등장하여 사용되게 되었다(김규찬, 2022).

한국에서는 다문화주의가 유행어처럼 다소 편의적으로 사용되고 있어 여러 혼란을 불러일으켜 왔다. 다문화주의는 사회 내 다문화적 현상, 즉 서로 다른 문화와 이를 공유하는 문화적 집단들의 존재를 전제로 한다. 서로 다른 문화 집단 간의 접촉과 상호작용 과정에서 어떻게 서로를 이해하고 관계를 맺어야 하는지에 대한 고민을 만들어 낸다. 이런 고민은 개인적 차원에서 발생할 수도 있고 국가적 차원에서도 발생할 수 있다(김혜미 외, 2023).

한 사회를 구성하는 인구집단의 문화적 배경이 다양해졌다고 해서 그 사회가 자동적으로 다문화주의적 사회라고 부를 수 있는 것은 아니다. 문화적 다양성에 대응하는 개인과 국가의 대응은 매우 다양할 수 있기 때문이며, 다문화주의는 여러 대응방식 중 하나일 뿐이다.[1] 다문화주의는 기본적으로 상이한 문화와 문화집단의 가치와 존재를 인정하고 그 차이를 존중하는 태도를 의미하며, 나아가 상이한 문화집단 간의 지속적인 상호 소통과 조정을 추구하는 입장을 의미한다(원숙연, 2018).

그러나 다문화주의에 대한 논의의 방점을 어디에 두느냐에 따라 다양한 개념화가 가능하다. 예를 들어, 다문화주의를 하나의 철학적 관점으로 정의할 수도 있고, 정치적 지향으로 규정할 수도 있으며, 규범적 선호 혹은 소수 집단에 대한 차별과 배제를 개선하기 위한 정책 대안으로 접근할 수도 있다(원숙연, 2018). 이런 다양한 관점들은 실상 상호 연결된 차원들이다. 예컨대, 문화적 소수자의 권리 인정을 둘러싸고 벌어지는 차이의 정치(politics of difference)(Taylor, 1994) 또는 정체성의 정치(politics of identity)가 발현되는 양상은 그 나라가 취하는 다문화주의 정책의 성격(혹은 유형)에 따라 달라지게 된다(Kymlicka, 1995).

이 장은 다문화주의 개념의 다차원성을 인정하면서, 다문화주의를 주로 문화적으로 다양한 집단들을 어떻게 국가적 차원에서 관리할 것인가에 대한 정책으로서 이해하고자 한다. 다문화주의 정책은 다양한 문화적 배경을 가진 집단들의 정체성, 시민권, 갈등 관리와 통합 문제에 관여한다(Kymlicka, 1995). 다문화주의 정책의 주요 대상은 이주민, 같은 국가 내 소수 민족, 원주민(indigenous population)들이며, 한국의 경우 다문화주의 정책은 장기 체류외국인을 대상으로 하지만 여타 인종적, 민족적, 문화적 소수자를 배제한 채로 주로 결혼이주민들과 그 가족에 초점을 맞춰 진행되어 왔다고 볼 수 있다(김혜미 외, 2023).

여기서 짚고 넘어가야 할 점은 다문화주의와 문화상대주의(cultural relativism)와의 차이이다. 다문화주의는 상이한 문화들 간의 가치 평등성과 공존을 강조하며, 문화상대주의 역시 각각의 문화는 고유한 가치를 가지고 본질적으로 우위를 가진 문화는 없다고 본다. 이런 측면에서 다문화주의는 본질적으로 문화상대주의적 지향성을 가진다. 그러나 다문화주의가 모든 문화의 동등한 가치를 가진다는 식의 원리주의적

1) 이에 대해서는 이 책 제13장 참고.

문화상대주의를 수용하는 것은 아니라는 점에 주의해야 한다(원숙연, 2018). 아무리 관대한 다문화주의 정책이라도 아동 학대, 여성 차별, 조혼, 순장(사티) 등의 관습을 문화적 평등성의 논리로 용인하거나 수용할 수는 없기 때문이다.

2 다문화주의 정책의 유형[2)]

이주민의 유입 증가는 문화적 다양성의 증가와 새로운 민족, 인종적 소수자 집단의 형성으로 귀결될 수 있는데, 이때 국가는 이러한 다양성의 증가를 관리하기 위해 다양한 방식의 통합 혹은 편입(incorporation) 전략을 채택한다(De Haas et al., 2020). 캐슬과 밀러(Castles & Miller, 2009)는 일찍이 이주민 통합의 방식을 동화(assimilation), 차별배제(differential exclusion), 다문화주의(multiculturalism)로 분류한 바 있고, 이후 연구자들이 이 유형 분류를 두루 원용하고 있다(김규찬, 2022). 국가별 통합 레짐(incorporation regime)의 차이는 주로 성원권(국적 등)의 취득 조건, 이주민 고유의 문화적 정체성 인정 수준, 그리고 소수자로서 이들에 대한 차별 예방이나 개선 노력의 수준 등에서 발견된다.

먼저, 동화(assimilation)는 이민자를 일방적인 적응과정을 통해 주류 사회로 편입시키는 방식을 의미한다. 동화 모형에서는 이주민은 한 개인으로서 주류 사회에 완전히 통합될 것으로 기대된다. 따라서 이주민 고유의 민족적 정체성과 문화적 관습을 유지하려는 시도는 사회적·정책적으로 지지받지 못한다. 공화주의적 시민권 모형을 가진 나라들, 대표적으로 프랑스가 가장 이러한 유형에 근접하는 사례라고 할 수 있다.

다음으로, 차별배제(differential exclusion)는 이주민이 임시적으로, 필요에 의해 사회의 특정 부문(특히, 비전문 노동시장)으로 편입되는 것을 허용하나, 시민권과 정치참여와 같은 사회의 다른 부문에 대한 접근은 통제하는 방식을 의미한다. 비전문 노동력을 단기 순환방식으로 도입하는 초청노동자(guest-worker) 프로그램이 좋은 예이다. 이주민의 유형에 따라 수용과 배제의 영역과 방식은 달라질 수 있다. 이런 접근 방식은 선호하는 이주민(예: 백인이나 전문인력 등)을 선별적으로 수용하려는 의도로 채택되지만, 독일의 사례 등 역사적 경험을 볼 때 민주주의 국가에서 선택적 편

2) 이주민의 사회통합 정책에 대한 상세한 논의는 이 책 제13장을 참조하기 바란다.

입 원칙을 엄격하게 유지하는 것은 쉽지 않다.

끝으로, 다문화주의(multiculturalism)적 통합모형은 이주민들이 수용국 사회의 기본적 가치에 대해 순응하면서도 그들 고유의 언어, 문화, 종교를 포기하지 않은 채 사회의 모든 영역에 동등하게 참여할 수 있게 하는 접근방법이다. 다문화주의적 이주민 통합은 동화주의가 내포하는 일방성에 대한 비판의식에 근거하는데, 서구에서 소수자의 인권에 대한 사회적 관심과 지지가 확산되면서 널리 채택되었다. 캐나다와 호주는 다문화주의적 통합방식을 추구하는 대표적인 국가들이다.

여기서 다문화주의적 통합정책에도 여러 하위 유형이 존재한다는 점을 인식할 필요가 있다. 예컨대, 킴리카와 밴팅(Kymlicka & Banting, 2006)은 다문화주의를 채택한 서구 국가들을 강한(strong), 보통(modest), 약한(weak) 다문화주의(정책) 국가로 분류하고, 호주와 캐나다를 강한 다문화주의(정책) 국가, 벨기에, 네덜란드, 스웨덴 영국 등을 보통 수준, 프랑스, 독일, 그리스, 일본 등을 약한 수준의 다문화주의(정책) 국가로 분류한 바 있다. 유사한 관점에서 테일러 구비와 와이트(Taylor-Gooby & Waite, 2014)는 다문화주의를 '약한 다문화주의(weaker multiculturalism)'와 '강한 다문화주의(stronger multiculturalism)'로 분류하였다. 약한 다문화주의는 이주민 집단의 민족적 · 문화적 정체성은 인정하지만 이들의 원만한 생활을 위해 주류 사회의 언어, 문화, 관습 등을 수용하도록 유도한다. 이런 측면에서 약한 다문화주의는 동화주의의 변형으로 볼 수도 있지만, 강제적 동화가 아니라 자발적 동화를 지향한다는 차이가 있다. 반면, 강한 다문화주의는 이주민의 민족적 · 문화적 정체성을 인정하는 수준을 넘어서서 이들의 다양성을 다양한 정책적 지원을 통해 양성, 촉진하고자 한다.

한편, 원숙연(2018)은 다문화주의 정책을 '관대한 다문화주의', '비판적 다문화주의', '부티크(boutique) 다문화주의'로 분류하였다. 관대한 다문화주의는 다양성의 존재 및 가치를 인정한다는 측면에서 '관대하다'는 평가를 할 수 있다. 하지만 정책적 개입을 통해 다양성을 증대시키거나 지원하려는 시도에는 반대한다. 이런 접근방식은 앞에서 소개한 '약한' 또는 소극적 다문화주의라고 볼 수 있다. 비판적 다문화주의는 단순히 다양성의 존재를 인정하는 차원을 넘어서서 제도적 개입을 통해 소수자들에 대한 사회경제적 배제, 차별, 불평등을 개선하고자 노력한다. 이러한 시도는 자연스럽게 인정의 정치(politics of recognition)와 접점을 형성한다(Taylor, 1994). 비판적 다문화주의는 공적인 영역에서도 문화적 차이를 인정하고 제도화하는 강한 혹은 적극적 다문화주의와 일치한다. 한편, 부티크(boutique) 다문화주의는 개인적 차원에서 다양성을 평가하고 향유하는 시장기반적 다문화주의를 말한다. 이질적 문화에 관심을 가지고 축제에 참여하는 등의 행위를 통해 표피적이고 상징적인 방식으로 문화적 차이를 향유하는 식이다. 제한적 범위에서 문화적 차이를 수용하는 수준에 머무를 뿐 이를 공식화하는 것에는 반대한다는 점에서 전술한 약한 다문화주의와 유사하다(원숙연, 2018).

유사한 스펙트럼으로 바렛(Barrett, 2013)은 다문화주의를 상징적, 구조적, 그리고 대화적 다문화주의로 분류하였다. 첫째, '상징적 다문화주의(symbolic multiculturalism)'는 의복이나 음식 등 각 소수민족 집단의 특징을 상징할 수 있는 문화를 향유하고 보존하는 수준의 다문화주의로서, 위에서 언급한 관대한 다문화주의나 부티크 다문화주의의 중간적 입장으로 볼 수 있다. 둘째, '구조적 다문화주의(structural multiculturalism)'는 소수민족 집단이 겪는 정치적, 경제적, 사회적 불평등의 개선을 위한 제도적 노력(차별금지법, 적극적 우대조치 등)을 지지하는데, 이 점에서 강한 다문화주의 혹은 비판적 다문화주의와 맥을 같이한다. 셋째, '대화적 다문화주의(dialogical multiculturalism)'는 다문화주의 정책의 추진 방법과 관련되는 개념으로서 주류 문화집단이 주도하는 다문화주의보다는 동등한 입장에서 다양한 문화집단 간의 의사소통과 조정을 강조한다(김혜미 외, 2023).

이상 소개한 다문화주의 정책의 다양한 하위 유형에도 불구하고 다문화주의 정책의 공통적 목표는 문화적 다양성에 대한 인정의 토대 위에서 소수자들에 대한 억압과 차별이 최소화되고, 모든 사회 내 집단들이 조화롭게 공존하는 사회를 만들어 가는 것이다. 이런 점에서 적어도 정책적 지향이라는 관점에서는 소극적이고 상징적인 다문화주의 정책보다는 제도 변화를 수반하는 적극적이고 비판적인 다문화주의 정책이 다원적 민주사회에 더 적합하다고 판단된다. 여기서 지적하고 싶은 것은 다문화주의의 개념, 다문화주의 정책의 성격을 어떻게 규정하느냐는 본질적으로 각 국가의 사회적, 정치적 합의의 산물이라는 점이다. 여타 공공 정책의 영역과 마찬가지로 정책으로서의 다문화주의도 공간적, 역사적 맥락에서 형성되고 변화된다. 서구의 이론적 관점을 그대로 가져와 동화주의는 무조건 나쁘고 다문화주의는 옳다는 식의 무비판적 수용은 적절하지도 효과적이지도 않다.

실제로 최근 서구 이민자 수용 국가에서 국가 내 문화적 다양성에 대한 반감이 커지고 다문화주의(적) 정책은 다양한 공격을 받고 있다. 일부 이주민들(이민 2, 3세대 포함)은 다문화주의를 표방하는 국가에서도 민족적 소수자들이 겪는 일상적 차별과 배제의 현실로 인해 다문화주의에 회의감을 갖고, 주류 구성원은 이주민들의 통합 실패나 거주지 분리나 테러 등 극단화를 문제삼아 다문화주의 정책의 폐기를 주장하기도 한다. 대규모 난민 유입으로 인한 사회적 긴장 고조와 매우 드물지만 이주민이 개입된 테러 및 범죄는 반이민, 반다문화 정서에 기름을 부었다. 포괄적 복지국가(the welfare state)를 발전시켜 온 나라들에서도 이주민의 증가와 다문화주의적 정책이 사회복지에 대한 대중의 지지를 약화시킴으로써 복지국가를 후퇴시킬지 모른다는 우려를 표출하기도 한다(Kymlicka & Banting, 2006).

이러한 사회적 분위기를 정치적 자원삼아 반이민정책을 표방하는 보수정권이 지지를 얻는 사례가 대서양 양편에서 벌어지고 있다. 소수자에 대한 차별과 이들의 극단화(radicalization)는 상호적으로 원인이 된다는 점에서 매우 우려스러운 일이 아닐 수 없다. 이제 시선을 안으로 돌려 이민국가로서의 한국의 인종적 · 민족적 다양성 현실, 다양성에 대응하는 정책, 그리고 발전을 위한 과제를 생각해 보겠다.

제5절 이민국가로서 한국의 다문화수용성: 현황과 정책

1 한국의 인종적 · 민족적 다양성 현황

여러 측면에서 한국의 문화적 다양성은 확장일로에 있다. 인종 또는 민족과 같은 가시적 측면과 아울러 가치 · 신념, 종교, 성적지향과 같은 내면적이고 비가시적 차원에서의 다양성의 폭도 넓어지고 있다. 문화적 다양성의 제 측면 중에서도 한국사회에서 인종적 · 민족적 다양성 증가가 가지는 중요성에 주목할 필요가 있다. 왜냐하면 원숙연(2018)이 지적한 바와 같이 외국인의 유입과 정착은 한국이 오랜 기간 유지해 온 단일민족 의식과 문화적 동질성 신념에 근본적 도전이 된다는 점과, 서구 이민국가와 비교해 다인종 · 다민족 사회로의 전환이 상당히 짧은 시간 안에 발생하고 있다는 점 때문이다.

그렇다면 한국의 인종적 · 민족적 다양성의 수준은 어떠한가? 한때 이민 송출국이었던 한국은 1990년대 초부터 성공적인 산업화, 민주화 및 세계화를 배경으로 아시아 내 주요 이민국가로 빠르게 변모하고 있다(Kim, 2017a). 2023년 12월 말 기준 체류외국인[3]은 2,507,584명으로서, 전체 인구 대비 4.89%를 차지하고 있다(출입국 · 외국인정책본부, 2023). 이는 전통적 이민국가들에 비해서는 여전히 낮은 수치지만 증가 속도는 매우 인상적이다. 2000년 체류외국인 수는 약 49만 명으로 총인구의 1%에 불과했다. 하지만 2010년에는 약 126만 명(인구 대비 2.6%)에 이르렀고, 2020~2021년 사이 코로나19 영향으로 체류외국인 규모가 일시적으로 감소하였지만 2022년부터 다시 증가세를 회복했다.[4] 광역자치단체 인구 규모 6위인 경상북도 전체 인구 수가 약 259만 명인 점을 고려하면 한국의 인구구성에서 이주민의 규모가 결코 작지 않음을 알 수 있다.

이주민의 규모뿐만 아니라 배경(구성)도 다변화되고 있다. 2000년대 초부터 한국의 이주민 유입 규모를 견인했던 동포와 결혼이주민의 비중은 다소 줄어들고 있는 반면, 유학생과 영주권자 등의 비중은 증가하는 변화가 관찰된다. 또한 장기거주 외국인의 국적 구성이 2008년 176개국에서 2022년 192개국으로 다변화된 점도 다양성 측면에서 주목할 만하다(법무부, 2023: 28). 2023년 기준 체류외국인의 국적별 구성을 보면 최근 감소 추세에도 불구하고 중국인이 942,395명(37.6%)로 여전히 압도적 1위를 차지하고 있으며, 이어 베트남 271,712명(10.8%), 태국 202,121명(8.1%), 미국 161,895명(6.5%), 우즈베키스탄 87,698명(3.5%) 등의 순이다(〈표 5-1〉 참조).

최근 출신국별 구성이 다양해지고 있긴 하지만 국내 체류외국인은 미국과 러시아(연방)를 제외하면 여전히 대부분 베트남 등 아시아 국가 출신들이다. 이에서 알 수 있듯이 국내 유입 이주민의 인구학적 다양성은 인종적 차원이라기보다는 민족적 차원에서 발견된다고 할 수 있다. 이러한 특징으로 인해 한국에서 다문화주의나 다문화정책을 이야기를 할 때에는 인종보다는 민족적 다양성에 초점을 맞추는 경우가 많다

3) 체류외국인이란 출입국관리법 제31조의 규정과 재외동포의 출입국과 법적지위에 관한 법률 제6조의 규정에 따라 입국한 날부터 90일을 초과하여 체류할 목적으로 출입국, 외국인관서의 장에게 외국인등록이나 국내거소신고를 한 자 및 90일 미만 체류할 목적의 단기체류외국인을 포함한 총 국내에 체류하는 외국인을 의미한다(불법체류자 포함). 여기서는 체류외국인을 이주민과 동일한 개념으로 사용하였다.

4) 법무부, https://www.moj.go.kr/moj/2412/subview.do

(김혜미 외, 2023).

한편, 2023년 기준 체류외국인의 절대 다수를 차지하는 중국인 이주민 중 67%(627,450명)가 한국계(조선족)이며 러시아 연방 출신자들도 대부분 동포(고려인)

표 5-1 체류외국인 연도별 · 국적별 현황

(단위: 명)

구분	2019년	2020년	2021년	2022년	2023년
총계	2,524,656	2,036,075	1,956,781	2,245,912	2,507,584
중국	1,101,782	894,906	840,193	849,804	942,395
(한국계)	(701,098)	(647,576)	(614,665)	(602,907)	(627,450)
베트남	224,518	211,243	208,740	235,007	271,712
태국	209,909	181,386	171,800	201,681	202,121
미국	156,982	145,580	140,672	156,562	161,895
우즈베키스탄	75,320	65,205	66,677	79,136	87,698
러시아(연방)	61,427	50,410	48,680	56,995	68,075
필리핀	62,398	49,800	46,871	57,452	64,055
네팔	42,781	39,743	36,903	47,865	63,369
인도네시아	48,854	36,858	34,188	50,841	63,226
일본	86,196	26,515	28,093	46,741	58,438
캄보디아	47,565	41,405	41,525	49,240	57,018
몽골	48,185	42,511	37,012	53,038	54,846
카자흐스탄	34,638	29,278	29,616	41,840	45,764
미얀마	29,294	26,412	26,096	33,275	42,438
(타이완)	42,767	19,444	18,554	25,417	33,225
스리랑카	25,064	22,466	20,291	24,912	30,370
캐나다	26,789	21,794	22,830	27,705	27,607
방글라데시	18,340	16,823	16,426	21,928	26,636
호주	15,222	7,913	7,591	17,819	18,326
파키스탄	13,990	12,842	12,410	14,460	16,295
인도	12,929	10,892	11,542	14,419	15,789
말레이시아	14,790	5,470	5,053	9,528	12,362
기타	124,916	77,179	85,018	130,247	143,924

자료: 출입국 · 외국인정책본부(2023: 20).

이다. 이 점을 고려하면 국내 체류외국인의 상당수는 민족적 · 문화적 동질성을 보유하고 있는 셈이다. 달리 말해, 이민 유입국으로서의 한국의 인종적 · 민족적 다양성의 수준을 과대평가해서는 안 된다. 그러나 같은 아시아 국가 출신이거나 심지어 동포라고 하더라도 출신국, 사회경제적 지위, 성별 등에 따라 이들의 정체성과 경험의 편차는 상당할 것이다(앞의 교차성 논의 참조). 무엇보다 한국이 추세적으로 다인종, 다민족 사회로 전환되고 있는 것은 사실이며, 이런 변화가 한국사회 전반에 미치는 영향력도 점증할 것으로 예상된다.

2 한국의 자민족중심주의와 다문화주의(정책) 논쟁

널리 알려진 것처럼 한국은 민족적 단일성을 오랫동안 강조하고 신봉해 왔다. 박찬승(2011)에 따르면 1905년 이후 〈황성신문〉과 〈대한매일신보〉에 민족이라는 용어가 등장하기 시작했으며, 특히 〈황성신문〉은 이천만 민족이 모두 단군자손이라고 표현하며 우리 민족의 단일성을 강조했다. 1910년 이후부터는 민족이라는 용어가 지식인 사이에 널리 사용되었으며, 1919년 3 · 1운동을 계기로 일반 대중에게 확산되었다(박찬승, 2011). 국내 · 외 연구자들은 민족적 단일성(ethnic homogeneity)에 대한 믿음을 사회규범화한 대표적 나라로 한국을 들고 있다(De Haas et al., 2020).

자신의 배경에 따라 특정 민족 및 민족문화에 귀속의식을 가지는 것은 자연스럽고 보편적인 현상으로 볼 수 있다. 민족적 정체성은 개인의 세계관과 가치관을 형성하는 주요 토대가 되며, 이에 근거해 자신의 국가와 민족에 대한 소속감과 자부심을 가질 수 있다. 이런 관점에서 모든 사람은 일정 정도 자민족 우월의식 혹은 자민족중심주의(ethnocentrism)적 사고방식을 가지고 있다고 보는 것이 타당하다.

하지만 자민족중심주의는 자기 민족에 대한 우월성과 타민족의 열등성에 대한 신념을 바탕으로 여타 민족적 배경을 가진 사람들을 경계하고 나아가 차별 혹은 억압하는 관습과 제도를 형성하는 것으로 이어질 수 있다(김혜미 외, 2023). 아시아 출신, 나아가 동일한 민족적 배경을 가지고 있는 사람들이 주로 한국으로 이주해 오고 있다는 사실은 한국에서 단일민족, 단일문화에 대한 집착이 여전히 견고하다는 반증이자, 한국정부가 사회의 문화적 동질성을 유지하기 용이한 방향으로 이민정책을 시행해

온 결과로도 볼 수 있다.

한국사회가 가지는 인종 및 민족적 다양성에 대한 경계심, 거부감 및 차별의식에는 계급적 차원이 존재한다는 점을 지적하고자 한다. 한국이 동민족성(co-ethnicity)을 선호하고 이것이 이민정책에도 반영되어 여타 외국인에 비해 동포에 대해 보다 개방적이고 수용적인 태도를 가지는 것은 사실이다. 그러나 같은 동포라 하더라도 미국 등 소위 선진국 출신 동포에 대한 태도와 조선족으로 불리는 중국동포나 고려인동포에 대한 태도는 확연히 다르다. '재외동포법' 제정 당시 노동시장 교란 가능성 등을 이유로 중국동포나 고려인동포를 배제한 것이 대표적 예이다(김지혜, 2023). 더욱이 같은 민족일 뿐만 아니라 법적으로 대한민국국민이기도 한 북한이탈주민이 한국사회에서 여느 이주민보다 소수자성을 띠고 있다는 점을 생각하면, 한국인의 부족한 다문화적 감수성과 수용성이 단일민족 신화 탓으로만 돌릴 수는 없다(한국국제이해교육학회, 2015). 오히려 이주민 출신국의 경제적 수준(계급)이 민족성보다 더 강력한 차별의 기준이 되고 있다고 여겨진다.

한편, 한국이 1990년대부터 이민 유입국으로 빠르게 전환되고 정부가 2008년경부터 이주민에 대한 정책의 명칭에 '다문화'라는 용어를 붙이면서 뜨거운 다문화주의 논쟁을 불러일으켰다. 다문화라는 표현이 사적 · 공적 영역에서 널리 사용되면서 자연스럽게 문화적 다양성과 다문화주의에 대한 사회적 인식이 환기되는 긍정적 변화가 촉발된 측면이 분명히 있다. 정책의 경로의존성을 고려할 때, 향후에도 한국의 이민정책과 사회정책은 정부가 채택한 '다문화'라는 용어가 내포하는 문화적 다양성을 긍정하는 정책 방향을 유지할 것으로 예상할 수 있다.

그러나 지금까지 한국의 이주민 관련 정책은 '다문화'라는 명칭만 도용했을 뿐, 이주민들의 문화적 차이를 인정하고 그들의 사회적 배제를 예방, 개선하려는 다문화주의의 근본이념을 추구하는 것으로 보이지 않는다는 비판이 존재한다. 예컨대, '다문화가족정책'의 주대상을 결혼이민자로 설정하고 이들이 한국인이 되어 아내, 엄마, 며느리로서의 역할을 순조롭게 수행할 수 있도록 지원하는 내용으로 구성되었다(김규찬, 2020a, 2020b; Kim, 2017a). 이로 인해 다문화가족정책은 특정 이주민들의 재생산적 기여를 기대하며 이들의 신속하고 완전한 동화를 촉진하는 일종의 사회복지서비스 정책으로 변질되었다는 비판을 받고 있다(김정선, 2011; Kim & Kilkey, 2018). 한편, 결혼이주보다 훨씬 규모가 크지만 (비전문)이주근로자의 경우 사회적 수용과 통합의 기회가 원천적으로 부정당하고 있는 것이 현실이다.

3 한국의 다문화수용성 제고 정책

한국이 이민자 유입 및 정착 사회로 급속히 전환되고 있지만 오랫동안 단일한 민족과 문화의 규범 위에서 국가·국민 정체성을 형성해 온 탓에 인종적·민족적 다양성에 대한 정책 대응의 경험을 축적할 기회가 많지 않았다(원숙연, 2018). 이런 상황에서 정부는 한편으로는 국민들의 다문화적 수용성을 제고하고, 다른 한편으로는 다양성 증가가 사회적 갈등과 분리로 이어지지 않도록 관리해야 할 과제를 안게 되었다. 정부는 비교적 짧은 기간 안에 다양한 방향에서 문화다양성 인식 개선과 다문화 수용성 제고를 위한 정책들을 발전시켜 왔다.

정부는 2007년 「재한외국인 처우 기본법」의 제정을 통해 외국인정책(이민정책)의 체계적 설계와 시행(법 제2장)과 재한외국인의 인권 옹호 및 적응 지원에 관한 국가와 지방자치단체의 노력을 의무화하는 한편(법 제3장), 국민과 재한외국인이 조화롭게 공존하기 위한 환경 조성을 정책 방향으로 설정하였다(법 제4장). 특별히 동법 제18조는 "국가 및 지방자치단체는 국민과 재한외국인이 서로의 역사, 문화 및 제도를 이해하고 존중할 수 있도록 교육, 홍보, 불합리한 제도의 시정이나 그 밖에 필요한 조치를 하기 위하여 노력하여야 한다"고 규정하고 있다. 이는 다양성의 가치를 긍정할 뿐만 아니라 이를 증진하기 위한 제도적 노력을 요구하고 있는 바, 한국이 선언적 수준에서는 앞서 소개한 적극적 다문화주의와 방향성을 같이하고 있음을 알 수 있다.

한국이민정책의 청사진이라 할 수 있는 '외국인정책기본계획'(이하 기본계획)은 '통합'과 '인권' 영역을 중심으로 다문화수용성 제고 정책을 추진해 왔다. 제1차 기본계획(법무부, 2008)은 한국사회가 다양한 민족적·문화적 배경을 지닌 구성원들이 공존할 수 있는 문화와 생활양식을 만들어 갈 필요성이 있다고 전제하고 있다. 이를 위해 교육과 홍보를 통한 타문화 포용, 이민자를 실질적인 사회주체로 인정하는 시민의식의 함양, 그리고 일반 국민과 이민자의 지속적이고 긴밀한 사회관계의 형성을 통해 상호 간 이해 증진의 필요성을 언급하고 있다. 이러한 인식을 바탕으로 학교 교육을 통한 다문화이해 증진 프로그램, 일반인을 상대로 한 다문화이해 및 반(反)편견 시민교육, 매체를 통한 다문화 인식 개선 프로그램 등이 도입되었다.

제2차 기본계획(법무부, 2013)은 다문화현상 및 다문화 관련 정책에 대한 반감과 갈등을 언급하면서 차별방지와 문화다양성 관련 대응 내용을 대폭 확장하였다. 이주민 인권존중 및 차별방지를 위한 법·제도 개선과 다양한 문화에 대한 사회적 관용성 확대를 천명하였다. 이에 근거해 문화다양성 교육 프로그램과 초·중·고 및 대학의 문화다양성 이해 교육이 강화되었다. 이 시기에 법무부에서 다문화 이해증진과 이민자 사회통합 추진 핵심 거점대학으로 ABT(Active Brain Tower)대학을 지정하고, 다문화사회전문가 자격 과정을 운영하게 한 것도 주목할 만하다. 이런 정부의 문화다양성에 대한 전향적 움직임은 UNESCO '문화다양성협약'의 국내발효(2010년 7월)에 따른 후속조치로서 「문화다양성 보호와 증진에 관한 법률」 제정을 추진하던 상황에 따른 것으로 풀이된다.

제3차 기본계획(법무부, 2018)에서도 기존의 차별방지와 문화다양성 존중 기조가 유지되었다. 교육부와 문화체육관광부를 중심으로 학교에서의 다문화 이해교육, 일반 대중과 이주민 대상 문화다양성 관련 프로그램 및 세계시민교육 운영 등을 강조했다. 한편, 기존 기본계획의 내용과 차이점도 발견되는 데, 외국인에 대한 인권보호 방안을 구체화하고 특별히 난민에 대한 사회적 이해 증진 및 교육을 강조하였다. 한국은 이미 2013년 아시아에서 최초로 단일법으로 「난민법」을 제정·시행하였고, 이후 난민정책이 외국인정책기본계획의 주요 과제로 설정되었다. 2015년 무렵부터 글로벌 난민 위기가 확산되고 소위 '제주 예맨 난민 사태'로 인해 난민문제가 사회 이슈화하면서 난민 관련 의제는 한국의 이민정책에서도 비중이 더욱 커지게 된다.[5]

2023년부터 시행되고 있는 제4차 기본계획(법무부, 2023)은 15년에 걸친 기존의 다문화수용성 정책이 이주민의 한국사회 적응과 통합 지원 교육에 치우치면서 국민과 이주민 간 '상호 소통 과제'는 미진했다고 평가했다. 이에 이민자의 한국사회 적응을 강조하는 일방향적 사회통합에서 탈피해 국민과 이민자가 상호 교류하며 접촉면을 확장하는 쌍방향 정책을 추진하겠다고 천명하였다. 이는 일견 다문화주의(multiculturalism)에 대한 대안으로 종종 언급되는 상호문화주의(interculturalism)적 접근으로 읽힌다(김영순 외, 2019; Cantle, 2012). 이런 기조 변화에 따라 제4차 기본계획은

5) 난민정책에 대해서는 이 책 제9장을 참조하기 바란다.

기존의 다문화수용성 교육에 더하여 국민과 이주민 간의 상호 소통 기회 확대, 국민과 이민자가 어울리는 기회 확대 등을 추진하겠다는 내용을 담았다.

이민정책의 주무부처인 법무부 외에도 다양한 부처에서 관련 다문화수용성 및 문화다양성 관련 정책을 추진하고 있다. 다문화수용성 제고를 위한 대표적인 정책 수단은 '교육'이다. 외부집단 구성원에 대한 편견과 고정관념은 상당 부분 상대에 관한 불완전하거나 왜곡된 정보에 기인하는데, 이주민과 밀도 있는 직접 접촉 빈도가 낮은 한국의 상황에서, 다문화교육기관과 대중매체의 다문화 인식 개선 교육과 프로그램의 역할이 주목받고 있다(김혜미 외, 2023).

최근 교육부는 '다문화교육지원계획'(교육부, 2023)에 따라 학교 교육과정 전반에 걸쳐 문화다양성 컨텐츠가 포함된 다문화교육을 실시하고, 현직 교원 및 예비 교원의 다문화 역량 강화를 위한 교육 프로그램을 강화하는 한편, 학보모의 다문화 관련 교육활동 참여 기회도 확대하고 있다. 「문화다양성의 보호와 증진에 관한 법률」에 의해 수립되어 진행 중인 '제1차 문화다양성 보호 및 증진 기본계획'(관계부처합동, 2021)에도 아동-청소년-성인으로 이어지는 생애주기에 따른 문화다양성 교육정책이 포함되었다. 또한 문화다양성 교육 의무 대상자를 확대하는 한편, 교육부, 여성가족부 및 문화체육관광부와 연계한 다문화교육도 확대된다.

4 한국의 다문화수용성 실태와 발전방향의 모색

한국정부가 공식적으로 이민정책, 교육정책, 문화다양성 정책에서 다문화수용성 제고 목표를 설정하여 시행한 지 15년이 넘어가고 있다. 그간 문화다양성 이슈를 사회적으로 환기하고 정책 의제화함으로써 관련 프로그램이 단기간에 다양하게 도입되는 성과가 있었다. 그렇다면 다문화사회로의 빠른 현상적 변화에 걸맞게 이주민과 문화다양성에 대한 한국사회의 인식과 태도에는 어떠한 변화가 있었을까?

여성가족부(2022)가 최근 발표한 국민 다문화수용성 조사[6] 결과에 따르면, 2021년

6) 국민 다문화수용성 조사는 일반 국민(19~74세)과 청소년(중 · 고등학교 재학생)을 대상으로 3년마다 실시되는 국가 통계 조사로서, 조사방법과 결과에 대한 상세한 설명은 여성가족부(2022)를 참조하기 바란다.

일반 국민(성인)의 다문화수용성은 52.27점으로 2012년에 비해서는 1.1점 상승하였으나 2015년 대비 1.68점 하락, 2018년 대비 0.54점 하락한 것으로 나타났다. 다행스럽게도 청소년의 경우는 2018년 71.22점에서 2021년 71.39점으로 소폭 상승하여 조사 이래 가장 높은 점수를 보였다. 세부 요소를 보면 2018년 조사와 비교해 성인과 청소년 모두 일방적 동화 기대, 고정관념과 차별 등의 지표는 개선된 반면, 세계시민행동의지, 문화개방성, 교류행동 의지는 성인과 청소년이 공통적으로 하락한 결과를 보였다. 2021년 조사에서 이렇게 외부에 대한 개방성과 상호 교류 및 협력과 관련된 측면의 수용성이 낮아진 것은 조사 당시 코로나19 사태가 영향을 미쳤을 것으로 추정된다(여성가족부, 2022).

다양한 정책적 노력에도 다문화수용성 수준이 기대만큼 개선되지 못하는 원인은 무엇이며, 해결방안은 무엇인가? 2000년대 중반부터 한국사회의 인적 구성이 이주민 증가로 변화하면서 정부의 정책적 노력은 주로 결혼이민자와 그 자녀의 적응과 사회통합에 모아졌다. 이러한 목적으로 이주민을 대상으로 하는 각종 지원 사업과 정착을 위한 교육 프로그램을 제공하기 시작했으며, 여기에는 한국어 교육, 한국문화 소개, 취업 교육, 양육 교육, 유아 언어능력 발달지원, 학습지원, 다양한 문화 체험 사업 등이 포함되었다.

그러나 다문화가족 사업들이 결혼이민자와 그 자녀에게로 제한하고 있다는 문제제기와 함께, 다문화수용성 제고 및 이주민 인식 개선 문제를 대체로 일방향적이고 온정주의적 시각으로 접근하고 있다는 비판이 일었다. 이러한 논란 속에서 한국에서는 다문화현상이 채 무르익기도 전에 반다문화정서나 역차별 논란을 초래하는 안타까운 상황이 벌어졌다. 다양성에 대한 존중을 강조하면서도 이주민을 동등한 사회구성원으로서 어떻게 받아들이고, 국제규범에 근거해 이들에게 어떠한 권리가 어떠한 조건으로 부여되어야 하는지에 대한 고려가 개별 정책과 프로그램에 충분히 반영되어 있지 않다고 판단된다.

주류-비주류로 양분된 세계관을 토대로 한 일방향적 다문화수용성 제고 정책 및 다문화 인식 개선 교육을 극복하기 위한 대안으로서 '세계시민주의'와 '세계시민교육'을 생각해 볼 수 있다. 세계시민주의에 근거한 다문화수용성 정책 및 교육은 글로벌 생활세계에서 살아가는 '세계시민'으로서 자신을 인식하게 하고, 어떻게 타자와의 차이를 인정하고 조화롭게 공존할 것인지 비판적으로 사고할 수 있도록 도울 수 있다.

허영식(2017: 158)은 세계시민의식의 구성요소로서 지구적 세계관(국경을 넘어서는 사고, 초국가적 사고, 상호 의존적-구조적 사고, 조망적 사고)과 인권과 다양성 존중을 들었다.

제6절 결론

글로벌화 경향 속에서 국가 내 문화적 다양성의 증가는 필연적 결과이다. 이미 한국은 국제정치, 경제 및 문화적 측면에서는 상당한 수준의 글로벌화를 경험하고 있다. 이제 다양한 인종적·민족적 배경을 지닌 외국인 유입이 본격화되면서 인구학적 측면의 글로벌화도 가속화되고 있다고 볼 수 있다. 한국은 오랫동안 동질적 문화에 기반한 국가·국민 정체성을 형성해 왔기 때문에 특별히 이주민 유입으로 인한 다양성의 증가가 가지는 함의가 크다.

이민자를 받아들이는 여느 개방적 민주국가의 경우와 마찬가지로, 한국에서 다양성을 관리하는 것은 중요하고 민감한 정책 의제로 부상했다. 이주민 유입과 정착으로 인한 문화적 다양성의 확장을 대하는 태도와 방식에는 다양한 스펙트럼이 존재한다. 문화적 다양성 증가가 국민·국가 정체성 및 사회적 결속의 약화로 이어지지 않을까 하는 우려가 존재하는 것이 사실이다. 하지만 여러 이민(수용)국가들의 경험을 통해 볼 때, 국가가 다양성을 어떻게 관리하느냐에 따라 상당히 다른 사회, 정치, 문화적 결과가 나타날 수 있다.

글로벌화된 한국에서 이제 이주민 유입으로 인한 인구학적 다양성의 증가가 불가역적 경향임을 인정한다면, 이러한 다양성의 증가가 한국사회가 경제적, 문화적, 인구학적으로 계속 성장·발전해 가는 원동력이 되도록 만드는 것이 이민정책의 궁극적 목표가 되어야 한다. 서론에서 언급하였듯이, 다양성은 단순히 현상적 차원이 아니라 상당 수준 사회구성원의 인식, 가치, 태도의 문제이다. 이민 유입과 다양성 증가를 긍정적으로 인식할 때 개방적이고 적극적인 이민정책의 수립과 운용이 가능해질 것이다.

끝으로, 다양성은 단순히 이주민 수용과 관리의 문제에 국한된 것이 아니라는 점을 강조하고 싶다. 한국사회 내 다양성의 확장은 다면적으로 발생하는 현상이다. 인종적, 민족적 다양성과 함께 지역, 세대, 젠더, 장애와 비장애, 계층 등의 영역에서 다양성과 관련된 이슈들이 산재하고 있다. 한국이 성숙하고 통합된 사회로 발전해 가려면 다양성의 확장을 부정하거나 억업하는 대신, 자신의 존재와 권리의 인정을 요구하는 다양한 목소리를 청취하고 적극적 의사소통을 통한 상호 이해와 조정을 추구해 나가야 할 것이다.

참고문헌

관계부처합동(2021). 『제1차 문화다양성 보호 및 증진 기본계획(2021~2024년)』. 문화체육관광부. https://www.mcst.go.kr/kor/s_notice/press/pressView.jsp?pSeq=18867

교육부(2023). 『2023년 다문화교육 지원 기본계획』. 교육부. https://www.moe.go.kr/boardCnts/viewRenew.do?boardID=316&lev=0&statusYN=W&s=moe&m=0302&opType=N&boardSeq=94267

김규찬(2017). 서구의 케어와 이민의 결합 연구와 한국 사례의 기여 가능성 탐색. 『한국사회복지학』, 69(1): 103-123.

김규찬(2020a). 한국복지국가와 이민자의 권리. 『다문화사회연구』, 13(2): 27-63.

김규찬(2020b). 한국의 재생산 위기와 케어레짐의 재구조화. 『한국사회』, 21(1): 161-189.

김규찬(2022). 『이민정책론』. 경기: 공동체.

김영순 · 조영철 · 김정희 · 정지현 · 박봉수(2019). 『다문화 생활세계와 사회통합 연구』. 경기: 북코리아.

김정선(2011). 시민권 없는 복지정책으로서 한국식 다문화주의에 대한 비판적 고찰. 『경제와사회』, 92: 205-246.

김지혜(2023). 외국인의 인권. 『헌법학연구』, 29(1): 117-147.

김혜미 · 김태연 · 양경은 · 김희주 · 유조안(2023). 『사회복지와 문화다양성』. 서울: 학지사.

박찬승(2011). 『민족, 민족주의』. 서울: 소화.

법무부(2008). 『제1차 외국인정책 기본계획(2008~2012)』. http://www.immigration.go.kr/bbs/immigration/226/336942/download.do

법무부(2013). 『제2차 외국인정책 기본계획(2013~2017)』. http://www.korea.kr/news/pressReleaseView.do?newsId=155864043

법무부(2018). 『제3차 외국인정책 기본계획(2018~2022)』. http://www.moj.go.kr/bbs/moj/164/423199/artclView.do

법무부(2023). 『제4차 외국인정책 기본계획(2023~2027)』. https://www.moj.go.kr/bbs/moj/164/578948/artclView.do

설동훈(2016). 이민정책 이론. 이혜경 · 이진영 · 설동훈 · 정기선 · 이규용 · 윤인진 · 김현미 · 한건수(편), 『이민정책론』, 77-111. 서울: 박영사.

여성가족부(2022). 『2021년 국민 다문화수용성 조사』. https://www.mogef.go.kr/nw/rpd/nw_rpd_s001d.do?mid=news405&bbtSn=708482

원숙연(2018). 『다문화 사회의 다층성』. 서울: 이화여자대학교출판문화원.

이진석 · 모경환 · 임정수 · 이동훈(2016). 『다문화 시대 사회 통합을 위한 시민 교육』. 경기:

집문당.
최영민 · 이기영 · 김정진 · 최현미(2015). 『다문화사회복지론』. 서울: 학지사.
출입국 · 외국인정책본부(2023). 『2023년 12월 출입국외국인정책 통계월보』. http://www.immigration.go.kr/immigration/1569/subview.do, 2024.3.1.
한국국제이해교육학회(2015). 『모두를 위한 국제이해교육』. 서울: 살림터.
허영식(2017). 『다양성과 세계시민교육』. 서울: 박영story.
허영식(2019). 『다양성과 사회통합 사이에서』. 서울: 박영story.

Altman, David(2022). Adjusting democracy indices to the age of mass migration: voting rights of denizens and expats. *Contemporary Politics*, 28(4): 408-428.
Banks, James(2016). *Cultural Diversity and Education-Foundations, Curriculum, and Teaching*(6th ed.). New York, NY: Routledge.
Barrett, Martyn(ed.)(2013). *Interculturalism and Multiculturalism: similarities and differences*: Council of Europe.
Cantle, Ted(2012). *Interculturalism: The new era of cohesion and diversity*. Basingstoke: Palgrave Macmillan.
Castles, Stephen & Davidson, Alastair(2000). *Citizenship and Migration: Globalization and the Politics of Belonging*. Basingstoke: Palgrave.
Castles, Stephen & Miller, Mark J.(2009). *The Age of Migration: International Population Movements in the Modern World*(4th ed.). Basingstoke: Palgrave Macmillan.
Chien, Cheng-Hsi(2022). An ethical view of globalization in the post-epidemic era: Reflections on multiculturalism and patriotism. In Wu, M.(ed.), *Moral education during the global pandemic*, 119-138. The Asia-Pacific Network for Moral Education.
Cohen, Robin(2023). Citizens, denizens and helots: the politics of international migration flows in the post-war world. In Cohen, R.(ed.), *Contested Domains*, 151-166. London: Routledge.
Collins, Patricia Hill, da Silva, Elaini Cristina Gonzaga, Ergun, Emek, Furseth, Inger, Bond, Kanisha D., & Martínez-Palacios, Jone(2021). Intersectionality as critical social theory. *Contemporary Political Theory*, 20(3): 690-725.
De Haas, Hein, Castles, Stephen, & Miller, Mark J.(2020). *The Age of Migration: International Population Movements in the Modern World*(6th ed.). London: Red Globe Press.
Glick Schiller, Nina & Salazar, Noel B.(2013). Regimes of mobility across the globe. *Journal of Ethnic and Migration Studies*, 39(2): 183-200.

Held, David, McGrew, Anthony, Goldblatt, David, & Perraton, Jonathan(1999). *Global Transformations: Politics, Economics and Culture*. Cambridge: Polity Press.

Hirst, Paul, Thompson, Grahame, & Bromley, Simon(2015). *Globalization in Question*. Cambridge: Polity Press.

Kim, Gyuchan(2017a). Migration Transition in South Korea: Features and Factors. *OMNES: The Journal of Multicultural Society*, 8(1): 1-32.

Kim, Gyuchan(2017b). The patterns of care migrantisation in South Korea. *Journal of Ethnic and Migration Studies*, 44(13): 2286-2302.

Kim, Gyuchan & Kilkey, Majella(2018). Marriage Migration Policy in South Korea: Social Investment beyond the Nation State. *International Migration*, 56(1): 23-38.

Kymlicka, Will(1995). *Multicultural Citizenship*. Oxford: Clarendon Press.

Kymlicka, Will & Banting, Keith(2006). Immigration, multiculturalism, and the welfare state. *Ethics & International Affairs*, 20(3): 281-304.

Lutz, Helma & Amelina, Anna(2021). Intersectionality and transnationality as key tools for gender-sensitive migration research. In *The Palgrave Handbook of Gender and Migration*, 55-72.

Miles, Robert & Malcom, Brown(2003). *Racism*(2nd ed.). London: Routledge.

Morris, Lydia(2003). *Managing migration: Civic stratification and migrants rights*. London: Routledge.

Steinberg, Stephen(1981). *The Ethnic Myth: Race, Ethnicity and Class in America*. Boston: Beacon Press.

Taylor, Charles(1994). *Multiculturalism: Examining the Politics of Recognition*. Princeton, NJ: Princeton University Press.

Taylor-Gooby, Peter & Waite, Edmund(2014). From stronger to weaker multi-culturalism? How the UK policy community sees the future of ethnic diversity policies. University of Kent. https://discovery.ucl.ac.uk/id/eprint/10119071/

Vertovec, Steven(1999). Conceiving and Researching Transnationalism. *Ethnic and Racial Studies*, 22(2): 447-462.

Weiss, Linda(1997). Globalization and the Myth of the Powerless State. *New Left Review*, 3-27.

Wimmer, Andreas & Glick Schiller, Nina(2002). Methodological nationalism and beyond: nation-state building, migration and the social sciences. *Global Networks*, 2(4): 301-334.

Zastrow, Charles(2018). *Introduction to Social Work and Social Welfare-Empowering People* (10th ed.). Seoul: Cengage.

CHAPTER 06

국경관리와 체류의 이해

우영옥

제1절 서론

국경관리란 전통적으로 자국의 안보와 질서유지를 위해 국가영토에 대한 주권적 행위로 국가 간 군사적, 안보적, 경제적 측면의 법적관리를 의미한다. 안드레아스(P. Andreas)는 국경에 관해 세 가지로 유형화하고 있다. 우선 국경은 국가 간 군사 위협을 저지할 수 있는 기능을 가지며, 군장비를 확장하거나 물리적 장벽을 설치하거나 군사적 동맹을 통해 완충지대를 형성하는 군사적 국경(military borders)을 말한다. 다음으로 국경은 자국의 경제 · 산업 · 인력정책을 보호할 수 있는 기능으로 쿼터제, 관세, 통관, 외환규제 등 경제적 국경(economic borders)을 말한다. 마지막으로, 초국적 불법행위자들을 자국의 영토진입을 초기에 선별하거나 차단하는 안보적 국경(security borders)으로 구분하였다(Andreas, 2003: 85).

오늘날 경제적 발달뿐만 아니라 교통과 통신의 발달은 국경관리의 대상인 영토적 국가 영역을 넘어 초국가적 활동자, 즉 개인, 집단, 기업, 국제기구(조직) 등 비국가적 행위자가 국경관리의 대상이 되고 있다. 이들은 국제시장의 흐름에 따라, 자신의 상황(취업, 망명, 교육 등)에 따라, 그 외 정치적, 종교적 행위도모에 따라 국가 간 이주를 형성하고 있다(Andreas, 2003: 78).

그러나 2001년 9·11테러 이후 초국가적 행위자로 인한 국경관리는 탈지역화를 토대로 국익우선원칙에 따라 선별적, 예방적 차원에서 통제수단이 되기도 한다. 또한 초국가적 행위자에 대한 안전과 권리보장을 위한 국경관리에 대한 개념이 국제적 의무와 인도적 관점이 도입되어 국경관리체계가 변화하게 되었다. 이렇듯 한국의 국경관리는 국제적 변화에 대응하기 위해 C.I.Q로 지칭되는 세관(Customs), 출입국(Immigration), 검역(Quarantine) 등의 영역으로 구분하여 실시하고 있지만, 이 장에서는 출입국(Immigration) 관련 내용을 중점적으로 다룬다.

이 점에서 이 장은 제1절에서는 국경관리의 개념과 영역 및 필요성을 설명한다. 제2절은 이민정책의 기반이 되는 출입국관리법의 이해를 도모하기 위해 출입국관리법의 개요, 성격 및 구성과 주요 내용을 살펴본다. 제3절에서는 국경관리시스템인 탑승자 사전확인제도(APIS), 출입국우대카드제도(SES), 전자여행허가제도(K-ETA)를 살펴보고, 체류를 위한 사증(VISAS)제도를 살펴본다. 제4절은 체류관리정책으로 체류자격의 기능과 유형 및 체류자격의 제한 및 활동의 절차적 대응을 살펴본다. 마지막으로, 제5절은 초국가적 국경관리와 체류제도의 방향을 제시함으로써 초국가적 행위자에 관한 입국 전부터 체류기간 및 체류활동에 대해 쉽게 이해할 수 있도록 전반적인 내용을 살펴보기로 한다.

제2절 이민정책의 기반으로서의 출입국관리법의 의의

돌발적이고 다변적인 국제이주상황에 대응할 수 있는 국경관리는 체계적인 환경 조성이 필요하다. 또한 국경을 넘나들며 국내에 체류하는 동포와 외국인이 행복한 삶을 유지할 수 있도록 하는 것은 매우 중요하다. 이렇듯 국경을 넘어 여행, 취업 및 정주하고자 하는 외국 국적의 동포를 포함한 외국인의 안정적인 이동과 체류를 위한 제도는 「출입국관리법」이 근거가 되고 있다. 따라서 「출입국관리법」의 제정, 성격, 구성 및 주요 내용을 이해함으로써 국경관리와 외국인의 체류제도에 대한 기초적인 근거를 이해할 수 있다.

1 출입국관리법의 개요

「출입국관리법」은 빈번한 국제이주 현상에 따라 국민뿐만 아니라 외국인의 출·입국을 규율하고자 1963년에 제정되었다. 「출입국관리법」은 국민과 외국인의 출·입국에 관한 절차와 구제에 관해 규정하며, 외국인이 국내 체류 시 그 권리와 의무관계를 체류자격에 따라 각각 명시하고 있다. 권리와 의무를 규정하는 핵심적인 척도는 외국인의 경우 취업과 결혼 및 유학 등과 밀접한 관련이 있으며, 영주자격과 대한민국 국적취득의 연계성에 있다. 오늘날 각 국가의 다양하고 돌발적인 사회현상과 자신의 꿈, 즉 자아실현을 이루고자 빈번한 국제이주가 일어나고 있다. 이러한 초국가적 시대에서 「출입국관리법」은 국경관리뿐만 아니라 국내 안전한 체류질서와 이민자와의 사회통합을 위한 근거가 되고 있다.

2 출입국관리법의 성격

「출입국관리법」은 출·입국, 즉 국경관리를 함에 있어 두 가지로 설명할 수 있다. 우선, 국민의 해외 이민 또는 국경을 넘나드는 출입국에 관한 관리뿐만 아니라 영토에 대한 주권행사의 성격을 가진다. 이는 공항, 항만 등을 통해 외국인의 정치·경제 · 사회적 측면에서 이민 유입국, 규모, 이민자의 질 등을 고려한 순유입과 통제에 관한 성격이다. 이러한 영토에 대한 주권행사는 국민과의 사회 · 통합적 측면에서 적극적인 선택으로 행해진다. 다음으로 국가 간 국제규범에 관한 의무이행의 성격을 지닌다. 의무이행은, 즉 지구온난화로 인한 환경재해인 화재나 홍수 등 재난이주민이나 국가 간 지역분쟁으로 인하여 생겨난 난민에 관하여 국제협약에 따른 외국인의 수용에 대한 규범을 의미한다. 이 경우 출입국 및 체류에 관해서 일반적인 외국인의 입국 절차나 규제와는 다르게 적용되고 있으며, 이에 따라 국경과 체류관리가 이루어지고 있다. 따라서 출입국관리법은 영토에 관한 주권행사와 국제규범에 관한 의무이행의 성격을 지니고 있다.

3 출입국관리법의 구성 및 주요 내용

1) 출입국관리법의 구성

「출입국관리법」은 "대한민국에 입국하거나 대한민국에서 출국하는 모든 국민과 외국인의 출입국관리를 통한 안전한 국경관리, 대한민국에 체류하는 외국인의 체류관리와 사회통합 등에 관한 사항을 규정함"을 목적으로 하고 있다(제1조).

「출입국관리법」은 총 11장 15절 106조로 구성되어 있으며, 입국과 출국, 체류 및 출입국관리행정으로 구분할 수 있다. 여기서는 조문의 구성에 대한 이해를 돕는 측면에서 설명하며, 구체적인 내용은 국가법령정보센터(www.law.go.kr)를 참고한다.

첫째, 입국의 경우 국민과 외국인에 대해 법의 적용이 다르다. 우선 국민의 출입국을 포함하는 내용으로 국민의 출국(제3조), 출국금지(제4조), 출국금지기간의 연장(제4조의2), 출국금지의 해제(제4조의3), 출국금지결정 등의 통지(제4조의4), 출국금지결정 등에 대한 이의신청(제4조의5), 긴급출국금지(제4조의6), 국민의 여권 등의 보관(제5조) 및 국민의 입국(제6조)으로 구성되어 있다. 즉, 국민의 입국은 대한민국 밖의 지역에서 대한민국으로 입국하려 할 때 유효한 여권을 가지고 출입국항에서 출입국관리공무원의 입국심사를 받고 입국한다.

외국인의 경우 입국과 상륙으로 구분하며, 이때 유효한 여권과 법무부장관이 발급하는 사증(査證)을 가지고, 출입국항에서 출입국관리공무원의 입국심사를 받으면

입국할 수 있다(제7조). 입국의 경우 공항(비행기)으로의 입국을 의미한다. 구체적인 **내용은 허위초청 등의 금지(제7조의2), 사전여행**허가(제7조의3), 사증(제8조), 사증발 **급인정서(제9조), 체류자격(제10조), 일반체류**자격(제10조의2), 영주자격(제10조의3), **입국의 금지 등(제11조), 입국**심사(제12조), 입국 시 생체정보의 제공 등(제12조의2), **선박등의 제공금지**(제12조의3), **외국**인의 여권 등의 보관(제12조의4), 조건부 입국허 **가(제13조)가 있다. 상륙의 경우** 항만(배)으로 입국하는 것을 말한다. 구체적으로 승 **무원의 상륙**허가(제14조), 관광상륙허가(제14조의2), 긴급(질병, 사고 등)상륙허가(제 **15조), 재난**(조난)상륙허가(제16조), 난민 임시상륙허가(제16조의2) 등으로 구성되어 **있다. 특**히, 재입국허가를 받거나 면제된 외국인 또는 사증면제협정을 체결한 국가의 국민은 사증 없이 입국할 수도 있다(제7조).

둘째, 체류는 외국인과 외국국적동포가 주 대상이며, 취업, 결혼, 학업, 창업 등 다양한 목적에 따라 법에서 규정하고 있다. 구체적으로 외국인의 체류와 외국인의 등록 및 사회통합프로그램으로 구분할 수 있다. 외국인의 체류에 관해서는 체류 및 활동범위(제17조), 외국인 고용의 제한(제18조), 외국인의 고용한 자 등의 신고의무(제19조), 외국인의 기술연수활동(제19조의2), 외국인유학생의 관리 등(제19조의4), 체류자격 외 활동(제20조), 근무처의 변경·추가(제21조), 활동범위의 제한(제22조), 체류자격 부여(제23조), 체류자격 변경허가(제24조), 체류자격 연장허가(제25조), 결혼이민자 등에 대한 특칙(제25조의2), 국가비상사태 등에 있어서 체류기간 연장허가에 대한 특칙(제25조의5), 허위서류 제출 등의 금지(제26조), 여권등의 휴대 및 제시(제27조) 등이다.

외국인의 등록 및 사회통합프로그램에 관해서는 입국한 날부터 90일을 초과하여 대한민국에 체류하려면 외국인등록(제31조)을 바탕으로 발급, 변경, 신고, 반납, 외국인등록사항 말소 및 생체정보 등에 관한 내용(제32조부터 제38조의2)으로 구성되어 있다. 대한민국에 체류하는 외국인은 항상 여권, 선원신분증명서, 외국인입국허가서, 외국인등록증, 모바일외국인등록증, 상륙허가서 등을 지니고 있어야 한다(제27조). 또한 외국인이 대한민국 내에 체류함으로써 국민 또는 지역민과의 사회통합을 위한 프로그램과 운영조직은 매우 중요하므로 그와 관련된 내용(제39조부터 제41조)도 포함한다. 체류에 관한 법조문은 외국인이 국내에 머무르는 동안 기본적인 권리와 의무에 관한 내용을 담고 있다.

셋째, 출국은 국민과 외국인 모두 유효한 여권을 가지고 대한민국 밖의 지력으로 나가는 것을 의미하며, 절차에 따라 출입국심사를 받아야 한다. 다만, 국민과 외국인이 형사재판 중이거나 형의 집행이 끝나지 않는 경우(제29조) 출국을 금지하거나(제4조) 긴급출국을 정지(제29조의2)할 수 있다. 또한 외국인은 허위초청, 입국 금지, 체류 및 활동 범위 등 위법한 경우에는 강제퇴거된다(제46조). 특히, 강제퇴거 등의 경우 대상자 선별부터 조사(제47조부터 제50조), 보호(제51조부터 제57조), 심사 및 이의신청(제58조부터 제61조), 강제퇴거명령(제62조부터 제64조), 보호의 일시해제(제65조부터 제66조의2) 및 출국권고 등(제67조부터 제68조)으로 구성되어 있다.

넷째, 출입국관리행정으로 범주화한 내용을 보면, 선박 등의 검색(제69조부터 제72조), 선박등의 장 및 운수업자의 책임(제73조부터 제76조), 출국대기실 설치 · 운영(제76조의2부터 제76조의4), 난민여행증명서 발급 등(제76조의5부터 제76조의8), 보칙(제77조부터 제93조), 벌칙(제93조의2부터 제100조), 고발과 통고처분(제101조부터 제106조) 등이다. 출입국관리행정은 외국인의 국내 체류 시 다양한 환경에서 일어날 수 있는 대상별 상황에 대응할 수 있는 행정실무를 담고 있으며, 그에 따른 벌칙, 양벌규정, 과태료, 면제 등 행정집행내용으로 구성되어 있다.

2) 출입국관리법의 주요 용어

국경과 체류관리를 쉽게 이해하기 위해서는 「출입국관리법」에서 사용되는 용어와 개념을 정확히 파악할 필요가 있다. 용어는 '국민', '외국인', '난민', '여권', '선원신분증명서', '외국인기본인적정보(신설)' 외 실무적으로 사용되는 용어이며, 정확한 정의는 〈표 6-1〉과 같다.

표 6-1 국경관리와 체류의 이해를 위한 용어 및 정의

용어	정의
국민	대한민국 국민
외국인	대한민국 국적을 가지지 아니한 사람
난민	인종, 종교, 국적, 특정 사회집단의 구성원인 신분 또는 정치적 견해를 이유로 박해를 받을 수 있다고 인정할 충분한 근거가 있는 공포로 인하여 국적국의 보호를 받을 수 없거나 보호받기를 원하지 아니하는 외국인 또는 그러한 공포로 인하여 대한민국에 입국하기 전에 거주한 국가(이하 "상주국"이라 한다)로 돌아갈 수 없거나 돌아가기를

	원하지 아니하는 무국적자인 외국인을 말한다.
여권	대한민국정부·외국정부 또는 권한 있는 국제기구에서 발급한 여권 또는 난민여행증명서나 그 밖에 여권을 갈음하는 증명서로서 대한민국정부가 유효하다고 인정하는 것
선원 신분증명서	대한민국정부나 외국정부가 발급한 문서로서 선원임을 증명하는 것
출입국항	출국하거나 입국할 수 있는 대한민국의 항구·공항과 그 밖의 장소로서 대통령령으로 정하는 곳
재외공관의 장	외국에 주재하는 대한민국의 대사(大使), 공사(公使), 총영사(總領事), 영사(領事) 또는 영사업무를 수행하는 기관의 장
선박등	대한민국과 대한민국 밖의 지역 사이에서 사람이나 물건을 수송하는 선박, 항공기, 기차, 자동차, 그 밖의 교통기관
승무원	선박등에서 그 업무를 수행하는 사람
운수업자	선박등을 이용하여 사업을 운영하는 자와 그를 위하여 통상 그 사업에 속하는 거래를 대리하는 자
지방출입국·외국인관서	출입국 및 외국인의 체류관리 업무를 수행하기 위하여 법령에 따라 지역별로 설치된 관서와 외국인보호소
보호	출입국관리공무원이 제46조 제1항 각 호에 따른 강제퇴거 대상에 해당된다고 의심할 만한 이유가 있는 사람을 출국시키기 위하여 외국인보호실, 외국인보호소 또는 그 밖에 법무부장관이 지정하는 장소에 인치(引致)하고 수용하는 집행활동
외국인보호실	법에 따라 외국인을 보호할 목적으로 지방출입국·외국인관서에 설치한 장소
외국인보호소	지방출입국·외국인관서 중 「출입국관리법」에 따라 외국인을 보호할 목적으로 설치한 시설로서 대통령령으로 정하는 곳
출입국사범	제93조의2, 제93조의3, 제94조부터 제99조까지, 제99조의2, 제99조의3 및 제100조에 규정된 죄를 범하였다고 인정되는 자
생체정보	이 법에 따른 업무에서 본인 일치 여부 확인 등에 활용되는 사람의 지문·얼굴·홍채 및 손바닥 정맥 등의 개인정보
출국대기실	지방출입국·외국인관서의 장이 제76조 제1항 각 호의 어느 하나에 해당하는 외국인의 인도적 처우 및 원활한 탑승 수속과 보안구역 내 안전확보를 위하여 그 외국인이 출국하기 전까지 대기하도록 출·입국항에 설치한 시설
외국인 기본인적정보 (신설)	「출입국관리법」 및 「재외동포의 출입국과 법적 지위에 관한 법률」에 따라 보유 및 관리하는 외국인에 대한 정보(2023.8.21. 일부개정) – 외국인의 여권에 기재된 해당 외국인의 성명, 성별, 생년월일, 국적, 사진 및 여권의 번호 – 외국인의 선원신분증명서에 기재된 해당 외국인의 성명, 성별, 생년월일, 국적, 사진 및 선원신분증명서의 번호 – 제31조 제5항(지방출입국·외국인관서의 장이 규정에 따라 외국인등록을 한 사람에게 대통령령으로 정하는 방법에 따라 개인별로 고유한 등록번호를 부여함)에 따른 외국인등록번호 – 「재외동포법」 제7조 제1항(국내거소신고증의 발급 등)에 따른 국내거소신고번호

자료: 국가법령정보센터(www.law.go.kr), 「출입국관리법」 제2조(정의) 연구자 작성, 검색일(2024.3.15).

이상과 같이 「출입국관리법」은 내·외국인이 국경을 넘나드는 상황에서의 국경관리 및 국내 체류는 대상 및 상황에 따라 정치, 경제, 사회문화적 문제 해결을 위한 정책적 접근의 법적 근거가 되고 있다.

제3절 국경관리시스템과 체류제도: 사증(VISAS, 비자)

1 국경관리시스템

우리나라의 국경관리에 있어 국민의 경우 출입국의 편의성을 높이고, 절차를 간소화하여 출·입국 신고서 제출과 심사 날인을 생략하고 있다. 외국인의 경우 입국신고서와 심사인 날인이 있으며, 등록외국인의 경우 입국심사서 제출은 생략하고 있다. 또한 국경관리시스템은 국경을 기준으로 넘나드는 사람들에게 안전과 편리성을 고려하여 입국하는 외국인의 공식적인 유입경로가 아닌 밀입국 방지를 위한 탑승자 사전확인제도(APIS)를 바탕으로 신원확인제도를 시행하고 있다. 더불어 자동출입국심사를 통해 편리성을 제공하는 출입국우대카드제도(SES), 전자여행허가(K-ETA)제도 등이 있으며, 구체적으로 살펴보면 다음과 같다.

1) 탑승자 사전확인제도

탑승자 사전확인제도(Advance Passenger Information System: APIS)는 누구나 국경을 넘나드는 사람을 대상으로 신원을 확인하는 제도이다. 한국으로 입국하려는 사람들의 신원을 확인하고 공식적인 유입경로가 아닌 밀입국 방지를 위하여 기관 간 공조와 분석정보공유를 통해 입국 전 확인을 위한 국경관리제도이다.

이에 따라 법무부는 2005년 5월부터 대한민국으로 입항하는 항공기가 도착하기 전 항공사로부터 승객명부를 제출받아 규제자 여부 확인을 통하여 우범 승객의 입국을 원천적으로 차단하는 '사전승객정보분석(APIS)제도'를 도입하였다.

특히, 밀입국의 경우 공항과 항만 두 가지 경로로 유입을 시도하기 때문에 사전승객정보분석(APIS)제도는 매우 중요하게 적용되고 있다. 우선 공항의 경우 출입국심사장에 경보시스템을 구축하여 보안 시설을 강화하여, 불법적으로 입국하려는 승객 정보를 사전에 분석하여 관련 환승객을 별도로 관리하는 체제로 운영되고 있다. 다음으로 항만의 경우 관계기관 간 원활한 공조를 위해 요주의 선박 또는 우범 선박에 대해 입항 전 사전 정보분석을 공유하고, 감시원 배치를 지시하는 등 철저한 밀입국 방지 정책으로 시행되고 있다.

탑승자의 사전확인제도의 절차를 살펴보면 다음과 같다. 첫째, 외국의 출발지 공항에서 탑승권 예약 또는 발권 시 항공사는 법무부로부터 탑승권 발권 가능 여부를 확인하기 위하여 승객 정보를 전송한다. 둘째, 법무부는 전송받은 승객 정보를 근거로 규제내역, 사증정보, 분실여권정보 등을 검색하여 그 결과를 항공사에 통보함으로써 우범 승객의 탑승을 원천적으로 차단한다. 셋째, 이 과정을 통해 항공사는 승객에게 탑승권을 발권할 수 있으며, [그림 6-1]처럼 운영된다. 2015년 2월 16일 일본 나고야 공항에서 출발하여 우리나라에 도착하는 항공기를 대상으로 시범운영을 한 후 입국 금지자 등은 강제송환에 따른 항공사 및 여행객의 비용을 절감하였으며, 합법적 입국자는 신속한 입국심사 서비스를 받을 수 있다.

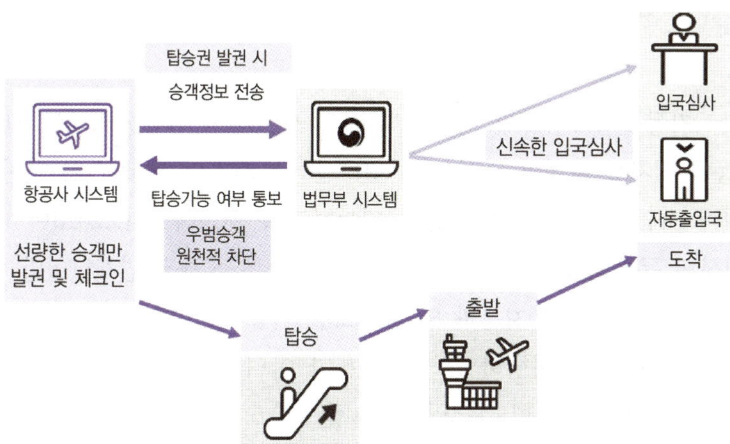

자료: 법무부 홈페이지(www.immigration.go.kr/immigration/1524/subview.do.), 재구성, 검색일(2024.3.15).

그림 6-1 탑승자 사전확인제도 운영절차

사전에 탑승자의 신원을 확인하는 제도는 2012년 1월부터 외국인 지문 및 얼굴 정보 등 개인별 정보를 확인한다. 이를 통해 외국인의 입국 및 범죄, 그리고 각종 사고를 원천적으로 차단하거나 발생 시 대처를 가능하게 하며, 출입국절차의 간소화에 강화요소로 활용되고 있다. 특히, 17세 이상 외국인의 경우 입국심사 시 반드시 지문 및 얼굴 정보 등 개인별 정보를 제공해야 하지만 반면에, 17세 미만자, 국제기구 소속 직원, 외교 사증 소지자, 정부 초청자의 경우는 지문제공의무를 면제하고 있다.

2) 출입국우대카드제도

내・외국인의 자동출입국심사(Smart Entry Service: SES)를 통해 출입국절차의 간소화와 편리함을 제공하기 위해 도입한 제도로 전국의 공・항만전용 보안검색대 및 출입국우대심사대를 이용한 국경관리제도이다. 2008년 6월 국민을 대상으로 인천공항에서 시작하여 8월에는 제한된 범위 내에서 외국인을 대상으로 확대・운영하여 출입국편의를 제공한다.

출입국우대카드는 국민의 경우 2008년 14세 이상 사용이 가능하였으나, 2016년 7월부터 이용대상을 7세 이상으로 확대하였다. 외국인의 경우 초기에는 체류자격에 제한을 두었다. 영주자격 취득 후 3년 이상 국내체류외국인 등으로 이용대상을 제한하였으나 2023년 1월부터 7세 이상의 모든 등록외국인으로 이용대상을 확대하여 시행하고 있다.

기존에는 자동출입국심사대 이용을 위해서 사전에 출입국・외국인 관서를 방문하여 사전등록 절차를 마쳐야 하였으나, 2017년 3월부터 만 19세 이상 국민은 사전등록 절차 없이 자동출입국심사대 이용이 가능하도록 개선하였다. 2018년 10월부터는 만 17세 이상의 등록외국인과 거소신고자도 사전등록 절차를 면제하였다. 또한 2019년 7월부터 입국 시 취득한 지문과 얼굴 정보를 활용하여 단기체류외국인의 출국 시 자동심사대 이용을 전면 시행하였다. 국내뿐만 아니라 해외에서도 우리 국민이 자동출입국심사서비스를 이용할 수 있도록 미국('12.6. Ses-GE), 홍콩('13.12. Ses-e-channel), 마카오('16.12. Ses-APC), 대만('18.6. Ses-e-Gate), 독일('18.6. Ses-EasyPASS) 등과 함께 자동출입국심사 상호이용 협약을 체결하였다.

위와 같이 국가 간 자동출입국심사 상호 이용 협약을 체결함으로써 국가와 사회 발전에 공헌한 자에 대해 사회적 예우를 표할 수 있고, 교통약자 배려 및 국제교류

표 6-2 출입국우대카드 이용자 및 선정기관

<table>
<tr><th>구분</th><th>추천 및 선정기관</th><th>구분</th><th>추천 및 선정기관</th></tr>
<tr><td>세계인의 날 포상자</td><td rowspan="10">법무부</td><td>외국인투자 해외 모기업임직원</td><td>KOTRA</td></tr>
<tr><td>사회통합자원봉사위원</td><td>외국인 금융투자가</td><td>금융중심지지원 센터</td></tr>
<tr><td>특별귀화자 및 명예국민</td><td rowspan="5">독립유공자* 및 재방한 행사 초청 해외 참전용사・직계 자손* 「국가유공자 등 예우 및 지원에 관한 법률」에 따라 등록된 상이자* 「5・18 민주유공자 예우에 관한 법률」에 따라 등록된 5・18 민주화운동 부상자*</td><td rowspan="5">국가보훈부</td></tr>
<tr><td>법무부장관 인정자</td></tr>
<tr><td>범죄피해자지원 우수법인</td></tr>
<tr><td>의료관광 우수 유치기관</td></tr>
<tr><td>조건부 고액투자자</td></tr>
<tr><td>APEC기업인여행카드소지자*</td><td>일자리 으뜸기업</td><td>고용노동부</td></tr>
<tr><td rowspan="2">D-8 외국인등록증소지자*</td><td>가족친화인증기업</td><td>가족친화지원센터</td></tr>
<tr><td>동반성장지수 우수업체</td><td>동반성장위원회</td></tr>
<tr><td>출소자 고용 우수기업</td><td>법무보호복지공단</td><td>문화예술지원인증단체</td><td>문화체육관광부</td></tr>
<tr><td>모범납세자</td><td>국세청</td><td>과학기술유공자</td><td>과학기술정보통신부</td></tr>
<tr><td>수출입안전관리우수업체</td><td>관세청</td><td>상생협력우수기업</td><td>중소벤처기업부</td></tr>
<tr><td>우수기업인</td><td>인천공항공사</td><td>건강친화인증기업</td><td>보건복지부</td></tr>
</table>

주: '*'는 선정기관 자체카드 사용.
자료: 법무부 홈페이지(www.immigration.go.kr/immigration/1529/subview.do), 재작성, 검색일(2024.3.15).

증진 등을 위하여 해당자에게 출입국우대카드를 발급・운영한다. 출입국우대카드는 〈표 6-2〉와 같이 추천기관의 신청으로 법무부 적격심사를 거쳐 발급 대상자로 선정되는데 출입국우대카드 소지자는 전국 공항(국제선)에서 동반 3인까지 전용 보안검색대 및 출입국우대심사대를 이용할 수 있다.

3) 전자여행허가제

무사증입국 대상 국민이 입국하고자 할 때, 홈페이지에서 개인 및 여행 관련 정보를 사전에 입력하여 여행 허가를 받을 수 있는 전자여행허가시스템(Korea Electronic Travel Authorization: K-ETA)을 활용한 국경관리제도이다. 이 제도를 이용할 수 있는 외국인은 사증면제협정 67개국과 무사증입국허가 대상 45개국 중 총 112개국의 국민으로(2023년 1월 기준) 점차 증가하고 있다.

외국인이 대한민국에 사증 없이 입국하려고 할 경우, 항공기나 선박에 탑승하기 최소 72시간 전에 신청해야 하며, 허가받은 경우만 항공기나 선박탑승이 가능하다. 신청은 전자여행허가제도 홈페이지(www.k-eta.go.kr) 또는 모바일 앱(K-ETA)을 통해서 가능하다. 전자여행허가(K-ETA)를 받은 외국인은 입국신고서 작성이 면제되고, 전용 심사대를 이용하여 편리하고 신속하게 입국심사를 받을 수 있다.

2 체류제도: 사증의 이해

「출입국관리법」상 '입국'이라 함은 대한민국 밖의 지역으로부터 영해(바다)와 영공(하늘) 안의 영토(땅)로 들어오는 것을 의미한다. 즉, 대한민국으로 입국하려면 유효한 여권과 사증을 지니고 공항만을 통해 입국하여야 하며(법 제7조), 출입국항에서 대통령령으로 정하는 바에 따라 여권과 입국신고서를 출입국관리공무원에게 입국심사를 받아야 한다(법 제12조). 이때 입국을 위해 사전에 갖추어야 할 가장 중요한 요건이 사증(VISAS, 비자)이며, 이러한 사증제도에 대해 개념과 내용을 살펴보기로 한다.

1) 사증의 개념 및 내용

(1) 사증의 개념

사증이란 대한민국에 입국 또는 체류할 경우 그 사유와 해당하는 기준에 부합되는 여부를 확인할 수 있으며, 입국항에서 출입국관리공무원으로부터 입국심사를 받을 수 있도록 허가한 문서, 즉 입국신고서를 의미한다. 외국인은 그의 국적국 정부기관에서 합법적으로 발급된 유효한 여권뿐만 아니라 법무부장관이 발급한 사증을 가지고 있어야 한다(법 제7조 제1항). 그러나 사증은 대한민국에 입국하기 위해 꼭 갖추고 있어야 할 사전(예비)조건이지, 외국인에게 입국할 권리를 부여하거나 보증하는 것은 아니다.

(2) 사증의 내용

사증에는 외국인에 관한 일반적인 개인정보와 입국목적 및 체류 관련 내용을 담고 있다. 구체적으로 살펴보면, 이름(Surname, Given Name), 생년월일(Birth Date), 성별(Sex) 등 기본정보를 비롯하여 사증(비자)번호, 체류자격(Status), 체류기간(Period of Sojourn), 종류(Entries), 발급일(Issue Date), 입국만료일(Final Entry Date), 발급지(Issued at), 비고(Remarks) 등이 명시되어 있다.[1)]

2) 사증의 기능 및 유형

(1) 사증의 기능

사증의 기능은 국가적 차원과 개인적 차원으로 구분할 수 있다. 첫째, 국가적 차원은 ① 국경관리를 통해 국민과 외국인의 출입국에 관한 것으로 국가의 안전과 사회질서를 유지하는, 즉 국가의 이익을 보호하는 기능을 가진다. ② 외국인에 대한 입국심사 절차를 신속하고 간소하게 할 뿐만 아니라 불법적으로 이민하려는 자를 사전에 통제하여 국가 간의 관계 훼손을 사전에 방지할 수 있는 기능을 한다. ③ 외국인의 출입국에 대한 전체적인 유형과 체류자격별 입국 규모를 파악할 수 있으므로, 국가의 경제·사회적 기반에 인적 자원의 수요와 공급을 균형 있게 조정할 수 있는 기능을 한다. ④ 불법적 이주자에 대한 통제는 국내 노동시장의 교란을 방지할 수 있으며, 내·외국인의 인력정책의 안정성을 유지할 수 있도록 기능한다. 둘째, 개인적 차원은 국가 간 이동에 따른 개인의 이익을 보호하는 기능이다. 특히, 외국인에 대한 입국허가 가능성을 사전에 심사하여 공·항만에서 일어날 수 있는 불이익, 즉 시간에 따른 경제적, 심리적 손실을 예방하는 기능이다. 이러한 보호를 받기 위해서는 사증발급 절차에 따른 합법적인 사증을 소지하여야 한다.

(2) 사증의 유형

사증의 종류에는 입국하는 횟수와 체류기간 및 체류목적에 따라 유형화할 수 있

1) 사증의 번호는 사증발급 일련번호를 의미하며, 체류자격은 외국인이 국내 체류목적에 부합하는 자격부여에 따른 사회적 활동이나 신분의 종류를 나타낸다. 체류기간은 대한민국에 입국한 날로부터 기산, 즉 일정한 시점 또는 장소를 기점으로 계산하여 체류할 수 있는 기간을 표시한다. 사증(비자)의 종류는 S(single visa: 단수비자) D(double visa: 더블비자) M(multiple visa: 복수비자)으로 구분한다. 발급일은 비자발급 일자를 의미하며 입국만료일은 사증의 유효기간을 의미하되 만료일까지 한국에 입국하여야 하며, 만료일이 지난 비자는 무효가 된다. 발급지는 비자를 발급한 재외공관에 대한 정보를 표시한다.

다. 첫째, 입국하는 횟수의 경우 1회만 입국할 수 있는 단수사증과 2회 이상 입국이 가능한 복수사증으로 분류한다. 둘째, 체류기간의 경우 단기체류(90일 미만), 장기체류(90일 이상), 영주(체류기간 무제한)로 분류한다. 셋째, 체류목적에 따라 외교, 주재, 사업, 취업, 문화예술, 유학생 등 자격에 따라 분류할 수 있다(출입국관리법 시행규칙 제9조의2).

사증의 발급기준은 여권의 유효 여부, 입국 금지 또는 거부대상 여부 및 법에서 정한 체류자격에 해당하고 입국목적에 부합하는 여부에 따르며, 체류자격별로 허가된 기간 내에 국적국으로 귀국이 인정되거나 법무부장관이 체류자격별 별도로 정하는 기준, 즉 법무부 사증발급 지침에 해당하는 여부가 발급의 기준이 되고 있다.[2)] 사증의 유형에 관한 구체적인 내용은 제4절에서 다루도록 한다.

3) 사증발급인정서 및 사증발급 거부에 대한 불복

(1) 사증발급인정서

사증발급인정서는 법무부장관이 사증을 발급하기 전 특별히 필요하다고 인정할 경우 발급하는 증서이다. 이는 외국인이 재외공간에서 사증발급인정을 받기 위한 절차를 간소화하거나 발급기간을 단축할 수 있도록 한다. 사증발급인정서는 취업체류자격 등(시행규칙 제7조 제1항)에 따라 특별히 발급하는 증서이므로 체류자격, 입국목적 등 명확히 함으로써 확인과 심사를 위한 번거로운 절차를 생략할 수 있다.

사증발급인정서 발급과정은 외국인의 입국에 관해 직접적인 이해관계자, 즉 초청인이 국내에서 직접 사증발급을 위한 절차를 주도적으로 처리할 수 있다. 발급 대상자는 미수교국가 또는 특정 국가의 국민, 장기체류자격자 중 D계열(D1~D10), E계열(E1~10), F계열(F1~F6), H2, G1 자격에 해당하는 자이다(시행령 별표 1의2). 다만, 허위초청으로 출입국관리법을 위반한 사범은 사증발급인정서 발급을 제한하고 있다. 사증발급인정서의 유효기간은 3개월이며, 한 번의 효력을 가진다. 그러나 필요하다고 인정되는 경우 법무부장관이 그 유효기간을 달리 정할 수 있으며, 재외공관장은 사증발급인정서의 내용에 따라 사증을 발급할 의무를 지닌다(출입국관리법 시행규칙 제17조의2 제3항).

2) 법무부 사증발급요건은 하이코리아(www.hikorea.go.kr) 안내 매뉴얼 참고.

(2) 사증발급 거부에 대한 불복

사증발급에 있어 외국인이 입국 단계에서 입국과 관련하여 불리한 결정이 내려질 경우가 있다. '불리한 결정'이란 사증발급거부 및 사증발급 결정의 취소·철회, 사증발급인정서의 발급거부, 입국불허 및 입국허가의 취소·철회, 조건부 입국허가의 취소·철회, 재입국허가의 거부 및 재입국허가의 취소·철회 등이 발생하는 것을 의미한다. 이때 이해관계자의 신청에 따라 일정한 판단 기관이 이를 심판하는 절차를 가지는데 청구인의 적격이 없는 경우에는 행정심판을 청구하고, 청구인 적격에 대한 판례가 일치하지 않는 경우 행정소송으로 진행한다.

대부분 출입국관리법에서는 이러한 심판과 소송에 관한 명문의 규정을 두고 있지 않으므로 일반법으로서의 행정심판법 및 행정소송법의 해석 및 적용 문제로 해결하고 있다. 따라서 사증발급 거부 결정에 대한 불복이 있는 경우 행정심판 또는 행정소송을 제기할 수 있는데, 이러한 일련의 절차를 행정쟁송이라고 한다.

4) 입국허가요건 및 허가 여부 결정

(1) 입국허가요건

외국인이 대한민국에 입국하려면 입국허가요건을 갖추어야 한다. 이때 외국인은 유효한 여권과 사증(단, 출입국관리법에서 요구하는 경우만 해당)을 가지고 있어야 하며, 입국 금지 또는 입국 거부의 대상이 아니어야 한다(법 제11조). 또한 입국의 목적에 부합되는 체류자격과 체류기간이 명확하게 명시되어 있어야 한다(법 제12조 제3항). 만약 출입국관리공무원이 입국허가에 관한 요건을 확인할 때 적합한 요건을 증명하지 못하면 입국허가를 하지 않을 수 있으므로 입국하려는 외국인은 입국허가와 관련된 입증의 책임을 갖는다(법 제12조 제4항). 따라서 외국인은 입국 시 합법적인 입국허가요건을 갖추고 있어야 한다.

(2) 입국허가 여부 결정

외국인이 대한민국에 입국하기 위해 합법적인 입국허가요건을 갖추었을 경우 외국인 개인에 관한 정보제공에 의한 결정과 조건부 입국허가 결정으로 구분할 수 있다. 첫째, 외국인의 개인정보 제공에 관한 내용은 입국허가요건(법 제12조 제3항)을 갖추고 외국인 개인의 지문 및 얼굴 정보를 제공(법 제12조의2 제1항)한 경우 입국허가를 결정한다. 이때 출입국관리공무원(법 제12조 제3항)이 허가를 결정하지만, 입국허가의 취소나 변경은 법무부장관이 수행한다(법 제89조 제1항). 둘째, 조건부 입국허가 결정의 경우 임시 입국을 허가하는 것이다. 이는 해당 대상자가 부득이한 사유로 유효한 여권과 사증을 갖추지 못하였으나, 일정 기간 내에 그 요건을 갖출 수 있다고 인정될 경우이다.

또한 입국 금지 사유에 해당한다고 의심되건, 입국목적이 체류자격에 합당하지 않는 것으로 의심되어 특별한 심사가 필요하다고 인정되는 외국인 및 기타 지방 출입국・외국인사무소장이 조건부 입국을 허가할 필요가 있다고 인정된 외국인에 대해 지방 출입국・외국인사무소장이 허가를 결정하는 경우이다. 이때 주거를 제한하거나 출석요구에 따를 의무 및 그 밖에 필요한 조건을 붙여야 하며, 필요하다고 인정할 경우는 1천만 원 이하의 보증금을 예치하게 할 수 있다. 단, 보증금은 조건을 위반할 경우 전부 또는 일부를 국고에 귀속시킬 수 있다. 이러한 조건부 입국허가는 72시간 이내로 하되 추가로 72시간 이내로 연장할 수 있다(법 제13조).

5) 입국 금지와 입국 거부

(1) 입국 금지

외국인에 대해 입국을 금지하는 경우는 대한민국 내로 외국인이 입국할 경우 국가와 국민의 안전한 삶에 해를 끼칠 수 있다고 판단되는 입국 금지요건에 해당하는 자를 입국하지 못하도록 하는 것이다(법 제11조 제1항).

외국인의 입국 금지요건은 ① 마약류중독자, 감염병환자. 그 밖에 공중위생상 위해를 끼칠 염려가 있다고 인정되는 사람이다. ② 총포・화약류・도검 등을 위법하게 가지고 입국하려는 사람이다. ③ 대한민국의 이익이나 공공의 안전을 해치는 행동할 염려가 있다고 인정할 만한 이유가 상당히 있는 사람이다. ④ 경제 질서 또는 사회질서를 해치거나 선량한 풍속을 해치는 행동을 할 염려가 있다고 인정할 만한 이유가 상당히 있는 사람이다. ⑤ 사리 분별력이 없고, 국내에서 체류활동을 보조할 사람이 없는 정신장애인, 국내 체류비용을 부담할 능력이 없는 사람 그 밖에 구호(救護)가 필요한 사람이다. ⑥ 강제퇴거명령을 받고 출국한 후 5년이 지나지 아니한 사람이다. ⑦ 1910년 8월 29일부터 1945년 8월 15일까지 사이에 일본정부와 동맹관계에 있던 정부, 일본정부의 우월한 힘이 미치던 정부의 지시를 받거나 그 정부와 연계하여 인종, 민족, 종교, 국적, 정치적 견해 등을 이유로 사람을 학살·학대하는 일에 관여한 사람이다. ⑧ 위에 준하는 사람으로서 법무부장관이 그 입국이 적당하지 아니하다고 인정한 사람이다.

이러한 요건에 따라 외국인의 입국 금지 사유가 있는 경우는 사증이 발급되지 않으며(시행규칙 제9조의2), 출입국항에서 입국불허가 된다(법 제12조 제4항). 만약 입국 후 입국을 금지하는 사유가 발견되거나 발생할 경우는 강제퇴거 사유(법 제46조 제1항 제3호)가 된다.

(2) 입국 거부

법무부장관은 대한민국에 입국하려는 외국인의 본국(本國)이 제1항 각 호 외의 사유로 국민의 입국을 거부할 때에는 그와 동일한 사유로 그 외국인의 입국을 거부할 수 있다(법 제11조 제2항). 이러한 입국 금지요건은 위에서 살펴본 바와 같다.

또한 입국허가요건을 갖추지 못하였거나(제12조 제4항) 외국인이 입국심사 시 관련 정보를 제공하지 않은 경우(제12조의2 제2항)는 입국을 허가하지 않는다. 이때 출입국관리공무원은 해당 외국인의 입국불허와 관련된 사유를 당사자에게 알리거나 국적국에 통지할 법률상 의무는 없으며, 외국인의 출입국에 대하여는 행정절차법이 적용되지 않는다. 그러나 입국불허와 관련하여 외국인 당사자가 불복하거나 구제 요청할 경우 법무부장관에게 내부적 불복 절차에 대한 이의신청을 제기할 수 없으나 사법적 구제 절차는 행정소송으로 제기할 수 있다.

외국인의 입국 결정에 있어 입국을 금지할 경우는 법무부장관에 의해서 이루어지며, 입국을 불허할 경우는 출입국관리공무원에 의해 수행된다.

입국의 금지와 입국불허의 차이를 살펴보면, ① 입국의 금지는 출입국관리법에 의거 입국 금지에 해당하는 사유 여부만 확인하면 되지만 입국불허의 경우는 입국 금지 사유 외에도 여권과 사증의 구비, 체류자격과 입국목적의 일치 및 체류기간 등을 심사한다. ② 입국 금지는 입국 신청에 기초하지 않은 법무부장관의 일방적인 결정으로 이루어지나 입국불허는 외국인이 입국허가를 신청함으로써 심사가 이루어지는 쌍방적 결정이다. 이렇듯 입국을 허가하거나 심사가 이루어지는 절차에 대해 살펴보도록 한다.

6) 입국심사 및 심사(사증발급인정서) 절차

(1) 입국심사

대한민국으로 입국하려는 모든 사람은 입국심사를 거쳐야 한다. 입국심사는 크게 세 가지 유형으로 구분할 수 있다. 첫째, 일반적 입국심사(법 제7조 제1항), 둘째, 무사증에 의한 입국심사(법 제7조 제2항), 셋째, 미수교국 또는 특정 국가의 국민에 대한 입국심사(법 제7조 제4항)이다. 특히, 무사증에 의한 입국심사는 상황과 대상에 따라 제한적이다. 구체적으로 살펴보면 다음과 같다.

① 일반적인 입국심사(법 제7조 제1항)

입국심사는 입국허가요건(법 제12조 제3항)에 해당하는 여권과 사증이 유효할 것, 입국의 금지 또는 거부의 대상이 아닐 것, 입국목적이 체류자격에 맞을 것, 체류기간이 정해져 있는지를 심사한다. 더불어 지문 및 얼굴 정보제공(법 제12조의2 제1항)을 심사한다. 이러한 심사가 이루어지기에 앞서 입국신고서와 함께 제시하여야 한다. 입국신고서는 국민용과 외국인용으로 구분할 수 있으며, 신고서에 다음과 같은 내용을 작성해야 한다. 국민의 경우 이름(한글, 한자), 생년월일, 주민등록번호 뒷자리, 성별, 여권번호, 편명 · 선박명, 출발지/목적지, 서명 등을 작성하며, 외국인의 경우 성명, 성별, 국적, 생년월일, 직업, 한국 내 주소, 전화번호, 입국목적, 서명 등의 내용을 작성한다.

② 무사증에 의한 입국심사(법 제7조 제2항)

무사증에 의한 입국심사는 재입국허가, 사증면제협정, 무사증입국허가, 난민 등 네 가지로 구분할 수 있다.

첫째, 재입국허가의 경우 「출입국관리법」 제7조 제2항 제1호와 제30조에 해당한다. 국내체류외국인이 대한민국에서 출국하면 그가 가진 체류자격 및 체류기간은 소멸하는 것이 원칙이나 일시적으로 출국하여 다시 입국하는 경우 재외공관에서 사증을 발급받아 입국하여야 한다. 그러나 90일 이내에 외국인등록을 해야 하는 등 매번 같은 절차를 중복하므로 이와 같은 불편을 해소하고 반복되는 절차를 간소화한다는 취지에서 재입국허가를 심사한다. 재입국허가 대상자의 경우 영주(F-5)자격자는 출국한 날부터 2년 이내에 재입국하려는 자와 90일 초과 장기체류자격을 소지한 자로서 출국한 날로부터 1년 이내에 재입국하려는 자이다. 이들은 재입국허가를 받거나 면제기간이 끝나기 전에 입국하여야 한다. 또한 질병 등으로 허가 기간 내에 재입국할 수 없는 경우에는 재외공관의 장에게 재입국허가기간에 관해 연장허가를 받아야 한다.

둘째, 사증면제협정(출입국관리법 제7조 제2항 제2호)의 경우 대한민국과 사증면제협정을 체결한 국가의 국민으로서 그 협정에 따라 면제 대상이 되는 사람이다. 통상적으로 사증면제협정은 90일(단기) 동안 관광, 통과, 방문, 학술 및 상담 등 수익을 목적으로 하지 않는 비영리활동을 하고자 하는 외국인에게 사증을 발급을 면제한다. 이들에게는 사증면제(B-1)의 체류자격을 부여하며, 2022년 9월 22일 현재 외교여권 112개국, 관용여권 110개국, 일반여권 70개국, 선원여권 21개국과 협정을 체결하고 있다.

셋째, 무사증입국허가(출입국관리법 제7조 제2항 제3호)의 경우 사증을 일방적으로 면제한다는 점에서 사증면제협정과 다르지 않지만, 입국상황에 따라 체류자격을 다르게 적용하고 있다. 대한민국을 관광 또는 통과할 목적으로 입국하려는 자의 경우 법무부장관이 정하는 국가(2022년 9월 22일 현재 일반여권 45개국, 관용여권 1개국 등 총 46개국)의 국민에게 관광통과(B-2) 자격을 부여하여 30일 내에서 체류할 수 있도록 체류기간을 부여한다. 또한 외국정부 또는 국제기구의 업무를 수행하는 자로서 부득이한 사유로 사증없이 입국할 경우 외교(A-1), 공무(A-2), 협정(A-3) 등 체류자격을 부여한다. 이외 국제친선 또는 대한민국의 이익 등을 위하여 입국이 필요하다고 대통령령이 정하는 바에 따라 입국허가를 받은 자에게 무사증입국을 허용한다.

넷째, 난민의 경우 「출입국관리법」(제7조 제2항 제4호)에 따라 법무부장관은 「난민법」을 근거하여 난민여행증명서를 발급하여야 한다(법 제76조의5). 다만, 그의 출국이 대한민국의 안전을 해칠 우려가 있다고 인정될 때에는 발급하지 않는다(법 제76조의5 제1항). 이러한 난민여행증명서의 유효기간은 3년이며, 발급받고 출국한 후 그 유효기간이 끝나기 전에 입국하는 자는 무사증입국을 허용한다.

③ **미수교국 또는 특정 국가의 국민에 대한 입국심사(법 제7조 제4항)**

미수교국가의 정부가 발급한 여권 또는 여권을 갈음하는 증명서에 대하여는 대한민국 정부가 유효한 것으로 인정하고 있지 않기 때문에 사증을 대신할 수 있는 허가서인 재외공관의 장이나 지방 출입국·외국인관서의 장이 발급한 외국인입국허가서를 가지고 입국할 수 있다. 2023년 5월 30일 현재 미수교국가는 시리아, 쿠바, 코소보 등 3개국이다.[3)]

(2) 입국심사(사증발급인정서 발급) 절차

입국심사 절차는 입국심사 유형에 따라 진행된다(출입국관리법 시행규칙 제17조). 입국심사를 위해 첫째, 사증발급인정서를 작성하여 신청하고, 둘째, 신청서를 받은 후 기준을 확인하여 의견을 붙여 법무부장관에게 보낸다. 셋째, 받은 서류를 심사하여 사증발급이 타당하다고 인정될 경우 심사결과인 사증발급인정서 발급을 통지하고, 넷째, 이를 통해 법무부장관은 사증발급인정서를 발급하는 데 진행 과정은 [그림 6-2]와 같다.

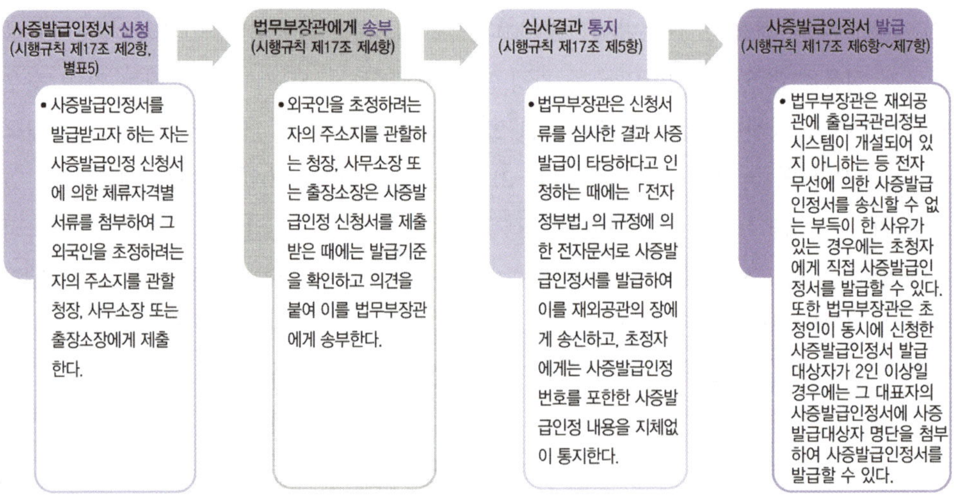

자료: 「출입국관리법 시행규칙」 제17조(사증발급인정서의 발급 절차 등), 연구자 작성, 검색일(2024.3.15).

그림 6-2 입국심사(사증발급인정서 발급) 절차

3) 외교부, 혁신행정담당관실 재외공관보고 '지표정보'(검색일: 2023.7.3), 재인용.

제4절 체류관리정책

입국하려는 외국인은 체류자격을 가져야 한다. 체류자격은 대한민국 내 일정한 지역에 머물면서 자격에 부합되는 활동을 할 수 있는 법적 지위를 의미하는 것으로서 외국인이 체류자격을 가지고 있다 함은 국경을 넘어온 외국인이 대한민국에 체류할 수 있도록 허가받았다는 것을 의미한다.

이때 외국인은 사증에 명시된 체류자격과 체류기간에 따라 합법적인 활동이 가능하다. 「출입국관리법」에 따라 외국인의 체류자격은 90일을 기준으로 장기, 단기로 구분할 수 있다. 이 절에서는 체류자격의 기능과 유형을 설명하고자 한다.

1 체류자격의 기능과 유형

06 CHAPTER

1) 체류자격의 기능

외국인의 체류자격은 대한민국으로 입국하기 전 발급되는 사증에 구체적으로 명시되며, 법무부로부터 허가를 득하여 입국할 수 있도록 한다. 이때 사증에 명시되는 체류자격에 따라 외국인은 체류기간 안에 적시된 목적활동을 할 수 있으며, 외국인에게 부여된 체류자격은 다음과 같은 기능이 있다.

첫째, 체류자격은 입국목적을 확인할 수 있는 목적확인기능이 있다. 외국인이 대한민국으로 입국하려면 유효한 여권과 사증을 지니고 있어야 하며, 사증에 체류할 수 있는 자격의 분류번호 등이 명시되어 있다.

둘째, 체류자격은 체류 시 활동기준을 정하는 기능이 있다. 즉, 외국인의 체류활동과 체류기간이 정해져 있으므로 입국한 후 해당 자격에 정해져 있는 범위 내에서 활동과 체류를 할 수 있다는 것을 알 수 있다.

셋째, 체류자격은 외국인이 지역사회 사회구성원이 될 수 있도록 하는 도구적 수단기능이 있다. 즉, 최초 체류자격을 취득한 이후 자신의 희망에 따라 영주자격 또는 국적과 같은 단계별 자격을 연계하여 취득함으로써 대한민국 국민으로서 성장할 수 있다.

넷째, 체류자격은 외국인이 체류 시 제도권 내에서 법적 제재와 관리의 대상이 될 수 있다는 규범적 기능이 있다. 즉, 법적 지위에 따른 권리와 의무범위가 정해져 있어 그 범위를 위반할 경우 해당 사항에 대한 법적 책임 및 출국 등의 제재를 받을 수 있다.

이렇듯 외국인의 체류자격은 합법적으로 입국하고 체류할 수 있도록 하는 개방적 성격의 목적달성을 위한 기능이 있는 반면에, 권리와 의무에 관한 규범적 기능을 가짐으로써 국경관리뿐만 아니라 지역별 국민과 더불어 살아갈 수 있는 사회통합의미를 내포한다.

2) 체류자격의 유형

체류자격(사증)은 크게 목적과 기간에 따라 분류할 수 있다.

우선 체류목적에 따른 체류자격은 ① 직무수행, ② 취업, ③ 교육연수, ④ 방문 및 통과, ⑤ 가족결합 및 재외동포, ⑥ 그 외 체류자격 등으로 유형화할 수 있다. 다음으로 체류기간에 따른 자격의 유형은 ① 단기체류, ② 장기체류, ③ 영주, ④ 귀화로 범주화할 수 있으며, 체류자격별로 활동 범위, 1회 체류기간의 상한 등에 대한 구체적인 내용을 살펴보자.

(1) 목적에 따른 체류자격

① 직무수행

직무수행을 위해 대한민국으로 입국하는 경우는 공적인 업무수행을 위한 자격인 외교(A-1), 공무(A-2), 협정(A-3)과 언론취재를 위한 일시취재(C-1), 취재(D-5) 및 종교적 관련 업무수행을 위한 종교(D-6), 국내 기업에 근무하는 주재원(D-7) 또는 투자를 위해 입국하는 자(D-8) 등이며 구체적인 내용은 〈표 6-3〉과 같다.

표 6-3 직무수행을 위한 체류자격

구분	자격유형	활동범위	1회 체류기간 상한
직무수행	외교(A-1)	• 외교	• 재임기간
	공무(A-2)	• 대한민국정부가 승인한 외국정부 또는 국제기구의 공무를 수행하는 자와 그 가족	• 공무수행기간
	협정(A-3)	• 협정에 의한 활동	• 신분 존속기간 또는 협정상의 체류기간
	일시취재(C-1)	• 일시 취재·보도 • 외국 언론사 지사 설치 준비	• 90일
	취재(D-5)	• 취재·보도 활동	• 2년
	종교(D-6)	• 종교 활동 • 사회복지 활동	• 2년
	주재(D-7)	• 외국기업 국내 지사 등에서 주재 활동 • 해외 진출기업 근무 외국인력 국내 본사 주재 활동	• 3년
	기업투자(D-8)	• 「외국인투자촉진법」, 「벤처기업육성에 관한 특별조치법」 및 전문학사 이상 학위취득 등 경영관리 생산기술 분야 및 지식재산 또는 기술력을 가진 분야에서의 활동	• 외국인 투자기업: 5년 • 벤처기업설립: 2년 • 학위취득, 추천 등: 2년
	무역경영(D-9)	• 회사경영, 무역, 영리사업 • 수출설비(기계)의 설치·운영·보수 • 선박건조, 설비제작 감독	• 2년

자료: 법무부 출입국·외국인정책본부(2022.5), "사증발급 안내 매뉴얼", 연구자 작성, 검색일(2024.3.15).

② 취업

대한민국 내에서 취업하려고 하는 경우는 전문인력과 비전문인력(단순 기능인력)으로 구분할 수 있다.

전문인력에는 90일 이내 활동할 수 있는 단기취업(C-4) 자격과 2년 이상 장기체류가 가능한 취업자격이 있다. 〈표 6-4〉와 같이 취업자격의 각 유형과 활동범위 및 1회 체류기간의 상한 등 구체적인 내용은 다음과 같다.

표 6-4 취업이 가능한 체류자격

<table>
<tr><th colspan="2">구분</th><th>자격유형</th><th>활동범위</th><th>1회 체류기간 상한</th></tr>
<tr><td rowspan="13">취업
자격</td><td rowspan="10">전문
인력</td><td>단기취업
(C-4)</td><td>• 수익을 목적으로 단기간 취업 활동하려는 자
• 계절근로 단기취업(C-4-1~4) 활동
• 계절근로 외 단기취업(C-4-5) 활동</td><td>• 90일</td></tr>
<tr><td>교수
(E-1)</td><td>• 고등교육법에 의한 자격요건을 갖춘 외국인으로서 전문대 이상의 교육기관이나 이에 준하는 기관에서 교육 또는 연구지도, 고급과학 기술인력</td><td>• 5년</td></tr>
<tr><td>회화지도
(E-2)</td><td>• 법무부장관이 정하는 자격요건을 갖춘 외국인으로서 외국어전문학원, 초등학교 이상의 교육기관 및 부설어학연구소, 방송사 및 기업체부설 어학연수원 등 기타 이에 준하는 기관 또는 단체에서 외국어 회화지도</td><td>• 2년</td></tr>
<tr><td>연구
(E-3)</td><td>• 자연과학 분야의 연구 또는 산업상 고도기술의 연구개발 종사, 고급과학 기술인력
• 사회과학 · 인문학 · 예체능 분야의 연구 인력</td><td>• 5년</td></tr>
<tr><td>기술지도
(E-4)</td><td>• 공 · 사기관에서 자연과학 분야의 전문지식 또는 산업상의 특수 분야에 속하는 기술제공</td><td>• 5년</td></tr>
<tr><td>전문직업
(E-5)</td><td>• 대한민국의 법률에 의하여 행할 수 있도록 되어 있는 전문업무 종사</td><td>• 5년</td></tr>
<tr><td>예술흥행
(E-6)</td><td>• 수익이 따르는 음악, 미술, 문학 등의 예술 활동
• 수익을 목적으로 하는 연예, 연주, 연극, 운동경기, 광고, 패션모델 등으로 출연하는 흥행 활동</td><td>• 2년</td></tr>
<tr><td rowspan="2">특정활동
(E-7)</td><td>• 대한민국 내의 공 · 사기관 등과의 계약에 따라 법무부장관이 특별히 지정하는 활동</td><td>• 3년</td></tr>
<tr><td>• 주무부처 추천 우수인재, 지역특화발전특구 및 첨단의료복합단지 내 E-7 직종종사자, 경제자유구역 내 의료연구개발기관의 연구원</td><td>• 5년</td></tr>
<tr><td>선원취업
(E-10)</td><td>• 「해운법」 제3조와 제23조에 따른 사업과 근무 활동
• 「수산업법」 제8조, 제41조, 제57조 규정에 의한 사업 및 관련 활동
• 「크루즈 산업의 육성 및 지원에 관한 법률」 제2조에 따른 사업 및 관련 활동</td><td>• 3년</td></tr>
<tr><td rowspan="3">단순
기능
인력</td><td>계절근로
(E-8)</td><td>• 농작물 재배 · 수확(원시가공 분야 포함)
• 수산물 원시가공 분야에서 활동</td><td>• 5개월(기간 연장 없음)</td></tr>
<tr><td>비전문
취업
(E-9)</td><td>• 「외국인근로자의 고용 등에 관한 법률」에 의한 국내 취업</td><td>• 3년</td></tr>
<tr><td>관광취업
(H-1)</td><td>• 관광에 수반되는 관광경비 충당을 위한 단기 취업 활동</td><td>• 협정상의 체류기간</td></tr>
</table>

	자격유형	활동범위	1회 체류기간 상한
	방문취업 (H-2)	• 중국 및 CIS 지역 동포들에 대한 자유 왕래 및 특례고용 허가제 관련 취업 활동	• 3년
	구직 (D-10)	• 일반구직: 국내 기업단체 등에서 행하는 구직 활동뿐만 아니라 정식 취업 전에 연수비를 받고 행하는 단기 인턴과정을 포함 • 기술창업준비: 창업이민교육프로그램참가, 지식재산권 등 특허출원 준비 및 출원, 창업법인 설립 준비 등 창업과 관련된 제반 준비 활동 • 첨단기술인턴: 법무부장관이 정한 요건을 갖춘 기업(기관)과의 인턴 근로계약에 따른 첨단기술 분야 인턴 활동	• 6개월 • 첨단기술 인턴: 1회 최대 1년(단, 계약서에 명시된 인턴 기간을 초과할 수 없음)

자료: 법무부 출입국・외국인정책본부(2022.5), "사증발급 안내 매뉴얼", 연구자 작성, 검색일(2024.3.15).

③ 교육연수

외국인이 비영리 학술활동 및 예술단체의 초청 등 학술 또는 고유문화 예술에 관한 연구, 지도 등 창작활동을 위해 대한민국으로 입국할 경우 부여되는 자격을 말한다. 또한 한국어를 바탕으로 학문적 깊이를 더하고자 전문교육을 받기 위해 입국하는 외국인 유학생에 부여되는 자격이다. 즉, 문화예술(D-1), 유학(D-2), 기술연수

표 6-5 교육과 창작활동이 가능한 체류자격

구분	자격유형	활동범위	1회 체류기간 상한
교육연수	문화예술 (D-1)	• 수익을 목적으로 하지 않는 학술 또는 예술상의 활동 • 대한민국 고유문화예술 연구, 지도를 받으려는 활동	• 2년(단, 90일 이하는 단기방문)
	유학 (D-2)	• 전문대학 이상의 교육, 학술연구 기관에서 유학 또는 연구 활동 • 세부자격: 전문학사(D-2-1), 학사(D-2-2), 석사(D-2-3), 박사(D-2-4), 연구(D-2-5), 교환학생(D-2-6), 일・학습연계(D-2-7), 방문(D-2-8) 등 편입생 포함	• 2년
	기술연수 (D-3)	• 법무부장관이 정하는 연수조건을 갖춘 자로서 국내 산업체에서의 연수 활동	• 2년
	일반연수 (D-4)	• 유학(D-2)자격에 해당하는 교육기관 또는 학술연구기관 외에 교육기관이나 기업체・단체 등에서 교육 또는 연수를 받거나 연구하는 활동 • 세부자격: 한국어(D-4-1), 외국어(D-4-7) 등은 공관장 재량	• 2년

자료: 법무부 출입국・외국인정책본부(2022.5), "사증발급 안내 매뉴얼", 연구자 작성, 검색일(2024.3.15).

(D-3), 일반연수(D-4)이며, 활동범위와 1회 체류기간 상한에 관한 구체적인 내용은 〈표 6-5〉와 같다.

④ 방문 및 통과

이 유형은 대한민국과 사증면제협정을 체결한 국가의 국민에 대한 체류자격과 관광 또는 환승 및 단기간 방문을 위한 체류자격을 부여한다. 특히, 사증면제협정을 체결한 체류자격을 제외하면 일반적으로 잦은 왕래가 가능한 상용 체류자격이라고 할 수 있으며, 사증면제(B-1), 관광・통과(B-2), 단기방문(C-3) 등이다. 세부내용은 〈표 6-6〉과 같이 대한민국에 입국하여 90일 또는 협정 및 정함에 따라 체류할 수 있다.

표 6-6 방문 및 통과 체류자격

구분	자격유형	활동범위	1회 체류기간 상한
방문 및 통과	사증면제 (B-1)	• 단기방문(C-3) 활동 범위를 기본으로 협정에 따라 명시된 활동	• 협정상 체류기간
	관광・통과 (B-2)	• 관광・통과 등의 목적으로 사증없이 입국하려는 활동 • 단기방문(C-3) 활동 범위를 기본으로 하되, 상호주의에 따라 별도로 정함	• 법무부장관이 따로 정하는 기간
	단기방문 (C-3)	• 시장조사, 업무 연락, 상담, 계약 등의 상용활동 • 세부자격: 단기일반(C-3-1), 단체관광등(C-3-2), 의료관광(C-3-3), 일반상용(C-3-4), 협정상단기상용(C-3-5), 우대기업초청단기상용(C-3-6), 도착관광(C-3-7), 동포방문(C-3-8), 일반관광(C-3-9), 순수환승(C-3-10), 교대선원(C-3-11)	• 90일

자료: 법무부 출입국・외국인정책본부(2022.5), "사증발급 안내 매뉴얼", 연구자 작성, 검색일(2024.3.15).

⑤ 가족결합 및 재외동포

대한민국에 거주하는 가족을 만나기 위한 방문 또는 가족의 결합 및 국민과의 혼인관계에 있는 외국인 등에 관한 체류자격이다. 더불어 재외동포들의 고국 방문을 통한 자유로운 취업 활동 및 장기거주를 위해 부여받는 체류자격으로 방문동거(F-1), 거주(F-2), 동반(F-3), 재외동포(F-4), 영주(F-5), 결혼이민(F-6) 등 〈표 6-7〉과 같이 활동 범위와 1회 체류기간의 상한을 알 수 있다.

표 6-7 가족결합 및 재외동포 체류자격

구분	자격유형	활동범위	1회 체류기간 상한
가족 결합 및 재외 동포	방문동거(F-1)	• 친척방문, 가족 동거, 피부양, 가사정리, 기타 이와 유사한 목적의 체류	• 2년
	거주(F-2)	• 영주자격을 부여받기 위하여 국내 장기체류	• 5년
	동반(F-3)	• 동반가족: 기술연수(D-3)를 제외하고, 문화예술(D-1)부터 특정활동(E-7)까지 해당하는 자의 배우자 및 미성년 자녀로서 배우자가 없는 자	• 동반하는 본인에게 정해진 체류기간
	재외동포(F-4)	• 취업 활동의 제한이 없음(단, 단순 노무 행위, 사회질서에 반하는 행위, 공공의 이익이나 취업질서 유지를 위해 해당 취업을 제한할 필요가 있다고 인정되는 경우 제외)	• 3년 이내
	영주(F-5)	• 체류자격의 구분에 따른 활동의 제한을 받지 않음	• 상한 없음
	결혼이민(F-6)	• 국민과의 혼인관계 또는 혼인 관련 상황에 있음	• 3년

자료: 법무부 출입국・외국인정책본부(2022.5), "사증발급 안내 매뉴얼", 연구자 작성, 검색일(2024.3.15).

⑥ 그 외 체류자격

위에 각각의 유형화한 자격을 제외하고 다양한 사유에 따라 대한민국에 체류하게 된 외국인에게 부여하는 자격으로 기타(G-1)로 분류한다. 이들은 외교(A-1)부터 결혼이민(F-6)까지 관광취업(H-1) 또는 방문취업(H-2) 자격에 해당하지 않는 자로서 법무부장관이 인정하는 자에 한한다. 이들의 활동 범위는 언급된 자격에 해당하지 아니하는 활동은 가능하나 1회에 체류할 수 있는 기간의 상한은 1년으로 한다.

(2) 기간에 따른 체류자격

앞서 체류자격은 유형별로 1회 체류기간의 상한을 두고 있다. 90일을 기준으로 90일 미만일 경우 단기체류라고 하며, 90일 이상일 경우 장기체류 및 영주(기간 무제한) 자격으로 구분할 수 있다. 대한민국에 입국하려는 외국인은 어느 하나에 해당하는 체류자격을 가져야만 입국할 수 있으며(출입국관리법 제10조), 자신의 희망에 따라 체류자격을 취득하는 요건을 갖추어 단계별로 자격을 변경할 수도 있다. 체류기간별로 구분되는 자격은 다음과 같다.

① 단기체류

관광, 방문 등 목적으로 대한민국에 90일 이하의 기간, 즉 사증면제 협정 또는 상호주의에 따라 90일을 초과하는 등 사증에 명시되어 있는 기간 동안 머무를 수 있는 체류자격을 의미한다. 자격에는 사증면제(B-1), 관광・통과(B-2), 일시취재(C-1), 단기방문(C-3), 단기취업(C-4) 등 총 5개로 분류할 수 있다(출입국관리법 시행령 별표 1).

② 장기체류

유학, 연수, 투자, 주재, 결혼 등의 목적으로 대한민국에 90일을 초과하여 법무부령으로 정하는 체류기간의 상한 범위 내에서 거주할 수 있는 체류자격을 말한다(시행규칙 별표 1). 총 31개의 자격이 해당하며, 외교(A-1), 공무(A-2), 협정(A-3), 문화예술(D-1), 유학(D-2), 기술연수(D-3), 일반연수(D-4), 취재(D-5), 종교(D-6), 주재(D-7), 기업투자(D-8), 무역경영(D-9), 구직(D-10), 교수(E-1), 회화지도(E-2), 연구(E-3), 기술지도(E-4), 전문직업(E-5), 예술흥행(E-6), 특정활동(E-7), 계절근로(E-8), 비전문취업(E-9), 선원(E-10), 방문동거(F-1), 거주(F-2), 동반(F-3), 재외동포(F-4), 결혼이민(F-6), 관광취업(H-1), 방문취업(H-2), 기타(G-1) 등이다(출입국관리법 시행령 별표 1의2).

③ 영주자격

영주자격을 취득한 외국인은 체류기간, 활동 범위 등 제한을 받지 않는다. 이들은 대한민국의 법령을 준수하는 등 품행이 단정하거나, 본인 또는 생계를 같이하는 가족의 소득, 재산 등으로 생계를 유지할 능력이 있어야 한다. 더불어 한국어능력과 한국사회・문화에 대한 이해 등 대한민국에서 계속 살아가는 데 필요한 기본소양을 갖추고 있어야 한다. 이외에도 대한민국에 특별한 공로가 있거나, 어느 특정 분야에서 탁월한 능력이 있거나, 일정금액 이상을 투자한 사람 등 대통령령으로 정하는 바에 따라 요건을 갖춘 자로서 「출입국관리법」 제46조(강제퇴거의 대상자) 제1항에 해당하지 않는 자이다.

④ 귀화자격

귀화는 대한민국 국적을 취득하는 것을 의미한다. 대한민국 국적을 취득하기 위해서는 5년 이상 계속 대한민국에 주소가 있을 것, 대한민국에서 영주할 수 있는 체류자격을 가지고 있을 것, 「민법」상 성년일 것, 법령을 준수하는 등 법령으로 정하는 품행 단정의 요건을 갖출 것, 자신의 자산이나 기능에 의하거나 생계를 같이하는 가족에 의존하여 생계를 유지할 능력이 있을 것, 한국어능력과 대한민국의 풍습에 대한 이해 등 대한민국 국민으로서의 기본소양을 갖추고 있을 것, 귀화를 허가하는 것이 국가안전보장·질서유지 또는 공공복리를 해치지 않는다고 법무부장관이 인정하는 요건을 모두 갖추어야 한다(국적법 제5조). 귀화를 통해 대한민국 국적을 취득하는 방법과 절차에 관한 구체적인 내용은 제7장 국적과 시민권을 참조한다.

2 체류자격의 제한 및 활동의 절차적 대응

체류자격을 부여한다는 것은 첫째, 대한민국에서 출생하였으나 체류자격을 가지지 못한 경우, 둘째, 대한민국의 국적을 상실한 경우, 셋째, 국적을 이탈하였거나 그 밖의 사유로 체류자격을 가지지 못하고 대한민국으로 이주하려는 외국인, 넷째, 국민에게 체류자격을 부여하거나 회복할 경우를 의미한다.

체류자격을 부여하는 것은 국가의 안전보장, 질서유지 또는 공공복리에 부합하여 국민과 외국인 간 상호 긍정적인 관계를 바탕으로 사회통합을 이루고자 함으로써 정치경제학적 시각에서 바라볼 필요가 있다. 이러한 점에서 체류자격을 부여하는 데 있어서의 제한과 활동 및 그에 따른 절차적 대응을 살펴본다.

1) 외국인의 정치적 활동의 제한

국민은 인간의 권리로서 인정되는 정치적 표현의 자유 중 국민의 권리로서 인정되는 선거권, 피선거권, 공무담임권, 국민투표권 등을 말한다. 즉, 참정권과 관련되는 선거, 투표, 정당 활동 및 대한민국 국민의 자주적 주권행사에 관한 의사결정 표현 등을 포함하는 정치적 활동이 가능하다.

반면에, 외국인에게 가능한 정치적 활동은 영주자격을 취득하였거나, 대한민국의 국민이 되는 귀화자격을 취득한 경우를 제외하고는 제한적이다. '제한적 활동'이라 함은 1960년에 입국한 미국인 목사의 1974년 정치적 성격의 활동을 한 이유로 강제퇴거가 된 사례를 토대로 시작되었으며, 이후 「출입국관리법」에 규정되어 있다(차용호, 2015: 333). 대한민국에서 체류하는 외국인은 「출입국관리법」 제17조 제2항 또는 「공직선거법」 제15조 제2항에서 정하는 경우를 제외하고는 정치적 활동을 하면 안 되며,

이러한 제한에도 불구하고 외국인이 정치 활동을 하였다면 강제퇴거 사유에 해당하지만, 별도의 벌칙규정은 없다(출입국관법 제46조 제1항 제8호). 현행 「공직선거법」의 경우 영주(F-5)자격 취득 후 3년 경과한 외국인에게 지방자치단체장 및 지방의회의원에 대한 선거권을 가지고 있음을 규정하고 있다.

외국인의 기본적 인권은 헌법상 보장되고, 외국인의 의사결정에 관한 표현의 자유가 확대되는 추세를 고려하면 정치적 의견을 말이나 글로써 표현하는 정치적 활동을 광범위하게 제한하기는 어려울 것이다. 향후 외국인의 장기체류 및 영주(F-5)자격자가 증가할 경우 정치 활동이 공공의 이익을 해치거나 대한민국의 근본적인 질서를 부정하려는 의도가 있는 경우를 제외하고는 정치 활동에 관한 정책적 고려사항일 것이다(이민법연구회, 2018: 141).

2) 외국인의 경제적 활동의 제한

외국인은 대한민국에서 취업하려면 대통령령으로 정하는 바에 따라 취업 활동이 가능한 체류자격을 받아야 한다. '대통령령'으로 정하는 바란, 부여받은 체류자격의 유형에 따라 취업에 제한을 받는 자격과 제한을 받지 않는 체류자격으로 구분될 수 있다. 취업가능한 체류자격을 부여받은 외국인은 그에 해당하는 취업활동과 체류기간을 지켜야 할 의무를 지닌다. 그렇지 않은 외국인의 경우 3년 이하의 징역 또는 2천만 원 이하의 벌금을 받는다(법 제94조 제8호). 외국인의 취업에 있어 활동의 제한사항은 다음과 같다.

첫째, 취업이 가능한 체류자격을 가진 외국인은 지정된 근무처가 아닌 곳에서 근무하면 안 된다. 둘째, 고용주 누구든지 취업이 가능한 체류자격을 가지지 않은 외국인을 고용해서도 안 된다. 셋째, 누구든지 취업이 가능한 체류자격을 가지지 않은 외국인의 고용을 알선하거나 권유해서는 안 된다. 넷째, 누구든지 취업이 가능한 체류자격을 가지지 않은 외국인의 고용을 알선할 목적으로 외국인을 자기 지배 하에 두는 행위를 해서는 안 된다. 다섯째, 재외동포(F-4)의 경우 단순노무행위, 선량한 풍속이나 사회질서에 반하는 행위, 기타 공공의 이익이나 국내 취업질서 유지에 반하는 취업 활동은 제한하고 있다.

3) 그 밖에 외국인의 활동 제한

법무부장관은 정치 및 경제활동을 제외하고 공공의 안녕질서나 대한민국의 중요한 이익을 위하여 필요하다고 인정하면 대한민국에 체류하는 외국인에 대해 거소(居所) 또는 활동의 범위를 제한하거나 그 밖에 필요한 준수사항을 정하고 있다(출입국관리법 제22조). 이 경우 법무부장관은 제한사항 또는 준수사항과 이유를 적은 활동범위 등 제한통지서를 해당 외국인에게 직접 발급하거나 청・사무소 또는 출장소장을 거쳐 해당 외국인에게 발급한다(출입국관리법 시행령 제27조). 외국인은 체류자격에 따른 활동 범위와 준수사항을 명시한 제한통지서 내용을 위반하였을 경우 강제퇴거 될 수 있으며(출입국관리법 제46조 제1항), 3년 이하의 징역 또는 2천만 원의 벌금을 받는다(출입국관리법 제94조 제14호).

4) 외국인의 체류활동의 절차적 대응

CHAPTER 06

(1) 체류자격 변경에 따른 절차적 대응

외국인이 체류자격을 변경한다는 것은 대한민국에 체류하고 있는 외국인이 처음 부여받은 체류자격과 다른 체류자격을 취득할 경우 또는 기존의 체류자격을 유지하면서 추가로 자격을 취득하여 활동하려고 할 경우를 의미한다. 이때 외국인은 시행령(대통령령)에서 정해진 바에 따라 미리 법무부장관으로부터 체류자격 변경허가를 받아 종전의 체류자격을 변경하거나 추가해야 한다. 대한민국으로 입국하는 모든 외국인은 90일을 초과하여 체류할 경우 시행령(대통령령)에 명시된 바에 따라 대한민국에 입국한 날부터 90일 이내에 거주지 해당 출입국・외국인청(소)의 장에게 외국인등록을 신청하며, 외국인등록증을 발급받아서 체류해야 한다(출입국관리법 제31조 제1항).

반면에, 일부 특정 업무를 수행하는 외국인, 즉 주한 외국공관(대사관, 영사관 포함) 및 국제기구의 직원과 그의 가족, 대한민국정부와의 협정에 따라 외교관 또는 영사와 유사한 특권 및 면제를 누리는 사람과 그의 가족, 대한민국정부가 초청한 사람 등으로서 법무부령으로 정하는 사람(출입국관리법 제31조 제1항 단서) 등은 외국인등록이 면제된다. 이외에도 외국인이 신분의 변경, 즉 퇴직, 이혼 등의 사유가 있는 경우 외국인등록 면제자의 체류자격이 변경된다.

신분의 변경으로 인한 체류자격이 변경될 경우 그 신분이 변경된 날로부터 30일 이내에 법무부장관의 체류자격 변경허가를 받아야 한다(출입국관리법 제24조 제2항). 체류자격 변경이 허가된 경우 1회에 부여할 수 있는 체류자격별 체류기간은 「출입국관리법 시행규칙」 [별표 1]과 같이 법무부령으로 정한다. 단, 법무부장관은 국제관례나 상호주의 원칙 또는 국가이익에 비추어 필요하다고 인정하는 때에는 그 상한을 달리 정할 수 있다(출입국관리법 시행규칙 제37조 제1항, 제18조의3). 이러한 절차에 따라 외국인은 기존의 체류자격 또는 자신의 신분변경에 따른 체류자격 변경허가를 받아야 한다. 변경하지 않고 활동할 경우 강제퇴거명령(법 제46조 제1항 제8호)을 받거나, 3년 이하의 징역 또는 2천만 원 이하의 벌금을 받게 된다(법 제94조 제16호).

또한 강제퇴거명령을 받은 외국인이 개인적인 사정 또는 어떠한 사실이 있는 경우 강제적으로 출국이 되지 않을 수도 있다. 예를 들어, 비합법적 이민자가 결혼한 사실과 현재 혼인관계가 유지상태라면 두 가지 측면에서 살펴볼 수 있다.

우선 부정적 측면은, 비합법적 이민자 중 단속 등으로 적발되어 강제퇴거명령을 받고 보호조치 또는 보호일시 해제된 자에게 진정한 혼인신고 등을 이유로 체류자격의 변경을 허가한다면 국내에서 외국인의 준법질서 침해 등 법적 안정성이 저하되고, 합법적으로 체류하는 외국인과의 형평성 문제가 초래된다. 이에 인도주의적 입장에서의 행정조치 논거로는 대한민국으로부터 강제퇴거 된 외국인은 재외공관으로부터 혼인 생활 등을 위한 사증을 발급받아 재입국이 가능하도록 입국 규제를 완화해야 한다는 것을 들고 있다.

반면에, 긍정적 측면의 견해는 이미 가정을 구성하고 있는 강제퇴거에 처하게 된 외국인과 대한민국의 국민은 그 외국인이 재입국의 과정을 거치면서 겪어야 할 불편함과 경제적·정신적 피해의 발생은 「헌법」 제36조 제1항(결혼 등에 의한 가족관계 또는 가족의 결합권)의 기본권을 침해하는 것이다. 이에 인도주의적 입장에서의 논거로는 일반적으로 체류자격 변경의 사유가 발생한 경우 불법체류자에 대해서도 국내에서 비합법적으로 체류한 기간에 대한 범칙금을 납부하고, 체류자격을 변경하는 방법이 있다. 이 절차는 합법적으로 체류하는 외국인과의 형평성의 문제가 될 여지는 없을 것이지만, 출국 및 재입국 과정의 형식적인 절차는 가족의 재결합 또는 가족관계의 보호 등의 원칙에서 과도한 규제로 볼 수 있다는 견해이다(차용호, 2015: 370).

이 사례를 바탕으로 국가인권위원회는 강제퇴거명령을 받고 일시보호해제의 기간 중인 외국인에 대해 예외적인 상황(국민과의 결혼 등)이 발생한 경우 국내에서 체류자격 변경을 할 수 있도록 권고하였다. 이는 「헌법」 제10조 "모든 국민은 인간으로서의 존엄과 가치를 가지며, 행복을 추구할 권리를 가진다. 국가는 개인이 가지는 불가침의 기본적 인권을 확인하고 이를 보장할 의무를 진다"에 따른 인간 중심의 법적 조치라고 볼 수 있다. 특히, 2문의 경우 '개인이 가지는 불가침의 인권'을 강조하고 있다는 점에서 이는 국민뿐만 아니라 외국인도 포함된다는 것을 알 수 있다.

(2) 체류기간의 연장에 따른 절차적 대응

외국인의 체류기간 연장이란 기존에 부여하였던 체류자격에 따른 체류기간의 범위를 초과하여 대한민국에서 체류할 수 있도록 새로운 체류기간을 부여하는 것을 말한다. 외국인이 체류기간에 관해 연장허가를 받으려면 체류기간이 끝나기 전에 법무부장관으로부터 체류기간 연장허가를 받아야 한다(출입국관리법 제25조 제1항). 체류기간 연장허가는 일반적으로 체류기간이 초과하여 기간을 연장하거나, 출국을 위해 체류기간을 연장하는 경우, 출국기한의 유예, 결혼이민자 등에 대한 특칙 및 국가비상사태 등에 있어서 부득이하게 체류기간을 연장할 경우 등 〈표 6-8〉과 같이 분류할 수 있다.

체류기간 연장허가를 받기 위한 심사기준은 첫째, 유효한 여권 소지 여부, 둘째, 법 제11조의 규정에 따라 입국 금지 또는 거부대상 여부, 셋째, 체류자격에 해당하는지 여부, 넷째, 해당 체류자격별로 허가된 체류기간 내에 본국으로 귀국할 게 인정되는지 여부, 다섯째, 그밖에 법무부장관이 따로 정하는 기준에 해당하는지 여부 등이다(법 제25조 제2항). 외국인의 체류기간 연장허가 심사 후 해당 사항을 여권에 적시해야 한다. 즉, 체류기간 연장을 허가하고, 그 이후 연장을 허가하지 않기를 결정한 때에는 출입국·외국인청(사무소)장 또는 출장소장은 허가된 체류기간 내에 출국하여야 한다는 뜻을 여권에 적어야 하며(시행령 제34조), 이때 여권에 출국예고인을 찍어 대체할 수 있다(시행규칙 제38조).

표 6-8 체류기간 연장의 유형과 내용

유형	내용
일반적인 체류 기간 연장	• 처음 부여받은 체류자격을 유지하면서 체류기간이 초과하기 전 기간을 연장하는 경우
출국을 위한 체류 기간 연장허가 (시행규칙 제32조 제1항)	• 외국인등록을 한 자로서 그 체류자격의 활동을 마치고 체류기간이 만료되는 외국인이 국내여행 등을 목적으로 일시 체류할 경우 또는, 출국할 선박 등이 없거나 그 밖에 부득 이한 사유로 출국할 수 없는 경우 청·사무소장 또는 출장소장은 30일 내 체류기간을 연장하거나, 초과할 경우 법무부장관의 승인을 받도록 한다.
출국기한의 유예 (시행규칙 제33조 제1항)	• 체류기간 연장 등을 불허하는 결정통지를 받은 자나 출국권고 또는 출국명령을 받은 자가 출국할 선박 등이 없거나 질병 등 기타 부득이한 사유로 그 기한 내에 출국할 수 없음이 명백한 때에는 청·사무소장, 출장소장 또는 외국인보호소장은 그 출국기간을 유예할 수 있다.
결혼이민자 등에 대한 특칙 (법 제25조의2)	• 「가정폭력범죄의 처벌 등에 관한 특례법」 제2조 제1호, 「성폭력범죄의 처벌 등에 관한 특례법」 제2조 제1항, 「아동학대범죄의 처벌 등에 관한 특례법」 제2조 제4호 및 「아동복지법」 제3조 제3호의 보호자(아동학대행위자는 제외), 「인신매매등방지 및 피해자보호 등에 관한 법률」 제3조에 관한 재판 등의 권리구제 절차가 종료할 때까지 법무부장관은 체류기간 연장을 허가할 수 있다.
국가비상사태 등에 있어서 체류기간 연장허가에 대한 특칙 (법 제25조의5)	• 법무부장관은 대한민국 또는 다른 국가의 전시, 사변, 전염병 확산, 천재지변 또는 이에 준하는 비상사태나 위기에 따른 국경의 폐쇄, 장기적인 항공기 운항 중단 등으로 인하여 외국인의 귀책사유 없이 출국이 제한된 경우에는 이 법 또는 다른 법률의 규정에도 불구하고 직원으로 또는 외국인의 신청에 따라 체류기간 연장을 허가할 수 있다.

자료: 우영옥(2024: 123) 재인용.

(3) 외국인의 체류자격 외 활동에 따른 허가 절차

대한민국은 외국인에게 부여되는 체류자격은 1인 1자격 원칙으로 하되 외국인에게 부여된 체류자격 외 활동도 인정하고 있다. 체류자격 외 활동원칙은 대한민국에서 체류하는 외국인이 원래 부여받은 자격에 해당하는 활동을 유지하면서 다른 체류자격에 해당하는 활동을 추가로 하는 것을 의미한다. 이때 체류자격 외 활동에 관해 법무부장관으로부터 미리 허가를 받으면 가능하다(출입국관리법 제20조). 이 경우 두 가지 종류의 체류자격을 부여받고 활동하는 경우이므로 체류자격 변경이나 연장과는 구별된다.

체류자격 외 활동을 위해 추가로 체류자격을 신청하는 절차는 우선 허가신청서를 작성하여 법무부령으로 정하는 서류를 첨부하여 청장·사무소장 또는 출장소장에게 제출하여야 한다(출입국관리법 제25조). 반면에, 미리 허가를 받지 않고 다른 체류자격 활동할 경우 그 위반의 정도에 따라 강제퇴거(출입국관리법 제46조 제1항 제8호), 출국권고(출입국관리법 제67조 제1항 제1호)를 받거나 3년 이하의 징역 또는 2천만 원 이하의 벌금을 받게 된다(출입국관리법 제94조 제15호).

대한민국으로 취업하여 체류하는 외국인이 그 체류자격의 범위에서 어떠한 사유로 인하여 그의 근무처를 변경하거나 추가하려면 미리 법무부장관의 허가를 받아야 한다. 특례고용허가제(H-2) 동포의 경우는 근무처 변경이 자유로워 사유가 발생한 시점에 관련 내용을 토대로 절차에 따라 변경할 수 있다. 반면에, 전문적인 지식·기술 또는 기능을 가진 사람, 즉 교수(E-1), 회화지도(E-2), 연구(E-3), 기술지도(E-4), 전문직업(E-5), 예술흥행(E-6), 특정활동(E-7) 해당하는 체류자격을 가진 외국인은 근무처를 변경하거나 추가한 날부터 15일 이내에 법무부장관에게 신고하여야 한다(출입국관리법 제21조).

CHAPTER 06

제5절 결론

초국가 또는 초국가적이란 개념은 국가가 정치, 경제, 사회·문화 전체의 규모나 범위에서 역할이 확대되어 있으며, 하나의 국가뿐만 아니라 다양한 국가들과의 네트워크가 이루어져 있다는 의미를 내포하고 있다. 초국가적이란 대체로 국경의 유연화를 바탕으로 국제경제의 통합을 이루기 위해 일어나는 국가 간 긴밀한 상호작용이 형성되고 있다. 이에 따라 세계 각 지역 간 다양하고 특이한 삶의 방식이나 규칙이 인간중심의 법적, 정치적, 경제·사회적 공존을 요구하는 현상에서 비롯된 용어라고 할 수 있다. 이는 다원주의를 전제로 하여 어느 특정 지역에서 형성된 어떤 하나의 기준이 통용되는 보편적 기준이 되기도 하지만 국가 간의 상호 협력적 관계 속에서 이루어지는 현상이라고 할 수 있다.

이민제도의 기반인 국경관리와 외국인의 체류제도는 이러한 초국가적 개념을 바탕으로 급변하는 국제사회에서 대한민국의 지역사회 구성원 및 인적 자원 확보를 위한 대처로 활용될 수 있도록 미래지향적인 유연성과 신속성을 가져야 할 것이다. 이는 상호 거래 당사자, 즉 국가 간, 개인 간의 자유계약 등 국제이주와 교류에 바탕을 두고 있으며, UN(국제연합), ILO(국제노동기구), UNHCR(국제연합고등난민판무관사무소) 등을 통해 전 세계가 하나의 공통된 문제를 해결해 나가는 네트워크를 구축하고 있다는 것이다. 특히, 자연재해로 인한 난민의 발생, 국가 간 경제적 차이로 인한 노동인구가 이동하고 있다. 또한 자신의 자아실현 및 고도의 기술력 향상을 위한 교육연수를 받고자 하는 인구의 이동 및 문화적 교육경험, 즉 K-pop, K-movie, K-food, K-culture 등으로 인한 인구의 이동은 국가의 규범적 영역을 벗어나 국제적 규범, 즉 다국적 규범의 적용이 요구되고 있다.

고도의 문화예술을 보존하고 있는 대한민국이 중심이 되고, 경제성장으로 인한 외국인의 관심이 집중되고 있는 시점에서 이러한 요구에 부응할 수 있으며, 외국인의 유입증가에 대처할 수 있는 가장 근본이 되는 법은 「출입국관리법」이다. 이 법의 가장 핵심은 외국인의 출입에 따른 국경관리뿐만 아니라 안전한 공존과 상호 기여 및 자신의 자아실현을 도모할 수 있도록 하는 체류자격을 부여하는 것이다.

체류와 사증제도는 인간 중심적 사고를 바탕으로 하여 외국인의 정치 · 경제 · 사회 · 문화적 활동 영역에서 다양성을 발휘할 수 있도록 자격의 부여에 유연성을 가져야 한다. 또한 저출생, 초고령사회로 가속화되고 있는 지방을 고려한다면, 지역사회 구성원의 긍정적인 유입과 정착을 위해 탄력적인 체류자격을 적용하는 것도 고려할 만하다. 이를 위해서는 지역의 유학생 및 산업인력을 인적 자원이라는 관점에서 지역의 국민과 상호 포용성을 발휘할 수 있는 정주환경을 조성하고, 지역 특성에 적합한 체류자격의 재구조화를 위한 연구 · 개발이 필요하다.

참고문헌

[단행본]

법무부 출입국외국인정책본부(2022). 『사증발급 안내매뉴얼』.

석동현 · 김도균 · 김원숙 · 우영옥(2022). 『저출산 · 초고령사회 한국이민정책론』. 박영사.

우영옥(2024). 『이민법제론』. 서울: 박영사.

이민법연구회(2018). 『2018 쉽게 풀어쓴 출입국관리법』. 서울: (재)한국이민재단.

정재각(2010). 『이주정책론』. 고양: 인간사랑.

차용호(2015). 『한국이민법』. 파주: 법문사.

George J. Borjas(2014a). *Immigration Economics*. Harvard University Press.

George J. Borjas(2014b). 송헌재 · 강창희 · 박철성 옮김(2021). 『*Labor Economics*(노동경제학)』 (제8판). McGraw Hill & 시그마프레스.

[논문]

공진성(2013). 출입국관리법상 보호 및 강제퇴거와 외국인의 기본권 보호: 헌재 2012.8.23. 2008헌마430 결정에 대한 평석. 『공법학연구』, 14(1): 221-248.

김복기(2019). 외국인의 사회보장법상 지위. 『법제연구』, 56: 27-51.

노호창(2018). 체류자격의 규정방식에 대한 검토. 『인권 · 통합 · 국익관점에서 바라본 출입국관리법 쟁점과 과제』. 제11주년 세계인의 날 기념 포럼 발표문.

우영옥(2023a). 지방자치단체 외국인주민의 정주의향 결정요인과 사회권에 관한 연구. 『2023년 한국행정학회 춘계학술대회발표논문집』, 1025-1042.

우영옥(2023b). 외국인주민의 정주 결정요인에 관한 연구: 취업자(E7, E9, H2)와 유학생 중심으로. 『한국이민행정학회보』, 2(1): 23-49.

우영옥(2024a). 지방자치단체 외국인 인력개방을 위한 주요국 비교: 독일과 호주를 중심으로. 『한국지역개발학회 동계학술대회 발표문』, 74-85.

우영옥(2024b). 외국인의 한국사회 기본권리 인식이 개방형 인력정책에 미치는 영향 연구. 『한국지역개발학회 춘계학술대회 발표문』, 53-70.

차용호 · 우영옥(2021). 한국 이민정책의 문제점과 개선과제: 국내적 정책과정과 국내, 국제연계 정치 반영. 『다문화와 평화』, 15(2): 1-39.

한국법제연구원(2007). 『각국의 출입국관리법제와 그 동향(Ⅱ)』. 워크샵 자료집.

국가법령정보센터(https://www.law.go.kr).

대한민국 비자포털(https://www.visa.go.kr).
법무부 출입국 · 외국인정책본부(https://www.immigration.go.kr).
사회통합정보망(https://www.socinet.go.kr).
찾기쉬운 생활법령정보(https://www.easylaw.go.kr).

CHAPTER 07

국적과 귀화제도

김태환

제1절 서론

모든 인간은 태어날 때부터 자유로우며 그 존엄과 권리에 있어 동등하다. 인간은 천부적으로 이성과 양심을 부여받았으며 서로 형제애의 정신으로 행동하여야 한다. 모든 사람은 자국 내에서 이동 및 거주의 자유에 대한 권리를 가진다. 모든 사람은 자국을 포함하여 어떠한 나라를 떠날 권리와 또한 자국으로 돌아올 권리를 가진다. 모든 사람은 국적을 가질 권리를 가진다. 어느 누구도 자의적으로 국적을 박탈당하지 않으며 자신의 국적을 변경할 권리가 부인되지 아니한다.[1] 그럼에도 불구하고 오늘날 국가에서 개인들의 권리는 대부분 국적을 가진 사람에게만 보장된다. 국가 혹은 국적 없는 개인이 할 수 있는 일들은 이제 지구촌에서 거의 없다(김태환, 2022a: 49). 국적을 가진 국민은 불가침한 권리의 주체가 되지만 국적이 없거나 또는 국적을 달리하여 '외국인'으로 구분되는 경우 이들은 많은 경우 사람이면 누구나 누려야 할 기본권을 제한받는다. 현실에서 국가는 국적을 가진 국민과 국적을 달리하는 외국인을 엄격하게 분리한다. 무국적자는 외국인이라는 차별적 지위조차도 없게 되어 자신이 살고 있는 국가에서 타국으로의 출국도 불가능하고 그가 살고 있는 국가 또는 모국 어디에서도 신체 및 재산상의 위험에서 보호받기 힘들다. 모든 인간은 본원적으로 평등해야 하지만 국적이 갖는 신분 보장, 국민이 된다는 법적 지위는 그렇지 못한 사람과 구별된다.

이 장에서는 국적과 국가, 그리고 시민권이 가지는 의미와 개념, 국적의 기능, 한국의 국적제도, 외국의 국적제도에 대해 살펴본다. 한국의 국적제도에서는 1948년 국적법의 제정으로부터 오늘에 이르기까지의 역사를 개략적으로 정리하였고, 이어서 국적취득의 요건, 복수국적과 국적선택에 대해서 서술하였다. 귀화에 의한 국적 취득에서는 영주권과 영주권전치주의에 대해 기술하였고, 일반귀화 요건, 간이귀화 요건, 특별귀화 요건에 대해 비교적 상세하게 설명하였다. 외국의 국적제도에서는 독일, 일본, 미국, 영국의 국적제도를 들여다보면서 각 국가별로 국적정책의 배경과 경과, 귀화에 의한 국적 취득 요건을 중심으로 살펴보았다.

제2절 국적과 국가

1 국적을 부여하는 기본근거로서의 국가

국가는 국가의 구성원을 민족과 종족의 이름으로 또는 시민의 이름으로 관리하며 유지시킨다. 국가는 기본적으로 같은 문화, 언어, 전통을 공유하는 것을 전제로 하며

1) UN의 세계인권선언 재1조와 제13조, 제15조는 모든 인류 구성원이 갖는 양도할 수 없는 권리에 국적을 가질 권리와 국적을 변경할 권리를 동시에 명기하였다.

이를 국가의 기반으로 삼는다. 국가는 국민구성원에 대해서 다른 국가들에 대해 배타적 고유의 국가 정체성과 국가에 소속되어 법적으로 공동 연대된 사람임을 증명하는 국적을 부여한다.

국가 혹은 국적 없는 개인이 지구촌 관계망 속 사적·공적 영역에서 소속 없이 할 수 있는 일은 이제 거의 없다. 개인이 가진 정체성과 소속의 가장 앞자리에는 우리가 원하든 원하지 않든 언제나 국가가 존재한다. 국가의 기원 단계로부터 중세의 주권국가로 발전해 오늘에 이른 국민국가는 그 자체의 제도적 장치들과 법 이론의 우월성, 민주주의 가치와 이념 등을 기반으로 하여 관료제적 권위, 공익적 권위, 국제법상의 고유한 지위 등을 확보함으로써 항구적 지속성을 가능하게 하였다.

국가는 그 역사적 전통에서 민족의식을 기반으로 하는 민족국가와 민족성보다는 공동체의 정치적 시민적 가치에 자발적으로 동의하는 시민국가로 크게 나누어 구분할 수 있다. 민족국가는 지역, 언어, 혈연, 전통문화, 그리고 민족의식을 공유하며 오랜 시간 역사적 경험을 공유하며 같은 지역에서 공동의 가치와 신념체계 등을 쌓아온 국가이다. 한편, 시민국가는 인종, 관습, 종교, 언어 등이 서로 같지 않음에도 불구하고 사회정치적 이념, 시민적 가치에 스스로 동의한 사람들이 공동체를 구성하는 국가이다. 국가의 정체성이 민족국가이든 시민국가이든 다문화국가이든 또 민주주의 국가이든 사회주의 국가이든 그 존립 양태와 서로 다른 국가 지향성을 추구하고 있다고 하더라도 지구촌 대부분 국가들은 자국의 국민구성원에게 국적을 부여하는 신성하고도 강력한 지배력을 행사하는 무소불위의 주체가 되었다.

2 국가의 구성원 '국민'

국적을 부여받아 그 나라의 국민이 된다는 것은 국적 소지자가 국가의 구성원으로서 국민주권의 주체가 된다는 의미이다. 오늘날 국민국가에서 국민은 공동체 안에서 정치적 참여가 보장되는 자유로운 시민의 신분을 부여받고 있다.

국민은 자신이 속한 국가공동체에서 인권, 재산권을 비롯한 인간이 천부적으로 부여받아야 할 기본권들을 보장받는다. 국민은 자유롭게 이동할 수 있는 자유를 가지며 자국에서 타국으로의 출국과 타국에서 자국으로의 입국도 언제든 가능하고, 해외의 다른 국가에서 신체 및 재산상의 안전에 위험이 있을 경우에는 자국 정부의 외교적 보호를 받는다.

현대 국민국가에서 어느 국가의 국적을 취득하고 있다는 것은 곧 그 국가의 국민이 되었다는 의미이다. 즉, 한국 국적을 취득하였다면 한국인, 미국 국적을 취득하였다면 미국인, 일본 국적을 취득하였다면 일본인, 프랑스 국적을 취득하였다면 프랑스인이라고 말할 수 있다.

만일 외국에서 범죄의 혐의로 인해 그 국가로부터 범죄인 인도 청구를 받는다고 해도 자국민은 인도하지 않을 수 있다는 통상적이며 관행적인 보호를 받기도 한다. 국민이 가지고 있는 이러한 혜택은 국적을 가지고 있지 않은 사람은 가지거나 누릴 수 없는 상대적 권리의 개념이 되었다.

3 국민에 속하지 않는 사람 '외국인'

오늘날 국민국가에서 국민이 아닌 '외국인'이란 일반적으로 그 국가의 국적을 가지고 있지 않은 사람을 지칭한다. 외국인은 자신의 국가가 아닌 나라에서는 국민에 속하지 않기 때문에 그 국가에서는 권리의 주장, 보호의 청구 등 행위에 여러 가지 제한이 따른다. 따라서 외국인은 국민의 범주와는 구분되어 법적으로 다른 기준이 적용되는 사람이 된다. 이것은 현대 국민국가에서 사람들을 국민과 외국인으로 엄격하게 구분하게 하고 이러한 기준에서 법제도와 정책이 작동하게 하는 근거가 된다.

국가들이 국적의 개념을 적용하여 구분하고 있는 국민과 외국인에 대한 개념은 어찌 보면 매우 단순하다. 국가로 통칭하고 있는 지구촌의 대부분 국가들의 현실 사회 작동 구조 속으로 조금만 더 들어가 법제도를 살펴보면 국민과 외국인은 무 자르듯이 확연하게 나누어 구분된다. 그러나 이러한 법제도상 규정의 이면에 뿌리 깊게 드리워 있는 국민 개념의 광범한 해석 가능성은 국민과 외국인의 이분법적 구분이 매우 위험하고도 억지스러운 면을 노정하고 있음을 말해준다.

국가 형성과정과 공유하고 있는 역사적 체험, 이주와 재정착, 인위적인 강제 지배 등으로 점철된 국가들 사이에서 국민과 외국인은 한 마디로 정의하고 규정지을 수 없는 양면성을 동시에 가진 존재이기 때문이다.

그럼에도 불구하고 국가의 지리적, 이념적, 정치적 경계는 자국의 국가구성원인 국민과 완전히 구분하여 이들을 다른 국가, 다른 민족, 다른 인종의 사람들인 '외국인'으로 타자화한다. 국가가 갖는 이러한 성격이나 특징은 결국 다른 국가로부터 이주해 오거나 또는 이주해 가려는 사람들에게 강력한 배타적 태도를 가지게 하였다. 세계화로 형성된 세계시민 의식에도 불구하고 국가의 존재는 오히려 반대로 국민과 외국인을 반목하게 하는 상대로 만들고, 사람들의 국가 간 이동도 국제적 협의와 이동의 자유룰 위한 별도의 출입국장치와 절차를 거쳐야만 가능한 일로 만들기도 하였다.

제3절 국적과 시민권

1 국적과 시민권의 개념

1) 국적의 개념

국적(nationality)은 사람이 한 국민국가의 국민으로 소속되어 그가 국가의 관할 지역 혹은 지역 외 어느 곳에 살고 있든지 국가에 속한 사람이 된다는 법적 지위를 갖는 개념을 말한다.

국적은 국가가 국가의 구성원이 되는 국민을 결정하는 기능을 한다. 국민을 결정하는 기준과 원칙을 어떻게 정할 것인지는 국가들마다 서로 다른데 일반적으로 출생에 의한 선천적 취득과 귀화에 의한 후천적 취득이 있다. 이는 혈통주의, 출생지주의, 그리고 혈통주의와 출생지주의의 혼합방식 등에 의해 취득되지만 그 결정은 주권 국가의 자유재량이다.

국적은 영주권, 시민권 등과 혼동하여 사용하기도 하는 개념인데 엄밀하게 말하면 이들 개념은 다르다.

국적은 국적을 가진 개인이 국가의 주권자임을 분명히 하는 개념이다. 한편, 영주권은 시민권을 가진 국민은 아니지만 시민권에 준하는 일정한 수준의 체류 여건을 보장받는 권리를 가지게 된다는 개념이다. 다만, 영주권 취득자가 향유할 수 있는 체류

여건의 여러 사회보장 정도의 수준은 국가들마다 차이가 있다. 국가들마다의 주목할 만한 차이에는 영주권자의 참정권 부여 여부가 있다. 영주권자는 중앙정부 및 지방정부가 관장하는 단체장과 의회 의원 선거권을 일부 또는 전부를 부여받기도 하고 혹은 부여받지 못하기도 한다. 즉, 영주권자라 하더라도 선거권을 가지고 있는 영주권자와 그렇지 못한 영주권자로 나뉜다. 선거권 행사가 가능한지 아닌지에 따라서 이민자는 그 사회에서 시민권자로서의 지위를 획득하고 있는지 아닌지를 가늠할 수 있다. 즉, 영주권을 가지고 거주하고 있지만 만일 그가 선거권을 행사하는 지위를 가지고 있지 못하다면 이 사람은 온전하고 엄밀한 의미에서의 시민권을 가진 사람은 아니다. 또 외국 국적의 이민자인 영주권자에게 거주하는 국가의 지방정부가 지방정부에 한한 선거권을 인정한다고 해도 이는 완전한 의미의 시민권 보유는 아니다.

2) 시민권의 개념

시민권(citizenship)은 일반적으로 국적 취득자가 가지는 법적 지위의 획득 개념과 동일한 의미이지만 법이 정하는 기준에서 일정부분 다른 해석이 있을 수 있다. 시민권은 출생과 동시에 취득되어 국민의 권리를 향유하는 사람에게는 처음부터 국적과 법적으로 동일한 의미를 가지지만 외국으로부터 이주하여 귀화를 통해 국적을 취득하는 사람은 영주와 국적 취득의 과정에서 이전 국적 국가의 시민권을 포기하고 새로운 국가의 시민권을 부여받기 때문에 일정한 법 절차적 이동성의 개념도 동반하고 있다는 차이가 있다.

즉, 국적은 사람이 한 국가에 소속된다는 것을 말하며, 이는 국가의 구성원이 가지는 국제적 관계성 측면을 강조한다. 반면에, 시민권은 대체로 구성원의 국내에서의 권리 주체적 측면을 강조하기 때문에 그 나라의 국적을 가지고 있는 국민이면서 시민권을 향유하지 못하거나 제한되는 경우들이 발생할 수 있다.

3) 정치참여의 권리와 국적, 그리고 시민권

국적과 시민권을 이야기할 때 제한 없는 선거권과 피선거권의 향유 여부는 정치참여를 통해 자신의 생각을 표출한다는 의미에서 중요하다.

일반적으로 현대 국민국가들 대부분은 국적보유의 국민에게만 법제도적 정치참여의 권리를 보장하고 이민자를 위한 정치참여 허용 논의에는 소극적이다. 많은 경우 국적을 취득한 사람만이 선거권과 피선거권을 모두 발현할 수 있다는 의미의 참정권을 부여받는다. 협의의 의미에서 자신의 정치적 의견을 적극적·공식적으로 표출하고 공동체의 정치적 결정에 참여할 수 있다는 것은 곧 국적을 취득한 개인이 법적으로 그 공동체에서 비로소 완전한 시민권자라는 것을 의미한다. 만일 정치적 참여가 가능하지 않다면 시민권자의 지위를 가지는 국민이 아닌 것이다. 즉, 국적을 보유한 사람에게만 완전한 참정권을 부여하는 국가들이 대세인 오늘의 국민국가들에서 국적을 취득한 국민만이 곧 온전한 의미에서 시민권자가 된다.

2 국적의 기능

오늘날 국적은 무엇보다 어느 한 국가의 국민구성원이라는 개인의 국제적 신분 개념 성격이 두드러진다. 한 개인이 어느 국가의 국적을 소지하고 있는가는, 특히 국가 간 상호관계와 개인들의 외국과의 사적·공적 관계에서 매우 중요한 개인 정체성 및 자긍심의 원천이 된다. 이전에는 국적은 국내적 의미가 더 강조되며 국가에 대한 충성심, 국민 간 협력, 외국에 대항하는 민족의 유대 의식 등의 의미들이 많았지만 점차 시간이 지나면서 근래에는 지구촌 시대의 도래에 따라 국적은 국민대 외국, 국민대 외국인이라는 상호 비교되며 상대화되는 정체성 강조의 의미가 더 커지고 있다.

국적을 소지하고 있다는 것은 곧 국민국가의 권리 주체가 되는 국민의 지위를 가지는 것이기 때문에 국적 소지자는 천부적 인권, 참정권, 재산권, 행복추구권 등을 향유할 수 있는 자유인의 신분을 보장받는 존재가 된다. 이런 의미에서 국민국가에서 국적은 공동체의 사람들이 균일하면서도 평등한 국민의 지위를 부여받는 사람이 되기 때문에, 이 과정에서 국민에 속하지 않는 '외국인'이란 범주가 자연스럽게 상대적 차별의 개념으로 부각된다.

제4절 한국의 국적제도

1 국적제도의 연혁

한국의 국적제도는 1948년 제정된 국적법에 근거하여 시간이 지남에 따라 여러 차례의 개정을 거치며 오늘에 이르고 있다. 국적법은 '대한민국의 국민이 되는 요건을 규정하려는 목적'으로 제정되었다. 1948년 당시 국적법에 따른 대한민국 국민의 요건은 ① 선천적 취득요건으로 출생 당시 부가 대한민국의 국민인 자, 출생 전 부가 사망한 경우에는 그 사망 당시 대한민국이 국민이었던 자, 부가 불분명한 경우 또는 국적이 없는 경우에는 대한민국에서 출생한 자, ② 후천적 요건으로 대한민국 국민의 처가 된 자, 대한민국 국민의 부 또는 모가 인지한자, 귀화한 자로 규정하고 있다.

1997년 개정된 국적법은 현행 법 중 남녀 차별적 요소들을 양성평등의 원칙에 기반 하는 방향으로 정비하고 개선, 보완하는 내용으로 이루어졌다. 개정의 주요 내용은 부계 혈통주의에서 부 또는 모 어느 한쪽이 대한민국 국민이면 그 자녀에게 한국 국적을 부여하는 부모양계 혈통주의로 전환한 것, 남편이 국적을 취득하면 그 처도 자동으로 국민이 되는 수반취득조항과 처의 단독귀화를 금지하는 조항을 삭제하여 혼인한 여성의 독자적인 국적선택권을 보장한 것 등이다.

2004년 개정된 국적법은, 대한민국 국민과 결혼한 외국인이 국적법에 따른 간이 귀화요건을 충족시키지 못한 때에도 대한민국 국민인 배우자와 혼인한 상태로 대한민국에 주소를 두던 중, 그 배우자가 사망 실종되거나 자신의 귀책사유 없이 혼인생활을 계속할 수 없었던 경우 또는 혼인으로 출생한 미성년 자녀의 양육 등 필요가 있을 때에는 외국인배우자의 인권보장과 아동권리보호 차원에서 국적 취득을 허용하였다.

2007년 개정된 국적법은 호적법 폐지에 따라 새로 제정된 「가족관계 등록 등에 관한 법률」을 반영하기 위하여 개정하였고, 2008년 개정한 국적법은 법령의 명확성 확보하기 위한 의도로 개정하였는데, 거짓이나 그 밖의 부정한 방법으로 귀화 허가나 국적회복 허가 또는 국적보유의 판정을 받았을 때 법무부장관이 그 허가 또는 판정을 취소할 수 있는 근거 규정 및 법 규약의 문장 등을 이해하기 쉽게 정비하였다.

2010년 개정한 국적법은 이중국적 또는 복수국적자의 법적 지위를 명확히 하기 위해 개정하였다. 복수국적자의 법적 지위를 명확히 하고자 신설된 국적법 제11조의2는 출생이나 또는 이 법에 따라 대한민국 국적과 외국 국적을 함께 가지게 된 자, 즉 '복수국적자'는 대한민국의 법령 적용에서 대한민국 국민으로만 처우한다고 명시하였다.

또 결혼이민자, 특별 공로자, 우수 외국 인재, 미성년 입양자, 65세 이후 영주귀국 동포 등은 대한민국 국적을 취득한 후 외국 국적을 포기하지 않고 법무부장관이 정하는 바에 따라 국내에서 '외국 국적을 행사하지 않겠다는 서약'을 하면 대한민국 국적을 보유할 수 있게 하였다(동법 제10조 제2항)

2014년 개정 국적법은 출입국관리법 개정에 따른 제22조 용어의 수정을 하였고, 2016년 11월 30일 개정 국적법은 병역법 개정에 따른 제12조 용어의 내용을 수정하였다. 2016년 12월 20일 개정한 국적법은 2016년 12월 20일 공포되고, 공포일로부터 시행되었으며, 개정이유는 위임입법의 원칙상 국민의 기본권에 관한 시행령 및 시행규칙은 상위 법령의 위임규정이 있어야만 규정을 만들 수 있는데, 「국적법 시행령」에서 법률에 위임 규정 없이 외국 국적을 함께 가지게 된 자에 대해 언급하고 있기 때문에, 법의 명확성을 제고하면서 복수국적자에 관한 사항을 대통령령에서 정할 수 있도록 위임규정을 마련하기 위해 개정하였다. 이에 따라 국적법 제11조의2 제1항 중 "외국 국적을 함께 가지게 된 자"라는 조문이 "외국 국적을 함께 가지게 된 사람으로서 대통령령으로 정하는 사람"으로 수정되었다.

2017년 12월 19일 개정된 국적법은 2017년 12월 19일 공포되고, 2018년 12월 20일부터 시행되었는데, 개정의 핵심 내용은 귀화자 및 국적회복자로 하여금 대한민국 국민으로서의 소속감과 자긍심을 높이기 위하여 국민선서와 귀화증서 등 수여제도를 도입하는 것이다. 또 대한민국 국적을 취득하려는 외국인이 증가하는 현실을 고려하여 외국인의 국적 취득 요건을 강화하여 현행 제도의 운영상 나타난 일부 미비점을 개선 · 보완하였다.

구체적인 변화 내용은 국민선서 및 귀화증서 수여 등 제도를 명문화한 것으로 기존에는 귀화허가 또는 국적회복허가 신청을 한 사람에 대해 법무부장관이 귀화허가 또는 국적회복허가를 한 때에 대한민국 국적을 취득하도록 하였지만, 국적법 개정을 통해 이후부터는 귀화허가 또는 국적회복허가를 받은 사람이 국민선서 후 귀화증서 또는 국적 회복증서를 수여받은 때 대한민국 국적을 취득하도록 하였다(제4조 제3항 및 제9조 제3항).

이 개정에서 일반귀화 요건이 강화되었으며 기존에는 외국인이 5년 이상 계속하여 대한민국에 주소가 있으면 일반귀화 허가 신청을 할 수 있었던 데에서 법률 개정 이후로는 대한민국에서 영주할 수 있는 체류자격을 가지고 있고 5년 이상 계속하여 대한민국에 주소가 있어야 일반귀화 허가 신청을 할 수 있도록 하였다.

귀화요건인 품행 단정에 대한 구체적인 판단 기준을 하위법령에 둘 수 있게 위임하는 근거도 마련했으며, 나아가 국가안전보장·질서유지 또는 공공복리를 저해하지 아니한다고 법무부장관이 인정하는 경우에만 귀화할 수 있도록 개정하였다.

2 국적 취득의 요건

한국 국적을 취득한다는 것은 대한민국의 국민이 되는 요건을 충족한 사람이 대한민국 국가의 국민이 되는 자격을 가지는 것이다. '대한민국'이란 국민이 주인이 되는 국가임을 말하는 인적 영역의 의미와 국가의 주권이 미치는 장소적·영역적 범위를 포함하는 의미를 가진 공동체이다. 장소적 지리적 의미에서 국가의 영역은 영토, 영해, 영공으로 구성된다.

'국민'이란 대한민국의 국적을 가진 사람을 말한다. 국적 취득의 요건은 한국 국적법의 요건들을 따른다. 대한민국의 국적을 가지고 있지 않은 사람은 '외국인'이다. 국적법에 따라 대한민국의 국적과 외국의 국적을 함께 가지고 있는 국적자도 국민이다.

1) 출생에 의한 국적 취득

출생에 의한 국적 취득 요건에는 일반적으로 속인주의와 속지주의에 의한 국적부여가 있다. 속인주의는 출생한 곳과 상관없이 부모의 국적을 그대로 이어받아 국적을 취득하는 것을 말하며, 속지주의는 출생한 곳의 국적을 취득하는 것이다. 지구촌의 많은 국가들은 대부분 이들 두 가지 국적부여 방식 중 한 가지 방식을 준용하며 국적을 부여하여 왔다. 속인주의는 다른 말로는 혈통주의에 의해 국적을 부여하는 것이다. 전통적으로 속인주의를 기반으로 국적을 부여하고 있는 대표적인 국가는 한국,

일본, 독일 등 나라이며, 속지주의를 기반으로 국적을 부여하는 국가는 미국, 영국 등의 나라이다.

기본적으로 속인주의를 택하고 있는 한국은 출생에 의한 국적 취득 요건을, 출생 당시에 부 또는 모가 대한민국의 국민인 자, 출생하기 전에 부가 사망한 경우에는 그 사망 당시에 부가 대한민국 국민이었던 자, 부모가 모두 분명하지 아니한 경우나 국적이 없는 경우에는 대한민국에서 출생한 자는 출생과 동시에 대한민국 국적을 취득한다고 규정하고 있다.

2) 인지에 의한 국적 취득

국적법 제3조는 인지에 의한 국적 취득 요건을 정하고 있는데, 이는 대한민국의 국민이 아닌자(외국인)로서 대한민국 국민인 부 또는 모에 의하여 인지된 자가 대한민국의 민법상 미성년일 것, 출생 당시에 부 또는 모가 대한민국 국민이었을 것 등의 요건을 갖추고 법무부장관에게 신고함으로써 대한민국의 국적을 취득할 수 있다.

3) 국적회복에 의한 국적 취득

대한민국의 국민이었던 외국인은 법무부장관의 국적회복허가(國籍回復許可)[2]를 받아 대한민국 국적을 취득할 수 있다(제9조 제1항).

법무부장관은 국적회복허가 신청을 받으면 심사한 후 다음 각 사항의 어느 하나에 해당하는 사람에게는 국적회복을 허가하지 아니한다(제9조 제2항). 국가나 사회에 위해(危害)를 끼친 사실이 있는 사람, 품행이 단정하지 못한 사람, 병역을 기피할 목적으로 대한민국 국적을 상실하였거나 이탈하였던 사람, 국가안전보장·질서유지 또는 공공복리를 위하여 법무부장관이 국적회복을 허가하는 것이 적당하지 아니하다고 인정하는 사람이 이에 해당한다.

2) 대한민국 국적을 상실하였다가 다시 국적을 취득하는 국적회복제도는 이전에는 국적을 회복하면 외국 국적을 1년 내에 포기해야 했다. 그러나 2011년 국적법의 개정으로 65세 이상 동포가 영주귀국을 목적으로 국적을 회복할 때에는 외국 국적 불행사를 서약하면 복수국적 보유가 가능하게 되었다. 국적회복자는 2010년 전까지 연평균 490명 수준이었으나 2011년부터 2019년까지 연평균이 2,560명 수준으로 크게 증가하였다. 한편, 국적 상실자는 2015년 16,595명, 2016년 35,257명, 2017년 19,364명, 2018년 26,608명, 2019년 22,078명으로 집계되었다.

국적회복허가를 받은 사람은 법무부장관 앞에서 국민선서를 하고 국적회복증서를 수여받은 때에 대한민국 국적을 취득한다. 다만, 법무부장관은 연령, 신체적·정신적 장애 등으로 국민선서의 의미를 이해할 수 없거나 이해한 것을 표현할 수 없다고 인정되는 사람에게는 국민선서를 면제할 수 있다(제9조 제3항). 국적회복허가에 따른 수반(隨伴) 취득에 관하여는 제8조를 준용(準用)한다.

3 복수국적과 국적선택

1) 이중국적과 복수국적

복수국적(multiple nationality)이란 개인이 동시에 2개 또는 그 이상의 국적을 보유하는 상태를 의미한다. 취득 시기에 따라 복수국적은 선천적 복수국적과 후천적 복수국적으로 나뉘어진다. 복수국적의 가장 흔한 유형은 개인이 동시에 2개의 국적을 보유하는 것으로 이러한 상태를 이중국적(dual nationality)이라고도 부른다.

한국은 현재 복수국적을 허용하고 있지만 아직도 여전히 복수국적을 찬성하는 견해와 반대하는 견해가 상존하고 있다. 복수국적을 찬성하는 입장은, 복수국적은 국가경쟁력을 강화하고 국가발전에 필요한 우수인재를 안정적으로 유치하기 위해 필요하다는 입장이다. 즉, 복수국적은 세계화·개방화로 인한 국제결혼의 증가와 더불어 한국 사회의 문제점인 저출산·고령화를 대비하기 위해 적정 인구 수를 유지하고, 외국국적 변경으로 인한 인구의 순유출을 방지한다는 것이다. 또 복수국적 허용은 국제사회에서 전문외국인력을 유치하기 위한 경쟁이 매우 치열해진 현 상황에서 대한민국에 필요한 우수인재 확보에 큰 도움이 될 수 있다고 주장한다.

복수국적에 반대하는 입장은, 복수국적은 일반적으로 바람직하지 않은 현상으로 간주하는 입장이다. 복수국적은 필연적으로 국가에 대한 성실(loyalty)의무의 충돌을 초래한다는 것이다. 국적을 취득할 때에 일반적으로 요구되는 충성(allegiance)의무는 국가에 대한 배타적이고 신성한 의무이다. 그런데 복수국적은 국가의 3대 요소 중의 하나인 국민이 가지는 본질적 요소인 국적 개념을 위태롭게 함으로써 국가의 불안정성을 초래하게 된다고 주장한다.

과거에는 한국의 국적과 외국 국적을 함께 가진 사람을 '이중국적자'라고 불렀다.

그런데 '이중'이라는 용어가 부정적인 어감을 지니며, 3개 이상의 국적을 가진 경우까지 포괄하지 못하는 한계가 있었다. 이에 따라 2010년 5월 4일 시행된 제10차 개정 국적법부터 "복수국적자(複數國籍者)"라는 용어가 사용되고 있다.

복수국적자란 출생이나 그 밖에 국적법에 따라 대한민국의 국적과 외국 국적을 함께 가지게 된 자를 말한다(국적법 제11조의2 제1항). 여기서 '그 밖에 국적법에 따라 대한민국의 국적과 외국 국적을 함께 가지게 된 자'란 국적법 제10조 제2항에 따라 외국 국적 불행사의 서약을 한 자, 대한민국의 국민으로서 국적법 제15조 제2항에 따라 외국 국적을 취득하게 된 후 6개월 내에 법무부장관에게 대한민국 국적의 보유의사를 신고한 자를 말한다. 또 법률 제10275호 국적법 일부개정법률 부칙 제2조 제1항에 따라 법무부장관에게 외국 국적 불행사서약을 하고 대한민국의 국적을 재취득하거나, 제2조 제2항에 따라 외국 국적을 재취득한 후 외국 국적 불행사서약을 한 자의 어느 하나에 해당하는 자를 말한다(국적법 시행령 제16조 제1항).

2010년 5월 4일에 시행된 제10차 개정 국적법에서는 "대한민국의 국적과 외국 국적을 함께 가지게 된 복수국적자는 대한민국의 법령 적용에서 대한민국의 국민으로만 처우한다"라고 규정하고 있다(국적법 제11조의2 제1항). 복수국적자는 대한민국 내에서 외국인의 법적 지위로 인정되지 않고 국민으로서만 처우된다. 따라서 복수국적자는 대한민국 내에서 생활근거를 두기 위하여 외국인등록을 할 수 없고, 다른 국민과 마찬가지로 주민등록을 하여야 한다.

출생이나 그 밖에 이 법에 따라 대한민국 국적과 외국 국적을 함께 가지게 된 사람으로서 대통령령으로 정하는 "복수국적자(複數國籍者)"는 대한민국의 법령 적용에서 대한민국 국민으로만 처우한다(국적법 제11조의2 제1항). 이에따라 복수국적자가 관계 법령에 따라 외국 국적을 보유한 상태에서 직무를 수행할 수 없는 분야에 종사하려는 경우에는 외국 국적을 포기하여야 한다.

한편, 중앙행정기관의 장이 복수국적자를 외국인과 동일하게 처우하는 내용으로 법령을 제정 또는 개정하려는 경우에는 미리 법무부장관과 협의하여야 한다.

공무원이 그 직무상 복수국적자를 발견하면 지체 없이 법무부장관에게 그 사실을 통보하여야 한다(국적법 제14조의5). 또 공무원이 그 직무상 복수국적자 여부를 확인할 필요가 있는 경우에는 당사자에게 질문을 하거나 필요한 자료의 제출을 요청할 수 있다.

2) 선천적 복수국적

선천적 복수국적은 개인이 출생과 동시에 2개 이상의 국적을 보유하는 상태로서 국가들마다 선천적으로 국적을 부여하는 기준 및 법규가 상이하기 때문에 불가피하게 발생하게 된다. 1930년 「국적법의 충돌에 관한 약간의 문제에 관한 헤이그협약」의 제1장 제1조 전문은 다음과 같이 규정하고 있다. "It is for each State to determine under its own law who are its nationals"(개별 국가는 해당 국가의 국내법에 따라 누가 자국의 국민이 될 것인지를 결정한다). 따라서 개별 국가마다 자국의 주권적 결정에 따라 자국의 영역에서 출생한 자에 대한 국적부여의 기준을 결정하게 된다. 그 결과 해당 국가의 국민이 동시에 다른 국가의 국민이 되는 결과가 발생하게 된다. 한국의 국적법에서 규정하고 있는 선천적 복수국적의 유형은 다음과 같다.

먼저, 출생지주의 국가에서 대한민국 국민의 자녀로 출생한 경우인데, 미국과 캐나다와 같은 출생지주의(속지주의) 국가에서 출생하는 경우가 흔히 볼 수 있는 구체적 사례이다. 한국은 속인주의(혈통주의)를 취하고 있기 때문에 이러한 사례가 발생한다.

다음으로 국제결혼가정 자녀의 경우인데 대한민국의 국민이 외국인과 국제결혼을 한 후, 해당 외국인배우자가 대한민국의 국적을 취득하기 전에 자녀를 출산한 경우 부모의 양쪽 국적을 취득하게 되므로 복수국적자가 된다. 한국은 부모양계 혈통주의를 적용한다.

3) 후천적 복수국적

후천적 복수국적은 개인이 출생과 동시에 국적을 보유한 후에, 귀화, 국적회복 및 혼인, 인지, 수반취득 등에 의한 국적보유신고를 통해 후천적 사유에 근거하여 다른 국가의 국적을 복수로 취득하게 되는 것을 말한다. 한국의 국적법에서 규정하고 있는 후천적 복수국적의 유형은 다음과 같다.

(1) 외국인이 대한민국에 귀화한 경우

대한민국에 특별한 공로가 있는 자(특별귀화), 특별한 분야에서 우수한 외국인재(특별귀화), 대한민국의 국민의 외국인배우자(혼인파탄자는 제외되며 간이귀화 대상자가 됨)가 대한민국에 귀화하여, 대한민국의 국적을 취득한 날부터 1년 내에 외국

국적을 포기하거나 법무부장관이 정하는 바에 따라 대한민국에서 외국 국적을 행사하지 아니하겠다는 뜻을 법무부장관에게 서약을 하는 경우가 이에 해당된다(국적법 제10조 제2항 제2호).

(2) 대한민국의 국적을 회복한 외국국적동포

국적회복허가를 받은 외국국적동포로서 대한민국에 특별한 공로가 있는 자, 과학 · 경제 · 문화 · 체육 등 특정 분야에서 매우 우수한 능력을 보유한 자로서 대한민국의 국익에 기여할 것으로 인정되는 자(국적법 제10조 제2항 제2호), 그리고 외국에서 거주하다가 영주할 목적으로 만 65세 이후에 입국하여 국적회복허가를 받은 외국국적동포(국적법 제10조 제2항 제4호)가 대한민국의 국적을 취득한 날부터 1년 내에 외국 국적 불행사서약을 한 경우가 이에 해당된다.

(3) 비자발적인 외국 국적 취득자가 한국 국적 보유 의사를 신고한 경우

외국인과의 결혼, 외국인에게 입양, 외국인 부모의 인지, 외국 국적을 취득하여 대한민국 국적을 상실하게 된 자의 배우자나 미성년의 자(子)로서 그 외국의 법률에 따라 함께 그 외국 국적을 취득하게 되는 경우 등으로 인해 비자발적으로 외국 국적을 취득한 대한민국의 국민이 그 외국 국적을 취득한 때부터 6개월 내에 대한민국의 국적을 보유할 의사가 있다는 뜻을 신고한 경우가 이에 해당된다(국적법 제15조 제2항).

4) 국적선택

국적선택제도란 대한민국의 국적과 외국 국적을 함께 가지고 있는 복수국적자가 국적법에서 정하는 기본적 국적선택의무의 기간 이내에 대한민국의 국적을 선택하거나 대한민국의 국적을 이탈하는 등 하나의 국적을 선택하여야 하는 것을 말한다. 국적선택제도는 1997년 제4차 국적법 개정으로 도입되었다. 국적법은 원칙적으로 단일국적주의를 채택하고 있으며, 예외적으로만 복수국적을 인정하고 있다. 대한민국의 국적과 외국 국적을 함께 보유하고 있는 복수국적자는 국적법이 정하는 국적선택의무의 기간 이내에 하나의 국적을 선택하여야 하고, 이 기간 이내에 하나의 국적을 선택하지 않는 경우에는 법무부장관으로부터 국적선택명령을 받게 된다. 종전에는 복수

국적자가 국적선택의무의 기간 이내에 하나의 국적을 선택하지 않으면 그 기간이 지난 때에 아무런 통지가 없이도 대한민국의 국적이 자동적으로 상실되었다.

원칙적으로 출생 또는 국적보유신고로 복수국적자로 된 자는 국적선택의무를 부담하게 된다. 그러나 모든 복수국적자가 국적선택의무를 부담하는 것은 아니다. 외국인이 후천적 사유로 인하여 대한민국의 국적을 취득한 후, 국적법 제10조 제2항에 따라 법무부장관에게 대한민국에서 그 외국 국적을 행사하지 아니하겠다는 뜻을 서약(외국 국적 불행사서약)하여 복수국적자가 된 자는 국적선택의무의 대상자에 해당하지 않는다.

국적법에서 복수국적자가 따라야 할 국적선택의무의 기간은 기본적 국적선택의무의 기간 및 병역의무의 이행과 관련한 선택기간으로 구분하고 있다.

첫째, 기본적 국적선택의무 기간의 경우, 국적법에 따라 선천적 또는 후천적 사유로 인하여 만 20세가 되기 전에 복수국적자로 된 자는 만 22세가 되기 전까지, 후천적 사유로 인하여 만 20세가 된 후에 복수국적자로 된 자는 그때부터 2년 내에 하나의 국적을 선택하여야 한다(국적법 제12조 제1항).

둘째, 병역의무의 이행과 관련한 선택기간은 복수국적자인 병역의무자의 경우에 해당한다. 여성의 경우에는 병역의무가 없으므로 남성과 여성을 구분해서 복수국적자를 살펴볼 필요가 있다.

(1) 여성 복수국적자의 경우

출생 또는 국적보유신고로 인하여 대한민국의 국적과 외국 국적을 함께 가지고 있는 복수국적자인 여성은 만 20세가 되기 전까지 어느 하나의 국적을 선택하여야 한다. 국적보유신고로 인해 만 20세가 된 후에 대한민국의 국적과 외국 국적을 함께 가지고 있는 복수국적자인 여성은 그때부터 2년 내에 어느 하나의 국적을 선택해야 한다(국적법 제12조 제1항). 따라서 여성 복수국적자의 경우에는 '만 20세가 되기 전'과 '만 20세가 된 후'를 기준으로 국적선택을 하여야 하는 기간이 구분된다.

만 20세가 되기 전 국적선택과 국적이탈의 경우, 국적법에서는 "만 20세가 되기 전에 복수국적자가 된 자는 만 22세가 되기 전까지 하나의 국적을 선택하여야 한다"라고 규정하고 있다(국적법 제12조 제1항). 만 20세가 되기 전에 복수국적자로 된 여성은 병역의무의 이행과 관계없이 만 22세가 되기 전까지 언제든지 자유로이 대한민국의 국적을 선택하거나 대한민국의 국적을 이탈할 수 있다.

만 20세가 된 후 국적선택과 국적이탈의 경우, 대한민국의 국적을 가진 여성이 만 20세가 된 후에 복수국적자로 된 경우는 국적보유신고를 통한 선택이다. 즉, 대한민국의 국적을 가진 여성이 만 20세가 된 후에 후천적 비자발적으로 외국 국적을 취득한 때부터 6개월 이내에 법무부장관에게 대한민국의 국적을 보유할 의사가 있다는 뜻을 신고하면, 대한민국의 국적과 외국 국적을 일정기간 함께 가질 수 있게 된다(국적법 제15조 제2항). 만 20세가 된 후에 복수국적자로 된 대한민국의 국적을 가진 여성의 경우에는 그때부터 2년 이내에 병역의무의 이행과 관계없이 언제든지 자유로이 대한민국의 국적을 선택하거나 대한민국의 국적을 이탈할 수 있다.

(2) 남성 복수국적자의 경우

선천적 복수국적자의 경우, 대한민국의 국적을 가진 남성으로서 병역의무자가 선천적으로 복수국적자로 되면 대한민국의 국적을 선택하려는 경우에는 기본선택기간 내에서 자유로이 언제든지 할 수 있다. 대한민국의 국적을 가진 남성으로서 병역의무자는 대한민국의 국적을 이탈하려는 경우에는 병역의무의 이행과 관련하여 일정한 제한이 따른다. 즉, 직계존속(直系尊屬)이 외국에서 영주(永住)할 목적 없이 체류한 상태에서 출생한 자는 병역의무의 이행과 관련하여 ① 현역·상근예비역 또는 보충역으로 복무를 마치거나 마친 것으로 보게 되는 경우, ② 제2국민역에 편입된 경우, ③ 병역면제처분을 받은 경우의 어느 하나에 해당하는 경우에만 국적이탈신고를 할 수 있다(국적법 제12조 제3항). 여기서 '직계존속이 외국에서 영주할 목적 없이 체류한 상태에서 출생한 남자'란 아버지 또는 어머니가 외국에 생활기반을 두고 있으면서 외국의 시민권이나 영주권을 취득한 상태 또는 법무부령으로 정하는 그에 준하는 체류 상태에서 출생한 자가 아닌 남자를 말한다(국적법 시행령 제16조의2). 다만, 2022년 신설된 국적법 제14조는 국적이탈에 관한 특례에서, 외국에서 출생한 사람(또는 6세 미만 아동일 때 이주)으로 출생·이주 이후 계속해서 외국에 주된 생활의 근거를 두고 있는 사람이 병역 준비역에 편입된 때부터 3개월 이내에 한국 국적을 이탈한다는 신고를 하지 못한 경우 법무부장관에게 국적이탈 신고를 신청할 수 있도록 하였다.

후천적 복수국적자의 경우, 대한민국의 국적을 가진 남성이 비자발적으로 외국

국적을 취득한 경우에는 그 외국 국적을 취득한 때로부터 6개월 내에 법무부장관에게 대한민국의 국적을 보유할 의사가 있다는 뜻을 신고하면 대한민국의 국적과 외국 국적을 일정기간 함께 보유할 수 있게 된다(국적법 제15조 제2항). 이처럼 비자발적으로 외국 국적을 취득하여 국적보유신고를 한 대한민국의 국적을 가진 남성 중에서 만 20세가 되기 전에 복수국적자로 된 자는 만 22세가 되기 전까지 어느 하나의 국적을 선택하여야 하고, 만 20세가 된 후에 복수국적자가 된 자는 그때부터 2년 내에 어느 하나의 국적을 선택하여야 한다.

외국 국적 불행사서약과 복수국적 유지의 규정은, 복수국적자가 국적법 제12조 제1항 본문에서 정한 기본선택기간 내에 대한민국의 국적을 선택하려는 경우, 즉 만 20세가 되기 전에 복수국적자로 된 자는 만 22세가 되기 전까지, 만 20세가 된 후에 복수국적자로 된 자는 그때부터 2년 내에 대한민국의 국적을 선택하려는 경우에 외국 국적을 포기하거나, 법무부장관이 정하는 바에 따라 대한민국에서 외국 국적을 행사하지 아니하겠다는 뜻을 서약하고 법무부장관에게 대한민국의 국적을 선택한다는 뜻을 신고할 수 있다(국적법 제12조 제1항, 국적법 제13조 제1항). 여기서 '외국 국적

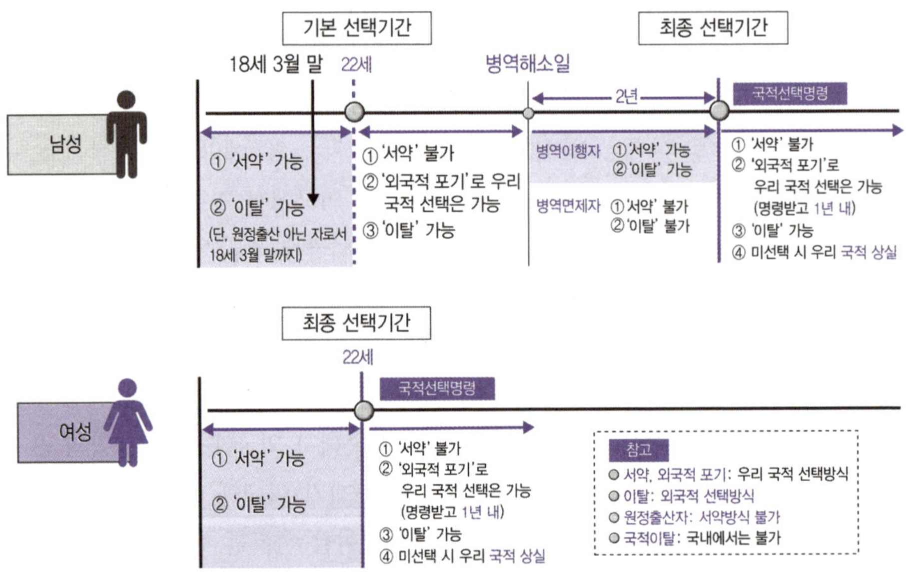

자료: 법무부 내부자료.

그림 7-1 남성 · 여성 복수국적자의 국적선택기간

불행사서약'을 통해서 대한민국의 국적을 선택하면 외국 국적이 유지되므로 결과적으로 복수국적을 계속 유지할 수 있게 된다.

4 귀화에 의한 국적 취득

귀화에 의한 국적 취득은 대한민국 국적을 취득한 사실이 없는 외국인이 법무부장관의 허가를 받아 국적을 취득하는 절차를 의미한다. 국적법은 귀화에 의한 국적 취득의 요건에서, 대한민국의 국적을 취득한 사실이 없는 외국인은 법무부장관의 귀화허가를 받아 대한민국의 국적 취득을 할 수 있다고 규정하였다. 법무부장관은 귀화허가 신청을 받으면 귀화 요건을 갖추었는지를 심사한 후 그 요건을 갖춘 사람에게만 귀화를 허가한다. 귀화허가를 받은 사람은 법무부장관 앞에서 국민선서를 하고 귀화증서를 수여받은 때에 대한민국 국적을 취득[3]한다. 다만, 법무부장관은 연령, 신체적 · 정신적 장애 등으로 국민선서의 의미를 이해할 수 없거나 이해한 것을 표현할 수 없다고 인정되는 사람에게는 국민선서를 면제할 수 있다. 귀화에 의한 미성년 수반 국적 취득이 있다. 외국인의 자(子)로서 대한민국의 「민법」상 미성년인 사람은 부 또는 모가 귀화허가를 신청할 때 함께 국적 취득을 신청할 수 있다(제8조 제1항). 이 규정에 따라 국적 취득을 신청한 사람은 부 또는 모가 대한민국 국적을 취득한 때에 함께 대한민국 국적을 취득한다(국적법 제8조 제2항).

1) 영주권과 영주권 전치주의

귀화에 의한 국적 취득의 요건에서 한국의 국적법은 귀화요건을 갖춘 사람에게만 귀화를 허가한다. 여기에서 기본이 되는 요건이 "5년 이상 계속하여 대한민국에 주소가 있을 것, 그리고 대한민국에서 영주할 수 있는 체류자격을 가지고 있을 것"이다. 즉, 귀화허가를 받기 위해서는 먼저 영주권을 가지고 있어야 한다. 이를 영주권 전치주의라고 하는데, 한국뿐만 아니라 다수의 국가들이 도입하고 있는 이 제도는 이민

3) 2017년 국적법을 개정하면서 국적법 시행령 등 관련 규정도 정비하였다. 이에 귀화자 및 국적회복자의 대한민국 국민이 되는 소속감과 자긍심을 높이기 위해 허가를 받은 사람은 법무부장관 앞에서 국민선서를 하고 귀화증서 또는 국적회복증서를 수여 받는 제도가 본격 시행되었다. 1957년 최초의 귀화자가 탄생한 이후 2019년 현재 귀화자는 20만 명에 이르렀다.

자들의 국민적 정체성과 사회통합을 위해 영주자격을 국적부여의 전제적 요건으로 둔다.

영주권이란 기간에 제한받지 않고 대한민국에 영주(永住)할 수 있는 체류자격을 가지는 것을 말한다. 영주권을 가진 외국인은 활동범위 및 체류기간의 제한을 받지 않는다. 영주자격[4)]을 취득하려는 사람은 대통령령으로 정하는 영주의 자격에 부합한 사람으로서, 대한민국의 법령을 준수하는 등 품행이 단정할 것, 본인 또는 생계를 같이하는 가족의 소득, 재산 등으로 생계를 유지할 능력이 있을 것, 한국어능력과 한국사회・문화에 대한 이해와 대한민국에서 계속 살아가는 데 필요한 기본소양 등의 요건을 모두 갖추고 있어야 한다.

한편, 법무부장관은 대한민국에 특별한 공로가 있는 사람, 과학・경영・교육・문화예술・체육 등 특정 분야에서 탁월한 능력이 있는 사람, 대한민국에 일정금액 이상을 투자한 사람 등 대통령령으로 정하는 사람에 대해서는 이러한 요건의 전부 또는 일부를 완화하거나 면제할 수 있다(출입국관리법 제10조의3 제3항).

영주자격을 가진 외국인에게 발급하는 외국인등록증은 "영주증"이라고 하며 이 영주증의 유효기간은 10년으로 한다. 영주증을 발급받은 사람은 유효기간이 끝나기 전까지 영주증을 재발급받아야 한다. 국가 및 지방자치단체는 대한민국에 영구적으로 거주할 수 있는 법적 지위를 가진 외국인에 대하여 대한민국의 안전보장・질서유지・공공복리, 그 밖에 대한민국의 이익을 해치지 아니하는 범위 안에서 대한민국으로의 입국・체류 또는 대한민국 안에서의 경제활동 등을 보장할 수 있다(재한외국인 처우 기본법 제13조).

■ 출입국관리법 시행령 [별표 1의3] 〈개정 2020.8.5〉

영주자격에 부합하는 사람(제12조의2 제1항 관련)

체류자격(기호)	영주자격에 부합하는 사람의 범위
영주(F-5)	법 제46조 제1항 각 호의 어느 하나에 해당하지 않는 사람으로서 다음 각 호의 어느 하나에 해당하는 사람

4) 영주외국인의 사회보장지원은 국민연금법, 고용보험법, 국민건강보험법, 산업재해보상법, 노인장기요양보험법에서 적용된다.

1. 대한민국 「민법」에 따른 성년으로서 [별표 1의2] 중 10. 주재(D-7)부터 20. 특정활동(E-7)까지의 체류자격이나 [별표 1의2] 중 24. 거주(F-2) 체류자격으로 5년 이상 대한민국에 체류하고 있는 사람
2. 국민 또는 영주자격(F-5)을 가진 사람의 배우자 또는 미성년 자녀로서 대한민국에 2년 이상 체류하고 있는 사람 및 대한민국에서 출생한 것을 이유로 법 제23조에 따라 체류자격 부여 신청을 한 사람으로서 출생 당시 그의 부 또는 모가 영주자격(F-5)으로 대한민국에 체류하고 있는 사람 중 법무부장관이 인정하는 사람
3. 「외국인투자 촉진법」에 따라 미화 50만 달러를 투자한 외국인투자가로서 5명 이상의 국민을 고용하고 있는 사람
4. [별표 1의2] 중 26. 재외동포(F-4) 체류자격으로 대한민국에 2년 이상 계속 체류하고 있는 사람으로서 대한민국에 계속 거주할 필요가 있다고 법무부장관이 인정하는 사람
5. 「재외동포의 출입국과 법적 지위에 관한 법률」 제2조 제2호의 외국국적동포로서 「국적법」에 따른 국적 취득 요건(같은 법 제5조 제1호의2에 따른 요건은 제외한다)을 갖춘 사람
6. 종전 「출입국관리법 시행령」(대통령령 제17579호로 일부개정되어 2002.4.18 공포・시행되기 이전의 것을 말한다) [별표 1] 제27호란의 거주(F-2) 체류자격(이에 해당되는 종전의 체류자격을 가진 적이 있는 사람을 포함한다)이 있었던 사람으로서 대한민국에 계속 거주할 필요가 있다고 법무부장관이 인정하는 사람
7. 다음 각 목의 어느 하나에 해당하는 사람으로서 법무부장관이 인정하는 사람
   가. 국외에서 일정 분야의 박사 학위를 취득한 사람으로서 영주자격(F-5) 신청 시 국내 기업 등에 고용된 사람
   나. 국내 대학원에서 정규과정을 마치고 박사학위를 취득한 사람
8. 법무부장관이 정하는 분야의 학사 학위 이상의 학위증 또는 법무부장관이 정하는 기술자격증이 있는 사람으로서 국내 체류기간이 3년 이상이고, 영주자격(F-5) 신청 시 국내 기업에 고용되어 법무부장관이 정하는 금액 이상의 임금을 받는 사람
9. 과학・경영・교육・문화예술・체육 등 특정 분야에서 탁월한 능력이 있는 사람 중 법무부장관이 인정하는 사람
10. 대한민국에 특별한 공로가 있다고 법무부장관이 인정하는 사람
11. 60세 이상으로서 법무부장관이 정하는 금액 이상의 연금을 국외로부터 받고 있는 사람
12. [별표 1의2] 중 29. 방문취업(H-2) 체류자격으로 취업활동을 하고 있는 사람으로서 같은 표 중 24. 거주(F-2)란의 사목 1)부터 3)까지의 요건을 모두 갖추고 있는 사람 중 근속기간이나 취업지역, 산업 분야의 특성, 인력 부족 상황 및 국민의 취업 선호도 등을 고려하여 법무부장관이 인정하는 사람
13. [별표 1의2] 중 24. 거주(F-2) 자목에 해당하는 체류자격으로 대한민국에서 3년 이상 체류하고 있는 사람으로서 대한민국에 계속 거주할 필요가 있다고 법무부장관이 인정하는 사람
14. [별표 1의2] 중 24. 거주(F-2) 차목에 해당하는 체류자격을 받은 후 5년 이상 계속 투자 상태를 유지하고 있는 사람으로서 대한민국에 계속 거주할 필요가 있다고 법무부장관이 인정하는 사람과 그 배우자 및 자녀(법무부장관이 정하는 요건을 갖춘 자녀만 해당한다)
15. [별표 1의2] 중 11. 기업투자(D-8) 다목에 해당하는 체류자격으로 대한민국에 3년 이상 계속 체류하고 있는 사람으로서 투자자로부터 3억 원 이상의 투자금을 유치하고 2

명 이상의 국민을 고용하는 등 법무부장관이 정하는 요건을 갖춘 사람
16. 5년 이상 투자 상태를 유지할 것을 조건으로 법무부장관이 정하여 고시하는 금액 이상을 투자한 사람과 그 배우자 및 자녀로서 법무부장관이 정하는 요건을 갖춘 사람
17. [별표 1의2] 중 11. 기업투자(D-8) 가목에 해당하는 체류자격을 가지고 「외국인투자촉진법 시행령」 제25조 제1항 제4호에 따른 연구개발시설의 필수전문인력으로 대한민국에 3년 이상 계속 체류하고 있는 사람으로서 법무부장관이 인정하는 사람
18. [별표 1의2] 중 24. 거주(F-2) 다목에 해당하는 체류자격으로 2년 이상 대한민국에 체류하고 있는 사람

2) 일반귀화 요건

외국인이 귀화허가를 받기 위해서는, 5년 이상 계속하여 대한민국에 주소가 있을 것, 그리고 대한민국에서 영주할 수 있는 체류자격을 가지고 있을 것, 대한민국의 「민법」상 성년일 것, 법령을 준수하는 등 법무부령으로 정하는 품행 단정의 요건을 갖출 것, 자신의 자산(資産)이나 기능(技能)에 의하거나 생계를 같이하는 가족에 의존하여 생계를 유지할 능력이 있을 것, 국어능력과 대한민국의 풍습에 대한 이해 등 대한민국 국민으로서의 기본 소양(素養)을 갖추고 있을 것, 귀화를 허가하는 것이 국가안전보장·질서유지 또는 공공복리를 해치지 아니한다고 법무부장관이 인정할 것 등의 요건을 갖추어야 한다(국적법 제5조).

3) 간이귀화 요건

부 또는 모가 대한민국의 국민이었던 사람, 대한민국에서 출생한 사람으로서 부 또는 모가 대한민국에서 출생한 사람, 대한민국 국민의 양자(養子)로서 입양 당시 대한민국의 「민법」상 성년이었던 사람 중 어느 하나에 해당하는 외국인으로서 대한민국에 3년 이상 계속하여 주소가 있는 사람은 국적법 제5조 제1호 및 제1호의2의 요건을 갖추지 아니하여도 귀화허가를 받을 수 있다(국적법 제6조 제1항).

배우자가 대한민국의 국민인 외국인으로서 다음 각 호의 어느 하나에 해당하는 사람은 국적법 제5조 제1호 및 제1호의2의 요건을 갖추지 아니하여도 귀화허가를 받을 수 있다(국적법 제6조 제2항). 이는 그 배우자와 혼인한 상태로 대한민국에 2년 이상 계속하여 주소가 있는 사람, 그 배우자와 혼인한 후 3년이 지나고 혼인한 상태로 대한민국에 1년 이상 계속하여 주소가 있는 사람, 이 기간을 채우지 못하였으나 그 배우자와 혼인한 상태로 대한민국에 주소를 두고 있던 중 그 배우자의 사망이나 실종

또는 그 밖에 자신에게 책임이 없는 사유로 정상적인 혼인 생활을 할 수 없었던 사람으로서 제1호나 제2호의 잔여기간을 채웠고 법무부장관이 상당(相當)하다고 인정하는 사람, 요건을 충족하지 못하였으나, 그 배우자와의 혼인에 따라 출생한 미성년의 자(子)를 양육하고 있거나 양육하여야 할 사람으로서 제1호나 제2호의 기간을 채웠고 법무부장관이 상당하다고 인정하는 사람이다.

4) 특별귀화 요건

부 또는 모가 대한민국의 국민인 사람(다만, 양자로서 대한민국의 「민법」상 성년이 된 후에 입양된 사람은 제외), 대한민국에 특별한 공로가 있는 사람, 과학 · 경제 · 문화 · 체육 등 특정 분야에서 매우 우수한 능력을 보유한 사람으로서 대한민국의 국익에 기여할 것으로 인정되는 외국인으로서 대한민국에 주소가 있는 사람은 국적법 제5조 제1호 · 제1호의2 · 제2호 또는 제4호의 요건을 갖추지 아니하여도 귀화허가를 받을 수 있다(국적법 제7조 제1항).

구분		요건	국내거주 요건
일반귀화		• 5년 이상 계속하여 대한민국에 주소가 있을 것 • 대한민국에서 영주할 수 있는 체류자격을 가지고 있을 것 • 대한민국의 민법상 성년일 것 • 법령을 준수하는 동 법무부령으로 정하는 품행 단정의 요건을 갖출 것 • 국어능력 및 대한민국의 풍습에 대한 이해 등 대한민국 국민으로서의 기본 소양을 갖추고 있을 것 • 귀화를 허가하는 것이 국가안전보장 · 질서유지 또는 공공복리를 해치지 아니한다고 법무부장관이 인정할 것	• 귀화허가 신청자의 국내거주기간은 외국인이 적법하게 입국하여 외국인등록을 마치고 국내에서 계속 체류한 기간으로 하되, 아래에 해당하는 경우에는 국내에서 계속 체류한 것으로 보아 전후의 체류기간을 통산한다(단, 출국하여 국외에서 체재한 기간은 제외). – 국내 체류 중 체류기간이 끝나기 전에 재입국허가를 받고 출국한 후 그 허가기간 내에 재입국한 경우 – 국내 체류 중 체류기간 연장이 불가능한 사유 등으로 일시 출국하였다가 1개월 이내에 입국사증을 받아 재입국한 경우 – 위에 준하는 사유로 법무부장관이 전후의 체류기간을 통틀어 합산하는 것이 상당하다고 인정하는 경우
	3년 이상 거주	[일반적 요건] • 대한민국의 민법에 의하여 성년일 것 • 법령을 준수하는 등 법무부령으로 정하는 품행 단정의 요건을 갖출 것	• 귀화신청자의 국내거주기간은 외국인이 적법하게 입국하여 외국인등록을 마치고 국내에서 계속 체류한 기간으로 하되, 아래에 해당하는 경우에는 국내에서 계속 체류한

간이 귀화		• 자신의 자산이나 기능에 의하거나 생계를 같이하는 가족에 의존하여 생계를 유지할 능력이 있을 것 • 국어능력과 대한민국의 풍습에 대한 이해 등 대한민국 국민으로서의 기본 소양을 갖추고 있을 것 • 귀화를 허가하는 것이 국가안전보장 · 질서유지 또는 공공복리를 해치지 아니한다고 법무부장관이 인정할 것 [추가 요건] • 일반적 요건에 해당하는 외국인으로 다음의 요건을 갖추고 3년 이상 계속하여 대한민국에 주소가 있는 자 • 부 또는 모가 대한민국의 국민이었던 자 – 부 또는 모가 사망한 경우로서 사망당시에 한국 국민이었던 자 – 부 또는 모가 현재는 외국 국적이지만 과거에 한국 국민이었던 자 – 부 또는 모가 사망당시에는 외국 국적이었지만 과거에 한국 국민이었던 자 • 대한민국에서 출생한 자로서 부 또는 모가 대한민국에서 출생한 자 • 대한민국 국민의 양자로서 입양당시 대한민국의 민법에 의하여 성년이었던 자	것으로 보아 전후의 체류기간을 통산한다(단, 출국하여 국외에서 체재한 기간은 제외). – 국내에서 체류 중 체류기간 만료 전에 재입국허가를 받고 출국한 후 그 허가기간 내에 재입국한 경우 – 국내에서 체류 중 체류기간 연장이 불가능한 사유 등으로 일시 출국하였다가 1개월 이내에 입국사증을 받아 재입국한 경우 – 위에 준하는 사유로 법무부장관이 전후의 체류기간을 통틀어 합산하는 것이 상당하다고 인정하는 경우
	혼인 유지	[일반적 요건] • 대한민국의 민법상 성년일 것 • 품행이 단정할 것 • 자신의 자산이나 기능에 의하거나 생계를 같이하는 가족에 의존하여 생계를 유지할 능력이 있을 것 • 국어능력 및 대한민국의 풍습에 대한 이해 등 대한민국 국민으로서의 기본 소양을 갖추고 있을 것 • 간이귀화 혼인유지 및 혼인단절 일반적 요건에 국적법 제5조 제6호 "귀화를 허가하는 것이 국가안전보장 · 질서유지 또는 공공복리를 해치지 아니한다고 법무부장관이 인정할 것"	• 귀화신청자의 국내거주기간은 외국인이 적법하게 입국하여 외국인등록을 마치고 국내에서 계속 체류한 기간으로 하되, 아래에 해당하는 경우에는 국내에서 계속 체류한 것으로 보아 전후의 체류기간을 통산한다(단, 출국하여 국외에서 체류한 기간은 제외). – 국내에서 체류 중 체류기간 만료 전에 재입국허가를 받고 출국한 후 그 허가기간 내에 재입국한 경우 – 국내에서 체류 중 체류기간 연장이 불가능한 사유 등으로 일시 출국하였다가 1개월 이내에 입국사증을 받아 재입국한 경우

		[추가 요건](국적법 제6조 제2항 제1호, 제2호) • 일반적 요건에 해당하는 외국인으로 다음의 요건을 갖춘 자 • 배우자가 대한민국의 국민인 외국인으로서 아래에 해당하는 자 • 그 배우자와 혼인한 상태로 대한민국에 2년 이상 계속하여 주소가 있는 자 • 그 배우자와 혼인한 후 3년이 경과하고 혼인한 상태로 대한민국에 1년 이상 계속하여 주소가 있는 자	
	혼인 단절	[일반적 요건] • 대한민국 민법상 성년일 것 • 품행이 단정할 것 • 자신의 자산이나 기능에 의하거나 생계를 같이하는 가족에 의존하여 생계를 유지할 능력이 있을 것 • 국어능력 및 대한민국의 풍습에 대한 이해 등 대한민국 국민으로서의 기본 소양을 갖추고 있을 것 [추가 요건](국적법 제6조 제2항 제3호, 제4호) • 일반적 요건에 해당하는 외국인으로 다음의 요건을 갖춘 자 • 한국인 배우자와 혼인한 상태로 국내에 주소를 두고 있던 중 그 배우자의 사망이나 실종 또는 그 밖에 자신에게 책임이 없는 사유로 정상적인 혼인생활을 할 수 없었던 자로서 국적법 제6조 제2항 제1호나 제2호의 기간을 충족한 자 • 한국인 배우자와의 혼인에 따라 출생한 미성년 자녀를 양육하거나 양육하여야 할 자로서 국적법 제6조 제2항 제1호나 제2호의 기간을 충족한 자	• 귀화신청자의 국내거주기간은 외국인이 적법하게 입국하여 외국인등록을 마치고 국내에서 계속 체류한 기간으로 하되, 아래에 해당하는 경우에는 국내에서 계속 체류한 것으로 보아 전후의 체류기간을 통산한다(단, 출국하여 국외에서 체류한 기간은 제외). – 국내에서 체류 중 체류기간 만료 전에 재입국허가를 받고 출국한 후 그 허가기간 내에 재입국한 경우 – 국내에서 체류 중 체류기간 연장이 불가능한 사유 등으로 일시 출국하였다가 1개월 이내에 입국사증을 받아 재입국한 경우
	부 또는 모가 대한민국 국민인 자	[일반적 요건] • 품행이 단정할 것 • 국어능력과 대한민국의 풍습에 대한 이해 등 대한민국 국민으로서의 기본 소양을 갖추고 있을 것 [추가 요건](국적법 제7조 제1항 제1호) • 일반적 요건에 해당하는 외국인으로 다음의 요건을 갖춘 자	

특별 귀화		• 부 또는 모가 대한민국의 국민인 자. 다만, 양자로서 대한민국의 민법상 성년이 된 후에 입양된 자를 제외한다. 1. 귀화자(국적회복자)의 자녀 2. 입양 당시 미성년이었던 양자(성년 양자는 간이귀화 신청) 3. 1998.6.13 이전 부계혈통주의 하 외국인 아버지와 한국인 어머니 사이 법률혼 관계에서 태어난 사람 4. 한국인 아버지와 외국인 어머니 사이 사실혼 관계에서 출생하여 아버지가 인지한 성년 자녀
	우수인재 독립 유공자	• 우수인재 제도란 과학 · 경제 · 문화 등 사회 각 분야에서 전문적인 지식과 기술 등 특정 능력을 보유하고, 대한민국의 국익에 기여할 것으로 인정하는 사람에게 국적심의위원회 심의를 거쳐 복수국적을 인정하는 제도임

자료: https://hikorea.go.kr/

제5절 외국의 국적제도

1 독일

독일의 국적정책은 1999년에 개정된(2000년 1월 1일부터 효력) 국적법(Staatsangehörigkeitsgesetz)을 통해 현재의 제도적 틀이 마련되었다. 개정 국적법은 보다 개정 이전보다 다소 완화적이고, 포용적인 내용을 담고 있다고 평가된다.

1999년의 독일 국적법 개정은 독일의 보수당에 해당하는 기민당 '메르켈(Angela Merlcel)' 정부의 의도 및 방향과는 다른 이념적 · 정치적 배경에서 이루어졌는데 이를 들여다보면 다음과 같다.

1998년 보수 기민당 정권의 16년 간의 장기집권이 막을 내리면서, 진보당인 사민당(SPD)과 녹색당(Green)의 '적녹연정'이 집권하게 되었다. 따라서 보다 진보적이고 개방적인 국적법과 외국인 관련법의 개혁 움직임이 힘을 얻게 되었다. 그러나 이러한 개혁 의지는 기민당 등 야당의 거센 반대에 부딪혔다. 이를테면 기민당은 "이중국적 반대 캠페인"을 통해 5백만 명의 반대 서명을 얻어내는 등 강하게 저항하였다. 이 여파로 1999년 1월 '적녹연정'은 집권한 지 약 100일 이후 이루어진 '헤센주' 선거에서 참패하게 되었고, '적녹연정'의 당초 계획은 힘을 얻기 어렵게 되었다. 이에 자유당이 제안한, 이중국적을 일정한 연령에 이르기까지는 제한적으로 부여한다는 대안적인 모델이 수용되어 결국 이 절충안으로 통과되었다.

1999년 개정된 국적법은 이러한 역사적, 사회적, 정치적 배경의 산물이다. 개정을 위한 처음 '적녹연정'의 국적정책 방향성은 '동화모형'에 준하는 것으로 기획되었으나, 현재는 '속인주의와 속지주의가 결합된 원칙'으로 변화하였고, 현재는 '국적 취득의 조건이 일부 완화'되는 등 부분적인 변화도 이루어졌다.

독일 국적법의 주요 내용은 다음과 같다. 첫째, '속인주의 원칙'과 '속지주의 원칙'을 부분적으로 결합하였다. 개정 국적법에 따르면, 부모 중 1인 이상이 8년 이상 독일에 합법적으로 거주하였거나, 영주권을 보유하고 최소 3년 이상 독일에 거주한 외국인의 출생 자녀는 독일 시민권을 부여받았다. 태어나면서 한쪽 부모가 독일 국적을 가지고 있어서 이중 국적을 가지게 된 이민자 2세는 18세가 되면 3년 이내(21세까지)에 의무적으로 하나의 국적만을 선택해야 하였다. 다라서 원칙적으로 독일에서 이중국적은 원칙적으로 허용되지 않고 있다(Optionspflicht 원칙이라고 함).

둘째, '국적 취득 요건"이 완화되었다. 국적 취득에 필요한 체류기간이 단축되어 15년 이상 독일 내 거주해야 하였던 조건을 8년 거주로 하향 조정하였다. 이렇게 거주요건이 완화되어 외국인이 독일인으로 귀화하는 것이 용이해졌지만, 국적 취득 대상자는 먼저 영주권을 가지고 있어야 한다. 또 복지급여나 실업수당 없이도 자립하여 생활할 수 있음을 입증해야 하고 동시에 독일어에 능통해야 하는 등의 기본 조건을 갖추어야 한다.

독일의 국적법(Naturaliation Law)상에서 국적 취득을 위한 요건은 다음과 같이 규정되어 있다.[5)]

독일 국적법에서 규정하고 있는 국적 취득을 위한 신청자의 자격요건(1999)

- "국적 취득의 순간을 기준으로 할 때, 영주권을 보유하고 있을 것"(right of permanent residence at time of naturalization)
- "이전 시민권을 포기할 것"(renunciation of previous citizenship)

5) https://world.moleg.go.kr/web/wli/lgslInfoReadPage.do?CTS_SEQ=9849&AST_SEQ=69&nationReadYn=Y&ETC=3&searchNtnl=DE(검색일: 2021.10.8)

- “독일 공화국의 법률, 사회 시스템 및 생활 여건에 대한 이해도에 대한 평가를 통과할 것”[familiarity with the legal system, society and living conditions in the Federal Republic of Germany(naturalization test)]
- “사회적 지원 없이도 자립할 수 있을 것”(ability to support oneself without recourse to social assistance)
- “독일어를 읽고 쓰는 능력이 유럽언어공통기준(CEFR) B1 수준 이상을 보유할 것”(oral and written German language skills equivalent to level B1 of the Common European Framework of Reference for Languages)
- “범죄 기소 기록이 없어야 함”(no criminal convictions)
- “자유와 민주에 대한 헌법적 가치에 대한 존중”(commitment to the constitutional principles of freedom and democracy)

2 일본

일본의 국적정책은 일본 국적법(國籍法)에 의해 제도적 틀이 마련되었다. 국적법은 1950년에 공포된 이후, 일본의 귀화정책(naturalization policy)이나 이민정책(immigration policy)을 규정하여 왔다. 일본의 국적정책은 일본 국적법(國籍法)이 1950년대에 제도적 틀을 마련된 이후 오늘에 이르기까지 큰 변화를 보이지 않았는데 법령을 들여다보면 다음과 같은 특징이 있다.

일본의 국적, 즉 ‘국민의 요건’은 부모양계의 혈통주의를 원칙으로 하되, 귀화에 의한 취득은 일부만 인정하는 구조로 되어 있다. 귀화정책 측면에서 일본은 ‘이민쇄국’이라는 내부의 자조적인 표현이 말해주듯이 지금까지 폐쇄적인 정책 기조를 유지해왔다. 즉, 1950년에 국적법이 제정된 이후, 일본은 “꼭 필요하지 않은 귀화 승인”에는 매우 소극적인 입장을 보였다. 이러한 법제도와 인식의 바탕에는 외국인에게 친화적이지 않은 복잡한 귀화 심사 프로세스에서도 상징적으로 확인된다.

일본은 법제도의 틀에서는 이주민을 인정하고 있으나, 여러 형태의 어려운 조건을 달아 사실상 이민을 인정하지 않는 국가로 분류되고 있다. 가령, 취업비자의 경우, 1~3년마다 기간을 갱신해야 하고 또 영주권을 얻기 위해서는 10년 이상 연속으로 일본에 체류, 직장 등 생활기반이 일본에 있어야 하며, 이 기간 동안에 세금을 성실하게 납부하여 왔다는 증빙서류가 있어야 한다는 등의 조건 충족을 요구하고 있다.

귀화시험의 경우 제출서류와 증빙자료 중심의 심사가 중심을 이루며, 국적 취득 시험이나 인터뷰는 형식적인 차원을 보인다. 따라서 귀화 시험의 질문사항 등은 일본의 문화나 시사와 관련된 상식적인 질문으로 구성되는 것이 일반적이며, 귀화 면접심사 역시 서류상의 사실을 확인하는 수준의 가벼운 질문들로 구성되어 있다.

일본의 국적 취득제도는 2008년부터 조금씩 변화되기 시작하였는데, 그 이유와 배경은 일본사회의 초고령화와 인구감소가 진행되는 과정에서, 경제위기 등의 파생적 효과가 사회 곳곳에서 나타나게 되었기 때문이다. 정치권의 경우 2008년 일본 자민당의 '나카가와 히데나오(中川秀直)' 전 간사장은 '외국인 재교류 추진 의원연맹'의 대표를 겸직하고 있었는데, 공식회의를 통해 '후쿠다 야스오(福田康夫)' 총리에게 장기적으로 일본 인구의 10%에 해당하는 고급 노동인력을 이민자로 받아들이자는 안을 강력하게 제안하기도 하였다.

최근 일본은 '고급 노동인력 유치'의 일환으로 귀화정책을 추진하는 모습을 보이고 있다. 그럼에도 불구하고 통제 중심의 '국적법' 때문에 여전히 외국인의 국적 취득은 쉽지 않다. 일례로, 자신의 모국 국적을 포기한 이후에만 일본의 국적 취득을 신청할 수 있기 때문에 일본 국적이 나올지 안 나올지 모르는 상황에서 무국적으로 1년 이상 지내야 하는 상황이 발생할 수도 있는 것이 현실이다. 또 일본은 이중 국적을 인정하지 않는다. 국적법 제14조에 따르면 만 20세 이전까지 이중 국적인 사람은 만 22세가 되기 전, 즉 21세의 마지막 날까지 국적을 결정해야 하고 20세가 넘어 이중 국적인 사람은 2년 안에 하나의 국적만 선택해야 한다고 규정하고 있다.

일본의 국적법 중에서 '국적에 관한 조항'은 다음과 같은 항목으로 구성되어 있다.

제1조(법률의 목적)
일본 국민이 되는 요건은 이 법률이 정하는 바에 따른다.
제2조(출생에 의한 국적 취득)
다음의 경우에는 일본 국민으로 한다.
1. 출생 당시에 부(父) 또는 모(母)가 일본 국민일 때
2. 출생 전에 사망한 부가 사망 당시에 일본 국민이었던 때
3. 일본에서 출생한 경우에 부모가 모두 분명하지 아니하거나 국적이 없는 때

제3조(인지된 자의 국적 취득)

① 부 또는 모가 인지한 자로서 20세 미만인 자(일본 국민이었던 자를 제외한다)는 출생 당시에 부 또는 모가 일본 국민이었던 경우에 그 부 또는 모가 현재 일본 국민일 때 또는 사망 당시에 일본 국민이었던 때에는 법무대신에게 신고함으로써 일본 국적을 취득할 수 있다. ② 제1항 규정에 따른 신고를 한 자는 그 신고 당시에 일본 국적을 취득한다.

제4조(귀화)

① 일본 국민이 아닌 자(이하 "외국인"이라 한다)는 귀화함으로써 일본 국적을 취득할 수 있다. ② 귀화는 법무대신의 허가를 받아야 한다.

제5조

법무대신은 다음의 조건을 갖춘 외국인에게만 그 귀화를 허가할 수 있다.

1. 5년 이상 계속하여 일본에 주소가 있을 것
2. 20세 이상으로 일본국 법에 따라 행위능력이 있을 것
3. 품행이 선량할 것
4. 자기 또는 생계를 같이하는 배우자 그 밖에 친족의 자산이나 기능으로 생계를 영위할 수 있을 것
5. 무국적이거나 일본 국적의 취득으로써 그 국적을 상실할 것
6. 일본국 헌법 시행일 이후에 일본국 헌법 또는 그 헌법 하에 성립한 정부를 폭력으로 파괴할 것을 도모하거나 주장, 또는 이를 도모하거나 주장하는 정당, 기타 단체를 결성하거나 이에 가입한 사실이 없을 것

제6조

다음 각 호의 어느 하나에 해당하는 외국인으로서 현재 일본에 주소가 있는 자에 대하여 법무대신은 그자가 제5조 제1항 제1호의 조건을 갖추지 아니할 때라도 귀화를 허가할 수 있다.

1. 일본 국민이었던 자의 자(子)(양자를 제외한다)로서 3년 이상 계속하여 일본에 주소 또는 거소가 있는 자
2. 일본에서 태어난 자로서 3년 이상 계속하여 일본에 주소 또는 거소가 있거나 그 부 또는 모(양부모를 제외한다)가 일본에서 태어난 자
3. 10년 이상 계속하여 일본에 거소가 있는 자

제7조

배우자가 일본 국민인 외국인으로서 3년 이상 계속하여 일본에 주소 또는 거소가 있으며, 현재 일본에 주소가 있는 자에 대하여 법무대신은 그 자가 제5조 제1항 제1호 및 제

2호의 조건을 갖추지 아니하는 때라도 귀화를 허가할 수 있다. 배우자가 일본 국민인 외국인으로서 혼인일부터 3년이 경과하고 1년 이상 계속하여 일본에 주소가 있는 자에 대하여도 같다.

제8조

다음 각 호의 어느 하나에 해당하는 외국인에 대하여 법무대신은 그 자가 제5조 제1항 제1호, 제2호 및 제4호의 조건을 갖추지 아니할 때라도 귀화를 허가할 수 있다.

1. 일본 국민의 자(子)(양자를 제외한다)로서 일본에 주소가 있는 자
2. 일본 국민의 양자로서 1년 이상 계속하여 일본에 주소를 가지며 입양 당시 본국법에 따라 미성년이었던 자
3. 일본 국적을 상실한 자(일본에 귀화한 후 일본 국적을 상실한 자를 제외한다)로서 일본에 주소가 있는 자
4. 일본에서 태어나 출생 당시부터 국적이 없는 자로서 그때부터 3년 이상 계속하여 일본에 주소가 있는 자

제9조

일본에 특별한 공로가 있는 외국인에 대하여 법무대신은 제5조 제1항의 규정에도 불구하고 국회의 승인을 얻어 그 귀화를 허가할 수 있다.

3 미국

미국은 1952년 제정된 「이민 및 국적 취득에 관한 법(Immigration and Nationality Act of 1952)」을 바탕으로 시대에 맞게 개정을 거쳐 외국인의 입출국, 체류자격 취득, 국적 취득 등에 관한 기본적 사항을 규정하고 있다.

이후 2003년 신규 부처 미국 국토안보부(Department of Homeland Security: DHS) 산하 기관으로 통폐합되어 이민국서비스국(United States Citizenship and Immigration Services: USCIS), 이민세관집행국(U.S Immigration and Customs Enforcement: ICE), 관세국경보호청(Customs and Border Protection: CBP)으로 편제되었고, 국적 관련 업무는 이민서비스국에서 담당한다.

미국은 이민을 통해 이루어진 국가로 최초의 이민 관련 연방법이라 할 수 있는 「촉진법(Facilitating Act of 1864)」에서 이민자에 대한 개방적인 태도를 확인할 수 있다.

미국의 국적제도 연혁과 배경을 살펴보면 1880년대 급증하는 이민자들에 대한 우려가 발생하자 정부가 이민자를 관리하는 법들[예: 중국인 배척법(Chinese Exclusion Act of 1882)]을 마련하여 규제를 시작하였고, 1952년에는 미국 이민법의 초석이 되는 「이민 및 국적 취득에 관한 법」을 제정하였다.

한편, 2001년 9월 11일 테러 사태 이후, 출입국 및 국적과 관련된 대대적인 정책 변화가 이루어졌다. 2002년에 「국토안보법(Homeland Security Act)」을 제정, 국토안보부를 설립하고, 그동안 법무부 소속 이민국에서 담당해왔던 이민과 국적 취득에 관련된 업무를 국토안보부에서 총괄하였다. 이는 외국인의 출입국, 국적 취득 등을 국가 안보 차원에서 다루겠다는 의지가 반영된 것으로 9·11테러 이후 시민권 심사과정이 강화되고 외국인에 대한 규제가 강화되었다.[6]

2012년, 2014년에는 오바마(Barack Obama) 행정부에 의해 이민자에게 포용적인 정책을 마련하기 위한 시도가 있었지만 2017년 출범한 트럼프(Donald Trump) 행정부에서 강력한 반(反)이민정책이 추진었다.

미국 국적을 취득하는 경로는 두 가지로, 출생에 의한 선천적 취득과 귀화에 의한 후천적 취득이 있다. 선천적 취득의 경우 시민증서로 'Certificate of Citizenship'을 발급받고, 18세 이후 귀화에 의해 국적을 취득하는 경우에는 'Certificate of Naturalization'을 받는다. 두 가지 모두 미국 국적자임을 나타내며, 귀화로 시민권을 취득하여도 선천적 취득자와 동일한 권리와 의무를 가진다.

미국은 대표적으로 속지주의를 채택한 국가로 출생에 의해 자동적으로 부여된 시민권은 출생 직후 미국을 떠난다 할지라도 자신의 의사에 반하여 시민권을 상실하지 않는다. 속지주의는 영아의 출생지(장소)에 의해 국적이 결정되며, 속인주의는 부모(혈연)의 국적에 의해 영아의 국적이 결정된다. 미국은 원칙적으로 속지주의를 적용하지만 보충적으로 속인주의도 적용하고 있다. 다만, 제도 초기에는 미국에서 출생하였다 할지라도 네이티브아메리칸, 아프리카인의 후손, 아시아인들은 시민권을 취득할 수 없어 속지주의 원칙이 일괄적으로 적용되지는 않았다.

1848년 수정헌법 제14조로 미국의 국적법에 속인주의 원칙이 성문화되고, 1790년 제정된 법률로 미국에서 거주했었던 미국 시민이 해외에서 출생한 자녀는 출생하면

6) https://www.hankyung.com/international/article/2002073175598(검색일: 2021.11.25)

서부터 미국 시민으로 보는 속인주의 원칙도 보충적으로 적용되었다. 이에 미국 내 또는 미국의 관할권에 속하는 곳에서 태어나거나 귀화한 모든 자는 미국의 시민이면서 거주하는 주의 주민이 된다. 수정헌법 제14조 제1절에는 "미국에서 출생했거나, 귀화한 자 및 미국의 관할권에 속하게 된 사람 모두가 미국 시민이며 거주하는 주의 시민이다. 어떤 주도 미국 시민의 특권 또는 면책 권한을 박탈하는 법을 만들거나 강제해서는 안 된다"고 규정하고 있다.[7] 이 법으로 인해 미국 내에서 출생한 아동이라면 부모의 국적에 상관없이 시민의 지위를 부여받는다.

미국은 시민권제도를 통해 시민권을 부여받은 사람이 그 국가의 국민으로서 각종 권리와 의무의 주체가 되도록 하고 있다. 2019년 약 844,000명의 영주권자를 귀화시켰으며, 2018년 약 762,000명보다 11% 증가하였다.[8] 미국 이민자의 귀화자 수는 매년 지속적으로 증가하는 추세이며, 2010~2019년 사이 연평균 약 730,000명의 이민자가 미국의 시민권을 취득하였다.

국적업무를 담당하는 조직은 법무부 산하 이민서비스국으로 이민신청, 지위변경, 귀화신청, 망명신청, 난민신청과 같은 업무를 수행하고 있다.

미국에서 국적, 즉 시민권을 부여받기 위해서는 ① 미국 본토 또는 미국령 영토에서 출생하였거나, ② 미국인 부모 사이에서 출생하였거나, ③ 귀화하는 방법이 있으며, ④ 아동의 경우 18세 이하일 때 부모의 귀화가 이루어지는 경우 가능하다.

일반적으로 출생과 혈연을 통해 시민권을 부여받는 경우, 거주요건이나 특별한 별도의 자격이 필요하지 않으나 귀화에 의해 시민권을 취득하고자 하는 자는 「이민국적법(Immigration and Nationality Act)」에 근거하여 영주권을 받은 후 5년 동안 미국에 거주하여야 하고, 도덕성이나 소속감, 영어 실력과 미국에 대한 이해 등 일정 요건을 갖추어 시민권을 취득하는 절차를 거쳐야 한다.

미국에서 귀화 절차를 통해 시민권을 취득하는 경우, 다음과 같은 요건을 충족해야 한다.

---

7) 수정헌법 제14조 제1절 원문 일부 "All persons born or naturalized in the United States, and subject to the jurisdiction thereof, are citizens of the United States and of the State wherein they reside. No State shall make or enforce any law which shall abridge the privileges or immunities of citizens of the United States."

8) 출처: DHS Office of Immigration Statistics, Yearbook of Immigration Statistics 2019.

① 법적 성년 기준인 만 18세 이상이여야 함
② 영주권 자격으로 5년 이상(미국 시민권자와 결혼한 경우에는 3년 이상) 미국에 실질적으로 거주하고 있어야 함
③ 듣고, 말하고, 쓰고, 읽기가 가능한 영어 구사력을 갖추어야 함
④ 미국 역사와 정부 구성에 대한 기본 지식이 있어야 함
⑤ 미국 헌법을 지지하고 수호할 의사가 있어야 함
⑥ 도덕성을 갖추어야 함
(도덕적 자질이 없는 것으로 간주 되는 행위에는, 음주 운전을 하거나 정기적으로 술에 취하는 경우와 불법도박, 매춘도 포함되며, 이민 혜택을 얻고자 거짓말을 하는 경우, 법정에서 명령한 자녀 부양금이나 위자료를 지불하지 않는 경우, 인종, 종교, 출신 국가, 정치적 견해, 사회단체 등을 이유로 사람을 박해하는 경우 등을 말함)

특히, 영주자격으로 거주해야 하는 5년의 기간 중 귀화 신청 직전 최소 3개월 이상은 반드시 미국에 거주하고 있어야 하며, 귀화 신청 이후에도 지속적으로 미국에 거주하고 있어야 한다. 또 배우자의 취업과 같이 특정한 사유가 있지 않다면, 6개월 이상 미국 영토가 아닌 곳에 체류 할 경우 귀화심사 시 부적격 사유가 될 수 있다.

귀화허가 결정이 나게 되면, 귀화선서식에서 영주권을 반납하고 충성서약을 한 후, 미국 시민이 되었음을 증명하는 'Certificate of Naturalization'을 받게 된다.

4 영국

영국은 1981년 영국인의 국적과 시민권을 정한 「영국국적법(British Nationality Act)」과 2002년 제정된 「국적 이민 망명법(Immigration, Asylum and Nationality Act)」 등에 근거하여 국적부여와 관련 절차 등을 규정하고 있다.

1981년 영국국적법에서는 영국시민권(British Citizenship), 영국속령시민권(British Dependent Territories Citizenship), 영국해외시민권(British Overseas Citizen)으로 구분하고 명확히 파악되지 않은 소수의 영국보호인(British Protected Person)과 영국신민(British Subject)이라는 특수한 유형과 범위를 규정하였다. 1971년 이전 영국에 입국한 대부분의 아일랜드와 영연방 출신 이민자들에게 완전한 시민권을 부여해주었다

가, 1971년 이민법과 1981년 영국국적법이 제정되며, 이주민의 시민권 취득에 제한을 두었다(Schierup et al., 2006: 117).

영연방시민권(British Commonwealth Citizenship)자의 경우에는 귀화가 아닌 등록(registration)으로 영국 시민권을 취득할 수 있도록 하였다. 최근에는 영국령 시민(British National Overseas: BNO) 여권을 지닌 홍콩 시민에게 영국 특별 비자를 신청할 수 있도록 하였는데, 1997년 홍콩 반환 이전에 태어난 홍콩인들에게 5년 간의 정착 지위(settled status)와 이후 시민권 신청을 허용해주기로 하였다.[9]

현재 영국에서의 시민권은 영국 국민으로서 각종 권리와 의무라 주어지는 것을 말하며, 영국에서의 국적 취득도 선천적 취득과 후천적 취득으로 구분되다. 선천적 취득의 경우, 영국은 속인주의(혈통주의)를 채택하고 있어, 출생자의 부 또는 모가 영국인(시민권자)이거나, 조부모가 영국인인 경우에 시민권을 부여받는다. 다만, 영국에서 태어났다고 자동적으로 시민권이 부여되지는 않으며, 부모의 국적, 태어난 시기(1983년 전후) 등에 따라 시민권을 신청할 수 있는 자격을 다르게 부여받는다. 영국은 이중국적을 허용하고 있다. 이에 원래 국적 국가에서 이중국적을 허용하는 경우, 영국 시민권과 원래 국가의 시민권을 동시에 보유할 수 있다.

영국은 이민자의 후천적 시민권 취득이 필요한 경우 귀화(naturalisation)를 통해 영국의 시민이 되는 방법을 취하고 있으며, 귀화 신청 또는 보다 간소화된 방법인 등록(registration)을 통해 영국 시민권을 취득할 수 있다.

등록을 통해 국적을 취득하기 위한 요건은 ① 영국에서 태어나 10세까지 거주한 미성년자, ② 영국 국외에서 영국 시민 부모에게 출생한 아동, ③ 부 또는 모가 영주권자로 영국에서 출생한 아동 등은 등록(registration)을 통해 시민권을 취득할 수 있다.

이에 해당하지 않은 일반 귀화의 경우 영주권을 취득하고 1년이 지나면 시민권 신청이 가능하며, 신원상 문제가 없고 영주할 의도를 보였음을 증명해야 하는 등의 요건이 있다.

영국의 경우 다른 이민국가와 달리 과거 식민지 국가와의 관계에서 파생되어 부여되는 시민권이나 거주권 문제가 복잡하다. 과거 영국은 인종이나 부모의 혈통과 상관 없이 출생지에 의해 잉글랜드인이 되었으나, 왕의 영지에 스코틀랜드와 아일랜드

9) BBC 2021.1.19 보도자료. 'The Hong Kong migrants fleeing to start new lives in the UK' (https://www.bbc.com/news/world-asia-china-55357495).

가 포함되고, 이후 식민지와 영연방이 추가되며, 연합왕국 밖에서 태어나는 영국부모 아이들의 국적 문제가 발생하며 매우 복잡해졌다(홍석민, 2009: 190).

이러한 문제를 해소하고 영연방국가의 결속력, 영국의 지도력을 강화하기 위하여 「이민법(Immigration Act of 1971)」과 「영국국적법(British Nationality Act of 1981)」 등을 통해 외국인 및 영연방 시민권들의 법적 지위를 정립하고, 거주권과 시민권에 대한 내용을 구체화하였다(김환학 외, 2012). 또 2007년 「영국국경법(UK Borders Act)」, 2009년 「국경, 이민 및 난민법(Borders, Immigration and Asylum)」 이후 영국국경청(UK Border Agency: UKBA)을 설립하는 등을 통해 이민관리를 강화하였다.

영국은 영주권자와 시민권자가 누릴 수 있는 혜택의 차이가 크지 않으나, 영주권자의 경우 해외 장기체류와 선거 참여에 제약이 있다는 점에서 시민권자와 차이가 있다. 영국에서 시민권을 취득하게 되면 영국 국민으로서 권리와 의무를 지게 되며, 최근 매년 10만 명 이상의 외국인들이 시민권을 취득하고 있다. 2020년 기준, 영국 시민권 부여는 130,568건으로 전년 대비 18% 감소하였으며, 영어능력시험을 확대하기 전인 2013년이 208,095명으로 최근 10년 중 가장 많았다.

귀화신청의 경우, 영국은 신청자가 시민권을 취득하기 위해서 필요한 조건을 갖추었는지를 검토한 후, 영어능력시험점수(또는 영어권 국가 대학 졸업증명서/영어권 국가 시민증명-여권)와 Life in the UK Test 통과서류, 영국 시민권자 추천서, 지난 5년 간 거주를 증명할 수 있는 여권(결혼이민자는 3년) 등 필요 구비서류를 갖추어 우편을 통해 담당부서로 송달한다(온라인 신청도 가능).

시민권 신청 후 평균적으로 2~4개월이 지나면 승인 여부를 확인할 수 있고, 승인이 될 경우 이민국으로부터 시민권 승인레터라 할 수 있는 선서식 초청장(Citizenship invitation)을 받게 된다. 승인 후 시민권 수여식에 참여하여 선서를 하고 시민권 증서(certificate of naturalisation)를 받으면 정식으로 시민권자로서의 법적 지위를 부여받는다.

영국 시민권을 신청하기 위해서는 다음의 11가지 기본 요건을 갖추어야 한다.

① 18세 이상 성인
② 영주권을 취득하고 1년이 경과한 사람(신청하기 전 최소 5년 영국에서 거주, 결혼이민자는 최소 3년 거주)

③ 최근 1년 간 90일 이상 해외에 거주하지 않았을 것
④ 5년 간 450일 이상을 해외에 체류하지 않았을 것(결혼이민자는 3년 간 270일)
⑤ 공무로 인한 해외 근무를 하고 있는 영국인의 배우자는 영국 내 거주기한 요건이 적용되지 않음
⑥ 영국에 계속 거주할 계획, '공무로 인한 해외근무' 또는 영국 회원국인 국제기구 근무, 영국계 회사 또는 영국 관련 기업에서 근무할 계획이 있어야 함
⑦ 건전한 정신의 소유자(not be of unsound mind)
⑧ 좋은 성격(good character)의 소유자(영국인 2명의 추천서 필수)
⑨ 대화가 가능할 정도의 충분한 언어실력
⑩ 영국에 대한 충분한 지식
⑪ 전과자의 경우 법정기관 경과

제6절 결론

이상에서 국적과 시민권, 한국의 국적제도, 귀화에 의한 국적 취득과 그 요건들에 대해서 살펴보았다. 서술한 내용들에서 확인하였지만 국적을 갖는다는 의미를 바르게 이해하기 위해서는 국적과 시민권의 보유가 인간이면 누구나 가져야 할 본원적 권리의 항목임을 전제하여야 한다. 개인은 국가의 국적을 보유하여야만 국민으로서의 권리를 향유할 수 있다. 따라서 모든 개인은 국가에 소속될 수 있는 권리를 가져야 하고 동시에 국적선택의 자유도 누릴 수 있어야 한다. 문제는 국가가 가지고 있는 국적부여 주체로서의 강력한 지위와 개인이 국적을 가질 수 있고 선택할 수 있다는 지위가 서로 균형적이지 못하다는 것이다.

각국의 국적제도는 일견 UN 인권선언이 요구하고 있는 국적 소유의 인권개념을 지지하고 있지만 현실에서는 이를 완전하게 보장하지 못하고 있다. 국적과 관련해서 개인들이 겪는 어려움은 때로는 매우 심각한 수준의 고난이어서 국적은 누구나 가지는 권리라는 개념을 무색하게 한다. 정변과 전쟁, 기후변화 등으로 인한 난민의 증가와 인구이동은 불가피하게 국적의 변동, 이동 또는 무국적을 수반한다. 또 국가들마

다 다른 국적부여 제도와 사회·정치적 환경도 국적제도의 상호 보편적 운영에 걸림돌이다. 이러한 이유들로 국적정책과 귀화 관련 법제도는 국가와 국민, 그리고 국제사회에서 개인 인권의 버팀목 역할까지도 요구한다.

대한민국의 국적제도와 함께 외국의 국적제도를 살펴보고, 각국이 갖고 있는 정책의 배경과 경과, 그리고 국적 취득 요건의 특징을 비교해 보면 국적부여 및 귀화 허가를 위한 포용성의 한계가 매우 넘기 힘든 과제임을 알 수 있다. 그럼에도 불구하고 국적과 귀화제도는 국제법이 안고 있는 이론과 절차적 한계를 한 계단 한 계단 해결해나가면서 개인 권리의 실질적인 옹호 역할을 위해 계속해서 발전시켜야 한다.

참고문헌

국가인권위원회 홈페이지(2024). 『세계인권선언』, UN 인권최고대표사무소의 한글 번역본.

권경득 외(2021). 『시민권 · 정치참여분야의 다문화정책 수단 연구』. 다문화국가의 사회융합을 위한 정책수단 비교연구 총서. 선문대학교 정부간관계연구소.

김태환(2022a). 『다문화사회와 한국이민정책의 이해』(개정판). 서울: 집사재.

김태환(2022b). 『이민법제론』. 고양: 대영문화사.

김태환 · 권향원 · 박미정 · 황복선 · 김화영 · 강승엽(2021). 『귀화면접심사제도 연구 및 심사문항개발』. 법무부.

대런 애쓰모글루 · 제임스 A. 로빈슨 지음, 최완규 옮김(2021). 『국가는 왜 실패하는가』. 서울: 시공사.

박찬운(2012). 『인권법의 신동향』. 서울: 한울.

유혁수 · 권철 · 강광문(2021). 『일본법 강의』. 서울: 박영사.

이준일(2007). 『차별금지법』. 고려대학교 출판부.

제임스 S. 피시킨 지음, 박정원 옮김(2020). 『숙의 민주주의』. 서울: 한국문화사.

함재봉(2021). 『한국 사람 만들기』. H 프레스.

CHAPTER 08

이민정책의 거버넌스

이성순

제1절 서론

2006년 4월 26일 제74회 국정과제 회의에서 '혼혈인 및 이주자의 사회통합 기본방향'과 '여성결혼이민자 가족의 사회통합 지원대책'이 수립되고 2007년 법무부의 하부조직으로서 출입국·외국인정책본부가 신설되어 외국인정책이 추진되고 있다. 중앙정부 15개 부처, 1개 위원회, 3개 청이 이민정책을 구현함으로써 이민자 대상 유사중복지원의 문제, 범부처의 지원으로 인한 분절적 지원문제, 예산집행에 있어 비효율성의 문제, 조정기제의 미작동 문제 등이 대두되면서 이민정책의 통합·조정을 위한 총괄기구의 설립과 거버넌스의 필요성이 쟁점화되고 있다.

법무부와 그 소속기관 직제를 근간으로 발족된 출입국·외국인정책본부는 외국인정책 기본계획과 시행계획의 수립 및 점검·평가업무 총괄, 출입국·외국인정책본부 소관 법령의 입안에 관한 사항, 중앙행정기관 및 지방자치단체와의 외국인정책에 관한 협의·조정 등을 포함하여 26여 개 업무를 수행하고 있다. 하지만 이민자 유입의 확대와 그에 따른 사회통합정책, 미래지향적 이민정책 구현에 있어 현재의 조직과 인력으로는 업무 수행에 있어 제한적이므로 이민정책의 입안·심의·조정 역할을 전담할 수 있는 이민행정기관의 설립과 그에 따른 제도적 기반 마련이 요구된다.

이 점에서 이 장은 이민정책의 거버넌스 구축 방안을 도출하기 위해 제2절에서는 이민정책의 현황과 이민정책의 추진조직, 이민정책의 집행체계 등 한국의 이민정책에 관하여 살펴보고, 제3절에서는 중앙정부 부처, 이민 관련 정책위원회, 광역·기초자치단체의 이민정책 기버넌스 실제에 관하여 살펴보기로 한다.

제4절에서는 외국인정책 기본계획과 외국인정책 시행계획의 대부분이 외국인정책위원회 간사부처 및 중앙정부 부처 중심으로 수립·결정되는 실제에 관하여 살펴보고, 제5절에서는 이민정책 컨트롤 타워 설립, 이민통합법 제정, 국무총리 소속 이민 관련 정책위원회의 정비 및 기능 강화, 가칭 이민청과 중앙정부 부처 간의 협력, 이민청과 광역·기초자치단체 간의 협력방안에 관하여 살펴보기로 한다.

제2절 이민정책 추진체계

1 이민정책의 현황

한국의 경제적 위상이 변화하고 세계화에 따른 노동과 자본의 국제이동이 활발해지면서 국내 이주민 유입이 증가하였다. 정부는 국제이주기구(International Organization for Migration)의 이민정책 정의[1]에 따라 내·외국인의 출입국관리를 포함한 국경관

1) 이민정책이란 국가가 내국인과 외국인의 이출과 이입을 관리함으로써 인구 이동의 양과 질을 통제하는 정책이다.

리와 국내거주하는 이주민의 체류관리정책, 사회통합정책을 구현하고 있다.

정부 수립 이후 출입국관리 업무 수행을 위해 정부는 1949년 외국인의 입국・출국과 등록에 관한 법률을 제정하고 그 업무를 외무부 의전과에서 수행하도록 하였다. 1961년 외국인의 출입국과 등록, 국적부여 업무가 외무부에서 법무부로의 이관, 1963년 출입국관리법 제정, 1970년 법무부 내 출입국관리국이 출범하면서 출입국행정체제가 갖추어지게 되었다.[2)]

1980년대까지 이민정책이 법무부와 외교부를 중심으로 국민의 해외이주와 해외노동자 파견을 보조하고 지원하는 출국이민정책이었지만 1990년 이후 그 사정은 바뀌었다. 1992년 난민의 지위에 관한 협약[3)]과 난민의정서[4)]에 가입하고, 그 이듬해인 1993년에는 출입국관리법 개정[5)]을 통하여 출입국관리법에 난민인정 조항과 난민인정 절차를 적시하였다. 1998년에 출범한 김대중 정부가 재외동포의 출입국과 법적 지위에 관한 법률(1999)을 제정[6)]하고, 2003년 출범한 노무현 정부가 외국인의 처우개선과 인권옹호에 중점을 두게 되면서 통제 및 관리 중심의 외국인정책이 새로운 전환기를 맞이하였다.

2003년 외국인근로자의 고용 등에 관한 법률이 제정되면서 2004년 고용허가제가 시행되었고, 2006년 대통령이 주재한 제1차 외국인정책회의의 결정에 따라 2007년 출입국・외국인정책본부의 발족과 함께 재한외국인 처우 기본법(약칭 외국인처우법)이 제정되었다. 뿐만 아니라 국내 체류하는 결혼이민자가족의 급증에 따른 가정폭력 및 국제결혼 중개로 인한 인권침해 등이 사회문제로 대두되면서 2008년 다문화가족지원법과 결혼중개업의 관리에 관한 법률이 제정되었다. 2009년 출범한 대통령 소속 사회통합위원회는 10가지 프로젝트의 하나로 외국인・결혼이민자 동행 프로젝트를 선정하고, 법무부와 여성부 등 관계부처와의 협조 하에 이민자 사회통합 업무를 추진하

2) 이에 대해서는 제1장 참고.
3) 국제협약으로 1951년에 발효되었고, 1951년 1월 1일 이전 발생 난민을 지원 대상으로 한다.
4) 국제협약으로 1967년에 발효되었고, 1951년 1월 1일 이후 난민을 지원 대상으로 한다.
5) 1993년 12월 10일자 제76조의2(난민의 인정), 제76조의3(난민인정의 취소), 제76조의4(이의신청), 제76조의5(난민여행증명서), 제76조의6(난민인정증명서 등의 반납), 제76조의7(난민에 대한 체류허가의 특례) 등 본조가 신설되었다.
6) 이 법률에는 정부 수립 이전 이주 동포인 중국동포 및 구소련동포가 적용 대상에서 제외되었으나 2001년 헌법재판소(자99헌마494) 불합치선고에 따라 2001년부터 중국교포와 구소련동포도 법률의 적용을 받게 되었다(이성순, 2023a: 188).

였다.

2010년에는 국제조류와 국익의 관점에서 복수국적을 제한적으로 허용하는 등 국적법이 전향적으로 개정되었고, 난민의 지위에 관한 협약 등 국제법과 국내법의 조화와 인권선진국으로서의 초석이 되는 난민법(2012)이 제정되었다. 이와 같이 우리나라는 1948년 노동중심의 출국이민정책에서 출발하여 점차 외국인근로자 유입에 따른 외국인력활용정책, 외국인근로자들의 정주화 확대, 영주이민과 일시적 이민과 같은 순환이민의 증가뿐만 아니라 이주의 여성화 현상으로서의 돌봄인력 증가에 따른 사회통합정책 등을 포함한 다양한 이민정책 등으로 확대·추진하고 있다.

2 이민정책 추진 중앙정부 부처

한국의 이민정책의 특징은 다양한 부처에서 이민정책을 추진하는 점이다. 이민정책의 추진조직은 19개 기관(15개 부처, 1개 위원회, 3개 청)이고, 이 기관들은 기관별 고유업무 영역 내에서 이민 관련 업무를 부분적으로 수행하고 있다. 15개 부처 가운데 고용노동부는 고용허가제도를 총괄하고 외국인 도입·체류관리·귀국지원 등의 업무는 한국산업인력공단을 통하여 수행하며 외국인주민의 노무 관련 업무는 고용관서를 통하여 추진하고 있다.

국방부는 다문화가정 출신 장병[7]이 2010년 51명에서 2022년 2,341명(현역자원 213,735명 대비 1.1%)으로 증가하면서 다문화 장병을 위한 병영환경 조성 등의 업무를 추진하고, 국토교통부는 공항과 항만의 출입국관리 인프라 개선 및 건설업 외국인근로자 관리 등의 업무를 추진하고 있다.

과학기술정보통신부는 IT분야 우수 외국인 과학기술자 유치 및 외국인 대상 정보통신 교육 등을 담당하고 교육부는 국내 출생기반의 다문화학생과 이주배경 아동·청소년 지원, 외국인 유학생 유치기반 조성 및 교육국제화 역량 인증제 관리 등의 업무를 추진하고 있다.

7) 2009년 병역법 개정으로 대한민국 국적을 보유한 사람은 인종과 피부색에 관계없이 병역의무를 갖게 되면서 한국인과 외국인의 결혼으로 형성된 국제결혼 가정에서 출생한 경우 현재 병역의무를 수행 중이다(홍숙지, 2024: 5).

농림축산식품부는 여성농업인 역량 강화 및 농촌 거주 외국인근로자 지원 업무를 추진하고, 문화체육관광부는 국민과 이민자의 쌍방향 문화 다양성 프로그램을 운영하며, 법무부는 출입국 관련 업무, 이민자 사회통합정책, 난민 및 국적업무 등 외국인정책 업무를 총괄하고 있다.

보건복지부는 거주 외국인 대상 사회보장제도 운영 및 아동 보육정책, 건강정보 제공 등의 업무를 추진하고, 산업통상자원부는 외국인 전문인력 유치 및 외국인 투자 유치 정책을 추진하고 있다.

여성가족부는 다문화가족 정책을 총괄하는데 결혼이민자 정착 지원 및 이주배경 아동 · 청소년 지원, 국제결혼중개업체 관리 업무 등을 추진하고, 외교부는 외국인 유입 촉진 업무, 재외국민과 재외동포 관련 업무, 거주 외국인의 출신국과의 외교 업무 등을 담당하고 있다.

중소벤처기업부는 외국인 전문인력 유치 · 채용지원, 외국인 창업지원, 중소기업 외국인근로자 고용지원 업무를 하고, 해양수산부는 어업 외국인근로자 관리 및 인권 보장 관련 업무를 추진하고 있다.

방송통신위원회는 내국인의 문화적 수용성 제고를 위해 다문화 관련 방송프로그램 제작 지원 업무를 담당하고, 경찰청은 외국인 범죄 및 치안관리, 운전면허 학과 교육 및 정착지원 등의 업무를 담당하며, 해양경찰청은 외국인 밀입국 단속 및 국경관리 업무를 추진하고 있다.

중앙정부 부처별 주요 이민정책은 〈표 8-1〉과 같다.

표 8-1 중앙정부 부처별 주요 이민정책

중앙정부 부처	정책 영역	정책대상	주요 이민정책
고용 노동부	고용	외국인근로자, 결혼이민자, 외국인주민	• 외국인근로자 고용허가, 직장적응 사회적응 지원 • 기업의 외국인력 도입체계 관리 • 결혼이민자 취업 지원 • 이민자 직업 교육 훈련 지원
국방부	국방	다문화 장병	• 다문화 장병을 위한 병영환경 조성
국토교통부	기반시설	입국 외국인, 외국인근로자	• 공항 항만 출입국관리 시설 개선 • 건설업 외국인근로자 관리
과학기술 정보통신부	인력	해외 전문인력, 외국인주민	• 우수 외국인 과학기술자 유치 • 외국인 대상 정보통신 서비스 제공

교육부	교육인적 자원개발	다문화 학생, 외국인 유학생	• 다문화 학생, 이주배경 아동 · 청소년 교육 지원 • 우수 외국인 유학생 유치기반 조성 • 외국인 유학생 관리 및 활용 강화기반 확충
농림축산 식품부	인력, 농업인 교육 훈련	농촌 다문화가족, 외국인근로자	• 농촌 결혼이민자와 가족 지원 • 이주여성 농업인 맞춤형 영농교육 • 농촌 외국인근로자 지원
문화체육 관광부	문화, 체육, 예술, 관광	국민, 외국인주민	• 국민과 이민자의 쌍방향 문화 다양성 프로그램 확대 • 이민자 대상 한국어 교육
법무부	출입국, 국적, 이민	재한외국인, 국적 취득자	• 외국인정책 총괄 • 출입국 관련 업무, 외국인 체류관리, 심사, 강제퇴거 • 이민자 사회통합 정책 • 난민 및 국적업무
보건복지부	사회복지	외국인근로자, 다문화가족	• 외국인근로자 · 다문화가족 복지 증진, 사회보험, 공공부조 제도 운용 • 외국인 다문화가족 아동 보육 정책 • 이민자에게 건강 정보 제공
산업통상 자원부	인력, 투자	해외 전문인력	• 외국인 전문인력 유치 • 외국인 투자 유치 정책
여성가족부	성평등, 여성인권	다문화가족	• 결혼이민자 정착 지원 등 다문화가족 정책 총괄 • 이주배경 아동 · 청소년 지원 • 국제결혼중개 관련 신상정보 제공, 피해자 보호
외교부	외교	체류외국인	• 외국인 유입 촉진 • 재외동포 관련 업무(재외동포정책위원회 운영) • 다문화가족의 결혼 · 이혼 문제 해결 방안 모색
중소벤처 기업부	인력, 투자	해외 전문인력, 외국인근로자	• 외국인 전문인력 유치 및 채용 지원, 외국인 창업 지원 • 중소기업 외국인근로자 고용 지원 • 외국인 투자 유치 정책
해양수산부	인력	어업 외국인근로자	• 어업 외국인근로자 관리 • 어업 외국인근로자 인권보장
행정안전부	지방행정	외국인주민	• 지방자치단체 외국인정책 지원 • 지역사회 주민으로서의 외국인주민 정착 지원 • 외국인 범죄 및 외국인 밀집 거주지역 생활환경 개선
방송통신 . 위원회	방송 통신	재한외국인	• 다문화 관련 방송프로그램 제작 지원
경찰청	치안	재한외국인	• 외국인 범죄 관리 및 치안 활동 강화 • 운전면허 학과 교육 등 안전한 정착 지원
해양경찰청	치안	입국 외국인	• 외국인 밀입국 단속, 국경관리
재외동포청	동포	체류 외국국적 동포	• 재외동포 지원 확대 및 모국과의 유대 강화

자료: 권채리(2020: 180-181) 재구성.

3 이민정책의 집행체계

이민정책의 집행체계는 정책 대상별 집행체계가 상이한 점이 특징이다. 법무부와 행정안전부는 재한외국인과 외국인주민을 대상으로 각각 정책을 추진하고 여성가족부는 다문화가족, 고용노동부는 외국인근로자, 교육부는 다문화학생 대상 고유 기능에 따른 정책을 수행하고 있다.

법무부는 각 지방 출입국·외국인청(사무소)을 통하여 정책을 직접 집행하고, 이민자 사회통합프로그램의 경우 사회단체·대학·복지관 등 300여 개 거점·일반운영기관을 통하여 위탁운영하고 있다.

여성가족부는 지방자치단체에 다문화가족 지원 사무를 위임한 후 각 지방자치단체가 다문화가족지원센터를 설립하여 직접 운영하거나 민간단체를 통하여 위탁운영하고 있다.

고용노동부는 전국 각 지역에 있는 95개 고용센터를 통하여 외국인 고용허가 업무를 수행하는 한편, 한국산업인력공단을 통해 외국인력지원센터·외국인력상담센터를 위탁운영하고 있다. 2024년 외국인력지원센터의 운영이 중단되면서 상담은 고용노동청, 한국어교육과 기술교육은 한국산업인력공단을 통하여 수행하고 있다.

교육부는 다문화교육 지원계획 수립 등 다문화학생 정책을 수립할 뿐 전달체계를 직접 통제하지 않고 교육자치가 이루어지는 16개 지방교육청, 전국의 초·중·고등학교와 다문화교육지원센터 등이 다문화 학생 대상 적응지원 정책을 수행하고 있다.

행정안전부 역시 외국인주민정책을 입안하지만, 집행은 광역·기초자치단체를 통하여 수행하고 있다.

기초자치단체가 설립한 전국 58개의 외국인지원센터는 지방자치단체가 직접 운영하는 사례도 있지만 대부분 민간기관을 통해 위탁운영되고 있다.

정책 대상별 이민정책의 집행체계는 [그림 8-1]과 같다.

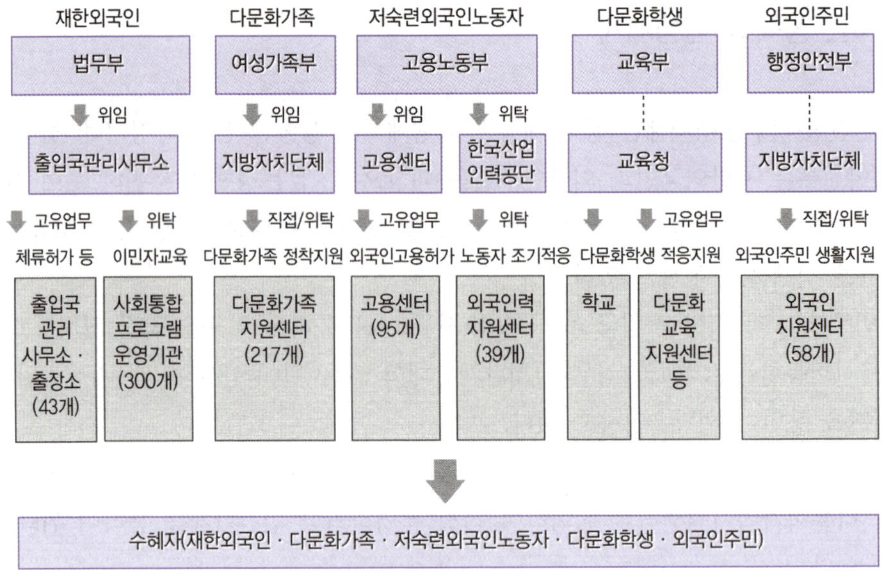

자료: 행정자치부(2016).

그림 8-1 정책 대상별 이민정책 집행체계

[그림 8-1]에서와 같이 이민정책 집행체계의 특징은 중앙부처가 이민자 사회통합 관련 일부 과제만 수행하고, 사회단체 · 대학 · 복지관 등 공공기관과 민간단체를 통하여 위탁운영되는 점이다. 이민정책을 특정 중앙정부 부처가 아니라 여러 중앙정부 부처, 지방자치단체, 민간단체와 협력체계를 구축하여 추진하는 것은 이민자 통합정책의 주류화(mainstreaming immigrant integration policy) 또는 이민자 통합정책의 탈중심화(decentralizing immigrant integration policy)의 관점에서 고무적이라고 할 수 있다.

하지만 전달체계의 복잡성으로 인하여 중앙정부 부처 간 연계 및 조정상의 한계를 초래할 수 있고 이민정책 추진 관련 전담부서가 부재한 지방자치단체의 경우 형식적인 집행 결과를 낳을 수 있다(설동훈, 2017: 98). 뿐만 아니라 지역단위의 집행기구가 있다 할지라도 지역적 특수성을 반영하기보다는 획일적인 서비스를 수행하는 한계, 지역 차원의 관 · 민의 협력 도출과 연계의 문제, 정책결정 과정에서의 우선순위 왜곡 등의 문제가 발생할 수 있다.

이민자 통합정책의 주류화 접근에 있어서 중앙정부 부처 중심의 정책보다는 다양한 행위자들, 특히 지방자치단체들과 민간의 참여가 중시되어야 할 것이다. 이는 유럽연합의 회원국들이 중앙정부 주도의 이민정책에서 탈피하여 지방자치단체 중심의 상호문화주의 정책으로 전환하려는 움직임과 같은 맥락이라고 할 수 있다.

제3절 이민정책의 거버넌스 실제

거버넌스(governance)의 개념은 다양하게 정의되고 있으나 행정학 분야에서의 거버넌스는 공공부문과 민간부문의 행위자들이 협력적 네트워크를 구성하여 사회의 공공목표를 달성하고 공적 문제를 해결하는 과정으로 협력과 협치로 규정된다.

이민정책 거버넌스란 중앙정부, 지방정부, 기업, 대학, 시민단체, 지역주민, 이민자 등이 민관협력의 정책 네트워크를 구성하여 지역이 갖고 있는 다문화사회의 과제와 문제를 해결하는 방식으로 규정된다. 기존의 정부 주도의 계층제 방식으로는 정책의 중복성, 조직 중심의 폐쇄성, 집행체계의 복잡성, 조정기제의 미작동의 문제를 해소하는 데 있어 제한적이다. 이에 이민정책 거버넌스 참여자 가운데 중앙정부 부처, 이민 관련 정책위원회, 광역 · 기초자치단체의 거버넌스 실제에 관하여 살펴보기로 한다.

1 중앙정부 부처

외국인이 대한민국으로 입국하여 체류, 정착하는 과정에서 출입국관리 부분은 법무부가 담당하고 있다. 그 외 외국인이 체류하는 과정에 있어 취업허가, 체류자격의 변경, 강제퇴거 조치 등 이의신청의 사안이 발생하고 장기체류하는 이민자 대상의 교육, 복지를 비롯한 사회통합정책이 요구되어 그 성격상 다수의 부처가 이민정책에 관여하고 있다. 이민정책 추진에 있어서 핵심 부처는 법무부와 고용노동부, 여성가족부로서 부처 간의 역할과 조정의 문제는 지속적으로 쟁점화되고 있다.

법무부의 소관 법률인 외국인처우법에서 재한외국인이란 대한민국의 국적을 가지지 아니한 자로서 대한민국에 거주할 목적을 가지고 합법적으로 체류하고 있는 자를 말한다. 재한외국인에 대한 처우란 국가 및 지방자치단체가 재한외국인을 그 법적 지위에 따라 적정하게 대우하는 것을 말하고, 결혼이민자란 대한민국 국민과 혼인한 적이 있거나 혼인관계에 있는 재한외국인임을 적시하고 있다(제2조 정의). 법무부는 외국인정책 기본계획의 수립, 시행계획 수립 및 추진실적에 대한 평가, 위원회 및 실무위원회 구성·운영과 재한외국인의 처우 문제, 국민과 재한외국인이 더불어 살아가는 환경 조성 등의 업무를 수행하고 있다.

여성가족부의 소관 법률인 다문화가족지원법은 다문화가족을 결혼이민자와 대한민국 국적을 취득한 자로 이루어진 가족으로 명명하고, 결혼이민자 등이란 다문화가족의 구성원으로서 결혼이민자, 귀화허가를 받은 자, 아동·청소년은 24세 이하인 자로 정의하고 있다(제2조 정의). 여성가족부는 다문화가족 지원을 위한 기본계획 수립과 연도별 시행계획 수립·시행, 실태조사를 실시하고 다문화가족에 대한 이해증진, 생활정보 제공 및 교육지원, 평등한 가족관계의 유지를 위한 조치, 가정폭력 피해자에 대한 보호·지원, 의료 및 건강관리를 위한 지원, 아동·청소년 보육 및 교육, 다국어에 의한 서비스 지원 등을 위해 다문화가족지원센터의 설치·운영 업무를 담당한다.

고용노동부의 소관 법률인 외국인근로자의 고용 등에 관한 법률은 외국인근로자를 대한민국의 국적을 가지지 아니한 사람으로서 국내에 소재하고 있는 사업 또는 사업장에서 임금을 목적으로 근로를 제공하고 있거나 제공하려는 사람(제2조 정의)으로 정의하고 출입국관리법 제18조 제1항[8]에 따라 취업활동을 할 수 있는 체류자격을 받은 외국인 중 취업 분야 또는 체류기간 등을 고려하여 대통령령으로 정하는 사람은 제외하고 있다. 고용노동부는 외국인근로자 도입계획의 공표,[9] 외국인근로자 고용허가, 근로계약, 취업교육, 사용자교육 등의 고용절차, 귀국에 필요한 조치 및 재입국 취업의 제한 등 외국인근로자의 고용관리, 차별금지 및 외국인근로자 관련 단체 등에

8) 제18조(취업활동기간의 제한) 외국인근로자는 입국한 날부터 3년의 범위에서 취업활동을 할 수 있다.

9) 매년 3월 31일까지 대통령령으로 정하는 방법으로 공표하여야 하고 2024년 외국인근로자(E-9) 도입 규모는 165,000명이다.

대한 지원 등 외국인근로자 보호 등의 업무를 추진하고 있다.

2 이민 관련 정책위원회

이민 관련 정책위원회는 외국인정책위원회, 다문화가족정책위원회, 외국인력정책위원회, 재외동포정책위원회, 문화다양성위원회 등이 있다. 정책위원회는 각 부처의 소관 법령을 근간으로 해당 정책 분야를 심의·의결하지만 외국인 체류 유형별 유사한 정책의 수립 문제, 정책 대상의 중복 문제, 정책 조정의 부재 문제 등이 제기되어 왔다.

외국인처우법 제8조 외국인정책위원회는 외국인정책에 관한 주요 사항을 심의·조정하기 위한 국무총리 소속의 위원회로서 정책위원회는 외국인정책의 기본계획의 수립에 관한 사항, 외국인정책의 시행계획 수립, 추진실적 및 평가결과에 관한 사항, 재한외국인 사회적응에 관한 주요 사항 등에 대하여 심의·의결하며 위원회는 위원장 1인을 포함한 30인 이내의 위원으로 구성된다.

다문화가족지원법 제3조의4 다문화가족 정책위원회는 다문화가족의 삶의 질 향상과 사회통합에 관한 사항을 심의·조정하기 위한 국무총리 소속의 위원회로서 정책위원회는 심의·조정 역할을 담당한다. 심의사항으로서는 다문화가족정책에 관한 기본계획의 수립 및 추진에 관한 사항, 다문화가족정책의 시행계획의 수립, 추진실적 점검 및 평가에 관한 사항, 다문화가족과 관련된 각종 조사 연구 및 정책의 분석·평가에 관한 사항, 각종 다문화가족 지원 관련 사업의 조정 및 협력에 관한 사항, 다문화가족정책과 관련된 국가 간 협력에 관한 사항, 그 밖에 다문화가족의 사회통합에 관한 중요사항으로 위원장이 필요하다고 인정하는 사항 등에 관하여 심의·의결하고, 위원회는 위원장 1명을 포함한 20명 이내의 위원으로 구성된다.

외국인근로자의 고용 등에 관한 법률 제4조 외국인력정책위원회는 외국인근로자의 고용관리 및 보호에 관한 주요 사항을 심의·의결하기 위한 국무총리 소속의 위원회로서 정책위원회는 외국인근로자 관련 기본계획의 수립에 관한 사항, 외국인근로자 도입 업종 및 규모 등에 관한 사항, 외국인근로자를 송출할 수 있는 국가의 지정 및 지정 취소에 관한 사항, 외국인근로자의 취업활동기간 연장에 관한 사항, 그 밖에 대통령령으로 정하는 사항에 관하여 심의·의결하고 위원회는 위원장 1명을 포함한 20명 이내의 위원으로 구성된다.

재외동포기본법 제10조 재외동포정책위원회는 재외동포정책의 종합적·체계적인 추진과 그에 따른 주요 사항을 심의·조정하기 위한 외교부장관 소속의 위원회로서 정책위원회는 기본계획의 수립·시행에 관한 사항, 시행계획의 수립·시행 및 평가에 관한 사항, 재외동포정책 관련 중앙행정기관 간 협조 및 조정에 관한 사항, 재외동포정책과 관련하여 국민 참여 및 민·관 협력 등에 관한 사항, 그 밖에 위원장이 중요하다고 인정하는 사항 등에 관하여 심의·조정하는 역할을 하고 위원회는 위원장 1명을 포함한 25명 이내의 위원으로 구성된다.

문화다양성의 보호와 증진에 관한 법률 제7조 문화다양성위원회는 문화다양성 보호와 증진 관련 정책 사항을 심의·조정하기 위한 문화체육관광부장관 소속의 위원회로서 정책위원회는 기본계획의 수립 및 변경에 관한 사항, 기본계획의 이행 평가에 관한 사항, 문화 다양성 실태조사에 관한 사항, 연차 보고에 관한 사항, 문화다양성 보호와 증진을 위한 관계부처 간 협조 및 업무조정에 관한 사항, 문화다양성 보호와 증진을 위한 국가 간 협력에 관한 사항, 그 밖에 위원장이 문화다양성 보호와 증진을 위한 정책과 관련하여 위원회의 심의·조정이 필요하다고 인정하는 사항 등을 심의·조정하는 역할을 담당한다. 위원회는 위원장 1명을 포함한 20명 이내의 위원으로 구성된다.

이민 관련 정책위원회는 〈표 8-2〉와 같다.

표 8-2 이민 관련 정책위원회

구분	외국인정책 위원회	다문화가족정책 위원회	외국인력정책 위원회	재외동포정책 위원회	문화다양성 위원회
위원장	국무총리	국무총리	국무조정실장	외교부장관	문화체육부장관
실무 위원장	법무부장관	여성가족부장관	고용노동부장관	재외동포청장	문화정책관
소관 법률	재한외국인 처우 기본법 제8조	다문화가족지원법 제3조의4	외국인근로자의 고용 등에 관한 법률 제4조	재외동포 기본법 제10조	문화다양성의 보호와 증진에 관한 법률 제7조

주요 목적	재한외국인에 대한 처우개선	다문화가족의 사회통합과 삶의 질 향상	외국인노동자의 체계적인 도입 및 관리	재외동포 사회와 한국 발전을 위한 환경 조성	문화다양성 보호와 증진
정책 대상	재한외국인과 국적 취득자 (3년 이내)	결혼이민자/혼인 귀화자 또는 그 자녀(24세 이하 아동・청소년)로 이루어진 가족	국내에서 임금을 목적으로 근로를 제공하고 있거나 제공하려는 외국인	재외국민과 재외동포	문화적 소수자 집단

3 광역・기초자치단체

중앙정부 부처 중심으로 이민정책 기본계획이 수립되고 광역・기초자치단체는 중앙행정기관이 수립한 시행계획에 준하여 시행계획을 수립하게 된다. 외국인처우법 제3조 국가 및 지방자치단체는 재한외국인이 대한민국 사회에 적응하여 개인의 능력을 충분히 발휘할 수 있도록 하여야 한다는 동법 제1조[10]의 목적을 달성하기 위하여 재한외국인에 대한 처우 등에 관한 정책을 수립・시행하여야 한다고 적시하고 있다.

다문화가족지원법 제3조에도 국가와 지방자치단체는 다문화가족 구성원이 안정적인 가족생활을 영위하고 경제・사회・문화 등 각 분야에서 사회구성원으로서의 역할과 책임을 다할 수 있도록 필요한 제도와 여건의 조성, 이를 위한 시책의 수립과 시행을 전제하고 있다.

이에 광역・기초자치단체별 어떤 조례와 어떤 조직을 통하여 이민정책을 구현하는지 살펴보기로 한다.

첫째, 조례와 관련하여 행정안전부는 지방자치단체에 거주하는 외국인주민이 급증하게 되면서 2006년 10월 거주 외국인 관련 표준조례안을 작성하여 각 지자체에 배포하고 2008년 '거주외국인'이라는 명칭을 '외국인주민'으로 변경하였다. 또한 외국인처우법에 따른 외국인주민지원 조례, 다문화가족지원법에 따른 다문화가족지원 조례를 통합하는 표준조례안을 작성하여 2012년 4월 각 지자체에 통합표준조례의 제정

10) 제1조(목적) 이 법은 재한외국인에 대한 처우 등에 관한 기본적인 사항을 정함으로써 재한외국인이 대한민국 사회에 적응하여 개인의 능력을 충분히 발휘할 수 있도록 하고, 대한민국 국민과 재한외국인이 서로를 이해하고 존중하는 사회 환경을 만들어 대한민국의 발전과 사회통합에 이바지함을 목적으로 한다.

을 권고하였다.

통합표준조례안의 제1장 총칙은 조례의 목적, 용어 정의, 외국인주민 및 다문화가족의 지위, 지방자치단체의 책무, 지원계획의 수립, 지원 대상 및 범위에 관한 내용이고, 제2장은 협의회의 설치, 협의회의 기능과 위원장 선출, 협의회에서 의견을 청취하는 방법과 위원수당 등에 관한 내용이다. 제3장은 지자체의 외국인주민 관련 정책에 참여하는 기구와 방법을 제시하였는데, 외국인주민 자문회의 설치, 자문회의의 기능과 외국인주민의 공무원 채용과 통・리・반장의 위촉, 외국인주민의 지역사회 봉사활동 참여에 관한 내용이다. 제4장은 지원 시책사업의 주요 내용을 명시하고 있는데, 외국인주민 집중거주지역 환경개선, 민・관서비스 연계 및 협력체계 구축, 외국인주민통계 등 현황조사, 시책사업을 위한 예산 편성과 관계기관의 협조, 외국인주민 지원센터의 지정, 관련 통계 작성 및 실태조사, 업무의 위탁, 지원단체에 대한 지원, 세계인의 날 운영과 포상 등에 관한 내용이다.

행정안전부의 통합표준조례안을 모든 지자체가 제정・운영하는 것은 아니지만 2024년 4월 기준 17개 시・도, 225개 시・군・구 가운데 147개 지자체에서 다문화가족지원 조례를 제정하였고, 88개 지자체는 외국인주민지원 조례를 제정하였으며, 78개 지자체는 외국인주민 및 다문화가족지원 조례를 제정하여 적용하고 있다(국가법령정보센터 홈페이지).

둘째, 조직과 관련하여 광역・기초자치단체별 이민정책을 담당하는 부서는 다양하다. 주요 실국으로서는 여성가족정책실, 여성가족국, 청년여성교육국, 복지국, 복지보훈여성국, 보건복지국, 양성평등가족정책관, 여성가족정책관, 복지여성보건국, 인구청년이민기획단, 여성아동정책관, 복지여성국, 보건복지가족국 등이다.

최근 광역・기초자치단체별 외국인정책을 담당하는 부서를 신설하거나 부서의 명칭을 변경 중에 있다. 서울의 경우 외국인다문화정책팀, 대구의 가족다문화팀, 광주의 외국인주민과, 경기의 가족다문화과, 충남의 다문화외국인주민팀, 전북의 가족다문화팀, 전남의 이민정책과 등이 실례이다. 뿐만 아니라 대전의 경우 기획조정실 도시브랜드담담관을 통하여 외국인 유학생 및 외국인주민을 지원하고 경기도의 노동국 외국인정책과는 외국인근로자 지원을 전담하며 경북의 지방시대정책국 외국인공동체과의 경우 외국인정책과 다문화정책 업무를 총괄하는 점이 특징이다.

광역・기초자치단체의 외국인주민 지원 부서 운영 사례는 〈표 8-3〉과 같다.

표 8-3 광역 · 기초자치단체 외국인주민 지원 부서 운영 사례(2024년 현재)

구분	부서명	
서울	여성가족정책실 외국인다문화정책팀	
부산	여성가족국 여성가족과	
대구	청년여성교육국 여성가족과 가족다문화팀	
인천	여성가족국 인구가족과	
광주	여성가족국 외국인주민과	
대전	복지국 여성가족청소년과 가족다문화팀	기획조정실 도시브랜드담당관
울산	복지보훈여성국 여성가족청소년과	
세종	보건복지국 여성가족과	
경기	여성가족국 가족다문화과	노동국 외국인정책과
강원	보건복지국 여성청소년가족과	
충북	양성평등가족정책관	
충남	여성가족정책관 다문화외국인주민팀	
전북	복지여성보건국 여성가족과 가족다문화팀	
전남	인구청년이민기획단 이민정책과	
경북	여성아동정책관	지방시대정책국 외국인공동체과
경남	복지여성국 여성가족과	
제주	보건복지가족국 복지정책과 가족친화팀	

제4절 외국인정책의 결정과정

외국인정책이란 대한민국으로 이주하고자 하는 외국인과 그 자녀 등에 대해 영구적 혹은 일시적 사회구성원 자격을 부여하거나 국내에서 살아가는데 필요한 제반 환경 조성에 관한 사항을 종합적인 관점에서 다루는 정책을 의미한다.

외국인정책의 결정과정은 외국인정책위원회 간사부처인 법무부가 관계부처의 기본계획안을 종합하고 국무총리 소속 외국인정책위원회의 심의 · 의결을 거쳐 정책이 확정된다. 하지만 외국인정책 기본계획의 결정과정에서 법무부를 포함하여 중앙정부 부처 간, 중앙정부와 지방자치단체 간 협력기제가 작동하는지를 파악하기 위해 외국인정책 기본계획의 결정과정과 외국인정책 시행계획의 결정과정에 관하여 살펴보기로 한다.

1 외국인정책 기본계획의 결정과정

외국인정책 기본계획은 외국인처우법 시행령 제2조(외국인정책 기본계획의 수립)에 따라 법무부가 기본계획 작성 지침을 정하여 관계 중앙행정기관의 장에게 통보하고 관계 중앙행정기관은 소관별 기본계획안을 법무부장관에게 제출하도록 되어 있다. 법무부장관은 이를 종합하여 기본계획을 수립하게 되는데 기본계획이 확정되면 이를 관계 중앙행정기관의 장과 지방자치단체의 장에게 통보하도록 되어 있다(외국인처우법 시행령 제2조).

기본계획은 외국인처우법 제8조(외국인정책위원회)에 따라 외국인정책위원회의 심의·의결을 통하여 확정되는데 위원회의 정부위원은 대통령령으로 정하는 기획재정부장관, 교육부장관, 과학기술정보통신부장관, 외교부장관, 법무부장관, 행정안전부장관, 문화체육관광부장관, 농림축산식품부장관, 산업통상자원부장관, 보건복지부장관, 고용노동부장관, 여성가족부장관, 국토교통부장관, 해양수산부장관, 중소벤처기업부장관 등이고 민간위원은 9명으로 2023년 4월 기준 대학교수 4명, 언론인 1명, 시민단체 1명, 연구원 2명, 기자 1명 등이다. 민간위원은 기본계획 수립 및 외국인정책 전반에 관한 사항에 관하여 심의조정자이지만 현실적으로는 정책을 조정할 수 있는 기능과 권한이 제한되어 있어 외국인정책을 범정부적으로 총괄하는 데 있어 제한적인 점이 특징이다.

외국인처우법 제7조(업무의 협조)의 경우 법무부장관이 국가기관, 지방자치단체 및 공공기관장에게 관련 자료의 제출 등 협조를 요청할 수 있도록 되어 있다. 자료요청은 특정 부처 주도의 수직적, 일방적 업무형태로 통합적 정책 기능 수행에 있어 제한적임을 알 수 있는데, 즉 전술한 기관 간의 연석회의, 기본계획 연계 및 소통 강화 방안, 정책 대상 범위 확정 등 중앙정부 부처와 지방자치단체 간의 협력의무가 조항에 명시되지 않은 점이 특징이다.

외국인정책 기본계획의 결정 주체로서 법무부와 그 외 중앙행정기관만이 적시되어 있을 뿐 지방자치단체를 포함한 다른 주체는 포함되어 있지 않고, 기본계획의 구조와 내용의 경우 정책 방향과 가이드라인이 아니라 추진과제가 명시된 점이 특징이다. 이 점으로 인하여 지방자치단체는 외국인정책 기본계획을 근간으로 외국인정책 시행계획(공통과제와 자체과제)을 수립하기보다는 정책목표에 따른 추진과제, 즉 외국인정책 기본계획에 기술되어 있는 정책 틀을 활용한 과제 작성에 그침을 알 수 있다. 자체과제의 경우 지자체별 지역적 특성을 제고한 과제를 추진하는 것임에도 불구하고 기본계획의 틀에 따라 작성하게 되면서 각 지역별 특성이 포함된 과제가 추진되지 못하는 사례가 발생하는가 하면, 외국인정책 기본계획 근간의 시행과제임에도 불구하고 다문화가족정책 기본계획 근간의 시행계획에 중복적으로 작성하는 사례가 빈발하고 있다(이성순, 2023b: 165).

뿐만 아니라 외국인정책 기본계획의 결정에 있어 법무부를 포함한 관련 조직 간, 즉 중앙정부 간, 중앙정부와 지방자치단체 간, 지방자치단체 간, 정부와 공공기관 간, 정부와 민간단체 간, 공공기관과 민간단체 간 등 참여조직 간의 유기적인 협력에 관한 내용이 부재한 점이 특징이다.

외국인정책 기본계획 결정과정에서의 조직 간 협력 규정 현황은 〈표 8-4〉와 같다.

표 8-4 외국인정책 기본계획 결정과정에서의 조직 간 협력 규정 현황[11]

구분	위원회	중앙행정기관	지방자치단체	공공기관	민간단체
자료협조	×	○	○	○	×
정책내용 협의	×	△	×	×	×
정책조정	○	○	▲	▲	×

자료: 정명주(2022: 19) 재구성.

〈표 8-4〉에서와 같이 외국인정책 기본계획의 경우 중앙행정기관 중심의 정책이 수립·결정됨을 알 수 있는데, 즉 외국인정책 기본계획의 수립에 있어 정책목표 외에 중점과제 및 세부과제의 확정 등 완결형 계획수립으로 중앙행정기관뿐만 아니라 광역·기초자치단체와의 실질적인 협의가 부재함을 알 수 있다.

11) ○: 규정, △: 구체적인 내용 부재, ▲: 시행령 재량, ×: 규정 부재를 의미한다.

2 외국인정책 시행계획의 결정과정

외국인정책 시행계획은 외국인정책 기본계획에 따라 소관별로 연도별 수립·시행되는 계획이다. 지방자치단체의 장은 중앙행정기관의 장이 법령에 따라 위임한 사무에 관하여 당해 중앙행정기관의 장이 수립한 시행계획에 따라 당해 지방자치단체의 연도별 시행계획을 수립·시행하게 된다. 뿐만 아니라 관계 중앙행정기관의 장은 지방자치단체의 시행계획이 기본계획 및 당해 중앙행정기관의 시행계획에 부합되지 않으면 당해 지방자치단체의 장에게 그 변경을 요청할 수 있고, 당해 지방자치단체가 수립한 시행계획의 이행사항을 기본계획 및 당해 중앙행정기관의 시행계획에 따라 점검할 수 있다.

그 외 관계 중앙행정기관의 장은 소관별로 차시년도 시행계획, 전년도 추진실적 및 평가 결과를 법무부장관에세 제출하여야 하고, 법무부장관은 이를 종합하여 외국인처우법 제8조에 따른 외국인정책위원회에 상정하여야 하며, 그 밖에 시행계획의 수립·시행 및 평가 등에 관하여 필요한 사항은 대통령령으로 정해진다.

연도별 시행계획의 수립에 있어서 법무부장관은 연도별 시행계획의 효율적인 수립을 위하여 시행계획 수립 지침을 정하여 매년 7월 말까지 관계 중앙행정기관의 장과 지방자치단체의 장에게 통보하도록 되어 있고, 관계 중앙행정기관의 장은 법무부의 시행계획 수립 지침에 따라 소관별로 차시년도 시행계획을 수립하여 지방자치단체의 장에게 통보하도록 되어 있다.

관계 중앙행정기관의 장은 지방자치단체의 장이 수립한 시행계획을 종합하여 소관별로 매년 10월 말까지 법무부장관에게 제출하도록 되어 있는데 국가재정법 제2장 제2절(예산안의 편성)에 따르면 각 중앙정부 부처의 이민정책 관련 예산안은 8월에 확정되므로 시행계획서 심의·조정은 취합 편집행위에 불과하다고 할 수 있다. 예산 심의가 완료된 시행계획에 대해 외국인정책위원회에서의 조정의 한계와 시행계획 수립과정에서 중앙행정기관 간, 지방자치단체 간 협의가 부재함을 알 수 있는데, 외국인정책 시행계획서 및 예산요구서 심의 절차는 〈표 8-5〉와 같다.

표 8-5 외국인정책 시행계획서 및 예산요구서 심의 절차

<table>
<tr><th>구분</th><th>1월</th><th>2월</th><th>3월</th><th>4월</th><th>5월</th><th>6월</th><th>7월</th><th>8월</th><th>9월</th><th>10월</th><th>11월</th><th>12월</th></tr>
<tr><td>시행
계획</td><td colspan="7">다음 연도의
시행계획 수립 지침 통보
(법무부 → 해당 부처)</td><td colspan="3">다음 연도의
시행계획서 제출
(해당 부처 → 법무부)</td><td colspan="2">다음 연도의
시행계획서
심의 · 조정
(외국인정책
위원회)</td></tr>
<tr><td>정부
예산</td><td colspan="3">다음 연도의 예산안
편성 지침 통보
(기재부 →
해당 부처)</td><td colspan="3">다음 연도의
예산요구서 제출
(해당 부처 → 기재부)</td><td colspan="2">다음 연도의
예산안 제출
(정부 → 국회)</td><td colspan="4">다음 연도의 예산안
심의 · 확정
(국회)</td></tr>
</table>

자료: 차용호 · 우영옥(2021: 18).

뿐만 아니라 외국인처우법 제7조(업무의 협조)는 기본계획 수립 · 시행에서와 같이 법무부가 시행계획 수립 시행에 있어 필요한 때에는 중앙행정기관, 지방자치단체 및 대통령령으로 정하는 공공기관에 관련 자료의 제출 등 협조를 요청할 수 있음을 적시하고 있다. 동법 제7조 제2항은 중앙행정기관과 지방자치단체는 필요한 때에 공공기관에서 자료의 제출 등 필요한 협조를 청할 수 있다고 명시하고 있을 뿐 정책 결정과 집행에 있어 실질적인 협업행정과 협력 거버넌스에 관한 내용이 부재함을 알 수 있다(배봉준 · 윤영채 · 한치흠, 2019: 79).

외국인정책 시행계획 결정과정에서의 조직 간 협력 규정 현황은 〈표 8-6〉과 같다.

표 8-6 외국인정책 시행계획 결정과정에서의 조직 간 협력 규정 현황[12)]

구분	위원회	중앙	중앙~중앙	중앙~지방	지방	지방~지방	공공기관	민간단체
자료협조	×	○	×	○	○	×	○	×
내용협의	×	×	×	○	×	×	×	×
정책조정	○	○	○	△	△	△	△	×

자료: 정명주(2022: 22) 재구성.

법무부장관은 중앙행정기관의 장으로부터 제출받은 시행계획에 관하여 외국인처

12) ○: 규정, △: 시행령 재량, ×: 규정 부재를 의미한다.

우법 제8조에 따른 외국인정책위원회의 심의·조정을 거친 후, 그 결과를 관계 중앙행정기관의 장과 지방자치단체의 장에게 통보하도록 되어 있다. 하지만 동법 시행령 제7조(위원회의 구성 및 운영)에 따르면 위원장은 필요하다고 인정되면 위원회의 심의 안건과 관련된 행정기관의 장(국가정보원장과 국무조정실장 포함), 지방자치단체의 장 및 제6조 각 호[13]의 기관·단체의 장을 회의에 참석할 수 있다는 재량규정이 있으나 지방자치단체의 장의 위원회 실질적인 참여가 부재하고 법무부장관이 제출받은 시행계획에 관하여 제8조에 따른 외국인정책위원회의 형식적인 심의·조정을 거친 후 그 결과를 관계 중앙행정기관의 장과 지방자치단체의 장에게 통보하는 것으로 정책이 결정되고 있다.

제5절 이민정책 거버넌스 구축방안

1 이민정책 컨트롤 타워 설립

종합적이고 체계적인 이민정책의 수립과 추진을 위해서는 이민정책 컨트롤 타워 설립이 요구된다. 현행 이민정책이 법무부 외국인정책, 행정안전부 외국인주민정책, 고용노동부 외국인력정책, 여성가족부 다문화가족정책, 교육부 다문화교육정책, 국방부 다문화장병정책 등 중앙정부 부처 간 분절적으로 운영되고, 그 외 중앙정부 부처 간, 중앙정부 부처와 광역·기초자치단체 간 정책의 중첩성의 문제, 예산의 비효율적 집행문제, 전달체계의 분절성의 문제, 정책 대상의 중복문제가 대두되고 있기 때문이다.

법무부와 그 소속기관 직제(대통령령 제20048호, 2007.5.4 일부개정) 제13조(출입국·외국인정책본부)에 따르면 출입국·외국인정책본부에 본부장 1명을 두고 본부장

13) 1.「유아교육법」,「초·중등교육법」,「고등교육법」, 그 밖에 다른 법률에 따라 설립된 각급 학교, 2.「공공기관의 운영에 관한 법률」에 따라 지정·고시된 공기업·준정부기관 및 기타 공공기관, 3.「지방공기업법」에 따라 설립된 지방공사 및 지방공단, 4. 특별법에 따라 설립된 특수법인, 5.「사회복지사업법」 제42조 제1항에 따라 국가나 지방자치단체로부터 보조금을 받는 사회복지법인과 사회복지사업을 하는 비영리법인 등이다.

밑에 정책관 등 2명을 두며 외국인정책 기본계획과 시행계획의 수립 및 점검·평가 업무 총괄, 출입국·외국인정책본부 소관 법령의 입안에 관한 사항, 중앙행정기관 및 지방자치단체와의 외국인정책에 관한 협의·조정 등을 포함하여 26개 업무를 분장하도록 되어 있다.

하지만 중앙정부 부처 내 한 개 하부조직의 조직과 인력으로 이민자에 대한 체계적 관리 업무를 담당하기에는 제한적이므로 이민정책의 입안·심의·조정 등 이민정책을 총괄하는 컨트롤 타워의 설립이 요구된다. 조직의 명칭은 그 업무의 영역을 반영하므로 이민행정 조직은 부, 처·청 등 조직의 위상과 지방자치단체, 민간의 이민정책 전달체계 등에 대한 전반적인 정비방안을 고려하여 설정되어야 한다.

현행 이민정책 전달체계는 개별 중앙정부 각각이 예산을 확보하여 지방자치단체에 위임하는 방식으로서 조직들 간 정책의 조정과 협력이 부재하여 지자체별 지역적 특성을 제고한 정책을 추진하는 데 있어서는 제한적이었다. 이에 이민정책 컨트롤 타워 설립을 통하여 중앙정부 부처, 광역·기초자치단체, 민간단체 간의 거버넌스 체제 마련과 이민정책 관련 부처들의 고유 업무들이 컨트롤 타워 기관(이하 이 절에서는 가칭 이민청이라 명명하여 서술)으로 이관되어 수행되거나 컨트롤 타워 기관과의 업무 조정이 전제된다. 또한 이민정책을 수립하고 집행하는 데 있어 출입국심사와 체류관리, 국적관리, 사회통합, 난민인정 및 지원 업무, 외국인력·복지, 다문화·통합 등 각각의 수행과 조직 간 협력체계가 재구축되어야 할 것이다.

2 이민통합법 제정

이민 관련법이 부처별 개별법으로 집행되면서 적용 대상의 불명확성, 법률 간의 비유기성, 부처 간 협의 부재에 따른 분절성의 문제가 제기되어 왔고, 일부 연구자는 현행 이민 관련 법제는 거시적인 이민정책의 틀 속에서 수립된 것이 아니라 단편적인 필요에 의해 제·개정되었기 때문에 법률 간의 연계성이 부족하고, 이에 대한 체계적인 정비없이 제·개정을 반복할수록 법률 간의 체계성이나 유기성은 저해될 수 있다고 주장하고 있다(김기하, 2008: 234).

2016년 국회에서 이민사회정책을 수립하고 법률의 제·개정, 행정계획의 수립 변경, 이민사회정책위원회 등의 내용을 담은 이민사회기본법안을 발의[14]하는 등 이민통합법 제정과 관련하여 학계에서도 지속적으로 논의되고 있다. 특히, 이민통합법은 이민행정 조직 구성에 있어 전제되는 제도적 근간으로서 기존의 개별 법령 등은 존치시키고 개별법에 우선하는 상위법으로서의 이민통합법을 제정할 것인가, 혹은 기존의 개별 법령 등을 정비하여 공동부처의 법률로 제정할 것인가 등에 대한 실질적인 검토가 요구된다.

이민 관련 현행법은 출입국관리법, 난민법, 외국인근로자의 고용 등에 관한 법률, 외국인처우법, 다문화가족지원법 등이고, 정책에 있어서는 외국인정책, 이민정책, 다문화정책, 다문화가족정책, 결혼이민자정책으로 혼재되어 사용되고 있어 중앙행정기관의 정책 혼선 및 기관 간의 갈등 또한 증폭되고 있다.

독일이 외국인법(1965)과 유럽경제공동체 회원국 국민의 입국 및 체류에 관한 법률(1980)을 통합하여 2005년 이민법(Zuwanderungsgesetz)[15]을 제정한 바와 같이 이민 관련법을 통합하는 것도 한 가지 방법이다. 뿐만 아니라 기존 이민 관련법들을 존치시키고 출입국관리법과 외국인처우법 등을 개정하여 통합이민법화하는 형태도 가능할 수 있다. 법의 조항에는 이민, 다문화, 이민정책, 사회통합 등의 용어로 사용되는 개념에 대한 정의, 이민정책 전담기구(조직)의 역할과 기능, 정책위원회에 관한 사항이 명시되어야 한다. 뿐만 아니라 〈표 8-7〉과 같이 현재 90여 개의 법률이 공동부처 소관으로 운영되듯이 이민통합법 및 이민 관련 개별법률 또한 공동부처 소관의 법률로의 제정 검토도 제고해 볼 수 있다.

표 8-7 공동 소관부처 기본법 제정 현황

법률명	제정연도	소관부처
방송통신발전법	2010	과학기술정보통신부, 방송통신위원회
자격기본법	1997	고용노동부, 교육부
재난 및 안전관리 기본법	2004	소방청, 해양경찰청, 행정안전부
전자문서 및 전자거래기본법	1997	과학기술정보통신부, 법무부

자료: 권채리(2020: 249).

14) 이민사회기본법안(이자스민 의원 등 14인), 의안번호 1918439, 제안일자 2016년 1월 6일이다.
15) 유럽연합 시민과 외국인의 이민 유입·통제·경계설정과 체류관리 및 통합에 관한 법률이다.

3 이민 관련 정책위원회 정비 및 기능 강화

국무총리 소속의 이민 관련 정책위원회는 외국인정책위원회, 다문화가족정책위원회, 외국인력정책위원회, 문화다양성위원회 등으로 정책 대상별 위원회가 작동하는 점이 특징이다. 이민정책 컨트롤 타워의 기능 강화 및 일원화된 이민정책 추진을 위해서는 이민 관련 정책위원회의 정비가 요구된다. 외국인처우법 제8조(외국인정책위원회)는 외국인정책의 기본계획의 수립에 관한 사항, 외국인정책의 시행계획 수립, 추진실적 및 평가결과에 관한 사항, 재한외국인 사회적응에 관한 주요 사항 등에 대하여 외국인정책위원회의 심의·의결을 통하여 확정된다고 적시하고 있지만 현실적으로는 외국인정책위원회의 심의·조정 기능과 권한이 작동되지 않아 외국인정책을 범정부적으로 총괄하는데 있어 제한적이다.

이 점에서 기존의 산재되어 있는 이민 관련 정책위원회는 새롭게 통합된 이민정책위원회로의 정비가 요구되고, 이민정책위원회의 실효적인 운영을 위해 정책결정과 심의 관련하여 권한이 부여되어야 한다.

이민정책위원회의 각 분과에서 이민정책을 제안·분석·평가할 수 있는 시스템 또한 구축되어야 하고, 부처 이기주의에 기인한 문제, 이민정책과 관련된 부처별 기능과 이해관계를 조정할 수 있는 이민정책실무위원회를 설치하여 정책기획 및 제도 개선, 체류질서 유지, 국제협력, 사회통합 등의 업무가 추진되어야 할 것이다.

4 이민정책 조직 간 협력

이민정책의 조직 간의 협력에 있어서 중앙정부 부처 간, 중앙정부 부처와 광역·기초자치단체 간, 광역·기초자치단체 간, 각 정부조직과 민간단체 간의 협력이 전제된다. 그 가운데 현행 외국인정책을 추진하는 중앙정부 부처와 컨트롤 타워로서의 이민청과의 협업이 주요하다는 관점에서 이민청과 중앙정부 부처 간의 협력, 이민청과 광역·기초자치단체 간 협력에 관하여 살펴보기로 한다.

1) 이민청과 중앙정부 부처 간 협력

국제이주 현상 자체의 복합성으로 인해 이민청 단독으로 이민·다문화정책의 구현은 불가능할 뿐 아니라 설사 가능하더라도 이민정책의 실효성 측면에서 독립적인 수행은 바람직하지 않다. 이민청은 그 고유 업무와 더불어 이민정책을 총괄 조정하는 관제탑 역할을 하여야 하고, 이민자의 정착 지원업무는 각 부처의 기능에 따라 역할이 분담되어야 한다.

이민청의 고유업무는 출입국심사와 체류관리, 이민자 사회통합, 국적관리, 난민인정 및 지원업무 등으로 현재 법무부 출입국·외국인정책본부의 고유업무가 이민청으로 이관되어야 한다. 특히, 출입국·외국인정책본부의 일부 기능만을 이민청으로 이관할 경우 부처들 간의 정책 조정 문제가 대두될 수 있으므로 여러 부처로 분산되어 있는 외국인·이민자 사회통합정책에 대한 정비가 요구된다.

이민청은 이민자 지원에 있어 모든 업무를 추진하는 것이 아니라 기존의 이민정책 관련 부처가 수행한 가족정책, 복지정책, 고용정책, 교육정책만으로 해결할 수 없는 이민정책을 점검하게 된다. 즉, 이민청은 기존의 출입국관리, 체류관리, 사회통합, 국적관리 업무 외에 다문화가족정책, 외국인력정책, 문화다양성의 보호와 증진을 위한 정책 등 부처별 수행하는 업무에 대해 어떻게 조정할 것인가에 대한 제고가 전제된다. 이러한 관점에서 이민청과 중앙정부 부처 간의 정책조정 방향에 관하여 예시적으로 검토하기로 한다.

첫째, 이민청과 여성가족부와의 협력이다. 결혼이민자의 한국사회 적응과 통합정책에 있어 이민청과 여성가족부의 역할 분담이 전제되는데, 정부조직법의 이념에 따르면 이민청은 이민정책을, 여성가족부는 가족정책의 주무 부처로 각각의 업무를 추진하는 행정기관이다. 행정서비스를 제공하는 공무원의 이민정책 역량 함양을 위한 상호문화이해 교육, 이주배경 아동·청소년 성장지원, 학교폭력 예방 및 지원, 인신매매 등 이민자 인권 사각지대 예방 등의 과제 외에도 입국 전 국제결혼 안내 프로그램은 이민청으로 이관되어 추진되어야 할 것이다. 그 외 여성가족부의 결혼중개업의 관리에 관한 법률의 경우 이민청과 공동부처 소관 법률로 운영되어야 할 것이다.

둘째, 이민청과 고용노동부 간의 협력이 전제된다. 기존 법무부가 전문인력, 계절근로제, 지역특화비자제를, 고용노동부가 비전문인력 제도를 관리하는 체제에서 이민청이 인력정책을 일원화하여 관리하는 방안이 요구된다. 이민청은 여성가족부, 산업통상자원부, 중소벤처기업부, 과학기술정보통신부, 교육부 등의 외국인 대상 취업교육에 대해 통합관리 체계를 구축하여야 할 것이다. 일례로, 취업이민자 역량향상을 위한 송출국 현지 훈련 및 관리 강화, 우수외국인 연구자 유치, 첨단산업 글로벌 인내 확보, 첨단기술 분야 비자 제도, 국내 스타트업과 해외 SW 전문인력 취업, 뿌리산업 양성대학 유치, 돌봄 분야 외국인력 도입, 유학생 취업을 위한 기업 정보교류 지원, 인바운드 취업·창업지원 업무, 노동 관련 업무를 전담하여야 할 것이다.

셋째, 이민청과 문화체육관광부와의 협력이다. 문화다양성의 보호와 증진에 관한 법률 제3조는 국가 및 지방자치단체의 책무로서 국적·민족·인종·종교·언어·지역·성별·세대 등에 따른 문화적 차이를 이유로 문화적 표현과 문화예술 활동의 지원이나 참여에 대한 차별을 하여서는 아니된다는 내용을 적시하고 있다. 그리고 제4조는 모든 사회구성원은 문화적 표현의 자유와 권리를 가지며, 다른 사회구성원의 다양한 문화적 표현을 존중하고 이해하기 위하여 노력하여야 한다는 내용을 적시하고 있다. 이민청이 이민정책 기본계획 수립 시 문화다양성의 보호와 증진에 관한 업무의 경우, 특히 문화다양성 실태조사를 통한 문화 다양성 확산정책 기반 조성, 문화 포용성 제고를 위한 문화다양성 주간 운영, 대상별 문화다양성 교육과정 개발 등의 업무에 있어 이민청과 문화체육관광부의 협력이 요구된다. 그 외 국내 체류목적별 한국어 교육 체계 수립과제, 방한 관광객 유치 지원과제의 경우에도 문화체육관광부와의 협력이 전제된다.

넷째, 이민청과 보건복지부와의 협력이 요청된다. 이민청은 보건복지부의 돌봄 분야 외국인력 도입, 외국인 환자 유치 활성화, 외국인 건강보험 피부양자 자격요건 강화 등의 과제 외에도 사회보장기본법에 준한 외국인 복지적 통합문제에 대한 제고가 요청된다. 특히, 사회보험과 고용허가제 전용보험[16] 등을 관리하여야 하며, 그 외에도 긴급복지지원과 법률구조 지원 등에 있어서도 보건복지부와의 협업이 전제된다.

다섯째, 이민청과 행정안전부와의 협력이 전제된다. 행정안전부는 외국인주민의 지역사회 정책 참여 기여 확대라는 과제와 지자체 공무원 역량 강화 관련 과제를 추진하고 있다. 하지만 이민정책이 본격화되면 이민자 사회통합정책의 정합성 제고를

16) 상해보험. 귀국비용보험, 출국만기보험, 임금보증보험 등이다.

위한 정책 컨설팅 및 지자체의 사회통합 역량 강화, 지자체의 참여기반을 마련하여야 할 것이다. 뿐만 아니라 제도적 차원에서 중앙정부 부처와 광역・기초자치단체의 정책 협의체 구성이 요구되고 전국다문화도시협의회[17] 등과 같은 광역・기초자치단체 간 정책 협의체가 확대되어야 하며, 중앙정부 부처, 광역・기초자치단체, 민간단체와의 협력체계 강화 및 의견수렴 기회 확대 등을 수행하기 위해서는 이민청과 협력적 거버넌스 체계를 구축하여야 한다.

여섯째, 이민청과 외교부와의 협력이다. 외교부의 재외공관 사증 심사 강화, 주한공관 협조 강화를 통한 불법체류 대응체계 구축, 불법체류 다발국가에 대한 대응 강화, 난민 관련 국제협력, 다자간 국제협력 체계 유지, 순환이민을 통해 한국, 송출국의 개발・성장에 기여하는 공적개발원조(ODA) 등의 과제의 경우 이민청과의 협력 강화방안이 마련되어야 한다. 뿐만 아니라 이민청의 재외동포부 업무와 외교부(재외동포청)의 업무가 중첩되지 않도록 지원 대상의 범주와 지원내용에 대한 협의가 요구되는데, 일례로 외교부는 재외국민・재외동포의 권익보호를 전제한 재외동포정책을 수립하고, 이민청의 경우 국내 체류하는 외국국적동포 정책 중심의 지원이 전제된다.

2) 이민청과 광역・기초자치단체 간 협력

중앙정부 부처와 광역・기초자치단체 간의 관계는 외국인정책 시행계획을 근간으로 공통과제와 자체과제로 구분하여 과제를 추진하는 방식에서 이해할 수 있다. 공통과제는 중앙정부 부처에서 광역・기초자치단체에 위임하여 광역・기초자치단체가 국비와 지방비로 추진하고, 자체과제는 광역・기초자치단체가 자체예산으로 추진하는 과제이다.

2022년 중앙행정기관 및 광역・기초자치단체의 예산 및 과제 현황을 살펴 보면 중앙행정기관은 323,353백만 원(총예산 6,04.3백만 원의 53.5%) 예산으로 168과제(총 1,241과제의 13.5%)를 추진하였다. 광역・기초자치단체의 경우 280,994백만 원(총예산 6,04.3백만 원의 46.5%)으로 1,073과제(총 1,241과제의 86.5%)를 추진한 것으로 나

17) 외국인주민 1만 명 이상 거주 기초자치단체 중 희망한 도시가 회원도시가 될 수 있고 2012년 3월 발족되었으며, 회원도시는 2023년 말 기준 26개 도시이다. 주요 협력 분야는 ① 거주외국인의 효율적인 사회통합, ② 행정서비스 전달체계 개선, ③ 생활환경 개선, ④ 정착과 적응 지원, ⑤ 지자체의 외국인정책 수립과정에 참여 등 총 5개 분야이다.

타났고, 광역 · 기초자치단체가 추진한 1,073과제는 공통과제 199개, 자체과제 874과제로 대분된다(외국인정책위원회, 2022a: 26-27).

중앙행정기관의 예산은 정책목표별 광역 · 기초자치단체로의 배분 · 시행과 공통과제 추진으로 과제 수 대비 예산 규모가 클 수 있으나 광역 · 기초자치단체별 지역적 특성을 제고한 자체과제 추진을 위해서는 예산배분에 대한 정책적 제고 및 광역 · 기초자치단체별 예산확보를 위한 방안 마련이 요구된다.

외국인처우법 제6조에 따르면 관계 중앙행정기관이 지방자치단체의 시행계획에 대해 검토하거나 점검할 수 있도록 하고 있으나 이는 지방자치단체의 외국인정책 시행계획 중 공통과제에 국한되고 있다. 즉, 자체과제는 외국인처우법 제8조에 따라 외국인정책위원회에서 검토되어야 하나 지방자치단체가 수행하는 과제에 대해 검토는 현실적으로 제한적이라고 할 수 있다. 이민정책의 성격상 중앙정부 부처와 광역 · 기초자치단체 간의 협력이 전제되는 점에서 이민청 신설과 함께 발족하는 이민정책위원회의 경우 외국인정책 기본계획 및 시행계획에 대한 점검 등의 기능이 강화되어야 하고, 이민청과 전술한 광역 · 기초자치단체 간의 협력에 관한 규정이 이민통합법에 구체적으로 적시되어야 할 것이다.

08 CHAPTER

제6절 결론

이민정책의 제도적 환경 변화에 따라 기존 이민행정조직으로 업무 수행이 불가능해지고 있다. 중앙정부 부처들은 부처별 고유 기능을 근간으로 이민 관련 업무를 부수적으로 추진하는 데 매몰되어 이민정책 업무의 조정에 대해서는 기피하고 있다. 하지만 해가 거듭될수록 중앙정부 부처별 기능과 이해관계를 총괄 조정하며 이민정책을 수행할 수 있는 이민정책 거버넌스의 필요성과 그에 따른 제도적 정비가 요구되고 있다.

이 장에서 전술한 바와 같이 이민정책의 거버넌스 구축방안은 다음과 같다.

첫째, 중앙정부 부처별 추진하는 이민 관련 업무의 일관성 유지를 위해 이민정책 컨트롤 타워 기능을 할 수 있는 이민청의 설립이 요구된다. 이민청의 설립을 통하여 중앙행정기관뿐만 아니라 광역·기초자치단체와의 실질적인 업무협의를 통한 이민정책이 수립되어야 하고, 이민정책 관련 부처들의 고유업무가 이민청으로의 이관 혹은 조정 통합되어야 할 것이다.

둘째, 이민행정조직의 제도적 근간으로서 이민통합법 제정이 요구된다. 이민 관련 현행법은 출입국관리법, 난민법, 외국인근로자의 고용 등에 관한 법률, 외국인처우법, 다문화가족지원법 등이고, 정책에 있어서는 외국인정책, 이민정책, 다문화정책, 다문화가족정책, 결혼이민자정책으로 혼재되어 사용되고 있어 중앙행정기관의 정책 혼선 및 기관 간의 갈등 또한 증폭되고 있다. 뿐만 아니라 이민 관련법이 부처별 개별법으로 집행되면서 적용 대상의 불명확성, 법률 간의 비유기성, 부처 간 협의 부재에 따른 분절성의 문제가 제기되고 있다. 이에 이민 관련 개별법률에 대해 체계 정비를 할 것인가, 혹은 개별법에 우선하는 상위법으로서의 이민통합법을 제정할 것인가에 대한 실질적인 논의가 요구된다.

셋째, 국무총리 소속의 이민 관련 정책위원회 통합 및 기능 강화가 요구된다. 국무총리 소속의 외국인정책위원회, 다문화가족정책위원회, 외국인력정책위원회, 문화다양성위원회 등을 이민정책위원회로 정비하고, 외국인정책의 기본계획과 시행계획 등 외국인정책 관련 주요 사항 등을 결정하고 심의할 수 있는 실질적인 권한이 부여되어야 한다. 뿐만 아니라 이민정책위원회의 각 분과에서 이민정책을 제안·분석·평가할 수 있는 시스템으로서 이민정책실무위원회의 설치가 요구된다.

넷째, 이민정책을 수행하는 조직 간 협력이 요구된다. 중앙정부 부처별 수행하는 이민 관련 업무가 이민청으로 이관 혹은 업무특성에 따라 이민청과 중앙정부 부처 간, 이민청과 광역·기초자치단체 간의 유기적인 협력이 요청된다. 뿐만 아니라 광역·기초자치단체별 이민 관련 부서 신설에 대한 요강이 제공되어야 하고, 추진과제 대비 중앙정부 부처 중심의 예산 편중의 문제와 이민청과 중앙정부 부처 간의 협력, 이민청과 광역·기초자치단체 간의 협력에 관한 규정이 이민통합법에 구체적으로 적시되어야 할 것이다.

참고문헌

권채리(2020). 『이민행정의 거버넌스 구축을 위한 법제 개선방안 연구』. 서울: 한국법제연구원.
기획재정부(2022). 새 정부 공공기관 혁신가이드라인.
김기하(2008). 사회통합을 위한 법의 역할. 『저스티스』, 106: 218-237.
김연홍 · 이성순(2020). 중장기 이민정책의 방향 모색. 『다문화콘텐츠연구』, 33: 7-42.
김원숙(2010). 『우리나라 외국인정책의 역사적 전개에 관한 소고』. 서울: 외교안보연구원.
김정순(2009). 『외국인 이주민의 사회통합 법제 연구』. 서울: 한국법제연구원.
남금정 · 김경제(2021). 한국 이민처의 설립 방안. 『다문화콘텐츠연구』, 36: 123-150.
명종원(2024). 개인→사회 등록외국인 최다 경기도에서 다문화사회 기본조례 추진. 『서울신문』, 1.17: 10.
배봉준 · 윤영채 · 한치흠(2019). 『협력 거버넌스』. 고양: 대영문화사.
법무부(2024). 제4차 외국인정책 기본계획.
설동훈(2017). 한국의 이민자 수용과 이민행정조직의 정비. 『문화와 정치』, 4(3): 85-122.
외국인정책위원회(2008). 제1차 외국인정책 기본계획.
외국인정책위원회(2012). 제2차 외국인정책 기본계획.
외국인정책위원회(2018). 제3차 외국인정책 기본계획.
외국인정책위원회(2022a). 2022 중앙행정기관 외국인정책 시행계획.
외국인정책위원회(2022b). 2022 지방자치단체 외국인정책 시행계획.
유민이 · 라휘문 · 박윤(2020). 『이주민 유입 증가에 대응하기 위한 합리적 행정조직 구조 및 설계 방안』. 서울: 이민정책연구원.
이성순(2023a). 『한국사회의 다문화현상 이해』. 고양: 양서원.
이성순(2023b). 충청남도 다문화정책에 관한 연구: 2021 지방자치단체 외국인정책 시행계획을 중심으로. 『다문화사회와 교육연구』, 13: 143-174.
이수영 외(2017). 『외국인정책 시행계획 평가 및 추진체계 발굴연구』. 서울: 서울대학교 산학협력단.
이순태(2007). 『다문화사회의 도래에 따른 외국인의 출입국 및 거주에 관한 법제 연구』. 서울: 한국법제연구원.
정기선 외(2011). 『한국 이민정책의 이해』. 서울: 백산서당.
정명주(2012). 한국의 지방자치단체 다문화정책 실태 분석: 2012 지방자치단체 외국인정책 시행계획을 중심으로. 『한국학연구』, 41: 87-135.
정명주(2022). 한국 이민정책 결정과정에서의 조직간 협력 분석: 관련 법제도 규정을 중심으로. 『사회적경제와 정책연구』, 12(3): 55-92.

차용호 · 우영옥(2021). 한국 이민정책이 문제점과 개선과제: 국내적 정책과정과 국내 · 국제 연계정치 반영. 『다문화와 평화』, 15(2): 1-39.
최무현 · 김경희 · 박홍순(2011). 『다문화사회정책 거버넌스 현황과 미래지향적 발전방안』. 서울: 한국여성정책학회 · 한국정책학회.
행정자치부(2016). 다문화가족 · 외국인 정착지원 서비스, 한 곳에서! 정부3.0 협업을 통해 다문화이주민+센터 설치 · 운영. 보도자료, 12.6.
허준영(2017). 『국가발전과 통합제고를 위한 이민행정체계 구축방안』. 서울: 행정연구원.
홍숙지(2024). 군 다문화정책 발전 방향에 대한 제언. 『국방논단』, 1976(24-3): 1-10.

국가법령정보센터(https://www.law.go.kr).

CHAPTER 09

난민과 비자발적 국제 이주민

장주영

제1절 서론

한국은 1992년 난민협약과 난민의정서를 비준하였고, 2012년에 독립된 「난민법」을 제정하여 2013년부터 난민법을 시행하였다. 그러나 한국사회에서 난민이라는 특수한 이주민에 대한 이해와 논의는 다른 이주민 집단에 비해 아직 부족한 상황이다. 2022년 기준, 이주민의 숫자는 약 226만 명에 달하지만(행정안전부, 2023), 동년까지의 누적 난민인정자는 970여 명, 인도적 체류자는 1,900여 명, 아프간 특별기여자는 399명, 난민신청자는 16,000여 명으로 그 수가 많지 않다(법무부, 2023). 시군구별로 살펴보면 난민인정자, 인도적 체류자와 그 가족이 가장 많이 등록된 지역도 300명 이하로 난민 등 인도적 사유로 거주하는 이주민들을 일상에서 접하는 것은 쉽지 않다. 이 장에서는 난민 및 비자발적 이주자 관련 개념에 대한 설명과 함께 국내・외 난민 현황, 한국의 난민법과 난민정책에 대한 개괄과 쟁점이 되는 주제들을 살펴보고자 한다. 여기서는 그에 앞서 난민보호에 대한 국제적 논의가 진행된 배경과 그 결과물인 난민협약과 난민의정서를 소개하고, 한국의 난민협약과 난민의정서 가입, 난민법 제정의 배경을 개략적으로 서술하고자 한다.

제2절 비자발적 국제 이주민에 대한 보호

난민 등 국제적 보호가 필요한 이주민들과 그 외의 이주민들은 국경을 넘어 이주한다는 점에서는 동일하지만 이주를 하게 된 이유나 상황이 자발적인가 비자발적인가에서 그 특성이 구분된다. 국제적 보호를 필요로 하는 이주민의 유형과 정의는 난민 외에도 다양하며, 보호를 제공해야 하는 근거 또한 유형별로 조금씩 차이가 있다.

1 난민보호에 대한 국제적 논의 배경

난민의 보호가 국제사회의 의무인 것으로 논의되기 시작한 것은 제1, 2차 세계대전 이후이다. 유엔난민기구가 제시하는 난민협약의 배경을 살펴보면 제1차 세계대전 이후 피난민이 수백만 명에 달하는 상황이 되었으나, 각국의 국경 관리가 20세기 들어 엄격해지면서 피난민의 국경을 넘은 이동이 기존처럼 용이하지 않은 상황이 되었다. 제2차 세계대전이 연이어 발생하면서 피난민의 숫자는 더 급격히 증가하였고, 1948년의 UN 인권선언에 기초하여 이 피난민들의 권리 보호와 국경 이동을 위한 여행증명서 발급 등의 처우를 위한 국제적 논의가 필요한 상황이 되었고, 이러한 맥락에서 탄생한 것이 1951 난민의 지위에 관한 협약(Convention relating to the Status of Refugees, 이하 난민협약)이다.

난민협약의 보호 대상은 1951년 이전에 발생한 사건으로 인한 유럽 내 피난민에 한정되었는데, 이후 국제적 보호를 필요로 하는 대상이 계속해서 증가하는 국제 상황으로 인해 협약의 보호 대상을 확대해야 할 필요성이 생겼다. 1967 난민의 지위에 관한 의정서(Protocol relating to the Status of Refugees, 이하 난민의정서)는 이를 배경으로 탄생하였다. 난민협약의 보호 대상자의 발생 시기나 지역의 제한 없이 난민협약의 내용이 적용되는 보호 대상을 확대하는 것이 난민의정서의 골자이다.

2 한국의 난민보호 제도 마련

한국이 국제적 난민보호에 정책적 관심을 갖기 시작한 시점은 난민협약과 난민의정서 가입으로 볼 수 있다. 난민협약과 난민의정서 가입은 정부에서 국회에 제안하는 방식으로 이루어졌고, 제14대 국회는 국제적 난민보호 동참을 목적으로 난민협약과 난민의정서 가입에 동의하였다. 난민의정서는 1992년, 난민협약은 1993년에 발효되었고, 난민보호와 관련된 규정을 출입국관리법에 신설하였다.

난민협약 가입 이전에도 한국에 체류한 난민이 없었던 것은 아니다. 베트남 전쟁의 여파로 1975년부터 1989년까지 베트남 전쟁 선상난민(boat people) 3천여 명이 한국에 입국하였다. 정부는 부산에 임시보호소를 세워 이들을 보호하였는데, 이 당시 정부가 제공한 보호는 난민 지위를 제공하는 보호가 아니라 재난상륙자나 무국적자의 처우에 기반한 보호로, 이들이 제3국으로 재정착하기 전까지 임시적으로 보호를 제공하는 방식이었다.

난민협약과 난민의정서 발효 이후 출입국관리법에 난민심사 및 처우와 관련된 규정들이 마련되었으나, 난민인정 절차와 처우에 대한 개선 요구가 지속적으로 제기되었다. 이에 2009년, 당시 한나라당 황우여 의원의 대표발의로 난민법이 제안되었고, 2012년 난민법이 제정되어 2013년부터 시행되었다. 난민법의 제정과 그 내용에 대한 구체적 논의는 추후 절에서 구체적으로 제시하고자 한다.

3 난민 등 비자발적 국제 이주민 관련 개념

1) 난민

난민협약은 한국은 물론 세계 각국의 난민보호 제도의 기초이다. 난민협약에서는 난민을 "인종, 종교, 국적, 특정 사회집단의 구성원 신분 또는 정치적 의견을 이유로 박해를 받을 우려가 있다는 합리적인 근거가 있는 공포로 인하여 자신의 국적국 밖에 있는 자로서, 국적국의 보호를 받을 수 없거나, 또는 그러한 공포로 인하여 국적국의 보호를 받는 것을 원하지 아니하는 자"[1)]로 정의한다. 난민협약에는 협약을 비준한 각국 정부가 제공해야 하는 법적 보호와 처우에 대해 명시하였고, 난민이라는 특수한 이주 상황을 고려하여 불법적 입국이나 체류를 이유로 하는 형벌 부과 금지, 추방과 송환의 금지 등을 규정하고 있다.

난민협약에서 규정하는 난민의 요건, 즉 난민인정 사유는 ① 인종, ② 종교, ③ 국적, ④ 특정 사회집단의 구성원 신분, ⑤ 정치적 의견이라는 5대 사유에 기반하고 있다. 그런데 대규모 피난민이 발생하는 가장 일반적인 원인인 무력 분쟁이 난민의 요건이 될 수 있는지에 대해서는 그 해석에 대한 의견이 분분하다. 이로 인해 난민협약의 난민 개념을 확장한 난민 개념의 도입을 시도하는 국제 규약들이 등장하기 시작하였다. 대표적인 것이 1969 아프리카 통일기구 협약(the 1969 Organization of African Unity Convention Governing the Specific Aspects of Refugee Problems in Africa: OAU)과 1984 카타헤나 선언(Cartagena Declaration on Refugees, 1984)이다. OAU 협약과 카타헤나 선언에서는 국내·외의 분쟁으로 인해 출신국에 머무르지 못하는 경우를 난민협약의 난민 사유에 추가하여 난민 개념으로 포섭하였다.

2) 보충적 보호와 보완적 보호 대상자

아프리카나 남미 외의 지역에서는 무력 분쟁으로 인한 피난민에 대한 정의가 난민협약에 기초하고 있는 경우가 많기 때문에, 이들처럼 난민과 유사한 상황으로 인해 국제적 보호가 필요한 이들을 보충적 보호(subsidiary protection) 또는 보완적 보호(complementary protection)의 대상으로 처우하는 경우가 많다(장주영·김희주·김

1) https://www.unhcr.or.kr/unhcr/html/001/001001001002.html

수경, 2022). 이러한 대안적 방식의 국제 보호는 난민협약에서 규정하는 난민의 요건에는 해당하지 않지만 고문방지협약과 자유권규약의 강제송환 금지의 원칙에 기반한 보호가 필요한 대상에게 제공하는 보호이다.

보충적 보호는 협약난민과의 위계를 설정하는데, 난민협약상 난민요건에 해당하지 않지만 강제송환 금지의 대상이 되는 이들에게 난민보다 제한적인 권리를 보장하는 제도이다. 유럽연합의 자격지침(Directive 2011/95/EU)에 가입한 국가들이 제공하는 난민 유사 상황에 대한 보호가 보충적 보호이다. 보완적 보호는 협약난민과 위계를 설정하지 않는다. 보완적 보호에서는 보호의 사유가 난민협약에 열거되지 않은 부분들을 보완하고자 하며, 보호 지위나 권리 등 보호의 내용에 있어 난민과 차별을 두지 않는다. 캐나다, 호주 등에서 시행하는 난민 유사 상황에 대한 보호가 보완적 보호이다.

보충적 보호, 또는 보완적 보호가 난민협약을 통해 보호받지 못하는 이들의 보호 공백을 메우는 역할을 하고 있지만, 난민보호보다 우선적으로 제공하는 보호가 아니라 부가적인 보호이다(UNHCR, 2005). 특히, 난민협약을 통해 5대 사유에 해당하는 난민에 대해서는 난민 처우에 대한 일반적 합의가 이루어져 있으나, 각국의 보충적·보완적 보호 대상자들을 어떻게 처우할 것인지에 대한 국제적 합의는 이루어지지 않았기 때문에 국가별로 보호의 수준을 자의적으로 정한다는 문제점이 이들 부가적 보호에 대한 가장 큰 지적사항이다. 한국의 난민법에서는 난민협약상 난민 정의에 해당하는 이들은 난민으로, 그에 해당하지 않지만 강제송환 금지의 대상이 되는 이들은 '인도적 체류 허가를 받은 사람'(인도적 체류자)으로 처우하고 있고, 협약난민보다 하위의 보호 제도로 두고 있기 때문에 보충적 보호에 해당하는 제도라고 볼 수 있다(장주영 외, 2022).

3) 비자발적 국제 이주민

난민협약상의 '난민'은 난민인정 절차를 통해 난민으로 인정받은 경우에만 해당하지만, 난민이라는 단어가 대중에게 받아들여지는 의미는 이보다 더 느슨하다. 난민협약상의 난민인정 사유와 경제적 이주의 필요성이 공존하는 상황에 처한 비자발적 국제 이주민들이 많기 때문에, 난민과 경제적 이주자의 경계가 불분명한 상황이 다수 발생한다. 난민협약, 자유권규약, 고문방지협약 등에서 규정하는 국제적 보호 사유에 해당하지는 않지만 자연재해로 인해 타국에서 피난처를 찾는 경우도 많아지고 있지만, '난민'이라는 협약상 용어의 범위가 협소하기 때문에 그 외 국제적 보호가 필요한 상황에 대한 각국의 보호 제공이 약해질 것을 우려하여 대체 단어를 사용하자는 움직임이 일고 있다.

국제이주기구(IOM)에서는 '취약한 이주민(vulnerable migrants)'이라는 개념 하에 난민이 아니더라도 보호와 지원이 필요한 이주민(예: 인신매매피해자)을 포섭하고자 한다. 유엔난민기구의 '국제적 보호 대상자(persons in need of protection)'에는 난민신청자, 난민인정자, 보충적 · 보완적 보호 대상자, 임시보호 대상자, 그 외 난민 유사 상황의 이주민들이 포함된다. '강제이주자(forcibly displaced people)'는 "국제적 보호 대상자"를 포함한 더 큰 개념인데, 국내 실향민이 이에 포함된다.

4) 한국의 국제적 보호 대상자 정의

한국의 난민법에서 규정하고 있는 보호 대상자는 난민인정자, 인도적 체류자, 난민신청자, 재정착희망난민(이하 재정착난민)으로 각 보호 대상자의 정의는 다음 〈표 9-1〉과 같다.

표 9-1 난민법 제2조의 난민 등 보호대상자 개념

대상	개념	규정
난민인정자	인종, 종교, 국적, 특정 사회집단의 구성원인 신분 또는 정치적 견해를 이유로 박해를 받을 수 있다고 인정할 충분한 근거가 있는 공포로 인하여 국적국의 보호를 받을 수 없거나 보호받기를 원하지 아니하는 외국인 또는 그러한 공포로 인하여 대한민국에 입국하기 전에 거주한 국가로 돌아갈 수 없거나 돌아가기를 원하지 아니하는 무국적자인 외국인(난민)으로 인정받은 외국인	난민법 제2조 제1호, 제2호
인도적 체류자	(난민)에는 해당하지 아니하지만 고문 등의 비인도적인 처우나 처벌 또는 그 밖의 상황으로 인하여 생명이나 신체의 자유 등을 현저히 침해당할 수 있다고 인정할 만한 합리적인 근거가 있는 사람으로서 대통령령으로 정하는 바에 따라 법무부장관으로부터 체류허가를 받은 외국인	난민법 제2조 제3호
난민신청자	대한민국에 난민인정을 신청한 외국인으로 △난민인정 신청에 대한 심사가 진행 중인 사람, △난민불인정결정이나 난민불인정	난민법 제2조 제4호

	결정에 대한 이의신청의 기각결정을 받고 이의신청의 제기기간이나 행정심판 또는 행정소송의 제기기간이 지나지 아니한 사람, △난민불인정결정에 대한 행정심판 또는 행정소송이 진행 중인 사람	
재정착희망난민	대한민국 밖에 있는 난민 중 대한민국에서 정착을 희망하는 외국인	난민법 제2조 제5호

난민과 난민 유사 상황에 놓인 이주민에 대한 한국의 보호 대상자 개념은 난민법에 규정된 이 네 가지 유형이었으나, 2021년 아프가니스탄에서 한국정부에 협력하였기 때문에 위험에 놓인 이들을 국내로 수용하는 과정에서 '특별기여자'라는 새로운 보호 대상자 개념을 신설하였다. 그런데 이 특별기여자는 난민법상의 보호 대상이 아니라 「재한외국인 처우 기본법」에서 규정하는 보호 대상이다. 재한외국인 처우 기본법 제14조의2에서는 특별기여자를 정의하고 이들의 처우를 다음과 같이 규정한다. 특별기여자는 난민의 처우 규정을 준용하지만 난민법 제37조의 가족재결합 규정은 준용하지 않는다. 또한 난민법 제30조의 난민협약에 따른 처우를 받는다는 규정 또한 준용하지 않는다. 또한 국가 및 지방자치단체가 특별기여자에게 초기생활 정착자금 등의 생활 지원, 취업 지원 등을 할 수 있다고 규정하고 있어 난민인정자에 대응하는 보호 대상자 지위로 보기는 어렵다.

재한외국인 처우 기본법 제14조의2(특별기여자의 처우) ① 대한민국에 특별히 기여하였거나 공익의 증진에 이바지하였다고 인정되어 대한민국에 거주하고 있는 외국인 및 그 동반가족으로서 국내 정착을 지원할 필요가 있다고 법무부장관이 인정하는 사람(이하 "특별기여자등"이라 한다)의 처우에 관하여는 제14조, 「난민법」 제31조부터 제36조까지 및 제38조를 준용한다.

② 국가 및 지방자치단체는 특별기여자등에게 다음 각 호의 지원을 할 수 있다.

1. 초기생활정착자금 및 그 밖에 필요한 생활지원
2. 고용 정보의 제공, 취업알선 등 취업에 필요한 지원

제3절 국내 · 외 난민 현황

1 국제적 난민 현황

유엔난민기구의 통계에 따르면 2023년 전 세계 비자발적 이주자의 수는 1억 1천만여 명에 달한다(UNHCR Refugee Data Finder). 여기서는 유엔난민기구가 집계한 통계를 기준으로 국제적 난민 현황을 제시한다.

유엔난민기구가 제시하는 비자발적 이주자에 포함되는 유형은 크게 ① 난민, ② 비호신청자, ③ 국내 실향민, ④ 그 외 국제적 보호가 필요한 사람으로 나뉘어진다. 여기서 '난민'은 난민협약과 난민의정서상의 난민만이 아니라 OAU 협약, 카타헤나 협약의 난민과 팔레스타인 난민, 대안적 형태의 보호 대상자, 임시보호 대상자 등 난민 유사 상황에 놓인 사람(people in refugee-like situations)이 모두 포함된 유형으로, 2023년 약 3,640만 명이 이에 해당한다. '비호신청자'는 난민신청을 하였으나 아직 난민 지위가 확정되지 못한 이들로 610만 명 정도가 있다. '국내 실향민'은 무력 분쟁 등으로 인해 강제적으로 거주지를 떠나 국경 내의 다른 지역에 머무르며 유엔난민기

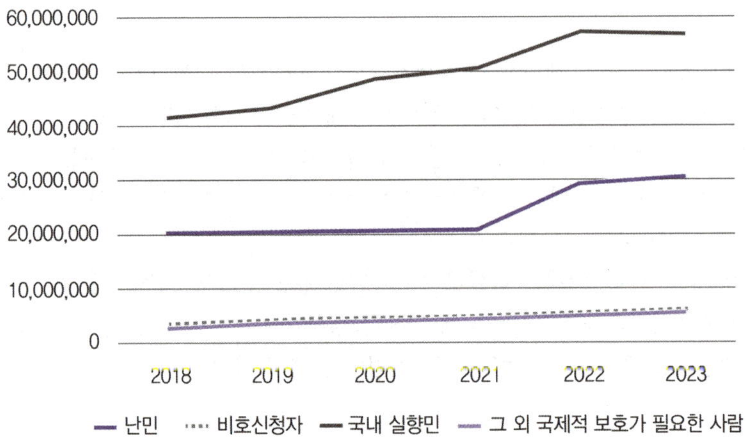

자료: UNHCR Refugee Data Finder.

그림 9-1 비자발적 이주자 국제 현황

구의 보호나 원조 대상이 되는 이들로 약 6,250만 명에 달한다. '그 외 국제적 보호가 필요한 사람'은 2022년에 새롭게 도입된 개념으로, 난민, 비호신청자에는 해당하지 않지만 강제 소환으로부터의 국제적 보호 등을 필요로 하는 530만 명 정도가 이들에 해당한다.

비자발적 이주자의 규모는 네 유형 모두 증가하고 있는 추세이다. 시리아 분쟁으로 인한 비자발적 국제 이주자의 수가 2014년 170만여 명에 달한 것을 시작으로, 2022년 러시아의 우크라이나 침공에 이르기까지 최근 10여 년 간의 끊임없는 무력분쟁 발생으로 난민 등 비자발적 이주자 인구는 20년 전 100만 명 정도에서 수십 배 규모로 급증하였다.

국내 실향민을 제외한 전 세계 비자발적 이주자의 69%를 인접 국가에서 수용하고 있으며, 비자발적 이주자가 발생한 국가의 인근 국가 또한 사회경제적 상황이 열악한 경우가 많아 비자발적 국제 이주자의 20% 정도를 저개발 국가에서 수용하고 있는 상황이다. 시리아(650만 명), 우크라이나(570만 명), 아프가니스탄(570만 명)의 3개국에서 발생한 난민 등 국제적 보호 대상자가 전체의 52%를 차지하였다(UNHCR, 2023). 비자발적 국제 이주자의 수용 또한 일부 국가에 집중되어 있는데, 튀르키예, 이란, 독일, 미국, 콜롬비아, 파키스탄, 우간다, 페루, 러시아가 1백만 명 이상을 수용하고 있는 국가들이다(UNHCR Refugee Data Finder 자료 저자 집계). 특히, 시리아의 인접국인 튀르키예가 2023년 약 360만 명을 수용하고 있는 상황으로 9년 연속 가장 많은 난민을 수용하고 있다.

2 한국의 난민 현황

1) 난민 신청 및 인정 현황

여기서는 법무부 출입국·외국인정책본부의 통계 연보(법무부, 2023)에서 제시하는 자료에 기반하여 국내 난민 관련 인구 추세를 설명하고자 한다. 1993년 난민협약이 발효된 이후에 집계된 통계이며, 그 이전의 베트남 선상난민 등의 임시체류에 대한 통계는 포함되지 않는다.

1994년부터의 난민인정심사 1차 신청 건수는 총 84,922건으로 이 중 51,394건의 심사가 완료되었고, 22,465건이 직권으로 종료되거나 신청을 철회하였다. 1차 신청에서 난민으로 인정받은 건수는 972건, 인도적 체류허가는 1,991건이다. 이의신청 누적 건수 또한 38,170건에 달하며, 이 중 31,806건의 심의가 완료되었고 1,476건이 철회되었다. 이의신청 건수 중 난민으로 인정된 경우는 229건, 인도적 체류를 허가한 경우는 553건이다.

표 9-2 난민인정 1차 심사, 이의신청 심사 현황(1994~2022 전체 누적)

(단위: 건)

구분	신청	심사 완료				철회	대기
		소계	난민인정	인도적 체류허가	불인정		
1차 심사	84,922	51,394	972	1,991	48,431	7,238	11,063
이의신청	38,164	31,880	229	553	31,018	1,476	4,888

자료: 법무부(2023). 『2022 출입국외국인정책 통계연보』.

2013년 난민법 시행 이후로 난민신청 건수는 크게 증가하였다. 2020년 코로나19 팬데믹 발생으로 주춤하던 난민신청은 2022년부터 다시 증가하기 시작하여 2023년 18,838건의 신규 신청이 접수되었다.

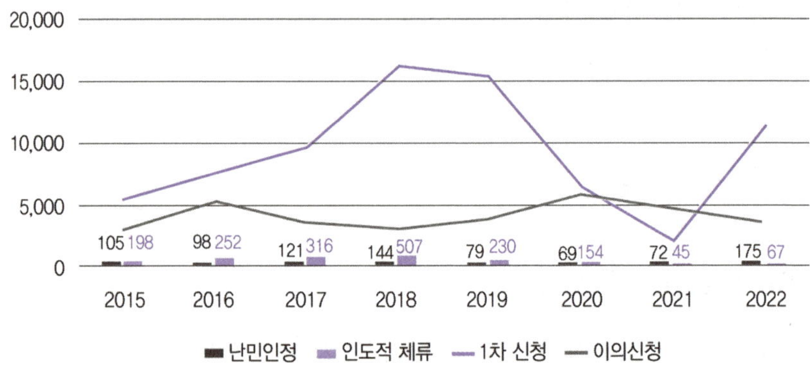

주: 법무부(2023). 『2022 출입국외국인정책 통계연보』 자료를 활용하여 저자 작성.

그림 9-2 난민 신청과 인정 추세

누적 난민신청 사유로 가장 높은 비율을 차지하는 것은 종교(18.6%)이지만, 난민인정을 받은 건수 중 가장 다수를 차지하는 난민 사유는 가족 결합(36.6%)과 정치적 견해(30.9%)이다. 가족결합은 난민인정자의 가족을 대상으로 하는 것이기 때문에 엄격한 의미에서 난민인정 사유라고 보기는 어렵다.

표 9-3 난민 신청 사유 및 인정 사유

(단위: 건)

구분	계	종교	정치	특정 집단	인종	국적	가족 결합	기타
난민신청	84,922	18,421	15,756	8,608	4,328	515	3,372	33,922
난민인정	1,338	123	413	54	254	4	490	–

자료: 법무부(2023). 『2022 출입국외국인정책 통계연보』.

2022년 기준 난민신청자의 출신 국가와 난민인정자, 인도적 체류자의 출신 국가를 비교한 결과는 〈표 9-4〉와 같다. 2022년 난민신청자 중 가장 다수는 카자흐스탄 출신(2,456명)이었으나 난민인정자는 미얀마 출신(77명)이 가장 많았고, 인도적 체류자는 이집트 출신(17명)이 가장 많았다. 1994년부터의 누적 건수를 볼 때는 난민신청자가 많은 출신 국가 중 난민인정자나 인도적 체류자 규모가 상위를 차지하는 국가는 이집트와 파키스탄이다. 출신국가별 난민신청 사유 통계는 공개하고 있지 않아 국가 정황과 난민신청 사유를 비교해보기는 어렵다.

09 CHAPTER

표 9-4 2022년 난민신청자, 난민인정자, 인도적 체류자 출신 국가

(단위: 건)

순위	난민신청자	난민인정자	인도적 체류자
1	카자흐스탄(2,456)	미얀마(77)	이집트(17)
2	인도(1,278)	이집트(42)	시리아(11)
3	튀르키예(1,188)	파키스탄(16)	아이티(10)
4	러시아(1,038)	수단(6)	예멘공화국(5)
5	중국(772)	에티오피아(6)	기니(4)

자료: 법무부(2023). 『2022 출입국외국인정책 통계연보』 자료를 저자가 편집.

2) 난민 재신청 현황과 논쟁

난민불인정 결정에 불복하여 이의신청을 하는 건수가 적지 않고 난민신청 사유별 비율과 인정자의 사유별 비율이 다르기 때문에 현행 난민신청 제도의 남용과 난민인정심사의 미비라는 양쪽 측면 모두에서 이 상황에 대한 문제점이 지적되고 있다. 난민인정 신청에 대한 심사가 진행 중이거나 난민불인정 결정에 대한 행정 심판이나 소송 절차가 종결될 때까지는 본인의 의사에 반하여 강제송환이 금지된다. 〈표 9-2〉와 [그림 9-2]는 이의신청(재신청)의 추세를 보여준다.

난민심사 재신청에 대한 제한 규정이 없어 체류 연장을 목적으로 재신청을 하는 남용적 난민신청 사례로 난민인정심사가 적체되고 있다는 입장을 가진 법무부는 2020년 난민 재신청자에 대한 부적격 결정을 규정하여 이를 제한해야 한다는 개정안을 제안하였고, 제21대 국회에서 계류되었다. 난민인권네트워크 등에서는 이 개정안에 대하여 난민 재신청을 할 경우에는 서류심사만을 기준으로 명백히 이유가 없다고 판단하여 부적격 결정을 할 가능성이 높고, 난민심사 역량에 대한 신뢰가 확보되지 않은 상황에서 이러한 제도를 신설하는 것은 난민인권보호를 충실히 이행하지 못하는 것이라고 비판하고 있다. 이러한 상황에서 법무부의 기존 '난민업무지침'(2020년 4월 기준)에 난민신청 당시 합법 체류 중이더라도 체류기간 만료일이 4개월 이내이거나 중대한 사정변경 없이 3회 이상 재신청을 하는 경우에 체류기간 연장과 및 취업을 불허하고 출국기간만을 유예하는 등의 내용이 포함되어 있는 것이 알려져 난민 재신청과 관련된 논쟁은 더 심화되었다.

난민신청은 체류의 합법 여부와 관계없이 할 수 있는데, 1994년부터 2022년까지의 누적 난민신청 건수 중 불법체류 중 신청한 비율은 20.7%, 2022년 한 해에는 4.5%이다. 난민인정 여부 또한 체류의 합법 여부와 무관한데, 누적 난민인정자 중 불법체류 중 신청하여 난민으로 인정받은 비율은 20.5%, 인도적 체류 허가를 받은 비율은 15.4%이다. 2022년 한해 불법체류 중 난민신청을 하여 인정받은 비율은 3.4%, 인도적 체류 허가를 받은 비율은 16.4%이다. 난민신청 이전의 체류자격별 통계는 제시되어 있지 않아 국내 체류 중 난민신청을 하는 이들의 상황을 면밀히 판단하여 제시하기는 어렵다.

제4절 난민법과 난민정책

1 난민법

1) 입법 배경

노태우 정부는 난민보호를 위한 국제적 노력에 적극적으로 동참하고 국제협력 체제를 구축하는 것을 이유로 국회에 난민협약과 난민의정서 가입을 제안하였다. 당시의 국회(제14대) 본회의 회의록을 살펴보면 특별한 질의 없이 난민협약과 난민의정서 가입이 가결된 것을 볼 수 있다. 1992년 11월 11일 제14대 국회가 난민협약과 난민의정서의 비준에 동의하여 난민의정서가 동년에 먼저 발효되었고, 난민협약은 다음 해인 1993년에 발효되었다.

난민협약과 난민의정서 발효 이후 별도의 난민 관련 법률이 제정되지는 않았고, 기존의 출입국관리법에 필요한 규정을 신설하였다. 난민 정의, 임시상륙 허가, 난민의 인정과 취소, 난민심사 이의 신청, 난민여행증명서 발급, 체류허가 특례 등이 신설되어 1994년 7월 1일부터 이를 시행하였다. 당시의 출입국관리법(법률 제4592호, 1993. 12.10 일부개정) 제2조 제2항의2에서는 난민을 “난민의 지위에 관한 협약 제1조 또는 난민의 지위에 관한 의정서 제1조의 규정의 의하여 난민협약의 적용을 받는 자”로 규정하였고, 난민을 법문에서 구체적으로 제시하지는 않았다.

09 CHAPTER

난민협약과 의정서가 발효되고 관련 법제가 개정되었지만, 1994년에서 2000년까지 신청된 96건의 난민신청은 대부분 불허되거나 철회되었다. 난민으로 인정된 첫 사례는 2001년 에티오피아 출신의 난민신청자에 대한 인정 사례이다. 이후 미얀마 난민들과 줌머인들이 집단적으로 난민신청을 하고 이들 중 난민인정 사례가 생기면서 난민신청자가 점차 증가하였고, 난민법 제정 전까지 이들이 난민인정자 중 상당수를 차지하였다(김현미 외, 2010; 류수경, 2017; 최영일, 2018).

난민인정자가 탄생하기 시작하자 난민인정심사에 대한 제도적 미흡과 처우 등에 대해 검토가 이루어지기 시작하였고, 심사제도의 불완전성, 난민인정심사의 적체, 난민 등에 대한 처우의 미비에 대해 학계와 인권단체의 비판이 지속되었다. 예를 들어,

국가인권위원회는 2006년 한국의 난민인권보호 제도가 국제 규범에 부합하지 못하는 상황에 대해 정책 개선을 권고하였다. 당시 출입국관리법과 시행령에서는 난민인정자의 법적 지위와 가족재결합권과 같은 처우를 규정하지 않고 있었고, 난민신청자와 보충적 보호 대상자를 위한 별도의 체류자격을 부여하지 않고 있었다. 2007년, 유엔 인종차별 철폐위원회도 한국의 낮은 난민인정률과 난민인정심사의 적체, 난민신청자와 인도적 체류자의 취업 허가, 난민인정자 사회 통합 등을 개선하기 위한 방안 마련을 권고하였다(United Nations General Assembly, 2007).

이러한 상황에서 난민인정심사와 처우에 대한 내용을 출입국관리법 규정이 아니라 독립된 개별법으로 규정하는 것이 필요하다는 의견이 대두되었다(예: 국가인권위원회, 2006). 2008년, 출입국관리법이 개정(법률 제9142호, 2008.12.19 일부개정)되어 인도적 체류 허가 규정이 신설되었고, 난민지원시설 설치, 인도적 체류자와 난민신청자의 취업 허가, 난민인정자에 대한 상호주의 적용 배제 등을 명문화하였다.

난민협약과 난민의정서 비준 이후 이때까지의 난민인정 제도와 처우 등은 출입국관리법의 개정 수준에서 논의되었고, 개별법의 제정까지는 이르지 못하였다. 2000년대 중반부터 난민보호를 위한 독립 법안에 대한 연구가 난민지원단체, 변호사, 법무부 난민실 등을 중심으로 이루어졌고, 출입국관리법이 정비된 2008년에는 국회 인권포럼이 '난민 등의 지위와 처우에 관한 법률' 제정을 위한 공청회를 개최하였다. 공청회에서는 당시 난민인정심사 관련 주요 쟁점이었던 출입국항 난민신청의 문제, 난민전담 부서 정비, 통역 지원 개선 등 난민인정심사 절차의 개선과 강제송환금지 원칙의 명문화, 입증책임의 분담, 가족재결합권 보장 등의 난민의 권리 보호 관련 문제가 제기되었다. 독립된 난민 관련법 제정이 필요한가에 대해서는 의견이 대립되는 상황이었으나, 2009년 서울변호사협회가 '난민 등의 지위와 처우에 관한 법률안'을 입법청원하였고, 이를 한나라당 황우여 의원이 발의하였다. 2006년에 이미 독립된 난민 관련 법률의 필요성을 제시한 국가인권위원회는 발의안을 적극 지지하며 한국의 난민인정 제도와 난민에 대한 처우 개선에 대한 기대를 내보였다(국가인권위원회, 2009). 그러나 2009년에 발의된 법안은 2011년까지 국회에서 계류된 채 논의되지 않았다. 법안의 계류 중 출입국관리법이 개정되어 난민신청자(난민심사 중 또는 이의신청 진행 중)의 강제퇴거 집행 유보에 대한 조항이 신설되었다.

2009년 황우여 의원의 법률안 발의 이후 난민 관련 독립법 제정을 위한 검토가 민관에 걸쳐 다양하게 추진되었다. 국회입법조사처는 2009년의『다문화정책의 추진 실태와 개선방향』정책보고서를 통하여 당시 난민신청 후 1년을 요구하던 난민신청자의 취업활동 허가 시점 문제, 인도적 체류 지위의 부여, 난민인정자 등의 인권보호를 포괄하는 법률의 제정이 필요하다고 제안하였다(유의정 · 조규범 · 조주은, 2009). 법무부에서도 연구 용역을 실시하였는데,『한국 체류 난민 등의 실태조사 및 사회적 처우 개선을 위한 정책 방안』연구(김현미 외, 2010)에서 난민인정자 및 인도적 체류자, 난민신청자의 생활 실태를 조사하고 취업금지기간의 단축, 난민면담 방식의 개선, 귀국지원제도의 마련 등을 제안하였다. 2010년 11월에는 국회인권포럼, 유엔난민기구 한국대표부, 한양대 법학연구소 공익소수자인권센터가 공동으로 난민인권 워크샵을 주최하여 난민의 사회권 제도화 방안을 논의하였다(유엔난민기구, 2010). 법제사법위원회에서도 비슷한 시기에 법률안에 대한 공청회를 개최하였다. 법사위의 공청회에서는 황필규 변호사, 차규근 국적난민과장, 오승진 단국대 교수, 김성수 광주지법 판사가 법안 및 법제사법위원회의 보고서에 대해 검토하였다.

황우여 의원이 발의한 법안의 정식 명칭은 '난민 등의 지위 및 처우에 관한 법률'이다. 법률안에서는 제안 이유에 대해 난민협약 등 국제법과 국내법의 조화, 난민인정 절차와 처우에 대한 규정의 구체화를 통해 한국의 인권 상황을 개선하는 것으로 제시하였다. 특히, 다른 선진국에 비해 낮은 난민인정률과 난민심사의 적체, 심사 과정에 대한 이의 제기, 난민신청자 생계 보장 미비, 난민인정자 권리 보장 미비 등이 제도화가 필요한 부분으로 지적되었다.

법률안은 2011년에 법제사법위원회의 심사를 받았고, 법제사법위원회는 "난민의 인권보호에 이바지하면서도 현실에 부합하는 제도" 마련을 위해 법률안을 수정하여 '난민법'으로 변경된 법안이 전체회의에 상정되었다. 초안과 수정안에는 일부 차이가 있었는데, 초안에서 가족결합 목적으로 입국하는 가족에게 난민인정자 지위를 부여하기로 한 것을 수정안에서는 입국허가로 변경하였고, 변호사 조력권의 국고 부담과 난민인정자의 귀화 특례 조항은 삭제, 난민신청자에 대한 생계비 등 지원은 임의규정으로 수정하는 등 초안의 52개조 조항을 47개 조항으로 축소하였다. 수정된 난민법안은 특별한 반대 없이 재석 184인 중 찬성 181인, 기권 3인으로 가결되었다.

난민법은 2012년에 공포되었는데 이 해는 난민협약 채택 60주년이었고 아시아 국가로서는 최초로 난민에 대한 개별법을 시행한다는 점에서 화제가 되었다. 2013년 난민법의 시행에 앞서 난민법 시행령과 시행규칙이 제정되었고, 법무부에서는 기존에 난민을 담당하던 국적난민과를 분리하여 난민과가 신설되었다. 최석영 주제네바 대사가 2013년 유엔난민기구의 집행의사회 의장으로 선출되어 2014년까지 의장직을 수행하는 등 난민법 제정을 통한 한국의 난민보호 절차 강화와 난민 처우에 대한 개선 기대가 상승하였다.

난민법에 규정된 주요 내용은 난민 등의 정의, 난민인정 신청과 심사, 난민위원회 설치 및 운영, 난민인정자 등의 처우이다. 난민법 제정 이후 난민법 개정안이 총 26회 발의되었으나, 난민법은 2024년 현재까지 단 1회 개정되었다.

2) 예멘인 난민신청자의 제주도 입도와 정책적 여파

난민법 제정 이후 유럽 등지에서는 대규모 난민이 발생하여 전 세계적으로 난민 유입이 이민정책의 주요 이슈가 되었으나, 한국 인접 지역이 아닌 것을 이유로 한국사회에 큰 여파를 주지는 못하였다(Choi & Park, 2020). 당시 한국사회의 분위기는 난민에 대해 옹호적인 분위기라기보다는 무관심에 가까운 상황이었다. 난민법 제정의 국가적 위상 정립이라는 부분 외에는 난민법 제정 자체와 난민수용에 대한 사회적 논의가 활성화되지는 못하였고, 유럽 정도의 대규모 수용은 아니지만 시리아 내전과 이집트 혁명 이후 5천 명이 넘는 이집트인과 시리아인들이 한국에 난민신청을 했음에도 불구하고 한국에 체류하는 난민의 존재에 대한 국민적 관심이 형성되지는 않았다. 물론 난민의 유입이 순조롭기만 했던 것은 아니다. 난민법 시행 직후인 2013년 9월에 법무부는 영종도에 난민센터를 개소하려고 하였으나 지역주민들의 반발로 개소하지 못하였고, 동년 11월에 출입국·외국인지원센터라는 이름으로 발족할 수 있었다. 줌머인 난민 커뮤니티가 일찍부터 자리잡은 김포시에서도 2015년 난민지원조례를 제정하고자 하였으나 경기도가 김포시에 해당 조례가 법령에 부합하지 않는다고 시정권고를 내렸고 이 조례는 결국 폐기되었다.

난민에 대한 논의가 일반 시민들 사이에서도 본격화되기 시작한 계기는 2018년의 예멘인 집단 난민신청이다. 제주도의 무사증입국 제도를 이용하여 500여 명의 예멘인들이 제주도에 입도하여 난민신청을 하였는데, 부정적 여론 보도가 확산되면서 사회전반에서 난민에 대한 찬반 논의가 대두되었다. 당시 각종 언론과 소셜미디어에서 예멘인 난민신청자들에 대한 공포와 혐오 등 부정적 사회적 분위기를 조성하였고, 결국 약 71만 명이 참여한 국민청원으로 이어지면서 이들에 대한 대응이 정치적 이슈로 급부상하였다. 당시에도 난민에 대한 찬반 논란의 목소리는 커졌으나, 실제 난민 개념이나 난민정책에 대한 이해 자체가 향상된 상황은 아니었다. 일례로, 그 다음해인 2019년에 실시한 이민정책연구원・한국보건사회연구원의 난민에 대한 인지도 조사에서는 난민법상의 난민인정 사유에 대해 정확히 아는 응답자가 4,001명 중 5명에 불과하였다(장주영・박민정・김기태, 2019). 그럼에도 불구하고 난민법 개정 이후의 난민법 등 관련 제도 정비의 방향성과 난민에 대한 사회적 분위기는 이 사건을 계기로 크게 전환되었다.

난민법 제정 이후 제19대 국회에서는 난민법의 일부개정법률안이 총 9회 발의되었으나 모두 2016년 임기만료로 폐기되었다. 제19대 국회에서 제안된 난민법의 개정안의 주요 내용을 살펴보면 다음 〈표 9-5〉와 같다. 전반적으로 난민인정심사의 정교화와 난민 등의 인권보장, 사회통합 지원 등 난민의 인권보호를 강화하는 방향의 개정안들로 이루어져 있다. 난민 지원을 위한 기본계획과 시행계획 수립이 먼저 시도

표 9-5 제19대 국회 난민법 개정안 내용

의안번호	제안일자	주요 내용
1910934	2014.6.20	5년마다 난민 지원을 위한 기본계획을 수립하고 매년 집행계획을 수립 시행
1912039	2014.10.14	난민인정심사의 세부기준과 방법을 대통령령으로 정하고 난민신청자에게 상담을 실시할 수 있는 근거 규정 마련 등
1914201	2015.3.9	난민인정자, 난민신청자 가족을 대상으로 영유아보육과 유아교육 지원할 수 있는 근거 규정 마련
1915234	2015.5.22	인도적 체류자의 사회보장 및 기초생활보장에 관한 사항을 신설
1915648	2015.6.18	난민인정심사 회부를 위한 사전심사 기준, 불회부결정에 대한 이의신청 절차, 난민신청자의 이동권 보장, 인도적 체류지위증명서 교부 등 규정
1915649	2015.6.18	난민면접조사 중 녹화나 녹음 신청 가능함을 사전 고지, 조사과정 중 위법 사항 있을 경우 증거로 사용할 수 없음 등을 명시 등
1915663	2015.6.19	난민인정자, 신청자의 배우자・자녀도 난민인정자나 신청자와 동일한 지원 받을 수 있도록 규정
1916483	2015.8.19	주거시설이나 난민지원시설의 이용 제한에 관한 사항을 규정
1917759	2015.11.16	'성별' 표현 개정

되었으나 임기만료로 안이 폐기되었고, 이후로 2024년 현재까지 난민에 대한 기본계획은 수립되지 않았으며 외국인정책 기본계획에서 난민에 대한 내용을 일부 다루고 있다. 난민인정심사 절차 관련 제도에서 난민신청자가 보호받을 수 있도록 각 절차의 명문화, 난민인정자나 인도적 체류자, 난민신청자와 그 가족에 대한 처우 보장 확대 등의 내용이 개정안들의 주를 이루었다.

제20대 국회에서는 총 15회의 난민법 일부개정법률안과 폐지법률안이 발의되었으나, 난민위원회의 민간위원의 공무상 비밀 누설이나 형법 제127조,[2] 제129조부터 제132조[3]까지의 위반에 따른 벌칙을 적용할 시 공무원으로 의제하도록 하여 난민위원회 민간의원의 직무수행의 책임성을 강화하고 공공성을 확보하도록 하는 규정의 신설 외에는 모두 폐기되었다. 예멘인 집단 난민신청이 발생한 2018년 이전의 제20대 국회 난민법 개정안의 주요 방향성은 제19대 국회의 개정안들과 유사하다. 개정된 안 외에는 제19대 국회에서 활동한 의원들이 주축이 되어 폐기된 법안들을 다시 상정한 안건들이기 때문이다. 이 법안들은 제20대 국회에서도 임기만료로 폐기되었다.

2018년 봄 제주도 입도 예멘인들의 집단 난민신청은 이러한 국회의 방향성을 완전히 전환시켰다. 난민신청자나 난민인정자 등의 권리 강화가 주를 이루던 이전까지의 난민법 개정 방향과는 달리, 이후의 개정안들은 난민신청을 제약하려는 경향들로 이루어져 있다. 제안된 법안들의 대부분이 개정이나 폐지를 제안하는 이유로 난민신청자 유입 증가에 따른 국민들의 불안감과 난민제도 악용 사례의 증가로 인해 난민신청자 등의 관리와 범죄 방지를 위한 제도적 장치 강화를 내세운다. 2018년 이후 난민신청자나 난민인정자 등의 입장에서 권리 강화를 위해 제안된 법안들은 찾아보기 어렵다.

예멘인 집단 난민신청의 여파는 한국의 이민정책에서 매우 특수한 사례이다. 대부분의 한국이민정책의 내용이 장기간에 걸쳐 서서히 변화하거나 부재하던 제도를 신설하고 정비하는 방향에서 이루어진 것과 달리, 2018년의 한 사건이 이민정책에 대한 국민적 관심 집중과 그로 인한 정치적 이슈화를 이루어냈기 때문이다. 2018년 상반기부터 제안된 의안 총 11건 중 8건이 2018년 6월과 7월에 제안된 것만 보더라도

2) 형법 제127조(공무상 비밀의 누설).
3) 형법 제129조(수뢰, 사전수뢰), 제130조(제삼자뇌물제공), 제131조(수뢰후부정처사, 사후수뢰), 제132조(알선수뢰).

당시 예멘인 난민신청이 영향을 미쳤다는 것을 읽을 수 있다.

당시의 난민법 폐지를 주장하는 안들은 난민신청자의 유입이 사회적 수용 범위를 넘어서고 제도의 악용에 대한 비판이 증가하고 있기 때문에 사회적 갈등 해소를 위해 난민법을 폐지하자는 내용이 주를 이루었다. 예멘인 난민신청자들처럼 무사증제도를 이용한 난민신청자의 입국을 막기 위해 무사증입국자의 난민신청을 제한하거나 무사증입국제도 자체의 폐지를 제안하기도 하였으나, 무사증입국제도 자체가 폐지되지는 않았다. 대신 법무부는 예멘, 이집트, 파키스탄 등의 난민신청 건수가 높은 국가들을 포함한 총 24개국을 제주도 무사증입국불허 국가로 지정하는 방식으로 대응하였다. 강제송환 금지의 예외 규정을 신설하자는 제안도 등장하였다.

표 9-6 제20대 국회 난민법 개정안(2018~2020년)

의안번호	제안일자	주요 내용
2014145	2018.6.29	난민불인정을 받거나 난민인정이 취소된 자가 중대한 사정 변경없이 다시 난민신청을 하는 경우 난민인정심사 불회부 규정 추가
2014365	2018.7.12	난민법 폐지
2014410	2018.7.13	난민인정심사 불회부 사유 규정, 난민신청과 이의신청에 대한 결정기간 단축 등
2014468	2018.7.17	난민신청자 체류지 한정과 체류구역 이탈 시 처벌 규정 등
2014483	2018.7.18	난민신청자 난민주거시설에 의무 거주, 무사증입국자의 난민신청 제한, 난민신청자 처우 축소, 난민인정자 사회적응교육 의무화 등
2014496	2018.7.19	난민법 해당 조항을 난민인정자 등에서 난민으로 한정하고 인도적 체류자, 재정착희망난민 삭제하고 북한이탈주민 포함 등
2014503	2018.7.20	난민불인정 사유 추가, 난민심사와 이의신청 기간 단축 등
2014542	2018.7.25	난민불인정 결정 행정소송 제기기간 단축 규정
2018263	2019.1.21	난민신청자 3회 이상 불출석, 자발적 출국 등의 경우에 이의신청 기각 결정과 행정소송 제기 불가 규정
2019574	2019.4.4	강제송환 예외규정 신설
2022050	2019.8.21	난민심사 불회부결정에 대한 이의신청 관련 규정 명문화

예멘인 난민신청자들에 대한 논란이 어느 정도 진정된 제21대 국회에서는 다시 난민인권보호와 관련된 법안들이 등장하고 있다. 특이한 점은 법무부에서 제안한 개정안의 방향과 국회에서 제안하는 개정안들의 방향성이 다르다는 점이다. 국회에서는

2015년과 2016년의 난민면접조서 허위 작성 사건에 기반하여 난민심사의 과정이 부실할 수 있다는 우려를 불식하기 위해 국가인권위원회의 권고에 따라 면접과정의 녹음·녹화를 의무화하고, 그에 대한 열람 및 복사 신청의 근거 규정을 마련하고 난민신청자의 권리를 면접 전 서면과 구두로 고지하게 하는 규정 신설의 시도, 난민 차별 및 편견을 예방하기 위한 언론보도 권고 기준 마련, 인도적 체류자의 배우자와 미성년 자녀에 대한 체류허가 근거 규정 마련 등이 시도되었다. 이처럼 제21대 국회에서 제안된 난민법 개정안들은 그 수는 많지 않지만 다시 2018년 이전처럼 난민인정심사 절차와 난민 등에 대한 처우, 사회통합에 있어 이들의 인권보호를 강화하는 방향들을 띄고 있다. 반면, 제21대 국회에 정부가 제안한 개정안은 앞서 설명한 난민인정 재신청자와 관련된 것으로 중대한 사정 변경이 없는 난민인정 재신청을 제한하는 규정을 제안하고 있다. 해당 개정안에서는 이와 함께 난민인정자에 대한 상담과 취업 지원, 난민신청 접수나 결정 통지 과정에서의 통역 지원에 대한 규정도 포함하고 있다.

표 9-7 제21대 국회 난민법 개정안

의안번호	제안일자	주요 내용
2105966	2020.12.1	난민 면접과정의 녹음·녹화 의무화와 열람 및 복사 신청 근거 규정과 난민신청자 권리에 대한 면접 전 고지
2113939	2021.12.17	난민인정 재신청자에 대한 적격 심사와 난민인정자 상담, 취업 지원, 난민신청자 통역 제공
2118344	2022.11.21	난민 관련 언론 보도의 권고 기준 마련
2125213	2023.10.30	인도적 체류자의 가족결합을 위한 배우자·미성년 자녀 체류 허가

이상에서 살펴본 것처럼 2012년 난민법 제정 이후 약 12년 동안 난민법에 대해 총 26회의 개정안이 발의되었으나 난민위원회 민간위원의 공무원 의제 조항 신설에 대한 일부개정안 단 한 건만이 반영된 상황이다. 난민법이 특히 정치적 민감성을 가진 이민정책 이슈라는 것을 극명히 보여주는 것이 제정 이후의 개정 내용에 대한 합의가 부재한 현 상황이다.

3) 난민법과 하위 법령의 내용

난민법에서는 난민 등 개념 정의와 강제송환의 금지 등을 규정한 총칙, 난민인정 심사 관련 규정, 난민위원회 규정, 난민인정자 등의 처우, 보칙과 벌칙의 6개 장으로 규정되어 있다. 앞서 설명한 것처럼 제정 이후 난민법은 큰 개정을 겪지 않았기 때문에 제정 당시의 내용과 거의 유사하다. 난민법에 규정되어 있지 않은 난민 등의 지위와 처우에 대한 내용은 출입국관리법의 규정을 따르도록 규정(난민법 제4조)되어 있기 때문에 난민법 시행령에서도 출입국관리법을 따르도록 규정된 조항들이 상당 부분 존재한다. 출입국관리법에서도 난민 등에 관련된 규정들이 있고, 난민인정자 등도 출입국관리법의 대상이기 때문에 난민이 아닌 이주민과 완전히 배타적인 유형의 이주민으로 보기는 어려운 구조이다.

난민법 시행령은 난민법에 비해 규정의 숫자는 더 적지만 난민신청이나 처우 등에 대해 구체적인 사항들을 담고 있다. 특히, 인도적 체류 허가, 출입국항에서의 난민신청과 난민인정심사 회부, 난민심사관, 난민위원회, 각종 처우 기준 등이 난민법 시행령에 규정되어 있다. 난민법 시행규칙은 이보다 더 구체적인 난민인정 신청 과정의 사항과 각 절차에서 요구하는 자료와 요건 등을 규정하고 있다. 최근에는 난민지침에 대한 정보공개 청구 소송에서 법무부가 패소하면서(대법원 2022두49885) 법무부의 난민업무지침 전문이 공개되었다. 지침에는 난민인정 신청 및 심사 절차, 출입국항 난민인정 신청 및 심사, 난민인정자 등의 체류관리, 난민인정자 등의 처우, 벌칙, 행정사항 등이 포함되어 있다.

2 난민정책의 주요 쟁점

1) 출입국항 난민신청 절차

난민법 제정 당시, 난민법에서 출입국항 난민신청 절차에 대해 충분히 다루지 못하고 있다는 우려가 인권위원회에서 제기되었다(국가인권위원회, 2013). 난민법에서는 재정착희망난민이 아닌 난민신청자에 대해서는 국경 밖에서의 난민신청을 허용하지 않고 있다. 난민법 제5조에서는 "대한민국 안에 있는 외국인"이 난민인정 신청을 할 수 있다고 규정하고 있으며, 제6조에서는 입국심사를 받는 때에 하는 출입국항의 난민신청을 별개로 규정하고 있다. 출입국항에서 난민신청을 하는 경우에는 난민인정 신청서를 받은 지방출입국・외국인관서의 장이 신청자를 7일의 범위에서 출입국항에 머무르게 할 수 있으며, 그 기간 동안 법무부장관은 그 신청서를 난민인정심사에 회부할 것인지를 결정한다. 이는 입국하여 국내에 체류 중인 외국인의 경우에는 난민인

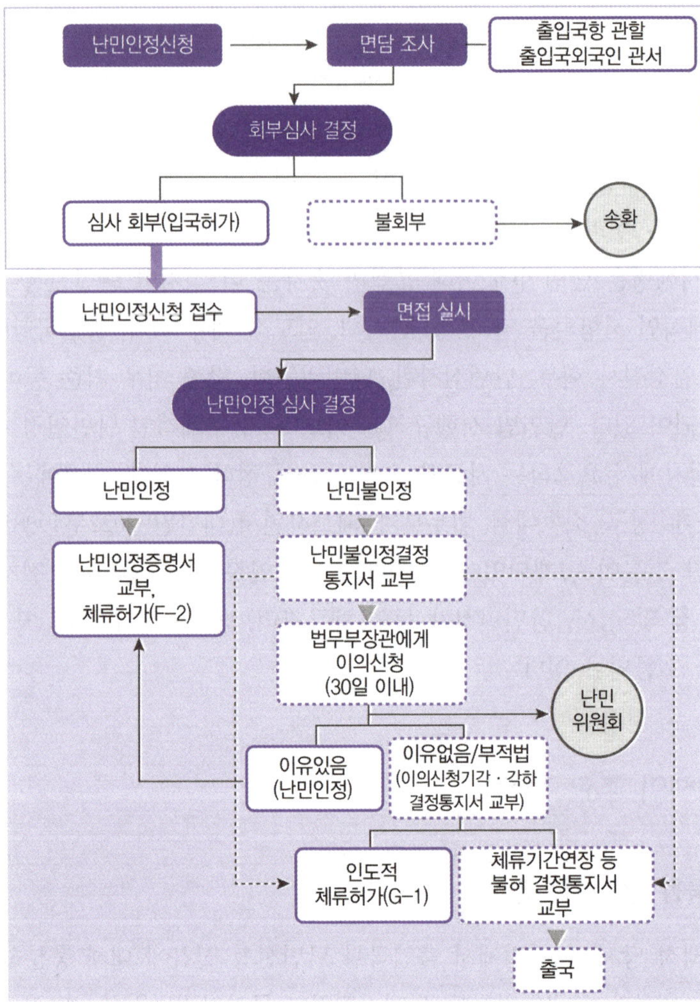

주: 체류지관할 난민신청 절차는 그림 속 두 개 네모 칸 중 아래 짙은 부분에 포함된 내용부터 시작.
자료: 법무부 난민업무지침.

그림 9-3 체류지 관할 난민인정 신청 절차와 출입국항 관할 난민인정 신청 절차

정신청을 한 즉시 그 신청이 접수되는 것(난민법 제5조 제5항)과 차이가 있다. 즉, 출입국항에서 난민을 신청할 경우에는 난민인정 신청 자체의 접수를 하지 않을 수 있는 것이다.

난민법 시행령에서는 출입국항의 난민인정 신청에 대하여 심사에 불회부할 수 있는 사유로 ① 대한민국의 안전 또는 사회질서를 해칠 우려가 있다고 인정할 만한 상당한 사유, ② 인적 사항 관련 질문 등에 응하지 않아 신분 확인을 할 수 없는 경우, ③ 거짓서류를 제출하는 등 사실을 은폐하여 난민인정을 받으려는 경우, ④ 박해의 가능성이 없는 안전한 국가 출신이거나 안전한 국가로부터 온 경우, ⑤ 난민인정을 받지 못하거나 인정이 취소된 사람이 중대한 사정 변경 없이 다시 난민인정을 받으려는 경우, ⑥ 난민협약상 난민인정 제한 사유에 해당한다고 인정할 만한 상당한 이유가 있는 경우, ⑦ 오로지 경제적인 이유로 난민인정을 받으려는 등 난민인정 신청이 명백히 이유 없는 경우의 일곱 가지를 제시하고 있다. 불회부 사유에 해당한다고 보는 경우에는 실무상으로 입국이 불허되는 경우가 대다수이며 송환대상 외국인으로 간주된다. 다만, 불회부결정을 받은 신청자가 이에 불복하여 소송을 제기할 경우에는 송환 절차가 중단된다. 2013년부터 2022년까지 출입국항 난민신청의 심사 회부율은 44.9%이다(문준혁 · 조규범, 2023).

2) 난민심사의 질 제고를 위한 제도

난민심사의 질 제고 필요성은 계속해서 논의되고 있는 상황이다. 난민법 제8조에서는 지방출입국 · 외국인관서에 면접과 사실조사 등을 전담하는 난민심사관을 둘 것을 규정하고 있다. 난민법 시행령 제6조는 난민심사관을 출입국관리 업무에 종사하는 5급 이상의 공무원으로, 난민 관련 업무에 2년 이상 종사하였거나 난민심사관 교육과정을 마쳤을 것을 자격으로 요구한다. 국가인권위원회에 따르면 2023년 기준, 난민심사관은 전국에 4명이며, 난민심사관을 포함한 난민전담공무원은 총 90명이다(국가인권위원회, 2023.11.20). 난민심사관 등 난민전담 공무원의 부족은 난민심사의 신속성 및 질 제고와 밀접한 관련성이 있기 때문에 국가인권위원회(2023.11.20)는 난민심사관에 준하는 난민전담공무원 기준자격 규정 마련, 난민심사관 1인당 적정 사건 수에 관한 지침 마련, 난민심사관 증원 등을 권고하였다.

난민법 시행령 제8조에서는 난민전문통역인이 난민신청자 면접과정에서 통역을 맡도록 할 것을 규정하고 있다. 법무부는 2022년부터 난민전문통역인 인증제를 실시하여 인증시험을 통과하는 경우, 위촉기간 3년(연장 가능)의 난민전문통역인으로 위촉하고 있다. 난민전문통역인 인증제 사업은 한국외국어대학교에서 위탁받아 수행하고 있다. 난민전문통역인은 2024년 1월 기준 총 414명으로 34개 언어 가능자가 위촉되어 있다(법무부, 2024.1.29). 언어별로는 중국어, 영어, 러시아어, 베트남어, 몽골어의 순으로 통역인이 많으며, 2022년 기준 난민신청자 출신국 중 상위를 차지하는 카자흐스탄, 인도, 튀르키예어 통역인의 수는 모두 10인 미만으로 신청자와 이들의 통역가능자 간에 격차가 큰 것을 알 수 있다.

현재 법무부에서 난민 관련 업무를 주로 담당하고 있는 과는 난민정책과와 난민심의과로, 난민심의과는 2020년에 신설되었다. 난민심의과는 난민인정 이의신청에 대한 심의, 난민위원회 운영, 사실조사 등을 전담하고 있다. 난민정책과는 기존의 난민과가 명칭을 바꾼 것으로 난민 관련 정책의 수립과 처우의 개선, 사회통합 등과 관련된 업무를 담당한다.

난민심의과에서 담당하는 난민위원회는 난민이의신청을 담당하는 15명의 비상임위원으로 구성되어 있다. 난민위원회의 위원은 변호사 자격이 있는 사람, 법률학 등을 가르치는 부교수 이상, 난민 관련 업무를 담당하는 4급 이상 공무원, 그 밖에 난민에 관한 전문적 지식과 경험이 있는 사람 중 임명된다(난민법 제26조). 난민신청에 이의를 제기하면 난민위원회가 이의신청을 심의하여 난민인정 여부를 결정한다. 난민이의신청 건수가 매년 수천 건에 달하는데 난민위원회는 비상임위원으로 구성된 비상설기구이기 때문에 처리해야 하는 사건 수가 많고 심사기간이 지연되고 있다(국가인권위원회, 2023.11.20). 이에 국가인권위원회는 난민위원회를 상설화하고 위원을 확대할 것을 권고하였다.

3) 난민인정자, 인도적 체류자, 난민신청자 처우

난민인정자, 인도적 체류자, 난민신청자의 처우는 주로 난민법에 규정되어 있다. 난민법 제30조는 난민인정자는 다른 법률에도 불구하고 난민협약에 따른 처우를 받는 것으로 규정하고 있다. 난민인정자는 국민과 같은 수준의 사회보장을 받으며, 기초생활보장, 교육보장, 사회적응교육, 학력인정, 자격인정, 배우자 등의 입국허가 등의 처우를 받는다. 그러나 모든 사회보장이나 교육보장 영역에서 국민과 동일한 대우를 받고 있지는 않다. 난민인정자는 학자금 대출 신청 대상에 포함되지 않으며, 건강보험 지역가입자일 경우에는 내국인과 동일한 기준으로 산정된 보험료와 지역가입자 월별 보험료 하한 중 더 큰 금액을 부담하고 세대합가가 되지 않는다.

인도적 체류자에 대한 처우는 두 가지에 한한다. 먼저, 난민법 제39조에 규정된 취업활동 허가이다. 난민법에는 난민인정자, 인도적 체류자, 난민신청자에 대한 처우가 모두 규정되어 있지만, 인도적 체류자에 대한 난민법상 처우는 난민신청자에 대한 처우보다 더 부족하다. 건강보험 지역가입에 있어 인도적 체류자와 인도적 체류자의 가족은 30% 경감이 가능하다. 이외에 인도적 체류자에 대한 처우 규정은 없다. 인도적 체류자에 대한 처우 규정이 난민신청자에 대한 처우보다 더 미비하기 때문에 이에 대한 비판이 지속되고 있다. 특히, 인도적 체류자 중 출신국의 상황이 개선되지 않아 장기거주하는 인도적 체류자가 증가하고 있는 상황에서 이들에게 주어지는 체류자격은 기타(G-1) 사증이기 때문에 취업에 대한 실질적 접근성마저 높지 않은 상황이다. 또한 인도적 체류자의 가족에 대해서는 입국허가 규정이 없기 때문에 가족 결합 또한 매우 제한적이다.

난민법은 난민신청자에 대한 생계비 지원, 주거시설의 지원, 의료지원, 교육의 보장을 규정하고 있지만, 이 지원들은 모두 재량행위이다. 따라서 난민신청자들이 이러

표 9-8 난민인정자 등의 처우

대상	처우
난민인정자	– 사회보장, 기초생활보장, 교육보장, 사회적응교육, 학력인정, 자격인정, 배우자 등 입국허가, 상호주의 적용 배제 – 국민건강보험
인도적 체류자	– 취업활동 허가 – 국민건강보험 경감
난민신청자	– 생계비 지원 – 주거시설 지원 – 의료 지원 – 교육 보장 – 국민건강보험 제외

한 지원을 모두 받고 있는 상황은 아니다. 난민신청을 하고 6개월이 경과할 때까지 난민인정심사가 완료되지 않은 난민신청자들에게는 취업을 허가할 수 있다. 난민신청자에게 주어질 수 있는 처우가 인도적 체류자보다 더 많고, 취업에 있어서는 인도적 체류자와 동일한 상황이지만, 난민신청자는 직장가입자가 아닌 경우에는 건강보험 가입 대상이 되지 못한다.

4) 재정착희망난민

한국은 재정착난민 제도를 시행하고 있다. 재정착희망난민이란 대한민국 밖에 있는 난민 중 대한민국에서 정착을 희망하는 외국인을 말한다(난민법 제2조 제5항). 난민법 제24조에서는 외국인정책위원회의 심의를 거쳐 재정착난민 정착을 허가하도록 하고 있으며, 정착허가는 난민인정으로 본다. 재정착난민은 난민인정자와 동일한 체류자격을 받고 난민법상 처우 또한 동일하게 적용된다.

난민법 시행령 제12조는 재정착희망난민을 유엔난민기구로부터 추천받을 수 있고 난민심사관을 현지조사를 위해 파견할 수 있으며, 국내 정착 허가 전 건강검진과 기초적응교육을 실시할 수 있고 출입국관리법에 따른 입국 절차를 거쳐 정착을 허가한다고 규정한다.

외국인정책위원회에서 재정착난민 대상과 규모 등을 심의한 결과에 따라 유엔난민기구에 재정착난민을 신청하면 유엔난민기구가 대상자를 추천하고 이들을 서류심사, 현지 면접조사를 통해 최종 선정한다. 2015년 이후 총 250명의 재정착난민이 국내에 수용되었고, 미얀마 출신의 재정착난민이 236명으로 가장 많다.

난민법상 처우는 난민인정자와 동일하지만 재정착난민의 성공적 정착을 위해 추가적인 지원이 이루어진다. 건강검진과 입국 전 사전교육 등을 거친 재정착난민들의 사전교육은 국제이주기구가 전담하며, 입국과 동시에 영종도의 출입국·외국인지원센터에 입소하여 한국사회 정착에 필요한 교육과 지원을 받은 후 지역사회에 정착하도록 프로그램을 운영하고 있다. 입국 후 소득이 없는 상황에서 기초생계수급을 신청할 수 있고, 퇴소할 때는 임대보증금(2년 상한)과 임차료(1년 상한), 생필품 등이 지원되며 지역사회 정착을 위한 건강, 심리상담, 멘토링 등이 지원된다. 이렇게 재정착난민에 대한 정착 지원이 체계적으로 운영되는 것에 비하여 그 외 난민인정자들에 대한 지원은 상대적으로 미비하기 때문에 이에 대한 비판도 일각에서는 제기되고 있다.

제5절 결론

한국이 개별법인 난민법을 제정하여 난민인정 절차를 체계화하고 난민에 대한 처우를 규정하고 있는 등 국제적 보호가 필요한 이들을 보호하고 지원하기 위한 제도를 마련한 것은 고무적이다. 그러나 증가하고 있는 난민신청의 결과로 적체되고 있는 난민인정심사, 신청자의 수에 비해 낮은 난민인정률과 인도적 체류 등의 보호율은 지속적으로 문제가 제기되고 있다. 이러한 현황의 해결을 위해서는 난민법의 체계적인 개정이 요구되지만, 난민법은 제정 이래 개정이 극히 드물게 이루어진 상황이며, 여타의 이민정책보다 더 정치적으로 민감한 이슈로 다루어지고 있어 난민보호 제도는 계속해서 답보하고 있다.

난민인정자에 대한 불완전한 처우와 인도적 체류자에 대한 처우 미비, 난민신청자에 대한 처우의 재량 행위 규정 등은 난민 등에 대한 보호 제도 또한 한국의 난민보호가 여전히 강제송환 금지의 수준을 크게 벗어나지 못하고 있는 것을 보여준다. 2018년 예멘인 집단 난민신청 이후로 난민에 대한 담론은 언론이 주도하고 있는 상황이지만, 난민에 대한 국민들의 이해도가 어느 정도인지, 난민에 대한 태도가 어떠한지에 대한 명확한 그림은 보여주지 못하고 있다. 세계 각국에서도 난민유입의 문제가 이민정책에서 가장 민감한 사안으로 떠오르고 있고, 난민 등 비자발적 이주자가 발생하는 국제적 분쟁 등이 끊이지 않고 있기 때문에 난민신청자의 국내 유입이나 증가 수준을 예측하기도 어렵다. 한국은 난민협약과 난민의정서 가입 국가로서 난민인정의 절차적 공정성을 담보하고 이들의 인권보호를 위한 제도 개선의 의무가 있고, 이는 국내 여론의 향방에 따라 자의적으로 결정하기 어려운 사항이다. 따라서 국제적 난민보호의 필요성과 난민 및 관련 제도에 대한 정확한 정보를 국민들에게 지속적으로 전달하여 난민보호에 대해 성숙한 사회적 논의가 이루어질 수 있는 환경을 조성해야 한다.

참고문헌

국가인권위원회(2006.7.12). 난민의 인권보호를 위한 정책개선에 대한 권고.

국가인권위원회(2009.6.18). 난민법 제정안에 대한 국가인권위원회 논평.

국가인권위원회(2013.4.2). 인권위, 「난민법 시행령 개정안」 의견 표명.

국가인권위원회(2023.11.20). 공정하고 신속한 난민심사절차 위해 관련 인력 증원 및 난민위원회 상설화 등 필요.

김현미 · 이호택 · 최원근 · 박준규 · 류유선(2010). 『한국 체류 난민 등의 실태조사 및 사회적 처우 개선을 위한 정책 방안』. 법무부.

류수경(2017). 초국적 정치 난민으로 살아가기: 한국의 버마 민주화 운동가의 망명과 귀환. 서울대학교 석사학위 논문.

문준혁 · 조규범(2023). 『출입국항 난민신청제도의 주요 쟁점과 개선방안』. 국회입법조사처.

법무부(2023). 『2022 출입국외국인정책 통계연보』.

법무부(2024.1.29). 법무부, 난민전문통역인 대폭 확대(308명 → 414명) 운영.

유엔난민기구 한국대표 보도자료(2010.11.15). 제3회 난민 인권 워크샵 난민 사회권의 제도적 보장: 현황과 과제.

유의정 · 조규범 · 조주은(2009). 『다문화정책의 추진실태와 개선방향』. 국회입법조사처.

장주영 · 김희주 · 김수경(2022). 난민 유사상황에 대한 대안적 방식의 국제적 보호. 『입법과 정책』, 14(1): 5-30.

장주영 · 박민정 · 김기태(2019). 『난민에 대한 국민의 인지도 연구』. 이민정책연구원 연구보고서.

최영일(2018). 줌머 난민들의 지역사회 정착 경험과 난민정착지원 과제. IOM 이민정책연구원 이슈브리프.

Choi, E. C., & Park, S. Y.(2020). Threatened or Threatening? Securitization of the Yemeni Asylum Seekers in South Korea. *Asian Journal of Peacebuilding*, 8(1): 5-28.

UNHCR(2005). Protective mechamisims outside of the 1951 Convention("Complementary Protection'). Legal and Protection Policy Research Series.

UNHCR(2023). *Global Trends*. Copenhagen. Denmark: UNHCR.

United Nations, General Assembly(2007). *Report of the Committee on the Elimination of Racial Discrimination*, A/62/18. available from https://www.refworld.org/pdfid/473424062.pdf

CHAPTER 10

이주배경 자녀 정책

김희주

제1절 서론

세계화의 현상 속에서 개인과 가족의 국제이주는 보편화되었고, 이주자의 연령 또한 다양해지고 있다. 특히, 부모를 따라 출신국을 떠나 다른 나라로 이주하는 아동과 청소년의 수가 급증하면서 한국 또한 국내로 이주하는 아동 및 청소년이 눈에 띄게 증가하고 있다. 성인과 달리 아동과 청소년은 이주의 경험과 이주국에서 지원받는 정도에 따라 적응은 물론이고, 성장과 발달, 삶의 질(well-being)에도 중요한 영향을 받는다. 우리나라는 1991년 유엔아동권리협약(Convention on the Rights of the Child)

을 비준하여 "국내에 거주하는 모든 이주배경 아동의 인종, 피부색, 성, 언어, 종교, 정치적 견해 또는 기타 의견, 민족적·인종적·사회적 출신, 재산, 장애, 태생, 신분 등의 차별 없이 협약에 규정된 권리들을 아동에게 보장"해야 한다. 따라서 우리나라는 유엔(UN)아동권리협약을 반영하여 이주배경 아동 및 청소년과 관련된 모든 법과 정책 영역에서 이들의 권리를 보장하기 위한 노력을 해야 한다.

이러한 상황을 고려하여 이 장에서는 이주배경 자녀의 개념과 통계 및 생활실태 현황들을 파악하고, 관련법과 정책들을 영역별로 구분하여 살펴보고자 한다. 제2절에서는 법률이나 중앙정부 부처에서 정의하는 이주배경 자녀의 개념들을 살펴보고, 이들의 규모와 이주 및 한국사회 적응 실태들을 통계자료와 관련 연구 검토를 통해 제시하였다. 제3절에서는 이주배경 자녀의 생애주기를 기준으로 영유아기 보육, 학령기 교육, 건강, 청소년기 취업과 관련한 법률 및 정책 현황과 한계들을 검토하였다.

제2절 이주배경 자녀의 개념 및 현황

1 이주배경 자녀의 개념

1) 이주배경 자녀의 정의

이주배경의 용어는 종종 '중도 입국'이나 '다문화'와 혼용되어 사용되는데, 2000년대 초기에는 "결혼이민자가 한국인 배우자와 재혼하여 본국의 자녀를 데려왔거나 국제결혼가정의 자녀 중 외국인 부모의 본국에서 성장하다 청소년기에 재입국한 아동"들을 지칭하였다. 이후에는 이주의 개념을 외국인 또는 이민자로 확대하여, 외국인노동자, 외국인아동들을 이주노동자, 이주아동으로 대체하여 사용하기도 하였다(신윤정 외, 2018). 이렇듯 이주배경 자녀에 대한 정의는 관련 법률이나 중앙정부 부처마다 다르게 규정되면서 정책 대상도 일관되지 않고 있다.

먼저, 「다문화가족지원법」에서는 다문화가족의 자녀를 지칭하는 용어를 아동·청소년으로 정의하면서 '결혼이민자와 대한민국 국적 취득자 또는 귀화자와 대한민국

국적 취득자'로 이루어진 다문화가족의 구성원 중 24세 이하의 사람으로 규정하고 있다. 이 법에서는 자녀의 한국 국적 유무는 상관없이 부모 중 한쪽이 한국이어야 한다는 전제가 있기 때문에 부모가 모두 외국 국적인 가족의 자녀들은 법의 대상에서 제외된다.

국내에 체류 중인 외국인의 처우를 규정하고, 한국사회 적응을 위한 지원 내용들을 포괄하고 있는 「재한외국인 처우 기본법」은 제2조 제1호에서 재한외국인을 "대한민국 국적을 가지지 아니한 자로서 대한민국에 거주할 목적을 가지고 합법적으로 체류하고 있는 자"로 명시하고 있다. 이 법에서는 이주배경 아동·청소년에 대한 개념을 직접적으로 명시하고 있지 않지만, 재한외국인에 대한 정의를 토대로 이주배경 자녀는 '부 또는 모가 합법적인 체류자격을 가진 외국인의 자녀'로 정의할 수 있다. 다만, 부모가 합법적인 체류자격을 가지고 있지 않은 미등록 아동·청소년은 법의 적용대상에서 제외되고 있음을 알 수 있다.

우리나라 청소년복지 향상을 목적으로 제정된 「청소년복지지원법」은 제18조에 이주배경 청소년에 대한 지원을 규정하면서 "「다문화가족지원법」 제2조 제1호에 따른 다문화가족의 청소년(9~24세 이하)"과 "그 밖에 국내로 이주하여 사회 적응 및 학업 수행에 어려움을 겪는 청소년"까지 지원 대상으로 확대하였다. 그러나 다문화가족을 제외한 외국인 가정 자녀 중 한국에서 출생한 이주배경 청소년은 포함하지 않고 있다.

법률에 따라 이주배경 자녀에 대한 개념과 범주가 다르다 보니 관련 부처에서 실시하는 통계 조사에서도 조사대상의 정의와 범주가 일치하지 않아 이주배경 자녀에 대한 정확한 실태를 파악하기가 어렵다(양계민 외, 2020). 먼저, 행정안전부에서 발표하는 '지방자치단체 외국인주민 현황' 조사에서는 이주배경 자녀를 '외국인주민 자녀'라고 지칭하면서 "만 18세 이하의 한국 국적 취득자의 자녀이거나 한국인과 결혼한 외국인 등록자로 자녀"를 조사대상에 포함하고 있다. 교육부가 주관하는 '다문화 학생통계'는 국제결혼 가족 중 초·중·고등학교에 재학 중인 국내 출생 및 중도 입국 자녀들과 외국인 가족 자녀들을 조사대상으로 하고 있다.

유럽연합(EU)은 이주배경 아동·청소년의 개념을 1세대와 2세대 이상으로 구분하여 정의하고 있다. 1세대는 유럽연합 회원국이나 제3국에서 태어난 이주배경 아동·청소년들 의미하고, 2세대 이상은 부모 중 한쪽 또는 양쪽 모두가 해외에서 태어

표 10-1 국내 관련 법률 및 중앙정부 부처별 통계 조사에 따른 이주배경 아동 · 청소년의 개념

관련 법률 및 중앙정부 부처 통계 조사	정의
「다문화가족지원법」 (제2조 제1호, 제10조 제1호)	• 이주배경 아동 · 청소년: 결혼이민자와 대한민국 국적 취득자 또는 귀화자와 대한민국 국적 취득자로 이루어진 가족의 자녀들 • 부모 중 한쪽이 한국인인 경우로 국내 출생 자녀와 중도 입국 자녀가 해당함
「재한외국인 처우 기본법」	• "재한외국인"이란 대한민국의 국적을 가지지 아니한 자로서 대한민국에 거주할 목적을 가지고 합법적으로 체류하고 있는 자 • 이주배경 아동 · 청소년: '부 또는 모가 합법적인 체류자격을 가진 외국인의 자녀' ⇒ 미등록자 제외
「청소년복지지원법」 (제18조)의 이주배경 청소년 개념	• 「다문화가족지원법」 제2조 제1호에 따른 다문화가족의 청소년 ⇒ 부모 중 한쪽이 한국 국적 취득, 아동 · 청소년(국적 취득 유/무) • 그 밖에 국내로 이주하여 사회 적응 및 학업 수행에 어려움을 겪는 청소년 ⇒ 국내 출생 이주배경 아동 · 청소년 제외
행정안전부/ 지방자치단체 외국인주민 현황	• 만 18세 이하의 '외국인주민 자녀' • 한국 국적을 취득한 자의 자녀이거나 한국인과 결혼한 한국 국적을 가지지 않은 자의 자녀로 국적법 제2조에 따라 출생과 동시에 한국 국적을 취득한 자
교육부/다문화 학생통계	• 초 · 중 · 고등학교에 재학 중인 '다문화 학생' • 국제결혼 가족 자녀 중 국내 출생 자녀 • 국제결혼 가족 자녀 중 중도 입국 자녀 • 외국인 가족 자녀를 포함함

자료: 양계민 외(2020: 18-19)의 내용 재구성.

난 가족의 자녀들로 정의하고 있다(EU, 2016).

유엔(UN)은 국제이주배경 아동(children in the context of international migration)을 "아동이나 부모의 이주 또는 체류자격에 관계없이, 부모나 주(主) 보호자와 동반하여 이주했거나, 동반하지 않고 또는 분리되어 이주했거나, 출신국에 귀국했거나, 경유국이나 목적국에서 이주자 부모 사이에 태어났거나, 한쪽 혹은 양쪽 부모가 다른 국가로 이주해 간 동안 출신국에 남아 있는 아동"으로 정의하고 있다. 또한 아동이나 부모 또는 법적 보호자의 국적, 체류자격, 무국적 여부에 상관없이, 출신국으로 귀환했거나 강제퇴거된 경우를 포함하여, 합법적 또는 미등록 상황에 있는 이주자, 망명신청자(asylum seeker), 난민, 무국적 또는 인신매매 피해 아동에 대해 아동권리협약에서 규정한 권리들을 보호할 것을 명시하였다. 유엔(UN)의 이주배경 아동에 대한

정의는 아동의 체류자격이나 무국적 여부와 상관없이 이주경험이 있는 아동들을 모두 포함하고 있다는 점에서 가장 포괄적인 정의라고 할 수 있다(김희주 외, 2021).

2) 이주배경 자녀의 유형

이주배경 아동 · 청소년에 대한 합의된 정의가 부재한 상황에서 양계민 외(2020)는 이주배경 아동 · 청소년의 개념을 "만 24세 이하의 부모 또는 본인이 이주경험을 가진 자"로 정의하고, 아동 · 청소년 본인의 출생지와 부모 배경을 기준으로 이주배경 아동 · 청소년의 유형을 7가지로 구분하였다. 기존의 개념과 다른 점은 이주배경 아동 · 청소년의 범주에 탈북 배경 아동 · 청소년도 포함하였다는 것이다. 일곱 가지 유형 중 첫 번째는 다문화가족이라고 불리는 국제결혼 가족 자녀로 ① 국내 출생 국제결혼 가족 자녀, ② 국외 출생 국제결혼 가족 자녀이다. 두 번째는 부모 모두가 외국인인 외국인 가족 자녀, ③ 국내 출생 외국인 가족 자녀, ④ 국외 출생 외국인 가족 자녀로 구분된다. 마지막으로, 부모 중 한 명 이상이 북한이탈주민이거나 북한이탈주민과 결혼한 외국인 부모가 있는 탈북 배경 아동 · 청소년으로, ⑤ 남한출생 탈북 배경 아동 · 청소년, ⑥ 북한출생 탈북 배경 아동 · 청소년, ⑦ 제3국 출생 탈북 배경 아동 · 청소년으로 구분된다.

신윤정 외(2018)의 연구에서는 국내법에서 규정한 이주배경 아동 · 청소년의 범주를 반영하여 ① 다문화가족의 구성원인 아동 · 청소년, ② 결혼이민자 등의 전 배우자 사이에서 출생한 자녀, ③ 북한이탈 아동 · 청소년, ④ 재외국인 아동 · 청소년, ⑤

표 10-2 이주배경 아동 · 청소년 유형

부모 배경 \ 본인 출생지	국내 또는 남한출생	국외 또는 남한 외 출생
부모 중 한 명이 한국인	국내 출생 국제결혼 가족 자녀	국외 출생 국제결혼 가족 자녀
부모 모두 외국인	국내 출생 외국인 가족 자녀	국외 출생 외국인 가족 자녀
부모 중 한 명 이상이 북한이탈주민	남한출생 탈북 배경 아동 · 청소년	북한출생 탈북 배경 아동 · 청소년
북한이탈주민과 외국인 결혼 가족		제3국 출생 탈북 배경 아동 · 청소년

자료: 양계민 외(2020: 22).

외국 국적 재외동포 아동·청소년, ⑥ 재한외국인 아동·청소년(외국 국적), ⑦ 비합법 체류외국인의 자녀, ⑧ 외국인근로자 자녀(외국 국적), ⑨ 난민 지위 인정자 또는 신청자의 자녀 등 아홉 가지 유형으로 구분하였다. 아홉 가지 유형은 다시 국적(한국인, 외국인)과 체류자격(합법, 비합법), 현재 체류국(출신국, 도착국, 경유국), 부모 동반 여부 등에 따라 각 유형 안에서 더 세부적으로 분류하였다.

2 이주배경 자녀 현황

1) 이주배경 자녀 규모

이주배경 아동·청소년에 대해 정의가 합의되지 않고, 중앙정부 부처마다 법과 정책의 대상을 다르게 규정하고 있다 보니 이들에 대한 통계수치 집계와 현황 파악 또한 조사를 실시하는 관련 부처나 기관마다 다르게 보고되고 있다. 이주배경 자녀와 관련된 통계자료들을 살펴보면 다음과 같다.

통계청 인구총조사는 국내에 거주하는 모든 내국인과 외국인을 대상으로 실시하는 조사로 외국인은 대한민국에 3개월 이상 거주하고 있는 등록외국인과 외국국적동포 거소신고자 외에도 체류기간을 초과하여 90일 이상 거주하고 있는 단기체류자도 포함한다. 그러나 국내에서 출생하여 출입국기록이 없는 이주배경 아동·청소년과

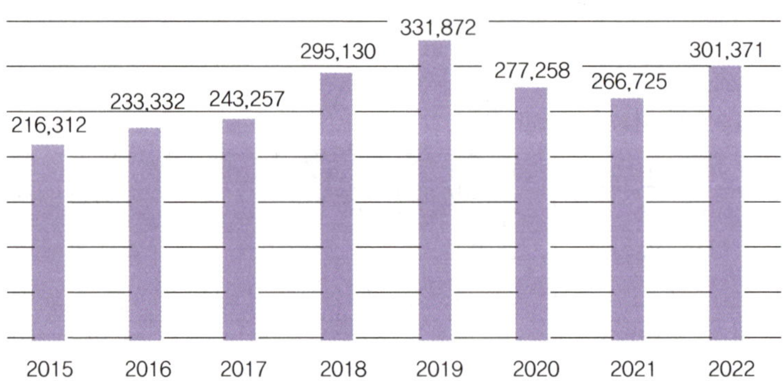

자료: 통계청 인구총조사 자료, https://kosis.kr/

그림 10-1 0~24세 외국 국적 이주배경 아동·청소년 추이

한국 국적을 가진 이주배경 아동 · 청소년은 통계에 포함하고 있지 않아서 이들에 대한 추정이 불가능하다. 또한 [그림 10-1]에서는 아동 · 청소년의 법적 연령에 따라 24세까지로 집계한 결과를 제시하였으나, 국내 외국인노동자들의 경우 19세 이상부터 입국할 수 있으므로 19세 이상의 연령에는 이주배경 자녀 외에도 외국인노동자들도 포함될 수 있다.

통계청 인구총조사에서 집계된 0~19세 이주배경 아동 · 청소년의 연령별 입국 연도를 보면, 0~4세의 아동은 2022년에 입국한 비율이 26.1%로 가장 많았고, 5~9세 아동은 입국 당시 0~4세였던 2017년 이전의 입국 비율이 54.3%로 가장 많다. 10~14세 아동 · 청소년 또한 영유아기 및 아동기 초기였던 2017년 이전의 입국 비율이 49.6%로 가장 많다. 반면에, 15~19세 아동 · 청소년은 2022년 입국자가 55.5%로 현저하게 많음을 알 수 있다.

표 10-3 외국 국적 이주배경 아동 · 청소년의 연령별 입국 연도

연령	전체	입국 연도						
		2022	2021	2020	2019	2018	2017~2010	2009~2004
0~4세	33,269 (100.0%)	8,676 (26.1%)	6,259 (18.8%)	4,615 (13.9%)	5,943 (17.9%)	4,352 (13.1%)	-	-
5~9세	35,064 (100.0%)	3,557 (10.1%)	2,361 (6.7%)	1,128 (3.2%)	3,329 (9.5%)	3,905 (11.1%)	19,051 (54.3%)	-
10~14세	21,365 (100.0%)	2,951 (13.8%)	2,006 (9.4%)	810 (3.8%)	2,010 (9.4%)	2,108 (9.9%)	10,592 (49.6%)	557 (2.6%)
15~19세	36,466 (100.0%)	20,252 (55.5%)	5,266 (14.4%)	860 (2.4%)	1,817 (5.0%)	1,446 (4.0%)	5,832 (16.0%)	886 (2.4%)
합계	126,164 (100.0%)	35,436 (28.1%)	15,892 (12.6%)	7,413 (5.9%)	13,099 (10.4%)	11,811 (9%.4)	35,475 (28.1%)	1,443 (1.1%)

자료: 통계청 인구총조사 자료, https://kosis.kr/

행정안전부에서 매년 발표하는 '지방자치단체 외국인주민 현황' 조사에서는 외국인 주민 자녀를 포함하고 있다. 외국인주민 자녀는 '한국 국적을 취득한 자(귀화자)'의 자녀 및 한국인과 결혼한 '한국 국적을 가지지 않은 자(외국인)'의 자녀로 국적법 제2조에 따라 출생과 동시에 한국 국적을 취득한 자녀를 의미한다. 따라서 이 조사에

서는 부모 모두 한국 국적이 없는 가구의 이주배경 아동 · 청소년은 포함되어 있지 않다(신윤정 외, 2018). 또한 자녀의 연령을 만 18세로 정하고 있어서 19~24세 이주배경 청소년에 대한 현황은 파악하기가 어렵다. 2018년 이후 외국인 자녀의 연령별 거주 현황 추이를 보면 전체적으로 수는 증가하는 추세이다. 연령 집단에서는 초등학생에 해당하는 7~12세의 자녀 수가 많음을 알 수 있다. 다만, 귀화 및 외국 국적 자녀 중 13~18세 아동 · 청소년이 시간이 갈수록 급증하고 있어 후기 청소년기의 외국인 자녀에 대한 지원의 필요성을 시사한다.

표 10-4 지방자치단체 외국인주민 자녀 연령별 현황 추이

(단위: 명)

구분	2018		2019		2020		2021		2022		계
	국내 출생	귀화 및 외국 국적	국내 출생	귀화 및 외국 국적	국내 출생	귀화 및 외국 국적	국내 출생	귀화 및 외국 국적	국내 출생	귀화 및 외국 국적	
0~6세 (미취학 아동)	111,338	2,787	113,920	3,125	111,913	3,666	110,720	3,835	105,451	3,630	570,385
7~12세 (초등학생)	87,888	4,920	99,144	4,920	101,849	5,437	102,973	5,980	102,897	6,622	632,149
13~18세 (중 · 고생)	26,919	4,094	38,902	4,615	47,884	5,241	60,029	5,992	73,729	7,111	355,356
계	226,145	11,801	251,966	12,660	261,646	14,344	273,722	15,807	282,077	17,363	1,666,971

자료: 행정안전부(2022). 2022 지방자치단체 외국인주민 현황 통계 결과 재구성.

교육부는 '다문화 학생통계' 조사를 통해 초 · 중 · 고등학교에 재학 중인 국제결혼가정 자녀와 외국인 가정 자녀 수를 파악하고 있다. 이러한 이유로 통계청이나 행정안전부의 통계 조사 결과보다 이주배경 아동 · 청소년의 수가 훨씬 적게 나타나고 있다. 이는 조사마다 대상의 정의와 범주가 다른 점도 있지만, 교육부의 통계에는 포함되지 않는 학교 밖 이주배경 · 청소년의 수가 상당히 많음을 예측할 수 있다(김희주 · 장주영, 2023). '다문화 학생통계'에 포함되는 국제결혼가정 자녀는 한국인 부(모)와 외국인 모(부) 사이에 태어난 자녀로 국내에서 출생한 자녀와 외국에서 태어나 부모와 함께 중도에 국내로 입국한 중도 입국 자녀로 분류되고, 외국인 가정 자녀는 외국인 사이에서 출생한 자녀로 분류된다. 연도별 다문화 학생 수의 추이를 보면 학생

수가 계속해서 증가하고 있음을 알 수 있다. 2023년 기준, 국내 출생 다문화 학생은 129,910명으로 가장 많고, 외국인 가정 자녀가 40,372명으로 뒤를 이으며, 국제결혼가정의 중도 입국 자녀는 10,896명으로 가장 적다. 외국인 가정 자녀의 경우 2019년 20,459명에서 2023년 40,372명으로 두 배 정도 증가하였다.

표 10-5 연도별 다문화 학생 수(2019~2023)

(단위: 명)

연도	계	국제결혼가정		외국인 가정
		국내 출생	중도 입국	
2019	137,225	108,069	8,697	20,459
2020	147,378	113,774	9,151	24,453
2021	160,058	122,095	9,427	28,536
2022	168,645	126,029	9,938	32,678
2023	181,178	129,910	10,896	40,372

자료: 교육부(2024). 2023 다문화 학생 교육통계. 한국교육개발원 교육통계서비스(https://kess.kedi.re.kr).

교육부는 초·중·고 및 기타 학교에 재학 중인 북한이탈 아동·청소년의 현황을 파악할 수 있는 '탈북학생통계'를 발표하고 있다. 이 통계에서는 북한출생 학생 외에도 중국 등 제3국에서 출생한 탈북학생도 포함하고 있으나 남한출생 북한이탈 아동·청소년은 포함하지 않아 이들의 수를 파악할 수 없다. 2023년 기준 탈북학생은 1,769명으로 북한출생 학생이 512명(29.9%), 제3국 출생 학생이 1,257명(71.1%)으로 파악된다.

2) 이주배경 자녀 상황

한국에 거주하고 있는 이주배경 자녀들은 부모의 체류자격과 부모 또는 자신의 국제이주 여부에 따라 한국에서의 생활이나 적응 등이 다른 것으로 보고되고 있다. 예를 들면, 외국에서 태어나 한국으로 이주한 이주배경 자녀들은 언어 장벽과 문화 차이, 심리 및 사회적 고립감 등을 경험한다. 반면에, 국내에서 태어난 이주배경 자녀들은 외모나 민족, 부모의 국적 차이로 인해 차별이나 따돌림 등을 경험하면서 정체성 형성에 혼란을 경험하는 것으로 확인된다(신현옥 외, 2012).

이주배경 자녀들의 교육과 관련해서는 외국에서 입국한 이주배경 자녀들은 한국 학교로의 입학 과정에서 요구되는 복잡한 서류 준비 절차로 입학 전부터 어려움을 경험하고, 입학 후에는 한국어 구사의 어려움으로 인해 학교 수업을 따라 가지 못하거나 학교생활에 적응하는 데 장애물을 경험하기도 한다(신윤정 외, 2018). 특히, 한국어 능력이 떨어지는 이주배경 자녀의 경우 학교에서 고학년으로 올라가거나 상급학교로 진입할수록 비(非)이주배경 학생에 비해 학업성취도의 격차가 커지기도 한다. 반면에, 이주배경 자녀들이 학교에서 교사나 또래 친구들과의 관계를 통해 얻는 사회적 지지는 학교 적응에도 긍정적인 영향을 미친다. 후기 청소년기에 한국으로 이주한 이주배경 자녀들의 경우 학교 적응의 문제 외에도 진로 준비와 자립 등 한국사회 정착에 대한 어려움도 경험한다(이춘향 외, 2017). 이주배경 청소년들이 긍정적인 진로 발달을 경험하기 위해서는 부모와의 원만한 관계 형성과 학교나 지원 기관에서 형성한 사회적 네트워크를 통한 정보 습득 역량 등이 필요하다(서덕희 외, 2015).

최근 중도 입국한 이주배경 자녀들이 증가하면서 이주배경 자녀와 부모관계에 대한 연구가 증가하고 있다. 중도 입국한 이주배경 아동 및 청소년들의 상당수가 부모와 오랫동안 떨어져서 본국에서 지내다가 한국으로 입국하여 부모와 재결합한 것으로 나타나는데, 이 과정에서 한국사회에 대한 적응과 재결합한 부모와 적응을 해야 하는 이중적 적응 과제를 갖게 된다. 부모와 물리적, 정서적으로 떨어져 지내다가 한국에서 재결합함으로써 경험하는 애착관계 형성의 과업은 이주배경 자녀들에게 가족관계의 스트레스나 정서적 어려움을 유발하기도 하고, 부모에 대한 양가감정을 주기도 한다(김희주 · 장주영, 2023). 이주배경 자녀들이 경험하는 가족 스트레스는 한국사회로의 문화 적응을 어렵게 하는 요인이 되기도 한다(Lu et al., 2020). 이주배경 청소년들은 한국으로의 이주 과정에서 부모나 양육자와의 장기간 분리경험, 불안정한 가정환경, 빈곤 등을 경험할 때 우울, 불안, 자살 생각과 같은 부정적인 정신건강 문제들을 더 많이 가지는 것으로 나타난다(유비 외, 2017).

제3절 이주배경 자녀 관련법과 정책

1 출생 및 체류 관련 정책

1) 이주배경 자녀의 출생 관련 정책

한국 국적을 가진 아동의 경우 출생 후 출생 사실을 신고하면 가족관계등록부에 기록이 된다. 그러나 한국의 「가족관계등록법」은 대한민국 국민을 대상으로 하기 때문에, 대한민국 국민과 가족관계가 없는 외국 국적 이주배경 아동이 국내에서 출생하여도 출생 사실을 신고할 수 있는 제도가 없어 출생등록이 불가능하다. 「가족관계등록법」 제9조에 외국인인 경우 국적, 외국인 등록번호 등을 기록하게 하는 규정은 있으나, 외국 국적자의 국내 출생 시 출생등록을 하는 것에 관한 규정은 없다.

해외에서 출생하여 한국에 입국한 아동의 경우에는 출신국에서 출생등록을 해야 하고, 국내에서 외국인 부모에게 태어난 아동은 부모의 국적국에 영사적 지원 등을

- 가족관계등록법 제1조

이 법은 국민의 출생 · 혼인 · 사망 등 가족관계의 발생 및 변동사항에 관한 등록과 그 증명에 관한 사항을 규정함을 목적으로 한다.

- 가족관계등록법 제9조

① 가족관계등록부는 전산정보처리조직에 의하여 입력 · 처리된 가족관계 등록사항에 관한 전산 정보자료를 제10조의 등록기준지에 따라 개인별로 구분하여 작성한다.
② 등록부에는 다음 사항을 기록하여야 한다.
 1. 등록기준지
 2. 성명 · 본 · 성별 · 출생연월일 및 주민등록번호
 3. 출생 · 혼인 · 사망 등 가족관계의 발생 및 변동에 관한 사항
 4. 가족으로 기록할 자가 대한민국 국민이 아닌 사람(외국인)인 경우에는 성명 · 성별 · 출생연월일 · 국적 및 외국인등록번호(외국인등록을 하지 아니한 외국인의 경우에는 대법원규칙으로 정하는 바에 따른 국내거소신고번호 등을 말한다)

통해 출생등록을 해야 한다. 그러나 한국에 영사관이나 대사관이 없는 국가나 난민 신청자와 같이 국적국의 박해를 피해 한국에 입국한 외국인의 경우 자녀의 출생등록을 위해 출신국의 영사관과 접촉하는 것은 위험할 수밖에 없다. 또한 미등록 이주민도 본국 영사관에 출생신고를 하려다가 본인의 미등록 체류자격이 드러나 신고를 조건으로 귀국을 종용받는 등의 불이익을 경험할 수도 있다(김철효 외, 2013). 체류자격을 상실하거나 처음부터 없었던 부모에게서 태어난 이주배경 아동은 외국인 신분을 등록할 수 없기 때문에 체류자격은 물론이고 신분등록도 할 수가 없다.

출생등록의 기능은 아동의 '법률상의 신분'의 증명에 있음에도 불구하고, 신분이 증명되지 않는 아동은 국가의 보호를 받지 못하고 자신의 법적 권리를 행사하기 어려울 수밖에 없다. 또한 국내 출생한 이주배경 아동의 출생신고가 보장되지 않으면, 필수예방접종 등 공공의료와 의무교육, 각종 사회서비스로부터 배제될 수 있고, 학대 및 유기 등의 폭력에도 노출될 가능성이 크며, 신원 확인이 어려워 가족 결합을 하지 못할 수 있다(신윤정 외, 2018).

2019년 유엔(UN) 아동권리위원회는 우리 정부의 제5・6차 국가보고서에 대한 최종 의견에서 보편적 아동 등록제의 도입을 권고했다. 이를 반영하여 2019년 정부는 '포용국가 아동 대책'의 10대 핵심과제 중 '누락 없는 출생등록'을 10대 핵심과제 중 하나로 선정했고, 2021년 법무부는 외국인 아동의 인권보호를 위해 '외국인 아동 출생등록제' 도입의 필요성에 공감하며, 특별법 제정 추진을 심의했다(김희주 외, 2021). 2023년 발표된 '제4차 외국인정책 기본계획'에서는 '이민자의 인권 가치를 존중하는 사회실현'의 정책목표 아래 체류자격과 무관하게 국내 출생 외국인 아동의 출생신고를 의무화하고, 출생등록번호를 부여함으로써 모든 외국인 아동의 출생등록을 신청할 수 있도록 보편적 출생등록제를 도입하는 것을 중점과제로 수립하였다(법무부, 2024). 그러나 2024년 7월 시행하는 출산 통보제・보호 출산제[1]는 최종 입법 과정에서 미등록 외국인 아동은 대상에서 제외하여 이주 아동의 권리보장을 위해 보편적 출생등록제 도입이 시급하다는 의견이 더욱 많아지고 있다.

---

1) 2023년 경기도의 한 아파트에서 출생신고가 안 된 채 모에 의해 살해된 영아 시신 2구가 발견되면서 이를 계기로 영아 살해 및 유지 방지, 미등록 아동의 권익 보호를 위한 출생통보제를 도입하여 2024년 7월부터 시행하기로 하였다.

2) 이주배경 자녀의 체류 관련 정책

이주배경 아동·청소년의 안정적 체류는 다른 법적 보호와 권리의 토대가 되지만 이주배경 아동·청소년의 안정적 체류를 위한 법과 제도적 장치는 제한적이다. 특히, 대한민국 국적이 없는 이주배경 자녀는 부모의 체류자격에 따라 자녀의 체류자격이 종속되는 경우가 대부분이다. 또한 현재 「출입국관리법」에서는 이주배경 아동·청소년의 구금과 체류에 대한 별도의 규정이 없기 때문에 이주배경 아동·청소년의 체류자격이 만료되거나 부재한 경우 같은 법 제46조에 따라 강제퇴거 될 수 있다(신윤정 외, 2018).

다만, 체류자격과 관련해서 「출입국관리법」은 결혼이민자, 성폭력 피해자, 아동학대 피해자에 대한 특칙을 만들어서 이들에만 체류기간 연장을 허가하고 있다. 「출입국관리법」 제25조의2에 따르면, "법무부 장관은 「아동학대범죄의 처벌 등에 관한 특례법」 제2조 제4호의 아동학대 범죄를 이유로 법원의 재판, 수사기관의 수사 또는 그 밖의 법률에 따른 권리구제 절차가 진행 중인 외국인 아동 및 「아동복지법」 제3조 제3호의 보호자(아동학대행위자는 제외한다)가 체류기간 연장 허가를 신청한 경우에는 그 권리구제 절차가 종료될 때까지 체류기간 연장을 허가할 수 있다"고 규정하고 있다. 이를 통해 학대 피해 이주배경 자녀는 필요하면 국내 체류자격을 얻거나 체류기간을 연장할 수 있다.

이주배경 자녀가 대한민국 국적을 취득할 경우 안정적인 체류 보장은 물론이고, 한국인과 동일한 권리와 보호를 보장받을 수 있다. 그러나 우리나라는 부모 중 한 명 이상이 대한민국 국적을 가져야만 출생과 동시에 한국 국적을 취득할 수 있다. 따라서 부모가 모두 외국인인 이주배경 아동이 한국 국적을 취득하기 위해서는 「국적법」 제7조에 근거하여 특별귀화 신청을 할 수 있다. 또한 미성년인 이주배경 자녀는 외국인 부 또는 모가 귀화허가를 신청할 때 수반취득에 의해 국적 취득을 신청할 수 있다.

미성년 이주배경 자녀에게 발급되는 비자는 대부분 부모의 체류자격 및 기간과 연동되기 때문에 부모의 체류가 불안정하면 자녀의 체류도 함께 불안정해진다. 아동권리협약에 의해 이주배경 아동·청소년은 체류자격과 관계없이 초·중학교 의무교육은 물론이고 고등학교 입학도 보장받아야 하지만, 아동의 체류자격이 불안정하다는 이유로 입학을 거부당하는 사례들도 보고된다(김희주 외, 2021). 특히, 재외동포가 아

- 국적법 제7조

① 다음 각 호의 어느 하나에 해당하는 외국인으로서 대한민국에 주소가 있는 사람은 제5조 제1호·제1호의2·제2호 또는 제4호의 요건을 갖추지 아니하여도 귀화허가를 받을 수 있다.

1. 부 또는 모가 대한민국의 국민인 사람. 다만, 양자로서 대한민국의 「민법」상 성년이 된 후에 입양된 사람은 제외한다.
2. 대한민국에 특별한 공로가 있는 사람
3. 과학·경제·문화·체육 등 특정 분야에서 매우 우수한 능력을 보유한 사람으로서 대한민국의 국익에 기여할 것으로 인정되는 사람

- 국적법 제8조

① 외국인의 자(子)로서 대한민국의 「민법」상 미성년인 사람은 부 또는 모가 귀화허가를 신청할 때 함께 국적 취득을 신청할 수 있다.

② 제1항에 따라 국적 취득을 신청한 사람은 부 또는 모가 대한민국 국적을 취득한 때에 함께 대한민국 국적을 취득한다.

③ 제1항에 따른 신청 절차와 그 밖에 필요한 사항은 대통령령으로 정한다.

닌 비(非)한국계 이주배경 아동·청소년은 대한민국 국적이 없는 경우 성인이 됨과 동시에 동반가족으로서의 자격을 상실하게 되어 취업이나 유학 등을 통해 새롭게 비자를 발급받아야 한다. 그러나 동반가족으로서의 비자가 만료됨과 동시에 공백없이 취업하는 일이 쉽지 않아 결국 가족과 떨어져서 본국으로 돌아가는 경우도 종종 발생한다. 이주배경 자녀들은 체류에 대한 불안감으로 학업과 진로를 준비해야 할 청소년기의 대부분 시간을 체류 문제를 고민하면서 보내기도 한다. 따라서 고등학교를 졸업하자마자 비자 공백을 막기 위해 곧바로 취업에 성공한다는 것은 쉬운 일이 아니므로, 미성년에서 성년으로 바뀌는 시기에 동반가족 비자의 만료를 잠시 유예해주는 제도 도입의 필요성이 제기된다(김희주 외, 2021).

2 영유아기 보육 관련법과 정책

1) 이주배경 자녀 보육 관련 정책

「영유아보육법」은 6세 미만의 취학 전 아동의 심신 보호와 건강한 육성, 가족의 복지 증진을 목적으로 제정된 법이다. 이 법은 '비차별 원칙'과 '아동 이익 최우선 원칙'을 보육 이념으로 내세우고, 모든 영유아의 최우선적 이익을 위한 보육을 제공할 것을 규정하고 있다. 또한 법 내용상으로는 대상을 국민으로 한정하지는 않았지만, 보육의 우선 제공대상에는 이주배경 자녀 중 '다문화가족의 자녀'만 포함되어 있다.

- 영유아보육법 제3조

① 보육은 영유아의 이익을 최우선적으로 고려하여 제공되어야 한다.
② 보육은 영유아가 안전하고 쾌적한 환경에서 건강하게 성장할 수 있도록 하여야 한다.
③ 영유아는 자신이나 보호자의 성, 연령, 종교, 사회적 신분, 재산, 장애, 인종 및 출생지역 등에 따른 어떠한 종류의 차별도 받지 아니하고 보육되어야 한다.

- 영유아보육법 제28조

① 국가나 지방자치단체, 사회복지법인, 그 밖의 비영리법인이 설치한 어린이집과 대통령령으로 정하는 어린이집의 원장은 다음 각 호의 어느 하나에 해당하는 자가 우선적으로 어린이집을 이용할 수 있도록 하여야 한다.

1. 「국민기초생활 보장법」에 따른 수급자
2. 「한부모가족지원법」 제5조에 따른 보호 대상자의 자녀
3. 「국민기초생활 보장법」 제24조에 따른 차상위계층의 자녀
4. 「장애인복지법」 제2조에 따른 장애인 중 보건복지부령으로 정하는 장애 정도에 해당하는 자의 자녀

4의2. 「장애인복지법」 제2조에 따른 장애인 중 보건복지부령으로 정하는 장애 정도에 해당하는 자가 형제자매인 영유아

5. 「다문화가족 지원법」 제2조 제1호에 따른 다문화가족의 자녀

⋮

8. 그 밖에 소득 수준 및 보육수요 등을 고려하여 보건복지부령으로 정하는 자의 자녀

• 영유아보육법 제34조

① 국가와 지방자치단체는 영유아에 대한 보육을 무상으로 하되, 그 내용 및 범위는 대통령령으로 정한다.

• 영유아보육법 제34조의2

① 국가와 지방자치단체는 어린이집이나 「유아교육법」 제2조에 따른 유치원을 이용하지 아니하는 영유아에 대하여 영유아의 연령을 고려하여 양육에 필요한 비용을 지원할 수 있다.

「영유아보육법」에 근거하여 6세 미만의 미취학 아동에게 지원되는 대표적인 보육정책으로 보육료 지원과 가정양육수당이 있다. 보육료 지원 사업은 국·공립, 사회복지법인, 법인·단체 등, 직장, 가족, 협동, 민간어린이집을 이용하는 영유아들을 대상으로 어린이집 이용 비용을 전액 지원하는 사업이다. 가정양육수당은 24~86개월 미만의 아동을 어린이집이나 유치원, 종일제 아이돌봄서비스 등을 이용하지 않고 가정에서 양육하는 경우 지원하는 수당이다. 보육료와 양육수당은 지원받는 대상을 대한민국 국적 및 유효한 주민등록번호가 있는 만 0~5세 영유아로 규정하고 있고, 결혼이민자와 난민 및 아프간특별기여자는 예외적으로 포함하고 있다. 그 밖에 외국 국적 이주배경 아동들은 대상에서 제외하고 있다(김희주 외, 2021).

• 보육료 및 가정양육수당 지원 사업

① 지원 대상

- 대한민국 국적 및 유효한 주민번호를 보유한 만 0~5세 영유아
- 난민 및 아프간특별기여자는 예외적으로 보육료·양육수당 지원 대상에 포함
- 외국 국적 아동은 지원 대상에서 제외됨
- 부모급여 도입에 따라 0~23개월 아동은 부모급여 지원, 24개월 이상부터 가정양육수당 지원
- 부모급여 지원이나 종일제 아이돌봄서비스를 받는 아동은 보육료 지원 대상에서 제외됨

② 지원 내용

- 영유아(만 0~2세)보육료: 소득 무관 지원 대상 전(全) 계층 전액 지원

- 영유아(만 3~5세) 누리 공통과정: 소득 무관 월 28만 원
- 만 3~5세 누리장애아보육료: 58.7만 원
- 방과 후 보육료: 만 12세 이하 차상위(법정 포함) 이하 취학아동 월 10만 원
- 장애아 방과 후 보육료: 만 12세 이하 등록 장애아 또는 만 8세 이하 특수교육대상
- 다문화 보육료: 소득 무관 연령별 정부지원단가 전액 지원
- 부모급여(0~23개월): 50~100만 원
- 양육수당(24~85개월): 10만 원
- 장애아동 양육수당(0~85개월): 10~20만 원

자료: 보건복지부(2024). 2024 보육사업안내의 내용 재구성.

중앙정부 차원에서는 외국 국적 영유아에게는 보육료 및 양육수당을 지원하고 있지 않지만, 이주민이 많이 거주하고 있는 일부 지자체에서는 조례를 통해 보육료를 전액 또는 일부 지원하고 있다. 안산시는 '외국인 주민 및 다문화가족 지원조례'를 통해 2018년 전국 최초로 이주배경 아동에 대한 보육료 지원을 시작하였다. 2018년에 만 3~5세 이주배경 아동 600명에게 누리과정 보육료 22만 원을 지원하였고, 2019년에는 대상을 만 0~5세로 확대하여, 유치원 유아 학비와 영아 보육료까지 지원하고 있다. 화성시는 2023년부터 외국 국적 아동의 유아 학비(어린이집 보육료, 유치원 학비)를 전액 지원하고 있고, 시흥과 부천시 등 경기도 내 외국인 거주 밀집 지역들을 중심으로 영유아 대상 보육료 지원 사업을 개별적으로 시행하고 있다. 경기도, 경상남도, 서울특별시 등 광역자치단체에서도 보육료를 일부 지원하고 있으나, 지방자치단체만 감당하기에는 포괄성이나 정책의 장기적 시행 가능성에 있어서 어려움이 많기 때문에 중앙정부의 적극적인 협조가 필요하다(김희주 · 장주영, 2024).

유아 학비 지원은 국 · 공 · 사립유치원에 다니는 3~5세 유아를 대상으로 소득에 상관없이 전 계층에 유치원 학비를 지원하는 사업이다. 이 사업은 모든 유아에게 동등한 교육의 기회를 제공하고, 학부모의 유아 교육비 부담을 경감시키는 것으로 목적으로 지원된다고 명시하고 있다. 그러나 전 계층을 지원 대상으로 하면서 일부 제외되는 대상에 대한민국 국적을 가지고 있지 않은 유아(난민은 예외적으로 인정)를 명시하고 있어, 외국 국적 이주배경 유아는 무상교육을 받을 수 없다.

• 유아 학비 지원 사업
① 지원 대상: 국·공·사립유치원에 다니는 3~5세 유아
② 지원 제외대상:
- 대한민국 국적을 가지고 있지 않은 유아(난민은 예외적으로 인정)
- 어린이집을 이용하여 보육료를 지원받고 있는 유아
- 양육수당을 지원받고 있는 유아
- 유치원 이용 시간에 아이돌봄서비스 등과 중복 지원 불가
- 31일 이상 해외 체류 유아는 유아 학비 지원 자격 중지

인권위원회는 2023년 7월 교육부장관에게, 대한민국에 거주하는 외국 국적 이주 아동이 유아 학비 지원에서 차별받지 않도록 유아 학비 지원을 확대하는 방안을 마련할 것을 권고하였으나, 교육부는 2025년 유보통합 이후 유아 학비 지원 대상 확대방안을 논의해 나가겠다 답변하였다(인권위원회, 2023). 보육료 지원처럼 유아 학비도 현재 일부 지방자치단체(서울, 인천, 광주, 경기, 전북, 경북, 충북 등)에서 지원하고 있다.

2) 이주배경 자녀 돌봄 관련 정책

영유아 및 아동을 대상으로 제공하는 돌봄 정책은 아이돌봄사업과 지역아동센터가 있다. 아이돌봄사업은 부모의 맞벌이로 인해 일시적인 양육 공백이 발생한 가정의 만 12세 이하 아동을 대상으로 아이돌보미가 아동의 집으로 방문하여 돌봄을 지원하는 서비스이다. 이 사업은 지원 대상을 '국민'으로 명시하지는 않지만, 서비스 이용요금을 지원하는 정부 지원 결정 요건을 '대한민국 국적과 주민등록번호를 유효하게 보유하고 있는 아동'으로 명시하고 있어, 외국 국적 아동들은 정부 지원 대상에서 제외된다. 한국 국적 외에도 양육 공백 가정을 우선으로 지원하는데 다문화가족은 지원 대상으로 포함되어 있다. 따라서 경제적 여유가 없는 외국인 가정의 경우 시간당 이용금을 부과하는 돌봄서비스를 이용하는 것이 부담되기 때문에 이용에 제한을 받게 된다.

아이돌봄서비스는 생후 3개월 이상~만 36개월 이하 영아를 대상으로 영아 종일

제 서비스(월 60~200시간 이내, 시간당 11,630원)를 지원하고, 생후 3개월 이상~만 12세 이하 아동을 대상으로 시간제 서비스(월 960시간 이내, 시간당 11,630~15,110원)를 지원한다. 또한 법정 감염병 및 유행성 질병에 감염된 만 12세 이하 아동들을 위해 질병 감염 아동 지원 서비스와 2~4시간 이내에 돌봄서비스(긴급)가 필요하거나 1시간의 돌봄서비스(단시간)가 필요한 가정에 아이돌보미가 방문하여 돌봄을 제공하는 긴급/단기시간 돌봄서비스를 제공한다.

아이돌봄사업은 보육사업과 중복 지원이 되지 않도록 설정되어 있는데, 종일제 아이돌봄서비스는 보육료 및 유아 학비, 양육수당, 아이돌봄서비스 시간제 정부 지원을 받는 경우 중복으로 지원받을 수 없다. 아이돌봄 시간제서비스는 보육료 및 유아 학비 지원을 받는 아동의 경우 보육시설 및 유치원 이용 시간(종일제, 반일제, 시간 연장제)에는 아이돌봄 시간제 정부 지원이 불가하다(여성가족부, 2024).

지역아동센터는 18세 미만의 방과 후 돌봄이 필요한 아동을 대상으로 교육과 정서 지원, 보호 등을 제공하는 기관으로 부모가 경제활동으로 자녀를 돌볼 여유가 없는 이주노동자 가정과 같은 외국인 가정의 아동에게도 필요한 사업이다. 지역아동센터는 우선 돌봄 아동과 일반아동을 구분하여 모집하는데, 우선 돌봄 아동에 해당하는 아동 중 「다문화가족지원법」 제2조 제1호에 따른 다문화가족의 아동도 포함된다. 지역아동센터 이용과 관련해서 국적에 대한 기준은 명시되어 있지 않아 외국 국적 이주배경 아동들이 센터를 이용하기를 원할 경우 일반아동으로 이용할 수 있다. 지역아동센터 중 특수목적형 지역아동센터를 선정해 사업이 이루어지기도 하는데, 이때는 '시 · 군 · 구의 수요를 반영해 장애, 다문화, 북한이탈주민 아동의 특수 전용시설 또는 특수 아동 비율이 상대적으로 높은 시설이 특수목적형 지역아동센터로 선정되거나, 저녁 돌봄 또는 일요일 및 공휴일 운영이 필요한 곳을 특수목적형 지역아동센터로 운영'하기도 한다(보건복지부, 2024).

이주배경 아동 · 청소년들의 돌봄 공백이 심각한 상황에서 외국 국적 이주배경 자녀들을 위한 공적 돌봄서비스 지원은 매우 한정적임을 알 수 있다. 지역아동센터나 아이돌봄서비스와 같은 공적 서비스의 부재는 이주배경 아동 · 청소년들이 집에서 혼자 지내거나 밖에서 배회하는 시간이 증가하면서 범죄 위험에도 노출될 수 있다. 현재 돌봄과 관련된 공적 전달체계에는 이주배경 아동 · 청소년들을 전담 또는 포함하는 기관이 없어 이들의 돌봄 공백과 욕구를 해소하고, 문화적 감수성을 반영한 지원들이 미흡한 부분이 문제점으로 제기된다(김희주 외, 2021).

3 교육 관련법과 정책

1) 이주배경 자녀 교육 관련 법률

이주배경 아동・청소년의 교육권 보장은 전인적 성장에 꼭 필요한 요소로, 아동의 발달 단계에 따른 적절한 교육지원이 요구된다. UN아동권리협약은 "당사국은 아동의 교육받을 권리를 인정하며 기회균등에 근거하여 이 권리를 점진적으로 달성하기 위해 특별히 다음의 조치를 취해야 한다"(제28조)고 규정하면서 ① 초등교육은 모든 사람에게 의무적이고 무상으로 제공되어야 하고, ② 일반 및 직업교육을 비롯한 여러 형태의 중등교육 발전을 장려하고 모든 아동이 중등교육을 받을 수 있도록 하며, 무상교육 도입 및 필요 시 재정적 지원 제공 등 적절한 조치를 취해야 하며, ③ 모든 사람에게 능력에 따라 고등교육 기회가 개방되도록 모든 적절한 조치를 취해야 하고, ④ 모든 아동이 교육 및 직업에 관한 정보와 지침을 이용하고 접근할 수 있도록 조치를 취할 것과, ⑤ 학교 출석률 및 중퇴율 감소를 장려하기 위한 조치를 취할 것을 명시하고 있다.

우리나라의 아동・청소년 교육 관련 규정을 담은 대표법인 「교육기본법」은 교육의 대상을 '국민'으로 한정하고 있어, 국민의 범주에 속하지 않는 외국 국적 이주배경 아동・청소년의 학습권이 명시적으로 보장되어 있지 않다. 그 외에 교육이념(제2조), 학습권(제3조), 교육의 기회균등(제4조), 의무교육(제8조) 모두 대상을 '국민'으로 명시하고 있다.

「초・중등교육법」은 초・중등 교육에 관한 내용을 규정하는 법률로, 「교육기본법」의 규정을 따라 '국민'을 기본대상으로 하고 있다. 다행히도 시행령 제19조에서 귀국 학생 및 다문화 학생 등의 입학 및 전학을 지원하는 규정을 포함함으로써 이주배경 아동・청소년의 공교육 진입을 보장하고 있다. 또한 같은 법 시행령 제75조에서는 귀국 학생 및 다문화 학생 등의 입학・전학 및 편입학을 허용하는 규정을 명시하고 있다. 이 법에서 명시하는 귀국 학생은 ① 외국에서 귀국한 아동 또는 학생, ② 재외국민의 자녀인 아동 또는 학생, ③ 북한이탈주민인 아동 또는 학생, ④ 외국인인 아

• 교육기본법 제2조
교육은 홍익인간의 이념 아래 모든 국민으로 하여금 인격을 도야하고 자주적 생활 능력과 민주시민으로서 필요한 자질을 갖추게 함으로써 인간다운 삶을 영위하게 하고 민주국가의 발전과 인류공영의 이상을 실현하는 데에 이바지하게 함을 목적으로 한다.

• 교육기본법 제3조
모든 국민은 평생에 걸쳐 학습하고, 능력과 적성에 따라 교육받을 권리를 가진다.

• 교육기본법 제4조
① 모든 국민은 성별, 종교, 신념, 인종, 사회적 신분, 경제적 지위 또는 신체적 조건 등을 이유로 교육에서 차별을 받지 아니한다.
② 국가와 지방자치단체는 학습자가 평등하게 교육을 받을 수 있도록 지역 간의 교원 수급 등 교육 여건 격차를 최소화하는 시책을 마련하여 시행하여야 한다.

• 교육기본법 제8조
① 의무교육은 6년의 초등교육과 3년의 중등교육으로 한다.
② 모든 국민은 제1항에 따른 의무교육을 받을 권리를 가진다.

동 또는 학생, ⑤ 중학교에 입학하거나 전학하기 전에 국내에 거주하지 않았거나 국내에 학적이 없는 등의 사유로 입학 또는 전학 절차를 거칠 수 없는 아동 또는 학생을 포함한다.

2024년 4월 이주배경 학생 맞춤형 교육지원을 위한 「초·중등교육법」 시행령 일부개정령안이 심의 및 의결되었다. 시행령 개정의 내용은 다음과 같다. 첫째, 체계적인 다문화교육 정책 수립을 위해 3년마다 이주배경 학생의 국적 등 기본 현황 및 교육 프로그램·시설·인력 등 현황, 진학·진로에 관한 사항 등 실태조사를 실시하도록 하였다. 둘째, 이주배경 학생 맞춤형 교육 정책을 마련하고 학교현장의 다문화 교육을 지원할 수 있도록 교육부장관은 중앙다문화 교육지원센터를, 교육감은 지역 다문화 교육지원센터를 설치·운영 또는 지정·위탁할 수 있도록 하였다. 셋째, 정당한 사유 없이 장기 결석하는 학생이 학교의 다음 학년도 출석 통보에도 불구하고 계속 출석하지 않는 경우에는 학교장이 다음 학년도에도 계속하여 정원 외로 학적을 관리할 수 있도록 하였다(교육부, 2024).

2) 이주배경 자녀 교육 관련 정책

이주배경 아동·청소년에 대한 교육 정책은 교육부의 다문화교육 지원계획과 여성가족부의 다문화가족 정책 기본계획을 중심으로 추진되어 왔다. 교육부는 다문화교육에 대한 기본법이 부재하여, 중장기 정책 기본계획을 수립하지 못하고, 매년 다문화 교육 지원계획을 발표하고 있다. 2023년 다문화교육 지원계획에서는 학령기 인구 감소에 따른 전체 학생 수가 감소하는 가운데 다문화 학생 비율이 지속해서 상승하고 있고, 특히 국내 출생, 중도 입국, 외국인 학생이 모두 증가하고 있음을 밝혔다. 또한 중도 입국 및 외국인 학생의 학업 중단율 및 부적응 관련 학업 중단율이 높은 것으로 나타났다. 중도 입국 및 외국인 학생의 증가와 밀집 학교 발생 등 정책환경 변화에 따른 다문화 학생 교육 관련 법률 근거 마련이 필요하고, 코로나19 확산 등으로 인한 다문화 학생의 학습 격차 및 소외에 대한 우려가 증가하고 있음을 밝히고 있다. 이러한 상황적 한계 속에서 2023년 다문화교육 지원계획은 '다문화 학생의 교육 기회 보

표 10-6 2023년 다문화교육 지원계획

비전	함께 배우며 성장하는 학생, 다양하고 조화로운 학교
목표	• 다문화 학생 교육 기회 보장 및 교육 격차 해소 • 다양한 문화가 공존하는 성숙한 교육환경 구축
추진과제	
1. 출발선 평등을 위한 교육 기회 보장	• 다문화 학생 공교육 진입 지원 • 학교 교육 준비도 격차 해소
2. 학교 적응 및 안정적 성장 지원	• 맞춤형 한국어 교육 제공 • 학교 적응 및 인재 양성 지원: 기초학력 향상, 이중언어, 진로 교육 지도 등
3. 다양성이 공존하는 학교 환경 조성	• 전체 학교의 다문화교육 확대 • 교원의 다문화교육 역량 제고 • 가정 및 지역사회와의 연계
4. 다문화교육 지원체제 내실화	• 다문화교육 제도 개선 및 실태 파악 • 타 사업과의 연계 활성화 • 중앙-지역 및 부처 간 협력 강화

자료: 교육부(2023: 7). 『2023년 다문화교육 지원계획』 내용 재구성.

장 및 교육 격차 해소', '다양한 문화가 공존하는 성숙한 교육환경 구축'을 목표로 4개의 핵심 추진과제와 10개의 세부 추진과제를 수립하였다.

여성가족부는 「다문화가족지원법」에 근거하여 5년마다 다문화가족 정책 기본계획을 수립하고 있는데, 제4차 다문화가족 정책 기본계획에서는 첫 번째 대과제를 '다문화 아동·청소년 성장 단계별 맞춤형 지원'으로 설정하고, 4개의 중과제를 계획하였다. 학령기 다문화 아동의 학습역량 제고를 위해 학령기 다문화 아동의 학교 적응을 지원하고, 한국어 교육 강화 등을 통해 기초학습을 지원하며, 이주배경 청소년을 대상으로 한국어 교육, 이주배경청소년지원센터인 레인보우 스쿨에서 상담, 진로 교육 등의 사회 적응 지원과 학교 밖 다문화 청소년을 대상으로 학력 취득, 직업훈련 등을 지원한다. 다문화 청소년의 진로 개발을 지원하기 위해 다문화 청소년의 진로 및 직업 프로그램을 확대하고, 이중언어 역량 강화, 다문화 후기 청소년(만 19세 이상)을 위한 맞춤형 서비스를 연계한다.

여성가족부의 이주배경 아동·청소년 관련 교육 정책들은 다문화가족 자녀와 이주배경 청소년을 대상으로 다양하고 구체적인 서비스를 시행하고 있지만, 주요 대상이 다문화가족으로 한정되어 있어 외국인 가정의 자녀들은 배제된다는 점에서 한계를 갖는다.

표 10-7 제4차 다문화가족 지원계획(2023~2027)

비전	다문화가족과 함께 성장하는 조화로운 사회
목표	• 다문화 아동 · 청소년의 동등한 출발선 보장 • 다문화가족의 안정적 생활환경 조성
추진과제	
다문화 아동 · 청소년 성장 단계별 맞춤형 지원	• 영유아 자녀 양육 지원 • 학령기 다문화 아동 학습역량 제고 • 다문화 청소년 진로 개발 지원 • 다문화 아동 · 청소년의 정서 안정기반 조성
결혼이민자 정착 주기별 지원	• 건전한 국제결혼 환경 조성 • 다문화가족 가구 상황별 맞춤형 지원 • 결혼이민자 경제활동 참여 확대 • 가정폭력 예방 및 피해자 보호
상호 존중에 기반한 다문화 수용성 제고	• 다문화 이해교육 확대 • 다양성 존중 인식 확산

	• 다문화가족 사회참여 활성화
다문화가족 정책 추진기반 강화	• 다문화가족 정책 환류 시스템 구축 · 운영 • 다문화가족 지원 서비스 접근성 제고 • 다문화가족 정책 협력체계 강화

자료: 여성가족부(2023). 『제4차 다문화가족 정책 기본계획(2023~2027)』 내용 재구성.

4 건강 관련법과 정책

1) 이주배경 자녀 건강 관련법

「모자보건법」은 모성 및 영유아의 생명과 건강을 보호하고 건전한 자녀의 출산과 양육을 도모하여 국민 보건을 향상하기 위해 제정된 대표적인 건강 관련법이다. 이 법의 제3조의3에서는 결혼이민자에 대한 적용을 규정하여 대한민국 국민과 법적으로 혼인한 결혼이민자와 영유아 자녀의 건강을 보호하고 있다. 그러나 결혼이민자를 제외한 그 외 이주배경 가정의 자녀에 대해서는 포함하고 있지 않다. 「모자보건법」에 근거하여 시행되는 사업은 영유아, 미숙아 등을 위한 건강관리 사업, 산모 · 신생아 건강관리 지원 사업으로 출산가정에 건강관리사를 파견하여 산모의 산후 회복과 신생아를 지원한다. 영유아 및 미숙아 건강관리 지원은 부모 중 한 명이 한국인이고 부모 모두 건강보험에 가입되어 있어야만 이주배경 아동들이 지원을 받을 수 있고, 부모가 모두 외국인인 경우에는 지원 대상에서 제외된다. 다만, 난민인정자의 경우 지자체별로 예산 사정에 따라 결정할 수 있다. 산모 · 신생아 건강관리 지원은 부모 모두가 외국인인 경우 체류자격 비자[2]에 따라 지원받을 수 있다(신윤정 외, 2018).

「다문화가족지원법」 제9조는 "국가와 지방자치단체는 결혼이민자 등이 건강하게 생활할 수 있도록 영양 · 건강에 대한 교육, 산전 · 산후 도우미 파견, 건강검진 등의 의료 서비스를 지원할 수 있다"고 규정하고 있다. 따라서 이주배경 자녀의 건강과 관련된 사업들은 결혼이민자와 귀화자 등 다문화가족만 지원받을 수 있고, 그 외 이주배경 아동들은 법의 적용 대상에서 제외된다.

2) 부부 모두가 외국인이면 각 국내 체류자격 비자 종류가 F-2(거주), F-5(영주), F-6(결혼이민)인 경우에 한하여 지원된다.

2) 이주배경 자녀 건강 관련 정책

이주배경 아동·청소년의 건강을 보호하는 대표적인 사업으로 어린이 국가 예방접종 지원 사업이 있다. 이 사업은 만 12세 이하 어린이를 대상으로 필수예방접종(18종)의 비용을 지원하는데, 지원 대상에는 이주 아동도 포함된다. 외국인 등록번호가 없는 미등록 아동의 경우 보건소에서 임시 관리번호(3개월 미만 단기체류자, 여행목적 방문자 등 제외)를 발급받은 후 예방접종 비용을 지원받을 수 있다.

한국에서 6개월 이상 합법적으로 거주하는 외국인은 건강보험에 가입할 수 있다. 건강보험이 적용되는 사업장에 고용된 외국인은 직장 가입이 가능하고, 직장가입자에 해당하지 않는 외국인은 지역가입자로 가입할 수 있다. 지역가입자인 한국인의 경우 세대 합가가 인정되어 주민등록상 같은 세대인 구성원들도 함께 건강보험료에 산정되지만, 외국인의 경우 배우자와 19세 미만의 자녀만 세대 합가의 대상이 된다. 이로 인해 미성년인 이주배경 자녀가 혼자 또는 미성년인 형제, 자매와 거주하는 경우, 부양자와 부모-자녀 관계를 입증하지 못할 때는 자녀가 세대주가 되어 보험료를 내는 경우도 있다(김희주·장주영, 2023). 외국인 건강보험이 의무가입으로 처음 전환된 2018년에는 미성년자 세대주를 고려하는 예외 조항이 없어 미성년자 세대주도 다른 외국인 지역가입자 세대주와 동일한 보험료를 부과받았다. 현재는 미성년자인 세대주가 소득이나 재산이 없다면 지역가입자 월별 보험료 하한액인 19,780원을 내야 하며, 부모의 피부양자로 인정받지 못하는 경우에는 가구 내 미성년자가 각각 세대주로서 이 보험료를 부과받는다(김희주·장주영, 2023).

'외국인근로자 등 의료지원 사업'은 건강보험, 의료급여 등 의료보장제도의 사각지대에 있는 노숙인, 외국인노동자와 자녀(만 18세 미만), 외국 국적 결혼이민자와 자녀, 난민과 자녀 등을 대상으로 입원비와 수술비를 지원하고, 18세 미만 자녀의 경우 외래 진료비를 지원한다. 이 사업은 미등록 노동자와 자녀까지 포함하며, 1회당 500만 원 범위에서 총 진료비의 90%를 지원하고 10%는 본인이 부담한다. 그러나 이 사업의 지원을 받기 위해서는 국립중앙의료원, 지방의료원, 적십자병원 등 지정된 의료기관만 진료비를 청구할 수 있으며, 이주민이 직접 진료비 지원을 신청하지 않고, 시·도에서 국고보조금을 신청하고 의료기관에서 건강보험심사평가원의 심사를 거쳐 신청한 청구액을 토대로 보건복지부에서 시·도에 배분한 예산을 집행하여 진료비를 지급하는 방식이다. 또한 신청 금액이 배정한 예산을 벗어나는 경우 집행은 어렵다. 진료비 예산이 한정되어 배분되기 때문에 미등록 이주 아동의 건강권을 충분히 보호하지 못하는 한계가 있다. 또한 이주배경 아동이 사업 대상이 아니라 외국인노동자, 외국 국적 결혼이민자, 난민 등 부모가 사업 대상에 포함될 때 아동들도 지원 대상이 되는 것이다(김희주 · 장주영, 2023).

5 취업 관련법과 정책

1) 이주배경 자녀 취업 관련법

취업이나 경제활동을 희망하는 이주배경 자녀를 위한 구체적인 법은 부재한 상황이다. 국가가 고용에 관한 정책을 수립 · 시행하여 개개인이 직업능력을 개발하고 더 많은 취업기회를 가질 수 있도록 하기 위한 목적으로 제정된 「고용정책기본법」은 제1조에서 "근로자의 고용안정, 기업의 일자리 창출과 원활한 인력 확보를 지원하고 노동시장의 효율성과 인력수급의 균형을 도모함으로써 국민의 삶의 질 향상과 지속가능한 경제성장 및 고용을 통한 사회통합에 이바지함을 목적으로 한다"고 명시하여 법의 대상을 국민으로 규정하고 있다. 「고용정책기본법」에 근거해 제정된 법률인 「청년고용촉진 특별법」은 청년 미취업자에 대한 국내 · 외 직업능력개발훈련 등의 지원을 통하여 청년고용을 촉진하고 지속적인 경제발전과 사회안정을 목적으로 청년 미취업자에 대한 고용 지원과 직업능력개발훈련 등을 지원하고 있다. 이 법은 적용 대상으로 국민을 규정하고 있지는 않지만 「고용정책기본법」을 따라 외국 국적 이주배경 청년은 제외하고 있다(양계민 외, 2020).

국민의 고용창출과 고용촉진, 고용안정, 사회 · 경제적 지위 향상 등을 도모하기 위해 제정된 「국민 평생 직업능력 개발법 시행령」 제6조의2에 따라 결혼이민자 등 다문화가족 구성원과 난민은 직업능력개발훈련을 지원받을 수 있다. 대상이 제한적이기는 하지만 이주배경 자녀 중 다문화가족이나 난민가족의 자녀들이 직업훈련이나 취업을 희망하는 경우 국가의 지원을 받을 수 있는 법적 근거가 마련되어 있다.

2) 이주배경 자녀 취업 관련 정책

이주배경 자녀를 대상으로 지원되는 취업 지원 프로그램은 고용노동부가 실시하고 있는 취업 성공 패키지가 있다. 이 사업은 취업 취약계층인 저소득층, 미취업 청년 및 중장년에게 진단 경로 설정, 의욕·능력 증진, 집중 취업 알선의 3단계 취업 지원 프로그램을 맞춤형으로 제공하고, 취업한 경우 취업 성공 수당을 지급함으로써 노동시장 진입을 체계적으로 지원하는 종합적인 취업 지원 프로그램이다. 참여대상은 Ⅰ유형과 Ⅱ유형으로 나뉘는데, Ⅰ유형의 지원 대상은 생계급여 수급자, 중위소득 60% 이하 저소득층 및 특정 취약계층[북한이탈주민, 결혼이민자, 결혼이민자와 외국인(중도 입국) 자녀 등]이며, Ⅱ유형의 지원 대상은 청년(18~34세, 소득 무관) 및 중장년(35~69세, 중위소득 100% 이하)이다(고용노동부, 2020).

표 10-8 취업 성공 패키지 내용 및 유형별 지원

구분	1단계(상담·진단)	2단계(직업능력 향상)	3단계(취업 알선)
패키지 Ⅰ	• 집중 상담 및 직업심리검사 • 3주~1개월 • 참여 수당 최대 25만 원	• 일 경험, 창업지원 프로그램 • 최장 8개월 • 훈련비 최대 500만 원 • 참여 수당 최대 40만 원 (6개월)	• 취업 집중알선, 구인정보, 동행 면접 등 • 최장 3개월 • 취업 성공 시 최대 150만 원 지급
패키지 Ⅱ	• 1주~1개월 • 참여 수당 최대 20만 원	• 최장 8개월 • 훈련비 최대 300만 원 • 참여 수당 최대 40만 원 (6개월)	• 최장 3개월

자료: 고용노동부(2020). 2020 취업 성공 패키지 업무매뉴얼 내용 재구성.

이주배경 청소년의 경우 한국 국적이 없으면 Ⅱ유형 청년 대상은 참여가 어렵고, Ⅰ유형의 특정 취약계층으로 참여할 수 있다. 하지만 Ⅰ유형의 대상은 북한이탈주민, 결혼이민자, 결혼이민자와 중도 입국한 외국인 자녀(만 15~24세 이하)만 가능하고, 체류자격도 F-2, F-5, F-6이거나 혼인으로 국적을 취득한 경우만 가능하다. 또한 이 프로그램에 참여하기 위해서는 '한국어 기초능력진단' 초급 1급 이상의 한국어 수준에 준하는 경우만 참여할 수 있다.

제4절 결론

이 장은 이주배경 자녀와 관련된 개념들을 살펴보았고, 그 결과 관련 법률이나 중앙정부 부처마다 정의와 정책 대상을 상이하게 규정하고 있음을 알 수 있었다. 법률마다 이주배경 자녀를 국제결혼가족의 자녀 또는 아동·청소년으로 협소하게 정의하거나 부 또는 모가 합법적인 체류자격을 가진 외국인의 자녀로 좀 더 광범위하게 정의하고 있다. 그러나 한국에 거주하는 모든 유형의 이주배경 자녀를 포괄하는 개념은 법률이나 중앙정부 부처에서는 제시하지 않고 있다. 이로 인해 이주배경 자녀의 규모를 파악할 수 있는 통계들도 개념과 조사 범주가 일관되지 않아 정확한 현황 파악이 어려운 상황임을 알 수 있었다.

영역별 이주배경 아동 지원 법률과 정책들을 검토한 결과 이주배경 아동을 포괄하는 총괄법이 부재하고, 법률마다 지원하는 대상 및 내용이 다르게 나타나고 있다. 또한 공통적으로 다문화 가족의 자녀들이나 난민 아동·청소년은 지원 대상에서 대부분 포함되지만 그 외의 이주배경 자녀들은 보육과 교육, 건강, 취업 등 생활 전반의 영역에서 지원을 받을 수 있는 법적 근거가 제공되지 않았다.

이주배경 자녀들이 삶의 다양한 영역에서 제도의 보호를 받고, 이들의 기본권이 보장되기 위해서는 포괄적이고 통일된 개념 정의가 필요하다. 이러한 정의는 다문화 가족의 자녀뿐만 아니라 외국 국적 부모를 둔 이주배경 아동과 미등록 이주배경 아동까지도 고려하는 방향으로의 합의가 요구된다. 또한 이주배경 아동·청소년과 관련된 정책들은 생애주기 관점에서 접근하여 출생부터, 교육, 자립까지 법적인 권리를 보장받을 수 있는 패러다임의 전환을 고려해 볼 필요가 있다.

참고문헌

고용노동부(2020). 2020 취업 성공 패키지 업무 메뉴.

교육부(2023). 『2023년 다문화교육 지원내용』.

교육부(2024.4.15). 이주배경 학생 맞춤형 교육 지원을 위한 「초·중등교육법 시행령」 일부 개정령안 국무회의 통과. 교육부 보도자료. https://www.moe.go.kr/boardCnts/viewRenew.do?boardID=294&boardSeq=98690&lev=0&m=0204에서 2024.4.15 인출.

김철효·김기원·소라미·신예진·최서리(2013). 『이주배경 아동의 출생등록』. 세이브더칠드런.

김희주·김영미·김혜미·김수경(2021). 『2021년 이주배경 아동·청소년 정책 전문영향평가』. 아동권리보장원.

김희주·장주영(2023). 『중도입국 아동의 초기 적응 경험과 정주화에 대한 의미』. 초록우산 시흥다어울림아동센터.

법무부(2024). 제4차 외국인정책 기본계획(2023~2027).

보건복지부(2024). 『2024년 지역아동센터 지원 사업안내』.

서덕희·김은석·조은혜·임경환(2015). 『이주배경 청소년의 사회진출을 위한 직업군 개발 및 취업지원 방안 연구』. 이주배경청소년지원재단.

신윤정·이창원·이규용 외(2018). 『인구 변화 대응을 위한 포용적 다문화 정책 방안: 이주배경 아동의 발생·성장 환경 분석』. 경제·인문사회연구회.

신현옥·윤상석·이슬기·김도혜·이향규·오수연(2012). 『이주배경 청소년의 유형별 실태와 정책과제』. 여성가족위원회.

양계민·변수정·조혜영·김이선·이민영 외(2020). 『포용 사회구현을 위한 이주배경 아동·청소년 성장 기회 격차 해소방안 연구: 통계구축방안을 중심으로』. 경제·인문사회연구회.

여성가족부(2023). 『제4차 다문화가족 정책 기본계획(2023~2027)』.

여성가족부(2024). 『2024년도 아이 돌봄 지원 사업 안내』.

유비·최정태·손예진·김기현(2017). 한국 이주배경 청소년의 이주경험과 정신건강. 『한국아동복지학』, 58: 231-262.

이춘향·최윤곤·박미숙(2017). 한국어교사의 중도입국 학생 교육경험에 관한 연구. 『문화교류와 다문화교육』, 6(4): 21-39.

인권위원회(2023). [보도자료] 이주 아동에 대한 유아 학비 지원방안 마련 권고, 교육부 불수용.

행정안전부(2022). 2022 지방자치단체 외국인주민 현황.

10 CHAPTER

European Union(2016). Education of migrant children: Education policy responses for the inclusion of migrant children in Europe.

Lu, Y., He, Q., & Brooks-Gunn, J.(2020). Diverse experience of immigrant children: How do separation and reunification shape their development. *Child Development*, 91(1): e146-e163.

CHAPTER 11

재외동포정책

김옥녀

제1절 서론

세계화가 가속화되면서 재외동포의 중요성은 날로 커지고 있다. 대한민국의 경제 발전과 함께 해외로 이주한 많은 동포들은 거주국에서 새로운 삶을 개척하며 한국과의 연결고리를 유지하고 있다. 이들은 단순히 한국문화를 전파하는 역할을 넘어, 대한민국의 경제, 외교, 사회 등 다양한 분야에 걸쳐 중요한 역할을 수행하고 있다. 이러한 재외동포들은 한국의 소중한 자산이자 글로벌 네트워크의 중요한 일원으로 자리매김하고 있다. 이와 함께 1988년 올림픽 이후 한국이 경제력이 높아지면서 해외동포들의 한국 귀환이 지속적으로 증가하고 있다. 이들은 한국의 경제적 기회와 사회적 안전망을 찾아 귀환하고 있으며, 이는 한국사회에 새로운 도전과 기회를 동시에 안겨주고 있다. 귀환 동포들은 한국의 노동시장에서 인력 부족 문제를 해결하고, 급격한 인구감소에 따른 인구문제 해결의 주요 대안으로 제시되고 있다. 또한 귀환 동포들은 그들의 경험과 지식을 바탕으로 한국사회의 다양성을 증진시키고, 글로벌 경쟁력을 강화하는 데 기여하고 있다. 재외동포정책은 이러한 동포들의 권익을 보호하고, 그들이 거주국에서 성공적으로 정착할 수 있도록 지원하는 것을 목표로 한다. 한국사회와 지속적으로 교류할 수 있도록 돕고, 나아가 한국의 발전에 기여할 수 있는 다양한 방안을 모색하는 데 중점을 둔다.

이 장에서는 재외동포정책에 대해 심층적으로 고찰하고, 이를 통해 앞으로의 방향성을 제시하고자 한다. 이를 위해 제2절에서는 재외동포의 개념과 이주사를 살펴보고, 관련 법령 및 정책의 변천사를 검토한다. 제3절에서는 해외와 국내에 거주하는 재외동포의 현황을 분석하여 그들의 생활과 도전 과제를 이해하고자 한다. 재외동포와 관련된 법과 정책을 다루는 제4절에서는 관련법과 체류자격, 그리고 정부의 재외동포정책을 종합적으로 검토한다. 마지막으로, 제5절에서는 이 장의 내용을 종합하여 결론을 제시하고, 향후 재외동포정책이 나아갈 방향과 개선 방안을 모색하였다.

제2절 재외동포의 이해

1 재외동포의 개념

재외동포(在外同抱, Overseas Korean)는 전 세계에 거주하는 대한민국의 1세대부터 차세대 국민을 포함하는 의미(우영옥, 2024: 167)로 1999년에 제정된 「재외동포의 출입국과 법적 지위에 관한 법률」(약칭: 재외동포법) 제2조에 의거 재외국민과 외국국적동포를 포함하는 개념이다. 재외국민이란 '대한민국의 국민으로서 외국의 영주권을 취득한 자 또는 영주할 목적으로 외국에 거주하고 있는 자'를 의미한다. 외국국적동포란 '대한민국정부 수립 전에 국외로 이주한 동포를 포함한 대한민국의 국적을 보유하였던 자 또는 그 직계비속으로서 외국 국적을 취득한 자 중 대통령령으로 정하는 자'를 뜻한다(재외동포법 제2조 제1항). 대한민국 국적을 보유하고 있는 해외이주민과 체류자와 외국국적동포(대한민국 국적을 보유하고 있지 않은 한민족의 일원)로 구분된다.

재외동포의 개념은 통상적인 개념과 법률적인 개념으로 구분할 수 있다.

1) 통상적인 개념

통상적인 개념으로 재외동포란 '해외에서 살고 있는 우리 민족'을 의미하지만, 재외동포에 대한 호칭은 정립되지 않은 채, 해외교민, 해외교포, 해외동포, 해외한인, 재중조선족, 재미한인, 재중고려인 등으로 다양하게 불리고 있다. 통상적으로 사용하는 호칭은 형용적인 술어에 해당하는 해외, 재외, 외국 거주(재일, 재러, 재독 등) 등과 명사에 해당하는 교민, 교포, 동포, 한인, 조선족, 고려인 등의 용어가 조합되어 사용되고 있다(김봉섭, 2009: 42).

2) 법률적인 개념

재외동포에 대한 법률적 개념은 재외동포에 대한 법안이 발의되고, 통과된 후 시행되면서 사용되는 개념으로 재외동포 관련 정책의 기초가 되는 개념이다. '재외동포'라는 법률적인 용어는 1997년 제정된 「재외동포재단법」(2023년 폐지)과 1999년 「재외동포의 출입국과 법적 지위에 관한 법률」(이하 재외동포법), 2023년 「재외동포기본법」에 근거하여, 통상적으로 사용하던 '해외동포'나 '해외교민' 등의 용어를 대체하여 '재외동포'라는 용어를 사용하면서 법률적인 용어로 정의되었다.

법률적인 개념에서 재외동포는 「재외동포법」과 「재외동포기본법」 각각 제2조에 따라 대한민국 국적을 기준으로 '재외국민'과 '외국국적동포+무국적동포'로 구분된다. 법무부의 「재외동포법」 제2조에서는 '재외국민'을 대한민국의 국민으로서 외국의 영주권을 취득한 자 또는 영주할 목적으로 외국에 거주하고 있는 자로 정의하고 있다. '외국국적동포'는 대한민국 정부 수립 이전에 국외로 이주한 동포를 포함하여 대한민국 국적을 보유하였던 자 또는 그 직계비속으로서 외국에 거주하면서 거주국의 국적을 취득한 조선족, 고려인, 재일 한민족 등의 기타 외국 국적을 취득한 한민족을 말한다. 외교부의 「재외동포기본법」 제2조에서는 '재외국민'을 대한민국 국민으로서 외국에 장기체류하거나 외국의 영주권을 취득한 사람으로 정의하고 있다. '외국국적동포'는 대한민국 정부 수립 이전에 국외로 이주한 사람을 포함하여 출생에 의하여 대한민국 국적을 보유하였던 사람 또는 그 직계비속으로서 대한민국 국적을 가지지 아니한 사람(외국국적동포+무국적동포)으로 규정하고 있다. 동법은 외국국적동포를 폭넓게 규정하고 있다.

이와 같이 국적을 기준으로 본다면 '재외국민'은 한국 국적을 지닌 해외거주(체류) 한국인을 의미하며, '외국국적동포'는 한국 국적을 보유하지 않고 한국에 거주하고 있는 한인을 의미한다. 즉, 비자발적 이민을 택한 사람들로 구소련지역(CIS)[1]의 고려인, 중국 조선족, 일제 강점기 시대 일본으로 귀화한 사람들을 포함하고 있다(신희정, 2023: 60). 재외동포의 개념 및 범위에 관련된 법은 〈표 11-1〉과 같다.

표 11-1 재외동포의 개념 및 범위에 관련법

법무부	「재외동포의 출입국과 법적 지위에 관한 법률」(약칭: 재외동포법)(1999.9.2 제정) 제2조(정의) 이 법에서 "재외동포"란 다음 각 호의 어느 하나에 해당하는 자를 말한다. 1. 대한민국의 국민으로서 외국의 영주권(永住權)을 취득한 자 또는 영주할 목적으로 외국에 거주하고 있는 자(이하 "재외국민"이라 한다) 2. 대한민국의 국적을 보유하였던 자(대한민국 정부 수립 전에 국외로 이주한 동포를 포함한다) 또는 그 직계비속(直系卑屬)으로서 외국 국적을 취득한 자 중 대통령령으로 정하는 자(이하 "외국국적동포"라 한다) 「재외동포의 출입국과 법적 지위에 관한 법률 시행령」(약칭: 재외동포법 시행령) 제3조(외국국적동포의 정의) 법 제2조 제2호에서 "대통령령으로 정하는 자"란 다음 각 호의 어느 하나에 해당하는 사람을 말한다. 1. 출생에 의하여 대한민국의 국적을 보유했던 사람(대한민국 정부 수립 전에 국외로 이주한 동포를 포함한다)으로서 외국 국적을 취득한 사람 2. 제1호에 해당하는 사람의 직계비속(直系卑屬)으로서 외국 국적을 취득한 사람
외교부	「재외동포기본법」(2023.5.9 제정) 제2조(정의) 1. "재외동포"란 다음 각 목의 어느 하나에 해당하는 사람을 말한다. 가. 대한민국 국민으로서 외국에 장기체류하거나 외국의 영주권을 취득한 사람 나. 출생에 의하여 대한민국의 국적을 보유하였던 사람(대한민국 정부 수립 전에 국외로 이주한 사람을 포함한다) 또는 그 직계비속으로서 대한민국 국적을 가지지 아니한 사람(외국국적동포+무국적동포)

1) 구소련지역(CIS) 6개 국가: 우즈베키스탄, 카자흐스탄, 우크라이나, 키르기스스탄, 타지키스탄, 투르크메니스탄.

2 재외동포의 이주사

우리 민족의 해외이주 역사는 역사적 사료가 대체적으로 명백히 남아 있는 1860년대 연해주(沿海洲) 이주를 시작으로 이주가 촉발된 배경과 동기에 따라 크게 다섯 개의 국면으로 구분될 수 있다(김봉섭, 2020: 155).

1) 제1시기: 조선 · 대한제국기(19세기 중반~1910년)

이 시기에는 정치적 혼란으로 인한 관료들의 압정과 빈곤 및 기근을 벗어나기 위해 중국, 러시아, 그리고 하와이 등으로 한민족의 이주가 진행되었다. 조선 말기 세도정치를 배경으로 삼정의 문란과 극심한 가뭄 및 흉년으로 인한 기근과 빈곤으로 농민들의 민란이 발생했다. 이로 인해 일부 한반도(함경도와 평안도) 주민들은 중국 동북지역이나 러시아 연해주로 이주하게 되었다(윤인진, 2018: 8). 특히, 1860년대 대규모 흉년으로 인해 많은 농민들이 만주와 연해주로 이주했으며, 가난과 기근을 해결하기 위한 경제적인 이주의 성격이 강했다. 1860년 북경조약으로 인해 청나라의 연해주가 러시아령이 된 이후, 1864년 연해주 러시아 관헌은 조선인 14가구 65명에게 정주권을 부여했으며, 이는 문헌상 한인의 최초 해외이주 기록으로 보고되고 있다(김호준, 2016: 14).

대한제국 시기에는 한인 최초로 미국으로의 공식적인 대규모 이민이 시작되었다. 1903년에는 인천항에서 하와이로 출발한 최초의 노동 이민이 시작되었으며, 1905년까지 하와이로 약 7천여 명, 멕시코로 약 1천여 명, 미국 서부로 약 2천여 명이 이주하였다. 이 이민들은 주로 하와이 사탕수수 농장에서의 노동력 수급을 위해 이루어졌다. 특히, 하와이의 이주민 대부분이 독신 남성으로서 가정을 이루지 못하고 사회적 문제를 발생시켰다(윤인진, 2018: 9). 농장주들은 이를 해결하여 안정적인 노동력 공급을 위해 고국에서 보내오는 사진을 통해 결혼할 신부를 찾는 '사진신부(picture bride)'라는 중매 제도를 도입했다(김원모, 1998; 208). 이들은 결혼이민자의 신분이라고 할 수 있으며, 경제적인 이유로 이민을 선택했다. 그러나 대한제국이 1905년 을사늑약으로 일본에게 외교권을 박탈당하면서 일시적으로 이민은 중단되었다.

2) 제2시기: 일제강점기(1910~1945년)

이 시기는 일제강점기로, 1910년부터 1945년까지 독립 이전까지 다양한 형태의 이주가 진행되었다. 자발적인 경제적 이주와 일본에 의한 강제 징용으로 인한 강제 이주, 독립운동의 거점을 마련하기 위한 우국지사들의 정치적 이주, 일부 국소수인 엘리트층 청년의 일본 유학 등이 있었으며, 중국, 러시아, 미국, 멕시코, 쿠바, 일본 등으로의 해외이주가 이루어졌다(윤인진 · 김회상, 2016: 38). 중국과 러시아 일대는 한일합방 이후 농민들의 노동이주와 독립을 위한 정치적 목적으로 이주가 진행되었다.

1910년 한일합방 이후에는 유학생 중심으로 이주가 시작되었으나, 제1차 세계대전 이후 1920년대에는 일본의 경제 호황으로 인해 한민족의 이주가 본격화되었다. 1931년 만주사변 이후에는 일본은 만주 지역을 강화하기 위해 한인 농민들의 노동력과 농업자원 활용을 위해 만주로의 강제 집단 이주가 증가했다(김봉섭, 2021). 1930년 후반까지 한인 수는 약 50만 명에 달했다(권태환, 1996). 1937년 중일전쟁 이후, 일본은 제2차 세계대전으로 인해 군수물자 공급과 부족한 노동력을 해소하기 위해 한인들을 사할린과 일본 등지의 광산, 건설 현장, 공장 등으로 강제 징용하였다. 전쟁 말기에는 징용과 징병이 동시에 진행되었다. 1937년 러시아 연해주에 거주하던 한인 17만 명 정도는 소련 정부에 의해 중앙아시아(CIS) 전역으로 강제이주를 당했다(윤인진, 2002: 19; 김중관, 2016: 6).

1910년에서 1945년 독립 이전까지 중국에 거주하는 한민족은 약 160만 명에 달했으며(윤인진, 2002: 19), 조선족으로 불리고 있다. 일본의 한인 수는 약 230만 명이었으나, 일본의 패망 후에 해외로 이주한 한인들 중 상당수가 귀국했지만, 1947년까지 약 60만 명이 일본에 남아 재일 동포가 되었다(이문웅, 1997).

3) 제3시기: 대한민국 정부 수립기(1945~1962년)

이 시기에는 해방과 1950년부터 1953년까지의 6 · 25전쟁으로 인해 특수이주가 진행되었다.

해방 이후 일본으로의 밀입국 시도가 증가했으며, 전쟁으로 인한 고아의 국제 입양, 미군과 국제 결혼한 한국 여성의 가족 이주 등이 진행되었다. 1950년부터 1964년까지 약 6천 명의 여성들이 미군 배우자를 따라 미국으로 이주했으며, 약 5천여 명의 전쟁 고아가 미국 가정으로 입양되었다.

4) 제4시기: 해외이주법 제정 시기(1962년~현재)

1962년 해외이주법이 제정된 이후, 내국인의 해외이주가 다양하게 진행되었다. 1960년대 한국은 실업난과 경제개발을 위해 1962년 처음으로 해외이주법을 제정하고 내국인을 해외로 송출하여 인구압력을 감소시키고, 해외교포를 통해 송금되는 외화획득을 목적으로 하는 이민정책을 수립했다(윤인진, 2018: 9). 1960년대 초 외화벌이를 위해 서독으로 3년 간 기술연수생으로 이주한 8천여 명의 광부와 1만여 명의 간호사들은 계약 종결 후 독일과 유럽 각국으로 이주하여 유럽 내 한인사회를 형성했다. 1965년에는 미국의 이민법이 한인에게도 개방되어 중산층의 고등교육을 받은 한인들이 자녀 교육과 선진 생활을 위해 미국과 캐나다 등으로 이주가 진행되었다. 또한 베트남 전쟁으로 인한 한국군 파견과 함께 1975년 중동지역의 건설 부흥으로 건설 노동자 이주가 진행되었다.

반면, 재외동포의 귀국은 1988년 올림픽 이후 한국의 위상이 올라가면서 본격적으로 진행되었다. 1991년 구소련이 해체되면서 고려인 동포들의 국내 귀환이 시작되었고, 1992년에는 한국과 중국의 수교가 진행되면서 중국의 조선족들이 일자리를 찾아 귀국하였다(김봉섭, 2020). 2004년 재외동포법이 개정되면서 대한민국 건국 이전에 해외로 이주한 중국 및 중앙아시아 동포들이 재외동포로 인정받게 되고, 2007년 방문취업제(H-2)를 도입하면서 재외동포들의 귀국은 매년 증가하고 있다.

제1시기부터 제4시기까지 한국인의 해외이주배경과 이주자를 정리하면 〈표 11-2〉와 같다.

표 11-2 한국인의 해외이주 시기 구분

구분	연도	이주배경과 주요 이주자	규모	특징
제1시기	조선 · 대한제국기 (19세기 중반~1910)	1860년대 대규모 흉년으로 인해 간도 · 연해주 등지로 불법월경한 사람, 미국 하와이 사탕수수농장 등에서 일하기 위해 합법적으로 이민선을 탄 사람 등	10만여 명	생계이민 · 농업이민
제2시기	일제강점기 (1910~1945)	1910년 국권 상실 후 중국 만주로의 농업이주, 일본으로 자발적 이주, 정치적 목적의 해	3백만여 명	망명이민 · 강제이민

		외망명, 1937년 스탈린의 중앙아시아 강제이주, 1939년 이후 일제의 강제징용·징병자 등		
제3시기	8·15해방 이후 (1945~1962)	1945년 해방 이후 극심한 사회혼란 속에서 발생한 밀항자, 6·25전쟁 부산물인 국제결혼 이민, 전쟁고아·혼혈 해외입양 등 특수이주자, 여러 가지 국내·외 사정으로 돌아오지 못한 미귀환 동포 등	2백만여 명	특수이민· 미귀환 이민
제4시기	해외이주법 제정 이후 (1962~현재)	1962년 해외이주법 제정 이후 대한민국 국외로 이주한 100만여 명과 현지 출생 외국 국적 손·자녀, 1990년대 초 공산권과의 수교 이후 국내체류동포, 사할린 등지에서 돌아온 영구귀국동포, 해외이민생활을 청산하고 고국으로 되돌아온 역이민 고령자 등	1백만여 명 이상	자유이민· 글로벌 이민· 귀환이민· 역이민

자료: 김봉환(2020: 154).

3 재외동포 관련 법령과 정책의 변천

재외동포 관련 법령과 정책은 건국 이래로 김영삼 정부에서 가장 적극적인 재외동포정책을 시작했다. 이전 정부까지는 자국의 경제성장과 냉전체제로 인해 경제적으로나 외교적으로도 재외동포에 대한 관심을 갖기 어려운 환경이었다. 여기서는 1945년 해방 이후부터 김영삼 이전 정부까지 이후 정권별로 재외동포 관련 법령과 정책의 변천을 살펴보겠다.

1) 1945년 해방 이후~1992년

1945년 해방 이후 강제 이주한 한인들이 귀환을 시작했고, 대한민국의 국민이 되는 요건을 규정하기 위해 1948년 「국적법」을 제정하게 된다. 1950년에 발발한 한국전쟁으로 인해 다시 이산과정을 거치게 되었다. 한국은 냉전체제의 영향으로 1991년 소련 붕괴로 냉전이 종식되기까지 재일동포에 대한 관심으로 그쳤고, 「해외이주법」(1962년)을 제정하고 경제성장을 위해 내국인의 해외이주를 장려하여 해외자본을 유지하는 정책을 실시했다. 1963년에는 경제적인 목적으로 대한민국에 출·입국하는 선박의 장 및 운수업자의 책임 등에 관한 「출입국관리법」(1963년)을 제정하기도 했다. 재외동포에 대한 관심은 1988년 서울 올림픽 이후 소련 정부가 사할린 동포의 모국 방문과 영주귀국을 허용하고, 1990년 한·소수교, 1992년 한·중수교로 CIS 국가들과 중국 거주 외국국적동포들의 교류가 자유롭게 되었다. 1992년에 사할린 한인 동포가 첫 영주귀국을 했지만, 이 시기에 한국 내부의 안정과 경제부흥에 집중하여 재외동포에 대한 관심을 갖기 어려워 재외동포정책의 공백기로 볼 수 있다.

2) 김영삼 정부(1993.2~1998.2)

김영삼 정부는 세계화를 국정지표로 건국 이래 적극적인 재외동포정책을 시작하였다(윤인진 외, 2016). 이때의 재외동포정책은 대통령 직속 세계화추진위원회를 통해 체계화되었다. 1995년 세계화 비전과 전략을 수립하고 53개 세계화 과제를 구성 및 추진하는 과정에서 재외동포사회 활성화 지원이 53개 목표에 포함되게 되었다. 신교포 정책으로 체계화된 '재외동포활성화 지원'은 재외동포의 자조노력에 대한 원칙을 기본으로 지원하게 된다. 거주국 내의 정치적 대결을 지양하되, 재외동포의 권익신장과 정체성 강화, 동포 사회의 화합 및 모국과의 상호 발전을 목표로 삼았다(세계화추진위원회, 1998). 이 정책의 목표는 재외동포가 거주국에서의 경제적, 사회적으로 성공적인 정착을 위해 지원하고 모국과의 정신적 유대를 긴밀하게 강화하는 것이었다(노대명 외, 2019: 90). 이를 바탕으로 세부 정책 방향이 수립되었고, 대통령 비서실 내에 교민비서관직이 신설되었으며, 국무총리 산하에 재외동포정책위원회가 설치되었다. 1997년에는 재미동포들이 요구했던 교민청을 설립하는 대신 재외동포재단을 설립하여 재외동포 대상 사업을 전개하도록 결정되었다(이진영, 2010). 특히, 이 시기에는 1990년대 한국경제가 급성장을 하면서 공산권 국가의 외국국적동포들이 한국의 경제발전과 내국인의 3D업종 기피 현상으로 취업을 위해 한국을 방문하기 시작했으며 1993년 산업연수생제도를 시행하기 시작했다.

3) 김대중 정부(1998.2~2003.2)

재외동포정책의 제도화는 김영삼 정부에서 시작되어 김대중 정부에 들어서서 실질적으로 완성되었다. 1998년 직전 연도에 발생한 외환위기 극복이라는 시급한 과제를 안고 있었던 터라 경제 회생의 방편으로 재외동포의 국내 투자를 위해 1999년에 「재외동포의 출입국 및 법적 지위에 관한 법률」(재외동포법)을 제정하였고, 거주국내 안정 생활 지원, 한민족 정체성 유지 및 모국과의 유대, 재외동포 역량 활용 등을 그 정책목표로 하였다. 김영삼 정부는 재외동포를 '한민족'이라는 민족의 일원으로 강조했다면, 김대중 정부는 '한국계'라는 호혜적인 네트워크의 대상인 국가의 일원으로 바라보았다. 그에 따라 IMF 경제위기에서 발휘된 재외동포들의 기여에 기반하여 경제위기를 같이 대처해 나갈 '동반자'이자 '살아있는 자산'이라는 시각이 나타나게 되었다. 이 시기에 제정 및 개선된 정책을 살펴보면 1993년 산업연수생제도가 2002년 취업관리제도로 변모했다. 이 제도는 향후 2004년 고용허가제로 발전하게 된다.

4) 노무현 정부(2003.2~2008.2)

노무현 정부의 재외동포정책은 제도적인 측면에서 법제화를 통해 완성된 김대중 정부의 정책 추진 및 집행상 나타난 문제점들에 대한 부분에서의 제도화이다. 재외동포정책의 기획에 있어 시민단체의 역할이 커지게 되고, 그 결과 중국동포에 대한 부분이 매우 중요시되었다. 2003년 고용허가제가 입법화되었지만 동법의 대상이 되지 못하는 중국동포들은 시민단체와 연계하여 사회적으로 쟁점화를 시키기 시작하였다. 그 결과 재외동포법 문제 조항을 개정하여 중국동포도 동포로 인정하게 되고, 그에 대한 '포용정책'들이 다각적으로 검토되어 정책을 수립하게 되면서 2007년 방문취업제(특례고용허가제)라는 틀로 완성되었다. 정부는 2007년 중국 및 CIS 국가 출신 외국국적동포들을 위해 방문취업제도를 도입하여, 이들이 방문취업(H-2) 비자로 한국에서 합법적으로 일할 수 있도록 했다. 이를 통해 많은 외국국적동포들이 한국으로 들어오기 시작했다. 1993년 산업연수생제도와 2004년 고용허가제도로 인해 외국국적동포의 한국 귀환 규모가 커졌고, 2007년 특례고용허가제도 도입으로 중국 및 CIS 국가 출신 동포들이 새로운 체류자격인 방문취업(H-2) 비자를 취득해 입국자가 전년대비 10만 명 증가했다. 2004년 고용허가제와 2007년 방문취업제도 도입 이후 외국국적동포의 한국 유입과 장기체류가 증가했다.

5) 이명박 정부(2008.2~2013.2)

이명박 정부는 재외동포정책의 비전으로 모국과 동포사회 간 호혜적 발전을 설정하고 실용주의를 표방하였다. 그 실현을 위한 기본구상으로 동포사회의 전략적 기여 확대, 재외동포 네트워크 활성화, 모국과의 유대 증진을 위한 법적·제도적 기반 강화, 한민족 정체성 고양을 위한 교육문화 교류 확대 등을 설정하였다. 방문취업제 보완(2008), 제한적 이중국적 허용 추진(2009), 국적법 개정안 시행(2010), 재외국민선거제도 도입(2009) 및 실시(2012) 등이 제도화되었다.

6) 박근혜 정부(2013.2~2017.3)

박근혜 정부는 동포사회의 역할 확대에 주목하여 맞춤형 동포 서비스를 개발하였다. 제도적인 성과로는 재외국민 주민등록제 실시, 한국학교 신설, 재외동포에 대한 교육 서비스 확대, 재외공관을 통한 무료 법률상담 서비스 확대, 재외선거제도 개선을 통한 재외동포의 모국 정치참여 제고 등이 있다(전용일 외, 2017).

7) 문재인 정부(2017.5~2022.5)

문재인 정부의 목표 역시 모국과 재외동포 사회 간 연대 강화와 상생 발전을 기본으로 했다. 구체적으로 재외동포의 민족 정체성 함양과 역량 강화, 글로벌 한민족 네트워크 활성화, 소외 동포 지원 강화, 재외국민 보호 강화와 영사 서비스 혁신 등이다. 특히, 재외동포정책 추진 과정에서 소외되었던 고려인 동포, 해외 한인 입양인, 조선족 재일동포에 대한 지원 강화를 실현하기 위해 고려인 동포의 체류자격 완화, 조선족 재일동포의 자유로운 모국 방문을 위해 현행 여행증명서 발급 제도를 개선하였고, 정부와 재외동포 사회 간의 원활한 소통을 촉진하기 위해 청와대에 재외동포담당관을 신설하였다.

8) 윤석열 정부(2022.5~현재)

정부는 재외동포를 전담할 정부기구의 필요성 검토에 따라 2023년에 「재외동포기본법」과 외교부 외청으로 재외동포청을 설립했다. 재외동포청 신설을 통해 재외동포정책을 종합, 체계적으로 수립, 시행할 수 있는 기구로 자리잡게 되었다. 또한 산재되어 있는 재외동포 관련 민원서비스를 재외동포서비스지원센터로 일원화하여 업무를 통합하고, 사업 대상에 국내거주 재외동포를 포함함으로써 정책의 외연을 확장하고 있다. 재외동포정책의 비전에 있어서도 대한민국과 재외동포사회의 달라진 위상을 반영하여 재외동포청의 기본 미션을 '재외동포와 대한민국의 공동발전을 통해 글로벌 중추국가 실현과 인류의 공동 번영에 기여한다'로 설정하였다. 그러나 해외동포를 중심으로 정책이 시행되고 있어 국내에 거주 및 체류하는 동포들에게는 실질적인 도움을 주고 있는지에 대한 회의적인 시각도 있다. 또한 정부는 국내 재외동포가 증가하고 있는 상황에서 경제활동과 사회적응 등을 지원하기 위한 외국인근로자지원센터 등 다양한 정책을 축소하는 현상이 발생하고 있다.

1945년 해방 이후부터 현재까지의 재외동포 관련 법령과 주요 정책의 변천을 정리하면 〈표 11-3〉과 같다.

표 11-3 재외동포 관련 법령과 주요 정책의 변천

시기	법령	정책
1945~ 1992년	• 1948년 12월 20일 「국적법」 제정 • 1962년 3월 9일 「해외이주법」 제정 • 1963년 3월 5일 「출입국관리법」 제정	• 1961년 10월 교민과 설치 • 1962년 6월 26일 재외국민지도위원회 설치 • 1976년 해외동포모국방문추진위원회 설치 • 1988년 7월 7일 〈민족자존과 통일번영을 위한 특별선언〉 발표 • 1988년 10월 서울 올림픽 개최 • 1989년 사할린동포의 모국 방문사업 추진 • 1990년 9월 30일 한·소 수교 체결 • 1992년 8월 24일 한·중 수교 체결
김영삼 정부 (1993.2~ 1998.2)	• 1996년 2월 29일 〈재외동포정책위원회 규정〉 제정 • 1997년 3월 27일 「재외동포재단법」 제정 • 1997년 12월 13일 「국적법」 개정	• 1993년 11월 산업연수생제도 도입 • 1995년 2월 〈외국인 산업기술연수생의 보호 및 관리에 대한 지침〉 시행
김대중 정부 (1998.2~ 2003.2)	• 1999년 9월 2일 「재외동포법」 제정	• 1999년 8월 9일 결혼중개업 자유화 • 2000년 4월 1일 연수취업제도 도입
노무현 정부 (2003.2~ 2008.2)	• 2003년 8월 16일 「외국인고용법」 제정 • 2007년 1월 3일 「재외국민교육법」 제정 • 2007년 5월 17일 「재한외국인 처우기본법」 제정 • 2008년 3월 21일 「다문화가족기본법」 제정	• 2002년 4월 18일 영주권제도 신설 • 2002년 11월 6일 외국국적동포 취업관리제 도입 • 2003년 9월 1일 불법체류외국인에 대한 합법화 조치 시행 • 2004년 8월 17일 특례고용허가제 도입 • 2005년 8월 외국인에게 지자체 선거권 부여 • 2007년 3월 4일 방문취업제도 도입

		• 2009년 사회통합프로그램 시행
이명박 정부 (2008.2~2013.2)	• 2010년 5월 20일 「고려인 동포법」 제정 • 2011년 11월 「공직선거법」 개정	• 2010년 7월 기술연수제도 도입 • 2011년 1월 1일 만 65세 이상 외국국적동포의 영주귀국 허가 • 2012년 재외동포(F-4) 비자 확대
박근혜 정부 (2013.2~2017.3)		• 2015년 4월 외국국적동포의 배우자 및 미성년 자녀에 대한 방문동거(F-1) 비자 허용
문재인 정부 (2017.5~2022.5)	• 2019년 7월 2일 「재외동포법 시행령」 개정 • 2020년 5월 26일 「사할린 동포법」 제정	• 2018년 12월 20일 '일반귀화' 요건 강화 • 2020년 1월 건설업 취업교육 의무 폐지
윤석열 정부 (2022.5~현재)	• 2023년 5월 「재외동포기본법」 제정	• 2023년 6월 재외동포청 신설

자료: 국가법령정보센터(2024), 김용찬(2018: 12-21), 행정안전부(2018: 173-176), 정현경(2022: 128-129)을 연구자가 재구성.

제3절 재외동포 현황

1 해외거주 재외동포 현황

재외동포가 한국의 저출산고령화 문제를 해결하는 훌륭한 미래의 인적자산이라는 점에서 재외동포에 대한 관심이 집중되고 있다. 해외거주 재외동포 현황은 우리나라의 재외공관(대사관, 총영사관, 분관 또는 출장소)을 통해 지역별・거주자격별 동포 현황 등을 조사하여 집계한 것으로, 이 현황은 인구센서스, 이민국자료 등 공식통계, 한인회 등 동포단체 조사자료, 재외국민등록부 등 민원 처리기록, 공관 직접 조사 등을 근거로 산출한 추산・추정치이다. 우리나라의 재외동포수는 2022년 12월 말 기준으로 7,081,510명으로 대한민국 전체 인구(51,439,038명)의 약 13.8%에 해당하며, 세계 193개국에 고루 분포되어 살아가고 있다(코리아넷 홈페이지, 검색일: 2024.5.30).

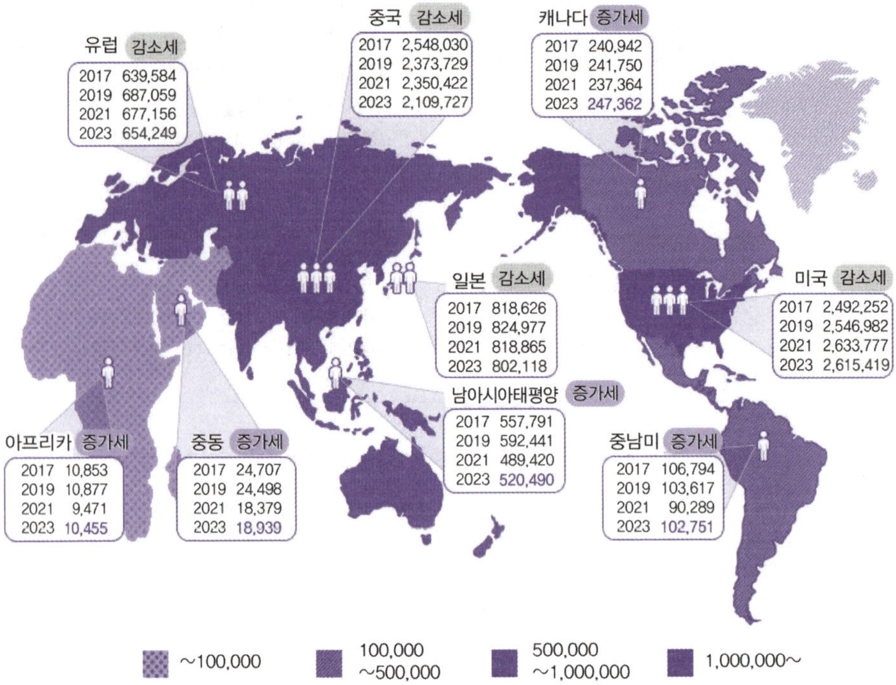

자료: 코리안넷 홈페이지(재외동포 통계자료). https://korean.net/portal/info/pg_knt_01.do

그림 11-1 해외거주 재외동포 분포 현황(2022년 12월 말 기준)

대한민국 국적을 지닌 재외국민은 246만 7천 969명이고, 거주국의 시민권을 지닌 외국국적동포는 461만 3천 541명이다. 재외국민 중 일반체류자가 1,293,842명(41.5%)으로 가장 많고, 영주권자가 1,023,011명(41.4%), 유학생은 151,116명(6.1%) 순이다(재외동포청, 2023).

거주지역별로 살펴보면, 일본과 중국 등 동북아시아에 2,911,845명으로 전체 해외거주 동포 중 41.1%가 거주하는 것으로 나타났다. 이와 비슷한 규모로 미국과 캐나다 등 북미 2,862,781명(40.4%)이 거주하여 동북아시아와 북미에 81.5%의 해외동포가 거주하고 있다. 이외 해외동포는 유럽 654,249명(9.2%), 남아시아태평양 520,490명(7.3%), 중남미 102,751명(1.5%), 중동 18,939명(0.3%), 아프리카 10,455명(0.1%) 등의 순이다.

해외거주 자격별 재외동포 현황은 〈표 11-4〉과 같다.

표 11-4 해외거주 자격별 재외동포 현황(2023년)

(단위: 명, %)

지역 \ 거주자격		재외국민				외국 국적(시민권자)	총계
		영주권자	일반체류자	유학생	계		
총계		1,023,011	1,293,842	151,116	2,467,969	4,613,541	7,081,510
동북아시아	일본	337,766	61,720	12,414	411,900	390,218	802,118
	중국	9,602	188,846	17,516	215,964	1,893,763	2,109,727
	소계	347,368	250,566	29,930	627,864	2,283,981	2,911,845
남아시아태평양		72,434	317,611	33,833	423,878	96,612	520,490
북미	미국	440,171	607,333	44,092	1,091,596	1,523,823	2,615,419
	캐나다	70,566	13,491	15,935	99,992	147,370	247,362
	소계	510,737	620,824	60,027	1,191,588	1,671,193	2,862,781
중남미		52,706	9,452	297	62,455	40,296	102,751
유럽		37,488	69,905	25,667	133,060	521,189	654,249
아프리카		2,158	7,484	664	10,306	149	10,455
중동		120	18,000	698	18,818	121	18,939

자료: 재외동포청(2023: 28).

재외동포의 국가별 거주 현황은 중국(1,893,763명, 26.7%), 미국(1,523,823명, 21.5%), 일본(390,218명, 5.5%)에 해외동포의 53.7%(807,804명)가 거주하고 있다. 특히, 중국동포는 코로나19로 인한 영향으로 귀국자가 증가하여 다소 감소추세에 있으며, 반면 남아시아태평양지역, 중남미, 아프리카, 중동지역은 코로나19의 호전으로 인해 증가하고 있다(재외동포청, 2023). 해외거주 국가별 재외동포 체류 현황은 〈표 11-5〉와 같다.

표 11-5 해외거주 국가별 재외동포 체류 현황

(단위: 명, %)

지역		2017	2019	2021	2023	백분율(%)	2021년 대비 증감률(%)
총계		7,439,579	7,493,587	7,325,143	7,081,510	100	-3.33
동북아시아	일본	818,626	824,977	818,865	802,118	11.33	-2.05
	중국	2,548,030	2,461,386	2,350,422	2,109,727	29.79	-10.24
	소계	3,366,656	3,286,363	3,169,287	2,911,845	41.12	-8.12
남아시아태평양		557,791	592,441	489,420	520,490	7.35	6.35
북미	미국	2,492,252	2,546,982	2,633,777	2,615,419	36.93	-0.70
	캐나다	240,942	241,750	237,364	247,362	3.49	4.21
	소계	2,733,194	2,788,732	2,871,141	2,862,781	40.43	-0.29
중남미		106,794	103,617	90,289	102,751	1.45	13.80
유럽		639,584	687,059	677,156	654,249	9.24	-3.38
아프리카		10,853	10,877	9,471	10,455	0.15	10.39
중동		24,707	24,498	18,379	18,939	0.27	3.05

자료: 재외동포청(2023: 14).

2 국내거주 재외동포 현황

2023년 12월 기준 우리나라에 체류하고 있는 외국인은 약 250만 명을 넘어 전체 인구(51,325,329명)의 4,89%에 해당한다. 장기체류외국인은 1,881,921명으로 체류외국인의 75.1%에 해당한다. 코로나19 이후 외국인의 유출 급증으로 국내체류외국인 수는 2019년 약 252만 명에서 2020년 약 204만 명, 2021년 약 196만 명으로 감소하였다. 2022년부터 코로나19 방역 상황이 안정화가 되면서 각 국가의 입국 제한 조치가 완화됨에 따라 코로나19 시기에 한국을 떠났던 외국인 취업자들이 다시 국내로 입국하면서 체류외국인이 큰 폭으로 증가하였다. 2022년 취업 입국자 가운데 고용 허가 쿼터가 확대된 비전문취업(E-9) 입국자(8만 7천 명)는 전년 대비 638.6% 증가하였으며, 학령인구 감소에 다른 국내 대학의 외국인 유학생 유치와 한류 열풍 등의 영향으로 외국인 유학생도 큰 폭으로 증가하였다. 코로나19 기간 동안 외국국적동포는 잠시 주춤하다가 2022년부터 다시 증가세를 나타냈다.

한국에 체류하고 있는 외국국적동포 규모는 2019년에 878,439명이었다가 코로나19로 인해 잠시 주춤하여 2021년 778,670명으로 감소하였다가, 코로나19가 완화되는 2022년 804,976명으로 증가하였다. 2023년 848,724명으로 전체 체류외국인(2,507,584명)의 33.6%를 차지하고 있으며, 장기체류외국인 대비 49%로 높은 비중을 보이고 있다. 반면, 국내거소 외국국적동포는 지속적으로 증가하고 있다.

국내거주 외국국적동포 체류 현황은 〈표 11-6〉과 같다.

표 11-6 국내거주 외국국적동포 체류 현황(2020~2024)

(단위: 명, %)

구분	2019	2020	2021	2022	2023
체류외국인(A)	2,524,656	2,036,075	1,956,781	2,245,912	2,507,584
장기체류외국인(B)	1,731,806	1,610,323	1,569,836	1,688,855	1,881,921
외국국적동포(C)	878,439	811,211	778,670	804,976	848,724
C/A	34.8	32.1	30.8	31.9	33.6
C/B	50.7	46.8	45.0	46.5	49.0
거소신고자[2)]	459,996	464,783	475,945	499,270	533,295

자료: 법무부. 출입국자 및 체류외국인통계 월보. 각 연도 12월 말 기준 재구성.

국적별 체류 현황을 살펴보면, 중국 조선족 동포가 656,142명으로 전체의 77.3%를 차지하고 있어 국내 외국국적동포 중 가장 많은 동포가 한국에 거주하고 있다. 그 다음으로 미국 48,837명(5.8%), 우즈베키스탄 43,320명(5.1%), 러시아(4.5%) 등의 순이다.

국내거소신고자의 지역별 현황을 살펴보면, 경기지역(43.0%, 234,749명)과 서울(27.1%, 145.320명)에 70.1%(377,069명)가 주로 거주하고 있으며, 외국국적동포의 대부분은 중국동포들이다. 외국 동포 중 구 소련 붕괴 이후 독립국가연합(CIS) 지역의 국가들에 거주하는 한민족인 고려인은 러시아, 우즈베키스탄, 카자흐스탄, 우크라이나, 타지키스탄, 투르크메니스탄, 키르기스스탄 등의 국적을 지닌 동포들이다. 이들의

2) 외국국적동포 국내거소신고자는 "「재외동포의 출입국과 법적 지위에 관한 법률」 제2조 제2호에 따른 외국국적동포가 91일 이상 체류하기 위해 같은 법 제6조에 따라 거소지 관할 지방출입국 · 외국인 관서의 장에게 국내거소신고를 한 자"이다.

한국 사회이주는 2000년대부터 뚜렷이 증가해왔다. 구 소련 붕괴 후 발족한 독립국가의 정치, 경제적 불안과 대비되는 한국의 높은 경제성장률에 따른 고용기회 증가, 한국정부와 NGO 등의 협력으로 이루어진 고려인의 한국 방문 기회 증가, 2007년 중국과 구 소련지역의 고려인 동포를 대상으로 방문취업제가 도입된 이후, 일자리와 고국을 찾는 고려인 이주가 증가하였다(오정은 외, 2015: 13). 코로나19로 인해 잠시 주춤하다 코로나19 전후로 지속적으로 증가하고 있다. 이들은 주로 재외동포(F-4) 536,374명(63.2%), 영주(F-5) 129,989명(15.3%), 방문취업(H-2) 103,981명(12.3%), 방문동거(F-1) 35,600명(4.2%) 등 학생비자 또는 단기체류자 기타 자격으로 체류하고 있다.

주요 국적별 외국국적동포 현황은 〈표 11-7〉과 외국국적동포 거소신고자 거주지역별 현황은 〈표 11-8〉과 같다.

표 11-7 주요 국적별 외국국적동포 현황

(단위: 명, %)

구분	2019	2020	2021	2022	2023
총계	878,439 (100.0)	811,211 (100.0)	778,670 (100.0)	804,976 (100.0)	848,724 (100.0)
중국	719,269 (81.9)	662,845 (81.7)	628,491 (80.7)	626,729 (77.9)	656,142 (77.3)
미국	45,655 (5.2)	44,039 (5.4)	43,212 (5.5)	45,752 (5.7)	48,837 (7.4)
우즈베키스탄	36,752 (4.2)	31,962 (3.9)	32,216 (4.1)	40,706 (5.1)	43,320 (5.1)
러시아	28,020 (3.2)	26,871 (3.3)	27,488 (3.5)	34,220 (4.3)	38,369 (4.5)
캐나다	16,046 (1.8)	15,975 (2.0)	16,731 (2.1)	17,899 (2.2)	17,923 (2.1)
카자흐스탄	14,992 (1.7)	13,033 (1.6)	13,993 (1.8)	19,614 (2.4)	22,426 (2.6)
오스트레일리아	4,783 (0.5)	4,430 (0.5)	4,232 (0.5)	4,925 (0.6)	5,465 (0.6)
뉴질랜드	2,490 (0.3)	2,393 (0.3)	2,279 (0.3)	2,512 (0.3)	2,580 (0.3)
기타	10,432 (1.2)	9,663 (1.2)	10,028 (1.3)	12,619 (1.6)	13,662 (1.6)

자료: 법무부(KOSIS). 출입국자 및 체류외국인통계 월보. 각 연도별 재구성.

표 11-8 외국국적동포 거소신고자 거주지역별 현황[3]

(단위: 명, %)

총계	경기	서울	인천	충남	충북	경남	경북	부산
533,295 (100.0)	229,433 (43.0)	144,388 (27.1)	40,932 (7.7)	32,563 (6.1)	16,109 (3.0)	14,269 (2.7)	10,281 (1.9)	7,104 (1.3)
울산	**광주**	**대구**	**전북**	**강원**	**전남**	**제주**	**대전**	**세종**
6,511 (1.2)	6,231 (1.2)	5,332 (1.0)	4,119 (0.8)	4,020 (0.8)	3,948 (0.7)	3,372 (0.6)	3,259 (0.6)	1,424 (0.3)

자료: 법무부(2023.12). 출입국자 및 체류외국인통계 월보.

2023년 기준 외국국적동포 체류자격별 현황을 살펴보면 재외동포(F-4)가 536,374명으로 전체 동포의 63.2%로 과반 수 이상의 비중을 나타내고 있다. 외국국적동포의 체류자격별 현황 〈표 11-9〉와 같다.

표 11-9 외국국적동포의 체류자격별 현황(2023년)

(단위: 명, %)

총계	재외동포(F-4)	방문취업(H-2)	영주(F-5)	방문동거(F-1)	기타
848,724 (100.0)	536,374 (63.2)	103,981 (12.3)	129,989 (15.3)	35,600 (4.2)	42,780 (5.0)

자료: 법무부(2023.12). 출입국자 및 체류외국인통계 월보.

3) 전체 체류외국인 중 단기체류자 및 등록외국인을 제외한 외국국적동포 거소신고자의 거주지역별 현황(불법체류자 포함).

제4절 재외동포 관련법과 정책

1 재외동포 관련법과 체류자격

1) 재외동포 관련법

대한민국은 재외동포의 권익을 보호하고, 모국과의 유대를 강화하는 것을 목표로 다양한 법률을 제정하고 있다. 재외동포의 법제기반은 1999년에 제정된 「재외동포의 출입국과 법적 지위에 관한 법률」과 2023년 제정된 「재외동포기본법」을 바탕으로 한다. 특별법으로는 2010년 제정된 「고려인동포법」, 2020년 제정된 「사할린동포지원법」이 있다. 여기서는 「재외동포법」과 「재외동포기본법」을 중심으로 살펴보겠다.

(1) 「재외동포의 출입국과 법적 지위에 관한 법률」(재외동포법)

이 법은 재외동포가 대한민국의 출·입국과 대한민국 안에서 법적 지위를 보장하기 위한 목적으로 제정되었다. 2023년 「재외동포기본법」이 신설되기 이전까지 재외동포를 위한 기본법으로서의 위상을 지녔다. 조문 구성은 총 17개 조항[4] 네 가지 영역으로 구성되어 있다. 이 법은 재외동포가 대한민국 내에서 출입국과 체류를 편리하게 하고 경제활동, 부동산거래, 금융거래, 건강보험, 국가유공자 및 독립유공자와 그 유족의 보험급여금 등에 관한 내용 규정을 통해 재외동포의 국내 법적 지위를 보장하고 있다. 특히, 부동산 취득, 금융 및 외국환 거래 시 각종 제약을 완화하여 투자를 촉진하고 경제회생을 위한 분위기를 확산하기 위해 1999년 제정되었다. 또한 외국에서 영주할 목적으로 해외로 이주한 재외동포 중 상당수가 모국인 대한민국과 관계가 단절되는 고립감, 모국에서의 경제활동 제약, 연금 지급 등에 대한 걱정으로 인해 체류국의 국적 취득을 꺼리고 체류국가에서 정착하지 못하는 점을 고려하여 동법이 제

4) ㉮ 제정 목적 및 재외동포에 대한 정의와 적용 대상 외: 제1조(목적), 제2조(정의), 제3조(적용 범위), 제3조의2(다른 법률과의 관계), 제4조(정부의 책무), ㉯ 재외동포의 출입국과 체류: 제5조(재외동포체류자격의 부여), 제6조~제8조(국내거소신고·신고증 발급 등·반납), 제9조(주민등록 등과의 관계), 제10조(출입국과 체류), ㉰ 기타 법적 지위: 제11조(부동산거래), 제12조(금융거래), 제13조(외국환거래), 제14조(건강보험), 제16조(국가유공자·독립유공자와 그 유족의 보훈급여금), ㉱ 제17조(과태료)(국가법령정보센터 「재외동포법」 참조, https://www.law.go.kr, 검색일: 2024.5.30).

정되었다(한태희, 2023: 168). 재외동포법의 적용 범위는 출입국관리법 제10조에 따른 체류자격 중 재외동포(F-4)사증을 소유한 외국국적동포에게만 해당된다. 방문취업(H-2) 체류자격 동포는 「외국인근로자의 고용 등에 관한 법률」에 적용을 받는 이원화된 법률 적용의 문제점을 지니고 있다.

재외동포(F-4) 체류비자를 취득한 재외동포에 대한 경제활동 범위는 대부분의 업종에서 경제활동이 가능하다. 단, 「출입국관리법 시행령」 제23조 제3항에 따라 단순 노무직종에서는 취업이 불가하다. 그러나 재외동포의 다수가 한국어 구사능력이 낮아 의사소통에 어려움이 발생하고 있어 단순 노무업을 제외한 업종에 취업하는 것은 사실상 어렵다. 법률과 달리 현실에서는 단순 노무직종에서 취업할 수밖에 없는 문제가 발생하고 있다.

(2) 「재외동포기본법」

1997년 「재외동포재단법」에 근거하여 재외동포재단이 설립된 이후, 관련법이 제정되고 개정되면서 정부와 민간이 재외동포들의 권익보호를 위하여 많은 활동을 했다. 그러나 재외동포정책을 총괄하는 부처의 부재로 인해 재외동포정책은 소관 행정 각부 사무의 중복과 충돌, 정부 예산 중복투자로 인한 비효율성, 위탁 사무에 의한 관리 등이 문제시되어왔다. 재외동포 관련 단체 및 전문가 등은 각종 재외동포 관련법과 제도 개선을 위한 특별법의 근간이 되는 기본원칙과 재외동포의 권익증진과 생활안정 및 기타 효율적인 재외동포정책을 통일되게 추진하고 관리할 수 있는 '재외동포기본법' 제정을 촉구하였다. 또한 효율적인 재외동포정책을 추진하기 위한 사무전담기관인 '재외동포청' 신설을 지속적으로 제기하였다(이승우, 2022: 20). 그 결과 2023년 5월 9일 「재외동포기본법」이 제정되었고, 정부조직법 개정에 따라 6월 5일 재외동포청이 외교부 외청으로 신설되었다. 「재외동포기본법」이 제정됨에 따라 재외동포 관련법이 체계를 갖추게 되었다. 단순히 개별법을 필요에 따라 나열하는 것이 아니라 관련법 일반론에 근거를 두고 체계화되었다. 그 결과 법 집행상의 통일성, 간편성, 능률성 등이 증진되고 향후 관련 법령을 체계적으로 정립할 수 있게 되었다(이승우, 2022: 30). 재외동포청에 의한 관련 사무 전담은 정부조직법에 제26조 제1항에 의해 대통령 통할 하에 18개의 행정부에 의해 파편적으로 진행되던 정책을 범정부 차원에서 중장기적 계획을 수립하여 체계적이고 종합적으로 추진할 수 있는 계기를 마련하였다.

「재외동포기본법」은 재외동포정책에 대한 기본방향과 목표를 제시하는 법률로써 재외동포의 정의, 재외동포정책의 기본방향, 기본계획 및 연도별 시행계획의 수립, 재외동포정책위원회, 재외동포협력센터 설립, 재외동포의 의견청취 및 실태조사, 재외동포를 위한 민원서비스 정책 등 총 16개 조항[5] 3개 영역으로 구성되어 있다. 동법의 목적은 재외동포정책에 대한 기본적인 사항을 규정함으로써 재외동포사회와 대한민국이 함께 발전해 나갈 수 있는 환경을 조성하는 데 있다. 동법은 정부의 재외동포정책이 시혜성에서 벗어나 재외동포사회와 대한민국이 호혜적인 동반성장을 목표로 하고 있다. 특히, 재외동포에 대한 정의가 법률마다 다르게 규정되었으나 이 법에서는 기본법상 포괄적으로 재외동포에 대한 정의를 규정하고자 노력했다. 재외국민과 외국국적동포는 물론 무국적동포를 법률상으로 처음 포함하였다.

이외에도 정부는 2010년 외교부를 중심으로 「고려인동포 합법적 체류자격 취득 및 정착 지원을 위한 특별법」(고려인동포법)을 제정하여 국내에 기주하는 고려인의 안정적인 정착을 지원하고 있다. 또한 2020년 외교부는 「사할린 동포 지원에 관한 특별법」(사할린 동포법)을 제정하여 일제 강점기 사할린으로 강제 이주한 동포와 가족을 대상으로 영구 귀국과 정착을 지원하고 있다.

2) 재외동포 체류자격

정부는 재외동포들에게 출입국 편의를 제공하고 안정적인 체류활동을 보장하기 위해 「재외동포의 출입국과 법적 지위에 관한 법률 시행령」 제3조(외국국적동포의 정의)에 따라 다양한 체류자격을 부여하고 있다. 재외동포들은 자신의 동포 신분과 체류 목적에 맞춰서 사증[6]을 선택하고 신청해야 한다. 정부가 재외동포를 위해 제공하는 체류자격으로는 동포방문(C-3-8), 방문취업(H-2), 재외동포(F-4), 방문동거(F-1),

---

5) ㉮ 제정 목적 및 정의: 제1조(목적), 제2조(정의), ㉯ 기본방향 및 계획 수립: 제3조(재외동포정책의 기본방향), 제4조(국가의 책무), 제5조(국제사회와의 조화), 제6조(다른 법률과의 관계), 제7조(기본계획 수립), 제8조(시행계획 등의 수립 및 평가), 제9조(업무 협조), 제10조(재외동포정책위원회), ㉰ 재외동포협력센터 등: 제11조(재외동포협력센터의 설립 등), 제12조(재외공관 등의 역할), 제13조(재외동포의 의견 청취), 제14조(실태조사), 제15조(세계한인의 날 및 세계한인주간), 제16조(국회 보고)(국가법령정보센터 「재외동포기본법」 참조, https://www.law.go.kr, 검색일: 2024.5.30).

6) 사증이란, 외국인이 대한민국에서 활동할 수 있는 범위와 한계, 그리고 체류기간 등을 정한 체류자격을 증명하는 서류를 말한다(한태희, 2016).

영주자격(F-5) 자격 제도가 있다.

(1) 단기방문(C-3-8)

단기방문제도는 「재외동포의 출입국과 법적 지위에 관한 법률」 제2조 제2호에 근거하여 모국을 잠시 방문하고자 하는 60세 이하의 외국국적동포에게 5년 간 유효한 동포방문(C-3-8) 복수사증[7]을 발급하고 자유로운 출입국을 보장하고 있다. 입국 1회당 최대 90일 동안 체류가 가능하며, 단기방문이 목적이므로 체류하는 동안 국내 취업 활동이나 의료혜택 등은 부여되지 않는다. 사증 신청은 60세 이하 외국국적동포가 스스로를 재외동포임을 입증하는 서류를 갖추고 재외공간에 신청한다(법무부 · 행정안전부, 2024: 63). 2018년 3월 방문취업(H-2) 6주 기술교육제도가 폐지됨에 따라 동포방문(C-3-8) 사증으로 입국한 중국 무연고 동포도 재외공관에서 방문취업(H-2) 사증이 발급가능하다. 또한 「재외동포법 시행령」이 2019년 7월 2일 개정되어 동포 범위가 전체 직계비속으로 확대됨에 따라 4세대 이후 동포까지 확대되었다. 동포 범위 확대에 따라 동포에 대한 인식개선과 한국사회 정착지원 등을 고려하여 사증 신청 또는 체류자격 변경 · 연장 시 한국어능력 입증서류 및 해외 범죄경력서류를 제출해야 한다.

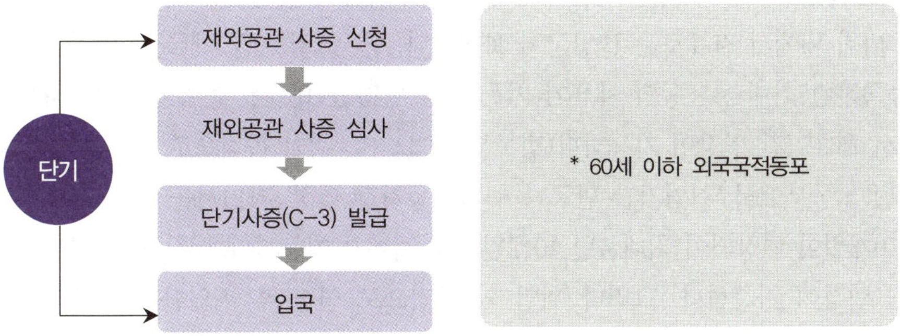

자료: 법무부 출입국 · 외국인정책본부(2022: 15).

그림 11-2 단기방문자격(C-3) 사증 흐름도

7) 유효기간 내 1회에 한하여 입국이 가능한 단수사증과 2회 이상 입국이 가능한 복수사증으로 구분된다.

(2) 방문취업(H-2)

방문취업제도는 2007년 3월부터 시행되었으며, 18세 이상 중국 및 구소련 지역(CIS) 재외동포 중 대한민국에서 장기체류하며 취업활동을 하고자 하는 재외동포에게 발급되고 있다. 기본 대상은 출생에 의하여 대한민국 국적을 보유하였던 사람(대한민국 정부 수립 이전에 국외로 이주한 동포를 포함) 또는 그 직계비속으로서 외국국적을 취득한 사람으로서 국내에 거소를 둔 대한민국 국민 또는 영주자격(F-5) 마목[8]에 해당하는 사람인 8촌 이내의 혈족 또는 4촌 이내 인척으로부터 초정을 받은 사람, 대한민국에 특별한 연고가 있거나 국익증진에 기여한 사람, 유학(D-2) 자격으로 1학기 이상 재학 중인 자의 부・모 및 배우자, 국내 외국인의 체류질서 유지를 위하여 법무부장관이 정하는 기준 및 절차에 따라 자진하여 출국한 사람, 기타 위 사항에 해당하지 않는 자로서 법무부장관이 정하여 고시하는 절차에 의하여 선정된 자이다.

방문취업(H-2) 사증은 친족초청 관련, 2촌 이내 혈족 또는 인척은 재외공간에서, 3촌~8촌 이내 혈족 또는 3촌~4촌 이내 인척은 초청자 관할 출입국・외국인청(사무소・출장소)에 신청해야 한다. 무연고 동포(C-3-8) 사증이 있는 중국동포, 구소련 지역(CIS) 동포, 만기출국 후 재입국하는 동포는 동포임을 증명하는 공적서류 등을 제출하여 방문취업(H-2) 사증을 발급받을 수 있다(고용노동부, 2019: 19).

방문취업(H-2)의 체류기간은 3년이며, 복수사증을 발급받는 경우는 사증의 유효기간 범위 내에서 자유로운 출입국이 보장된다. 단, 91일 이상 체류할 경우, 외국인으로 등록하면 최대 3년 동안 체류가 가능하며, 일정한 요건을 충족할 경우, 허용 범위 내에서 체류기간 연장이 가능하다(법무부, 2022: 8). 취업 목적으로 체류를 연장할 경우 고용노동부에서 '취업기간 만료자 취업활동기간 연장' 확인서를 받는 경우 추가로 1년 10개월이 연장되어 최대 4년 10개월까지 체류가 가능하다.[9] 취업 외 목적일 경우 1년씩 연장이 가능하다. 그러나 취업 외 목적으로 연장 후 취업활동에 종사할 경우 범칙금(초범은 500만 원, 재범은 최근 3년 이내 합산 금액 700만 원 이상)이 발생하며 체류 불허 후 출국조치된다.

---

8) 「재외동포법」 제2조 제2호의 외국국적동포로서 「국적법」에 따른 국적 취득 요건을 갖춘 사람.

9) 법무부는 취업이 가능한 방문취업(H-2) 체류기간이 만료되어 출국해야 하는 동포에게 코로나19 등 출국의 어려움을 고려하여 국내에서 취업하지 않으면서 가족방문, 동고, 자녀양육, 학업 등 목적으로 체류하고자 할 경우 '취업 외 목적'으로 1회 1년에 한해 체류기간 연장을 허가 및 부여하고 있다(법무부, 2024: 13).

국내에 취업을 원할 경우, 외국인 등록 후 취업교육 및 구직신청 등의 절차를 거쳐 출입국관리법 시행령에서 정한 단순노무 분야 허용업종에서 취업활동이 가능하다. 취업희망자는 취업교육 이수 및 구직신청 후 구직 알선을 받거나 자율구직으로 취업할 수 있고, 고용허가제를 통해 국내 취업한 일반 외국인근로자(E-9)와 달리 근무처 변경도 신고만으로 가능하다 방문취업동포의 취업 가능업종은 제조업(상시 근로자 300명 미만 또는 자본금 80억 원 이하), 농축어업, 건설업, 서비스업 등 단순노무 분야에서 지정된 곳에서만 가능하다. 2023년부터 서비스업은 허용 제외업종 외에는 취업이 가능한 '네거티브 방식'으로 전환된다(법무부 출입국·외국인정책본부, 2024: 43). 취업교육 및 구직신청 후 고용지원센터를 통해 취업을 알선받거나 동포 자율 구직을 통해 취업할 수 있다. 이를 특례고용허가제라고 한다. 재외동포는 입국 후 취업을 하고자 하는 경우 한국산업인력공단에서 실시하는 취업교육(16시간, 건설업 8시간 추가교육)을 본인부담으로 이수해야 한다(고용노동부, 2019: 14).

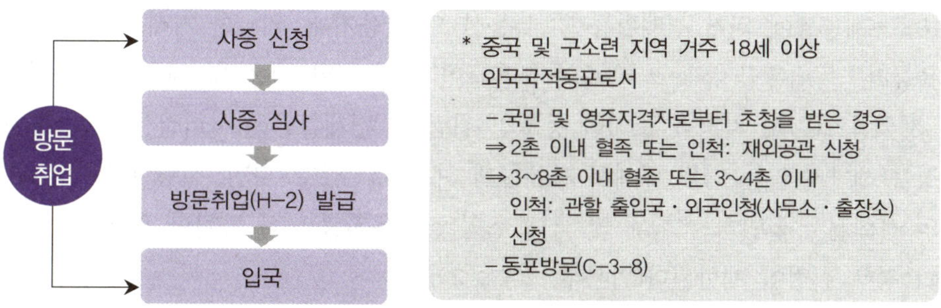

자료: 법무부 출입국·외국인정책본부(2022: 15).

그림 11-3 방문취업자격(H-2) 사증 흐름도

(3) 재외동포(F-4)

재외동포(F-4) 사증은 2008년 1월부터 신설되어 과거 대한민국 국적이었던 동포(대한민국 정부 수립 전 국외 이주 동포 포함) 또는 그 직계비속으로 외국 국적을 취득한 재외동포를 대상으로 발급되고 있다. 재외동포(F-4) 사증으로 입국한 동포는 체류지 관할 출입국·외국인청(사무소·출장소)에 90일 이상 체류하고자 하는 경우 입국일로부터 90일 이내 거소신고를 해야 한다. 정부는 2021년부터 모국과 재외동포 간 교류 확대 및 동포의 국내 법적 지위 향상을 위해 중국·구소련 지역 동포를 대상으로 단순노무 종사 가능성이 적은 국내·외 대학 졸업자, 법인기업대표, 자격증 소지자, 60세 이상 동포, 사회통합프로그램 4단계 이상 이수자, 부 또는 모가 외국인 등록(거소신고)을 하고, 국내 체류 중이면서 자녀가 국내 초·중·고교에 재학 중이거나, 장기 질병치료 또는 중증 장애 등으로 부득이하게 학교 재학이 어려운 만 6~18세에 해당하는 경우에 한해 재외동포 자격을 부여하고 있다(고용노동부, 2019: 15; 법무부·행정안전부, 2024: 65).

재외동포(F-4)의 체류기간은 1회 최대 3년이며, 체류기간 연장의 제한 사유에 해당하지 않으면 체류기간 연장을 통해 장기간 동안 국내 체류가 가능하다. 특히, 국내 초·중·고 재학 동포 자녀(F-4-30)는 최초 부여 시 2년 이내에서 3월 말 또는 8월 말까지로 부여하고 체류기간 연장 시마다 2년이 부여된다(법무부 출입국·외국인정책본부, 2024: 8).

재외동포(F-4) 사증은 체류기간 내 출국 및 재입국이 자유로우며, 「재외동포법」 제10조~제16조에 의거 경제활동 외 부동산 및 금융거래, 외국환 거래, 건강보험, 국가유공자·독립유공자와 그 유족의 보훈급여 등에 대한 이용 및 혜택이 가능하다.

재외동포(F-4) 자격을 소지한 동포의 취업 및 경제활동은 사회질서 또는 경제적 안정을 해하지 않는 범위 내에서 자유롭게 허용되고 있다. 다만, 선량한 풍속이나 그 밖의 사회질서에 반하는 행위 및 국내 취업 질서유지를 위해 제한할 필요가 있는 직업의 경우 취업이 제한된다(법무부, 2024: 29).

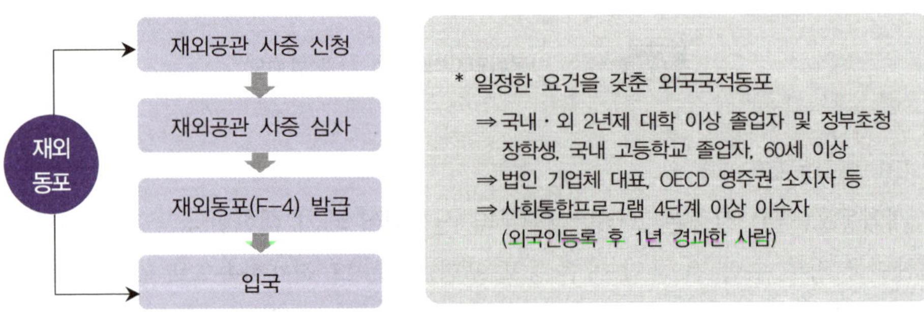

자료: 법무부 출입국·외국인정책본부(2022: 15).

그림 11-4 재외동포자격(F-4) 사증 흐름도

(4) 영주자격(F-5)

영주자격(F-5)은 외국국적동포의 안정적인 장기체류와 자유로운 취업활동 보장을 위한 자격으로 입국 후 일정 요건을 충족할 경우 취득이 가능하다. 영주자격 사증은 중앙선거 투표권리는 없지만 지방선거 투표권을 인정받아 자치단체에서 시민으로서의 권리가 부여되는 자격제도이다. 영주자격 부여의 기본요건은 본인 또는 동반가족이 생계를 유지할 능력이 있고, 대한민국에서 계속 체류하는 데 필요한 기본소양을 갖추며, 품행이 단정해야 한다.

발급대상은 방문취업(H-2) 자격과 재외동포(F-4) 자격에서 일정 요건을 갖추거나 「국적법」에 따른 요건을 갖춘 동포이다. 재외동포(F-4) 자격으로 2년 이상 체류 중이며 소득·재산 등 일정 요건을 갖춘 경우(F-5-6), 대한민국 국적 취득 요건을 갖춘 경우(F-5-7), 방문취업(H-2) 자격 동포가 제조업·농축산업·어업 분야에서 장기근속 및 일정한 요건을 경우(F-5-14)이다. 구체적으로 영주자격(F-5-6) 부여 대상은 재외동포(F-4) 자격으로 대한민국에서 2년 이상 계속 체류하고 있는 사람으로서 다음과 같이 어느 하나의 요건을 갖추어야 한다. 영주자격 신청 시 연간소득이 한국은행 고시 전년도 일인당 국민총소득(GNI) 이상인 사람(동거가족과 합산하는 경우 신청인의 소득이 연간 소득요건 기준액의 50% 이상임), 해외로부터 연금을 받는 60세 이상의 자로서 연간 연금액이 한국은행 고시 전년도 일인당 국민총소득(GNI) 이상인 사람, 전년도 재산세 납부실적이 50만 원 이상인 자 또는 주택소유, 전·월세보증금, 예적금 등 본인 명의 순자산이 전년도 가계 금융복지조사결과자의 평균 순자산 이상을 보유하고 있는 사람, 대한민국에 미화 50만 달러 이상을 투자하는 사람, 거주국 정부가 공인한 동포단체 대표(과거 3년 간 동포단체 대표로서 활동한 사실이 있는 자 포함) 또는 법인기업체 대표로서 재외공관의 장이 추천한 사람이다(법무부, 2024: 26-27).

방문취업(H-2) 자격자가 재외동포(F-5-14) 자격을 신청할 수 있는 요건은 방문취업(H-2) 자격자로서 제조업, 농·축산업, 어업, 간병인, 가사보조인으로 취업활동을 하고 있는 사람으로서 동일업체에서 근무처를 변경하지 않고 4년 이상 계속 근무하고 있는 경우(단, 4년 이상 근무하고 완전 출국 후 1년 이내 방문취업(H-2) 자격으로 재입국하여 동일업체에서 또는 동일업종에서 2년 이상 종사하고 있는 경우, 4년 이상 계속 근무한 경우로 인정), 한국산업인력공단 등에서 실시하는 기술·기능 자격을 취득한 경우 또는 영주자격 신청 시 연간 소득이 한국은행 고시 전년도 일인당 국민총소득(GNI) 70% 이상인 경우(본인의 소득만 인정)이다(법무부, 2024: 29). 방문취업(H-2) 동포는 근무환경이 열악하고 단순 노무업에 종사하는 경우가 대부분이므로 위의 요건을 충족하여 영주자격을 부여받기가 매우 어려운 상황이다.

국내에 체류하는 동포는 위에서 기술한 바와 같이 국내에서 정주를 위해 한시적 사증을 발급받아(동포방문 C-3-8, 방문취업 H-2) 국내 입국 후, 정주 가능한 영주(F-5) 체류자격으로 변경하는 경향을 보이고있다. 크게 세 가지 경로를 통해 체류자격을 전환하고 있다. 첫째, 방문취업(H-2)에서 재외동포(F-4)로, 둘째, 방문취업(H-2)에서 영주(F-5) 자격으로, 셋째, 재외동포(F4-4)에서 거주(F-5) 자격으로 전환하고 있다.

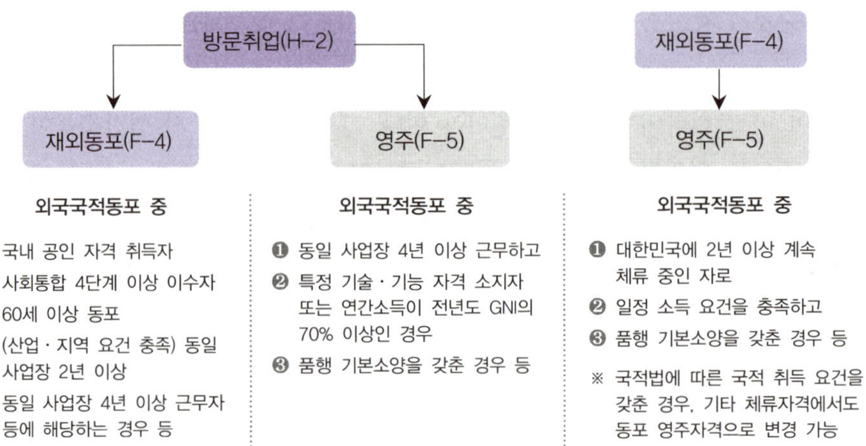

자료: 법무부 · 행정안전부(2024: 65).

그림 11-5 동포 체류자격 변경 흐름도

(5) 방문동거(F-1)

방문동거(F-1) 사증은 친척방문, 가족동거, 가사정리, 기타 이와 유사한 목적으로 체류하고자 하는 재외동포에게 부여되며, 취업활동은 할 수 없다. 다만, 일정요건을 갖춰 체류자격 외 활동허가면제 범위 내에서 취업활동을 허가받을 경우에는 경제활동이 가능하다.

기본대상은 재외동포(F-4) 사증을 취득한 자의 가족(배우자, 미성년 자녀 및 부모), 방문취업(H-2) 자격을 취득한 자의 가족(배우자 및 미성년 자녀), 외국국적동포로서 「국적법」에 따른 국적 취득 요건을 갖춘 사람으로서 영주자격(F-5-7)을 신청한 사람의 가족(배우자 및 미성년 자녀)이다.

방문동거(F-1) 사증으로 90일 이상 체류하고자 하는 경우 입국일로부터 90일 이내 외국인 등록을 해야 한다. 체류기간의 연장은 주 체류자격자의 체류기간 범위 내에서 연장된다. 외국인등록을 한 미성년 자녀 부 또는 모가 국내에서 계속 3년 이상 체류하고 있는 경우, 만 25세 미만까지 체류기간 연장이 허가된다(혼인한 자녀는 제외). 동포의 국내 출생 자녀는 출생일로부터 90일 이내 체류자격 신청이 가능하다(법무부 출입국・외국인정책본부, 2022: 37-38). 해당 사증으로 재외동포의 가족결합권이 인정되어 가족 단위의 귀환 이주가 증가하고 있다.

2 재외동포정책

정부는 해외에 거주하는 동포들의 정치・외교・경제적 잠재력에 주목하고 이들이 국가발전에 도움이 될 소중한 인적 자원으로 판단하고(진현경, 2022: 116), 재외동포들이 모국과 민족적 유대감을 유지하고 양자 간의 발전을 증진하기 위해 재외동포정책을 수립하고 있다(윤인진 외, 2020). 우리나라의 재외동포정책의 주무 부처는 외교부이며 재외동포정책을 수립・시행 및 총괄・조정 역할을 하고 있다. 소관 부처로는 법무부, 교육부, 문화체육관광부, 고용노동부, 여성가족부 등 18개 행정부처에서 산발적으로 수립 및 추진되어 왔다. 재외동포정책에 대한 사무를 관장하는 전담기관 부재로 재외동포정책은 비체계적이고 정책의 중복성으로 인해 예산운영의 효율성 문제가 지속적으로 제기되어왔다. 국가인재 확보와 국가경쟁력 확보 측면에서 재외동포의 중요성이 점차 증가하면서 2023년 6월 국회에서 재외동포기본법이 통과되고 외교부 산하 재외동포청이 설립되었다. 재외동포정책의 기본목표, 기본계획 및 시행계획 수립 등을 규정함으로써 정부가 체계적・종합적으로 재외동포정책을 추진할 수 있게 되었다. 정책의 성격이 시혜성에서 호혜적인 동반성장을 도모하고, 정책대상으로 국내 거주 재외동포가 처음으로 포함되었다. 여러 부처에 산재된 민원서비스를 재외동포청 산하의 재외동포서비스지원센터가 설립되면서 통합민원서비스를 제공하게 되는 기반을 마련하게 되었다(재외동포청, 2024).

재외동포정책은 체류 및 거주 목적에 따라 정책 부처가 달라지고 있다. 여기서는 재외동포정책을 수립・시행 및 총괄・조정하며, 해외 체류・거주하는 재외동포를 대상으로 정책을 추진하는 외교부, 문화체육관광부와 국내 체류・거주하는 재외동포를 대상으로 정책을 추진하는 법무부, 고용노동부의 정책을 중심으로 살펴보겠다.

1) 외교부

재외동포정책 주무부처는 외교부이며, 외교부 산하 재외동포청이 재외동포정책위원회의 심의를 거쳐 재외동포정책을 수립 및 이행하고 있다. 재외동포정책위원회는 범정부 차원에서 18개 행정부의 의견을 수렴하고 조율하여 5개년 재외동포정책의 기본방향을 심의・조정한다. 이후 18개 행정부는 「정부조직법」 제27조부터 제44조에 의거하여 각 정부 부처의 개별법에 따라 〈표 11-10〉과 같이 소관 사무와 업무를 수행한다. 이외 재외동포를 포함한 외국인정책은 국무총리 산하의 외국인정책위원회(법무부), 다문화가족정책위원회(여성가족부), 외국인력정책위원회(고용노동부), 문화다양성위원회(문화체육관광부) 등에서 심의・의결하고 있다. 재외동포정책은 [그림 11-6]과 같이 재외동포청을 중심으로 재외동포서비스지원센터, 재외동포청 산하 재외동포협력센터(구, 재외동포재단)에 의해 추진되고 있다.

표 11-10 부처별 재외동포 관련 정책

구분	행정부	업무내용
주무부처	외교부	• 재외동포정책위원회(외교부장관 위원장) – 재외동포정책 심의・조정 • 재외동포정책 수립・시행 • 재외동포 및 관련 단체 육성 지원 • 해외 사건사고 관련 재외국민 보호 • 영사서비스・여권 및 입국 사증
소관부처	법무부	• 외국인정책위원회(국무총리 위원장) – 외국인정책 심의・조정 • 재외동포 법적 지위, 출입국・국내체류관리

	• 재외동포 사회적응 지원 • 차세대 동포 육성
교육부	• 재외동포 및 재외국민에 대한 한국어 교육 및 육성 지원
문화체육관광부	• 재외동포 포함 한국어교육, 한국문화 및 체육 분야 교류
통일부	• 통일정책 교육・홍보
고용노동부	• 외국인력정책위원회(국무조정실장 위원장) – 외국인근로자 고용관리 및 보호정책 심의・조정 • 재외동포의 국내취업 및 직업훈련
보건복지부	• 재외동포 보건의료 지원(국민건강보험, 응급의료 등) • 해외 입양인 지원・재외국민 어린이집 보육료 및 양육수당
여성가족부	• 다문화가족정책위원회(국무총리 위원장) – 다문화가족정책 심의・조정 • 세계한민족여성네트워크(KOWIN) 운영 • 상호문화이해 교육 • 다문화가족의 한국사회 조기적응 및 사회통합서비스
과학기술 정보통신부	• 재외한인과학기술자협회 지원
산업통상자원부	• 세계한인무역협회(OKTA) 네트워크 구축・강화사업
행정안전부	• 국내체류 외국인주민생활서비스 지원
국가보훈청	• 독립운동 관련 인사 초청・교류, 독립사적지 관련 사업
농림축산식품부	• 결혼이민자 정착 지원 • 농업고용인력 지원(계절근로)
병무청	• 병역관리
소방청	• 해외 위난 재외국민 응급의료서비스 지원 및 응급의료상담
경찰청	• 해외 위난 재외국민 현장 지원(안보위기, 해외재난 지원)
국토교통부, 해양수산부, 환경부: 재외동포 국내 취업	

자료: 이원욱(2022). 세계경제트랜드와 재외동포 정책 방향, 법무부・행정안전부(2024). 지방자치단체 공무원을 위한 업무지침서, 여성가족부(2024). 제4차 다문화가족정책기본계획, 행정안전부(2018), 외국인주민 정착지원업무 참고자료집을 토대로 연구자 의도에 따라 재구성.

이 중 주무부처인 외교부를 중심으로 한 추진체계는 다음 [그림 11-6]과 같다.

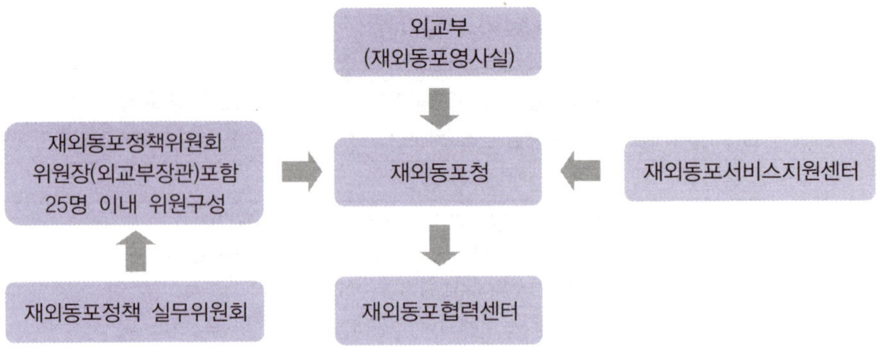

자료: 법제처 「재외동포기본법」, 재외동포청 조직도를 참조하여 저자가 구성(검색일: 2024.5.31).

그림 11-6 외교부 재외동포정책 추진체계

우리니리의 재외동포정책의 목적은 재외동포사회와 대한민국이 함께 발전해 나갈 수 있는 환경을 조성하고 나아가 인류의 공동번영과 세계평화의 증진에 기여하는 데 있다. 재외동포정책의 기본방향은 ① 재외동포가 거주국에서 모범적 구성원으로서 정착하고 그 지위를 향상시킬 수 있도록 지원, ② 재외동포가 한인으로서의 정체성을 함양하고 대한민국과의 유대감을 강화, ③ 글로벌 한인 네트워크 구축 및 대한민국 방문 지원 등 재외동포사회와 대한민국 간 교류 증진, ④ 재외동포가 대한민국에 출입국하거나 체류하는 경우 관련 법령에 따라 편의를 제공하고, 재외동포의 대한민국 사회 적응을 위해 지원(대한민국에서 재외동포의 권익신장), ⑤ 재외동포의 역량을 대한민국과 재외동포사회 발전에 활용할 수 있는 환경을 조성하기 위해 재외동포의 인적 자원 개발을 지원, ⑥ 재외동포정책을 추진하기 위해 재외동포를 대상으로 다양한 교류사업 등을 실시하는 것이다(재외동포청 홈페이지, 검색일: 2024.5.31).

재외동포청은 재외동포정책위원회의 심의를 거쳐 2024년 1월에 재외동포정책에 관한 범정부 중장기(5개년) 종합계획 「제1차 재외동포정책 기본계획」을 수립하였다. 제1차 기본계획은 향후 5년 간(2024~2028) 재외동포정책의 기본원칙과 방향을 제시하는 최상위 범정부 종합계획이라고 할 수 있다. 〈표 11-11〉에서와 같이 이번 기본계획은 '전 세계 재외동포의 든든한 울타리이며 재외동포 사회의 대변자'를 비전으로 5대 정책목표와 14개 중점 과제와 99개 세부 과제로 구성되었다(재외동포청, 2024). 이 중에서 국내에 체류 · 거주하는 재외동포를 위한 구체적인 정책은 ③ 국격에 걸맞은 동포 보호 · 지원 강화의 목표 아래 출입국 · 체류 편의 증진 안내, 귀환동포의 정착 지원을 위한 토탈 케어시스템 구축, 동포의 정착 지원을 위한 조사 및 인식 개선 등으로 재외동포의 체류와 사회적응에 필요한 직접적이고 실제적인 정책보다 간접적인 정책에 머물러 있다.

표 11-11 재외동포정책 비전 및 정책목표 중 국내동포 지원 정책

미션	재외동포와 대한민국의 공동발전을 통해 글로벌 중추국가 실현과 인류 공동번영에 기여한다.
비전	전 세계 재외동포의 든든한 울타리이며 재외동포사회의 대변자
정책목표	① 재외동포정책 강화체계 확립 ② 재외동포 정체성 함양 ③ 국격에 걸맞은 동포 보호 · 지원 강화 ■ 재외동포 거주국에서의 지위 향상 ■ 취약동포 보듬기 ■ 국내동포 지원 ○ 출입국 · 체류 편의를 위해 안내 · 설명 강화 및 제도 발전방안 모색 ○ 국내로 귀환하는 동포 정착 지원을 위한 토탈 케어시스템 구축 ○ 동포 거주 밀집지역 지자체 등과 협업해 국내 정착 지원을 위한 실수요조사 및 지원방향 모색 ○ 국내 인식 개선을 위해 국내 교과서에 재외동포 관련 내용 수록 추진 ■ 편리한 동포 생활 ④ 한인 네트워크 구축 ⑤ 글로벌 중추국가 실현 기여

자료: 재외동포청(2024.1.30). '「제1차 재외동포정책 기본계획」 확정' 보도자료 재구성.

재외동포정책은 1997년 「재외동포재단법」에 의거해 재외동포재단이 해외 체류 및 거주 재외동포사업을 2022년까지 운영하였다. 2023년 재외동포청 설립과 함께 재외동포청 산하 재외동포협력센터를 설립(2023.6.5 설립, 재외동포재단 전신)하여 정책을 추진하고 있다. 재외동포청과 재외동포협력센터는 해외거주 재외동포들을 위한 교육사업, 교류 지원사업, 조사연구사업, 차세대인재 육성사업, 한상네트워크사업, 홍보 · 문화사업, 재외동포통합 네트워크 사업, 취약동포 인권사업, 재외동포민원서비스 등을 제공하고 있다. 특히, 재외동포 대상 통합 민원서비스 제공을 위해 「재외동포서비스지원센터」를 개소하여 통합민원실(2개소)과 동포콜센터를 운영하고 있다. 통합민원실은 해외이주 · 국적 · 병무 · 가족관계 · 재외국민등록 등 기존 재외공관 및 각 기관으로 분산되어 있는 민원서비스를 한곳에 모아 온·오프라인 통합민원실에서 접수·상담·발급을 처리하고 있다. 동포콜센터는 통합민원실 제공 민원서비스에 대한 기본상담 및 안내를 위해 365일 24시간 다국어(한·영·중·일·러)로 서비스를 제공하고 있다. 그리고 재외동포청 설립 이후 처음으로 국내 체류 및 거주하는 재외동포를 포함한 재외동포정책이라고 표명했으나, 여전히 해외 체류·거주 재외동포를 중심으로한 정책을 시행하고 있어, 국내 체류·거주 동포를 위한 재외동포정책은 미흡한 실정이다. 외교부의 해외거주 재외동포 관련 정책 추진기관 및 추진정책(외교부)은 〈표 11-12〉와 같다.

표 11-12 외교부의 해외거주 재외동포 관련 정책 추진 기관 및 사업

<table>
<tr><th colspan="3">추진기관</th><th colspan="2">추진사업</th></tr>
<tr><td rowspan="4">외교부</td><td rowspan="4">재외동포청</td><td>재외동포정책국</td><td colspan="2">– 워킹홀리데이 인포센터 관리(https://whic.mofa.go.kr)
– 찾아가는 재외동포 이해교육
– 재외동포조사·연구: 미주유럽 및 아주러시아동포, 사할린, 러시아 및 CIS 지역, 고려인, 재일동포 등
– 입양동포 지원: 입양인 연구조사, 사후서비스, 유전자 검사 등</td></tr>
<tr><td>교류협력국</td><td colspan="2">– 동포단체 지원 및 동포 감담회: 러시아·CIS, 유럽 중국, 일본, 아시아, 북미, 대양주, 중남미, 아프리카, 중동지역
– 교류 지원사업: 세계한인회장대회 및 세계한인의 날, 세계한인차세대대회, 재외동포청소년모국연수, 재외동포청년인턴사업, 세계한인입양동포대회, 입양동포네트워크 관리, 코리안넷 운영·관리(https://www.korean.net)
– 교육 지원사업: 한글학교 육성(한글학교 지원), 한글학교 교사 육성(초청연수 및 현지 강사 파견, 온라인 한국어 교원 양성), 스터디코리안 운영·관리(https://study.korean.net)
– 장학사업
– 문화 지원사업: 재외동포 예술 및 언론단체 지원, 전통문화용품 구입 지원, 재외동포 문학상(korean festival)
– 한상네트워크사업: 재외동포 경제인 멤버쉽(OK Biz) 구축 총괄, 재외동포 경제단체협력 및 지원사업, 세계한상대회개체, 한상넷 운영·관리(https://www.hansang.net)</td></tr>
<tr><td rowspan="2">재외동포서비스지원센터</td><td>재외동포 365 민원콜센터</td><td>– 재외동포의 민원행정서비스
• 운영시간: 365일 24시간 연중 무휴(02-6747-0404)
• 상담언어: 한국어/영어/일본어/중국어/러시아어</td></tr>
<tr><td>재외동포 통합민원실 (서울, 인천)</td><td>– 온라인: 재외동포 365민원포털(https://www.g4k.go.kr)
– 오프라인: 재외동포 관련 각종 영사민원 서비스
• 운영시간: 평일 9∼18시</td></tr>
</table>

			• 상담 분야: 법무(국적, 동포사증, 출입국), 병무, 가족관계, 국세, 관세, 보훈, 고용, 국민연금, 건강보험, 운전면허
재외 동포 협력 센터	– 통합네트워크 지원: 재외동포사업 온라인신청 구축, 재외동포단체 홈페이지 개설 및 운영 지원 – 기록전시운영: 재외동포 아카이브 구축, 자료실 운영 – 동포지원사업: 세계한인정치인포럼 – 재외동포교육문화센터 건축(2021~2025년 완성, 경기도 시흥시) – 민족교육 육성: 조선어교원초청연수, CIS 한국어교사 초청연수 – 재외동포 장학사업: 재외동포초청장학사업, 중국, CIS 지역 현지 장학금 지원 – 차세대 육성사업: 재외동포 청소년 모국연수, 차세대동포 한국어 집중캠프		

자료: 재외동포청 · 재외동포서비스지원센터 · 재외동포협력센터(2024.5.19 기준) 홈페이지를 참조하여 연구자가 작성.

2) 교육부

교육부는 2007년 「재외국민의 교육지원 등에 관한 법률」 제2조에 근거하여 재외국민들에게 국내 교육과정에 준하는 학교교육과 평생교육을 제공하고 있다. 재외교육기관들은 해외에 거주하는 우리 동포를 대상으로 민족적 정체성과 유대감을 고취하고 현지생활 능력과 적응력을 신장시키며 국내 기관과의 연계교육에 노력하고 있다. 2024년 3월 기준 재외교육기관은 한국학교가 16개국에 34개교, 한국교육원이 19개국에 43개원이다. 재외 한국학교는 재외국민에게 국내의 초 · 중등 교육과정에 따른 학교교육을 실시하기 위하여 외국에 설립된 교육기관으로 일시체류 중인 동포자녀의 국내 연계교육, 영주 동포자녀의 모국어 이해교육을 통해 한민족 정체성을 지닌 글로벌 인재 양성에 목적을 둔다. 이 교육과정을 이수한 학생은 국내 초 · 중등학교와 동등한 학력을 인정받는다. 한국교육원은 외교부장관과 협의하여 재외국민에 대한 평생교육 및 그 밖의 교육활동을 실시하기 위해 설립되었다. 또한 한국어와 한국문화에 관심이 있는 외국인 초 · 중등학생을 대상으로 한국어 교육 확산을 위해 해외 초 · 중등학교에 한국어반 개설 및 운영에 필요한 경비를 지원하고 있다(재외교육기관포털 홈페이지, 검색일: 2024.5.19).

교육부의 해외거주 재외동포 관련 정책 및 사업은 〈표 11-13〉과 같다.

표 11-13 교육부의 해외거주 재외동포 관련 정책 및 사업

추진기관	추진사업
교육부	– 재외교육기관 포털운영(https://okep.moe.go.kr) – 한국학교(16개국, 34개교) 개교 및 지원 – 한국교육원(19개국 43개원) 개원 및 지원 • 재외동포교육(한국어, 역사, 문화교실 및 체험행사, 재외한국학교 교과서 보급 등) • 한국어 채택(해외 초・중등학교 한국어채택 지원사업, 한국어능력시험(TOPICK) 운영, 수준별 한국어강좌 운영) • 유학생 유치(유학생유치활동, 유학정보제공, 유학 지원 등) • 글로벌 교육협력(국제교육교류 거점 역할, 해외교육정보 수집・보고) – 해외 초・중등학교 한국어반 개설 및 지원(47개국, 2,154개교)*

자료: 재외교육기관포털 > 한국학교, 한국교육원 현황(검색일: 2024.5.19), 교육부 홈페이지 > 정책–국외(유학)교육 > '2023년 해외 초・중등학교 한국어반 개설 현황'을 참조하여 연구자가 작성.

3) 법무부

법무부는 1999년에 제정된 「재외동포의 출입국과 법적 지위에 관한 법률」과 2007년에 제정된 「재한외국인 처우 기본법」에 근거하여 국내에 체류하는 재외동포들의 국내 출입국・장기체류와 각종 경제활동에서의 법적 지위를 보장하여 국내에서 재외동포의 권익을 신장하고 안정적인 정착을 지원하고 있다. 법무부는 출입국외국인청・관리사무소・출장소 운영을 통해 체류 허가 등 재외동포의 국내 지위와 관련된 업무 전반을 수행하고 있으며, 2023년 12월 기준 43개소를 운영하고 있다. 또한 하이코리아(www.hikorea.go.kr) 홈페이지를 통해 각종 체류・귀화 등과 관련한 상세한 안내 등을 확인할 수 있다. 법무부는 한국에 최초로 입국하는 재외동포를 포함한 외국인이 한국사회에 빠르게 적응할 수 있도록 입국 초기에 이민자 조기적응프로그램을 통해 기초 생활법률 및 법질서, 필수 한국생활에 필요한 적응정보 등을 무료로 지원한다. 방문취업(H-2) 체류자격으로 외국인등록 또는 체류자격을 변경하려는 자는 반드시 교육에 참여해야 한다. 2023년 12월 말 기준 법무부가 지정한 대학 및 외국인 지원단체 등 143개 기관에서 운영 중에 있다(법무부・행정안전부, 2024: 5). 또한 입국 후 재외동포를 포함한 체류외국인(이민자) 누구나 법무부가 지정하는 사회통합프로그램 운영기관에서 2009년부터 한국생활에 필요한 정보를 5단계(최대 515시간)에 걸쳐 체계적으로 습득할 수 있다. '한국어와 한국문화 과정(0~4단계, 최대 415시간)',

'한국사회이해과정(5단계, 최대 100시간)' 등으로 구성된 사회통합프로그램을 이수할 경우 국적 취득에 필요한 필기·면접시험 면제 등의 혜택을 제공받을 수 있다(출입국관리법 제39조). 교육과 관련된 전반적인 내용은 사회통합정보망(www.socinet.go.kr)에서 확인할 수 있다(법무부·행정안전부, 2024: 8). 조기적응프로그램 기관은 사회통합프로그램기관에서 운영하는 경우가 대부분이며, 2023년 12월 말 기준, 전국의 340개소가 운영되고 있다. 이외 동포체류지원센터는 법무부가 국내에 체류하고 있는 동포 밀집지역을 중심으로 재외동포들에 대한 사회적응을 체계적으로 지원할 민·관 협의체 구성을 목적으로 최근 3년 이내 국내 동포에 대한 고충·취업상담 등 사회적응 지원 경험이 있고, 수행 능력이 있는 비영리법인 또는 비영리단체를 대상으로 심사를 통해 지정한다. 동포체류지원센터로 지정된다고 하여 법무부로부터 별도로 사업비나 운영비가 지원되지는 않는다. 하지만 출입국 제도와 정책을 마련할 때 동포체류지원센터의 의견을 청취하여 정책에 반영하고, 새로운 정책들은 이들 센터들에 가장 먼저 제공된다. 각 센터들의 원활한 동포상담을 위해 체류관리와 전담직원과 전용 핫라인을 지원한다(법무부 공고 제2023-179호). 동포체류지원센터는 동포들의 출입국, 체류 관련 제도 안내 및 관련 동포정책 홍보, 취업·주거·의료 등 국내생활정보제공 및 각종 고충상담, 동포에 대한 '사회통합프로그램 이수제' 관련 업무 수행, 기타 동포의 안정적인 사회적응에 필요한 사항을 지원한다. 2023년 6월 동포체류지원센터를 공모하여 법무부가 16개 센터를 지정하여 관리하고 있다(법무부 공고 제2023-254호). 법무부의 재외동포 관련 정책 추진 기관 및 사업은 〈표 11-14〉와 같다.

표 11-14 법무부의 고용노동부의 국내거주 재외동포 관련 정책 추진 기관 및 사업

추진기관	체류자격	추진사업
출입국외국인청, 관리사무소 · 출장소(43개소)	모든 체류자격	• 내용: 내외국인의 출입국심사, 사증발급인정서 발급, 외국인등록, 체류기간연장, 체류자격변경 등 각종 체류허가, 위반조사, 국적, 난민업무 등 외국인의 국내 지위와 관련된 전반적인 업무를 수행 • 이용: 하이코리아(www.hikorea.go.kr)
사회통합 프로그램 운영기관(340개)	H-2, F-1, F-4, F-5	• 대상: 국적, 영주 등 체류자격을 취득하려는 외국인, 국적 취득 후 3년 이내인 사람 • 내용: 국내생활에 필요한 한국어와 한국문화 과정, 한국사회이해과정 등에 대한 교육(사회통합프로그램 이수 시 국적 취득 필기·면접시험 면제 등 혜택을 제공(출입국관리법 제39조)

		• 신청: 사회통합정보망(www.socinet.go.kr)
이민자 조기적응 프로그램 143개 기관	H-2, E-6-2	• 의무대상: 방문취업(H-2) 체류자격으로 외국인등록 또는 체류자격을 변경하려는 자. 호텔・유흥(E-6-2)자격 체류외국인 • 내용: 입국 초기 단계의 이민자에게 한국 생활에 필수적인 기초법질서, 긴급상황 발생 시 구제 절차와 각종 생활 편의 정보 • 신청: 사회통합정보망(www.socinet.go.kr)
외국인종합안내 센터(1345 콜센터)	모든 체류자격	• 내용: 출입국, 체류 민원상담, 생활편의 안내 및 고충상담, 외국인을 위한 마을 변호사 3자 통역서비스, 전자민원 신청 절차 안내 등 헬프데스크 운영. 영어, 중국어, 러시아어 등 20개 외국어 상담 가능 • 이용: 전화(1345), 전자통신망(www.hikorea.go.kr) 이용 • 운영: 평일 10~22시
동포체류지원 센터[10)] (16개소)	H-2, F-4, F-5, F-6 및 국적자	• 내용: 동포에 대한 고충 및 취업상담, 사회적응 지원 프로그램 • 이용: 센터별 직접 방문 및 인터넷 신청 등(기관마다 다소 상이함) • 운영: 평일 9~18시, 주말 등(기관마다 다소 상이함)

자료: 법무부・행정안전부(2024).『지방자치단체 공무원을 위한 외국인업무 지침서』, 관련 중앙부처 홈페이지를 참조하여 연구자 작성.

4) 고용노동부

고용노동부는 2003년「외국인고용법」제정 이후 외국국적동포를 대상으로 근로 및 취업 관련 상담・활동, 교육, 체류지원 등을 지원하고 있다. 고용노동부는 외국인 근로자와 고용사업주가 신속하게 고충을 해결할 수 있도록 콜센터를 주된 기능으로 하는 외국인력상담센터 1개소를 운영하고 있다(2023년 12월 말 기준). 18개 언어로 외국인근로자의 사업장이동 및 취업알선 등 관리, 외국인근로자의 고용・이탈・출국 신고서 접수, 취업확인서 등 체류 중에 필요한 증명서류 발급, 기타 취업기간 중의 고충 상담 등에 관한 사항을 처리하고 있으며, 외국인력상담센터 홈페이지를 통해 서비스를 안내하고 있다(http://hugkorea.or.kr). 재외동포의 취업교육은 방문취업(H-2) 비자를 받고 입국하여 취업활동을 하려는 재외동포를 대상으로 한국산업인력공단에서 운영하는 취업교육장(36개소)에서 16시간(3일) 동안 근로기준법 등 노동관계 법령과

10) 경상북도 고려인통합지원센터・경주YMCA・하이웃이주민센터(경북 경주시), 사단법인 고려인마을・이주민종합지원센터・이주민종합지원센터(광주광역시), 사단법인 너머・안산외국인노동자의 집/중국동포의 집(경기 안산시), 대전다문화센터(대전광역시), 서울외국인주민지원센터(서울 영등포구), 한국외국인노동자지원센터(서울 구로구), 한중사랑교회・사단법인 경기글로벌센터(경기 부천시), 사단법인 글로벌드림다문화연구소(경남 김해시), 너머인천고려인문화원(인천광역시 연수구), 사단법인 반딧불 나눔복지재단(충남 당진시), 사단법인 울산외국인센터(울산광역시 북구).

한국생활 적응에 필요한 교육을 유료로 진행하고 있다. 관련 교육에 대한 안내 및 신청은 외국국적동포 취업교육 홈페이지(https://eps.hrdkorea.or.kr)를 통해 진행되고 있다.

고용노동부는 재외동포를 포함한 외국인근로자의 국내 체류지원을 위한 상담, 교육, 다양한 체류지원 서비스를 9개 지방자치단체에 '외국인 체류지정을 위한 자치단체 보조사업' 형태로 지원하고 있다. 해당 서비스는 2023년까지 고용노동부가 민간단체 지원방식으로 외국인근로자지원센터(거점 9개소, 소지역센터 43개소)를 운영했으며, 상담, 한국어 등 교육, 다양한 체류지원 서비스를 지원했다. 고용노동부는 체류지원 서비스의 효율성 향상을 명목으로 2024년 예산을 전액 삭감하고 외국인근로자지원센터를 폐지했다. 2024년부터 상담은 지방고용노동관으로, 한국어 교육 등은 한국산업인력공단으로 이전하고 체류지원 관련 서비스만 '외국인근로자 지역정착 지원사업'으로 재편되었다.[11)]

그 외, 고용노동부는 고용센터를 통해 고용특례 방문취업(H-2) 외국국적동포에 대한 구직활동, 근로계약과 보험가입 등 고용과 관련된 사항을 총괄·지원하고 있다.

이를 위해 고용노동부의 한국고용정보원에서는 비전문취업(E-9), 방문취업(H-2)을 대상으로 외국인고용관리시스템(www.eps.go.kr)을 통해 취업교육 이력, 민원신청 진행 현황, 구인사업장 조회 등의 서비스를 제공하고 있다. 고용노동부의 재외동포 관련 정책 추진 기관 및 사업은 〈표 11-15〉와 같다.

11) 고용노동부는 '외국인 체류지정을 위한 자치단체 보조사업'으로 공모를 통해 지자체 직영 또는 지자체에서 민간단체 위탁(3년)으로 운영하고 있다. 예산은 총사업비의 50% 범위 내에서 연간 2억 원 한도로 지원하며, 지원기간은 최대 3년, 사업의 운영주체는 각 자치단체 또는 비영리민간단체이다(고용노동부 공고 제2024-22호). 기존 사업내용은 동일한 상태에서 지원예산이 축소되고, 지원기간이 한시적인데다가, 총예산 36억 원(국비, 시도비 50%) 중 참여를 원하는 9개 광역자치단체가 18억 원을 부담해야 한다. 고용노동부가 투입할 예산 18억 원은 지난해 전국 외국인노동자지원센터에 지원한 예산 71억 원의 25% 수준이다(경향신문, 2024.1.15 '외국인노동지원센터 폐쇄' 거꾸로 가는 노동자지원정책, https://www.khan.co.kr/local/Gyeonggnam/article/202401151602001).

표 11-15 고용노동부의 국내거주 재외동포 관련 정책 추진 기관 및 사업

추진기관	체류자격	추진사업
외국인력 상담센터 (안산 1개소)	E-9, H-2,	• 내용: 국내 체류 중인 외국인근로자 및 사업주의 고충, 국내 생활 및 사업장 적응에 필요한 취업 생활 정보 콜상담(콜센터), 내방상담 • 이용: 전화상담(1577-0071), 9:00~18:00 상시운영
외국인근로자 지역정착지원 사업 (전국 9개소)	E-9, H-2,	• 내용: 상담, 교육, 문화프로그램 등 지역 내 정착을 위한 프로그램 - 상담: 외국인근로자와 사용자에 대한 통역지원 및 고용허가제, 노동관계법, 출입국체류 관리 절차, 생활법률 등 고충상담 - 교육: (정규교육) 한국어교육, 정보화교육(비정규교육) 산업안전교육, 법률교육, 귀국의식교육 - 문화: 국가별 명절 및 기념일 행사, 스포츠 대회, 한국 명절 - 기타 지역별 특화 사업: 무료진료, 태권도, 운전면허교육 등 • 평일 9~18시, 주말 등(기관마다 다소 상이함) • 센터별 직접 방문 및 인터넷 신청 등(기관마다 다소 상이함)
취업교육 (직업훈련: (한국산업인력공단, 취업교육장 36개소)	H-2,	• 대상: 방문취업(H-2) 비자를 받고 입국하여(또는 국내에서 H-2 비자를 받을 경우 포함) 취업활동을 하려는 고용특례 외국인 • 신청: EPS센터(www.eps.go.kr). 취업교육홈페이지 • 비용: 비합숙(신규) 127,500원, 재입국 75,000원 • 교육시간: 신규 16시간(3일), 재입국 6시간(1일) • 교과과정: 한국어 및 한국문화 이해, 고용허가제, 근로기준법 등 노동관계 법령, 기초기능 등 한국생활 적응을 위해 필요한 사항, 각종 보험가입 안내
고용센터 (고용복지+센터 내) 132개	E-9, H-2,	• 내용: 구직활동, 근로계약과 보험가입 등 고용과 관련된 사항을 총괄 및 지원 • 이용: 고용복지+센터방문(www.workplus.go.kr)

자료: 법무부 · 행정안전부(2024). 『지방자치단체 공무원을 위한 외국인업무 지침서』를 참고하여 연구자가 작성.

제5절 결론

한국의 재외동포정책은 매우 독특한 특색을 보이고 있다. 한국으로 이민이 시작된 초기에는 가장 먼저 이주를 시작한 동포들이 노동력 제공을 위한 주요 집단으로 기여하였고, 현재에는 한국사회에서 저출산 · 고령화로 인한 노동력과 인구문제 해결 등에 중요한 역할을 하고 있다. 그럼에도 불구하고 독자적인 주목을 받지 못하고 있

다. 그동안 한국의 재외동포정책은 이론적인 개념에 대한 논쟁이나 학문적인 근거가 충분하지 못한 상황에서 시대적인 요구에 따라 정책의 성격을 달리해 왔다. 더욱이 특정 국가나 지역의 해외거주 재외동포를 중심으로 편향된 정책을 선보이고 있으며, 국내에 체류하는 동포에 대한 정책은 매우 제한적으로 이루어지고 있다. 전체 재외동포를 포괄하지 못한 채, 파편적인 정책 시행과 그 과정에서 배제된 중국 등의 재외동포는 한국사회의 고질적인 소수자 집단에 대한 구별과 계급적 차별화, 차이를 수용하지 못하는 자세로 인해 차별과 혐오의 대상이 되고 있다. 재외동포가 지닌 잠재력을 인식하지 못하고 재외동포가 도구 또는 수단으로 취급되는 정책 대상화는 재외동포정책의 미비로 나타날 수밖에 없었다. 재외동포와 상호 이해가 결여된 재외동포정책은 출발부터 기형적이라고 할 수 있다. 재외동포 규모가 지속적으로 증가하고 있는 현 시점에 정부는 재외동포의 지역 및 국가별 특수한 요구를 반영하고, 한국의 사회적 상황을 고려하여 중장기적인 정책 수립과 평가체계를 통해 지속가능한 정책을 추구해야 할 것이다.

참고문헌

고용노동부(2019). 『알기 쉬운 외국인 고용허가제 안내서』.

권태환(1996). 『세계의 한민족: 중국』. 통일원.

김봉섭(2009). 특집: 각국의 재외동포 정책; 한국 재외동포정책 10년의 회고와 전망: 연구사 전개를 중심으로. 『민족연구』, 37: 6-72.

김봉섭(2020). 대한민국임시정부와 재외동포. 『민족연구』, 76: 152-169.

김용찬(2018). 재외동포정책의 역사적 평가와 과제. 『민족연구』, 72: 4-28.

김원모(1998). 하와이 한국 이민과 민족운동, 『미국사연구』, 8: 187-219.

김중관(2016). 중앙아시아역사와 한민족화의 정체성 이비교연구, 재외한고려인의 이주과정과 민족문화의 정체성. 『글로벌문화연구』, 7(1): 6.

김호준(2016). 『유라시아 고려인 150년: 디아스포라의 아픈 역사』. 서울: 주류성출판사.

노대명 외(2019). 『재외동포 생활실태에 대한 기초연구』. 한국보선사회연구원.

법무부(2023.12). 『출입국자 및 체류외국인통계 월보』, 각 연도 12월.

법무부 출입국 · 외국인정책본부(2022). 『외국국적동포의 국내정착지원을 위한 동포 맞춤형 길라잡이』.

법무부 출입국 · 외국인정책본부(2024a). 제4차 외국인정책기본계획.

법무부 출입국 · 외국인정책본부(2024b). 『외국인 체류 안내 매뉴얼』.

법무부 · 행정안전부(2024). 『지방자치단체 공무원을 위한 외국인업무 지침서』.

신희정(2023). 한국과 해외의 비교를 통한 복수국적 취득의 인식 연구: 한국의 재외동포 기본법안 시행을 앞두고. 『한국과 세계』, 5: 57-76.

여성가족부(2023). 제4차 다문화가족정책기본계획.

오정은 · 김경미 · 송석원(2016). 『국내거주 러시아 · CIS(고려인) 현황 조사Ⅱ』. 재외동포재단.

우영옥(2024). 『이민법제론』. 서울: 박영사.

윤인진(2002). 세계 한민족의 이주 및 정착의 역사와 한민족 정체성의 비교연구. 『재외한인연구』, 12(1): 5-64.

윤인진(2018). 『재외동포사회의 현황과 정책과제』. 성남: 북코리아.

윤인진 · 김희상(2016). 재외동포 귀환 이주민 공동체의 형성과 현황. 『한민족문화』, 60: 38.

윤인진 · 손지혜 · 이종원(2020). 귀환 재외동포와 동포 지원정책에 대한 국민인식. 『디아스포라연구』, 14(1): 7-46.

이문웅(1997). 『세계의 한민족』. 통일원.

이승우(2022). 재외동포기본법제정에 관한 연구. 『재외한인연구』, (58): 1-41.

이원욱(2022). 『세계 경제 트렌드와 재외동포 정책 방향』. 국회세계한인경제포럼 정책연구보고서.
이진영(2010). 한국의 재외동포정책: 재외동포법 개정의 쟁점과 대안. 『한국과 국제정치』, 18(4): 5-162.
이창원 · 최서리 · 권채리 · 박미화 · 조하영(2021). 『방문취업(H-2)과 재외동포(F-4) 자격 통합에 대한 연구』. 이민정책연구원.
장윤수(2009). 중국과 일본거주 한인의 이주역사 재고찰. 『디아스포라연구』, 3(2): 63-80.
재외동포청(2023). 『2023 재외동포현황』.
재외동포청(2024). 『제1차 재외동포정책 기본계획』 보도자료.
전용일 외(2017). 『재외동포의 장기적 활용 및 통합제고 방안연구』. 법무부 출입국 · 외국인 정책본부.
진현경(2022). 국내거주 외국국적동포의 정책현황과 개선과제. 『다문화사회연구』, 15(1): 119.
한태희(2016). 출입국관리법상 외국인 체류자격법제 개선방안연구: 캐나다 사례와 비교를 중심으로. 동국대학교 대학원 법학과 박사학위논문.
한태희(2023). 『이민법제론 강의노트』(제2판). 서울: 하우.
행정안전부(2018). 『외국인주민 정착지원업무 참고자료집』.

교육부(https://www.moe.go.kr)
국가법령정보센터(https://www.law.go.kr)
법제처(https://www.moleg.go.kr)
재외교육기관포털(https://okep.moe.go.kr)
재외동포청(https://oka.go.kr/oka)
코리아넷(https://www.korean.net)

CHAPTER 12

지방이민정책

임동진

제1절 서론

21세기 글로벌 국제이주(이민) 시대에서 가장 눈에 띄는 특징 중 하나는 개발도상국에서 선진국(주로 OECD 국가들)으로의 이민이 증가하고 있다는 점이다(Global Commission on International Migration, 2005; SOPEMI, 2006). UN(2006)의 자료에 따르면 1995~2005년 동안 선진국 인구증가의 절반 이상이 개발도상국으로부터의 순이주 증가에 기인한다고 추정되고 있다. 이러한 이민(국제이주)은 주로 선진국의 주요 대도시지역, 특히 글로벌 도시로의 집중 이주 현상으로 나타나고 있다(Benton-

Short et al., 2005). 개발도상국의 이민자들이 글로벌 도시로 이동하는 이유는 글로벌 도시들이 도시의 기능 유지에 고도로 숙련된 관리직 및 전문직 근로자들뿐만 아니라 저소득 및 낮은 수준의 서비스 근로자들도 필요하기 때문이다(Sassen, 2001).

대다수의 OECD 국가는 저출산과 인구고령화의 문제를 겪고 있다. 이는 선진국들이 이민자를 받는 가장 큰 이유 중 하나이다(World Bank, 2006). 그러나 OECD 국가 국민의 지역별 인구통계학적 특성을 살펴보면 대도시지역이 아닌 비도시지역에서 인구고령화에 따른 인구감소와 비도시지역 청년층의 도시지역으로의 이동에 따른 노동력 부족 현상이 매우 심각하게 나타나고 있다.

이민자들의 글로벌 대도시로의 이민은 중요하지만, 최근 연구들은 이민자들의 비도시권지역으로의 이민이 더 중요하다는 점을 강조하고 있다. 예를 들어, 1990년에 미국에서 태어난 외국인 인구의 75%가 캘리포니아, 뉴욕, 플로리다, 일리노이 주에 살았지만 2005년에는 59%로 감소했다(Martin & Midgely, 2006). 유럽에서도 주요 도시 이외의 지역에서 이민자들의 정착이 증가하고 있다. 프랑스, 스페인, 이탈리아, 그리스, 포르투갈에서는 이민자들이 농업 노동의 주요 원천을 제공하지만(Kasimis, 2005), 대도시의 주변 지역의 비농업 경제부문에서도 많이 참여하고 있는 것으로 나타나고 있다(Kasimis et al., 2003).

호주의 비도시지역(non-metropolitan areas)도 다른 OECD 국가들과 마찬가지로 비슷한 변화를 경험하고 있다. 한편으로는 지역이 인구고령화와 저출산의 문제를 겪고 있지만, 다른 한편으로는 일부 지역에서는 일자리 기회가 확대되고 있다. 그러나 대부분 비도시지역의 노동력 부족 현상은 일반적이며, 호주도 다른 OECD 국가들과 마찬가지로 역도시화(counter-urbanization) 경향이 일부 나타나고 있다(Burnley & Murphy, 2004). 이는 지역발전을 위한 새로운 동력을 확보하기 어렵게 하고, 심지어 지역공동체가 필요로 하는 공공서비스를 유지하거나 제공하는 데도 어려움을 주고 있다(Cocklin & Dibden, 2005).

호주 정부는 비도시지역이나 저성장·낙후 지역에 대한 지역발전과 지역유지를 위해 새로운 지방이민정책을 추진하고 있다. 호주의 대표적인 새로운 지방이민정책이 '주특정지역이민프로그램(State Specific and Regional Migration: SSRM)'이다. 이 프로그램은 지방정부가 주도하고 연방정부와 협력하여 실행되며, 이민자들에게는 지역에서 일정 기간 거주 및 취업을 조건으로 비자 연장이나 영주권 취득의 기회를 제공하는 것이다(Hugo, 2008). 지방이민정책은 수도권 및 대도시를 제외한 지방지역에 이민자를 유치하고 정착시키기 위한 전략으로, 중앙정부와 지방정부 간의 협력을 통해 실행된다. 이 정책은 주로 인구감소, 저출산 및 고령화, 지역경제 침체 등의 문제를 해결하는 데 중점을 두고 있다.

이 장에서는 지방이민정책의 주요 이론, 호주의 지방이민정책인 SSRM의 도입 배경, 주요 내용, 성과를 설명하고, 우리나라도 2024년 도입하여 추진 중인 지방이민정책인 지역특화형 비자 제도의 도입 배경, 주요 내용, 추진체계를 설명하고, 호주의 지방이민정책의 과제 및 우리나라에의 정책적 시사점을 설명하고자 한다.

제2절 지방이민정책의 이론

지방이민정책은 국가의 수도나 대도시가 아닌 지방지역에 이민자를 유치하고 정착시키기 위해 중앙정부와 지방정부가 협력하여 추진하는 이민정책을 의미한다. 이 정책은 주로 인구감소, 저출산 및 고령화, 지역경제 침체 등의 문제를 해결하기 위해 시행된다. 지방이민정책의 핵심 목표는 다음의 세 가지이다. 첫째, 지방지역의 인구감소를 막고, 청년층을 유입하여 지역의 인구구조를 개선하는 것이다. 둘째, 지방경제를 활성화하고, 지역산업의 인력 수요를 충족시키는 것이다. 셋째, 이민자들이 지역사회에 원활히 적응하고 지역주민과 조화를 이루도록 지원하는 것이다(Hugo, 2008).

지방이민정책의 핵심 요소는 먼저, 지방자치단체가 주도한다는 것이다. 지방정부는 지역 특성과 필요를 고려하여 이민자를 유치하고 정착지원을 추진한다. 다음으로, 중앙정부와의 협력이다. 중앙정부는 비자 발급, 이민정책의 기본방향 설정 등 주요 역할을 맡으며, 지방정부와 긴밀히 협력하여 정책을 실현한다. 또한 다양한 비자 프로그램을 실행한다. 지역에 필요한 인재를 확보하기 위해 다양한 비자 프로그램을 운영한다. 예를 들어, 특정 산업에 필요한 기술 이민자, 계절근로자, 유학생 등을 대상으로 한 비자 프로그램이 포함될 수 있다. 또한 이민자 정착 지원이다. 이민자들이 지역에 정착할 수 있도록 주거, 교육, 의료, 일자리 등 다양한 지원 프로그램을 제공한다. 마지막으로, 지역사회와의 연계가 필요하다. 지역주민과 이민자 간의 상호 이해와 협력을 증진하기 위해 다양한 문화 교류 프로그램과 커뮤니티 활동을 지원한다(Hugo, 2008b).

다음에서는 ① 지방정부가 이민정책을 추진하는 이유, ② 이러한 지방정부의 이민정책을 설명하는 이론들, ③ 지방정부가 유치하고자 하는 이민자 유형에 관해 설명하고자 한다. 이를 통해 전반적으로 선진국의 지방정부들이 왜 다양한 이민정책을 추진하고 있는지, 또한 이들 지방정부가 추진하는 이민정책을 설명하는 이론에는 어떤 것들이 있으며, 지방정부들이 어떠한 이민자 집단을 유치하거나 선호하는지에 대한 이해도를 높이고자 한다. 동시에, 이 장의 대상인 호주 지방정부의 이민정책 현상을 더 쉽게 이해하고, 이러한 이민정책이 어떠한 이론적 근거를 토대로 추진되고 있는지를 파악하는 데 하나의 분석적 관점(an analytic perspective)을 제공하고자 한다.

1 지방정부가 이민정책을 추진하는 이유

지방정부가 이민정책을 추진하는 이유는 크게 여섯 가지로 요약할 수 있다. 첫째, 이민정책은 지역발전을 촉진하는 중요한 도구로 작용한다. 이를 통해 지방정부는 지역 간 불균형을 해소하고 낙후된 지역을 활성화할 수 있다. 선진국에서는 중앙정부가 이민정책의 일부 권한을 지방정부에 위임함으로써 지역적 불균형 문제를 해결하려고 한다. 이는 경제적으로 성장하는 지역과 쇠퇴하는 지역 간의 다양한 사회적 문제를 해결하기 위함이다(Williams, 2009). 예를 들어, 대도시에서는 이민자들이 저소득층과 주택 및 일자리를 두고 경쟁하는 반면, 경제적으로 쇠퇴한 지역에서는 빈집 증가와 높은 실업률, 숙련 노동력 부족 문제가 나타난다. 이러한 문제를 해결하기 위해 캐나다와 호주 정부는 이민정책을 지방정부에 분권화했다. 캐나다의 경우, 신규이민자 모집과 관련한 관리 및 통제 권한이 중앙정부에서 지방정부로 대폭 이양되었다(Schmidtke, 2014). 호주는 낙후된 지역에 정착하려는 이민자들을 위해 특별 입국 비자를 발급하기 시작했다(Sumption, 2014). 이러한 사례들은 이민정책의 분권화가 지역적 불균형 해소에 기여할 수 있음을 보여준다. 우리나라도 이와 같은 문제를 해결하기 위해 지역정책과 이민정책을 전략적으로 연계하고, 이민정책의 의사결정 권한을 지방정부에 위임하는 방안을 고려할 필요가 있다.

둘째, 지역 인구감소와 고령화 문제를 해결하기 위함이다. 여러 유럽 국가들은 지역 간 불균형 문제로 어려움을 겪고 있으며, 특히 경제적으로 쇠퇴하는 지역은 인구감소, 빈집 증가, 경제적 · 사회적 박탈감, 높은 실업률, 급속한 고령화 등의 문제에 직면하고 있다. 이러한 문제를 해결하기 위해 지방정부는 적극적인 이민자 유치정책을 추진하고 있다(Kühn, 2018). 이는 인구증가의 중요한 수단이 된다.

셋째, 지방정부의 성장 지향적(progrowth) 정책 때문이다. 지방정부 정책결정자와 기업들은 지역경제 발전을 위해 성장 지향적 거버넌스를 구축하고 협력한다(Pierre, 2011). 이러한 정책은 경제성장과 고용을 촉진하며, 새로운 이민자를 지역으로 유치하는 것을 목표로 한다. 독일의 경우, 성장 지향적 거버넌스는 수익을 추구하는 투자자들과 지방정부의 협력으로 이루어진다. 지방정부는 인구 규모를 증가시켜 중앙정부로부터 더 많은 재정 지원을 받기 위해 이민자 유입을 희망한다. 따라서 지역 성장정책의 궁극적인 목표는 신규이민자와 투자자를 유치하는 것이다.

넷째, 숙련된 노동력의 부족 문제를 해결하기 위함이다. 쇠퇴하거나 낙후된 지역은 숙련된 노동자가 다른 지역으로 이동하면서 노동력 부족 현상이 심화되고 있다. 이러한 지역의 기업들은 일자리를 제공하지만, 노동자와 일자리 간의 부조화로 인해 적절한 인력을 확보하기 어렵다(Kühn, 2018). 이는 선진국의 비도시지역에서도 마찬가지로 나타나며, 기술 공학, 보건, 간호 및 숙련된 공예 분야의 노동력 부족 문제가 두드러진다.

다섯째, 도시정부들은 우수한 이민자 인재를 확보하기 위해 경쟁하고 있다. 전 세계적으로 도시정부들은 정보통신 분야와 같은 특정 분야에서 인재를 유치하기 위해 치열하게 경쟁하고 있다(Facchini & Lodigiani, 2014). 특히, 유럽의 도시들은 인구감소와 고령화 문제를 해결하기 위해 전문 분야의 우수한 이민자 인재를 확보하는 데 주력하고 있다. 젊고 자격을 갖춘 이민 노동자들을 유치하지 못하는 도시는 경제적 미래가 암울할 수밖에 없다(Buch, Hamann, Niebuhr, & Rossen, 2014). 따라서 지역의 미래는 숙련된 이민자들에게 어떻게 어필하느냐에 달려 있다.

여섯째, 이민자들에 대한 기존의 부정적인 인식이 긍정적인 잠재력을 가진 자원으로 변화하고 있다. 과거에는 이민자들이 사회적 갈등, 사회복지의 부담, 사회 통합의 장애물로 여겨졌으나, 실제로 이민자들은 쇠퇴한 지역을 활성화하고, 상점을 열어 삶의 질을 높이며, 기업가 정신을 통해 노동시장을 강화하는 등 지역재생에 기여하고 있다. 또한 다양한 인종과 문화적 배경을 가진 이민자들은 지역의 매력을 높여 잠재적인 신규이민자와 기업들을 유치할 수 있다(Glick, Schiller, & Caglar, 2013).

2 지방정부 수준의 이민정책 이론

지방정부 수준의 이민정책에 관한 주요 연구들은 왜 일부 지방정부가 특정 이민정책을 채택하는 반면, 다른 지방정부는 채택하지 않는지를 설명하고 있다(Berry & Berry, 1990; Feiock & West, 1993). 지방정부의 이민정책 추진 이유를 설명하는 이론들은 크게 ① 지역적 수요(local needs), ② 경제적 필수성(economic imperative), ③ 정치적 고려(political consideration), ④ 제도적 구조(institutional structure), ⑤ 기타 외부 요인으로 나눌 수 있다. 지방정부 수준에서 주로 채택되는 정책은 경제개발정책(Betz et al., 2012), 예산결정(Clingermayer & Feiock, 2001), 규제정책(Godwin & Schroedel, 2000), 이민정책(Hopkins, 2010) 등이다.

1) 지역적 수요 이론

지역적 수요 이론(local needs theories)은 이민정책이 인구통계학적 또는 경제적 상황 변화와 같은 지역의 문제를 해결하려는 필요에서 비롯된다고 본다. 이민자들과 지역주민들의 반응에 대해서는 세 가지 주요 가설이 있다(Hopkins, 2010; O'Neil, 2011; Ramakrishnan & Wong, 2010; Walker, 2011). 첫째, 위협 가설(threat hypothesis)은 이민자 인구의 증가로 공공자원과 고용 기회에 대한 경쟁이 심화되어 지역주민들이 이민자들에게 적대적인 태도를 보인다는 것이다. 둘째, 접촉 가설(contact hypothesis)은 이민자와 지역 주민 간의 접촉이 증가하면 적대감이 줄어든다는 것이다(Oliver & Wong, 2003). 셋째, 반이민 정서 가설(anti-immigration sentiment hypothesis)은 이민 역사가 짧은 지역에서 단기간에 급속히 유입된 이민자들이 반이민 정서를 촉발한다는 것이다(O'Neil, 2011).

이민자를 환영하는 지방정부는 이민자를 중요한 인적 자본이자 경제발전의 요소로 본다. 특히, 특정 인구집단의 요구를 반영하는 정책을 수립한다. 예를 들어, 교육 수준이 높은 인구는 이민자들과 경쟁할 가능성이 작고 다양성에 더 관대하여 이민자들을 더 잘 수용한다(O'Neil, 2011). 그러나 이민자와 소수자 커뮤니티의 관계는 복잡하여 노동시장에서 경쟁하면서도 정치적 연합을 형성하기도 한다(Smith, 2012). 지방정부가 경제개발정책을 추구하는 주요 이유는 지역의 경제적 필요 때문이다(Feiock & West, 1993). 인구감소, 고령화, 빈곤 및 실업 증가, 낮은 가구 소득 등의 문제가 있는 지방정부는 경제개발정책을 더 적극적으로 추진하는 경향이 있다(Betz et al., 2012). 이민자를 환영하는 지방정부는 이민자의 경제적 기여를 강조하고 그들의 경제개발 잠재력을 활용하고자 한다.

2) 경제적 필수성 이론

경제적 필수성 이론(economic imperative theories)은 지방정부가 다른 지방정부와의 경쟁에서 우위를 점하고 새로운 발전을 위해 경제개발 활동을 적극적으로 추진한다는 것이다. 지방정부는 자본유출과 경제적 쇠퇴를 방지하는 데 필요한 세금과 서비스를 제공한다(Peterson, 1981). 이 이론에 따르면, 지방정부의 경제개발정책은 재정 상태와 밀접한 관련이 있다(Bowman & Pagano, 1992). 재정 부족으로 공공서비스 제공이 어려울 때, 지방정부는 경제개발정책을 적극적으로 추진하게 된다. 반면, 재정 상태가 좋은 지방정부가 새로운 경제개발정책에 참여할 가능성이 더 크다고도 볼 수 있다(Thompson, 1965). 이는 지방정부의 경제개발정책이 장기적이고 안정적인 재정 기반과 상당한 자본 투자가 필요하기 때문이다.

3) 정치 이론

정치 이론(political theories)에서 정치 지도자들은 정책결정 시 지역의 정치 현실을 고려한다. 공공선택 이론에 따르면, 정부의 의사결정권자들은 선거에서 승리하기 위해 대중의 지지를 반영하여 지역 유권자들의 선호를 고려한다(Dahl, 1961). 이민자에 대한 지역주민들의 이념적 성향은 지역 정치인들의 정책 성향에 영향을 미친다. 정치적 보수주의가 강한 지역에서는 이민을 국가 정체성과 가치에 대한 위협으로 인식하여 반이민 정책을 채택하는 경향이 높다(O'Neil, 2011).

성장 기계 모형(growth machine model)은 정치적 의사결정자가 자원과 권력을 가진 주민들의 요구에 기반해 정책을 결정한다고 본다(Molotch, 1976). 지역주민과 기업은 정치인과 함께 성장을 촉진하는 연합을 형성하여 자신들의 이익을 위한 정책과 프로그램을 추진한다(Logan & Molotch, 1987). 예를 들어, 새로운 이민자 통합프로그램은 경제적 이익을 가져다줄 수 있어 지역 성장 연합에 의해 선호될 수 있다. 또한 이민자 단체는 이민자의 사회경제적 복지 증진과 지역경제 발전을 위해 로비스트 역할을 하기도 한다(Filomeno, 2015). 이민자 봉사단체와 옹호 단체의 네트워크가 강한 지역에서는 이민자를 더 환영하는 경향이 있다(Brenner, 2009; de Graauw, Gleeson & Bloemraad, 2013; Filomeno, 2015; Pastor & Mollenkopf, 2012).

4) 제도적 구조와 역량

지방정부의 제도적 구조와 역량(institutional structure and capacity)은 정책결정에 큰 영향을 미친다(Morgan & Pelissero, 1980; Sharp, 1991). 정부 형태에 따라 정책결정 방식이 달라질 수 있다(Clingermayer & Feiock, 2001). 전문적인 도시 관리자가 운영하는 의회-관리자 형태(council-manager form)의 지방정부는 더욱더 전문적이고 결과 지향적인 환경을 조성하지만, 강력한 리더십이 부족할 수 있다(Feiock & West, 1993). 반면, 시장-의회 형태(mayor-council form)의 지방정부는 권한이 강한 시장이 특정 정책을 적극적으로 추진할 수 있지만, 이해집단의 영향을 받을 가능성이 더 크다(Clingermayer & Feiock, 1990; Sharp, Daley, & Lynch, 2011).

인구가 많은 지방정부는 혁신적인 경제개발 활동에 참여할 제도적 역량이 더 크다(Basolo & Huang, 2000; Sullivan, 2002). 연구에 따르면, 대규모 기관은 혁신적인 정책을 채택할 수 있는 행정적 및 기술적 능력이 더 크다(Krause, 2011). 또한 대도시 정부는 새로운 이민자를 통합하기 위해 사회적·경제적 조직을 잘 갖추고 있다(Pastor & Mollenkopf, 2012).

5) 기타 외부 요인들

기타 외부 요인들(other external factors)도 정책 혁신과 채택에 영향을 미친다(Hajnal & Trounstine, 2010). 지방정부는 종종 다른 지방 또는 상위 정부의 정책 혁신을 따르거나 모방하는 경향이 있다(Creek & Yoder, 2012). 특정 개인과 단체는 정책 확산 과정에서 큰 영향을 미칠 수 있다. 이들은 정책 네트워크에 포함된 자원을 조작하고, 문제 식별 전략을 변경하며, 연합을 구축하고, 내부 및 외부 네트워크를 개발함으로써 정책 혁신을 추진하거나 저지할 수 있다(Mintrom & Vergari, 1998).

3 지방정부가 유치하는 이민자 유형

대부분 국가에서 이민정책은 전통적으로 중앙정부의 고유하고 독점적인 영역에 속해 있었다. 그러나 최근 몇 년 동안, 중앙정부의 강력한 영향력에도 불구하고 지방정부들이 이민자 모집과 선발 과정에서 일정한 권한을 행사하는 사례가 증가하고 있다. 지방정부가 유치하려는 이민자의 유형을 정리하면 다음과 같다.

1) 고숙련 이민자

대부분의 지방정부는 대학 교육을 받았거나 전문 또는 기술 학위를 소지한 고숙련 이민자(highly skilled migrants)를 선호한다. 이에 따라 많은 EU 회원국들은 '블루카드(Blue Card)' 시스템을 도입하여 이들이 합법적으로 이민할 수 있도록 하고 있다(Chaloff & Lemaitre, 2009). 1970년대까지는 단순 초청 노동자들을 주로 수용했으나, 현재는 고숙련 이민자를 우선시한다. EU는 단일 시장 내에서 경제적 경쟁력을 강화하기 위해 유럽의 지방정부들이 유망한 취업 시장과 살기 좋은 도시로 고숙련 이민자들을 유치하기 위해 경쟁하고 있다. 이들은 주로 대학, 병원, 문화 부문 같은 공공기관 일자리나 R&D, 컨설팅, IT, 미디어 등의 비즈니스 관련 서비스 분야에서 활동하고 있다(Facchini & Lodigiani, 2014).

2) 저숙련 노동자

EU 국가들은 비EU 출신 저숙련 노동자들(labour migrants)의 유입을 엄격히 규제하고 있지만, EU 내에서는 노동자의 자유로운 이동을 허용한다. EU는 단일 시장 내에서 노동 이동을 이민의 한 형태로 간주하지 않고 노동 이동으로 분류한다(Engbersen, Leerkes, Scholten, & Snel, 2017). 그러나 많은 서유럽 지방정부는 동유럽 회원국에서 유입되는 이주자들을 '빈곤 주도 이주'로 비판하며, 이로 인해 더 많은 복지 지출이 필요하고 기존의 궁핍한 지역의 쇠퇴가 가속화될 것을 우려하고 있다. 이러한 이유로 지방정부들은 일자리와 주택에 초점을 맞춘 간접적인 접근방식을 통해 저숙련 이주노동자를 유치하고 있다.

3) 대학생

많은 지방정부는 유학생과 내국인 대학생들(students)이 학위를 마친 후 지역에 정착하기를 기대하며 대학생 유치에 힘쓰고 있다. 독일의 경우 연방 시스템으로 인해 연방정부가 교육 부문, 대학 운영 및 학생 유입에 대한 규제 권한을 갖고 있다. 따라서 지방정부는 연방의 교육 규제 틀 내에서 대학생을 유치하기 위해 노력하고 있다.

4) 난민

대부분 국가에서 지방정부는 난민(refugees)신청자들이 국내 어디에 분산될지를 결정할 권한이 없다. 예를 들어, 독일에서는 이민 및 난민 연방 사무소가 망명 신청을 처리하며, 주정부가 난민신청자를 수용하고 기본 요구사항을 충족할 책임을 진다. 독일의 지방정부는 수용해야 할 난민신청자의 수를 결정할 권한이 없지만, 배정된 수보다 더 많은 난민을 자발적으로 수용할 수 있는 권한은 있다.

제3절 우리나라 지방이민정책의 사례: 지역특화형 비자 사업

1 지역특화형 비자 제도의 도입 배경

제4차 산업혁명, 인구감소, 제조업 쇠퇴로 인해 지역 일자리가 감소하고 청년인구의 유출이 가속화되면서 지방소멸의 위기가 심화하고 있다. 연앙인구[1] 기준으로 2015년에는 소멸 위험 시・군・구가 33곳에 불과했으나, 지속적인 증가로 인해 행정안전

1) 연앙인구는 주민등록 연앙인구로 측정된다. 연앙인구는 행정안전부에서 공표하는 연말 기준 주민등록인구를 기반으로 하며, 1년 중 중간 일인 7월 1일의 인구 수를 의미한다.

부는 2021년 10월 19일 8개 지표를 기반으로 89곳을 인구감소지역으로 지정 및 고시하였다(행정안전부 고시 제2021-66호, 행정안전부 홈페이지).

이상호와 이나경(2023)은 2023년 2월 기준으로 소멸 위험 시·군·구가 118곳으로 증가했으며, 이는 전국 228개 시·군·구 중 약 52%를 차지한다고 보고하였다. 특히, 전북의 경우 14개 시·군·구 중 13개 지역(92.9%)이 소멸 위험에 처해 있어 비중이 가장 높았고, 강원(88.9%), 경북(87.0%), 전남(81.8%), 충남(80.0%)이 그 뒤를 이었다(이상호·이나경, 2023: 113). 농어촌 낙후지역을 포함한 대부분의 군지역은 이미 소멸 위험 단계에 진입했으며, 최근에는 제조업 쇠퇴지역과 광역 대도시의 원도심지역까지도 지방소멸 위험이 확산하고 있다. 이는 지방소멸이 단순한 양적 확산 단계를 넘어 질적 심화 단계로 진입하고 있음을 시사한다.

소멸 위험의 심화는 청년인구의 유출과 밀접하게 연관되어 있으며, 일부 지역에서는 지난 5년 간 청년인구의 절반 이상이 유출되어 지역소멸 위험을 가속화하고 있다. 기존 정책적 노력에도 불구하고 수도권으로의 인구 집중과 지역 쇠퇴가 지속되는 것은 기존의 정책 패러다임이 지역경제의 구조적 변화와 지역주체의 행동양식에 충분히 영향을 미치지 못했음을 보여준다. 이러한 문제의식 하에 법무부는 지방소멸의 위기를 기회로 전환하기 위한 인구정책이자 이민정책으로서 각 부처와 연계한 지역특화형 비자 제도를 도입하였다.

이 제도는 인구감소지역의 산업별 특수성과 외국인력 수요를 반영하여 지역특화형 비자(F-2-R, F-1-R)를 신설하고, 지역 내 우수 인재와 그 동반가족에 대한 체류자격 기준을 마련하여 인구감소에 따른 지역소멸 위기에 선제적으로 대응하려는 것이다. 또한 이 제도는 지방자치단체와의 협력을 통해 지역 인력 수요를 반영한 비자 발급의 필요성을 충족시키고자 하며, 이를 통해 지역소멸 방지와 외국인의 인구감소지역 내 정착을 유도하여 지역경제를 활성화하는 것을 목표로 한다(이성순, 2023).

2 지역특화형 비자 제도의 주요 내용

지역특화형 비자 제도는 지역의 특성과 요구를 반영하여 지역인재 확보와 국가균형 발전을 목표로 하고 있다. 이 제도의 시범사업은 인구감소지역의 산업, 대학, 일자리 현황에 적합한 외국인의 정착을 장려하며, 지방자치단체의 생활 인구 확대, 경제활동 촉진, 인구 유출 억제를 목적으로 도입되었다. 지방자치단체는 지역의 산업구조, 일자리 현황, 지역대학과의 연계성을 종합적으로 분석하여 해당 지역에 필요한 외국인 규모와 외국 인재의 조건을 법무부에 제출하며, 법무부는 이를 바탕으로 적정 인구를 평가하고 심사를 통해 비자를 발급하게 된다.

이 제도는 우선 지역 우수 인재와 동포 가족을 대상으로 하며, 지역특화 요건을 갖춘 외국인에게 일정 기간 해당 지역에서 거주 및 취업을 조건으로 거주(F-2) 및 동포(F-4) 비자를 선발급한다. 조건 위반 시 비자는 취소된다. 지방자치단체는 외국인이 지역사회에 적응할 수 있도록 정착 지원 프로그램을 마련하여 외국인이 지역주민과 조화를 이루며 정착할 수 있도록 돕는다. 이를 통해 지역의 생산과 소비를 활성화하며, 지역사회 발전에 기여할 것으로 기대된다. 신청 대상은 인구감소지역을 포함한 광역자치단체 또는 인구감소지역인 기초자치단체이다. 선정 기준은 사업추진 필요성, 사업 운영 계획의 적절성, 효과적인 정책추진 가능성, 사회 통합 계획, 업무 연계 가능성, 사업의 지속가능성 등을 포함한다(이성순, 2023).

지역인재와 외국국적동포의 지역특화형 비자 유형을 비교하면 다음과 같다. 먼저, 지역인재의 경우, 지자체 추천을 받은 합법체류외국인이고, 전문학사 이상 또는 전년도 소득 GNI 70% 이상 및 한국어능력 3급 이상이며, 거주지 제한은 2년, 동반가족이 허용되고, 법무부·지자체가 지정한 업종에 종사하고, 배우자 역시 취업이 가능하다. 반면, 외국국적동포의 경우, 국내·외 외국국적동포와 그 가족이 대상이며, 기존 2년 이상 추천지역 거주 또는 가족 단위로 추천지역으로 이주하여야 한다. 거주지 제한은 계속되며, 동반가족은 허용되고, 취업업종 역시 제한이 없고, 배우자 역시 취업이 가능하며, 지역 제한과 단순 노무 분야에서 취업할 수 있다. 좀 더 자세한 내용은 다음 〈표 12-1〉을 참고하길 바란다.

표 12-1 지역특화형 비자 유형별 비교

	지역 우수인재	외국국적동포
대상	지자체 추천을 받은 합법체류외국인 (자격변경 제한* 대상 제외) * 기술연수(D-3), 일반연수(D-4), 호텔유흥(E-6-2), 계절근로(E-8), 비전문취업(E-9), 선원취업(E-10), 기타(G-1), 관광취업(H-1)	국내·외 외국국적동포와 그 가족
주요 요건	① 국내 전문학사 이상 또는 전년도 소득 GNI 70% 이상 및 ② 한국어능력 3급 이상	① 기존 2년 이상 추천지역 거주 또는 ② 가족 단위로 추천지역 이주
거주지 제한	2년 (2년 이후 동일 광역자치단체의 인구감소지역으로 이주 가능)	계속 (타 지역 이주 시 체류기간 연장 불가)
동반가족	허용 (배우자 및 미성년 자녀)	허용 (배우자 및 자녀)
취업 가능 업종	법무부·지자체 지정 업종	제한 없음(단, 선량한 풍속, 기타 사회 질서에 반하는 경우 제외)
취업 가능 지역	추천서 발급 기초자치단체 내 (2년 이후 동일 광역자치단체 내 다른 사업지역에 취업 가능) ※ 단, 최초 허가받은 업종에 한함	추천서를 발급한 기초자치단체가 속한 광역자치단체 내
가족 취업	취업 가능(배우자) - 지역제한, 단순노무 분야	취업 가능(배우자) - 지역제한, 단순노무 분야
자녀 취학	추천서 발급 기초자치단체 내	추천서 발급 기초자치단체 내

자료: 법무부(2023: 10).

3 지역특화형 비자 제도의 추진체계

지역특화비자 사업의 추진체계로서, 법무부는 선정위원회를 통해 지역특화형 비자 사업을 신청한 지방자치단체를 선정하고, 기본자격 요건을 설정하며 비자 발급을 담당한다. 지방자치단체는 지역 체류 특례 비자 발급 대상자를 추천하고 지역자원과 연계하여 참여자를 지원하는 역할을 맡는다. 법무부와 행정안전부(지방자치단체)는 협업을 통해 법무부는 지역 우수 인재와 동포 가족에게 체류자격을 부여하고, 지방자치단체는 지역특화형 외국인 정착 프로그램을 운영하여 지역 균형 발전 및 이민정책을 구현한다.

지역특화비자 사업을 신청하는 지역은 행정안전부가 2021년 10월 기준으로 8개 지표(연평균 인구증감률, 인구밀도, 청년 순 이동률, 주간인구, 고령화비율, 유소년 비율, 조출생률, 재정자립도)를 바탕으로 지정한 인구감소지역이 그 대상이 된다.

제4절 해외 지방이민정책의 사례: 호주 지방이민정책(SSRM)

1 호주의 지방이민정책(SSRM)의 도입 배경

호주의 이민정책은 1945년부터 1990년대 중반까지 대부분의 선진국과 마찬가지로 연방정부의 독점적 권한 아래에 있었다. 이 정책은 주로 두 가지 우선순위를 중심으로 이루어졌다. 첫째는 이민자의 입국을 어떻게 제한할 것인가에 관한 것이고, 둘째는 입국한 이민자들의 정착 지원방안이었다(임동진, 2018). 호주의 이민정책은 기술 이민(skill), 가족 이민(family), 난민(refugee)으로 크게 구분되며, 2014년 기준 전체 이민자 수는 189,090명으로, 이 중 기술 이민이 67.5%로 가장 큰 비중을 차지하고, 가족 이민이 32.3%, 난민이 0.12%를 차지하고 있다(임동진, 2020).

1990년대 이후, 호주의 이민정책에 주정부의 참여가 이루어지면서 약간의 변화가 나타났다. '주특정지역이민프로그램(State Specific and Regional Migration: SSRM)'은 이민정책에 있어 지방정부가 일정한 역할을 담당하기 시작한 중요한 사례이다. 비록 연방정부가 여전히 이민정책의 주도권을 쥐고 있지만, SSRM은 지방정부가 주도적으로 이민정책에 참여할 가능성을 보여준다.

SSRM 제도의 도입 배경을 살펴보면, 1990년대에 들어서면서 호주는 저출산과 인구고령화 문제에 직면하게 되었다. 이에 따라 호주 정부는 이러한 문제를 해결하기 위해 신규이민자 수를 꾸준히 증가시켰다. 그러나 대부분의 신규이민자들이 시드니,

멜버른 등의 대도시지역에 정착하면서 주택 부족, 인프라 부족, 인구 과밀 등의 문제가 발생했다. 반면, 비도시지역에서는 노동 연령층의 이탈과 인구고령화로 인한 노동력 부족 현상이 심화되었다(Hugo, 2008).

이러한 문제를 해결하기 위해 1996년 5월, 연방정부와 주 및 준주 정부의 이민·다문화 담당 장관들이 모여 비도시지역에 더 많은 이민자를 정착시키는 방안을 논의하고 실무 작업반을 구성하였다. 이 결과로, 1996년에 '주특정지역이민프로그램(SSRM)'이 도입되었다(Hugo, 1993; 1999). SSRM의 핵심은 지정된 비도시지역 또는 경제적으로 낙후된 지역의 고용주, 주 및 지방정부, 이민자 가족이 호주의 이민점수제 평가 기준을 충족하지 않더라도 이민자를 후원하여 유치할 수 있도록 하는 것이다.

이 프로그램은 연방정부의 독점적 이민정책 권한이 주 및 지방정부로 일부 이관된 사례로 볼 수 있다. 예를 들어, 사우스오스트레일리아(SA) 주정부는 이민자를 유치하기 위해 남호주 이민국(Immigration SA)을 설립하고, 남호주 지역개발위원회(SA Regional Development Boards)가 이민국장을 임명하였다. 또한 비도시지역의 지방정부들은 이민자들이 지역사회에 원활히 정착할 수 있도록 다양한 지원을 제공하고 있다(Hugo, 2008).

2 호주의 지방이민정책(SSRM)의 주요 내용

호주의 주특정지역이민프로그램(State-Specific and Regional Migration: SSRM)은 경제적으로 낙후된 지역에 대해 사업주, 주 및 지방정부, 또는 이민자 가족이 호주 이민점수제(point system)의 엄격한 요건을 완전히 충족하지 않고도 신규이민자를 후원할 수 있도록 설계된 제도이다. 이 제도는 1996년 5월, 연방정부와 주정부의 이민·다문화 장관들이 참석한 연례 회의에서 지역 이민프로그램을 위한 실무 작업반을 구성하면서 본격적으로 논의되기 시작했다(Hugo, 2008).

실무 작업반은 호주 전역에 이민자들을 균등하게 정착시키는 방법을 조사했으며, 특히 이민자들이 적게 정착하는 지역에 더 많은 이민자를 유치하기 위해 여러 이민프로그램의 개혁을 추진했다. 이후 10년 동안 다양한 비자 종류가 추가되었고, 프로그램은 여러 차례 수정·보완되었다. 주정부의 이민 및 시민권 부서들은 이민프로그램을 정기적으로 평가하고 수정할 수 있도록 설계되어 있다.

SSRM 이민프로그램에는 다양한 비자 카테고리가 있으며, 그 대표적인 예는 다음과 같다. SSRM 프로그램은 주로 이민점수제를 통과하지 못하는 이민자들을 대상으로 한다. 예를 들어, 어떤 비자는 지정된 지역에 3년 간 거주하면 영주권이 부여되며, 이후에는 호주 어디에서나 자유롭게 정착할 수 있다. 또한 지정된 지역의 교육기관에서 학업을 하는 외국인 학생에게는 점수 평가에서 추가 점수를 부여한다. 임시적 장기 사업이민자를 위한 'Regional 457' 비자가 개발되었고, 지역인증기관(regional certifying bodies)이 이들을 후원하는 데 중요한 역할을 하고 있다. 특정 지역이나 인구 저성장지역에서 지역인증기관의 인증을 받은 임시 사업이민자는 이민 규정상 요구되는 최소 기술 및 급여 요건에서 예외를 받을 수 있다(Hugo, 2008).

SSRM 제도는 다양한 형태로 존재하지만, 이민자가 지정된 지역에 정착해야 한다는 점에서 공통된다. 일부 비자는 초기 정착 기간 임시 거주 비자를 제공하지만, 이민자가 호주 연방 이민부(DIAC)의 조건을 충족시킨다면 최소 2년 후에 영주권이 부여된다. SSRM 제도의 핵심은 이민 자격이 특정 지역으로 거주가 제한된다는 점이다. 초기에는 다음의 세 지역이 이민자 정착지역에서 제외되었다: ① 시드니-뉴캐슬-울런공 광역도시권, ② 브리즈번-골드코스트-선샤인코스트를 포함한 남동 퀸즐랜드 지역, ③ 퍼스 남서부 지역. 그러나 이후 이민자 정착지역을 지정하는 데 있어 다소 유연하게 접근하기도 하였는데, 예를 들어, 인구 100만 명 이상의 애들레이드(2006년 기준 인구 1,105,839명)도 포함되었다.

특이한 점은 SSRM 제도의 지정지역에 멜버른 대도시권지역(2006년 인구 3,592,591명)이 포함된 것이다. 멜버른이 포함된 이유는 빅토리아 주정부, 특히 당시 총리가 "호주와 빅토리아 주는 더 많은 이민인구 유입으로 많은 이익을 얻을 수 있다"라고 주장했기 때문이다(Bracks, 2003). 이는 이민인구 증가로 환경오염 문제와 인프라 부족을 겪는 다른 대도시지역들과는 상당히 대조적인 입장이다(Withers & Powell, 2003). 실제로 SSRM 제도는 주정부나 지방정부마다 약간의 차이가 있다. 주요 차이점 중 일부는 다음 〈표 12-2〉에 설명되어 있다. 대부분의 비도시지역이 모든 SSRM 범주에 해당하지만, 이 제도는 호주의 비도시지역뿐만 아니라 다양한 지역에 이민자를 정착시킬 가능성을 보여준다.

표 12-2 SSRM이 적용될 수 있는 지역적 요건

비자 종류	적용지역
기술매칭 (skill matching)	• South Australia, Western Australia, Victoria, Tasmania (주정부 후원) • Sydney, Newcastle, Wollongong, Melbourne, Perth, Brisbane, Gold Coast를 제외한 모든 지역 (지역사업자 후원)
주정부지명 (state/territory nominated independent: STNI)	• South Australia, Tasmania, Victoria
기술지명지역 (skilled-designated area sponsored: SDAS)	• Sydney, Newcastle, Wollongong, Perth, Brisbane을 제외한 모든 지역
기술독립지역 (skilled-independent-regional: SIR)	• Sydney, Newcastle, Wollongong, NSW Central Coast, Melbourne, Perth, Canberra, Brisbane, Gold Coast를 제외한 모든 지역

자료: Birrell et al.(2006); 임동진(2022: 100) 재인용.

현재 호주에는 신규이민자들이 정착 초기에 특정 지역에 정착하도록 규제하는 다양한 이민프로그램이 존재한다. 이러한 프로그램들은 일부 대도시지역에서도 사용되고 있으나, 주로 낙후되고 노동력 부족이 심각한 지역에서 활발히 활용되고 있다. 신규이민자들을 낙후지역에 정착시키기 위해 설계된 주특정지역이민프로그램(SSRM)은 지속적으로 증가하고 있다. 이 프로그램들은 지방정부들이 인구감소와 노동력 부족 문제를 해결하기 위해 이민자 유치를 적극적으로 추진하고 있음을 보여준다.

3 호주의 지방이민정책(SSRM)의 이민자 규모와 특성

1996~1997년에 도입된 주특정지역이민프로그램(State Specific and Regional Migration: SSRM)은 호주에 두 가지 유형의 영구 정착 이민자를 만들었다. 첫 번째는 표준 이민(standard migration) 및 인도주의 프로그램(DIMA, 2007)에 따라 입국하는 이민자들이고, 두 번째는 SSRM 제도에 따라 초기 3년 동안 지정된 지역에 정착해야 하는 이민자들이다. SSRM 제도는 주(준주)정부, 지방정부, 고용주 또는 친척이 정규 이

민 프로그램의 점수 평가 테스트(points sssessment test) 요건을 완전히 충족하지 못하는 예비 기술 이민자를 후원할 수 있도록 설계되었다.

이 제도는 매년 호주 전체 이민자 중 특정 지역에 정착하는 이민자의 비율을 증가시키고 있으며, 2005/2006년 기준으로 전체 이민자의 약 20%를 차지하고 있다(〈표 12-3〉 참조). SSRM 프로그램은 특히 낙후되고 노동력 부족이 심각한 지역에서 활발히 사용되고 있어, 지방정부들이 인구감소와 노동력 부족 문제를 해결하기 위한 중요한 수단으로 자리잡고 있다.

표 12-3 SSRM 비자를 통해 입국한 이민자 규모(1997~2006년)

회기 연도	SSRM 이민자 수(명)	전체 이민자 중 SSRM 이민자 비중(%)
1997~1998	1,753	2.3
1998~1999	2,804	3.3
1999~2000	3,309	3.6
2000~2001	3,846	3.6
2001~2002	4,136	4.6
2002~2003	7,941	8.5
2003~2004	12,725	11.4
2004~2005	18,697	15.2
2005~2006	27,480	20.9

자료: Hugo(2008); 임동진(2022: 102) 재인용.

SSRM 이민프로그램은 2006년 현재 아직 초기 단계에 있지만, 호주 이민자 정착 패턴에 일부 변화를 가져오고 있다. 호주 도시지역에 정착한 신규이민자의 비율이 1991~1996년의 86.3%에서 2001~2006년에는 83.9%로 감소한 것을 보면, 신규이민자들이 여전히 주요 도시에 압도적으로 많이 정착하고 있지만, 그 비율은 감소했다. 이는 1940년대 중반 이후 처음 있는 일이다. 더욱이, 신규이민자들의 주요 목적지였던 시드니의 정착 비율도 지난 두 번의 인구 조사기간 37.3%에서 30.6%로 감소했다. 시드니 인구가 호주 전체 인구의 20.7%에 불과하지만, 그동안 신규이민자들이 많이 정착했던 이 지역에서도 신규이민자 정착이 감소한 것은 주목할 만하다.

표 12-4 호주의 비도시지역에 정착한 신규이민자 비율(1991~2006년)

회기 연도	대도시지역들 (capital cities)	비도시지역 (rest of state)	Sydney
1991~1996	86.3	13.7	37.5
1996~2001	85.5	14.5	37.3
2001~2006	83.9	16.1	30.6

자료: ABS Population Censuses of 1996, 2001, 2006; Hugo(2008) 재인용.

SSRM 이민프로그램은 기존 이민자들과는 다른 특성을 가진 신규이민자들을 통해 지역사회의 다양성을 증진하는 데 기여하고 있다. 기존 이민자들은 주로 숙련된 기술이민자 자격을 갖추었으며, 영어를 주 언어로 사용하고 영어권 국가(Mainly English Speaking: MES) 출신이 대부분이었다. 그러나 SSRM 이민자들은 비영어권 국가 출신이 약 80.4%를 차지하며, 영어가 주 언어인 국가(영국, 미국, 캐나다, 뉴질랜드 및 남아프리카공화국) 출신은 19.6%에 불과하다. 이러한 변화는 SSRM 이민프로그램이 다양한 문화적 배경을 가진 사람들을 지역사회에 유입시킴으로써 문화적 다양성을 크게 증진하고 있음을 나타낸다. 또한 비도시지역의 인구고령화 문제를 고려할 때, SSRM 신청자의 2/3 이상(68%)이 40세 미만이다. 이 프로그램을 통해 유입된 이민자들은 대부분 젊은층으로, 이는 비도시지역의 인구구조를 젊게 하고 지역경제를 활성화하는 데 도움이 된다. SSRM 신청 이민자의 직업 분포를 보면, 전문직(의사, 간호사, 교사 등)이 52.8%로 가장 큰 비중을 차지하며, 그다음으로 무역업자가 18.6%를 차지하고 있다. 건축업자, 전기기사, 용접공, 기계공 등 준전문가(기능직)도 11.6%를 차지하지만, 호주의 많은 지역에서는 여전히 기능직 인력이 부족한 상황이다. 이러한 통계는 SSRM 프로그램이 다양한 직업군의 이민자들을 유치함으로써 지역사회의 인력 수급 문제를 해결하고, 동시에 지역사회의 문화적, 인구학적 다양성을 높이는 데 중요한 역할을 하고 있음을 보여준다.

표 12-5 SSRM 신청 시 이민자 직업군(2001~2006년)

직업별	이민자 수(명)	비율(%)
관리자급 (managers & administrators)	1,304	14.0
전문가 (professionals)	4,911	52.8
준전문가(기능직) (associate professionals)	1,082	11.6
무역업자 (trades persons)	1,732	18.6
고급 사무직 (advanced clerical services)	35	0.4
중급 사무 판매 서비스 (intermediate clerical sales services)	217	2.3
중간 운송 및 생산 (intermediate transport & production)	18	0.2
초급 사무 판매 서비스 (elementary clerical sales service)	4	0.0
노동자 (labourers)	6	0.1
합계	9,309	100.0

자료: Hugo(2008); 임동진(2022: 104) 재인용.

4 호주의 지방이민정책(SSRM)의 성과

호주의 지방이민정책(SSRM)의 성과를 ① 인구학적 측면, ② 노동력 측면, ③ 체류 지속성 측면으로 구분하여 살펴보고자 한다. 먼저, 인구학적 측면에서 살펴보면 다음과 같다. 주특정지역이민프로그램(SSRM)은 주 및 테리토리 정부가 기술 부족 문제를 해결하고 해외 기업인을 유치하여 벤처기업을 설립하며, 동시에 기술 이민자를 유치하는 것을 목표로 한다. 2011~2012년 기준으로 전국 SSRM 프로그램을 통해 약 48,000명이 이민하였다. 반면, 지역후원이민프로그램(Regional Sponsored Migration Scheme: RSMS)은 1995~1996년에 도입된 고용주 후원 이민프로그램으로, 지정된 지역의 고용주가 최소 2년 동안 숙련된 직위를 채우기 위해 이미 호주 또는 해외에 있는 임시 거주자를 지명할 수 있게 한다. 2011~2012년에는 약 16,500개의 RSMS 비자가 발급되었다(Phillips & Spinks, 2012).

테일러 외(Taylor et al., 2014)의 연구에서는 Northern Territory(NT) 지역의 SSRM과 RSMS의 성과를 조사하였다. 설문조사는 2008~2011년에 NT 지역에 도착한 기술이민자를 대상으로 2012년 초에 시행되었으며, SSRM 비자 소지자 353명 중 166명(50% 응답률)과 RSMS 비자 소지자 953명 중 278명(45% 응답률)이 응답했다. 또한 SSRM과 RSMS 프로그램은 모두 지역 노동력의 연령을 낮추는 데 기여하고 있다. NT 지역으로 유입된 신규이민자들은 인구고령화와 노동력 부족 문제를 완화하고 있다. 또한 NT 지역의 이민자 중 높은 비율이 파트너와 함께 정착하려는 경향이 있어 지역 인구 안정과 증가에 기여하고 있다. SSRM 응답자의 28%와 RSMS 응답자의 62%가 자녀가 있다고 응답했으며, 이는 SSRM 참여자들이 비교적 젊은 층이 많다는 점과 프로그램의 특성에서 기인한다. SSRM 이민자들은 보통 3년 후 영주권이 보장되는 반면, RSMS는 2년 후 영주권이 보장된다.

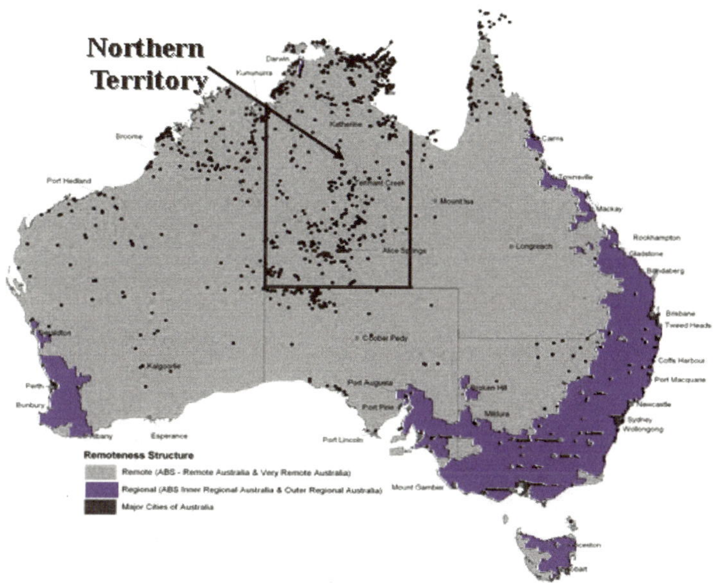

자료: Taylor et al.(2014: 5).

그림 12-1 호주 Northern Territory(NT) 주의 위치

다음으로, 노동력 측면에서 살펴보면 다음과 같다. SSRM과 RSMS 이민자들의 실업률을 보면, SSRM은 2%, RSMS는 6%로 나타나 SSRM의 고용률은 98%, RSMS는 94%로 매우 높다. 이민자들이 직장을 옮기더라도 같은 직업에 고용될 확률은 SSRM이 74%, RSMS가 84%로 나타났다. SSRM과 RSMS 이민자들은 지역의 기술과 노동력 부족 문제를 해결하는 데 큰 기여를 하고 있다. 또한 SSRM 이민자 중 83%, RSMS 이민자 중 75%가 파트너와 함께 정착하여 안정적인 생활을 하고 있다. NT 지역에서 SSRM 및 RSMS 프로그램의 주요 혜택을 받는 산업으로는 의료 및 사회 지원, 숙박 및 음식 서비스, 건설, 공공 행정 및 안전 등이 있다. 이민자들은 특히 숙박 및 음식 서비스 산업에서 큰 비중을 차지하며, 전체 고용인의 40%를 차지하고 있다. RSMS 프로그램이 고용률과 직업 유지율 측면에서 SSRM보다 약간 더 높은 성과를 보인다(Taylor et al., 2014).

마지막으로, 체류 지속성 측면에시 살펴보면 다음과 같다. 테일러 외(Taylor et al., 2024)의 설문조사와 다른 호주 통계청 자료를 비교한 결과, NT 비도시지역 이민자들의 체류율은 SSRM이 90%, RSMS가 93%로 나타났다. RSMS 응답자의 절반 이상이 NT 지역을 떠나지 않겠다고 응답했다. 그러나 30%에 가까운 응답자가 NT 지역을 떠났거나 떠날 예정이라고 응답했으며, 이들은 주로 대도시 또는 그 주변 지역으로 이동할 가능성이 크다. 이민자들이 NT 지역을 떠나는 이유로는 주택 부족, 적절한 숙박 시설 부족, 주택 시장의 불확실성, 높은 임대료 및 구매 가격 등이 주요 요인으로 나타났다(Demographia, 2010; Taylor, 2010). 생활비와 주거비가 장기정착에 장애 요인이 되며, 이는 기술 이민자들이 농촌 지역에서 도시지역으로 이동하는 주요 원인과 일치한다.

SSRM 이민자들이 지정된 지역을 떠나는 주요 이유로는 가족 및 친구와 함께 지내기 위해(23%), 다른 지역에서의 고용 기회(19%), 적절한 고용 부족(16%), 생활비와 주거비용(15%) 등이 있었다. RSMS 이민자들은 다른 지역에서의 고용 기회(17%), 가족 및 친구와 함께 있을 기회(15%), 높은 생활비(17%), 주거비용(22%), 외딴 지역(11%) 등을 이유로 들었다(Taylor et al., 2014). 결론적으로, SSRM 이민프로그램은 지역사회의 인구학적, 경제적 성과에 긍정적으로 기여하고 있으며, 향후 정책은 이민자와 그 가족이 지속해서 지역에 거주할 수 있는 환경을 조성하는 데 초점을 맞추어야 한다.

표 12-6 비도시지역에서의 SSRM과 RSMS의 기여 정도 비교

기여 측면	측정지표	SSRM	RSMS	다른 통계지표와의 비교 (호주 통계청 자료)
인구학적 기여 측면	평균연령	32	36	• NT에서 고용된 비원주민 거주자의 평균연령 = 39 • NT에서 고용된 원주민의 평균연령 = 36세 • NT에서 고용된 모든 거주자의 평균연령 = 38세
	정착(때) 후 파트너가 있었음	79%	82%	• NT에서 파트너 비율 = 56% • 호주에서 파트너 비율 = 58%
	정착(때) 후 자녀가 있었음	28%	62%	• NT에서 자녀를 둔 개인 = 57% • NT 자녀가 있는 가족 = 64%
노동력의 기여 측면	실업 상태	2%	6%	• NT의 실업률 = 4.1%(2012.2)
	같은 고용주에게 고용됨	자료 없음	94%	자료 없음
	같은 직업에 고용됨	74%	84%	자료 없음
	배우자/파트너 고용	83%	75%	• 호주 전체 RSMS 배우자/파트너 참여율 = 77%
지속적 체류 측면	NT에서 이미 바깥으로 이주했음	10%	7%	• NT에서 고용된 비원주민의 2년 이주율 = 8.3%
	NT를 떠날 계획	17%	22%	자료 없음
	고용주 후원자와 무기한 체류할 계획	자료 없음	52%	자료 없음

자료: Taylor et al.(2014); 임동진(2022: 107) 재인용.

제5절 결론

1 호주 지방이민정책(SSRM)의 과제

호주 지방이민정책(SSRM)은 비도시 및 낙후 지역에 이민자를 유치하고 정착시키는 데 상당한 성과를 거두었으나, 성공적인 제도 안착을 위해서는 다음과 같은 과제들이 논의되어야 한다. 첫째, 일자리 안정성 확보가 필요하다. SSRM 이민프로그램

의 성공 여부는 비도시지역에서 이민자들에게 지속적인 일자리를 제공할 수 있는가에 달려 있다. SSRM 이민프로그램은 저출산 고령화와 인구감소 문제를 겪고 있는 비도시지역으로 신규이민자들을 이주·정착시킴으로써 어느 정도 성공을 거두었다. 이는 이민자들이 해당 지역사회에서 일자리를 얻을 수 있었기 때문에 가능했다(Hugo, 2008b). 그러나 지속적인 일자리 기회와 적절한 보수가 제공되지 않으면 SSRM 이민프로그램은 성공하지 못할 것이다. 또한 SSRM 이민자들이 영주권을 얻고 거주 의무기간 이후 해당 지역을 떠날 가능성도 있다. 따라서 이민자들이 지역의 노동 및 주택시장에 빠르게 진입하고 새로운 환경에 적응할 수 있도록 주정부, 지방정부, 시민단체, 지역주민의 역할이 중요하다.

둘째, 비영어권 이민자의 적응 지원이 중요하다. 비영어권 신규이민자들이 기존의 영어권 중심 지역사회에 적응하고 정착하는 과정에서 언어와 문화적 장벽을 극복하는 것이 중요하다. 기존 비도시지역의 이민자들은 주로 영어권 국가 출신으로, 언어와 문화적 장애가 없었으나, 비영어권 이민자들은 통역 서비스와 같은 지원이 부족하다. 특히, 비영어권 이민자들이 건강, 교육, 기타 공공서비스에 접근하는 데 어려움을 겪고 있다. 이를 해결하기 위해 지역 커뮤니티 그룹, 지방정부가 환영 행사, 정착 지원 프로그램을 마련하여 이민자들이 지역사회에 잘 정착할 수 있도록 지원하고 있다.

셋째, 인종 차별이 극복되어야 한다. 일부 지역주민들의 인종 차별적인 행동을 극복하는 것이 중요하다. 대부분 지역사회는 신규이민자들을 환영하지만, 일부는 반발하기도 한다. 예를 들어, South Australia 지역에서는 중국 노동자들에 대한 반대 의견이 있었다. 이러한 인종 차별적인 행동을 상쇄하기 위해 지역사회는 환영 플래카드와 지역신문을 통해 신규이민자들을 환영하는 노력을 하고 있다.

넷째, 노동시장 및 주거 문제 해결이 필요하다. 신규이민자들의 지역 노동시장 진입과 주거 문제를 해결하는 것이 중요하다. 연구에 따르면, SSRM 이민프로그램을 통해 유치된 기술 이민자들이 일반적인 기술 정착민보다 노동시장에 진입하는 데 더 많은 어려움을 겪고 있다(Birrell et al., 2006). 이는 이민자 선택 문제인지 특정 지역의 노동시장 문제인지는 명확하지 않으며 추가 연구가 필요하다. 또한 주거 문제도 중요한 과제이다. 특히, 난민 대가족을 위한 적절한 주택 부족은 큰 문제이다.

다섯째, 단순 노동자 수요 문제를 해결해야 한다. 호주의 많은 지역사회에서 단순 또는 반숙련 노동력이 부족하다. 그러나 호주 정부는 숙련된 기술 이민자만을 허용하고 있다. 농업, 광업, 관광, 임업, 어업 및 개인 돌봄과 관련된 일자리는 종종 낮은 수준의 기술을 가진 단순 노동자를 필요로 한다. 이미 여러 고용주 로비 그룹들이 연방정부에 비숙련 근로자의 임시 이주를 허용하라고 압력을 넣고 있다. 이는 특정 산업(예: 수확, 노인 돌봄) 및 특정 원산지(예: 일부 태평양 국가)에 초점을 맞출 수 있다.

여섯째, 장기 정착을 유도하여야 한다. 비도시지역에 정착한 신규이민자들이 초기 정착한 지역에 얼마나 오랫동안 거주할 것인가가 중요한 문제이다. 선행연구들은 비도시지역에 정착한 이민자들이 대도시로 유출될 가능성이 높음을 보여준다(Hammar, 1993; Robinson & Hale, 1989; Robinson, 1993; Burnley, 1989). 따라서 이민자들이 지역 사회에 대한 애착을 발전시켜 그들이 남을 가능성을 높이는 것이 중요하다. 이와 같은 과제들을 해결함으로써, 호주 지방이민정책(SSRM)이 더욱 성공적으로 안착할 수 있을 것이다.

2 우리나라에의 정책적 시사점

호주의 지방이민정책(SSRM)에 대한 논의 결과를 토대로 우리나라에 적용할 수 있는 정책적 시사점을 제시하면 다음과 같다. 첫째, 지방정부 주도의 이민프로그램을 확대할 필요가 있다. 호주의 SSRM 이민프로그램은 지방정부가 주도하여 비도시지역의 인구증가와 노동력 확보에 성공했다. 우리나라도 이와 유사한 지역특화형 비자 제도를 막 도입하여 운영 중이다. 저출산과 고령화로 인한 인구감소와 청년층 이탈 문제를 해결하기 위해 지방정부가 지역 특성에 맞는 이민자 유입 정책을 주도하는 '지역특화형 비자 제도'를 확대하여야 한다(임동진, 2022).

둘째, 적극적인 이민자 유입 정책이 필요하다. 우리나라는 저출산과 고령화 문제를 해결하기 위해 더 적극적인 이민자 유입 정책이 필요하다. 기존의 출산 장려 정책만으로는 한계가 있으며, 여러 선진국이 이미 채택하고 있는 적극적인 이민정책을 도입해야 한다. 이는 정부예산으로만 해결할 수 없는 문제를 보완하고, 필요한 노동력을 확보하는 데 필수적이다(문병효, 2021; 강동관, 2021).

셋째, 중앙정부와 지방정부 간 협의체 설치가 필요하다. 호주의 사례를 보면, 연방정부와 주정부 간의 협력이 중요하다. 우리나라도 중앙정부와 지방자치단체들이 참여하는 '정부간이민다문화정책협의회'를 설치하고, 정기적인 연례 회의와 실무 작업반을 운영하여 구체적인 이민정책을 논의해야 한다. 현재의 비정기적 모임을 정례화하고, 지방정부가 중앙정부와 대등한 입장에서 정책을 논의할 수 있도록 해야 한다.

넷째, 지방자치단체의 권한 확대가 필요하다. 지방자치단체가 지역적 수요에 대응하는 적극적인 이민정책을 추진할 수 있도록 권한을 부여해야 한다. 예를 들어, 농업과 어업 분야의 계절근로자 프로그램처럼 지역 특성에 맞는 외국인력 유치 프로그램을 운영할 수 있도록 해야 한다. 이는 고령화로 인한 돌봄 인력 수요 증가에도 대응하는 방안이 될 것이다(임동진, 2022).

다섯째, 2단계 이민정책 추진이 필요하다. '2단계 이민정책(two-step migration policy)'이란 처음에 임시 이민 비자로 입국하여 일정 기간 후 영주권으로 전환하는 방식이다. 호주는 이를 통해 임시비자 발급 및 영주권 취득 시 비도시지역에 우선 정착하도록 유도하고 있다. 우리나라도 고용허가제, 계절근로자 등을 통해 1단계 이민정책을 운영하고 있지만, 이를 2단계 이민정책으로 전환하여 기존의 숙련 기능 외국인 노동자와 유학생을 적극적으로 활용하는 방식으로 변경해야 한다. 이는 위기 상황에서 신규 인력 입국의 어려움을 해결하고, 외국인의 사회적응도와 업무숙련도를 높일 수 있는 방법이다(Spinks, 2018).

위와 같은 정책적 시사점을 통해 우리나라는 호주의 성공 사례를 참고하여, 지방정부 주도의 이민프로그램을 확대하고 적극적인 이민자 유입 정책을 추진함으로써 저출산과 고령화 문제를 해결하고 지역발전을 도모할 수 있을 것이다.

참고문헌

강동관(2021). 한국의 인구구조와 외국인 정책방향: 이민자 유입, 사회통합, 거버넌스. 『한국이민정책학보』, 4(2): 3-30.

문병효(2021). 지방분권과 지방소멸의 대응방안: 이른바 '지방소멸'에 직면한 지방자치의 현실과 대응책을 중심으로. 『한국자치법연구』, 21(3): 243-288.

법무부(2023). 「2024년도 지역특화형 비자 사업」공모 안내. 법무부 공고 제2023-452호(2023년 12월 8일).

이상호·이나경(2023). 지방소멸위험 지역의 최근 현황과 특징. 『지역산업과 고용』, 봄호: 112-119.

이성순(2023). 법무부 지역특화형 비자제도 개선방안 연구: 충청남도 보령시 시범운영 사례를 중심으로. 『한국이민정책학보』, 6(2): 51-73.

임동진(2018). 호주 이민정책의 변동과정 및 정책지향 분석: 단속평형이론을 중심으로. 『한국비교정부학보』, 22(1): 57-87.

임동진(2020). 저출산 고령화시대 미국, 캐나다, 호주의 이민정책 비교 연구: 이민인구와 최근 경향을 중심으로. 『한국비교정부학보』, 24(2): 69-99.

임동진(2022). 지방소멸, 이민정책으로 해결할 수 있는가?: 호주 지방정부의 SSRM 이민프로그램을 중심으로. 『한국지방자치학회보』, 34(1): 87-118.

Basolo, V., & Huang, C.(2000). Cities and Economic Development: Does the City Limits Story Still Apply? *Economic Development Quarterly*, 15(4): 327-339.

Benton-Short, L., Price, M. D., & Friedman, S.(2005). Globalization from Below: The Ranking of Global Immigrant Cities. *International Journal of Urban and Regional Research*, 29(4): 945-959.

Berry, F., & Berry, W. D.(1990). State Lottery Adoptions as Policy Innovations: An Event History Analysis. *American Political Science Review*, 84: 395-415.

Betz, M. R., Partridge, M. D., Kraybill, D. S., & Linda Lobao, L.(2012). Why Do Localities Provide Economic Development Incentives? Geographic Competition, Political Constituencies, and Government Capacity. *Growth and Change*, 43(3): 361-391.

Birrell, B., Hawthorne, L., & Richardson, S.(2006). *Evaluation of the General Skilled Migration Categories*. Canberra: AGPS.

Bowman, A., & Pagano, M. A.(1992). City Intervention: An Analysis of the Public Capital Mobilization Process. *Urban Affairs Review*, 27(3): 356-374.

Bracks, S.(2003). An Outward-looking Population Policy for Australia. In *Australia's Population Challenge*, Vizard S., Martin H. J., & Watts T.(eds.). Penguin Books: Victoria, 39-43.

Brenner, C.(2009). Structures and Strategies of Immigrant Integration: Evidence from Local Governments in the New Latino Destinations of the United States. *Journal of Public Management & Social Policy*, 15(1): 31-70.

Buch, T., Hamann, S., Niebuhr, A., & Rossen, A.(2014). What Makes Cities Attractive? The Determinants of Urban Labour Migration in Germany. *Urban Studies*, 51(9): 1960-1978.

Burnley, I. H.(1989). Settlement Dimensions of the Vietnam-born Population in Sydney. *Australian Geographical Studies*, 27: 129-154.

Carson, D.(2011). Political Economy, Demography and Development in Australia's Northern Territory. *Canadian Geographer*, 55(2): 226-242.

Carson, D., & Schmallegger, D.(2009). Why Don't Women like Darwin? Accessed 15 August, 2013 from http://www.cdu.edu.au/sites/default/files/Brief2009036women_darwin.pdf

Chaloff, J., & Lemaitre, G.(2009). *Managing Highly-skilled Labour Migration: A Comparative Analysis of Migration Policies and Challenges in OECD Countries*(OECD Social, Employment and Migration Working Papers, No.79). Paris: OECD, Publishing.

Clingermayer, J. C., & Feiock, R. C.(1990). The Adoption of Economic Development Policies by Large Cities: A Test of Economic, Interest Group, and Institutional Explanations. *Policy Studies Journal*, 18(3): 539-552.

Clingermayer, J. C., & Feiock, R. C.(2001). *Institutional Constraints and Policy Choice.* Albany: State Univ. of New York Press.

Cocklin, C., & Dibden, J.(eds).(2005). *Sustainability and Change in Rural Australia.* UNSW Press: Sydney.

Creek, H., & Yoder, S.(2012). With a Little Help from Our Feds: Understanding State Immigration Enforcement Policy Adoption in American Federalism. *Policy Studies Journal*, 40(4): 674-697.

Dahl, R. A.(1961). *Who Governs? Democracy and Power in the American City.* New Haven: Yale Univ. Press.

de Graauw, E., Gleeson, S., & Bloemraad, I.(2013). Funding Immigrant Organizations: Suburban Free Riding and Local Civic Presence. *The American Journal of Sociology*, 119(1): 75-130.

Demographia(2010). 6th Annual Demographia International Housing Affordability Survey:

2010. Accessed 1 February, 2010 from http://www.demographia.com/dhi-ix2005q3.pdf

Engbersen, G., Leerkes, A., Scholten, P., & Snel, E.(2017). The intra-EU Mobility Regime: Differentiation, Stratification and Contradictions. *Migration Studies*, 5(3): 337-355.

Facchini, G., & Lodigiani, E.(2014). Attracting Skilled Immigrants: An Overview of Recent Policy Developments in Advanced Countries. *National Institute Economic Review*, 229: R3-R21.

Feiock, R. C., & West, J. P.(1993). Testing Competing Explanations for Policy Adoption: Municipal Solid Waste Recycling Programs. *Political Research Quarterly*, 46(2): 399-419.

Filomeno, F. A.(2015). The Migration-Development Nexus in Local Immigration Policy: Baltimore City and the Hispanic Diaspora. *Urban Affairs Review*. Published electronically November 30. DOI: 10.1177/1078087415614920

Global Commission on International Migration(GCIM)(2005). *Migration in An Interconnected World: New Directions for Action*. Report of the Global Commission on International Migration, Switzerland.

Godwin, M. L., & Schroedel, J. R.(2000). Policy Diffusion and Strategies for Promoting Policy Change: Evidence from California Local Gun Control Ordinances. *Policy Studies Journal*, 28(4): 760-776.

Hajnal, Z. L., & Trounstine, J.(2010). Who or What Governs? The Effects of Economics, Politics, Institutions, and Needs on Local Spending. *American Politics Research*, 38(6): 1130-1163.

Hammar, T.(1993). The 'Sweden-wide Strategy' of Refugee Dispersal. In *Geography and Refugees*, Black, R., & Robinson, V.(eds.). Belhaven: London, 105-117.

Hopkins, D. J.(2010). Politicized Places: Explaining Where and When Immigrants Provoke Local Opposition. *American Political Science Review*, 104(1): 40-61.

Hugo, G.(1993) *The Changing Spatial Distribution of Major Ethnic Groups in Australia*, 1961-1986. Revised Version of a Report Prepared for Office of Multicultural Affairs, April.

Hugo, G.(1999). A New Paradigm of International Migration in Australia. *New Zealand Population Review*, 25: 1-39.

Hugo, G.(2008a). Immigrant Settlement Outside of Australia's Capital Cities. *Population, Space and Place*, 14: 553-571.

Hugo, G.(2008b). Australia's State-Specific and Regional Migration Scheme: An Assessment of its Impacts in South Australia. *International Migration & Integration*, 9: 125-145.

Kasimis, C.(2005). *Migrants in Rural Economies of Greece and Southern Europe*. http://www.migrationinformation.org/Feature/print.cfm?ID=337

Kasimis, C., & Papadopoulos, A. G.(2005). The Multifunctional Role of Migrants in Greek Countryside: Implications for Rural Economy and Society. *Journal of Ethnic and Migration Studies*, 31(1): 99-127.

Kasimis, C., Papadopoulos, A. G., & Zacopoulou, E.(2003). *Migrants in Rural Greece, Sociologia Ruralis*, 43(April).

Krause, R. M.(2011). Symbolic or Substantive Policy? Measuring the Extent of Local Commitment to Climate Protection. *Environment and Planning C: Government and Policy*, 29(1): 46-62.

Kühn, M.(2018). Immigration Strategies of Cities: Local Growth Policies and Urban Planning in Germany. *European Planning Studies*, 26(9): 1747-1762.

Logan, J. R., & Molotch, H. L.(1987). *Urban Fortunes: The Political Economy of Place*. Berkeley: Univ. of California Press.

Martin, P., & Midgley, E.(2006). Immigration: Shaping and reshaping America. *Population Bulletin*, 61(4).

Mintrom, M., & Vergari, S.(1998). Policy Networks and Innovation Diffusion: The Case of State Education Reforms. *The Journal of Politics*, 60(1): 126-148.

Molotch, H. L.(1976). The City as a Growth Machine: Toward a Political Economy of Place. *The American Journal of Sociology*, 82(2): 309-332.

Morgan, D. R., & Pelissero, J. P.(1980). Urban Policy: Does Political Structure Matter? *American Political Science Review*, 74(4): 999-1006.

Oliver, J. E., & Wong, J.(2003). Intergroup Prejudice in Multiethnic Settings. *American Journal of Political Science*, 47(4): 567-582.

O'Neil, K.(2011). Challenging Change: Local Policies and the New Geography of American Immigration. PhD diss., Univ. of Princeton.

Pastor, M., & Mollenkopf, J.(2012). Struggling over Strangers or Receiving with Resilience? The Metropolitics of Immigrant Integration. In *Urban and Regional Policy and Its Effects: Building Resilient Regions*, edited by Margaret Weir, Nancy Pindus, Howard Wial, & Harold Wolman, 100-147. Washington, DC: Brooking Institution Press.

Peterson, P. E.(1981). *City Limits*. Chicago: Univ. of Chicago Press.

Phillips, J., & Spinks, H.(2012). *Skilled Migration: Temporary and Permanent Flows to Australia*. Parliament of Australia: Department of Parliamentary Services.

Pierre, J.(2011). *The Politics of Urban Governance*. London: Palgrave Macmillan.

Ramakrishnan, S. K., & Wong, T.(2010). Partisanship, Not Spanish: Explaining Municipal Ordinances Affecting Undocumented Immigrants. In *Taking Local Control: Immigration Policy Activism in U.S. Cities and States*, edited by Monica Varsanyi, 73-96. Palo Alto: Stanford Univ. Press.

Robinson, V.(1993). North and South: Resettling Vietnamese Refugees in Australia and the UK. In *Geography and Refugees*, Black, R., & Robinson, V.(eds.). Belhaven: London, 134-153.

Robinson, V., & Hale, S.(1989). *The Geography of Vietnamese Secondary Migration in the UK*. Warwick University Centre for Research in Ethnic Relations: Coventry.

Sassen, S.(2001). *The Global City*(2nd ed.). New York: Princeton University Press.

Schiller, N. G., & Caglar, A.(2013). Locating Migrant Pathways of Economic Emplacement: Thinking Beyond the Ethnic Lens. *Ethnicities*, 13(4): 494-514.

Schmidtke, O.(2014). Beyond Nations Models? Governing Migration and Integration at the Regional and Local Levels in Canada and Germany. *Comparative Migration Studies*, 2(1): 77-99.

Sharp, E. B.(1991). Institutional Manifestations of Accessibility and Urban Economic Development Policy. *Western Political Quarterly*, 44(1): 129-147.

Sharp, E. B., Daley, D. M., & Lynch, M. S.(2011). Understanding Local Adoption and Implementation of Climate Change Mitigation Policy. *Urban Affairs Review*, 47(3): 433-457.

Smith, R.(2012). Local Government Incorporation of Immigrants in Community Economic Development Strategies. Unpublished paper. Accessed May 1, 2015. http://papers.ssrn.com/sol3/papers.cfm?abstract_id=1853713

Spinks, H.(2018). Migration-Issues for Australia's Migration Program. *Parliamentary Library Briefing Book*. Parliamentary Library, Canberra.

Sullivan, D. M.(2002). Local Governments as Risk Takers and Risk Reducers: An Examination of Business Subsidies and Subsidy Controls. *Economic Development Quarterly*, 16(2): 115-126.

Sumption, M.(2014). *Giving Cities and Regions a Voice in Immigration Policy. Can National Policies Meet Local demand?* Washington, DC: Migration Policy Institute.

Taylor, A.(2010). Darwin's Housing Market: a Crisis for Whom? *Population and Tourism Studies Research Brief 201053*. Darwin: Charles Darwin University.

Taylor, A. J., Bell, L., & Gerritsen, R.(2014). Benefits of Skilled Migration Programs for

Regional Australia: Perspectives from the Northern Territory. *Journal of Economic and Social Policy*, 16(1): 1-23.

Thompson, V. A.(1965). Bureaucracy and Innovation. *Administrative Science Quarterly*, 10 (1): 1-20.

United Nations(UN)(2006). *World Urbanization Prospects: The 2005 Revision Population Database*. http://esa.un.org/unup

Walker, K.(2011). *The Geographies of Local Immigration Policies in the United States*. PhD diss., Univ. of Minnesota.

Williams, A. M.(2009). International Migration, Uneven Regional Development and Polarization. *European Urban and Regional Studies*, 16(3): 309-322.

Withers, G., & Powell, M.(2003). *Immigration and the Regions: Taking Regional Australia Seriously*. A report prepared for the Chifley Research Centre by Applied Economics P/L, October.

World Bank(2006). *Global Economic Prospects 2006. Economic implications of Remittances and Migration*. Washington: The World Bank.

CHAPTER 13

이민과 사회통합

문병기

제1절 서론

이민정책의 궁극적 목적을 모든 사회구성원이 공동체(communitas)[1]의 일원이 되

1) 'communitas'는 우리가 통상적으로 '공동체'로 번역하는 영어 'community'의 라틴어 어원이라고 할 수 있다. communitas는 'com(또는 cum)'과 'munus(또는 munere)'로 분해될 수 있으며, 전자는 '함께' 또는 '서로'라는 뜻이고, 후자는 '대가를 바라지 않고 마땅히 해야 할 일' 또는 '선물' 및 이러한 일을 하는 행위를 의미한다. 따라서 communitas란 선물, 즉 무상의 모든 나눔을 서로 실행할 수 있을 정도로 친밀한 관계성을 가진 사람들의 집단생활체라는 의미가 있을 때만 사용할 수 있는 특별한 말이다. 근린사회 및 지역사회와는 엄연히 구분되는 개념이다.

는 성숙한 세계시민국가의 건설로 설정한다면, 이민자 사회통합은 이민정책의 중간 목표 내지는 중간 결과물이라고 할 수 있다. 이민을 통해 유입국의 장기적 발전, 즉 국부 총량의 극대화를 추구하기 위해서는 그 안의 구성원이 토착민이든 이민자든 가리지 않고 모두가 혼연일체가 되어 함께 나아가는 총력 대응 체제가 착실하게 준비되어야 하기 때문이다. 이것이 이민자 사회통합에 관한 논의의 의의이며 필요성이다.

한편, 이민자 사회통합의 필요성은 몇 가지 차원을 통해 입체적으로 이해할 수 있어야 한다. 1차적으로는 주로 경제적 측면에 집중되는 실리적 이유가 있다. 유입국의 경제적 성장과 안정화에 기여하여야 한다. 그러나 이러한 실리적 차원도 단기적인 수준의 노동 공급 및 시장 수요의 해결과는 구분하여, 국제적 인재 확보를 통한 국가의 성장기반 구축이라는 장기적 수준도 균형적으로 추구하여야 한다. 궁극적·간접적으로는 규범적 이유에서 이민자 사회통합의 필요성을 이해하여야 한다. 인권보호를 위시한 인류애의 실현을 통해 좀 더 장기적이고 통치체제적인 시각에서 국가의 안정성과 발전 가능성에 기여하여야 한다. 이러한 시각에서 특히 진취적으로 고려하여야 할 의제가 이민 배경 아동 및 난민의 사회통합이다.

동시에, 심층적 이민자 사회통합의 중요성을 제대로 이해하기 위해 우리는 해외의 소위 '이민 선진국'의 사례를 반면교사로 삼아야 한다. 영국과 프랑스 등 몇몇 해외 사례에서 내국민과 이민자 간의 갈등이 꾸준히 나타날 뿐만 아니라, 그 정도가 점점 더 격화되는 것은 이민자 사회통합의 단기적·실리적 측면에만 안주한 해당 국가들의 과거 이민정책의 필연적 결과라고 할 수 있다.

상대적으로 이민정책의 역사가 매우 짧을 뿐만 아니라, 사회·문화적으로 이민 현상에 대한 광범위한 경험과 이해가 일천한 한국과 같은 사회에서는 더더욱 이민자 사회통합 실패가 가져올 나쁜 결과와 그 비용은 치명적일 수 있다. 해외의 소위 '이민 선진국'의 사례에서 보듯이, 이민자 사회통합 실패의 부작용은 시간이 지날수록 더욱 커지고 복잡화되며, 종국에는 치유 불가능할 수도 있음을 심각하게 받아들여야 할 것이다.

이 장에서는 이러한 필요성과 중요성이 있는 이민자 사회통합을 체계적으로 이해하기 위하여, 먼저 이민자 사회통합의 의미를 다양한 시각에서 정리한다. 나아가, 이민자 사회통합의 논리를 심층적으로 이해하기 위한 도구로서 몇 가지 대표적인 이민자 사회통합모형의 특징들을 분석한다. 이어서 이민자 사회통합의 단계를 이민자의 생애 주기적 시각에서 순서대로 살펴본다. 마지막으로, 국내・외의 다양한 이민자 사회통합프로그램의 사례를 살펴봄으로써 더욱 완성도 높고 심층적인 이민자 사회통합을 이룩하기 위해 고민해야 할 정책적 의제들을 정리한다.

제2절 이민자 사회통합의 의미

1 상태로서의 사회통합

이민자의 사회통합(social integration)이 구체적으로 무엇을 의미하는가는 다양한 시각에서 규정될 수 있다. 표준적이고 학술적인 의미로는, 이민자가 유입국의 구성원으로서 경제, 사회, 문화, 정치적 참여를 통해 독립적이고 지속적인 삶을 영위하는 과정이라고 정의할 수 있다. 즉, 이민자가 유입국 사회의 정치, 경제, 사회, 문화제도의 정당성을 인정하고 적극 참여하며(legitimacy and participation), 문화와 언어 및 종교 등 배경의 다양성과 차이를 인정받고(recognition), 기회에서 평등하고 동등한 권리를 가짐으로써 사회관계 속에 포용되면서(inclusion), 공동체의 일원으로서 정체성과 소속감을 느끼는(belonging) 상태를 의미한다(Jeannotte, 2008). 이러한 표준적 의미의 사회통합은 최종적 단계에서 이민자가 성취하게 될 궁극적인 통합의 실존적 상태를 지칭한다고도 할 수 있다.

이를 조금 더 구체화하는 논의로서, 윤건・박준(2019)은 사회통합을 몇 가지 다차원적 개념으로 구분하였다. 그 중에서 포용(inclusion)이란 사회적, 경제적 장에서 소외되고 배제된 계층을 대상으로 자유와 시민권, 취업기회 등을 보장하고 복지제도를 통해 삶의 질을 향상시켜주는 것을 의미하며, 응집(cohesion)이란 사회구성원 간 상호관계가 긴밀하게 결속된 상태를(Chan et al., 2006) 의미한다고 하였다.

나아가, 이상윤(2014)은 이민사회의 통합을 경제적 통합, 사회문화적 통합, 시민권・사회권적 통합으로 구분하여 논의하였다. 그러면서 경제적 통합은 일자리 제공을 통해 이루어지고, 사회문화적 통합은 언어교육을 기본으로 서로 상대방의 문화를 이해하고 차이를 인정함을 통해 이루어지며, 시민권・사회권적 통합은 선거권 등 정치참여의 권리와 사회복지의 권리를 부여함으로써 이루어질 수 있다고 보았다.

2 과정으로서의 사회통합

한편, 이민자 사회통합은 상태로서의 의미와 함께 과정 또는 방법적인 측면을 의미하기도 한다. 헤크만(Heckman, 2015)은 통합을 3개의 차원으로 묘사하였는데, 첫째, 통합이란 종전까지 개별적으로 연결되지 않던 요소들로써 하나의 구조나 체계(system)를 구성하는 것, 둘째, 통합이란 현재의 구조에 포함되어 있지 않던 새로운 요소를 추가하고 이들을 현재의 구조 및 체계와 긴밀하게 연결시키는 것, 셋째, 통합이란 하나의 체계를 구성하는 요소들 간의 관계를 강화하거나 또는 그 관계를 개선하는 것 모두를 포함한다고 하였다. 즉, 체계론적 시각에서 볼 때, 헤크만의 통합에 대한 정의는 이민자라고 하는 새로운 요소를 기존의 구조 및 체계라고 할 수 있는 한국사회 및 그 하위요소들과 긴밀한 관계를 갖도록 유도하는 과정과 방법의 중요성을 부각시키고 있다.

나아가, 독일의 KGSt(2005)는 보다 적극적으로 이민자 사회통합이 갖는 과정 및 방법적인 측면을 강조한다. KGSt는 통합을 “새로운 인구집단을 이주수용 사회의 기존 사회구조 속으로 편입시키는 과정에서, 어떠한 방법으로 이들 새로운 인구집단을 경제적, 사회적, 법적, 문화적, 정치적인 측면에서 기존의 이주수용 사회의 기존 사회구조와 관계를 맺도록 할 것인지 결정하는 것”이라고 규정하였다. 이러한 KGSt의 정의는 이민자 집단과 이주수용 사회가 통합이라고 동의할 수 있는 수준의 높은 관계의 강화에까지 이르는 노정에서 어떤 정책 및 프로그램을 어떻게 구사할 것인지가 핵심적인 이슈가 될 수 있음을 강조한다고 할 것이다.

더욱이 이러한 헤크만과 KGSt의 이민자 사회통합에 대한 정의방식은 독일의 다수 지방정부에서 투영하여 보다 구체화되고 있다. 즉, 뮌헨(Müchen) 시의 경우, 이민자 사회통합을 “기회 균등의 목표를 가지고 이민자들을 사회의 핵심적인 분야로 편입시키거나 들어가게 하는 장기적인 과정”이라고 규정하거나, 비스바덴(Wiesbaden) 시의 경우, 이민자 사회통합을 “이민자와 이주배경을 가진 사람들을 이주수용사회로 편입시키는 지속적인 과정”이라고 간주하고, 슈투트가르트(Stuttgart) 시는 이민자 사회통합을 "공통적인 이해의 기초를 적극적으로 만들어 가는 상호적인 과정"이라고 정의함으로써, 이민자 사회통합 과정의 장기성, 지속성 및 상호성 등을 부각시키고 있다(박해육 · 윤영근, 2016).

3 정책실무로서의 사회통합

궁극적이고 표준적인 수준의 사회통합의 개념 그 자체보다는 이민자를 관리하고 지원하여야 할 유입국의 이민자 사회통합정책 당국에서 필요한 사회통합의 개념은 장기적 시각에서 좀 더 구체적이고 정량화된 사회통합의 구분이다. 이민정책 당국의 실무에 적합한 이민자 사회통합의 정책적 개념을 정의하기 위해서는, 먼저 이민자의 한국사회 내 정주가능성에 따라 정책대상을 재범주화하고 적절한 사회통합의 수준을 설정하는 것이 필요하다. 즉, 이민자를 정주자, 정주가능자, 비 정주 장기체류자(3개월 이상 체류자)로 구분하고, 사회통합의 수준도 초기적인 차원에서 보다 완전하고 높은 수준에 이르기까지 다양하게 분류할 수 있다.

이와 관련하여 김이선 외(2011)는 기본적 사회통합과 적극적 사회통합으로 분류할 것을 제안한 바 있다. 여기서 비 정주 장기체류자는 기본적 사회통합의 개념만을 적용하되, 정주가능자나 정주자는 기본적 사회통합과 적극적 사회통합 모두의 대상이 된다고 하였다. 그러나 차별방지와 인권보호는 체류자격과 무관하게 기본공통 요건이 될 것이다. 그러므로 기본적 사회통합 지원을 위해서는 직장이나 지역사회의 생활인으로서 필요한 기본적인 의사소통 지원(한국어교육, 통번역서비스 등), 생활정보 지원, 일상생활에서의 사회적 관계 증진, 인권피해자 보호 및 긴급의료 지원 등이 포함되며, 적극적 사회통합 지원을 위해서는 취업이나 사회진출, 자녀세대의 성장 및 교육 지원, 정책과정의 참여기회 등을 포함하여야 한다고 주장하였다.

한편, 이민정책 당국의 실무에 적합한 이민자의 사회통합 수준은 이것보다 좀 더 정교하게 세분화될 수 있다. 즉, 김이선 외(2011)가 지칭한 기본적 사회통합 안에 입국 직후의 초기적응 차원의 사회통합과, 이후의 초보적 수준의 일상생활 영위를 위한 언어능력 습득과 정주(영주)를 준비하는 차원의 사회관계 증진 목적의 사회통합 지원이 구분되어야 한다는 것이다. 그리고 이러한 중급 수준의 사회통합이 확보된 다음에

온전히 한국사회에 통합함으로써 일반 국민과 마찬가지로 취업과 각종 사회분야에 대한 진출 및 자녀에 대한 온전한 양육에 이르기 위한 목적의 고차원적 사회통합이 뒤따라야 한다.

결과적으로 한국적 상황에 적합한 이민자의 사회통합은 입국 직후의 초기적응 차원의 사회통합을 주된 목적으로 하는 초기적응적 사회통합(orientational social integration), 초보적 수준의 일상생활 영위를 위한 언어능력 습득과 정주를 준비하는 차원의 사회관계 증진을 주된 목적으로 하는 도입적 사회통합(introductory social integration), 그리고 취업과 각종 사회 분야에 대한 진출 및 자녀에 대한 온전한 양육에 이르기 위한 목적의 고차원적 사회통합을 주된 내용으로 하는 정착(정주)적 사회통합(settling social integration)의 3개 차원으로 구분하는 것이 이민자 사회통합의 실효성 있는 정책방안 마련을 고민하는 유입국의 이민자 사회통합정책 당국의 입장에서 보다 실용적인 개념 정의라고 할 것이다(문병기 외, 2013).

4 유사 개념: 문화적응

이민자의 사회통합과 유사한 개념으로서, 베리(J. W. Berry)의 문화적응(acculturation)을 이해할 필요가 있다. 문화적응은 서로 다른 문화가 지속적인 상호접촉을 통한 변화이며, 이러한 변화가 개인의 심리와 집단의 문화에 영향을 미칠 때, 개인이 어떻게 변화된 문화에 적응하여 가는 과정을 의미한다(Berry & Sam, 1997). 즉, 문화적응이란 한 개인이나 집단이 새로운 문화적 환경을 만나게 될 때 이미 지니고 있던 기존의 문화체계와 새로운 문화체계 간의 상호작용 속에서 새로운 균형과 조화를 이루어가는 과정으로 볼 수 있다. 사실상 문화적응이란 변화의 근원이 한 문화권 내에서가 아니라 반드시 다른 문화와의 접촉에 의한 것일 때 야기되는 변화의 과정을 의미하는 뜻으로 사용된다(Berry, 1995). 이와 같은 문화적응의 과정은 사회·환경적 요소와 이민자의 대처 능력 등과 같은 개인적 요인에 따라 다양한 양상으로 전개된다(Portes & Rumbaut, 2006).

또한 베리는 '이중차원모델'을 통해 문화적응의 과정에서 주류사회의 문화를 받아들이고 이에 익숙해짐과 동시에 고유의 민족적 정체성을 잃어버리지 않고 유지할 수

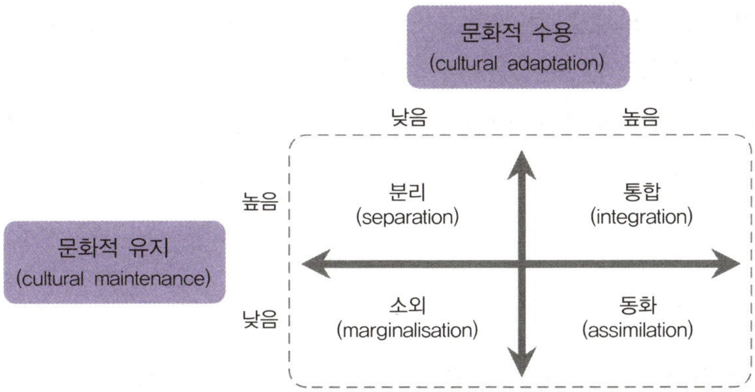

자료: Berry(2001).

그림 13-1 문화적응의 이중차원모델

있음을 주장하였다(Berry & Sam, 1997). 이 모델은 문화적응을 자신의 고유문화를 유지하는 차원과 주류사회의 문화에 적응하는 독립된 두 차원으로 보며, 각 차원의 수준에 따라 문화적응의 유형을 구분하고 있다.

구체적으로는, 개인이 주류사회와의 긍정적인 관계를 유지하면서 자신의 민족적 정체성, 전통 등을 유지하는 '통합(integration)', 자신의 문화적 정체성을 잃어버리고 주류 문화와의 상호작용을 추구하거나 선호하는 '동화(assimilation)', 자신의 고유문화에 대한 강한 정체성을 가지며 다른 집단과의 접촉을 피하려는 '분리(segregation)', 그리고 개인이 민족 집단과 주류사회 모두와 문화적, 심리적 접촉을 피하는 '주변화(marginalization)'로서 문화적응의 네 가지 유형의 범주화가 가능하다(Berry, 2001).

베리(Berry, 2001)에 따르면 문화적응의 이러한 네 가지 유형은 이민자에게 문화적응의 유형을 선택할 수 있는 자유가 보장될 때 가능하며, 특히 통합은 문화적 다양성에 대한 내국인의 태도가 개방적이고 포용적일 때 성공적으로 이루어진다고 보았다. 개인이 어떤 유형의 문화적응 유형을 보이는가는 곧 원문화와 이주문화의 충돌로 인한 심리적 갈등을 개인이 어떻게 해결하는가와 관계된다. 즉, 동화유형은 원문화를 포기하고 이주문화를 판단의 근거로 선택함으로써 심리적 갈등을 최소화하고, 분리유형은 이주문화로부터 자신을 분리하고 모국의 원문화를 고수함으로써 갈등을 해결하고자 한다(Berry, 2001).

결국 이민자가 모국을 떠나 새로운 문화와 체제 아래에서 성공적으로 적응하고 수용국 국민과 적극적인 통합을 이루기 위해서는 단순히 수용국의 문화를 수용하는 데에 열중하는 것만으로는 부족하며, 자신의 모국의 문화를 알뜰하게 유지하면서 수용국 문화에 대한 수용과 심층적인 이해가 조화롭게 진행되어야 한다는 점이 핵심이다.

제3절 이민자 사회통합모형

1 차별적 배제모형

이민자의 사회통합을 바라보는 이론적 시각은 수용자의 입장에서 이민자의 사회통합을 어떻게 유도해 낼 것인가와 관련된 다양한 모형으로 표현된다. 종전까지는 통상적으로 이민자 사회통합모형은 차별적 배제모형, 동화모형, 다문화모형의 세 가지로 구분하고 있다(Kymlicka, 1995; Castles & Miller, 2003). 이들 세 가지 전통적 사회통합모형의 특징을 요약·정리하면, 〈표 13-1〉과 같이 나타낼 수 있다.

그 첫째로서 차별적 배제모형(differential exclusionary model)은 유입 국가 및 사회가 원치 않는 이민자의 영주가능성을 막고 내국인과 차별적 대우를 유지하며, 인종적 소수자의 제거 및 최소화를 그 정책목표로 삼는다. 따라서 유입 국가 및 사회는 적극적으로 규제를 감행하는데, 이민자 자체를 이방인 혹은 위협적 존재로 인식하여 단속 및 추방의 대상으로 본다. 나아가, 유입 국가 및 사회의 주류 문화에 대비해 볼 때 이민자의 하위문화는 이질적인 것으로 봄으로써 차별 자체에 대한 정당성을 강조한다.

차별적 배제모형은 유입 국가 및 사회가 엄격한 기준으로 이민자를 선택하고, 이민자들이 자국의 제도와 문화에서 배재되는 것을 당연하게 여기며, 주류문화를 중심으로 하는 문화적 단일성을 추구한다. 차별적 배제모형의 정책목표는 인종적 소수자를 제거하거나 최소화하는 것이기 때문에 이민자의 사회 참여도는 필연적으로 낮게 나타날 수밖에 없다.

표 13-1 전통적 이민자 사회통합모형의 유형

구분	차별적 배제모형 (differential exclusionary model)	동화주의모형 (assimilationist model)	다문화주의모형 (multiculturalism model)
정향성	국가 및 사회가 원치 않는 이민자의 영주가능성을 막고 내국인과 차별적 대우를 유지하려 함	'국민됨'을 전제로 조속한 동화를 지원하고 제도적으로 내국인과 평등하게 대우하려 함	소수자의 동등한 가치를 인정하고 이에 대한 보존을 지원하며 적극적 조치(affirmative action) 등 우대조치를 마련함
정책목표	인종적 소수자의 제거 및 최소화	소수자의 주류사회 동화	다양성 인정과 공존을 통한 사회통합
국가역할	적극적 규제	제한적 지원	적극적 지원
이민자에 대한 관점	이방인, 위협적 존재	완전한 동화를 전제로 인정	상호 존중과 관용
평등개념	차별의 정당성 강조	사회보장 및 기회의 평등	적극적 조치
법적 수단	단속 및 추방	비차별의 제도화	제반 권리의 허용
정주화	불가능	비교적 가능	가능
국적부여 원칙	속인주의, 엄격한 조건	속지주의, 용이한 조건	속지주의, 이중국적 허용
정체성	이질화	동질화	이질화
사례국가	독일, 일본	프랑스, 영국	미국, 캐나다, 호주

자료: Kymlicka(1995); Castles & Miller(2003).

2 동화주의모형

동화주의모형(assimilationist model)은 앞에서 설명한 차별적 배제모형과 함께 단일문화주의의 한 형태라는 공통점이 있지만, 사회 소수자에 대해 보다 더 친화적이라는 데 그 특징이 있다. 곧 이는 처음부터 유입 국가가 사회 내 소수자를 제거하거나 배제하는 것보다는, 이러한 사회 소수자 집단이나 개인들을 주류집단의 문화와 가치관에 동일하게 변해갈 것이라고 기대하고 시행하는 흡수통합방식에 가깝기 때문이다. 따라서 이민자에 대해 '국민됨'을 전제로 조속한 동화를 지원하고 제도적으로 내국인과 평등하게 대우하려 하는데, 소수자를 주류사회로 동화시키기 위해 유입 국가는 사회보장 및 기회의 평등을 강조하며 제한적 지원을 한다.

동화주의모형의 목표는 이민자들이 출신국의 언어·문화·사회적 특성을 완전히 포기하여 유입 국가 내에서 주류사회의 일원이 되는 것이다. 따라서 동화주의모형도 차별적 배제모형과 마찬가지로 주류문화라는 단일 문화를 추구한다. 그러므로 이민자들은 적극적 참여를 통해 유입 국가 및 사회의 제도와 문화에 적응하기 위한 노력을 일방향적으로 할 것을 강조한다.

3 다문화주의모형

다문화주의모형(multiculturalism model)은 이민자들을 상호 존중과 관용의 대상으로 보는 것으로 유입 국가는 다양성 인정과 공존을 통한 사회통합을 정책의 목표로 삼아 소수자의 동등한 가치를 인정하고 이에 대한 보존을 지원하며 적극적 조치 등의 우대 조치를 마련하고자 한다. 이러한 다문화주의모형의 기초가 되는 다문화주의(multiculturalism)는 사실상 1970년대를 전후해 본격적으로 사용되기 시작한 개념으로, 탈근대화주의(post-modernism)에 대한 관심과 함께 부상된 개념이다. 정부가 시행하는 새로운 정책이나 국민통합의 이데올로기 혹은 사회운동의 목표를 지칭하는 것으로 해석되어 왔다. 따라서 다문화주의모형의 목표는 유입 국가 및 사회 내의 다양성을 추구하는 것인데, 이민자들이 그들만의 문화를 지켜나가는 것을 인정하고 장려하는 것으로 구체화된다.

문화적 권리에 대한 소수집단의 요구를 이해하기 위해서는 먼저 킴리카(Kymlicka, 1995)의 다문화사회의 소수집단 분류를 논의할 필요가 있다. 즉, 다문화사회의 소수집단은 소수민족, 원주민, 이민자 집단으로 구분되는데, 소수민족은 비자발적 전쟁이나 조약 등을 통해 주류사회에 합병된 집단이며 스스로를 영토적 기반, 언어, 문화 등을 가진 독자적인 국민으로 인식하는 집단이다. 이와 달리 원주민은 근대 국민국가가 형성되는 과정에서 배제와 억압을 받아 온 토착민이다. 마지막으로, 이민자 집단(소수인종)은 자발적 이민을 통해 주류사회로 편입된 사람들을 의미한다.

한편, 문화적 권리에 대한 소수집단의 요구는 소수인종과 소수민족에게서 다르게 나타난다. 이민 등을 통해 자발적으로 주류사회에 이주한 소수인종은 다문화의 권리를 요구함으로써 문화적 정체성은 지키고자 하지만 주류사회에 차별 없이 편입되기를 원하기 때문에 집단자치권이나 집단대표권을 요구하지는 않는다. 이와 달리 소수민족은 소수인종과 달리 집단자치권과 집단대표권까지 요구한다는 점에서 차이를 보인다(설진배, 2019).

원래 '다문화주의'라는 말은 캐나다 수상 피에르 트뤼도(Pierre Trudeau)가 1971년 '민족 다원주의(ethnic pluralism)'를 포함 및 실행하는 정부정책을 '다문화주의'로 지칭하며 캐나다의 새로운 통합이념으로 선언하면서 처음으로 공식화되었다. 이는 사실로서의 특정한 현상을 지칭하는 '다문화'와, 당위로서의 특정한 정치적 이념 또는 정책을 지칭하는 '다문화주의'를 구분할 필요가 있다는 의미를 내포한다. 즉, 다문화주의는 세계주의(cosmopolitanism)나 다원주의(pluralism)의 입장에서 서로 다른 문화를 단일한 문화로 동화시키지 않고 공존을 꾀하며 유연하게 수용하고자 하는 사상으로 이해된다(김중혁 외, 2019).

여하간에, 다문화주의 및 다문화주의모형과 관련해 중요한 한계를 지적할 필요가 있다. 다문화주의모형의 하위문화 장려 정책이 유입 국가 및 사회의 주류문화와 이민자의 하위문화 사이의 경계선을 확정하는 것이 될 수 있고, 이는 오히려 사회 내 소수 집단들과 주류사회 간의 이질화를 방치 내지는 조장함으로써 문화적 게토(ghetto)를 형성한다는 비판이 그것이다. 이러한 비판은 다문화주의모형에 지나치게 경도된 사회통합정책은 주류사회와 이민자의 소통을 원활하게 이루어 내지 못할 것이라는 의미를 내포하며, 주류사회에 대한 이민자의 사회참여도 또한 낮게 나타날 것이라는 예측을 가능하게 한다(조화성, 2010).

4 쌍방향 통합모형

최근에는 쌍방향 통합모형(two-way integration model)이 주목을 받고 있다. 쌍방향 통합모형은 상호동화모형(mutual assimilationist model)이라고도 하며, 이민자와 내국민 간의 일상적이며 지속적인 소통으로 양자 간에 적응하려는 교호적인 노력을 강조한다. 아울러 이러한 쌍방향적 적응은 가족 단위를 넘어서, 더 광범위한 지역사회로 확장되어 이민자와 지역주민 간의 관계에서도 실현되는 것을 지향한다(조화성, 2010). 쌍방향 통합모형의 특징을 명확하게 하기 위해 여러 사회통합모형 간에 구분

가능한 이민자의 주류사회와의 사회적 관계와 정부의 적극적 정책이라는 변수를 통해 재구성해보면 〈표 13-2〉와 같이 나타낼 수 있다.

표 13-2 이민자 사회통합모형의 재분류

		정부의 적극적 정책: 문화적 다양성 허용		
		단일 문화 추구	공동 문화 형성	하위문화 장려
이민자의 주류 사회와의 관계: 적응 및 참여	높음	동화주의모형	쌍방향 통합모형	다문화주의모형
	낮음	차별적 배제모형	-	다문화주의모형

자료: 조화성(2010: 8)에 기초하여 수정.

즉, 〈표 13-2〉는 통합모형의 유형화를 시도한 것으로서 이민자의 주류사회 적응 및 참여 정도와 문화적 다양성의 허용 정도라는 변수의 조합을 보여주고 있다. 즉, 단일 문화의 추구이지만 이민자의 주류사회의 적응과 참여가 높은 내용을 지니는 것은 동화모형이다. 반면, 하위문화의 허용과 장려를 중시하면서 이민자의 주류사회 적응과 참여 정도에 따라 다른 유형이 다문화주의 모형이다. 이러한 이민자 통합모형의 재분류에 의하면, 정부의 적극적 정책을 통해 이민자와 내국인 간의 공동문화의 형성을 추구하는 동시에 이민자의 주류 사회와의 관계에서 높은 정도의 적응과 참여를 바탕으로 하는 모형은 쌍방향 통합모형이 된다.

쌍방향 통합모형의 내용을 구체화하면 다음의 두 가지 요소를 '모두' 지닌다는 특징을 갖고 있다. 첫째, 이민자에 대해서는 주류사회에 대해 적응해야 하고 참여하는 노력을 요구한다. 이 요소는 동화모형에도 포함될 수 있지만, 격리나 다문화주의 모형에는 포함되지 않은 특징으로 볼 수 있다. 둘째, 다문화주의 모형에만 있고 격리나 동화모형과 차별되는 속성인데, 다수를 차지하는 수용국의 입장에서 이민자에게 배타적인 태도를 보이는 자국의 주류문화와 제도를 바꾸려는 정책적 노력이 존재한다는 것이다.

이와 같은 쌍방향 통합모형의 필수적 요소를 고려할 때, 〈표 13-3〉과 같이 두 가지 수준에서 쌍방향적 사회통합이라는 정책목적을 구성하는 세부내용을 나눠볼 수 있다. 먼저, 사회 수준에 해당하는 요소로서, 이민자가 사회 적응과 참여를 통해 유입국가 및 사회의 주체적 성원으로서의 관계와 위상을 인정받아야 한다는 것이며, 주류

사회로부터 격리·배제되거나 일방적 시혜의 대상으로 정형화하지 않는 것이다. 이는 구체적으로는 이민자의 사회적 관계망, 경제적 자립, 차별의 해소 등으로 나타난다. 사회적 관계망은 이민자가 자신의 출신국 사람과의 관계에서 더 확장되어 내국민과의 관계 형성까지도 균형적으로 맺고 있는가를 진단한다. 한편, 경제적 자립과 차별의 해소는 이민자가 유입 국가 및 사회의 주체로서 지위와 역할을 인정받는지에 관련한 것으로서, 경제적 자립은 이를 위한 물질적 받침을 이루고, 차별의 해소는 제도 및 인식상의 인정을 일컫는다.

한편, 국가 수준에 해당하는 요소로서, 이민자에게 배타적인 유입 국가 및 사회의 문화와 제도를 바꾸려는 정책은 쌍방향적 통합모형의 또 다른 수준으로 볼 수 있다. 이는 쌍방향적 사회통합이라는 정책적 취지에 맞게 시민의식의 제고 및 수용 역량의 강화, 내국민과 이민자의 다문화사회를 향한 사회주체 간의 소통 증진을 위한 노력 등으로 구체화할 수 있다(조화성, 2010).

표 13-3 쌍방향 사회통합모형의 정책적 검토기준

정책목적: 쌍방향적 사회통합	사회 수준	이민자의 적응과 참여를 통한 사회적 인정
		① 균형적 사회적 관계 ② 경제적 자립 ③ 차별의 해소
	국가 수준	한국인 및 한국사회의 통합성 증진 정책
		① 시민의식 제고 및 수용 역량 강화 ② 사회 주체 간(내국인–이민자) 소통 증진

자료: 조화성(2010: 9)에 기초하여 수정.

결국, 이러한 쌍방향 통합모형은 종합적으로 판단할 때 상호문화주의(interculturalism)에 기반하고 있다고 할 수 있다. 상호문화주의는 사회 구성주의(social constructivism)에 입각하여 문화 간 상호작용과 상호주관성을 강조하며, 서로 다른 문화들 사이의 소통을 통해 삶의 방식 자체에 대한 인식적 지평(horizon)을 넓힘으로써 새로운 문화를 형성할 수 있다고 보는 관점이라고 할 수 있다(Gagnon, 2000). 다문화주의를 세분류할 때, 다원주의적 다문화주의와 상대주의적 다문화주의를 문화 상대주의로, 동화주의적 다문화주의와 몰문화주의적 다문화주의를 문화 보편주의로 양극단에 위치시킨다면, 상호문화주의 또는 문화상호주의는 이들 양극단의 중간에 위치하는 관점이라고 할 것이다.

상호문화주의의 등장은 한 마디로 기존 다문화주의의 실패에 대한 반작용을 배경으로 나타났다고 할 수 있다. 왜냐하면 역사상 최초로 상호문화주의가 가시화된 것은 20세기 후반부 캐나다의 퀘백(Québec) 주인데, 프랑스계 퀘백인(Quebecois)을 중심으로 캐나다 연방정부의 다문화주의정책이 퀘백문화에 대한 지배 및 축소로 해석되면서 그들의 문화적 다원성을 확보하려는 노력에서 찾아볼 수 있기 때문이다(Blad & Couton, 2009).

이후 2000년대부터는 독일, 영국, 프랑스 등 유럽 대륙 도처에서 문화충돌과 그로 인한 사회문화적 갈등 해결의 어려움이 노정되면서 다문화주의의 실패를 선언하기에 이르렀다. 2010년 10월 당시 독일의 수상이었던 앙겔라 메르켈(Angela Merkel)은 이주자들도 독일 사회로의 통합을 위해 큰 노력을 기울여야 함을 강조하였고, 영국 총리 데이비드 캐머런(David Cameron)도 2011년 2월 주류 문화와 분리된 공동체를 용인하지 않을 것임을 분명히 하였다. 나아가, 2011년에는 프랑스 대통령 니콜라 사르코지(Nicolas Sarközy) 역시 다문화주의가 프랑스에서 작동하지 않는다고 선언하며 다문화주의 실패론이 급부상하게 되었다. 유럽평의회 사무총장 토르비엘른 야글란(T. Jagland) 또한 2011년에 테러리즘은 수용될 수 없다고 주장하며 '평행사회'를 강력히 반대하는 등 다문화주의 실패를 선언하였다. 더욱이 이미 2000년대 초반부터 유럽 학계를 중심으로 다문화주의가 오히려 문화충돌과 사회 균열의 원인을 제공하고 있다는 인식이 형성되고 있었다(김형민 · 이재호, 2021).

이처럼 상호문화주의에 기초한 쌍방향 통합모형은 다문화주의모형에 대한 비판적 인식이 증가하면서 새로운 대안적 이민자 사회통합모형으로 등장하였다고 할 수 있다. 다시 말해, 두 모형 모두 문화적 충돌, 소수 문화집단의 정체성 인정, 사회적 통합 등의 문제를 다루는 과정에서 고안되었다는 점에서 공통된다고 할 수 있지만, 상호문화주의에 기초한 쌍방향 통합모형은 다문화주의모형의 결함을 보완하기 위해 제시되었다는 것이다(김정현, 2017).

쌍방향 통합모형의 기반이 되는 상호문화주의의 첫 번째 특징은 먼저 그 강조점에서 찾아볼 수 있다. 즉, 다문화주의가 '공존과 차이'에 더 많은 강조점을 두지만, 상호문화주의는 '유대와 통합'에 더 많은 강조점을 둔다는 점에서 차이가 있다(현남숙 · 김영진, 2015). '다문화'는 소수 문화집단의 권리가 다수 문화집단으로부터 인정받고 보호되어야 한다는 입장을 취하며, '상호문화'는 소수 문화집단의 권리뿐만 아니라 사회적 유대도 중요하다는 입장을 취한다는 점에서 다르다. 이 같은 차이로 다문화는 '차이'에, 상호문화는 '통합'에 강조점을 두는 것으로 대조되기도 한다.

관련하여 캔틀(Cantle, 2011)은 다문화주의가 부적절한 관점으로 여겨지게 된 것은 다문화주의가 요청되던 때와 달리 세계는 점점 더 슈퍼다양성(super diversity)의 시대로 변해가고 있기 때문이라고 주장하였다. 또한 다문화 현상은 점점 더 복잡해져서 소수 문화집단과 다수 문화집단의 이분법으로는 현상을 충분히 설명할 수 없기 때문에, 다문화주의가 정치적, 대중적 지지를 얻기 어려워졌다고 설명하였다.

다수의 학문적 논의를 종합하면, 상호문화주의와 다문화주의는 많은 특징을 공유하고 있고 다문화주의를 포괄적으로 이해할 경우 상호문화주의를 포함한다고 볼 수 있다. 그러나 다문화주의가 상대적으로 주목하지 않았던 유대와 연결의 필요성을 담론의 중심으로 이동시켰다는 점에서 상호문화주의는 다문화주의와 구별되는 그 나름의 의미를 지닌다고 할 것이다.

상호문화주의의 두 번째 특징은 그 정책적 접근방식에서 찾아볼 수 있다. 정책적 접근방법 차원에서 볼 때, 상호문화주의는 다양한 문화들이 상호작용 없이 단순히 병렬적으로 공존하는 상황을 해결하기 위한 방식이라고 요약할 수 있다. 상호문화주의는 문화의 다양성에 대한 인정과 존중을 포함한다는 점에서 다문화주의와 중첩되지만, 인정과 존중에 대한 강박관념으로부터 다양한 문화를 단순히 방관하거나 방임하는 것을 경계한다(김형민 · 이재호, 2021). 다양한 문화가 공존하는 상황을 단순히 방관한다면 다양한 문화들이 모자이크처럼 병렬되는 상황이 펼쳐지는 다문화정책의 최대 난제로 귀결되기 때문이다. 따라서 상호문화주의의 지향점은 서로 다른 문화집단의 구성원들이 상호 접촉, 상호 교류, 상호 이해, 상호작용 없이 방치되는 병렬적 공존의 상황을 해결하는 데 있다.

그러나 상호문화주의는 병렬적 공존을 해결하는 데 있어 자발적 동화과정에 초점을 맞춘다. 지나치게 이상적으로 문화적 동화만을 추구하기보다 경제적 · 구조적 동화라는 현실적 목표를 설정한다는 점에서 동화주의와 분명한 차이점이 있다. 동화주의의 사회통합과정은 주류 문화로의 일방적 흡수이지만 상호문화주의의 통합과정은 문화 간 대화로써 상호 영향을 주고받는 과정을 통해 자발적 동화를 이루어가는 과정

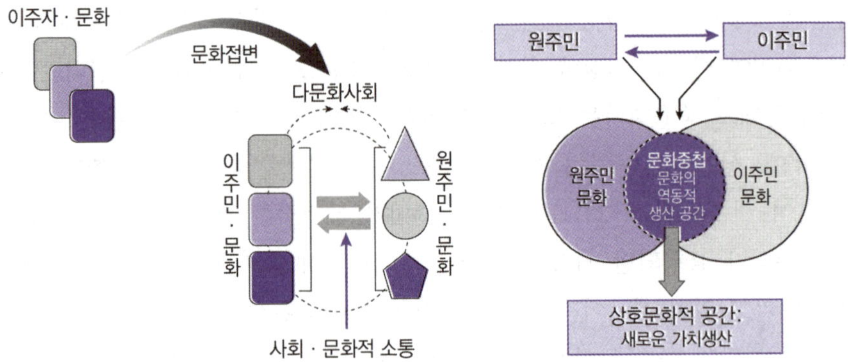

자료: 김태원(2012: 202-203).

그림 13-2 다문화사회와 상호문화사회

이기 때문이다.

동화의 지향점에 있어서도 상호문화주의는 동화주의와 다르다. 동화주의에서 추구하는 것은 문화적 동화가 이루어진 이상적 상황이지만 현실적으로 모든 사회의 구성원들이 문화적 차이 없이 동질성을 지니기는 어렵기 때문이다. 따라서 상호문화주의에서는 현실적으로 경제적 동화 내지는 구조적 동화를 추구한다. 경제적 또는 구조적 동화를 통해 경제적으로 주류사회에 동화된 이주자는 주류사회에 잘 편입되면서도 각자의 문화적 정체성을 유지할 수 있기 때문이다(변종헌, 2016).

쌍방향 통합모형의 기반이 되는 상호문화주의의 세 번째 특징은 범주적 차이에서 찾아볼 수 있다. 테일러(Taylor, 2012)는 자신의 출신 지역적 배경이 되는 캐나다 퀘백의 이야기를 통해 다문화주의와 상호문화주의 모두 기본적으로 "다양성과 통합"에 대한 이해와 그것을 어떻게 다룰 것인가에 초점을 둔 정책에 관련되며, 다문화주의를 두 겹의 의미 층위를 가진 용어로 이해하였다. 즉, 상위의 층위에서는 '다양성을 인정하고, 통합을 조성하고 평등을 산출 · 유지한다는 결합된 목표들을 갖고서 도입된 정책 전반'으로, 하위의 층위에서는 상호문화적으로 분류되는 다른 정책들과 구분되는 정책들을 의미한다고 하였다. 따라서 포괄적(상위 층위) 의미에서의 다문화주의는 '차이의 인정'과 '통합'을 모두 목표로 삼지만, 하위적 층위에서는 '상호(inter)'는 통합을 더 강조하는 반면, '다(multi)'는 인정을 더 강조한다는 것이다(Taylor, 2012; 김정현,

2017).

상호문화주의의 네 번째 특징은 통합의 과정 및 대화의 조건에서 찾아볼 수 있다. 상호문화주의는 단순한 관용이 아닌 서로를 이해하기 위한 쌍방의 노력이며 타자에 대한 이해를 통해 자기에 대한 이해를 이루는 과정으로서 '모든 중심주의'를 타파하고자 한다는 특징이 있다(이정은, 2017). 상호문화주의에서는 다수와 소수를 불문하고 모두가 동등한 주체로서 대화의 장에 참여하기 때문이다. 다문화주의의 협상 테이블은 호스트의 자리가 정해져 있는 사각형 탁자에 비유되고, 상호문화주의의 협상 테이블은 호스트와 손님의 구분 없이 모두가 둘러앉는 원탁에 비유되곤 한다.

이러한 차이점은 상호문화주의를 바탕으로 펼쳐지는 대화의 장에서도 드러난다. 상호문화주의에 기초한 대화의 장에서는 대화가 쌍방향, 나아가 다방향으로 전개되고 중심이 없기 때문에 권한 부여의 주도권을 알 수 없고, 궁극적으로 주체집단과 객체집단의 이분법을 극복할 수 있게 한다. 다시 말해, 모두가 주체적 집단이 되는 다자대화를 통해 대화에 참여하는 집단들은 다수와 소수가 서로에게 영향을 받아 '제3의 문화'를 창출하게 된다. 이러한 창출의 과정은 변증법적 통일이라기보다는 본질과 위계를 거부한다는 점에서 해석학적 방법에 더 가깝다고 할 수 있다(문병기 외, 2022a).

제4절 이민자 사회통합의 단계

1 입국 전 사회통합

이민자의 사회통합은 입국하기 이전부터 이루어질 수 있다. 심지어는 이미 입국이 예정된 외국인뿐만 아니라 잠재적 이민자에 대해서도 입국 전 사회통합프로그램을 진행함으로써 공공외교의 활성화 지원 및 고급인력의 진입을 유도할 수 있다. 또한 입국 전 사회통합프로그램 시행을 통해 기존 입국 후 프로그램의 효과를 증진시킬 수도 있다. 나아가, 입국 전 사회통합프로그램의 운영을 통해 수집한 개개인의 데이터를 입국 후 사회통합 교육에 유기적으로 연계시킴으로써 좀 더 신속하고 유연하게 이민자의 사회통합을 촉진하고 이민자 체류관리에서의 긍정적 성과를 도출하는 것도 가능하다.

더욱이 중도에 입국하는 아동 · 청소년들이 낯선 문화와 언어에 대한 두려움을 해소하고 입국 후의 안정적인 정착을 도움으로써 유입국 내 가족과의 결속 문제를 효과적으로 해결할 수도 있다. 나아가, 화상강의 및 메타버스(metaverse) 등 온라인 방식을 활용한 입국 전 사회통합프로그램의 시행을 통해 그동안 일방향으로 진행되던 교육 및 훈련을 지양하고 내 · 외국인이 입국 전부터 서로의 언어와 문화 · 환경을 이해하고 쌍방향적으로 상호 소통 · 공감할 수 있는 환경을 조성할 수 있다.

이처럼 이민자의 사회통합을 위해 유입국은 이민자의 사회통합을 위한 정책적 노력의 하나로서 외국인이 자국에로의 이주를 고려하기 시작하는 단계부터 이민자 사회통합을 추구하는 정책 메커니즘은 긴밀하게 작동하기 시작할 필요가 있다. 입국 전 사회통합프로그램의 구체적 내용은 시민의식 제고 및 시민적 역량 강화와 내국인과 이민자 간의 소통을 증진하는 방법 등에 초점을 둘 수 있다(문병기 외, 2022b).

2 입국 직후 조기적응

이민자의 사회통합은 입국 직후에 곧바로 진행되어야 한다. 입국 직후에 진행되는 이민자의 사회통합은 주로 유입국의 헌법가치에 대한 교육, 기초적인 법질서 및 제도에 대한 안내, 체류 절차 및 기초 생활정보 등의 제공을 통해 유입국과 그 사회에 조기에 정착할 수 있도록 지원 및 교육하는 프로그램에 초점을 두게 된다.

이러한 이민자 입국 직후 조기적응프로그램은 이민자의 출신국과 유입국 간 생활방식의 차이 및 생활정보의 부족 등 법률적 · 문화적 차이 때문에 발생하는 이민자 입국 직후부터 수개월 간의 초기 거주 단계에서 겪게 되는 정착과정의 어려움을 해소하고자 한다. 따라서 이민자 입국 직후 조기적응프로그램은 비교적 간단하고 단기간에 걸친 사회통합프로그램으로 진행되는데, 막상 이민자의 부적응으로 인한 갈등 예방을 통해 유입국의 장기간의 사회적 비용을 크게 감소시킬 수 있다는 점에서 그 필요성이 부각되고 있다(문병기 외, 2013).

3 정착적 사회통합

이민자의 사회통합은 초기 적응 단계를 지나 정착을 전제로 유입국에 대한 정주화를 추구하는 다양한 사회통합프로그램을 통해 본격적으로 진행된다. 이를 위해서는 유입국 언어에 대한 교육을 통해 소통 능력을 함양하는 것과, 유입국 사회에 대한 보다 보편적이고 체계적인 이해를 목적으로 하는 교육 및 훈련이 초점을 형성하게 된다. 따라서 정착적 사회통합프로그램은 상당히 체계적인 계획과 구조를 바탕으로 진행되는 것이 일반적이며, 그 기간도 상당 기간에 걸쳐 장기적으로 지속된다.

정착적 사회통합프로그램을 이민자가 성실하게 이수하고 그 내용에 해당하는 교육 및 훈련이 성공적으로 효과를 발휘하게 된다면 이민자는 체류기간의 연장, 영주자격의 획득, 나아가 유입국 국적의 획득까지도 가능하게 될 것이다. 그만큼 정착적 사회통합프로그램의 중요성은 매우 크다고 할 수 있으며, 따라서 정착적 사회통합프로그램은 통상적으로 이민자 전체를 대상으로 차별 없이 표준화된 교육 및 훈련을 실시하는 것이 바람직하다. 나아가, 이민자가 유입국의 정규적인 사회구성원으로 자립할 수 있는 역량을 키우고 자신의 권익을 보호할 수 있도록 매우 입체적으로 지원함으로써 장래에 발생할 수도 있는 사회적 갈등 및 국가부담을 최소화하는 데 그 목적을 둔다(문병기 외, 2013).

4 영주적 사회통합

이민자의 사회통합은 영주자격의 획득 이후, 나아가 유입국 국적의 획득 이후까지도 진행될 수 있다. 유입국의 국적을 획득하였다고 하더라도 대부분의 이민자는 아직도 상당한 부분에서 유입국의 일반 국민에 비해 언어 구사 능력에서부터 유입국 사회와 문화의 기초나 연혁에 대한 심층적인 이해에 이르기까지 많이 부족할 수 있다. 따라서 그만큼 온전한 유입국의 사회구성원으로 살아가기 위해서는 추가적인 사회통합프로그램의 이수가 필요하다.

한편, 이러한 영주적 사회통합프로그램의 범위에는 개별 이민자의 직접적인 참여와 이수가 필요한 경우도 있겠으나, 그와 무관하게 유입국 정부와 사회체계 차원에서

구축하여야 할 것들도 있을 수 있다. 예를 들어 출입국 및 체류정보와 이민자의 각종 이력 관련 정보를 종합하여 이민자가 국적 취득뿐만 아니라 취업 및 자활 등 유입국에서 스스로의 삶을 적극적으로 개척해 나갈 수 있도록 지원할 수 있도록 해 주어야 한다. 다만, 여기서 주의를 요하는 것은, 이민자의 인권을 감안하여 해당 이민자가 유입국 사회에 완전히 통합되었다고 판단할 때까지만 이력관리를 하는 한시적 운영 원칙을 엄수할 필요가 있다(문병기 외, 2013).

제5절 사회통합을 위한 교육프로그램 사례

1 입국 전 사회통합프로그램

입국 전에 시행하는 사회통합프로그램의 첫 번째 사례는 국제이주기구(IOM)와 대한민국 정부가 협업하는 국내 재정착난민 교육프로그램이다. 이 프로그램은 2013년에 국내 시민사회에서 먼저 재정착난민 글로벌 거버넌스라고 할 수 있는 재정착 3자 연례회에 참석하였고, 2014년부터 법무부가 참가하여 대한민국 정부의 재정착난민제도 시행에 대한 의지를 나타낸 이후 지속되고 있다. 우리나라의 재정착난민제도는 「난민법」 제24조에 기반하고 있으며, 2015년부터 2017년까지 태국과 말레이시아에 체류하고 있는 미얀마 난민에 대해 매년 30명 이내로 수용하는 시범사업을 시행하였다. 유엔난민기구(UNHCR)가 분류한 재정착난민수용 절차 여섯 개 단계, 즉 ① 재정착이 필요한 난민의 식별, ② 재정착 필요성의 평가, ③ 재정착 추천 준비, ④ UNHCR의 추천 결정, ⑤ 재정착국 결정, ⑥ 출국 전 모니터링 및 준비에 맞추어 한국 정부에서도 소정의 절차를 마련하였는데, 가장 중요한 단계는 세 번째의 재정착 추천 준비를 위한 출국 전 조기교육이다. 관련하여 법무부에서는 수용국의 문화에 대한 이해를 위해 출국 전 기초 적응 교육을 시행한 뒤, 여행증명서 및 사증을 발급하여 출국하도록 하고 있다. 핵심 이슈는 대부분의 재정착난민에게 수용국의 문화와 질서가 생소하므로 즉각적 입국은 사실상 수용국과 재정착난민 모두에게 어려운 일임을 인정하고 예상되는 문제점을 최소화하기 위해서 입국 전·후에 시행하는 사회통합교육을 얼마나 재정착난민의 시각에 맞추어 집중적으로 시행할 수 있는가에 있다.

현재 한국의 재정착난민에 대한 입국 전 교육은 국제이주기구(IOM)에서 단 1일간 시행하고 있다. 주요 내용은 여행 준비, 한국에 대한 개괄적 이해, 도시 · 계절 · 역사 · 공휴일 · 생활방식과 문화, 정착지원센터의 소개, 주거 · 경제 · 교통 · 의사소통 수단(미디어 사용법), 의료, 교육 관련 기초법률과 의무, 다양한 유관 기관의 연락처, 문화적 충격에 대한 대처법 등으로 구성되어 있다. 재정착난민의 한국 입국 이후에서도 입국조기교육을 영종도에서 총 6개월 과정으로 시행되고 있다. 여기에서도 한국사회의 체계와 문화에 관해서 설명할 수 있는 강사들로 구성되어 있으며, 젓가락 사용법, 쓰레기 분리수거 등 한국사회 적응에 기본이라고 할 수 있는 내용을 포함하고 있다. 입국조기교육에는 또한 구직요령, 직업 선택의 요령 등 취업역량을 강화하는 프로그램들이 다수 포함되어 있다. 또한 컴퓨터 작동법, 인터넷 사용 정보검색, 스마트폰 설명회 등의 최근 더욱 일상생활에서의 비중이 높아지고 있는 디지털 능력을 강화하기 위한 교육프로그램들이 포함되어 있다.

입국 전 사회통합프로그램의 두 번째 사례로서, 대한민국 정부 여성가족부에서 운영하는 결혼이민 예정자를 위한 입국 전 교육프로그램에는 2022년 기준으로 총예산 3억 7,500만 원을 투입하고 있으며, 민간위탁의 형태로 운영하고 있다. 사업대상지는 결혼이민자가 가장 많이 오는 베트남, 필리핀이 있고 최근에 급격하게 증가하고 있는 태국이 2020년부터 포함되었다. 베트남의 경우 그 수요에 맞게 북부에 하노이 1개소, 남부에 호치민, 껀터 지역 2개소 등 총 3개소를 운영하고 있다. 위탁기관은 강사교육, 교재 연구, 교육수료자 사후 지원에 대한 프로그램 운영을 담당하며, 교육수료자 중 동의한 사람들을 대상으로 한국으로 이주했을 때 다문화가족지원센터에 연계해 주는 역할도 한다.

지역별로 핵심 추진사항이 설정되어 있는데, 베트남의 경우 결혼이민자의 권익보호를 위해 현지 기관(베트남 여성연맹 등)과의 협력을 지속하는 방안을 추진하고 있으며, 필리핀은 온라인 콘텐츠 및 비대면 교육방안 개발을 역점 추진사항으로 두고 있다. 태국은 사업 시행 초기이므로 결혼이민자가 많은 동북지역의 한국어 교육기관, 현지 관계기관 등과의 협업체계 마련 및 교육 확대를 핵심 추진사항으로 하고 있다. 한편, 교육내용은 기본과정(1일, 4~8시간), 그리고 심화과정(2일, 16시간)으로 나뉘는데, 현장에서의 실제 교육프로그램은 여성가족부에서 제시한 기본과정과 심화과정의 교육프로그램을 기본으로 하여 지역별 현지 사정 및 수요 등을 고려하여 프로그램 운영이 가능하다고 하고 있다.

입국 전에 시행하는 사회통합프로그램의 세 번째 사례는 한국이민재단의 결혼이민자 대상 초급 한국어과정이다. 이 과정은 외국 현지에 있는 한국어교육원을 활용해 결혼이민 예정자에 대하여 초급 수준의 한국어교육을 현지에서 실시하는 프로그램이다. 해당 프로그램은 2019년부터 시행하여 현재 만 3년째 시행하고 있는데, 국내에서의 법무부 사회통합프로그램과 같은 한국어능력 수준 검사를 거치지 않고 전원 초급반부터 대면 집체 교육 방식으로 시행된다. 해당 프로그램은 결혼이민 예정자의 한국어 실력을 향상에 초점을 두는 만큼 3개월의 장기간 교육으로 이루어져 있다. 특히, 해당 프로그램은 총 132시간의 범위에서 1일 4시간, 주당 10시간 이내에서 유동성을 가지고 프로그램의 시간을 구성할 수 있다는 장점이 있다.

교육 수료에 관한 판단은 총 132시간의 80%를 수료한 사람들을 대상으로 별도 평가를 진행하고, 평가에서 60점 이상을 받은 사람에 대해서 이수증을 발급하게 된다. 사용되는 주교재는 법무부에서 개발한 이민자를 위한 한국어와 한국문화 기초 초급 교재를 활용하고 있으며, 해당 교육을 수료하면 한국이민재단 이사장 명의의 수료증을 발급받을 수 있으며, 이는 결혼비자(F-6) 발급과정에서 한국어 구사 능력의 입증자료로 활용할 수 있다.

입국 전 사회통합프로그램의 네 번째 사례로 대한민국 정부 고용노동부의 사전교육이 있다. 고용노동부는 대한민국 정부와 MOU를 체결한 필리핀과 베트남 등 16개 국가의 국민에 대하여 '비전문취업' 외국인근로자 대상 비자인 'E-9'을 부여함으로써, 국내에서 필요한 인력을 구하지 못한 제조업, 건설업, 서비스업, 어업, 농축산업 분야 중소기업이 정부로부터 고용허가서를 발급받아 합법적으로 비전문 외국인력을 고용할 수 있도록 하는 고용허가제도를 운영하고 있다. 입국을 희망하는 외국인근로자는 외국인력 선발 포인트제도에 의해 선발되는데, 한국어 사용 능력과 한국문화에 대한 이해정도, 체력, 기초기능 및 직무능력의 총 5개 영역을 평가받아야 한다.

한편, 고용노동부는 외국인근로자의 취업 능력 배양 및 국내에서의 조기적응 유도를 위해 근로계약을 체결한 근로자에 대해 사전교육을 시행하고 있다. 사전교육은 외국인근로자 송출국가의 예산으로 운영되고, 송출국가에서 추천하는 훈련기관 중에서 한국의 고용노동부가 인정하는 기관을 교육기관으로 지정한다. 즉, 대한민국 정부와 MOU를 체결한 16개 국가마다 외국인근로자의 송출을 담당하는 기관이 지정되어 있으며, 이들 기관이 사전교육을 관리·감독한다. 교육 내용으로 한국어교육(38시간), 한국문화의 이해(4시간), 근로기준법 및 고충처리(2시간), 산업안전(1시간) 교육이 총 45시간 진행된다(문병기 외, 2022b).

2 이민자 조기적응프로그램

대한민국 정부 법무부는 2009년 6월에 '해피스타트(Happy Start) 프로그램'의 운영지침을 제정하고, 동년 11월에는 8개국 언어로 된 교육책자를 발간한 바 있다. 이를 통해 결혼이민자를 대상으로 입국 후 90일 이내에 기초 법질서, 체류 절차 및 가정폭력 피해구제 등을 교육하고 있으나, 그 외 장기체류자의 기초 법질서·제도에 대한 무지는 범법으로 연계될 가능성이 높고, 인권침해 시 대처능력도 떨어져 구제를 받지 못하는 문제도 여전히 발생하였다. 이에 법무부는 2013년 10월 「출입국관리법 시행규칙」을 개정하였는데, 신설된 제53조의5(결혼이민자 등의 조기적응지원을 위한 프로그램)에는, ① 법무부장관은 대한민국에 결혼이민자 등의 자격으로 입국하려고 하거나 최초로 입국한 외국인의 한국사회 조기적응을 지원하기 위하여 체류허가·영주자격·국적신청 및 기초생활 법질서 등의 교육, 정보 제공 및 상담 등의 프로그램을 시행할 수 있다고 규정하고 있다. 이로써 종전 결혼이민자만을 대상으로 추진하던 "이민자 조기적응 지원사업"을 동포, 유학생 등 국내에 장기체류할 목적으로 합법적으로 체류하고 있는 전체 외국인으로 확대하였다. 법무부 이민자 조기적응프로그램의 참여 대상 및 자격은 〈표 13-4〉와 같이 요약할 수 있다.

체류 유형별 주요 교육내용 및 시간을 정리하면 〈표 13-5〉와 같다. 강의는 한국어를 포함하여 중국어, 베트남어 등 총 18개 언어로 강의를 제공한다. 한편, 조기적응 프로그램 이수자에 대한 혜택으로는 결혼이민자가 외국인등록할 때 체류기간 2년을 부여하며, 사회통합프로그램에 참여하면 0단계를 제외하고 최초 배정받은 단계를 2시간 이수한 것으로 인정해 준다.

표 13-4 조기적응프로그램의 참여 대상자 및 참여자격

<table>
<tr><th colspan="2">체류유형</th><th>참여 대상자 또는 참여자격</th></tr>
<tr><td colspan="2">외국인 유학생</td><td>국내 대학에 입학한 외국인유학생(D-2) 및 어학연수생(D-4-1) 등</td></tr>
<tr><td colspan="2">밀집지역 외국인</td><td>외국인 밀집지역에 거주하는 외국인</td></tr>
<tr><td colspan="2">외국인 연예인</td><td>호텔업 시설 · 유흥업소 등에서 공연을 하는 예술 · 흥행(E-6-2) 체류자격의 외국인 연예인</td></tr>
<tr><td colspan="2">결혼이민자</td><td>결혼사증(F-6)을 소지하거나 결혼(F-6) 자격으로 변경하고자 하는 국민의 외국인 배우자
※ 결혼이민자는 내국인 배우자와 동반 참석 권장</td></tr>
<tr><td colspan="2">중도 입국 청소년</td><td>전체 합법체류자의 만 9세 이상~24세 미만의 중도 입국 청소년
※ 중도 입국 청소년은 부모와 동반 참석 권장</td></tr>
<tr><td rowspan="3">외국국적 동포 (H-2)</td><td>신규입국</td><td>국내에 최초 입국하여 방문취업(H-2) 자격으로 외국인등록을 하려는 사람</td></tr>
<tr><td rowspan="2">재입국 또는 자격 변경</td><td>방문취업(H-2) 자격이 만료되어 출국 후 재입국하여 방문취업(H-2-7) 자격으로 외국인등록을 하려는 사람</td></tr>
<tr><td>국내에서 체류하다가 방문취업(H-2-99) 자격으로 체류자격 변경 허가를 받으려는 사람</td></tr>
<tr><td colspan="2">계절근로자(추가)</td><td>단기취업(C-4) 또는 계절근로(E-8) 자격으로 입국하는 계절근로자</td></tr>
</table>

자료: 법무부 사회통합정보망 홈페이지(https://www.socinet.go.kr/soci/contents/).

표 13-5 조기적응프로그램의 교육과목 및 시간

<table>
<tr><th>참여대상</th><th>특수과목</th><th>공통과목</th><th>교육시간</th></tr>
<tr><td>외국인 유학생</td><td>• 성공적인 유학생활을 위한 조언
• 진로개척 및 직업선택</td><td rowspan="6">• 필수 생활정보
• 기초 법 · 질서와 문화
• 출입국 및 체류 관련 제도</td><td rowspan="6">3시간(밀집지역 등: 2시간)</td></tr>
<tr><td>밀집지역 외국인</td><td>• 외국인의 권리와 의무
• 준법의식</td></tr>
<tr><td>외국인 연예인</td><td>• 인권침해 발생 시 대처방법 및 구제 절차</td></tr>
<tr><td>결혼이민자</td><td>• 부부, 가족 간 상호 이해
• 선배 결혼이민자의 조언</td></tr>
<tr><td>중도 입국 청소년</td><td>• 학교 교육제도 소개
• 청소년 문화 · 복지시설 안내</td></tr>
<tr><td>외국국적동포(중국, CIS)</td><td>• 준법의식, 생활법률
• 체류 · 영주 허가 제도, 국적 취득</td></tr>
</table>

자료: 법무부 사회통합정보망 홈페이지(https://www.socinet.go.kr/soci/contents/).

3 사회통합프로그램

대한민국 정부 법무부는 국내에 체류하는 이민자가 우리 사회 구성원으로 적응·자립하는 데 필요한 기본소양(한국어와 한국문화, 한국사회이해)을 체계적으로 함양할 수 있도록 마련한 교육프로그램으로서 사회통합프로그램(Korea Immigration and Integration Program: KIIP)을 운영하고 있다. 즉, 사회통합프로그램은 이민자가 한국어와 한국문화를 빨리 익히도록 함에 따라 국민과의 원활한 의사소통으로 지역사회에 쉽게 융화될 수 있도록 지원하며, 재한외국인에 대한 각종 지원정책을 KIIP로 표준화하고 이를 이수한 이민자에게는 국적 취득 필기시험을 면제 등 다양한 인센티브를 제공하여 자발적이고 적극적인 참여 기회를 부여하고, 이민자에게 꼭 필요하고 적절한 지원정책 개발과 세부지원 항목 발굴을 위하여 이민자의 사회적응지수를 측정, 이민자 지원정책 등에 반영한다는 취지를 가지고 있다. 그 법적 근거는 「출입국관리법」과 그 시행령 및 시행규칙, 「재한외국인 처우 기본법」, 「국적법 시행령」 및 「국적법 시행규칙」 등 다양한 법령에 의해 규정되고 있다.

사회통합프로그램의 교육과정은 정규 교육과 정규 교육 단계의 출석시간으로 인

표 13-6 법무부 사회통합프로그램의 정규 교육과정 구조

구분 \ 교육명	한국어와 한국문화					한국사회이해	
단계	0단계	1단계	2단계	3단계	4단계	5단계	
과정	기초	초급1	초급2	중급1	중급2	기본	심화
총 교육시간	15시간	100시간	100시간	100시간	100시간	70시간	30시간
평가	없음	1단계 평가	2단계 평가	3단계 평가	중간 평가	영주용 종합평가	귀화용 종합평가
참고	• 5단계 심화과정은 기본과정 수료(수료인정 출석시간 수강) 후 참여 • 5단계 교육시간이 기본 70시간, 심화 30시간으로 변경(2021.8.16부터) • 5단계 교육과정 분리 전(2016.7.16)까지 받은 5단계 교육(최종 이수완료 제외) 경력은 현행 5단계 기본과정으로 인정됨 • 영주 신청자 대상 영주용 종합평가 합격자는 5단계 기본과정부터 수업에 참여하고 심화과정을 참여할 수 있음						

자료: 법무부 2024년도 사회통합프로그램 운영지침.

정받을 수 있는 시민교육, 지자체 연계 프로그램, 이민자 멘토 교육 등의 정규 교육 외 교육으로 구성되어 있다. 먼저, 정규 교육으로 한국어와 한국문화(0단계~4단계)는 최대 415시간을 수강할 수 있으며, 5개 과정을 자신의 수준에 맞는 단계부터 수강하도록 되어 있으며, 한국생활에 필요한 기본소양을 교육한다. 한국사회이해(5단계)는 기본과정(70시간), 심화과정(30시간)으로 이루어져있으며, 한국생활에 필요한 기본소양 및 대한민국 국민으로서 갖추어야 할 국가정체성, 헌법 가치 등을 종합적으로 교육한다.

정규 교육 외에 첫째, 시민교육은 각 분야별 전문기관이 개발한 맞춤형 교육을 통해 이민자가 한국사회에 보다 빠르게 적응할 수 있도록 하고 있다. 둘째, 지자체 연계 프로그램은 각 지방자치단체의 이민자를 대상으로 하는 교육, 문화, 체험프로그램 중 우수 프로그램을 지자체 연계 프로그램으로 선정하여, 이민자 개인 또는 운영기관 단체로 참여가 가능하다. 셋째, 이민자 멘토 교육은 한국에 정착한 이민자가 멘토가 되어 강연 형식으로 교육을 진행하며, 멘토 선정방법 및 운영방안은 별도로 공지하고 있다. 이러한 정규 교육 외 교육과정에 참여할 경우 이민자는 정규 교육 단계의 출석 시간으로 인정하는 인센티브를 제공받는다.

사회통합프로그램의 운영기관은 '거점운영기관'과 '일반운영기관'으로 구분하여 화상교육, 직무 교육, 평가관리 등을 실시한다. 한편, '중앙거점운영기관'을 따로 선정하여 전국 단위 업무수행의 효과성을 높이고자 하고 있다. 그 외에도 출입국관서의 장 또는 거점운영기관장은 운영기관의 특성 및 접근성, 지역별 참여자의 특성 등 다양한 측면으로 고려하여 기존에 운영기관으로 설정되지 않은 장소를 '지역학습관'으로 지정할 수도 있다. 즉, 사회통합프로그램의 전달체계는 법무부→거점운영기관→일반운영기관(지역학습소)의 형태로 이루어진다고 볼 수 있다.

운영기관은 정규 교육 강사료 및 운영비를 법무부가 모두 지원하는 지원형 운영기관과 운영비나 강사료 일부 또는 전부를 지원받지 아니하고 자체적으로 운영하는 자립형으로 구분될 수 있다. 전담인력은 거점운영기관 소속 인력으로서 행정 및 학사와 관련된 제반 업무를 담당하며, 강사는 강의 및 출결 처리 등의 업무를 수행한다. 2021년 기준으로, 사회통합프로그램 운영기관은 전국에 총 366개이며, 중앙거점 1개, 거점운영기관 47개, 일반운영기관 300개, 지역학습관 18개로 구성되어 있다.

사회통합프로그램의 교육 운영절차는 [그림 13-3]과 같다.

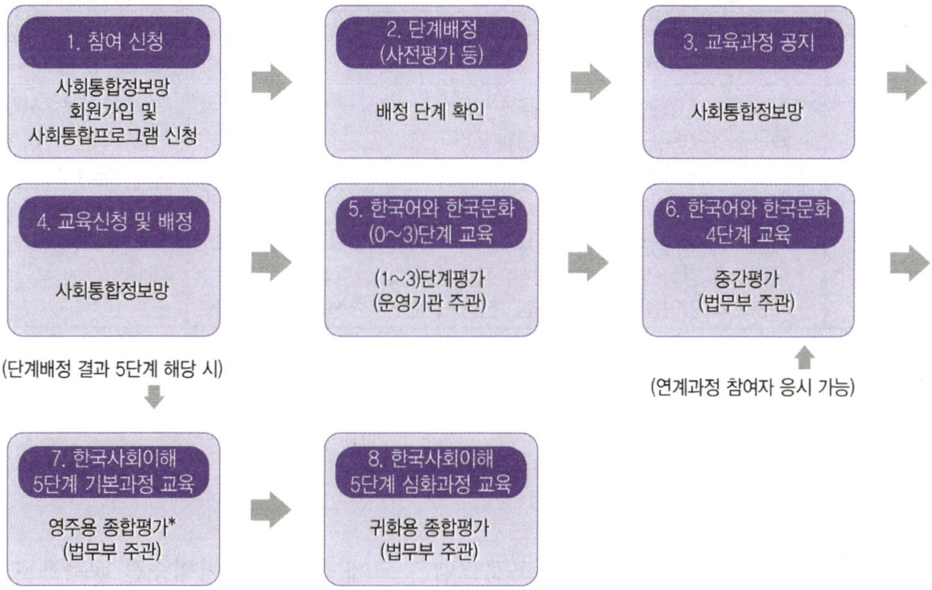

자료: 법무부 2024년도 사회통합프로그램 운영지침.

그림 13-3 사회통합프로그램 교육 운영절차

법무부의 사회통합프로그램 외에도 대한민국에는 다양한 형태의 이민자 사회통합 교육이 진행되고 있다. 하나의 예로서 여성가족부에서는 '다문화가족 방문교육서비스'를 추진하여 집합교육 참여가 어려운 다문화가정에 방문하여 한국어교육, 부모교육, 자녀생활 교육을 제공하고 다문화가족의 정착과 자녀양육을 돕고 있다. 지원대상은 대한민국 입국 5년 이하의 결혼이민자와 중도 입국 자녀로 하고 있으며, 지원내용은 해당 지역에 따라 약간의 차이를 보이는데, 광주서구 가족센터의 경우는 〈표 13-7〉과 같다.

표 13-7 다문화가족 방문교육서비스 지원내용 사례

구분	내용	방법
한국어교육 서비스	• 한국어교육 1~4단계 • 어휘, 문법, 화용, 문화	주 2회, 회당 2시간, 1회(80회) 원칙
부모교육 서비스	• 자녀양육 지원을 위한 부모교육(부모성장, 부모-자녀 관계 형성, 영양·건강관리, 학교·가정생활 지도) • 가족상담 및 정서 지원 서비스, 기타 한국생활에 필요한 정보 제공	주 2회, 회당 2시간, 1회(40회) 원칙, 생애주기별 총 3회
자녀생활 서비스	• 인지 영역: 독서코칭, 숙제 지도, 발표토론 지도 • 자아·정서·사회 영역: 자아·정서·사회성 발달을 위한 지도 • 문화역량 강화 영역: 문화인식, 정체성 확립, 공동체 인식 지도 • 시민교육 영역: 기본 생활습관, 건강 및 안전, 가정생활, 진로지도	주 2회, 회당 2시간, 1회(80회) 원칙

자료: 광주서구 가족센터(https://gjseogu.familynet.or.kr/) 참고(2022년 기준).

4 상호문화주의에 기초한 사회통합프로그램

상호문화주의에 기초한 사회통합프로그램은 크게 상호문화 이해증진 교육프로그램과 상호문화도시(intercultural city) 프로그램으로 나눌 수 있다. 상호문화 이해증진 교육프로그램은 상호문화란 무엇인지를 이해시키고, 이를 현실에서 구현하기 위해서 어떤 구체적 노력을 기울여야 하는지에 대한 체계적이고 지속적으로 진행되는 인식교육을 말한다. 유럽연합 집행위원회(European Commission)가 2013년에 발간한 『신규이민아동을 위한 교육적 지원에 관한 연구(*Study on Educational Support for Newly Arrived Migrant Children*)』에 의하면, 상호문화 이해증진 교육프로그램은 크게 '언어적 지원(linguistic support)', '학업적 지원(academic support)', '학부모 및 공동체의 참여(parental and community involvement)', '상호문화교육(intercultural education)'이라는 네 개의 대영역으로 나뉘어진다(European Commission, 2013: 92-108; 장한업, 2023).

첫째, 언어적 지원은 '언어능력평가', '언어교육', '지속적인 언어지원', '체류국 언어를 제2언어로 가르치게 하는 교사 연수', '모국어에의 가치 부여'의 다섯 개 하위기준으로 구성된다. 둘째, 학업적 지원은 다시 '포괄적인 수용 체제', '학생 발달 점검과 평가', '예방 프로그램', '재통합 프로그램'의 네 개 하위기준으로 구성된다. 셋째, 학부모 및 공동체 참여는 '이민학부모 지원', '이민학부모에의 정보 제공', '이민학부모의 봉사와 권한 부여', '이민공동체 자원 활용', '협의와 경험 공유'의 다섯 개 하위기준을 포함한다. 넷째, 상호문화교육은 다시 '우호적 학습 환경조성', '교사 대상 다양성 연수 실시', '이주배경 교사 채용'의 세 개 하위기준으로 구성된다.

한편, 상호문화도시 프로그램은 유럽평의회(Council of Europe)가 EU와 공동으로 주관하고 있다. 유럽평의회는 상호문화성 제고 전략 열 개를 제시하여, 상호문화도시에 참여하기를 희망하는 후보 도시의 상호문화성 발전을 유도하고 있다. 구체적으로는, ① 공개적 담론, 상징을 활용하여 다양성에 대한 대중의 긍정적 인식 이끌어내기, ② 도시의 주요 행사에서 '상호문화적 렌즈'를 통한 평가를 일반화면서 교육, 공익사업, 도시행정, 스포츠, 예술 등 다양한 분야에서 상호문화도시 프로그램 수행하기, ③ 다양한 문화적 배경을 가진 사람들 사이의 갈등을 자연스럽게 수용하고 시 차원의 중재와 해결 기술을 개발하기, ④ 언어교육을 적극적으로 지원하여 소수민족의 의사소통 장려하기, ⑤ 지역 미디어매체와 협력하여 뉴스나 기타 사실 전달에서 상호문화적 시각 견지하기, ⑥ 외부 세계에 대한 국제적 정책 수립하기, ⑦ 상호문화기능을 담당하거나 관찰하는 기관 설립하기, ⑧ 상호문화의 가치를 인식할 수 있도록 공무원 연수 사업하기, ⑨ 새로 도착한 이민자를 배려하는 도시개발 프로젝트 발전과정에 기존 지역 거주민을 위한 서비스 역시 동등하게 고려하기, ⑩ 시민사회와 공공기관이 함께 다양한 문화를 아우르는 정책결정을 할 수 있는 거버넌스 구축하기로 요약된다(Council of Europe, 2008; 오정은, 2012).

유럽평의회는 상호문화도시 인증 및 평가를 위하여 새로 고안된 상호문화도시 지표(Intercultural City Index)를 사용하고 있는데, 해당 지표는 스위스 바젤(Bassel) 시에 위치한 독립적인 연구 및 컨설팅 전문기관 BAK Basel에 의뢰하여 개발되었다. 2020년 5월 현재 적용되는 설문지는 2019년에 수정 · 보완된 지표로 구성되어 있다. 설문지의 구체적인 구성은 ① 후보 도시에 대한 배경정보(인구 수, 민족구성, GDP 등)에 관한 15개의 질문(평가 점수에 반영되지 않음), ② 후보 도시의 상호문화 정책 수행 능력을 보여주는 도시의 상호문화 관련 정책, 구조, 행동 등에 관한 90개의 질문(12개 분야; 평가 점수에 반영됨)으로 요약될 수 있다(ICC-Index-questionnaire_en.pdf).

이와 함께, 유럽평의회는 상호문화 프로젝트 내에 유의미한 상호문화 교류 활동이 존재하는지에 대한 점검표(checklist)도 제시하였다. 점검표는 크게 '차이를 넘어 의미 있는 일상적 만남의 증가', '상호작용 및 파트너십 작업', '상호작용에 대한 두려움과 장벽을 이해하기', '도전과 갈등에 적극적으로 대처하기', '지속적인 문화 간 상호작용 극대화하기'라는 다섯 개 영역의 지표들(indicators)로 구성되어 있다(문병기 외, 2023).

이러한 유럽평의회의 기준에 부합하여 적극적으로 이민자 사회통합프로그램을 개발 및 진행한 점을 인정하여 2024년 기준으로 한국에서는 경기도 안산시와 서울시 구로구가 상호문화도시로 가입되었다. 유럽평의회 대표는 구로구에 대하여 새로 진입하는 상호문화도시가 이같이 높은 실적을 보유한 경우는 극히 드물며, 수준 높은 정책, 혁신적 접근, 뛰어난 아이디어의 결합으로 훌륭한 실적을 거둔 것이라고 평가하였다. 다만, '소수 언어 사용', '이민자와 선주민이 함께하는 공적 장소의 구성' 등의 지표에서는 평균 정도로 평가되었다(문병기 외, 2022a).

5 해외 주요국 이민자 사회통합프로그램

1) 독일의 사회통합프로그램

독일은 다른 유럽 국가와 달리 식민지와 관련된 이민자가 없고 오히려 외국인노동자와 해외동포, 난민에 대한 사회통합이 이민정책의 주요 이슈라고 할 수 있다. 독일의 이민정책은 내무부에 속하는 연방 이민난민청(Federal Office for Migration and Refugees: BAMF)이 총괄하고 있으며, 이민, 난민 및 통합위원회(Commissioner for Migration, Refugees and Integration)는 연방정부가 사회통합정책을 개발하는 데 도움을 주는 역할을 수행한다.

독일은 2005년 「이민법」이 시행된 후부터 장기체류외국인들을 대상으로 노동시장의 원활한 진입과 독일사회 정착을 지원하기 위해 사회통합프로그램을 의무적으로 이수하도록 하고 있다. 독일의 사회통합프로그램은 '언어통합' 및 '독일사회에 대한 이해도'를 기본으로 교육하며, 이외 수요자가 선택할 수 있는 프로그램이 제공된다. 독일어 과정은 학습자의 난이도에 따라 수업시간이나 클래스가 다르게 배정되며, 오리엔테이션 과정은 모두가 동일한 100시간을 수강해야 하며, 수강자의 희망에 따라 일반과정 외에 특별통합과정도 운영하고 있다. 사회통합프로그램을 이수하면, 언어시험과 '독일에서의 생활시험(Living in Germany Test)'을 치러야 한다(문병기 외, 2022a).

한편, 독일에서 유럽평의회의 상호문화도시로 인정된 곳은 베를린 북서쪽의 노이쾰른(Berlin-Neukölln) 자치구이다. 노이쾰른 자치구는 상호문화 달력을 제작하여 이민자와 선주민의 문화적 존중과 수용성을 높이는 정책을 추진한다. 노이쾰른 소재 Rixdorfer 초등학교에서는 문화 간 중재자를 선정하여 이민 배경 학생의 학습 장애 또는 교사-학생 간 갈등이나 문제를 해결하기 위해 부모-교사 간 협력 및 조언을 제공한다. 또한 '여성 대상 문화 간 대화 프로젝트((Frauen im interkulturellen Dialog)'를 운영하여 학생 자녀를 가진 어머니 사이의 네트워크를 구축하고 교류와 가치 중재 과정과 내용들이 자녀에게 전수되도록 하고 있다(문병기 외, 2023).

2) 덴마크의 사회통합프로그램

덴마크는 비교적 이민자 유입이 적은 국가였으나, 1960년대 후반 부족한 노동력을 충당하기 위해 터키 등으로부터 초청 노동자를 수용하며 이민자가 증가하기 시작하였다. 1999년 「외국인 통합법」 시행으로 덴마크에 거주하는 이민자와 난민을 대상으로 한 의무통합프로그램을 마련하고, 2006년 통합테스트를 도입하여 운영하고 있다.

덴마크의 이민정책은 난민이민통합부(Danish Ministry of Immigration & Integration)와 그 산하 이민청 중심으로 수행하고 있으나, 사회통합 교육의 책임을 지방정부에 두고, 각 지방정부의 주도 하에 지역특성에 맞게 운영되도록 한다는 데 특징이 있다. 덴마크도 장기체류외국인을 대상으로 통합교육(언어)을 의무화하였으며, 프로그램은 보통 2년에서 2.5년이 소요되며, 3년 이내 이를 이수해야 한다. 덴마크어 강좌는 3단계로 나뉘며, 각 6개의 모듈로 구성되어 있다(문병기 외, 2022a).

3) 프랑스의 사회통합프로그램

프랑스는 자국 내 부족한 노동력을 충족하고자 1950년대부터 초청노동자제도를 통해 외국인력을 적극적으로 유입시켰다. 이후 프랑스의 무슬림 이민자 수가 급증하면서 사회에 통합되지 못하는 이민자들을 중심으로 각종 사회문제가 발생하였다.

2005년 '파리 소요사태'가 발생한 이후, 프랑스 정부는 2006년 「이주와 통합에 관한 법률(Loi sur l'immigration et l'intégration)」을 통해 선별적 이민정책을 입법화하였다. 프랑스는 공식적으로는 '통합모델'을 채택하고 있다고 하나, 실질적으로는 동화주의모형에 가깝다고 평가받고 있다(한승준, 2008; 김복래, 2019).

프랑스의 이민자 사회통합 관련 업무는 내무부 산하 이민통합사무소(Office Français de l'Immigration et de l'Intégration: OFII)에서 수행하고 있다. 프랑스에 장기체류하고자 하는 비유럽권 이민자는 OFII 담당 직원과 인터뷰를 한 후 언어 실력에 따라 부여된 교육시간을 이수해야 한다. 사회통합교육은 시민교육(Civic training)과 언어교육(Language training)으로 구분되어 진행된다. 의무교육이 끝난 후에도 이민자가 더 교육을 받고 싶다면, Resident card 취득 요건인 A2 수준까지 100시간 프로그램과 시민권 취득에 필요한 수준인 B1 수준까지 50시간 프로그램을 더 이수할 수 있다(문병기 외, 2022a).

4) 캐나다의 사회통합프로그램

캐나다는 1982년 「다문화법」을 제정하고, 공식적으로 다문화주의를 선언한 대표적인 이민국가로, 부족한 노동력 문제와 인구고령화 문제를 해결하기 위해 적극적으로 이민자를 수용하였다. 캐나다의 이민정책은 연방정부의 이민·난민·시민권부(Immigration, Refugees and Citizenship Canada: IRCC)에서 총괄하고 주정부 및 시민단체의 협력적 네트워크를 통해 전달된다. 연방정부의 지명사업 이외에도 주정부가 지방정부, NGO와 협력하여 자체적으로 특별 사업을 개발하고 추진하기도 한다.

캐나다는 새로 유입된 이민자의 사회정착과 성공적인 통합을 지원하기 위해 신규이민자들을 대상으로 'Language Instruction for Newcomers to Canada(LINC)'라는 무료 영어교육 프로그램을 제공하고 있다. LINC의 대상이 되지 않는 단기방문자(Visitor, Student Visa 등)는 최소한의 비용을 내고 'English as a Second Language Classes (ELS)'를 수강할 수 있다. 또한 프랑스어를 쓰는 퀘백은 주정부에서 비영리조직, 대학 등과 연계하여 무료 프랑스어 수업을 제공하며, 특히 이민자들이 이 수업을 듣도록 장려하기 위해 재정적 지원을 하기도 한다(문병기 외, 2022a).

한편, 캐나다에서 유럽평의회의 상호문화도시로 인정된 곳은 퀘백 주 몬트리올

시이다. 몬트리올은 신규 이민자 통합사무소를 '다양성과 사회적 포용' 부서에 설치하여 다른 부서와 협력하고 있다. 또한 신규 이민자의 연착륙에 필요한 서비스를 빠르게 지원하는 'Station nouveau départ'를 운영하고 있다. 몬트리올의 도서관은 모든 문화가 깃들어 있어 서로의 문화를 교류하고 비판 없이 배우는 공공장소로 활용되는 등 이민자와 선주민 간에 긍정적 상호작용이 이루어지고 있다.

또한 몬트리올은 많은 예산을 들여 다국어정책을 펼치고 있는데, 중소기업 소유주와 직원의 매칭을 통한 상호 언어학습도 병행되고 있다. 이러한 노력의 결과, 몬트리올은 이민자 비율 20% 이상의 도시 중 상호문화도시 평가에서 4위에 오를 정도로 상호문화 수용성이 높다. 그러나 몬트리올은 이민자에 대한 공개적인 환영식을 개최하지 않아 개선이 필요하다(문병기 외, 2023).

5) 호주의 사회통합프로그램

호주는 1945년 연방 이민부(Department of Immigration)를 신설하고, 본격적으로 이민정책을 마련하였다. 호주의 이민자 유입 목적은 대부분 부족한 노동력을 충족하기 위한 경제적 목적이라고 할 수 있다. 2022년 기준으로, 호주의 이민정책은 연방 내무부(Department of Home Affairs)가 총괄하며, 주정부와 지방정부가 지역 실정에 맞게 구체화하고 집행하는 역할을 수행한다.

호주는 이주자 및 난민(인도주의적 입국자)을 대상으로 성인 이주 영어프로그램(Adult Migrant English Program: AMEP)을 제공하고 있다. AMEP는 70년 이상 유지된 프로그램으로, 성인 이민자들과 인도주의적 입국자들에게 영어수업을 제공하여 이민자가 호주 사회에 사회적·경제적으로 참여할 수 있도록 돕는 프로그램이다. 한편, 기존 AMEP는 최대 510시간까지로 제한되어 있었으나, 2021년 4월 19일 발효된 「이민(교육)개정법[The Immigration(Education) Amendment(Expanding Access to English Tuition) Act]」에 따라 시간제한이 없어졌다(문병기 외, 2022a).

6) 일본의 사회통합프로그램

일본에서 유럽평의회의 상호문화로 인정된 곳은 일본 혼슈 시즈오카현에 위치한 하마마츠(Hamamatsu) 시이다. 2017년 아시아 국가 최초로 유럽위원회의 상호문화도시에 가입하였다. 하마마츠 시는 시 소재 기업 채용담당자가 참여하여 선주민이 외국인 주민들과 교류할 수 있는 시간도 마련하는 등 이민자와 선주민의 상호작용을 독려한다. 또한 특정 인종이나 특정 국적의 외국인이 밀집하여 거주하는 지역이 없으며, 시비만을 재원으로 외국인주민 지원사업을 추진하는 등 자원배분을 상호문화주의에 기반하여 실시한다. 나아가, '하마마츠 다문화공생 국제교류 포털사이트'를 통해 일본인 주민과 외국인주민(특히, 이주한 지 오래된 이민자)이 다 같이 자원봉사자로서 활동하는 다문화 공생을 실천하고 있다.

한편, 하마마츠 시는 교사의 배경과 학생의 배경이 일치하지 않는 점, 공공서비스 영역에 인종의 다양성을 갖추지 못한 점, 다문화 배경 사업자 지원 법령과 사업 지원이 없는 점, 문화 갈등 중재 시스템이 부재한 점, 이민자 대상 언어 교육과정이 부족한 점에서 다른 상호문화도시보다 뒤처져 있다는 지적을 받고 있다(문병기 외, 2023).

제6절 결론

이 책의 제1장에서 언급한 바와 같이, 한국에서 이민자에 대한 정책이 본격화하기 시작한 2000년대 초반 이후부터만 계산해도 벌써 20여 년의 시간이 경과하였다. 그동안 한국은 본격적인 대외개방과 함께 실질적으로 다인종·다문화 사회로 진입하면서 이에 대응하기 위한 나름의 정책적 노력들을 경주해 왔다.

그럼에도 불구하고, 이민정책에 대한 범 국가적 큰그림의 부재와 부처별로 분절화된 정책 설계에 기초한 사업추진으로 말미암아 심각한 유사중복성 및 정책적 이중성을 노정해 온 것이 사실이다. 그로 인해 이민정책의 궁극적 목적인 모든 사회구성원들이 공동체(communitas)의 일원이 되는 성숙한 세계시민사회의 건설은 현재까지 요원한 상태라고 할 수밖에 없다.

더욱이, 이민정책의 중간 목표 및 중간 결과물에 해당하는 이민자 사회통합의 수준도 상당히 미흡한 상태이다. 그간의 이민정책은 주로 단기적이며, 경제적 시각에서의 노동인력 공급과 시장수요의 해결에 급급한 것이었기 때문이다. 아직도 공존과 인정이라는 목표가치에 치중하는 다문화주의 편향적 시각에 기반하다 보니, 일회성 행사나 지원 성격의 이민자 프로그램이 대부분을 차지하고 있다.

최근에 와서야 상호문화도시 건설 등의 구호를 내세우며 몇 가지 프로그램들이 개발 및 시행되고 있으나, 여전히 이민자 사회통합의 본질에 대한 심층적 이해가 부족하다. 그로 말미암아 내국인과 이민자 간의 긍정적 상호작용의 일상화에 이르지 못하고 있는 형편인 것이 사실이다. 우리가 처한 현실이 바로 그러하기에, 더더욱 이민자 사회통합의 본질에 대한 심층적 이해와 관련 대책을 서둘러야 한다.

우리에게 남아 있는 정책적 시간이 얼마 없기 때문이다. 한국의 합계출산율이 OECD 최저 수준을 유지하는 가운데, 출산율 제고정책, 노령인구 고용 확대정책, 여성 고용률 제고정책 등으로 대표되는 소위 '인구감소 적응정책' 중 그 어느 것도 의미 있는 성과를 거두지 못하는 상황에서 지역소멸과 국가소멸이라는 최악의 사태를 막기 위해서는 지금이 바로 이민자 사회통합의 본질과 대책에 대한 진지하고 솔직한 논의를 시작할 때다.

끝으로, 성숙한 세계시민사회의 건설을 지향하는 미래 이민자 사회통합정책의 기본방향과 과제는 다음과 같이 요약될 수 있다. 먼저, 이민자 사회통합정책의 기본방향은 긍정적 상호작용의 일상화를 통해 모든 한국사회 내 구성원들이 공동체(communitas)의 일원이 되어 일치(unity)를 달성하는 데 두어야 한다. 한마디로 이민자 사회통합의 질적 심층성을 대대적으로 강화하는 것이다.

이에 부합하는 정책과제로서는 첫째, 범 국가적 이민정책 컨트롤 타워로서의 가칭 이민정책 총괄기구의 설립을 서둘러야 한다. 이러한 제도화를 통해 이민정책 및 관련 사업 간 유사 중복성의 해소와 구축된 공조체계에 기초한 정책일관성의 확보가 시급하다.

둘째, 이민자 사회통합프로그램의 고도화 및 이수 의무화가 필요하다. 이민자 유형별로 그 수요와 수준을 달리하면서도 심층적인 한국사회의 이해 및 한국어 구사능력을 담보할 수 있는 정도의 이민자 사회통합프로그램을 확보하여야 하며, 이에는 특별한 사유가 없는 한 모든 이민자를 대상으로 할 필요가 있다.

셋째, 이민자 사회통합프로그램의 고도화 및 이수 의무화에는 상당한 정도의 재원이 필수적이다. 이를 충당할 수 있는 가칭 이민자 사회통합기금을 수익자부담원칙에 입각하여 마련하여야 한다.

넷째, 이민자 사회통합을 바라보는 국민적 인식의 개선이다. 이민자 사회통합의 수혜자는 궁극적으로 내국민이다. 그러한 점에서 내국민 모두의 다문화수용성 및 사회적 연대 능력의 증진을 위한 프로그램들을 입체적으로 추진할 필요가 있다.

참고문헌

김복래(2019). 프랑스의 이민자 동화정책: 신화인가 실재인가?: 네덜란드 다문화주의의 사례와 비교고찰. 『유라시아연구』, 16(1): 1-24.

김이선 · 민무숙 · 홍기원 · 주유선(2011). 『다문화 · 다문화사회로의 이행을 위한 정책패러다임 구축(V): 다문화사회 정책의 성과와 미래과제』. 한국여성정책연구원.

김정현(2017). 다문화주의와 상호문화주의의 차이에 대한 한 해석: 찰스 테일러의 견해를 중심으로. 『코기토』, 82: 70-99.

김중혁 · 황기식 · 송문석(2019). 한국의 단일민족주의와 다문화 수용방안. 『사회과학연구』, 35(4): 177-202.

김태원(2012). 다문화사회의 통합을 위한 패러다임으로서의 유럽 상호문화주의에 대한 이론적 탐색. 『유럽사회문화』, 9: 179-213.

김형민 · 이재호(2021). 사회통합을 위한 패러다임 모색. 『통합유럽연구』, 12: 1-43.

문병기 · 이석원 · 김준현(2013). 『이민자 사회통합지원 전달체계 분석 및 효과적 통합방안 연구』. 법무부 출입국 · 외국인정책본부.

문병기 · 라휘문 · 한승준(2015). 『이민자 사회통합정책 종합 진단 및 개선방안』. 법무부 출입국 · 외국인정책본부.

문병기 · 이향수 · 황민철(2016). 『사회통합프로그램 이수 의무화 방안 연구』. 법무부 출입국 · 외국인정책본부.

문병기 · 황민철(2017). 체류외국인 사회통합교육 성과에 대한 실증분석. 『한국공공관리학보』. 31(1): 55-85.

문병기 · 장임숙 · 정동재 · 송형주 · 박미정(2018). 『국내체류 아동에 대한 실태조사』. 법무부 출입국 · 외국인정책본부.

문병기 · 박성종 · 정준희 · 조경훈 · 황태연 · 김화연(2022a). 『사회통합프로그램 재원 및 비용부담체계 개선방안 연구』. 법무부 출입국 · 외국인정책본부.

문병기 · 황민철 · 장익현 · 윤현주(2022b). 『개방적 · 포용적 인재유치를 위한 사회통합프로그램 해외 확대 방안 연구』. 법무부 출입국 · 외국인정책본부.

문병기 · 황민철 · 장익현 · 이은채(2023). 『국민과 이민자의 상호문화 이해증진을 위한 프로그램 개발 및 전달체계 연구』. 법무부 출입국 · 외국인정책본부.

문병기(2023). 국가 개입의 제3자성에 관한 연구: 이민자 사회통합프로그램에 대한 적용. 『한국공공관리학보』, 37(2): 111-138.

박해육 · 윤영근(2016). 『지방자치단체의 이주민 통합정책 연구: 한국과 독일의 사례 비교』. 한국지방행정연구원.

변종헌(2016). 다문화 사회의 사회통합: 전망과 과제. 『윤리교육연구』, 41: 253-272.
오정은(2012). 유럽의 상호문화정책 연구: 상호문화도시 프로그램을 중심으로. 『다문화와 평화』, 12(2): 38-62.
윤건 · 박준(2019). 사회통합지수에 관한 연구: 지표의 구성, 측정 및 검증을 중심으로. 『한국정책학회보』, 28(3): 1-36.
윤현주 · 문병기(2023). 미래형 이민자 사회통합 프로그램 설계에 관한 연구: 온라인 융합형 입국 전 사회통합 교육체계를 중심으로. 『한국이민정책학보』, 6(2): 75-94.
이상윤(2014). 한국 이민 · 다문화정책 추진체계 현황 및 개선방안: 사회통합 측면의 탐색적 연구. 『사회과학연구』, 25(3): 175-204.
이정은(2017). 다문화주의와 상호문화주의의 대결: 한국적 적용을 위한 연구. 『시대와 철학』, 28(1): 191-234.
임은의(2020). 다문화주의 관점의 한국 사회통합정책의 발달과정에 대한 고찰. 『사회복지법제연구』, 11(2): 65-92.
장한업(2023). 다문화 선진국의 '상호문화교실 만들기' 비교 연구 및 시사점. 『문화교류와 다문화교육』, 12(5): 1-21.
전상국(2009). 자유주의와 공동체주의 논쟁. 최상용 외 저. 『인간과 정치사상』, 제2부 제1장. 서울: 인간사랑.
조화성(2010). 한국 이민자 사회통합 모델의 검토: 쌍방향 통합모형의 적용. 『민족연구』, 44: 4-26.
하윤수(2009). 미국 다문화교육의 동향과 사회과 교육과정. 『사회과교육』, 48(3): 117-132.
한승준(2008). 프랑스 동화주의 다문화정책의 위기와 재편에 관한 연구. 『한국행정학보』, 42(3): 463-486.
현남숙 · 김영진(2015). 다문화 사회에서 상호문화적 대화의 가능성. 『시대와 철학』, 26(3): 151-177.

Berry, J. W.(1995). Psychology of acculturation. *The Culture and Psychology Reader*, 457.
Berry, J. W.(2001). A psychology of immigration. *Journal of Social Issues*, 57(3): 615-631.
Berry, J. W., & Sam, D. L.(1997). Acculturation and adaptation. *Handbook of cross-cultural psychology*, 3(2): 291-326.
Blad, C., & Couton, P.(2009). The Rise of an Intercultural Nation: Immigration, Diversity and Nationhood in Quebec. *Journal of Ethnic and Migration Studies*, 35(4): 645-667.
Cantle, T.(2012). *Interculturalism: The New Era of Cohesion and Diversity*. Springer.
Castle, S., & Miller, M. J.(2003). *The Age of Migration International Population Movements in the Modern World*. Third Edition Palgrave MacMillian Houndmills. Basingstoke, Ham-

pshire and New York, 338.

Chan, J., To, H., & Chan, E.(2006). Reconsidering Social Cohesion: Developing a Definition and Analytical Framework for Empirical Research. *Social Indicators Research*, 75: 273-302.

Council of Europe(2008). *White Paper on Intercultural Dialogue: Living Together As Equals in Dignity*.

European Commission(2013). *Study on Educational Support for Newly Arrived Migrant Children*.

Gagnon, A. G.(2000). Plaidoyer pour l'interculturalisme. *Possibles*, 24(4): 11-25.

Heckmann, F.(2015). *Integration von Migranten. Einwanderung und Neue Nationenbildung*. Wiesbaden: Springer VS.

Jeannotte, M. Sharon(2008). Promoting Social Integration-A Brief Examination of Concept and Issues.

KGSt(Hrsg.)(2005). Management Kommunaler Integrationspolitik. *Strategien und Organisation*, Bericht Nr. 7/2005, Köln.

Kymlicka, W.(1995). *Multiculturalism Citizenship: A Liberal Theory of Minority Rights*. New York: Oxford University Press.

Portes, A., & Rumbaut, R. G.(2006). *Immigrant America: a portrait*. Univ of California Press.

Taylor, C.(2012). Interculturalism or multiculturalism? *Philosophy and Social Criticism*, 38(4-5): 413-423.

[인터넷 자료]

광주서구 가족센터. https://gjseogu.familynet.or.kr/

대한민국 국가법령정보센터. http://www.law.go.kr/

BAK Basel 홈페이지. http://www.bakbasel.ch

유럽평의회 상호문화도시프로그램 홈페이지. https://www.coe.int/en/web/interculturalcities

TOPIK 한국어능력 시험. https://www.topik.go.kr/TWGUID/TWGUID0010.do

프랑스 이민통합사무소(French Office for Immigration and Integration). https://www.ofii.fr/en/

호주 내무부(Department of Home Affaris). https://www.homeaffairs.gov.au/

찾아보기

ㅅ

ㅇ

ㅈ

저자 소개

정명주

(현) 부산대학교 공공정책학부 교수
(현) 중소벤처기업부 규제심의위원회 위원
(전) 산업통상자원부 평가위원
(전) 한국이민정책학회 초대회장
(전) 법무부 외국인정책 자문위원
서울대학교 행정대학원 행정학 박사
E-mail: mjch@pusan.ac.kr

김경환

(현) 아주대학교 행정학과 조교수
(현) 한국이민정책학회 편집위원회 이사
(현) 강원도 고향사랑기금운용심의위원회 위원
영국 University of York 사회정책학 박사
E-mail: kyunghwankim@ajou.ac.kr

김규찬

(현) 국립강릉원주대학교 다문화학과 부교수
(전) 창신대학교 사회복지학과 조교수
(전) University of Sheffield 사회학과 강사
(전) University of Sheffield 정치학과 연구원
영국 University of Sheffield 사회학 박사
E-mail: gyuchankim@gwnu.ac.kr

김옥녀

(현) 숙명여자대학교 정책대학원 사회복지학과 주임교수
(현) 법무부 정책연구심의위원회 위원
(현) 한국이민정책학회 총무위원장
(전) 법무부 규제위원회 위원
서울시립대학교 사회복지학 박사
E-mail: emmawelfare@sookmyung.ac.kr

김태환

(현) 한국이민정책학회 명예회장
(전) 명지대학교 법무행정학과 교수
(전) 법무부 외국인정책실무위원회 위원장(민간)
(전) 법무부 면접시험위원
강원대학교 행정학 박사
E-mail: richkim224@mju.ac.kr

김희주

(현) 협성대학교 사회복지학과 조교수
(현) 화성시 가족센터 운영위원장
(현) 화성시 아동복지심의위원회 부위원장
서울대학교 사회복지학 박사
E-mail: pennee@naver.com

문병기

(현) 한국방송통신대학교 행정학과 교수
(현) 국무총리실 외국인정책위원회 위원
(현) 법무부 이민정책위원회 위원
(전) 한국이민정책학회 회장
미국 The Ohio State University 정책학 박사
E-mail: moonbg@mail.knou.ac.kr

우영옥

(현) 이주사회통합정책연구소 소장
(현) 행정사법인 한국이민 교육개발본부장
(현) 한국지역개발학회 이민과 개발연구위원장
(전) 한성대학교 이민・다문화트랙 강의교수
성결대학교 일반대학원 행정학(이민정책) 박사
E-mail: wyok7275@daum.net

이성순

(현) 목원대학교 창의교양학부 교수
(현) 법무부 출입국・외국인정책본부 평가위원
(전) 국무총리실 외국인정책위원회 위원
(전) 법무부 사회통합자문위원회 위원

단국대학교 독문학 박사, 평택대학교 사회복지학 박사
E-mail: sslee@mokwon.ac.kr

이향수
(현) 건국대학교 공공인재학부 교수
(현) 지방공기업경영평가단단장
(현) 정부혁신평가단 분과위원장
(현) 한국이민정책학회, 한국지방자치학회, 한국정책학회 부회장
(전) 대통령 소속 자치분권위원회 위원
이화여자대학교 행정학 박사
E-mail: yun7ju7@kku.ac.kr

임동진
(현) 순천향대학교 행정학과 교수
(현) 한국이민정책학회 회장
(전) 한국이민정책학회 편집위원장
(전) 한국행정연구원 사회통합연구부장
미국 The University of Texas at Arlington 행정학 박사
E-mail: djlim@sch.ac.kr

장주영
(현) 이민정책연구원 연구위원
(현) 법무부 재정착난민 실무협의체 위원
(현) 서울특별시교육청 국제교류협력위원회 위원
미국 University of Minnesota 가족학 박사
E-mail: jy.jang@mrtc.or.kr

황민철
(현) 국립순천대학교 사회복지학과 부교수
(현) 법무부 사회통합자문위원회 위원
(전) 순천대학교 외국인사회통합센터 센터장
(전) 한국이민정책학회 총무위원장
영국 University of York 사회정책 박사
E-mail: mchwang@scnu.ac.kr

한국이민정책론

펴낸날 제1판 제1쇄 2024년 9월 4일

지은이 정명주
김경환 · 김규찬 · 김옥녀 · 김태환 · 김희주 · 문병기
우영옥 · 이성순 · 이향수 · 임동진 · 장주영 · 황민철

펴낸이 임춘환

펴낸곳 도서출판 **대영문화사**

주소 (본사) 사무실: 경기도 고양시 일산서구 주화로 70
우신프라자 307호 (우) 10387)
(본사) 물류센터: 경기도 고양시 일산서구 덕산로
107번길 68-50 (우) 10205)

등록 1975년 12월 26일 제3-16호

전화 (031) 913-3062, (031) 914-3884~5

팩스 (031) 913-3839

홈페이지 http://www.dymbook.co.kr

ISBN 978-89-7644-956-6

값 33,000원